消された皇統

幻の皇統系譜考

早瀬晴夫—著

今日の話題社

まえがき

平成八年の六月に『南朝興亡史』（近代文芸社）を出版してから五年が過ぎ、この間に各地の研究の先輩から色々御指摘を受けたり、参考資料を提供されたりして自己の未熟さを痛感するとともに、前著の見直しの必要に迫られた。前著で採用した一部資料の誤りも確認されたのでその訂正の必要を感じ、再度南北朝を中心にした皇統史に挑戦しようと思った。自分は系譜を研究テーマとしているので、前著以上に系譜にスペースを裂き、まとめた結果、「系譜集」的な感じになったと思う。本書は『南朝興亡史』の姉妹編ということで、当然「熊澤系譜」には触れるが前著よりはエリアを広げ、鎌倉時代の皇統分裂から紹介していこうと考えた。

皇位継承は幕府の政策とも無縁でなく、承久の変以後は反幕的な血統の皇族は排除され、その系統は、出家政策により皇統断絶に追い込まれていく。運よく皇統として存続しても事実上皇位継承権は剥奪され零落するか、あるいは臣籍降下により皇籍を剥奪される。

残った皇統も、後嵯峨天皇以後分裂（大きくは持明院統と大覚寺統）していく（両統迭立）。二大系統も分裂し複雑な関係となる。穏便に両統迭立が行われれば問題ないが、四系統に分裂してより複雑になり、大覚寺統傍系の後醍醐天皇が登極したことで、両統迭立は崩れて朝廷も南北朝に分裂した。その後、南朝は吉野・熊野・紀伊を中核に各地の反幕府勢力と連合政権を形成した（『南朝興亡史』参照）。

その後南朝はジリ貧になり、穏健派が神器を北朝へ譲渡し、南北朝は合一した。その後は、幻の後南朝となり、伝承の世界へ消えて行く。敗者の歴史は闇に葬られるのである。

早瀬晴夫

平成十三年六月

消された皇統　目次

まえがき　3

第一章　消された皇統

「消された皇統」序説　17
皇室略系図　18
後鳥羽天皇末裔系図（児島宮・冷泉宮）　20
順徳天皇末裔系図（四辻宮・岩倉宮）　21
土御門・後嵯峨天皇末裔系図（鎌倉将軍家）　22
亀山天皇末裔系図（常盤井宮）　23
後二條天皇末裔系図（木寺宮）　24
皇統分裂略系図　25
皇位・皇太子位継承略系図　26
皇統系譜から「消される」者たち　27
北朝（持明院統）系図　36
持明院統（北朝）系図　37
持明院統系図　38
一休と足利天皇血統秘史　39
北朝も「消された皇統」か？　疑惑の伏見宮　40

北朝・伏見宮検証一覧　43
十九人の自称天皇略系図（偽天皇の系譜）　46
後醍醐流皇胤系図(1)　47
後醍醐流皇胤系図(2)　48
後醍醐流皇胤系図(3)（後醍院氏）　49
後醍院氏系図（鹿児島後醍院氏）　50
後醍醐流皇胤一族系図(1)　51
後醍醐流皇胤一族系図(2)　52
後醍醐流皇胤一族系図(3)（朝里氏略系図）　53
南朝皇胤朝里氏系図　54
飯野氏系図　55
後醍醐流皇胤一族系図(4)（中田宮）　56
南朝皇胤中田氏系図　57
南方遺胤（中田氏一族系図）(1)　58
南方遺胤（中田氏一族系図）(2)　59
南方遺胤（洞川宮・篠尾宮）　60
消された皇統と後醍醐流　61
南北両朝皇室系図　68
大覚寺統（後醍醐・後二条流）推定略系図　69
大覚寺統推定略系図　70
南朝・後南朝系図(1)　71

南朝・後南朝系図(2)　72
後南朝系譜　73
南朝・後南朝系図(3)　74
後南朝皇胤・尊雅王の系譜　75
後南朝皇胤略系図（伊藤家）(1)　76
後南朝皇胤略系図（伊藤家）(2)　77
美作後南朝系図(1)　78
美作後南朝系図(2)　79
青蓮院門跡・青蓮院宮　80
美作天皇家系図　81
流王氏一族姻族略系図　82
大覚寺統皇統略系譜（美作後南朝）　83
大覚寺統略系譜（美作後南朝）　84
美作後南朝皇統譜　85
南朝秘史（年表）　86
後南朝秘史（年表）　91
後南朝伝承の概略　106
後南朝及びその後裔熊澤氏の系　109
南朝後裔熊澤氏系図(1)　110
南朝後裔熊澤氏系図(2)　111
南朝正副二統皇系系譜　112

南朝皇系系譜（二統皇系）　113
南朝正統皇位継承論　114
南朝皇統系譜（二統皇系）　115
三河に於ける長慶天皇伝説考　116
三浦天皇系図　117
自称正統南朝皇系（三浦天皇家）(1)　118
自称正統南朝皇系（三浦天皇家）(2)　119
三河吉野朝系図　120
若宮兵部卿家（村上氏）　121
竹田村上氏系図（若宮兵部卿別伝）　122
三師略系図（後醍醐天皇末裔略系）　123
三師略系図（後醍醐天皇末裔系図）　124
隠れ南朝皇統系図　125
隠れ南朝関係系図(1)　126
隠れ南朝関係系図(2)　127
隠れ南朝と陰の南朝系図(1)　128
隠れ南朝と陰の南朝系図(2)　129
大塔宮護良親王関係系図　130
護良親王関係系図　131
伝承・南朝系図　132
宗良親王関係系図（後醍醐源氏系図）　133

宗良親王関係系図（祖父江氏姻族系図） 134
宗良親王関係系図（大橋氏・祖父江氏） 135
華陽院殿伝系 136
大橋氏・祖父江氏系図 137
祖父江氏・富田氏関係系図 138
氷室氏姻族系図 139
宗良親王姻族系図（世良田氏） 140
宗良親王姻族系図（井伊氏） 141
井伊氏一族系図 142
南朝皇統譜と大室家略系図 143
異聞天皇家略系図（大室家） 144
南朝系譜 145
南朝系図（大室家） 146
近代天皇家系図（異聞大室天皇家） 147
東武皇帝系図（輪王寺門跡宮） 148
北部王家（護良親王後裔）略系図 149
津軽南朝伝承北部王家 150
津軽南朝（北部王家・天真名井宮・天内氏） 151
津軽南朝（天真名井宮・天内氏・北山氏） 152
津軽南朝（北山氏・天内氏姻族略系図） 153
天内氏略系図 154

異聞皇統系図　155
帝釈氏・泰道氏略系図（造られた皇胤系図）　156
大塔氏略系図　157
越中宮関係系図　158
越中宮家（竹内家）　159
後南朝伝承について　160
酒本天皇系譜（偽天皇の系譜）　165
後南朝系譜批判と反駁　166
第一章のまとめ　167

第二章　熊澤一族と熊澤天皇

熊澤家関連フォト　173
熊澤家について　178
定水寺熊澤氏系図(1)　192
定水寺熊澤氏系図(2)　193
熊澤氏諸系図(1)　194
熊澤氏諸系図(2)　195
南朝後裔熊澤氏系図(1)　196
南朝後裔熊澤氏系図(2)　197
瀬部熊澤氏系図（熊澤登家法名俗名系図）　198
瀬部熊澤氏系図（熊澤登家系図）　199

熊澤家先祖代々霊位系譜　200
熊澤家先祖系図　201
後南朝及びその後裔熊澤氏の系　202
時之島熊澤家系図　203
熊澤天皇系図（日本正統天皇系図）　204
後南朝並びに熊沢家系譜　205
熊澤弥三郎家一族略系図　206
熊澤繁左衛門家一族系図　207
南朝系譜（1）　208
南朝系譜（2）　209
南朝直系と足利天皇家　210
熊澤家略系図　211
南朝正皇系譜（熊沢宗家系譜）　212
熊澤武夫家略系図　213
熊澤家一族推定略系図　214
考証　熊沢氏系図（1）　215
考証　熊沢氏系図（2）　216
熊沢氏系図（熊沢蕃山一族系図）（1）　217
熊沢氏系図（熊沢蕃山一族系図）（2）　218
造られた熊澤氏系図　219
造られた熊澤氏系図（尊雅王関係系図）（1）　220

造られた熊澤氏系図（尊雅王関係系図）(2)　221
造られた熊澤氏系図（信雅王関係系図）　222
謎の熊澤系図(1)　223
謎の熊澤系図(2)　224
謎の熊澤家系図（熊澤系図成立の謎）(1)　225
謎の熊澤家系図（熊澤系図成立の謎）(2)　226
謎の熊澤家系図（熊澤系図成立の謎）(3)　227
謎の熊澤家系図（熊澤系図成立の謎）(4)　228
南條熊澤氏（称・紀姓）(1)　229
南條熊澤氏（称・紀姓）(2)　230
宮城熊澤氏（称・紀姓）　231
伊達世臣家譜・熊澤氏系図（称・紀姓）　232
熊澤氏（正英末裔系図）　233
熊澤氏（平戸熊澤家）　234
蕃山系熊澤氏（熊澤蕃山の末葉）　235
蕃山の姻族・末裔(1)　236
蕃山の姻族・末裔(2)　237
熊澤家姻族系図（山田家・小野家）　238
備前熊澤氏諸家　239
偽・熊澤天皇（大工伝蔵系熊澤家）　240
検証　甲州熊沢氏（武田氏略系図）　241

検証　甲州熊沢氏（武田一族略系図）　242
検証　八代熊沢氏（武田氏一族略系図）　243
推定　八代熊沢系図成立プロセス　244
熊沢氏諸家　245
熊沢氏諸家系譜（八代熊沢氏）　246
熊沢氏諸家　247
熊澤氏諸家系図（『姓氏家系大辞典』）　248
熊澤氏諸家系図　249
小倉宮一族系図と熊澤家略系図　250
熊沢氏関係系図（熊澤・野尻氏）　251
星野宮と星野氏　252
星野宮信雅王　253
後南朝系譜　254
熊野宮信雅王の御事蹟　255
熊野宮信雅王の事蹟　256
南朝伝承系図・大塚氏姻族系図　257

第三章　参考各家系譜

参考各家系譜の紹介　261
長浜氏略系図（称・安徳天皇末裔）　264
野長瀬氏系図(1)　265

野長瀬氏系図(2)　266
楠家系図（楠正暢系図）　267
楠木氏一族系図（橘氏）(1)　268
楠木氏一族系図（橘氏）(2)　269
楠木氏一族系図（楠木正成）　270
楠木氏一族系図（楠木正成末裔）　271
楠木氏一族（和田氏）　272
熊野國造家（橘・和田一族）　273
熊野國造・熊野本宮社家（熊野・和田・楠）(1)　274
熊野國造・熊野本宮社家（熊野・和田・楠）(2)　275
野田氏略系図　276
野田氏系図　277
南朝・後南朝皇統譜　278
天皇家系図　279
有栖川宮家と出口王仁三郎　280
佐山家略系図　281
出典・参考文献一覧　283
あとがき　291

第一章　消された皇統

南北朝の歴史を探求するなら、我々はその遠因となった「皇統分裂」の時代背景を知らねばならない。一つは後嵯峨天皇の誕生。今一つは後鳥羽天皇が画策した「承久の乱」である。皇統の分裂（対立天皇の出現）は平安末期にも起こったが、後白河法皇の存在により、本格的な朝廷の分裂は避けられた（平家一門とシンパの排除に留まった）。

今回問題とする「皇統分裂」は「承久の乱」に遠因がある。承久三年（一二二一）五月、朝権回復を目指す後鳥羽上皇は北條氏討伐の軍を起こすが、幕府軍の対応は素早く、六月には逆に京に攻め込まれて官軍は敗退した。三上皇は流罪（後鳥羽上皇は隠岐、土御門上皇は土佐後に阿波、順徳上皇は佐渡へ流罪）、仲恭天皇は廃され（後鳥羽系統の皇位継承権の停止）、後鳥羽上皇の甥に当たる後堀河天皇が擁立された。その後は皇子の秀仁親王（四條天皇）が皇位を継承した。

しかし、仁治三年（一二四二）正月、四條天皇が十二歳で崩御すると後堀河系の男系は断絶してしまう。次代の皇位継承者として浮上したのが、順徳上皇の皇子忠成王と土御門上皇の第三皇子邦仁王である。しかし、反幕的な順徳上皇の院政を恐れた幕府の圧力で忠成王の継承はなくなり、邦仁王が正月二十日に親王宣下と元服の儀を済ませ、続いて践祚し、三月十八日に即位した（後嵯峨天皇）。

承久の乱が無ければ、皇位は順徳系統に継承されていた可能性もあり、その場合は南北朝の対立は発生しなかったかもしれない（歴史に「もしも」や「かも」は禁句だが）。

後嵯峨天皇は寛元四年（一二四六）正月二十九日、四歳の久仁（後深草天皇）に譲位し院政を行う。

皇室略系図

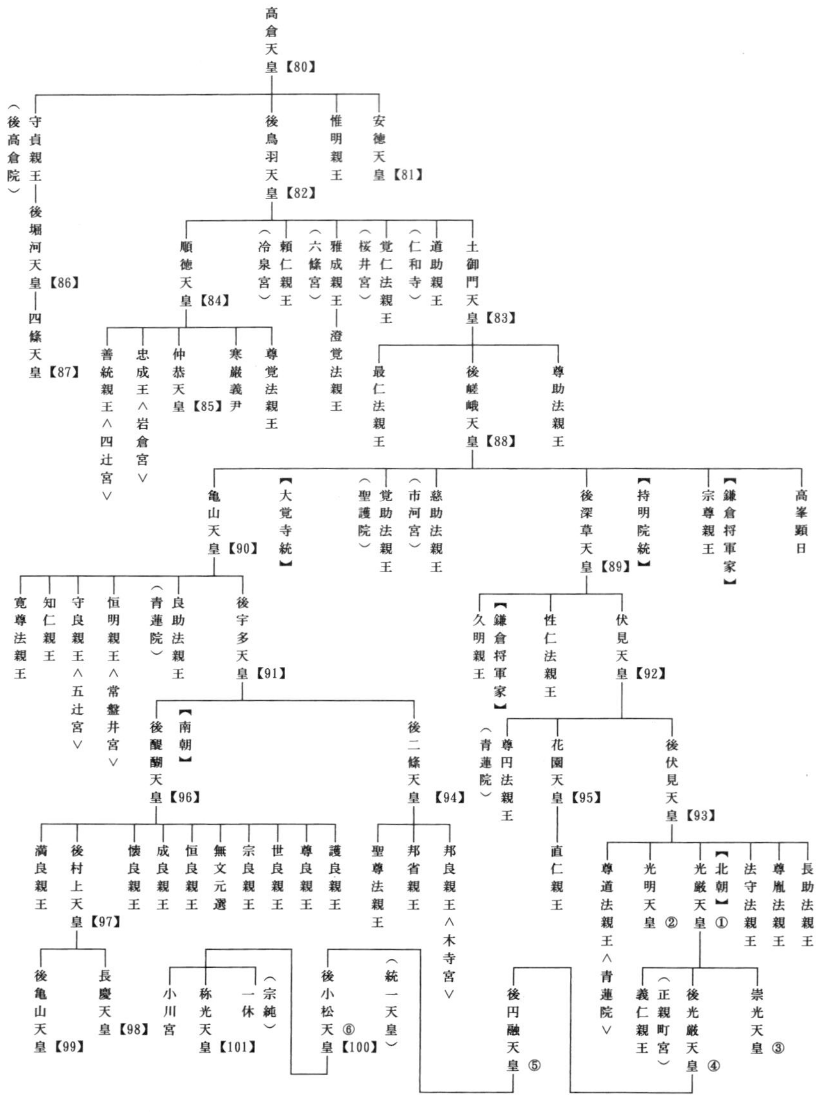

高倉天皇【80】
守貞親王（後高倉院）
後鳥羽天皇【82】
惟明親王
安徳天皇【81】
後堀河天皇【86】
四條天皇【87】
順徳天皇【84】
頼仁親王（冷泉宮）
雅成親王（六條宮）
覚仁法親王（桜井宮）
道助親王（仁和寺）
土御門天皇【83】
善統親王〈四辻宮〉
忠成王〈岩倉宮〉
仲恭天皇【85】
寒巌義尹
尊覚法親王
澄覚法親王
最仁法親王
後嵯峨天皇【88】
尊助法親王
亀山天皇【90】
【大覚寺統】
覚助法親王（聖護院）
慈助法親王（市河宮）
後深草天皇【89】
【持明院統】
宗尊親王
【鎌倉将軍家】
高峯顕日
寛尊法親王
知仁親王
守良親王〈五辻宮〉
恒明親王〈常盤井宮〉
良助法親王（青蓮院）
後宇多天皇【91】
久明親王
【鎌倉将軍家】
性仁法親王
伏見天皇【92】
後醍醐天皇【96】
【南朝】
後二條天皇【94】
尊円法親王（青蓮院）
花園天皇【95】
後伏見天皇【93】
満良親王
後村上天皇【97】
懐良親王
成良親王
恒良親王
無文元選
宗良親王
世良親王
尊良親王
護良親王
聖尊法親王
邦省親王
邦良親王〈木寺宮〉
直仁親王
尊道法親王〈青蓮院〉
光明天皇②
光厳天皇①
【北朝】
法守法親王
尊胤法親王
長助法親王
後亀山天皇【99】
長慶天皇【98】
小川宮
称光天皇【101】
一休（宗純）
後小松天皇⑥【100】
（統一天皇）
後円融天皇⑤
義仁親王
（正親町宮）
後光厳天皇④
崇光天皇③

出典『姓氏家系大辞典（太田亮、角川書店）』、『歴史百科 第６号「日本皇室事典」（百年社、新人物往来社）』、その他

建長元年（一二四九）五月、恒仁親王（亀山天皇）が誕生して皇統分裂の芽が生まれることとなる。

上皇はこの皇子を可愛がり、正嘉二年（一二五八）八月五日、恒仁親王を後深草天皇の皇太子にする。正元元年（一二五九）十一月二十六日、後嵯峨上皇は後深草天皇に迫り恒仁親王に対し譲位させる。

親王は践祚し、十二月二十八日即位の礼を挙げる（亀山天皇）。文永四年（一二六七）十二月、亀山天皇に皇子（世仁親王）誕生。翌年、後嵯峨院はこの皇子（世仁親王）を亀山天皇の皇太子とする（亀山系にも皇位継承権を確立する）。この後、持明院統は次の皇位継承権の確保のために幕府に働きかけ、伏見天皇の即位を実現する。以後は両統より幕府への働きかけが強まり、幕府は両統迭立の原則を定めることとなる。承久の乱の勝利により幕府の主権は確固たるものとなり、幕府に対抗する可能性のある皇胤には継承権は存在しなかった。この時代背景が後嵯峨天皇を誕生させ、皇統分裂の遠因とならしめたのである。さらに、両統迭立という時代背景が後醍醐天皇を誕生させ、討幕、南北朝の時代へと突入していくのである。この経過に関しては拙著『南朝興亡史』を参照されたい。

この後は、鎌倉時代に零落し、あるいは出家政策により断絶した皇統を紹介し、南北朝の時代の皇統、並びに権威によって黙殺された後南朝皇統を紹介していくこととする。

中央から疎外され地方で命脈を保った皇統はやがて伝説の霧の中へ消えて行き、中央の記録からも消され、皇統を守護する権威からは黙殺されることとなる。声高にその存在を主張すれば、ニセ者の烙印を押される（自称皇胤にはニセ者も存在するので同一視される）。

伝説の中の真実にどこまで迫れるか、伝説が全て虚の産物とは考えられない。そこには何らかの事実の反映があるのではないのだろうか？

後鳥羽天皇末裔系図（児島宮・冷泉宮）

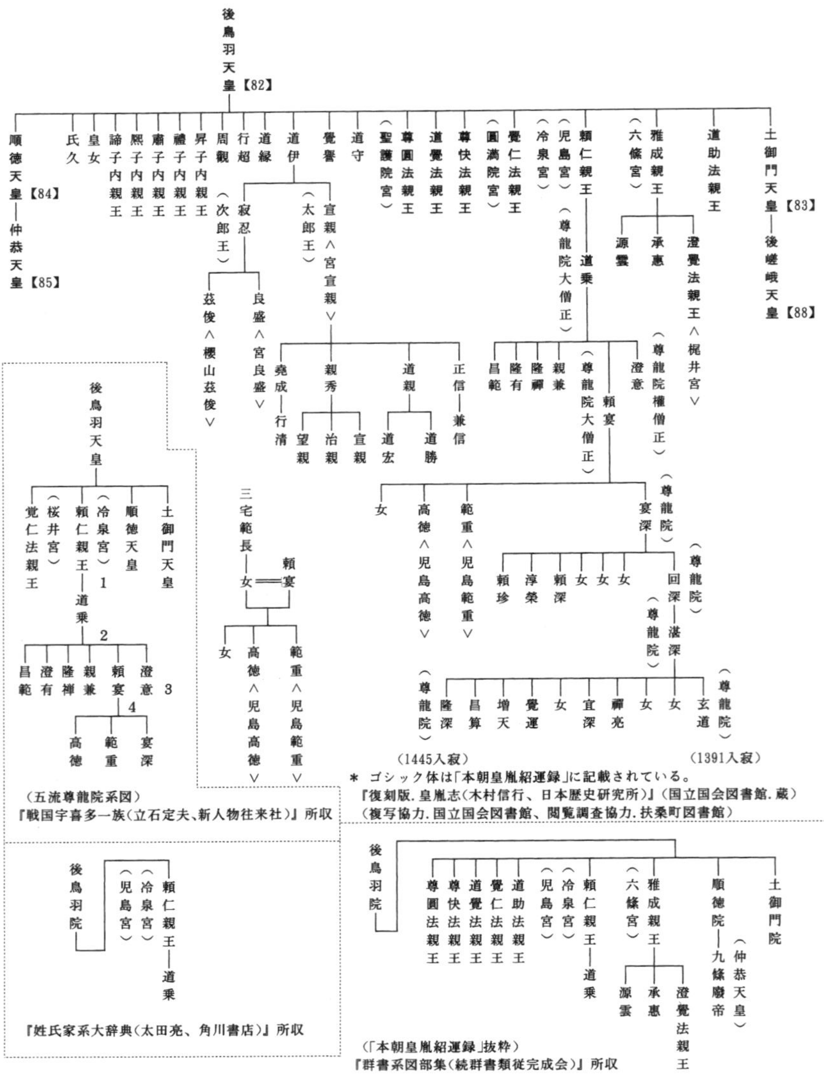
後鳥羽天皇【82】
順徳天皇【84】
仲恭天皇【85】
氏久
皇女
諦子内親王
熈子内親王
粛子内親王
禮子内親王
昇子内親王
周観
行超
道縁
道伊
覚誉
道守
（聖護院宮）
尊圓法親王
道覺法親王
尊快法親王
（圓満院宮）
覺仁法親王
（冷泉宮）
（児島宮）
頼仁親王
（尊龍院大僧正）
道乗
（六條宮）
雅成親王
道助法親王
土御門天皇【83】
後嵯峨天皇【88】
（次郎王）
寂忍
（太郎王）
宣親＜宮宣親＞
源雲
承恵
澄覺法親王＜梶井宮＞
茲俊＜櫻山茲俊＞
良盛＜宮良盛＞
堯成
行清
親秀
望親
治親
宣親
道親
道宏
道勝
正信
兼信
昌範
隆有
隆禪
親兼
（尊龍院大僧正）
頼宴
澄意
（尊龍院権僧正）
女
高徳＜児島高徳＞
範重＜児島範重＞
（尊龍院）
宴深
頼珍
淳榮
頼深
女
女
女
回深
（尊龍院）
（尊龍院）
湛深
（尊龍院）
隆深
昌算
増天
覺運
女
宜深
禪亮
女
女
玄道
（尊龍院）
（1445入寂）
（1391入寂）
三宅範長
女
頼宴
女
高徳＜児島高徳＞
範重＜児島範重＞
＊ ゴシック体は「本朝皇胤紹運録」に記載されている。
『復刻版．皇胤志（木村信行、日本歴史研究所）』（国立国会図書館．蔵）
（複写協力．国立国会図書館、閲覧調査協力．扶桑町図書館）
後鳥羽天皇
覚仁法親王
（桜井宮）
頼仁親王
（冷泉宮）
1
道乗
2
順徳天皇
土御門天皇
昌範
澄有
隆禅
親兼
頼宴
澄意
3
4
高徳
範重
宴深
（五流尊龍院系図）
『戦国宇喜多一族（立石定夫、新人物往来社）』所収
後鳥羽院
（児島宮）
（冷泉宮）
頼仁親王
道乗
『姓氏家系大辞典（太田亮、角川書店）』所収
後鳥羽院
尊圓法親王
尊快法親王
道覺法親王
覺仁法親王
道助法親王
（児島宮）
（冷泉宮）
頼仁親王
道乗
（六條宮）
雅成親王
源雲
承惠
澄覺法親王
順徳院
九條廢帝
（仲恭天皇）
土御門院
（「本朝皇胤紹運録」抜粋）
『群書系図部集（続群書類従完成会）』所収

出典『復刻版．皇胤志（木村信行、日本歴史研究所）』（国立国会図書館．蔵）、『姓氏家系大辞典（太田亮、角川書店）』
『戦国宇喜多一族（立石定夫、新人物往来社）』、『群書系図部集（続群書類従完成会）』

順徳天皇末裔系図（四辻宮・岩倉宮）

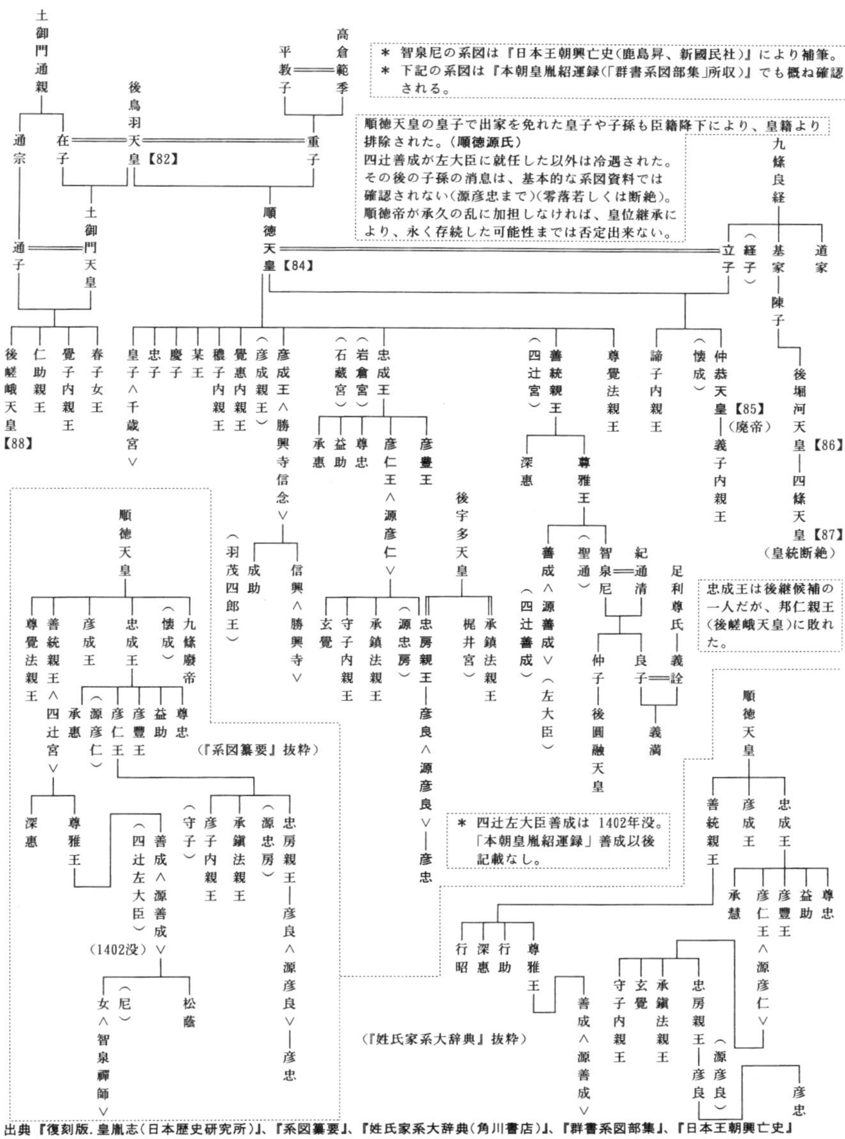

＊ 智泉尼の系図は『日本王朝興亡史(鹿島昇、新國民社)』により補筆。
＊ 下記の系図は『本朝皇胤紹運録(「群書系図部集」所収)』でも概ね確認される。
順徳天皇の皇子で出家を免れた皇子や子孫も臣籍降下により、皇籍より排除された。(順徳源氏)
四辻善成が左大臣に就任した以外は冷遇された。
その後の子孫の消息は、基本的な系図資料では確認されない(源彦忠まで)(零落若しくは断絶)。
順徳帝が承久の乱に加担しなければ、皇位継承により、永く存続した可能性までは否定出来ない。
土御門通親
後鳥羽天皇【82】
高倉範季
平教子
通宗
在子
重子
土御門天皇
通子
順徳天皇【84】
九條良経
立子
(経子)
基家
道家
陳子
後嵯峨天皇【88】
仁助親王
覺子内親王
春子女王
皇子<千歳宮>
忠子
慶子
某王
穠子内親王
覺恵内親王
(彦成親王)
彦成王<勝興寺信念>
(石蔵宮)
(岩倉宮)
忠成王
(四辻宮)
善統親王
尊覺法親王
諦子内親王
(懐成)
仲恭天皇【85】(廃帝)
後堀河天皇【86】
四條天皇【87】
(皇統断絶)
義子内親王
承恵
益助
尊忠
彦仁王<源彦仁>
彦豊王
深恵
尊雅王
(羽茂四郎王)
成助
信興<勝興寺>
後宇多天皇
善成<源善成>(四辻善成)(左大臣)
(聖通)
智泉尼
紀通清
足利尊氏
義詮
良子
仲子
後圓融天皇
義満
玄覺
守子内親王
承鎮法親王
(源忠房)
忠房親王
梶井宮
承鎮法親王
彦良<源彦良>
彦忠
忠成王は後継候補の一人だが、邦仁親王(後嵯峨天皇)に敗れた。
＊ 四辻左大臣善成は 1402年没。「本朝皇胤紹運録」善成以後記載なし。
順徳天皇
尊覺法親王
善統親王<四辻宮>
彦成王
忠成王
(懐成)
九條廢帝
承恵
(源彦仁)
彦仁王
彦豊王
益助
尊忠
(『系図纂要』抜粋)
深恵
尊雅王
(四辻左大臣)
善成<源善成>
(1402没)
(守子)
彦子内親王
承鎮法親王
(源忠房)
忠房親王
彦良<源彦良>
彦忠
女<智泉禪師>
(尼)
松蔭
順徳天皇
善統親王
彦成王
忠成王
承慧
彦仁王<源彦仁>
彦豊王
益助
尊忠
行昭
深恵
行助
尊雅王
善成<源善成>
守子内親王
玄覺
承鎮法親王
忠房親王
彦良(源彦良)
彦忠
(『姓氏家系大辞典』抜粋)

出典『復刻版.皇胤志(日本歴史研究所)』、『系図纂要』、『姓氏家系大辞典(角川書店)』、『群書系図部集』、『日本王朝興亡史』

土御門・後嵯峨天皇末裔系図（鎌倉将軍家）

後嵯峨天皇の皇統は、持明院統、大覚寺統及び鎌倉将軍家として分立存続した。
鎌倉将軍家は宗尊親王の系統の後、後深草天皇皇子の久明親王が継承した。幕府滅亡後も傍系久良親王(源久良)の系統が、後深草源氏として残ったが、宗明、宗久兄弟以後の動向は定かでない。

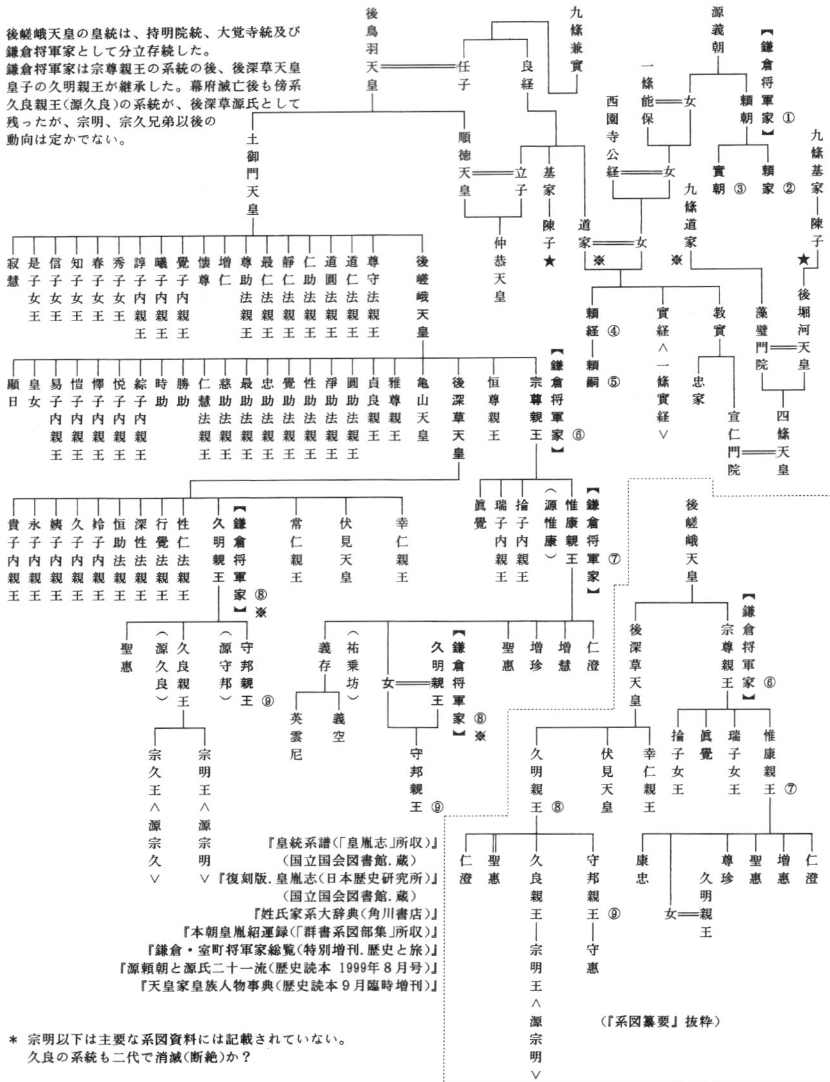
後鳥羽天皇
任子
良経
九條兼實
源義朝
【鎌倉将軍家】
一條能保
女
頼朝 ①
西園寺公経
女
實朝 ③
頼家 ②
九條基家
陳子
★
土御門天皇
順徳天皇
立子
基家
陳子
★
道家
女
※
九條道家
※
仲恭天皇
後嵯峨天皇
寂慧
是子女王
信子女王
知子女王
春子女王
秀子女王
諄子内親王
曦子内親王
覺子内親王
懐尊
増仁
尊助法親王
最仁法親王
静仁法親王
仁助法親王
道圓法親王
道仁法親王
尊守法親王
頼経 ④
頼嗣 ⑤
實経〈一條實経〉
教實
忠家
宣仁門院
藻壁門院
後堀河天皇
四條天皇
顯日
皇女
易子内親王
愷子内親王
懌子内親王
悦子内親王
綜子内親王
時助
勝助
仁慧法王
慈助法親王
最助法親王
忠助法親王
覺助法親王
性助法親王
浄助法親王
圓助法親王
貞良親王
雅尊親王
亀山天皇
後深草天皇
恒尊親王
宗尊親王
【鎌倉将軍家 ⑥】
貴子内親王
永子内親王
姨子内親王
久子内親王
姶子内親王
恒助法親王
深性法親王
行覺法親王
性仁法親王
久明親王
【鎌倉将軍家 ⑧】
※
常仁親王
伏見天皇
幸仁親王
眞覺
瑞子内親王
掄子内親王
（源惟康）
惟康親王
【鎌倉将軍家 ⑦】
聖惠
（源久良）
久良親王
（源守邦）
守邦親王 ⑨
宗久王〈源宗久〉
宗明王〈源宗明〉
義存
（祐乗坊）
英雲尼
義空
女
久明親王
【鎌倉将軍家 ⑧】
※
守邦親王 ⑨
聖惠
増珍
増慧
仁澄
後嵯峨天皇
後深草天皇
宗尊親王
【鎌倉将軍家 ⑥】
久明親王 ⑧
伏見天皇
幸仁親王
掄子女王
眞覺
瑞子女王
惟康親王 ⑦
仁澄
聖惠
久良親王
守邦親王 ⑨
宗明王〈源宗明〉
守惠
康忠
女
久明親王
尊珍
聖惠
増惠
仁澄
（『系図纂要』抜粋）

『皇統系譜(「皇胤志」所収)』
(国立国会図書館. 蔵)
『復刻版. 皇胤志(日本歴史研究所)』
(国立国会図書館. 蔵)
『姓氏家系大辞典(角川書店)』
『本朝皇胤紹運録(「群書系図部集」所収)』
『鎌倉・室町将軍家総覧(特別増刊. 歴史と旅)』
『源頼朝と源氏二十一流(歴史読本 1999年8月号)』
『天皇家皇族人物事典(歴史読本9月臨時増刊)』

＊ 宗明以下は主要な系図資料には記載されていない。
久良の系統も二代で消滅(断絶)か？

出典『皇統系譜(国立国会図書館. 蔵)』、『復刻版. 皇胤志(日本歴史研究所)』、『姓氏家系大辞典(角川書店)』、『系図纂要』、『群書系図部集(続群書類従完成会)』、『歴史と旅(秋田書店)』、『歴史読本(新人物往来社)』、他。

亀山天皇末裔系図（常磐井宮）

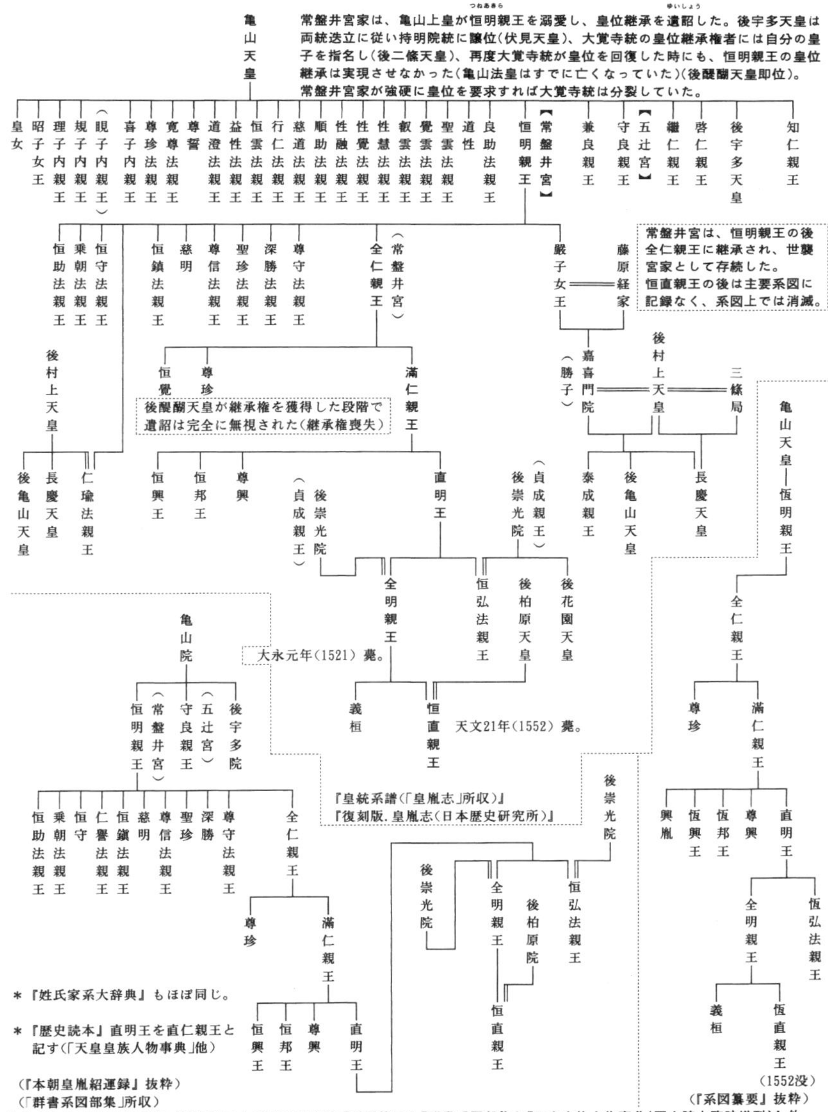

亀山天皇
常盤井宮家は、亀山上皇が恒明親王を溺愛し、皇位継承を遺詔した。後宇多天皇は両統迭立に従い持明院統に譲位（伏見天皇）、大覚寺統の皇位継承権者には自分の皇子を指名し（後二條天皇）、再度大覚寺統が皇位を回復した時にも、恒明親王の皇位継承は実現させなかった（亀山法皇はすでに亡くなっていた）（後醍醐天皇即位）。常盤井宮家が強硬に皇位を要求すれば大覚寺統は分裂していた。
皇女
昭子女王
理子内親王
規子内親王
（睍子内親王）
喜子内親王
尊珍法親王
寛尊法親王
尊誓
道澄法親王
益性法親王
恒雲法親王
行仁法親王
慈道法親王
順助法親王
性融法親王
性覚法親王
性慧法親王
叡雲法親王
覚雲法親王
聖雲法親王
道性
良助法親王
恒明親王【常盤井宮】
兼良親王
守良親王【五辻宮】
継仁親王
啓仁親王
後宇多天皇
知仁親王
恒助法親王
乗朝法親王
恒守法親王
恒鎮法親王
慈明
尊信法親王
聖珍法親王
深勝法親王
尊守法親王
全仁親王（常盤井宮）
厳子女王
藤原経家
常盤井宮は、恒明親王の後全仁親王に継承され、世襲宮家として存続した。
恒直親王の後は主要系図に記録なく、系図上では消滅。
後村上天皇
恒覚
尊珍
後醍醐天皇が継承権を獲得した段階で遺詔は完全に無視された（継承権喪失）
満仁親王
（勝子）嘉喜門院
後村上天皇
三條局
後亀山天皇
長慶天皇
仁瑜法親王
恒興王
恒邦王
尊興
（貞成親王）後崇光院
直明王
後崇光院（貞成親王）
泰成親王
後亀山天皇
長慶天皇
亀山天皇―恒明親王
全仁親王
全明親王
恒弘法親王
後柏原天皇
後花園天皇
亀山院
大永元年（1521）薨。
義桓
恒直親王
天文21年（1552）薨。
尊珍
満仁親王
恒明親王（常盤井宮）
守良親王（五辻宮）
後宇多院
興胤
恒興王
恒邦王
尊興
直明王
『皇統系譜（「皇胤志」所収）』
『復刻版．皇胤志（日本歴史研究所）』
後崇光院
恒助法親王
乗朝法親王
恒守
仁誉法親王
恒鎮法親王
慈明
尊信法親王
聖珍
深勝
尊守法親王
全仁親王
後崇光院
全明親王
後柏原院
恒弘法親王
全明親王
恒弘法親王
尊珍
満仁親王
義桓
恒直親王
（1552没）
恒直親王
＊『姓氏家系大辞典』もほぼ同じ。
＊『歴史読本』直明王を直仁親王と記す（「天皇皇族人物事典」他）
恒興王
恒邦王
尊興
直明王
（『本朝皇胤紹運録』抜粋）
（「群書系図部集」所収）
（『系図纂要』抜粋）

出典『皇統系譜』、『復刻版．皇胤志（日本歴史研究所）』、『系図纂要』、『群書系図部集』、『天皇皇族人物事典（歴史読本臨時増刊）』、他

後二條天皇末裔系図（木寺宮）

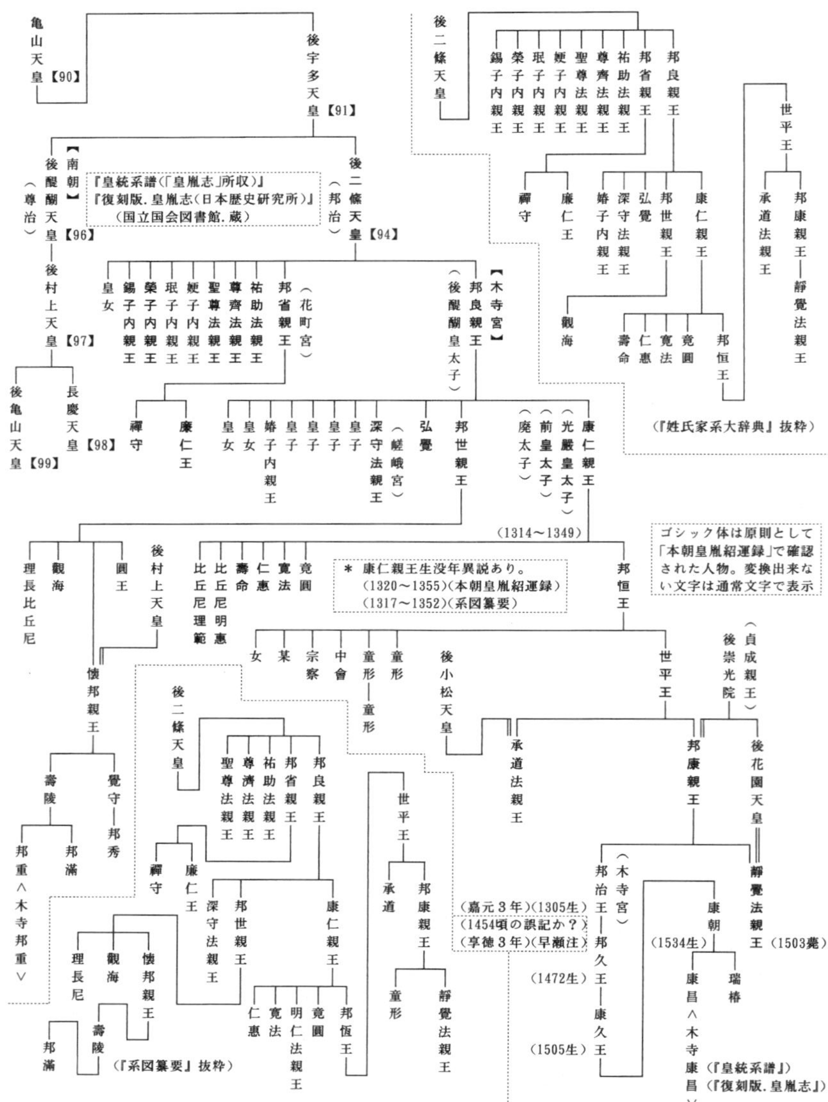

亀山天皇【90】
後宇多天皇【91】
後醍醐天皇【96】（尊治）【南朝】
後二條天皇【94】（邦治）
『皇統系譜（「皇胤志」所収）』
『復刻版.皇胤志（日本歴史研究所）』
（国立国会図書館.蔵）
後村上天皇【97】
後亀山天皇【99】
長慶天皇【98】
皇女
錫子内親王
榮子内親王
珉子内親王
娍子内親王
聖尊法親王
尊齊法親王
祐助法親王
邦省親王（花町宮）
邦良親王（後醍醐皇太子）【木寺宮】
禪守
廉仁王
皇女
皇女
婂子内親王
皇子
皇子
皇子
皇子
深守法親王（嵯峨宮）
弘覺
邦世親王
康仁親王
（光嚴皇太子）
（前皇太子）
（廃太子）
(1314～1349)
＊ 康仁親王生没年異説あり。
(1320～1355)(本朝皇胤紹運録)
(1317～1352)(系図纂要)
ゴシック体は原則として「本朝皇胤紹運録」で確認された人物。変換出来ない文字は通常文字で表示
理長比丘尼
觀海
圓王
後村上天皇
懐邦親王
壽陵
覺守
邦秀
邦重
邦滿
〈木寺邦重〉
比丘尼理範
比丘尼明惠
壽命
仁惠
寛法
竟圓
邦恒王
女
某
宗察
中會
童形
童形
童形
後小松天皇
世平王
後崇光院（貞成親王）
承道法親王
邦康親王
後花園天皇
靜覺法親王 (1503薨)
邦治王（木寺宮）
邦久王
康久王
(1472生)
(1505生)
康朝
(1534生)
康昌
瑞椿
〈木寺康昌〉
(『皇統系譜』)
(『復刻版.皇胤志』)
(嘉元3年)(1305生)
(1454頃の誤記か？)
(享徳3年)(早瀬注)
後二條天皇
聖尊法親王
尊濟法親王
祐助法親王
邦省親王
邦良親王
禪守
廉仁王
深守法親王
邦世親王
康仁親王
理長尼
觀海
懐邦親王
壽陵
邦滿
(『系図纂要』抜粋)
仁惠
寛法
明仁法親王
竟圓
邦恒王
世平王
承道
邦康親王
童形
靜覺法親王
後二條天皇
錫子内親王
榮子内親王
珉子内親王
娍子内親王
聖尊法親王
尊齊法親王
祐助法親王
邦省親王
邦良親王
禪守
廉仁王
婂子内親王
深守法親王
弘覺
邦世親王
康仁親王
觀海
壽命
仁惠
寛法
竟圓
邦恒王
世平王
承道法親王
邦康親王
靜覺法親王
(『姓氏家系大辞典』抜粋)

出典『皇統系譜』、『復刻版皇胤志（日本歴史研究所）』、『系図纂要』、『群書系図部集』、『姓氏家系大辞典（角川書店）』、他

皇統分裂略系図

皇統は、後嵯峨上皇の恒仁親王(亀山天皇)への偏愛が遠因となり持明院統(後深草系)と大覚寺統(亀山系)に分裂した。
大覚寺統は、亀山上皇の恒明親王への偏愛と西園寺實兼・公衡の暗躍により、後宇多天皇系と恒明親王系に分裂した。但し恒明親王が皇位を継承する事はなかった(常盤井宮家として存続したが、やがて零落)。
大覚寺統はその後、後二條系と後醍醐系に分裂した。
後醍醐天皇は皇位を継承すると、自分の系統での皇位継承を狙い、反幕的となる。謀議が発覚し、皇位を追われるが、復帰した時に、光厳天皇の皇位と康仁親王の皇太子位を廃位した(康仁親王の継承権を否定)。
後二條系は木寺宮家として存続したがやがて親王宣下も中絶、後に親王家として復活するが動向が定かでなくなる。
持明院統にも分裂の危機はあったが、猶子関係などで分裂を回避した。南北朝時代に伏見宮家を分立した。

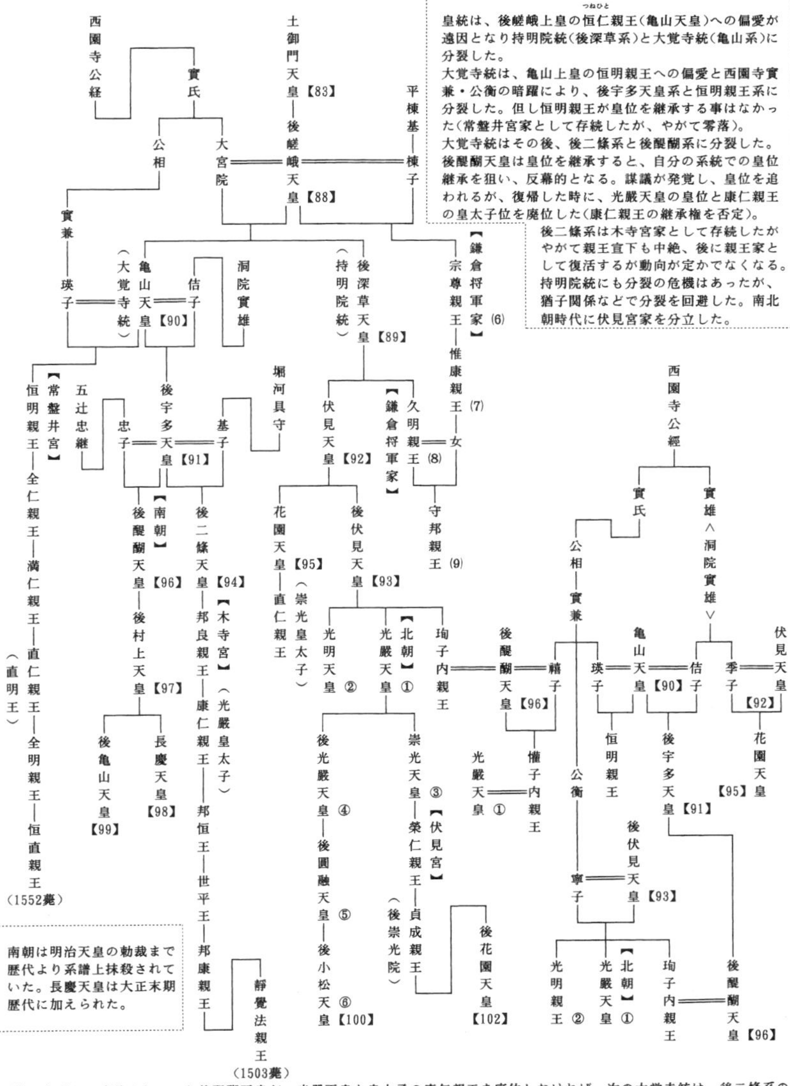

西園寺公経
實氏
土御門天皇【83】
平棟基
公相
大宮院
後嵯峨天皇【88】
棟子
實兼
瑛子
亀山天皇【90】
(大覚寺統)
佶子
洞院實雄
後深草天皇【89】
(持明院統)
宗尊親王
【鎌倉将軍家】(6)
惟康親王(7)
女
恒明親王
【常盤井宮】
五辻忠継
忠子
後宇多天皇【91】
基子
堀河具守
伏見天皇【92】
久明親王(8)
【鎌倉将軍家】
守邦親王(9)
全仁親王
満仁親王
直仁親王
(直明王)
全明親王
恒直親王
(1552薨)
後醍醐天皇【96】
【南朝】
後村上天皇【97】
後亀山天皇【99】
長慶天皇【98】
後二條天皇【94】
邦良親王
【木寺宮】
康仁親王
(光厳皇太子)
邦恒王
世平王
邦康親王
静覚法親王
(1503薨)
花園天皇【95】
直仁親王
(崇光皇太子)
後伏見天皇【93】
光明天皇②
光厳天皇①
【北朝】
珣子内親王
後光厳天皇④
後圓融天皇⑤
後小松天皇⑥【100】
崇光天皇③
榮仁親王
【伏見宮】
貞成親王
(後崇光院)
後花園天皇【102】
後醍醐天皇【96】
禧子
光厳天皇①
懽子内親王
西園寺公経
實氏
實雄
<洞院實雄>
公相
實兼
公衡
瑛子
亀山天皇【90】
佶子
季子
伏見天皇
【92】
恒明親王
後宇多天皇【91】
花園天皇【95】
寧子
後伏見天皇【93】
光明親王②
光厳天皇①
【北朝】
珣子内親王
後醍醐天皇【96】

* 南朝は明治天皇の勅裁まで歴代より系譜上抹殺されていた。長慶天皇は大正末期歴代に加えられた。

* 討幕に失敗して廃位されていた後醍醐天皇が、光厳天皇と皇太子の康仁親王を廃位しなければ、次の大覚寺統は、後二條系の康仁親王が皇位を継承し、大覚寺統の嫡流となっていた筈であるが、後醍醐天皇の野望の前に粉砕された。

皇位・皇太子位継承略系図

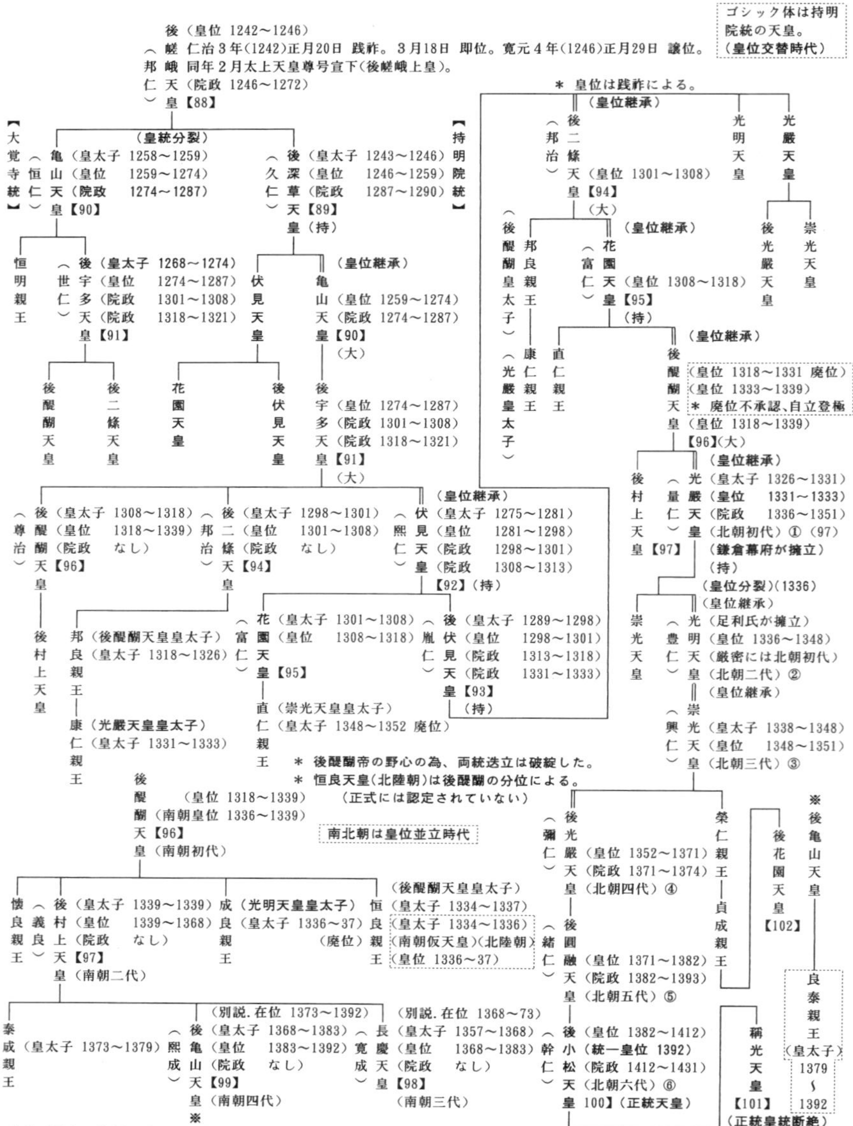
ゴシック体は持明院統の天皇。
（皇位交替時代）
後嵯峨天皇【88】（邦仁）
（皇位 1242～1246）
仁治3年(1242)正月20日 践祚。3月18日 即位。寛元4年(1246)正月29日 譲位。
同年2月太上天皇尊号宣下(後嵯峨上皇)。
（院政 1246～1272）
（皇統分裂）
【大覚寺統】
亀山天皇【90】（恒仁）（皇太子 1258～1259）（皇位 1259～1274）（院政 1274～1287）
【持明院統】
後深草天皇【89】（持）（久仁）（皇太子 1243～1246）（皇位 1246～1259）（院政 1287～1290）
恒明親王
後宇多天皇【91】（世仁）（皇太子 1268～1274）（皇位 1274～1287）（院政 1301～1308）（院政 1318～1321）
後醍醐天皇
後二條天皇
伏見天皇
花園天皇
後伏見天皇
（皇位継承）
亀山天皇【90】（皇位 1259～1274）（院政 1274～1287）（大）
後宇多天皇【91】（皇位 1274～1287）（院政 1301～1308）（院政 1318～1321）（大）
後醍醐天皇【96】（尊治）（皇太子 1308～1318）（皇位 1318～1339）（院政 なし）
後村上天皇
後二條天皇【94】（邦治）（皇太子 1298～1301）（皇位 1301～1308）（院政 なし）
邦良親王（後醍醐天皇皇太子）（皇太子 1318～1326）
康仁親王（光厳天皇皇太子）（皇太子 1331～1333）
（皇位継承）
伏見天皇【92】（持）（煕仁）（皇太子 1275～1281）（皇位 1281～1298）（院政 1298～1301）（院政 1308～1313）
花園天皇【95】（富仁）（皇太子 1301～1308）（皇位 1308～1318）
直仁親王（崇光天皇皇太子）（皇太子 1348～1352 廃位）
後伏見天皇【93】（持）（胤仁）（皇太子 1289～1298）（皇位 1298～1301）（院政 1313～1318）（院政 1331～1333）
＊ 後醍醐帝の野心の為、両統迭立は破綻した。
＊ 恒良天皇(北陸朝)は後醍醐の分位による。（正式には認定されていない）
後醍醐天皇【96】（皇位 1318～1339）（南朝皇位 1336～1339）（南朝初代）
南北朝は皇位並立時代
懐良親王
後村上天皇【97】（義良）（皇太子 1339～1339）（皇位 1339～1368）（院政 なし）（南朝二代）
成良親王（光明天皇皇太子）（皇太子 1336～37）（廃位）
恒良親王（後醍醐天皇皇太子）（皇太子 1334～1337）（皇太子 1334～1336）（南朝仮天皇）（北陸朝）（皇位 1336～37）
泰成親王（皇太子 1373～1379）
後亀山天皇【99】（煕成）（別説.在位 1373～1392）（皇太子 1368～1383）（皇位 1383～1392）（院政 なし）（南朝四代）※
長慶天皇【98】（寛成）（別説.在位 1368～73）（皇太子 1357～1368）（皇位 1368～1383）（院政 なし）（南朝三代）
＊ 皇位は践祚による。
後二條天皇【94】（邦治）（皇位継承）（皇位 1301～1308）（大）
光明天皇
光厳天皇
後光厳天皇
崇光天皇
後醍醐皇太子（邦良親王）
康仁親王
光厳皇太子（直仁親王）
花園天皇【95】（富仁）（皇位継承）（皇位 1308～1318）（持）
直仁親王
後醍醐天皇（皇位継承）（皇位 1318～1331 廃位）（皇位 1333～1339）＊ 廃位不承認、自立登極（皇位 1318～1339）【96】（大）
後村上天皇【97】
光厳天皇（量仁）（皇位継承）（皇太子 1326～1331）（皇位 1331～1333）（院政 1336～1351）（北朝初代）①（97）（鎌倉幕府が擁立）（持）
（皇位分裂）（1336）
崇光天皇
光明天皇（豊仁）（皇位継承）（足利氏が擁立）（皇位 1336～1348）（厳密には北朝初代）（北朝二代）②
崇光天皇（興仁）（皇位継承）（皇太子 1338～1348）（皇位 1348～1351）（北朝三代）③
後光厳天皇（彌仁）（皇位 1352～1371）（院政 1371～1374）（北朝四代）④
栄仁親王
貞成親王
後花園天皇【102】
※後亀山天皇
良泰親王（皇太子）1379～1392
後圓融天皇（緒仁）（皇位 1371～1382）（院政 1382～1393）（北朝五代）⑤
後小松天皇 100】（幹仁）（皇位 1382～1412）（統一皇位 1392）（院政 1412～1431）（北朝六代）⑥（正統天皇）
稱光天皇【101】
（正統皇統断絶）

出典『歴史と旅(秋田書店)』・『歴史読本(新人物往来社)』各種特別増刊・臨時増刊、『姓氏家系大辞典』、『系図纂要』、他

皇統系譜から「消される」者たち

承久の乱で敗れた朝廷は、鎌倉幕府（北條政権）により仲恭天皇が廃位され、三上皇（後鳥羽上皇・土御門上皇・順徳上皇）は遠流に処された。この時、後鳥羽上皇の皇子も流され、あるいは自らの意志で地方へ下った者もある。

後鳥羽上皇の皇子の頼仁親王もその一人である。頼仁親王は備前児島に流され、児島宮・冷泉宮と記録されている。その王子道乗は出家して尊龍院大僧正となった。天皇家の系譜（「本朝皇胤紹運録」）では道乗まで確認されるが、それ以下は記載されていない。しかし、『皇胤志』（国立国会図書館・蔵）によれば、道乗・頼宴・宴深・回深・湛深・玄道・隆深の歴代が尊龍院住職として記載されている。児島高徳も一族と記載されている。この系譜は、宇喜多秀家の先祖系譜（諸説あり）の一つとして『戦国宇喜多一族』で紹介されている（「五流尊龍院系図」）。尊龍院系譜は中央の記録では抹消されている。『系図纂要』も道乗までしか記載していない。尊龍院系譜が真実なら、この皇統は「消された皇統」ということになる。

承久の乱の後、三上皇が遠流になったことは前述したが、その皇子たちが全て処断されたわけではない。出家を免れ、皇族の地位を保った皇子がいる。順徳皇子の善統親王（四辻宮）および忠成王（岩倉宮）、彦成王。土御門天皇の皇子の阿波院宮（邦仁親王）らである。特に忠成王と邦仁親王が残ったことは、この後重要な意味を帯びてくる。その前に四辻宮家について述べることにする。

四辻宮家は善統親王により始まり、尊雅王を経て善成に至る。善成は源姓を賜り、源善成あるいは四辻善成と称し、左大臣となり臣下の立場で朝廷に参画した。しかしその後の系譜は定かでない。「本朝皇胤紹運録」は、善成までしか記載していない。尊雅王の女系は『日本王朝興亡史』（鹿島曻・新國民社）によれば、足利義満と北朝五代目の後圓融天皇へ繋がっている。源氏としての四辻家の系譜は明らかでない。

次に岩倉宮（忠成王）について述べることにする。仁治三年（一二四二）正月九日、十二歳の四條天皇が急死して、後堀河天皇の皇統が断絶してしまったのである。残った皇統は順徳天皇の皇統と土御門天皇の皇統である。承久の乱以後、鎌倉幕府の意向を無視できなくなった朝廷は、鎌倉に使者を遣わした。廷臣の主流派（鎌倉将軍頼経の実父で、実力者の九條道家を中心とする）は、岩倉宮（討幕派の順徳上皇の皇子）を推挙した。

一方、北條義時娘婿で前内大臣の土御門定通は、兄の通宗の孫（通宗の娘の通子と土御門上皇との間に誕生した）の阿波院宮（邦仁親王）を推挙する使者を鎌倉に遣わした。幕府は、討幕に積極的ではなかった土御門上皇の皇子（邦仁）を次代の天皇に推挙した。岩倉宮家は、事実上皇位継承権を喪失した。忠成王の次代の彦仁王の時に源姓となり、皇籍より排除された。

次の忠房の時、後宇多天皇の猶子となり親王に復帰（忠房親王）したが、次代の彦良の時に再び源姓となり、皇籍より除かれた。次の彦忠以下の系譜は定かでない。主要な系図資料は、彦忠までしか記載していない（『系図纂要』、『姓氏家系大辞典』、『皇胤志』など）。

血統が断絶したか否かわからないが、中央の記録からは抹消されている。将軍家の権威に依存した九條派と執権家（北條氏）の権力に依存した土御門一門の争いは、土御門一門の勝利となり、後嵯峨天皇が擁立された。これは後に、摂家将軍の追放と皇族将軍家の誕生へ繋がっていく。しかし、この後嵯峨天皇の擁立が、持明院統と大覚寺統への皇統分裂を引き起こし、さらには、後醍醐天皇の討幕運動及び、皇統・皇位の大分裂（南北朝時代）へと繋がっていくのである。従来皇統分裂はあったが、皇位分裂は無いに等しい（短期の皇位分裂はあったが）。だが後嵯峨天皇の登場は後醍醐天皇を歴史上に登場させ、朝廷を分裂させることになるのである（皇位分裂）。

後嵯峨天皇の登場は、我が国の歴史に於いて、ある種ターニングポイントとなる。

第一に宮将軍家を創立したこと。第二に皇統分裂の要因を創ったこと。第三が後醍醐天皇が登極する道を開いたことである（本人は知る由もないが、結果として後醍醐帝を出現させることとなる。すなわち皇統・皇位の分裂を決定づけた）。

皇統分裂の要因とは、傍系登極への道を開き、世仁親王（後宇多天皇）を皇太子とすることで、傍系世襲の道を確定した（大覚寺統の世襲を可能にした）ことである。やがて二皇統による皇位継承争いを引き起こし、幕府の介入により両統迭立となり、それぞれの皇統嫡流に適年齢の後継者がいない場合は、皇統確保のため、暫定的に傍系が相続した（花園天皇、後醍醐天皇）。

両統迭立でなければ、後醍醐の登極の可能性は極めて低かったであろう。つまり、後伏見（持明院統）、後二條（大覚寺統）、花園（持明院統）、光嚴天皇（持明院統）、邦良親王（大覚寺統）という継承でも良かったのだから。その後に康仁親王（大覚寺統）か直仁親王（持明院統）が継承、あるいは光明天皇が継承しても、交替継承でないなら問題はない。交替継承がゆえに、後醍醐帝の登極となったのである（持明院統の後は大覚寺統という原則により）。

後醍醐天皇が継承した段階では、後醍醐の皇子には相続権がなかった。後醍醐の後は、邦良親王が内定し、さらにその後は、量仁（かずひと）親王（光嚴天皇）が内定していた。邦良親王が早く亡くなったので、量仁親王が後醍醐の皇太子となった。後醍醐が鎌倉幕府により廃位された後の皇位は、光嚴天皇が継承した。後醍醐の復位により（後醍醐は廃位を認めず自立登極）、光嚴天皇と皇太子の康仁親王を廃位した（後二條系の皇位継承権を事実上剥奪）。討幕に成功した後醍醐天皇は、恒良親王を皇太子として、自分の系統で皇位を独占しようとしたのである。その後、義良親王が皇太子となり皇位を継承する（後村上天皇）。

つまり、南北朝の大分裂は後嵯峨天皇の登極に遠因があったのである。皇位の本格的な分裂は後醍醐天皇の野心にあるが、後嵯峨天皇の存在がなければ、歴史は違った展開になったかもしれない。

後嵯峨天皇が皇位を継承した結果、順徳皇統は数代後、皇籍を排除（出家政策と臣籍降下）されていく。次いで将軍宮家が系譜上から消滅した。傍系が臣籍降下したが、系譜上では二代（源久良、宗明・宗久）で消滅している。次が、亀山天皇が偏愛した恒明親王の皇統である。大覚寺統の分裂を恐れた後宇多天皇は、亀山上皇の意志を無視して、皇位が大覚寺統に復帰した時、息子の邦治親王に皇位を継承させ、大覚寺嫡流を明確にした。さらに、尊治親王（後醍醐天皇）に暫定の継承権を与えたことで、恒明親王系統の皇位継承権は事実上消滅し、大覚寺統の分裂は回避された。恒明の系統は常盤井宮家として存続したが、恒直親王以後は定かでない。主な系譜は恒直親王までで後の動向は定かでない（系図参照）。

なお、『日本姓氏家系総覧』（『歴史読本』特別増刊事典シリーズ・新人物往来社）によると、亀山の皇統には五辻宮家（亀山天皇―守良親王【五辻宮】宗寛）を記載しており、同宮家は後深草系将軍宮家出身の深草宮に継承されたとされているが、「本朝皇胤紹運録」（『群書系図部集』）や『系図纂要』、『復刻版・皇胤志』（国立国会図書館・蔵）には記載されていなかった。後深草天皇―久明親王―深草宮―祥利―周勝（弟・久世）という系譜が記載されているが、深草宮の正体が不明であるし、前記各系図集では深草宮以下は確認できないので、系図には記載しなかったが、事実なら「消された皇統」ということになる。

鎌倉将軍家の系譜は、後嵯峨天皇―宗尊親王―惟康親王、その後は、後深草天皇皇子で惟康の女婿の久明親王に継承された。久明親王―守邦親王と継承され、幕府崩壊により辞職した。しかし、将軍宮家はその後世襲親王家としては存続しなかった。

旧将軍家は持明院統の出身であり、守邦親王が帰洛した京の都は、大覚寺統の後醍醐天皇の天下であった。『系図纂要』によれば、守邦親王の皇子は出家して本覺院の大僧正となり、親王家を相続できなかった。還俗する道もあるが、状況としては厳しいものがあったのであろう。守邦親王の甥の宗明は臣籍降下して源氏（源宗明）となっているが子孫の系譜は不明である。守邦親王の弟は出家しており、世襲親王への道は閉ざされていた。旧鎌倉将軍宮家は、時代の流れに「消された」のである。

後醍醐天皇の登極（天下）が消したものは、旧鎌倉将軍家だけではなかった。大覚寺統の嫡流の後二條系皇統も結果としては、皇位継承権者の地位から排斥されたのである。

邦良親王が早く亡くなったことも後醍醐天皇には幸いした。康仁親王は光嚴天皇の皇太子となり皇位継承権を確保したが、廃位された後醍醐天皇が復位した時に、自己の廃位を認めず、光嚴天皇と皇太子康仁親王を廃位とした。廃太子康仁親王の皇子（邦恒王）と孫（世平王）は親王宣下されず、宮家の血統は保ったが、親王家としては中絶した。康仁親王の曾孫の邦康親王が北朝により親王宣下、親王家が復活したが次代の静覺法親王で断絶した。

傍系が存続したが詳細は定かでない。木寺宮家の嫡流は北朝とは友好な関係にあり、猶子関係も結んでいる（系図参照、傍系は南朝後村上天皇猶子）。「皇統系譜」（『皇胤志』所収）によれば、静覚法親王の弟に邦治王を記し、数代子孫の系譜を掲載しているが、「本朝皇胤紹運録」（『群書系図部集』所収）には記載されていない。系譜上、木寺宮家は戦国時代に消滅しているのである。後醍醐が暫定政権で、大覚寺統が邦良親王、康仁親王に継承されていれば、両統迭立は継続され、後二條系皇統が天皇家として存続したかもしれない。皇位が持明院統に一本化されたとしても、世襲親王家として永く存続したかもしれないのである。

歴史に「もしも」は禁句だが、伏見宮家のように永く続いた可能性がないとは言えない。そうであれば、後醍醐の系統は僧籍に入り消滅したかもしれない（傍系の傍系であるが故に）。後醍醐天皇を倒幕に向かわせたのは、大覚寺統の皇位確保ではなく、自身の血統の皇位継承権確保が最大の目的であった。鎌倉幕府が後醍醐登極に際して内定した後継候補は、邦良親王（後二條系）で、その後は量仁（かずひと）親王（光嚴天皇、持明院統）が指名されていた。つまり後醍醐の皇子が皇位を継承する可能性は極めて低かったのである。

皇統を大覚寺嫡流に帰し、さらに両統更立となれば、後醍醐系統が皇位に復帰する可能性はゼロに近いと云っても言い過ぎではないであろう。その状況を打破するには幕府を倒して天皇親政を実現するしかなかったのである。承久の乱の敗北により朝廷は幕府に屈した。その結果、冷泉宮（児島宮）家、四辻宮家と岩倉宮家は皇統系譜上からは消滅した。鎌倉将軍家も皇統系譜上からは消滅した。常盤井宮家も戦国時代、恒直親王を最後に皇統系譜上から消滅した。五辻宮は事実上、守良親王一代とみなす。木寺宮家も静覚法親王で消滅した。

「木寺宮」に関しては、『皇胤志』（国立国会図書館・蔵）によれば、邦康親王の皇子に邦治王を記し、邦治王、邦久王、康久王、康朝、康昌と続いている。これは前述した事項とも重複しているが、天皇家の基本系図の一つである「本朝皇胤紹運録」の系譜上では消滅している。つまり、「承久の乱」から後嵯峨天皇の登極、そして後醍醐天皇登極まで、これだけの皇統が系譜上から消されたのである。その後醍醐の皇統も、持明院統（北朝）により抹殺された。南朝三代の天皇（後村上・長慶・後亀山）は歴代より排除され、その後裔は無視された。明治天皇の勅により、南朝歴代は正統天皇として復活した（長慶天皇は大正末期に正式に歴代に加えられた）。ただし、後南朝は埒外である。

南朝と後南朝については後述するとして、南北朝から室町時代に「消された皇統」は、常盤井宮家、木寺宮家、大覚寺統（後醍醐系）ばかりではない。持明院統も例外ではない。

旧鎌倉将軍家は、持明院統の出身であったが、世襲親王家として存続する間もなく消滅した。花園天皇の皇子の直仁親王は崇光天皇の皇太子になるも、京を奪回した南朝に廃位され、拉致されたので、事実上皇位継承権を失った。萩原御所を継承して萩原宮と呼ばれたが事実上一代で消滅した。御所は崇光天皇の皇子榮仁親王に継承されたが、晩年、伏見御領に居住し伏見宮家の始祖となり萩原宮家は伏見宮家に吸収され消滅した。崇光天皇らが南朝軍に拉致された後は崇光天皇の弟の三宮（彌仁王）が元服し、先帝や先々帝の指名を受けずに践祚して後光嚴天皇となった（継体天皇の践祚の先例に習ったことにした）。これにより、持明院傍系が嫡統となり、本来の嫡流（崇光天皇系）は伏見宮家（当初は萩原宮家）となる。本来なら伏見宮家は数代後に零落、あるいは消滅する運命にあったが、南北朝合一の後に正統皇統となった後光嚴系皇統（後小松天皇・稱光天皇）が、稱光天皇の崩御により嫡統が断絶すると、伏見宮家の彦仁王が後小松上皇の猶子となり皇位を継承した。これは、後小松天皇の皇子については、宗純（一休和尚）は母が南朝に仕えた家系の出身ということで幼い時に僧籍に入れられ継承権を失っており、小川宮（実名不詳）も早く亡くなり、継承権者を失ったことによる。「本朝皇胤紹運録」は、小川宮は記載されているが宗純（一休和尚）は記載されていない。

一休和尚が真実皇胤であったとしても、伏見宮家が嫡流として復権するためには邪魔な存在であった。従って「本朝皇胤紹運録」が一休を系譜上から抹消するのは、当然の帰結であった。『系譜纂要』や『姓氏家系大辞典』は掲載しているので、一休皇胤説は根強いものがあるのであろう。

稱光天皇崩御後、伏見宮貞成親王が皇位継承できなかったのは、稱光天皇が生前、貞成親王の皇位継承に難色を示したことによる。やむなく、貞成親王は出家し継承権を放棄、替わりに彦仁王が後小松天皇の猶子となり継承権を確保した。旧南朝の良泰親王に皇位を明け渡す意志のなかった持明院統と幕府の当然の結論であった。しかしこの貞成親王の出自に疑義があるとするのが、熊澤寛道・長島銀蔵・鹿島曻氏らである。

貞成親王は足利義満（鹿苑院上皇）の庶長子で、伏見宮家の榮仁親王の王子を毒殺して宮家を乗っ取り（持明院統断絶）、さらに皇位を簒奪したというのが、その主張の骨子である。貞成親王のことは

『南朝興亡史』でも触れたが、治仁王との関係で疑問な点があるので慎重な検討を必要とするが、当然証拠は消されてしまうので完全なる実証は不可能である。また、熊澤氏らは後小松天皇の出自にも疑問を指摘、作家の井沢元彦氏も類似の疑問を指摘している（後小松天皇が不義の出生で実父を足利義満とする）。また、「正副二統皇系」では長慶天皇と内伝の小松天皇（小室門院元子内親王）の皇子としている。こちらは、通常の系譜では比較検証ができないので何とも言えないが、一説として紹介しておく。拙著『南朝興亡史』でも系譜のみ紹介した（「三河玉川御所と広福寺」による）。

持明院統も、後圓融天皇と伏見宮治仁王までは信用できるが、その後は疑義があるし、場合によっては、断絶・乗っ取りの可能性もあるということである（足利天皇血統説）。治仁王ら伏見宮一族兄弟が闇殺されたのが事実なら、まさに「消された皇統」ということになる。

南朝皇統が闇に葬られ、北朝も簒奪されていたのなら、後嵯峨天皇による「皇統分裂」および、後醍醐天皇による「皇位分裂」は、天皇家にとって自殺行為ということになる。真相は闇の中である。いかに熊澤氏らの主張が正しいものであっても、「一等史料」では証明不可能故に。

北朝（持明院統）系図

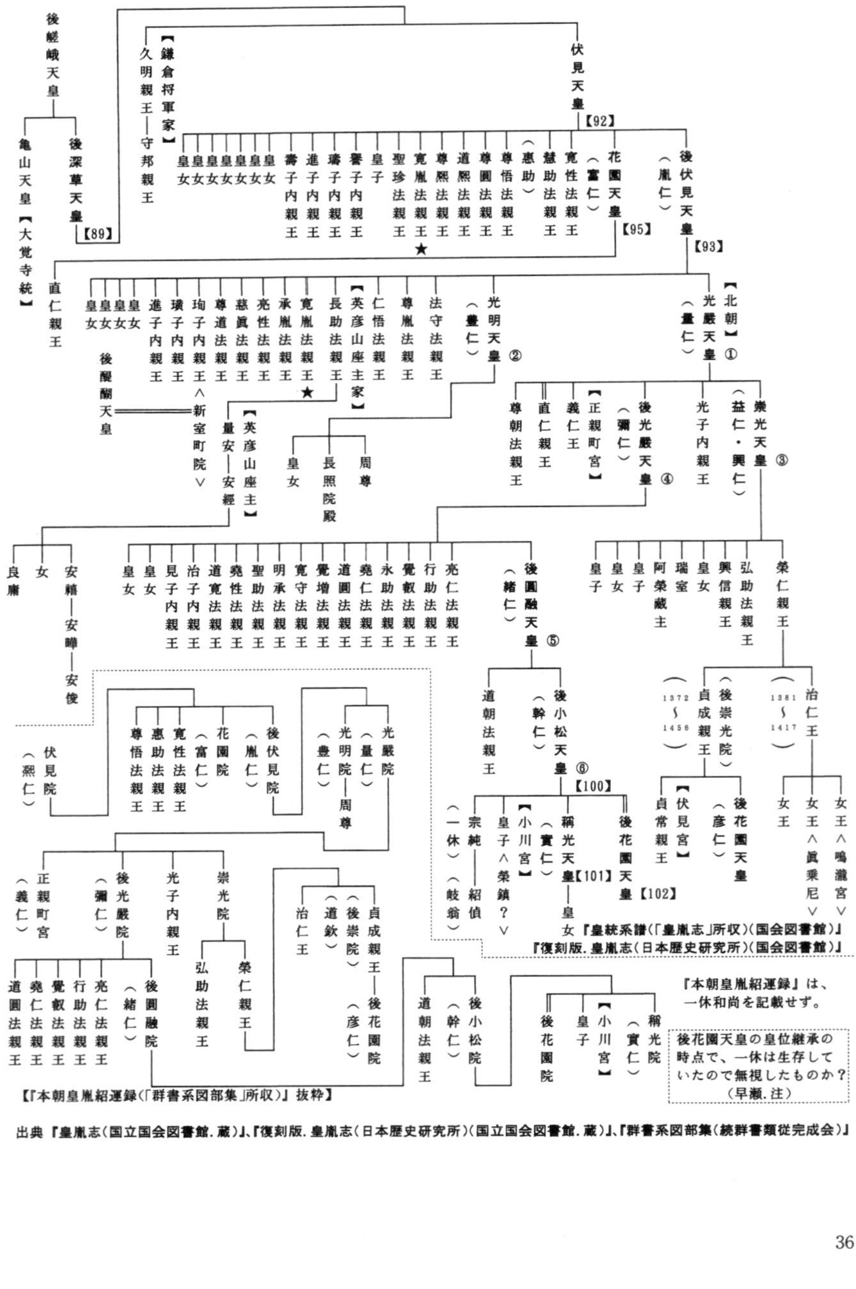
後嵯峨天皇
亀山天皇【大覚寺統】
後深草天皇【89】
【鎌倉将軍家】
久明親王―守邦親王
伏見天皇【92】
皇女 皇女 皇女 皇女 皇女 皇女 皇女
壽子内親王
進子内親王
璹子内親王
譽子内親王
皇子
聖珍法親王
寛胤法親王★
尊熈法親王
道熈法親王
尊圓法親王
尊悟法親王
（恵助）
慧助法親王
寛性法親王
（富仁）
花園天皇【95】
（胤仁）
後伏見天皇【93】
直仁親王
皇女 皇女 皇女 皇女
進子内親王
璜子内親王
珣子内親王〈新室町院〉
後醍醐天皇
尊道法親王
慈眞法親王
亮性法親王
承胤法親王
寛胤法親王★
長助法親王
量安―安經
【英彦山座主】
【英彦山座主家】
仁悟法親王
尊胤法親王
法守法親王
（豊仁）
光明天皇②
皇女
長照院殿
周尊
【北朝】
（量仁）
光嚴天皇①
尊朝法親王
直仁親王
義仁王
【正親町宮】
（彌仁）
後光嚴天皇④
光子内親王
（益仁・興仁）
崇光天皇③
良庸
女
安積―安暐―安俊
皇女 皇女
見子内親王
治子内親王
道寛法親王
堯性法親王
聖助法親王
明承法親王
寛守法親王
覺増法親王
道圓法親王
堯仁法親王
永助法親王
覺叡法親王
行助法親王
亮仁法親王
（緒仁）
後圓融天皇⑤
皇子
皇女
皇子
阿榮蔵主
瑞室
皇女
興信親王
弘助法親王
榮仁親王
道朝法親王
（幹仁）
後小松天皇⑥【100】
（1372～1456）
貞成親王
（後崇光院）
（1381～1417）
治仁王
（一休）
（岐翁）
宗純
紹偵
皇子〈榮鎮？〉
【小川宮】
（實仁）
稱光天皇【101】
皇女
後花園天皇【102】
貞常親王
【伏見宮】
（彦仁）
後花園天皇
女王
女王〈眞乗尼〉
女王〈鳴瀧宮〉
『皇統系譜（「皇胤志」所収）（国会図書館）』
『復刻版．皇胤志（日本歴史研究所）（国会図書館）』
（煕仁）
伏見院
尊悟法親王
恵助法親王
寛性法親王
（富仁）
花園院
（胤仁）
後伏見院
（豊仁）
光明院―周尊
（量仁）
光嚴院
（義仁）
正親町宮
（彌仁）
後光嚴院
光子内親王
崇光院
弘助法親王
榮仁親王
治仁王
（道欽）
（後崇院）
貞成親王―後花園院
（彦仁）
道圓法親王
堯仁法親王
覺叡法親王
行助法親王
亮仁法親王
（緒仁）
後圓融院
道朝法親王
（幹仁）
後小松院
後花園院
皇子
小川宮
（實仁）
稱光院
『本朝皇胤紹運録』は、一休和尚を記載せず。
後花園天皇の皇位継承の時点で、一休は生存していたので無視したものか？（早瀬．注）

【『本朝皇胤紹運録（「群書系図部集」所収）』抜粋】

出典『皇胤志（国立国会図書館．蔵）』、『復刻版．皇胤志（日本歴史研究所）（国立国会図書館．蔵）』、『群書系図部集（続群書類従完成会）』

持明院統（北朝）系図

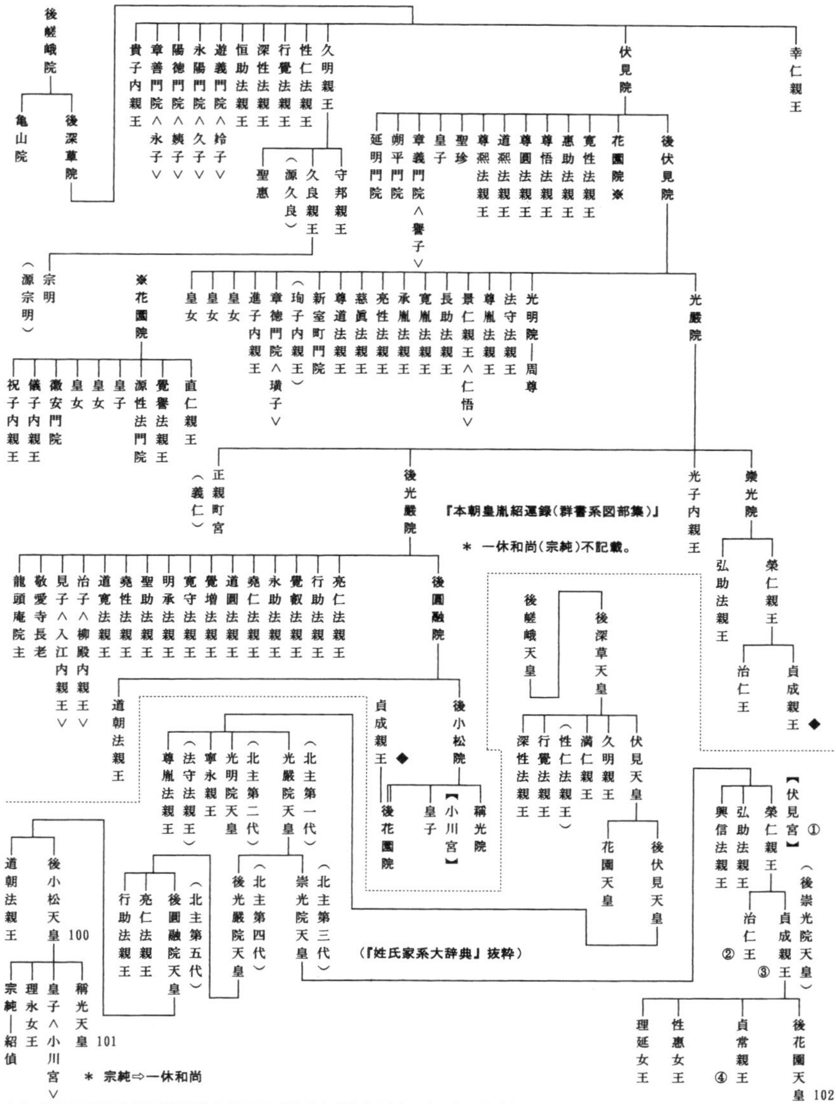

後嵯峨院
亀山院
後深草院
貴子内親王
章善門院〈永子〉
陽徳門院〈媖子〉
永陽門院〈久子〉
遊義門院〈姈子〉
恒助法親王
深性法親王
行覚法親王
性仁法親王
久明親王
伏見院
幸仁親王
聖恵
（源久良）
久良親王
守邦親王
延明門院
朔平門院
章義門院〈誉子〉
皇子
聖珍
尊熙法親王
道熙法親王
尊円法親王
尊悟法親王
恵助法親王
寛性法親王
花園院※
後伏見院
宗明（源宗明）
※花園院
祝子内親王
儀子内親王
徽安門院
皇女
皇女
皇子
源性法門院
覚誉法親王
直仁親王
皇女
皇女
皇女
進子内親王
章徳門院〈璜子〉
（珣子内親王）
新室町門院
尊道法親王
慈眞法親王
亮性法親王
承胤法親王
寛胤法親王
長助法親王
景仁親王〈仁悟〉
尊胤法親王
法守法親王
光明院―周尊
光厳院
正親町宮（義仁）
後光厳院
光子内親王
崇光院
『本朝皇胤紹運録（群書系図部集）』
＊ 一休和尚（宗純）不記載。
弘助法親王
榮仁親王
治仁王
貞成親王◆
龍頭庵院主
敬愛寺長老
見子〈入江内親王〉
治子〈柳殿内親王〉
道寛法親王
堯性法親王
聖助法親王
明承法親王
寛守法親王
覚増法親王
道圓法親王
堯仁法親王
永助法親王
覚叡法親王
行助法親王
亮仁法親王
後圓融院
後嵯峨天皇
後深草天皇
道朝法親王
後小松院
貞成親王◆
深性法親王
行覚法親王
（性仁法親王）
満仁親王
久明親王
伏見天皇
尊胤法親王
（法守法親王）
寧永親王
光明院天皇
（北主第二代）
光厳院天皇
（北主第一代）
後花園院
皇子
【小川宮】
稱光院
花園天皇
後伏見天皇
【伏見宮】①
興信法親王
弘助法親王
榮仁親王
（後崇光院天皇）
治仁王 ②
貞成親王 ③
道朝法親王
後小松天皇 100
行助法親王
亮仁法親王
後圓融院天皇
（北主第五代）
後光厳院天皇
（北主第四代）
崇光院天皇
（北主第三代）
（『姓氏家系大辞典』抜粋）
宗純―紹偵
理永女王
皇子〈小川宮〉
稱光天皇 101
＊ 宗純⇨一休和尚
理延女王
性惠女王
貞常親王 ④
後花園天皇 102

出典『群書系図部集（続群書類従完成会）』、『姓氏家系大辞典（太田亮、角川書店）』

持明院統系図

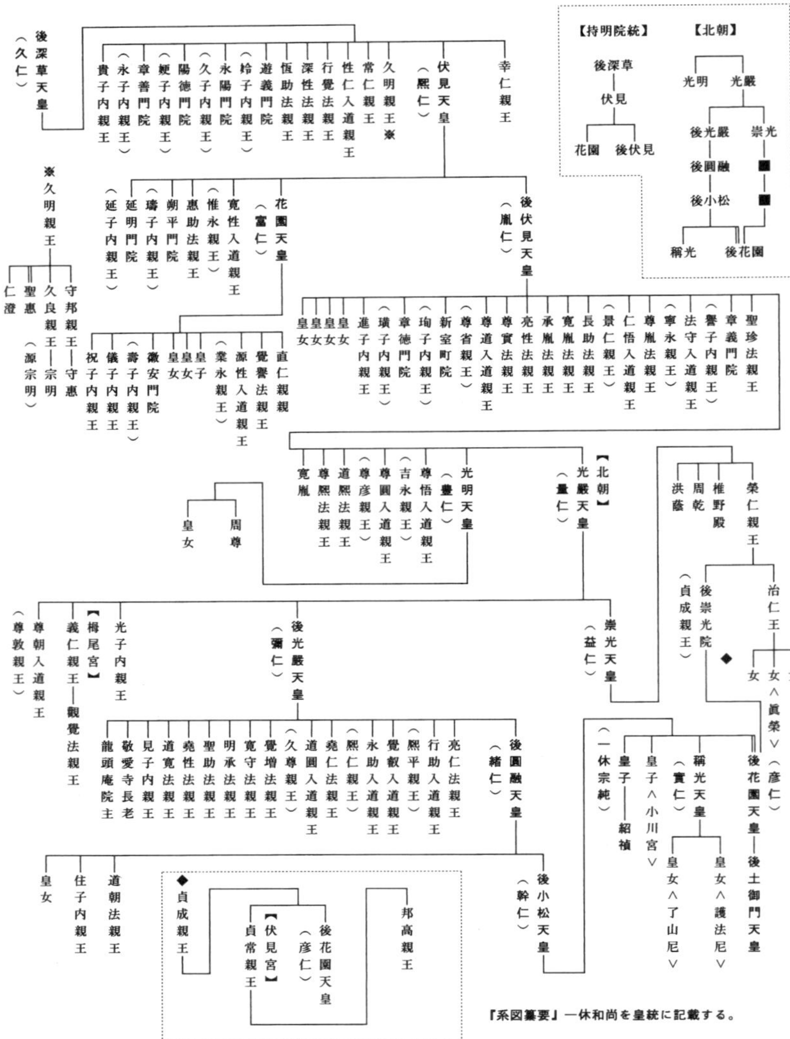
【持明院統】
後深草
伏見
花園
後伏見
【北朝】
光明
光嚴
後光嚴
崇光
後圓融
後小松
稱光
後花園
後深草天皇（久仁）
幸仁親王
伏見天皇（熈仁）
久明親王※
常仁親王
性仁入道親王
行覺法親王
深性法親王
恒助法親王
遊義門院
永陽門院
久子内親王
陽徳門院
章善門院
永子内親王
貴子内親王
※久明親王
守邦親王
久良親王
聖惠
仁澄
守邦親王－守惠
久良親王－宗明（源宗明）
後伏見天皇（胤仁）
花園天皇（富仁）
寛性入道親王
惟永親王
惠助法親王
朔平門院
璹子内親王
延明門院
延子内親王
直仁親王
覺譽法親王
源性入道親王
業永親王
皇子
皇女
皇女
徽安門院
壽子内親王
儀子内親王
祝子内親王
聖珍法親王
章義門院
譽子内親王
法守入道親王
寧永親王
尊胤法親王
仁悟入道親王
景仁親王
長助法親王
寛胤法親王
承胤法親王
亮性法親王
尊實法親王
尊道入道親王
尊省親王
新室町院
珣子内親王
章徳門院
璜子内親王
進子内親王
皇女
皇女
皇女
皇女
【北朝】
光嚴天皇（量仁）
光明天皇（豊仁）
尊悟入道親王
吉永親王
尊圓入道親王
尊彦親王
道熈法親王
尊熈法親王
寛胤
周尊
皇女
榮仁親王
椎野殿
周乾
洪蔭
治仁王
後崇光院（貞成親王）
女
女（眞榮）
女
◆
崇光天皇（益仁）
後光嚴天皇（彌仁）
光子内親王
【梅尾宮】
義仁親王－觀覺法親王
尊朝入道親王
尊敦親王
後圓融天皇（緒仁）
亮仁法親王
行助入道親王
熈平親王
覺叡入道親王
永助入道親王
熈仁親王
堯仁法親王
道圓入道親王
久尊親王
覺増法親王
寛守法親王
明承法親王
聖助法親王
堯性法親王
道寛法親王
見子内親王
敬愛寺長老
龍頭庵院主
後花園天皇（彦仁）－後土御門天皇
稱光天皇（實仁）
皇子（小川宮）
皇子－紹禎
一休宗純
皇女（護法尼）
皇女（了山尼）
後小松天皇（幹仁）
道朝法親王
住子内親王
皇女
◆
貞成親王
後花園天皇（彦仁）
【伏見宮】
貞常親王
邦高親王
『系図纂要』一休和尚を皇統に記載する。

出典『系図纂要・第一冊<神皇>（名著出版）』

一休と足利天皇血統秘史

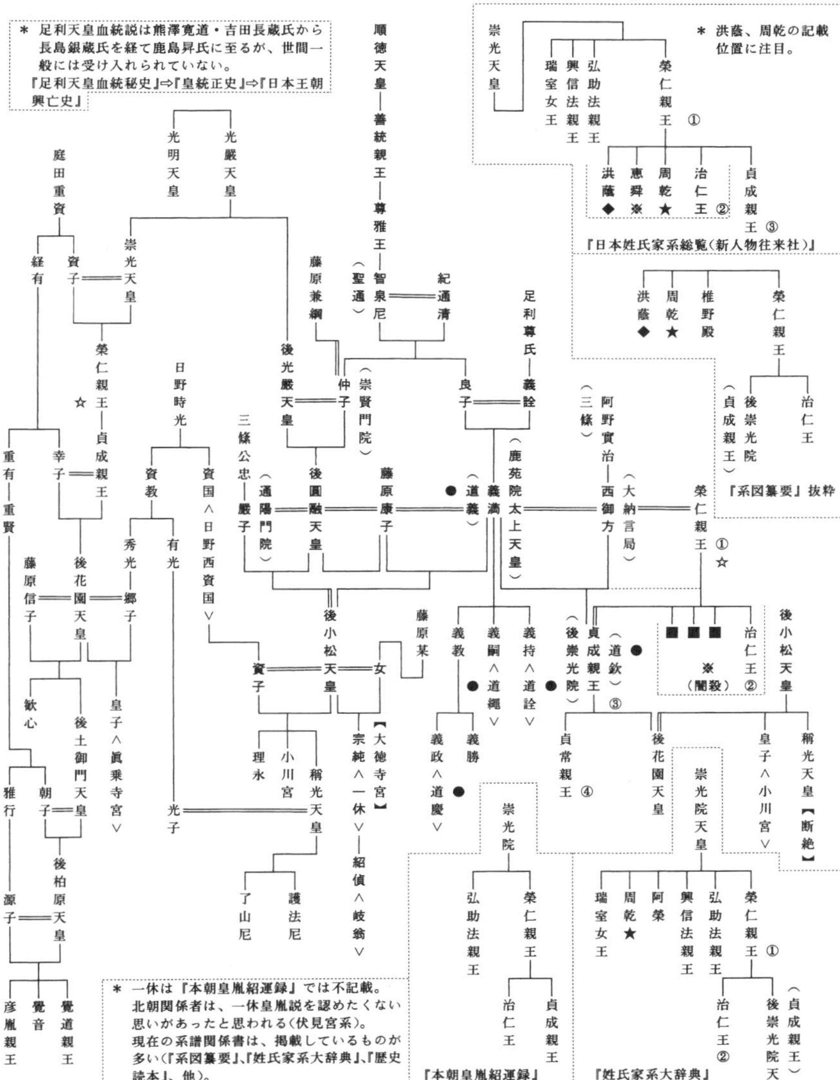
＊ 足利天皇血統説は熊澤寛道・吉田長蔵氏から長島銀蔵氏を経て鹿島昇氏に至るが、世間一般には受け入れられていない。
『足利天皇血統秘史』⇨『皇統正史』⇨『日本王朝興亡史』
＊ 洪蔭、周乾の記載位置に注目。
崇光天皇
瑞室女王
興信法親王
弘助法親王
栄仁親王 ①
洪蔭◆
恵舜※
周乾★
治仁王 ②
貞成親王 ③
『日本姓氏家系総覧(新人物往来社)』
洪蔭◆
周乾★
椎野殿
栄仁親王
(貞成親王)後崇光院
治仁王
『系図纂要』抜粋
順徳天皇
善統親王
尊雅王
智泉尼(聖通)
紀通清
藤原兼綱
光明天皇
光厳天皇
庭田重資
経有
資子
崇光天皇
栄仁親王 ☆
貞成親王
日野時光
資教
資国(日野西資国)
後光厳天皇
仲子(崇賢門院)
良子
足利尊氏
義詮
阿野實治(三條)
西御方
(大納言局)
栄仁親王 ① ☆
三條公忠
厳子(通陽門院)
後圓融天皇
藤原康子
●(道義)義満(鹿苑院太上天皇)
重有
重賢
幸子
藤原信子
後花園天皇
秀光
郷子
有光
後小松天皇
資子
女
藤原某
義教
●義嗣(道縄)
●義持(道詮)
(後崇光院)貞成親王(道欽)● ③
■ ■ ■
※(闇殺)
治仁王 ②
後小松天皇
欽心
皇子(眞乗寺宮)
後土御門天皇
理永
小川宮
稱光天皇
宗純(一休)【大徳寺宮】
紹偵(岐翁)
義政(道慶)●
義勝
貞常親王 ④
後花園天皇
皇子(小川宮)
稱光天皇【断絶】
雅行
朝子
光子
後柏原天皇
源子
了山尼
護法尼
彦胤親王
覺音
覺道親王
崇光院
弘助法親王
栄仁親王
治仁王
貞成親王
『本朝皇胤紹運録』
崇光院天皇
瑞室女王
周乾★
阿榮
興信法親王
弘助法親王
栄仁親王 ①
治仁王 ②
後崇光院天皇(貞成親王) ③
『姓氏家系大辞典』
＊ 一休は『本朝皇胤紹運録』では不記載。
北朝関係者は、一休皇胤説を認めたくない思いがあったと思われる(伏見宮系)。
現在の系譜関係書は、掲載しているものが多い(『系図纂要』、『姓氏家系大辞典』、『歴史読本』、他)。

『日本王朝興亡史(鹿島昇、新國民社)』、『足利天皇血統秘史(熊澤寛道、三秘同心会)』
『皇統正史(長島銀蔵、私家版、愛知学院大学図書館.蔵)』、『南朝興亡史(早瀬晴夫.編、近代文芸社)』、他
出典『日本王朝興亡史』、『足利天皇血統秘史』、『皇統正史』、『日本姓氏家系総覧』、『系譜纂要』、『群書系図部集』、『姓氏家系大辞典』、他

北朝も「消された皇統」か？　疑惑の伏見宮

持明院統（北朝）を「消された皇統」と記すと疑問に思われる方も多いと思うが、それはこの系統が足利将軍家に擁立されていたことと無縁ではない。

正平七年（一三五二）閏二月の南朝軍（楠木正儀ら）による京都奪還により、三上皇（光嚴、光明、崇光）と廃太子直仁親王は拉致され、足利幕府の錦の御旗「北朝」は消滅した。幕府は都に残されていた彌仁（いやひと）を、皇位継承を承認する上皇も神器（偽神器を含む）もないままに擁立（光嚴上皇の母の広義門院を上皇の代理として皇位承認）した。後光嚴天皇である。その崩御の後は持明院統嫡流の榮仁親王ではなく、足利義詮の義理の甥にあたる後圓融天皇が擁立されて北朝の嫡統となった。榮仁親王は嫡流ではあるが嫡統の地位を喪失した。本来は嫡流と嫡統は同じであるべきものだがここで分離した。同様のことは大覚寺統でも生じるが、こちらは後醍醐天皇が自らの意志で行った点が異なる。

後醍醐天皇が一時隠岐に流された時、皇太子邦良親王の後任の皇太子量仁（かずひと）親王が鎌倉幕府に擁立されて、光嚴天皇として登極した。皇太子には大覚寺統嫡流の康仁親王が指名された（両統迭立）。しかし、復帰した後醍醐天皇は光嚴天皇を認めず廃位した。同時に皇太子康仁親王も廃位した。同じ大覚寺統だから改めて皇太子に指名してもよかったはずだが、それでは大覚寺統傍流の後醍醐系は嫡統になれないので排除した。後醍醐天皇は、「大覚寺統」の乗っ取りを謀ったのである。（血統上の嫡流にはなれないが皇位を確保する限り、嫡統にはなれるし、後二條系が断絶すれば、その段階から大覚寺統嫡流となれるからである）

話を元に戻すが、北朝嫡統となった後光嚴系であるが本来は傍系であるので、その後は崇光系に皇位を戻すべきであるがそれは行わなかった。後光嚴系と縁戚であった足利将軍家はその後は、後圓融天皇を擁立、榮仁親王が皇位に就くことはなかった。ここまでは何の問題もない（後圓融天皇も榮仁親王も「持明院統」の血統であるので）。この後、「持明院統」も「消された皇統」との疑惑が浮上する。

(1)後小松天皇が、足利義満と後圓融妃の通陽門院嚴子との不義の子とする疑惑。（井沢元彦氏『天皇になろうとした将軍』）

(2)後小松天皇が、長慶天皇と隠れ南朝の元子内親王（小松天皇）の子とする説。（『三河玉川御所と広福寺』所収「正副二統皇系」藤原丸山説）

(3)後小松天皇は、日野康子（一時後圓融妃）と足利義満との子で、後圓融天皇と通陽門院嚴子との子とされ、康子は後小松天皇の実母であるので准后北山院（准国母）とされたという説。加えて、伏見宮の栄仁親王と治仁王や弟が闇殺され、足利義満の庶長子の足利貞成が貞成王・貞成親王となり伏見宮家を乗っ取ったとする説。（『南朝と足利天皇血統秘史』、『皇統正史』、『日本王朝興亡史』）

にわかには信じられないが、混乱した時代、可能性がないとは断言できない。治仁王の弟とされる貞成親王は、系図資料や歴史雑誌に記載されている生没年や元服の年齢など検討すると引っ掛かる点があるので疑惑なしとは言い切れないが、後小松天皇については、系図資料からは特に疑問は感じることはなかった（筆者の未熟のなすところかも知れないが……）。

貞成親王についてはは元服が異常に遅く、元服までの履歴が不明瞭で、稱光天皇が貞成親王の立太子には難色を示していたとの所伝も無視できない。治仁王の弟に位置付けられる貞成親王が治仁王より年長とする記述もある（『歴史読本』臨時増刊「天皇宮家人物総覧」）。「系図纂要」も同様の記述をしている。常識的には弟が兄より年上ということはありえない。これは他系から宮家に入ったことを暗示している。

貞成親王の血統に疑問もあるが、熊澤系譜を含む後南朝系譜を否定する学者は、吉田氏らの批判を『纂輯御系図』添え書きの読み違えと逆批判して正統性を主張している。

さておき、稱光天皇に男子後継がなく、弟の小川宮も親王宣下の前に急死しても、幕府と北朝の公家一統は、宗純（一休）を還俗・皇位継承権者とすることは回避した（皇胤と認めていなかったか？）。しかし大覚寺統（旧南朝）の小倉宮實仁（良泰）親王に皇位を譲位することは考えていなかった。幕府が一休を無視したということは、後小松上皇に落胤がいたとしても持明院統の後継とは認めないということで、庶流の血統が存在したとしても継承権を奪うということである。「持明院統の皇統」を消してしまえば残るのは「伏見宮」の系統ということになる。榮仁親王生存中に皇位を嫡流たる榮仁親王に返還しなかった幕府が何故貞成親王が宮家を継承した後に天皇家の後継者としたのか謎である。ただし稱光天皇は貞成親王を皇太子とすることには賛意を示さず、貞成親王は出家する羽目になった。

稱光天皇の崩御により持明院統嫡統は断絶した（貞成親王が、榮仁親王の皇子でなければ嫡流も断絶ということになる）。「宗純―紹偵」と落胤血統は存続したが、持明院統皇統からは消されてしまった。彦仁王が持明院統を継承したことで系譜上は、嫡流と嫡統（家督）が一本化された。その後宮家からの皇位継承もあるが、ともかく幕末維新まで存続したのである。

「幕末維新まで」という記述を不思議に思う読者もあろう。筆者も前著執筆までは、現在まで持明院統が存続したと思っていたのだから。しかし前著でも少し紹介したが『日本王朝興亡史』という書籍を

北朝・伏見宮検証一覧

	「天皇宮家人物総覧」	「系図纂要」	「復刻版.皇胤志」	「本朝皇胤紹運録」
崇光天皇	北朝第三代 父.光嚴天皇、母.藤原秀子 建武元年(1334) 4 月 22 日誕生。応永 5 年(1398)正月 13 日崩御。(65 歳)	父.光嚴天皇 実母.陽祿門院秀子 建武元年 4 月 22 日降誕。応永 5 年正月 13 日崩御。(65)	父.光嚴院天皇 実母.陽祿門院藤原秀子 建武元年 4 月 22 日降誕。応永 5 年正月 13 日崩。(御年 65)	第九十八。父.光嚴院。 実母.陽祿門院。 建武元年 4 月 22 日降誕。応永 5 年正月 13 日崩。(65)
後光嚴天皇	北朝第四代 父.光嚴天皇、母.藤原秀子 延元 3 年(1338) 3 月 2 日誕生。＊ 1336 は誤記により訂正。文中 3 年(1374)正月 29 日崩御。(37 歳)	父.光嚴天皇 実母.陽祿門院秀子 暦應元年(1338) 3 月 2 日降誕。應安七年(1374)正月 29 日崩。(37)	父.光嚴院天皇 実母.陽祿門院秀子 暦應元年(1338) 3 月 2 日降誕。應安七年(1374)正月 29 日崩。(御年 37)	第九十九。父.光嚴院。 母.陽祿門院。 暦應元年 3 月 2 日降誕。應安七年正月 29 日崩。(37)
後圓融天皇	北朝第五代 父.後光嚴天皇、母.紀仲子 正平 13 年(1358)12 月 12 日誕生。明徳 4 年(1393) 4 月 26 日崩御。(36 歳)	父.後光嚴天皇 母.崇賢門院仲子 延文 3 年(1358)12 月 12 日降誕。明徳 4 年(1393) 4 月 28 日崩。(36)	父.後光嚴院天皇 母.崇賢門院藤原仲子 (仲子の実父は紀通清) 延文 3 年(1358)12 月 12 日降誕。明徳 4 年(1393) 4 月 28 日崩。(御年 36)	第百。父.後光嚴院。 母.崇賢門院。 延文 3 年 12 月 12 日降誕。明徳 4 年 4 月 28 日崩。(36)
後小松天皇	第百代 (北朝第六代、早瀬.注) 父.後圓融天皇、母.藤原嚴子 天授 3 年(1377) 6 月 27 日誕生。永享 5 年(1433)10 月 20 日崩御。(57 歳)	父.後圓融天皇 母.通陽門院嚴子 永和 3 年(1377) 6 月 26 日降誕。永享 5 年(1433)10 月 20 日崩。(57)	父.後圓融院天皇 母.通陽門院嚴子 永和 3 年(1377) 6 月 26 日降誕。永享 5 年(1433)10 月 20 日崩。(御年 57)	第百一。父.後圓融院。 母.通陽門院嚴子 永和 3 年 6 月 26 日降誕。永享 5 年 10 月 20 日崩。(57)
一休宗純	父.後小松天皇、母.藤原氏	父.後小松天皇 母.藤原氏 應永元年(1394)正月 1 日生。文明 13 年(1481)11 月 21 寂。(88)	父.後小松院天皇 母.某(南朝系藤原氏) 應永元年(1394)正月生。 文明 13 年(1481)11 月 21 日寂。(年 88)(大德寺宮)	系図不記載。添え書き、一休和尚、後小松院落胤也と記す。
稱光天皇	第百一代 父.後小松天皇、母.藤原資子 應永 8 年(1401) 3 月 29 日誕生。正長元年(1428) 7 月 20 日崩御。(28 歳)	父.後小松天皇 母.光範門院 應永 8 年(1401) 3 月 29 日降誕。正長元年(1428) 7 月 20 日崩。(28)	父.後小松院天皇 母.光範門院資子 應永 8 年(1401) 3 月 29 日降誕。正長元年(1428) 7 月 20 日崩。(御年 28)	第百二。父.後小松院。 母.光範門院。 應永 8 年 3 月 29 日降誕。正長元年 7 月 20 日崩。(28)
皇子某	小川宮 父.後小松天皇、母.藤原資子 北朝第三代崇光天皇の皇子	小川宮。父.後小松天皇 母.光範門院。應永 32 年(1425) 2 月 16 日薨。(22)(應永 11 年頃誕生)	小川宮。父.後小松院天皇、母.光範門院應永 32 年(1425)2 月 16 日薨。(22 歳)(應永 11 年頃誕生)	小川宮。父.後小松院。 應永 32 年 2 月 16 日滅。(御年 22)(應永 11 年頃誕生)
榮仁親王 (伏見宮初代)	正平 6 年(1351)誕生。 應永 23 年(1416)11 月 20 日薨去。(66 歳)	崇光天皇皇子。 觀應 2 年(1351) 5 月生。應永 23 年(1416)11 月 20 日薨去。(66)	父.崇光天皇。母.庭田資子(源資子)。觀應 2 年(1351) 5 月降誕。應永 23 年(1416)11 月 20 日薨。(66)	父.崇光院。母.重資卿女。 應永 23 年 11 月 20 日薨。
治仁王 (伏見宮二代)	伏見宮第一代榮仁親王皇子。 弘和元年(1381)誕生。應永 24 年(1417) 2 月 4 日継承。應永 24 年(1417) 2 月 11 日薨去。(37 歳)(1381 ～ 1417) 伏見宮第一代榮仁親王皇子。	母.大納言局治子。 永徳元年(1381)生。 應永 24 年(1417) 2 月 12 日薨。(37)	母.大納言藤原治子。 應永 24 年(1417) 2 月 12 日薨。(37) 弘和(永徳)元年(1381)頃誕生(薨去より推定)。	榮仁親王皇子。早世。 應永 24 年(1417) 2 月 12 日卒。
貞成親王 (伏見宮三代)	文中元年(1372)3 月誕生。應永 18 年(1411)元服、貞成。兄.治仁王薨去後相続。康正 2 年(1456) 8 月 29 日薨去。(85 歳)(1372 ～ 1456)	母.大納言局治子。 應安 5 年(1372)3 月 25 日生。(應永)18 年元服。 康正 2 年(1456) 8 月 29 日崩。(85)(後崇光院)	母.藤原治子(実母.西御方)、父榮仁親王(実父.足利義満)。應安 5 年(1372) 3 月 14 日降誕。康正 2 年(1456) 8 月 29 日崩。	後崇光院。 父.榮仁親王。 康正 2 年(1456) 8 月 29 日崩。(85) (文中元年頃誕生)
貞成親王 (伏見宮三代)	**足利天皇血統秘史** 父.足利義満、母.西御方 本名.足利貞成	**皇統正史** 父.足利義満、母.西御方、本名.足利貞成	(備考)「足利天皇血統秘史」、「皇統正史」は、後小松天皇の実父を、足利義満と記す。つまり北朝嫡統と伏見宮家(持明院統嫡流)の両方を乗っ取った事になる。	

出典「歴史読本臨時増刊(新人物往来社)」、「系図纂要(名著出版)」、「群書系図部集(続群書類従完成会)」、「復刻版.皇胤志(木村信行)」

入手するに及び、「?」マークが駆け巡るようになったが、踏み込む時間がなかったので紹介程度でお茶を濁した。その後、『裏切られた三人の天皇』、『明治維新の生け贄』、『倭と日本建国史』、『日本侵略興亡史』（コピー、松重正氏提供）など入手するに及び疑問は膨らんだ。しかしにわかには信じられないことである。幕末、孝明天皇と皇子は暗殺され、長州の後南朝皇胤が密かに皇位を継承したというのである。長州の後南朝皇胤というのは自分の中ではほとんど無縁の存在であった。

『南朝興亡史』の出典の一つ『エロスを介して眺めた天皇は夢まぼろしの華である』にそのことに触れた記述があるが、詳細はわからなかった。熊澤天皇もそのシンパも、天皇家が北朝（実は足利氏が乗っ取った）の末裔と信じて疑わず、かれらの著述には長州後南朝は登場しない。これは後述することになると思うが、今の時点では直接のテーマではないので、前説はこれくらいで、いよいよ本論となる。

大覚寺統も後醍醐流以外は前述した（常盤井宮家、木寺宮家）ので、いよいよ後醍醐流の登場となる。筆者も高校時代までは、「北朝イコール持明院統」、「南朝イコール大覚寺統」という認識だったが、ここに来て「南朝イコール後醍醐流」という認識を持つに至った。やや乱暴な言い方になるが、「南北朝の争い」とは後醍醐流による皇統維持のための争いということになる。後二條系が大覚寺統の嫡流・嫡統として持明院統と両統迭立を継続していたら違った展開になったかもしれない。そうなれば後醍醐の嫡流は世襲の宮家となり、他の皇胤は出家して門跡となり一代で消滅、あるいは臣籍降下して源氏か平氏になったかもしれない。両統迭立も世代を重ねれば不合理となり統合されるかもしれない。しかし時代の歯車は後醍醐天皇を出現させてしまった。実態はともかく大分裂の扉を開けたのである。

後醍醐の出現は、「闇の皇統・消された皇統」の始まりであるが、その前に「偽天皇」の系譜を紹介してから本編に入ろう。戦後何人かの自称天皇が出現したが、筆者の生まれる前の話でよくは判らない。歴史雑誌や書籍で名前を知っていたのは、熊澤天皇と長浜天皇くらいで、伊藤清作氏（日本画家・伊藤獨）と三浦天皇は前著執筆資料の収集過程で知った。熊澤照元氏は熊澤天皇の一族で、熊澤信彦氏は偽熊澤天皇（北派熊澤氏）で、熊澤氏関係資料の収集過程で知った。後の自称天皇については筆者には知識も資料もない。ここでは、保阪氏ルポより系図化したものを紹介するにとどめる。

さて、これから後醍醐流の系譜と「伝承南朝・後南朝系譜」を紹介していくが、筆者はいわゆる研究者でもないし、古文書が読めるわけでもないので、個人的に提供された資料以外は、公開された資料を筆者なりの視点で再編したものである。従って大部分の資料は読者の方でも入手できると思われる。非公開の資料については、歴史雑誌などに断片的に紹介されたものは参考推定系譜とした。研究の先輩諸兄からの資料提示やご教授により、前著よりは多くの系譜を紹介できたと思う。

南朝・後南朝系譜は混乱しており、それが「皇国史観」を守護する学者に絶好の口実を与えていることは否めない。しかしそれを差し引いても疑問に思われる系譜が存在することも事実であり、その点は否定できない。だが南朝・後南朝系譜が北朝側の資料で実証できないのもまた事実である。権威の悪意で南朝資料の信憑性を全面否定されたら、南朝側は立証する根拠を失う事実もある。また、南朝皇胤であるが傍流であるものが嫡流に系図を書き改めれば、その点を突かれて偽系図と断罪されることもありうる。平成の時代になり南朝の末裔を声高に主張する家系を筆者は知らない。戦後の混乱期から高度成長の前夜までに熊澤天皇を含む南朝末裔騒動は収束し、時々話題になる程度で推移してきた。近年書籍で紹介されている大室天皇家を除いて。

十九人の自称天皇略系図（偽天皇の系譜）

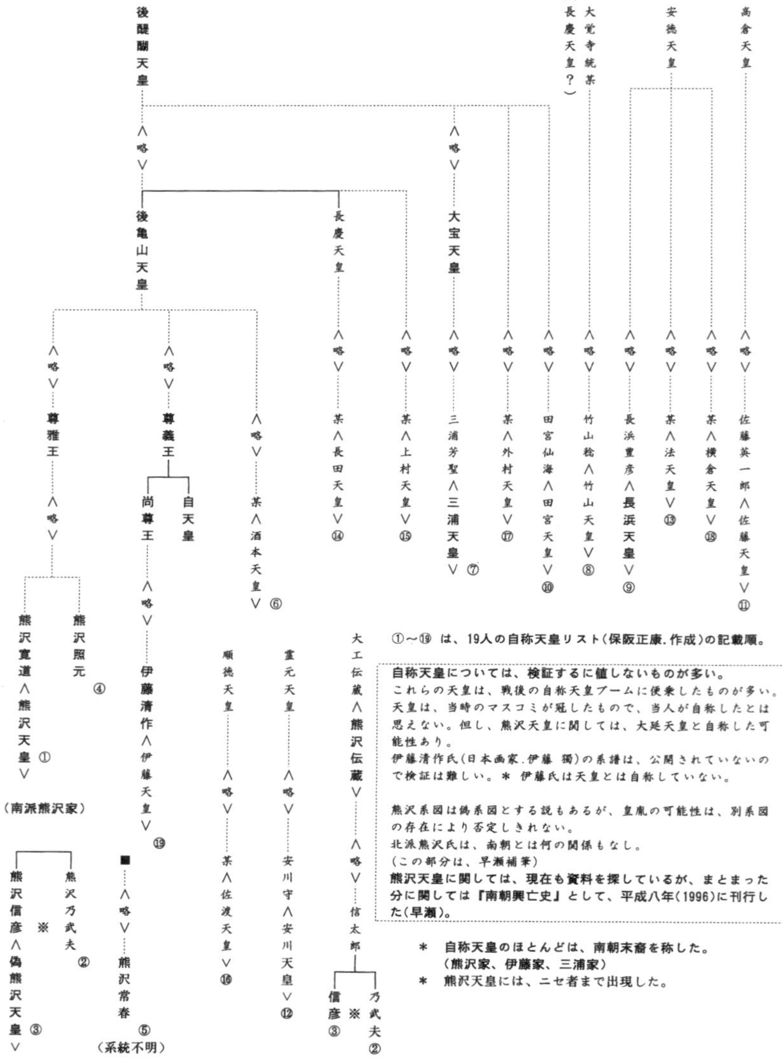

後醍醐天皇
〈略〉
後亀山天皇
長慶天皇
大宝天皇
大覚寺統某
（長慶天皇？）
安徳天皇
高倉天皇
尊雅王
尊義王
尚尊王
自天皇
某〈酒本天皇〉⑥
某〈長田天皇〉⑭
某〈上村天皇〉⑮
三浦芳聖〈三浦天皇〉⑦
某〈外村天皇〉⑰
田宮仙海〈田宮天皇〉⑩
竹山稔〈竹山天皇〉⑧
長浜豊彦〈長浜天皇〉⑨
某〈法天皇〉⑬
某〈横倉天皇〉⑱
佐藤英一郎〈佐藤天皇〉⑪
熊沢寛道〈熊沢天皇〉①
熊沢照元 ④
（南派熊沢家）
伊藤清作〈伊藤天皇〉⑲
順徳天皇
某〈佐渡天皇〉⑯
霊元天皇
安川守〈安川天皇〉⑫
大工伝蔵〈熊沢伝蔵〉
信太郎
信彦 ③ ※ 乃武夫 ②
熊沢信彦〈偽熊沢天皇〉③
※
熊沢乃武夫 ②
■
熊沢常春 ⑤
（系統不明）
（北派熊沢家）

①～⑲ は、19人の自称天皇リスト（保阪正康.作成）の記載順。

自称天皇については、検証するに値しないものが多い。
これらの天皇は、戦後の自称天皇ブームに便乗したものが多い。天皇は、当時のマスコミが冠したもので、当人が自称したとは思えない。但し、熊沢天皇に関しては、大延天皇と自称した可能性あり。
伊藤清作氏（日本画家.伊藤 獨）の系譜は、公開されていないので検証は難しい。＊ 伊藤氏は天皇とは自称していない。

熊沢系図は偽系図とする説もあるが、皇胤の可能性は、別系図の存在により否定しきれない。
北派熊沢氏は、南朝とは何の関係もなし。
（この部分は、早瀬補筆）
熊沢天皇に関しては、現在も資料を探しているが、まとまった分に関しては『南朝興亡史』として、平成八年（1996）に刊行した（早瀬）。

＊ 自称天皇のほとんどは、南朝末裔を称した。（熊沢家、伊藤家、三浦家）
＊ 熊沢天皇には、ニセ者まで出現した。

出典『十九人の自称天皇（保阪正康、悠思社）』、『御落胤と偽天皇（玉川信明.編、社会評論社）』

後醍醐流皇胤系図（1）

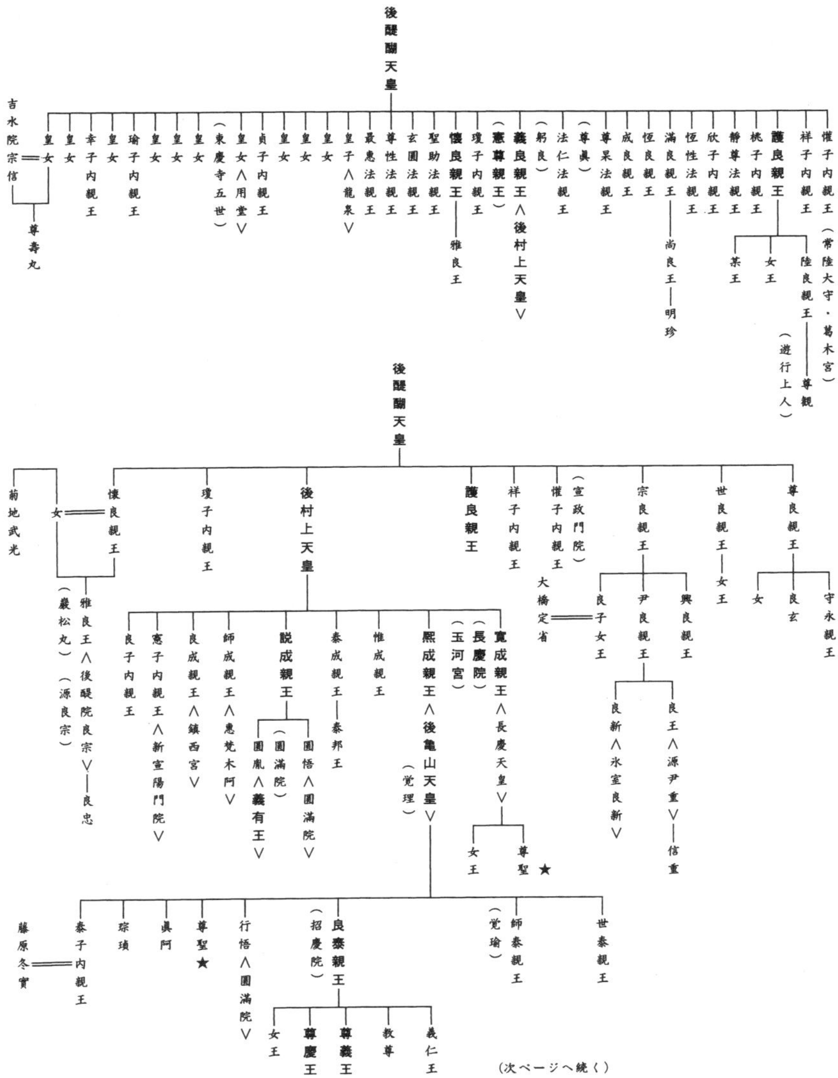
後醍醐天皇
吉水院宗信
皇女
尊壽丸
皇女
幸子内親王
皇女
瑜子内親王
皇女
皇女
皇女
（東慶寺五世）
皇女〈用堂〉
貞子内親王
皇女
皇女
皇女
皇子〈龍泉〉
最恵法親王
尊性法親王
玄圓法親王
聖助法親王
懐良親王
雅良王
瓊子内親王
（憲尊親王）
義良親王〈後村上天皇〉
（躬良）
法仁法親王
（尊眞）
尊杲法親王
成良親王
恒良親王
満良親王
尚良王
明珍
恒性法親王
欣子内親王
静尊法親王
桃子内親王
護良親王
某王
女王
陸良親王
（遊行上人）
尊観
祥子内親王
懽子内親王（常陸大守・葛木宮）
後醍醐天皇
菊地武光
女
懐良親王
雅良王〈後醍院良宗〉
（巖松丸）（源良宗）
良忠
瓊子内親王
後村上天皇
良子内親王
憲子内親王〈新宣陽門院〉
良成親王〈鎮西宮〉
師成親王〈恵梵木阿〉
説成親王
（圓満院）
圓胤〈義有王〉
圓悟〈圓満院〉
泰成親王
泰邦王
惟成親王
熙成親王〈後亀山天皇〉
（覚理）
（玉河宮）
（長慶院）
寛成親王〈長慶天皇〉
女王
尊聖 ★
護良親王
祥子内親王
懽子内親王
（宣政門院）
宗良親王
大橋定省
良子女王
尹良親王
良新〈氷室良新〉
良王〈源尹重〉
信重
興良親王
世良親王
女王
尊良親王
女
良玄
守永親王
藤原冬實
泰子内親王
琮頊
眞阿
尊聖★
行悟〈圓満院〉
（招慶院）
良泰親王
女王
尊慶王
尊義王
教尊
義仁王
（覚瑜）
師泰親王
世泰親王

（次ページへ続く）

＊『系図纂要』は江戸時代に刊行された。内閣文庫本を基本に名著出版が復刻した。

出典『系図纂要・第一冊　神皇(名著出版)』＊　一部『皇胤志』所収の『皇統系譜(中田憲信)』により補筆。

後醍醐流皇胤系図 (2)

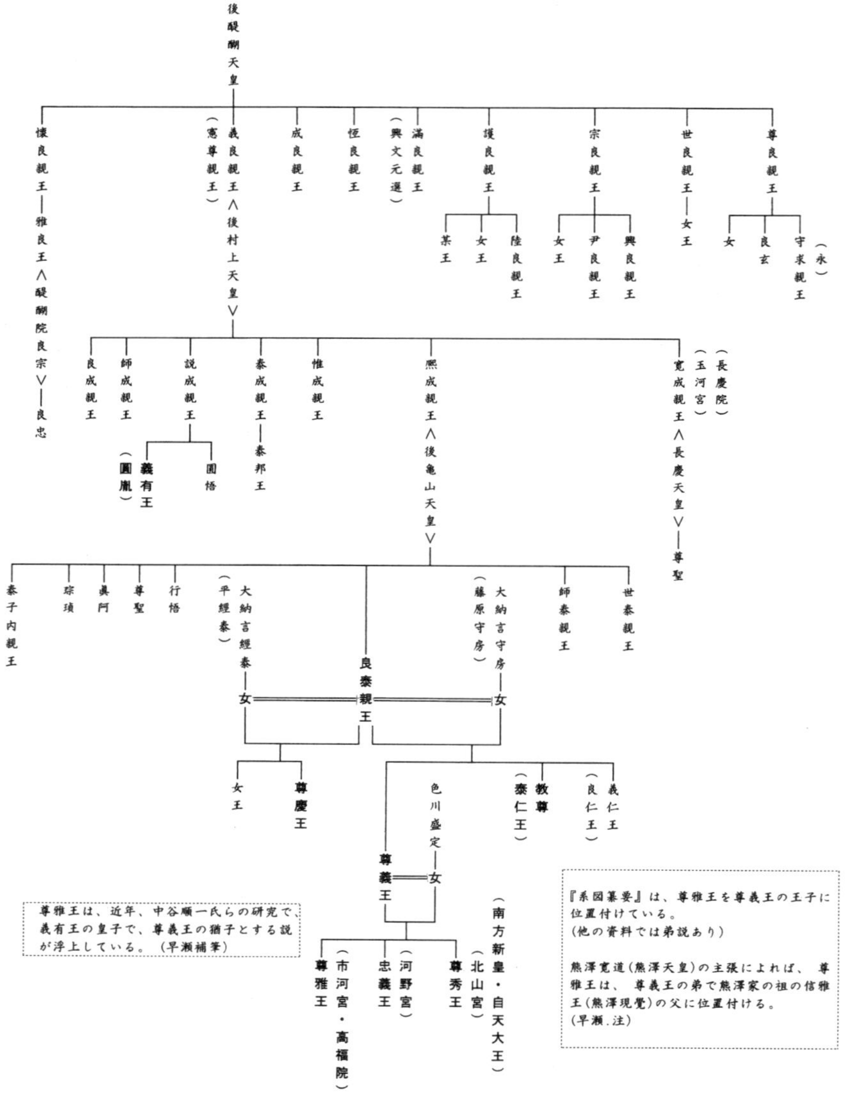
後醍醐天皇
懐良親王
雅良王〈醍醐院良宗〉
良忠
(憲尊親王)
義良親王〈後村上天皇〉
成良親王
恒良親王
(興文元選)
満良親王
護良親王
某王
女王
陸良親王
宗良親王
女王
尹良親王
興良親王
世良親王
女王
尊良親王
女
良玄
守求親王
(永)
良成親王
師成親王
説成親王
義有王
(圓胤)
圓悟
泰成親王
泰邦王
惟成親王
熙成親王〈後亀山天皇〉
寛成親王〈長慶天皇〉
(玉河宮)
(長慶院)
尊聖
泰子内親王
琮頊
眞阿
尊聖
行悟
大納言經泰
(平經泰)
女
良泰親王
大納言守房
(藤原守房)
女
師泰親王
世泰親王
女王
尊慶王
尊義王
色川盛定
女
教尊
(泰仁王)
義仁王
(良仁王)
尊雅王
(市河宮・高福院)
忠義王
(河野宮)
尊秀王
(北山宮)
(南方新皇・自天大王)

尊雅王は、近年、中谷順一氏らの研究で、義有王の皇子で、尊義王の猶子とする説が浮上している。(早瀬補筆)

『系図纂要』は、尊雅王を尊義王の王子に位置付けている。
(他の資料では弟説あり)

熊澤寛道(熊澤天皇)の主張によれば、尊雅王は、尊義王の弟で熊澤家の祖の信雅王(熊澤現覚)の父に位置付ける。
(早瀬.注)

出典『系図纂要(名著出版)』

後醍醐流皇胤系図（3）（後醍院氏）（参考　貫氏系図）

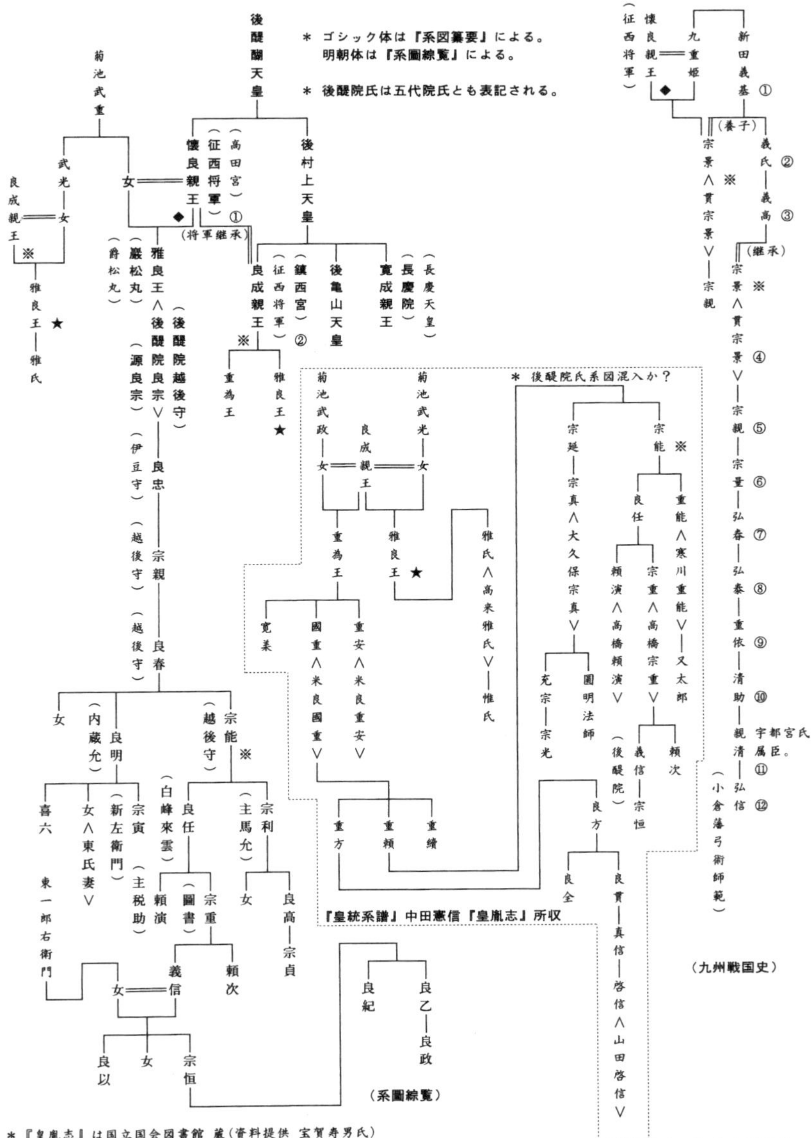

＊ ゴシック体は『系図纂要』による。
明朝体は『系圖綜覧』による。
＊ 後醍院氏は五代院氏とも表記される。
後醍醐天皇
菊池武重
懐良親王（征西将軍）①（高田宮）
後村上天皇
（将軍継承）
良成親王（征西将軍）②
鎮西宮
後亀山天皇
寛成親王（長慶院）（長慶天皇）
雅良王（後醍院良宗）（巖松丸）（爵松丸）（源良宗）
（後醍院越後守）
良忠（伊豆守）
宗親（越後守）
良春（越後守）
宗能（越後守）
良明（内蔵允）
喜六
宗寅（新左衛門）（主税助）
良任（白峰來雲）
宗利（主馬允）
頼演
宗重（圖書）
良高
宗貞
義信
頼次
良以
宗恒
良紀
良乙
良政
東一郎右衛門
（系圖綜覧）
＊ 後醍院氏系図混入か？
『皇統系譜』中田憲信『皇胤志』所収
菊池武政
菊池武光
重為王
雅良王
雅氏（高来雅氏）
惟氏
寛業
國重（米良國重）
重安（米良重安）
重方
重頼
重續
宗延
宗真（大久保宗真）
充宗
宗光
圓明法師
宗能
良任
重能（寒川重能）
又太郎
頼演（高橋頼演）
宗重（高橋宗重）
義信
頼次
宗恒
良方
良全
良貫
真信
啓信（山田啓信）
（後醍院）
新田義基 ①
懐良親王（征西将軍）
九重姫
（養子）
宗景（貫宗景）
宗親
義氏 ②
義高 ③
（継承）
宗景（貫宗景）④
宗親 ⑤
宗量 ⑥
弘春 ⑦
弘泰 ⑧
重依 ⑨
清助 ⑩
親清 ⑪
宇都宮氏属臣。
弘信 ⑫
（小倉藩弓術師範）
（九州戦国史）

＊『皇胤志』は国立国会図書館 蔵（資料提供 宝賀寿男氏）

出典『系図纂要（名著出版）』、『系圖綜覧（名著刊行会）』、『姓氏家系大辞典（太田亮、角川書店）』、『九州戦国史（吉永正春、葦書房）』、他

後醍院氏系図（鹿児島後醍院氏）

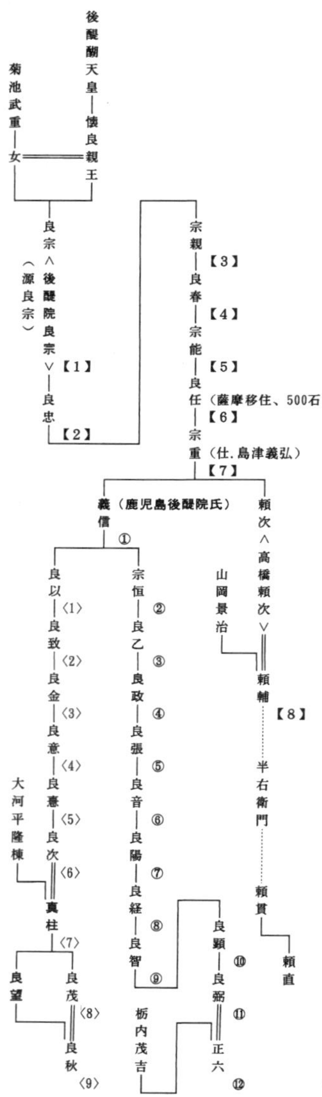

後醍醐天皇
懐良親王
菊池武重
女
良宗〈後醍院良宗〉
（源良宗）
【1】
良忠
【2】
宗親
【3】
良春
【4】
宗能
【5】
良任（薩摩移住、500石）
【6】
宗重（仕.島津義弘）
【7】
義信（鹿児島後醍院氏）
①
頼次〈高橋頼次〉
山岡景治
頼輔
【8】
半右衛門
頼貫
頼直
良以
〈1〉
良致
〈2〉
良金
〈3〉
良意
〈4〉
良憙
〈5〉
良次
〈6〉
大河平隆棟
真柱
〈7〉
良望
良茂
〈8〉
良秋
〈9〉
宗恒
②
良乙
③
良政
④
良張
⑤
良音
⑥
良陽
⑦
良経
⑧
良智
⑨
良顕
⑩
良弼
⑪
栃内茂吉
正六
⑫

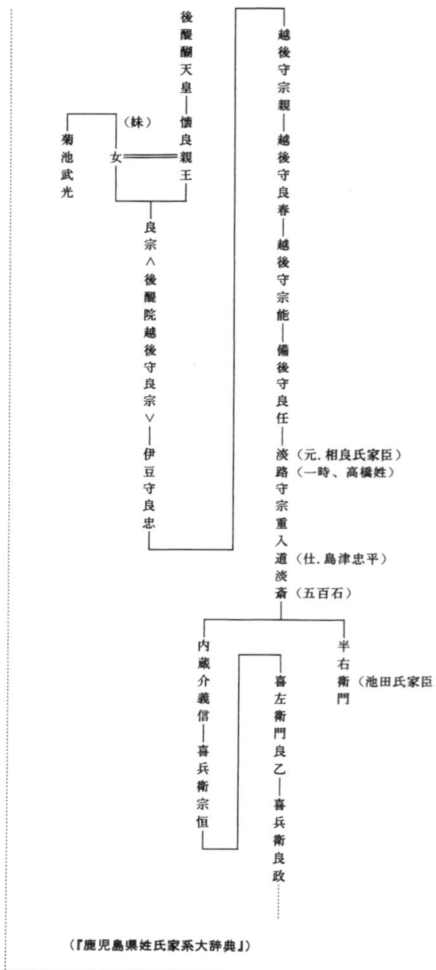

後醍醐天皇
懐良親王
（妹）
菊池武光
女
良宗〈後醍院越後守良宗〉
伊豆守良忠
越後守宗親
越後守良春
越後守宗能
備後守良任
淡路守宗重入道淡斎（元.相良氏家臣）（一時、高橋姓）（仕.島津忠平）（五百石）
内蔵介義信
喜兵衛宗恒
喜左衛門良乙
喜兵衛良政
半右衛門（池田氏家臣）
（『鹿児島県姓氏家系大辞典』）

後醍院氏⇨本姓は源姓（後醍醐源氏）。懐良親王の末裔。
後醍院良政⇨高崎地頭職。
後醍院真柱⇨國学者・造士館訓導師・備中吉備津神社宮司。
後醍院良望⇨国学者・歌人。

（『「さつま」の姓氏』）

出典『「さつま」の姓氏（川崎大十、高城書房）』、『鹿児島県姓氏家系大辞典（角川書店）』

後醍醐流皇胤一族系図（1）

＊ ゴシック体は、原則『系図纂要』に記載されている人物。

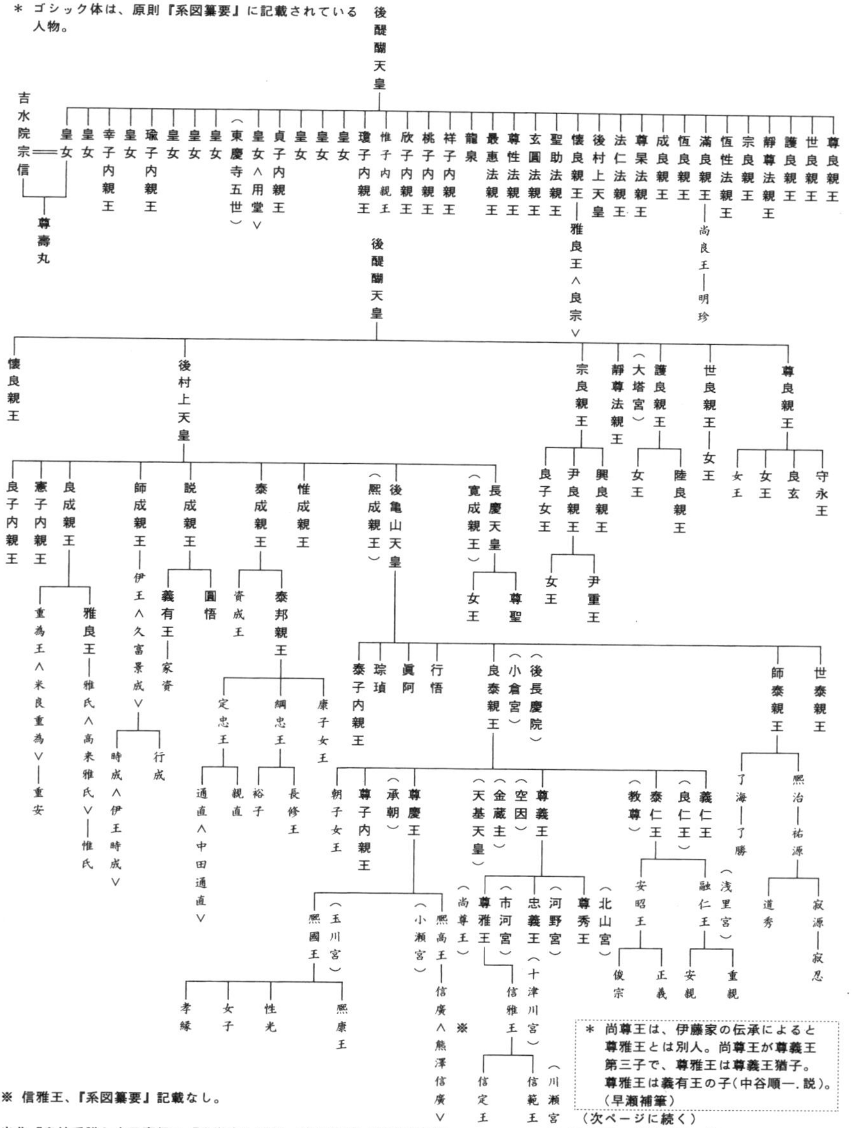
後醍醐天皇
吉水院宗信
皇女
尊壽丸
皇女
幸子内親王
皇女
瑜子内親王
皇女
皇女
皇女
皇女（東慶寺五世）
皇女〈用堂〉
貞子内親王
皇女
皇女
皇女
瓊子内親王
惟子内親王
欣子内親王
桃子内親王
祥子内親王
龍泉
最恵法親王
尊性法親王
玄圓法親王
聖助法親王
懐良親王
雅良王〈良宗〉
後村上天皇
法仁法親王
尊杲法親王
成良親王
恒良親王
満良親王
尚良王
明珍
恒性法親王
宗良親王
静尊法親王
護良親王
世良親王
尊良親王
後醍醐天皇
懐良親王
後村上天皇
宗良親王
静尊法親王
護良親王（大塔宮）
世良親王
尊良親王
良子女王
尹良親王
興良親王
女王
尹重王
女王
陸良親王
女王
女王
女王
良玄
守永王
良子内親王
憲子内親王
良成親王
重為王〈米良重為〉
重安
雅良王
雅氏〈高来雅氏〉
惟氏
師成親王
伊王〈久富景成〉
時成〈伊王時成〉
行成
説成親王
義有王
家資
圓悟
泰成親王
資成王
泰邦親王
定忠王
通直〈中田通直〉
親直
綱忠王
裕子
長修王
康子女王
惟成親王
後亀山天皇（熙成親王）
泰子内親王
琮頊
眞阿
行悟
良泰親王（小倉宮）（後長慶院）
朝子女王
尊子内親王
尊慶王（承朝）
熙國王（玉川宮）
孝縁
女子
性光
熙康王
熙高王（小瀬宮）
信廣〈熊澤信廣〉
尊義王（空因）（金蔵主）（天基天皇）
尊雅王（尚尊王）
※
信雅王
信定王
信範王（川瀬宮）
（市河宮）
忠義王（十津川宮）
（河野宮）
尊秀王（北山宮）
義仁王（良仁王）
泰仁王（教尊）
安昭王
俊宗
正義
融仁王（浅里宮）
安親
重親
長慶天皇（寛成親王）
女王
尊聖
世泰親王
師泰親王
了海
了勝
熙治
祐源
道秀
寂源
寂忍

＊ 尚尊王は、伊藤家の伝承によると尊雅王とは別人。尚尊王が尊義王第三子で、尊雅王は尊義王猶子。尊雅王は義有王の子（中谷順一．説）。（早瀬補筆）

（次ページに続く）

※ 信廣⇨熊澤系図に続く。

※ 信雅王、『系図纂要』記載なし。

出典『皇統系譜』中田憲信の『皇胤志』所収。（資料提供．宝賀寿男氏）

後醍醐流皇胤一族系図（2）（基本的には『系図纂要』不記載系図）

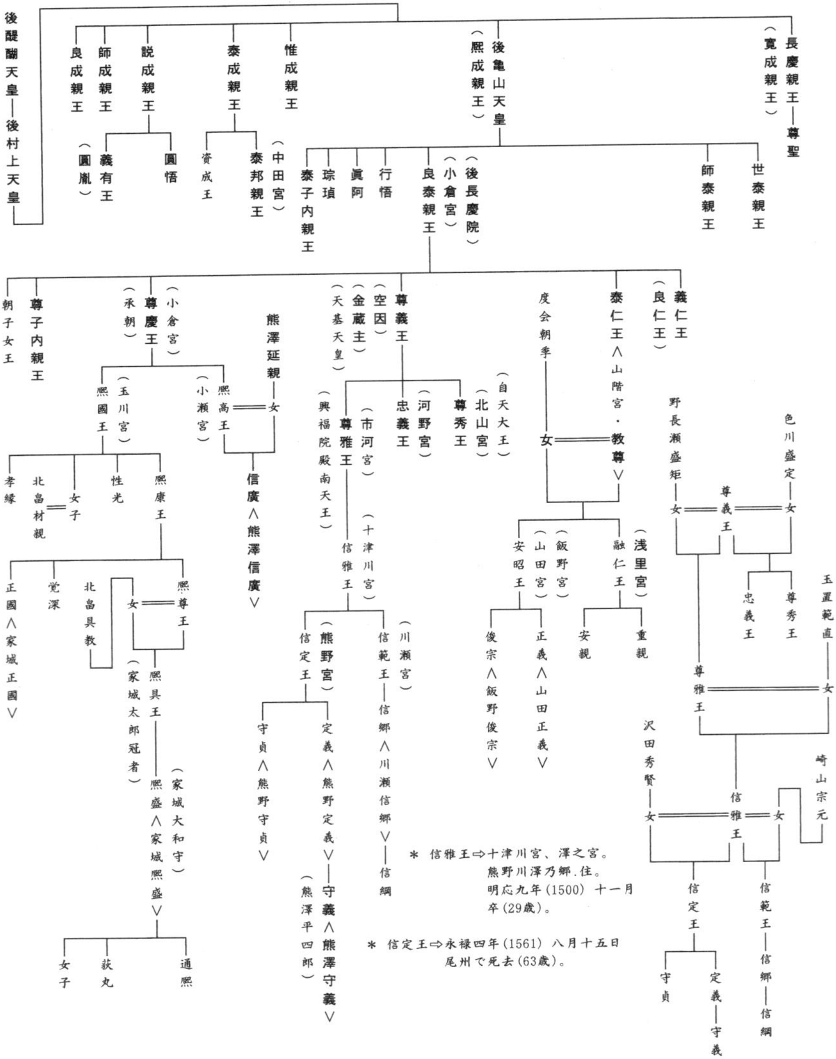

後醍醐天皇
後村上天皇
良成親王
師成親王
説成親王
泰成親王
惟成親王
後亀山天皇
（熙成親王）
長慶親王
（寛成親王）
尊聖
義有王
（圓胤）
圓悟
資成王
泰邦親王
（中田宮）
泰子内親王
琮頊
眞阿
行悟
良泰親王
（小倉宮）
（後長慶院）
師泰親王
世泰親王
朝子女王
尊子内親王
尊慶王
（小倉宮）
（承朝）
熊澤延親
尊義王
（空因）
（金蔵主）
（天基天皇）
度会朝季
泰仁王
＜山階宮・
教尊＞
義仁王
（良仁王）
熙國王
（玉川宮）
熙高王
（小瀬宮）
女
信廣
＜熊澤信廣＞
尊雅王
（市河宮）
（興福院殿南天王）
忠義王
（河野宮）
尊秀王
（北山宮）
（自天大王）
女
野長瀬盛矩
色川盛定
孝緑
北畠材親
女子
性光
熙康王
信雅王
（十津川宮）
安昭王
（山田宮）
（飯野宮）
融仁王
（浅里宮）
女
尊義王
女
忠義王
尊秀王
玉置範直
正國
＜家城正國＞
覚深
北畠具教
女
熙尊王
信定王
（熊野宮）
信範王
（川瀬宮）
俊宗
＜飯野俊宗＞
正義
＜山田正義＞
安親
重親
尊雅王
女
熙具王
（家城太郎冠者）
守貞
＜熊野守貞＞
定義
＜熊野定義＞
守義
＜熊澤守義＞
（熊澤平四郎）
信郷
＜川瀬信郷＞
信綱
沢田秀賢
女
信雅王
女
崎山宗元
熙盛
＜家城熙盛＞
（家城大和守）
女子
荻丸
通熙
信定王
信範王
信郷
信綱
守貞
定義
守義

＊ 信雅王⇨十津川宮、澤之宮。熊野川澤乃郷.住。明応九年（1500）十一月卒（29歳）。

＊ 信定王⇨永禄四年（1561）八月十五日尾州で死去（63歳）。

＊ 信雅王、『系図纂要』記載なし。

出典『皇統系譜』中田憲信の『皇胤志』所収。（資料提供.宝賀寿男氏）※ 信廣⇨熊澤系図に続く。

後醍醐流皇胤一族系図（3）（朝里氏略系図）

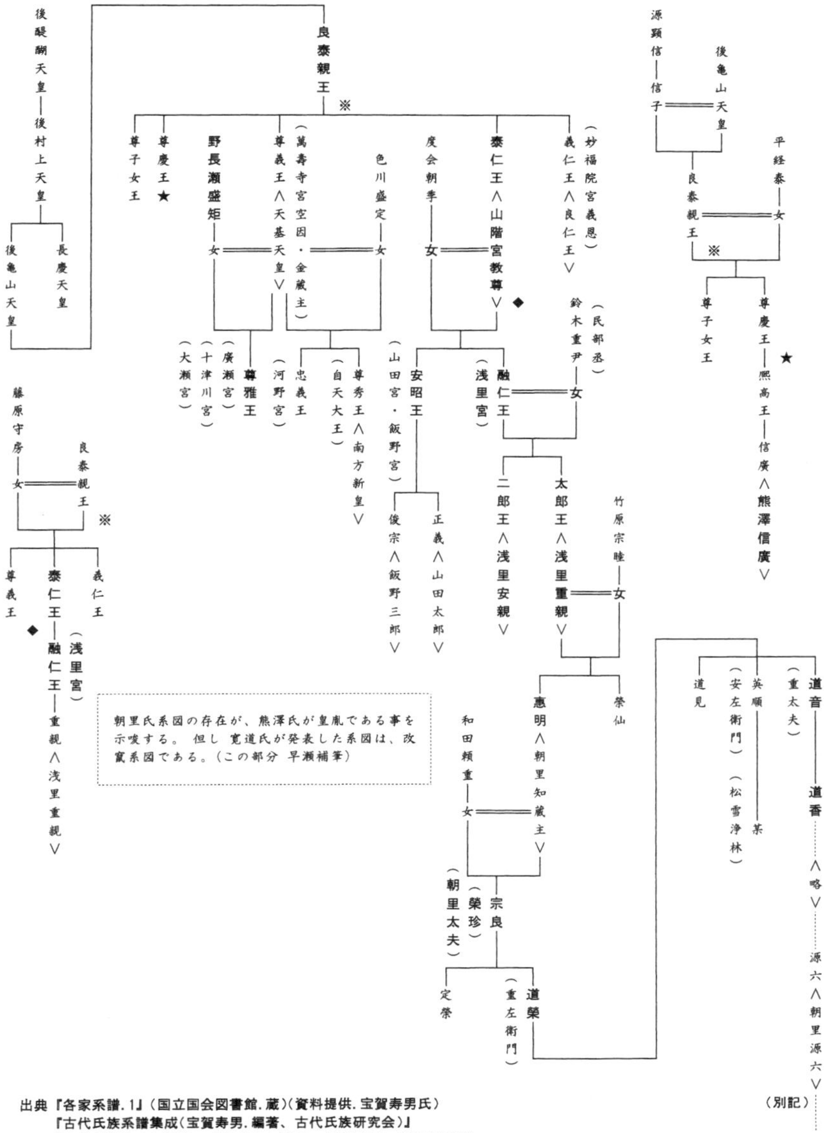

後醍醐天皇―後村上天皇
長慶天皇
後亀山天皇
良泰親王 ※
尊子女王
尊慶王★
野長瀬盛矩―女
尊義王〈天基天皇〉
（萬寿寺宮空因・金蔵主）
色川盛定―女
度会朝季―女
泰仁王〈山階宮教尊〉◆
義仁王〈良仁王〉
（妙福院宮義恩）
（大瀬宮）
（十津川宮）
（廣瀬宮）
尊雅王
（河野宮）
忠義王
（自天大王）
尊秀王〈南方新皇〉
（山田宮・飯野宮）
安昭王
俊宗〈飯野三郎〉
正義〈山田太郎〉
（浅里宮）
融仁王
鈴木重尹―女
（民部丞）
二郎王〈浅里安親〉
太郎王〈浅里重親〉
竹原宗睦―女
惠明〈朝里知蔵主〉
榮仙
和田頼重―女
（朝里太夫）
（榮珍）
宗良
定榮
道榮
（重左衛門）
源顕信―信子
後亀山天皇
良泰親王 ※
平経泰―女
尊子女王
尊慶王―熈高王―信廣〈熊澤信廣〉★
道見
（安左衛門）
英順
（松雪浄林）
某
（重太夫）
道音
道香
〈略〉
源六〈朝里源六〉
（別記）
藤原守房―女
良泰親王 ※
尊義王
泰仁王―融仁王―重親〈浅里重親〉◆
（浅里宮）
義仁王
朝里氏系図の存在が、熊澤氏が皇胤である事を示唆する。但し 寛道氏が発表した系図は、改竄系図である。（この部分 早瀬補筆）

出典『各家系譜.1』（国立国会図書館.蔵）（資料提供.宝賀寿男氏）
『古代氏族系譜集成（宝賀寿男.編著、古代氏族研究会）』
『皇統系譜』中田憲信の『皇胤志』所収。（資料提供.宝賀寿男氏）

南朝皇胤朝里氏系図

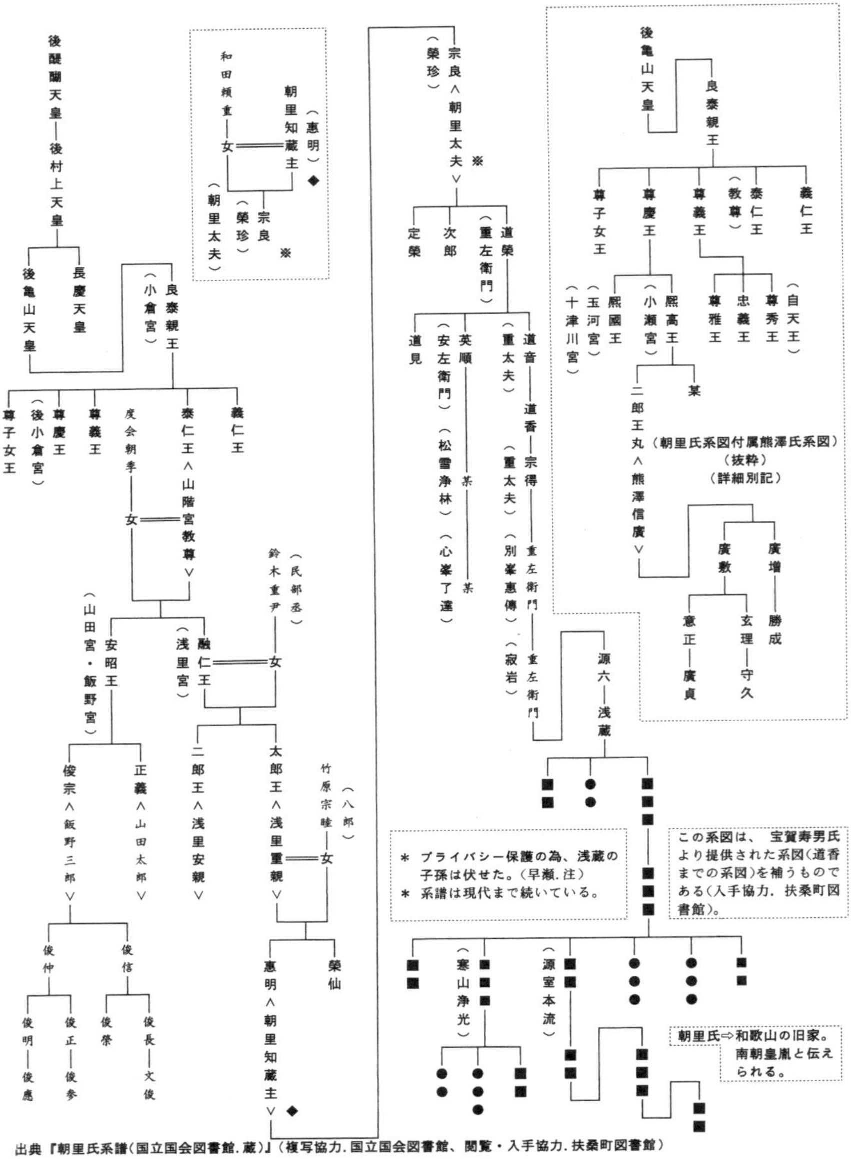
後醍醐天皇
後村上天皇
長慶天皇
後亀山天皇
良泰親王（小倉宮）
尊子女王
尊慶王（後小倉宮）
尊義王
泰仁王〈山階宮教尊〉
義仁王
度会朝季
女
安昭王（山田宮・飯野宮）
融仁王（浅里宮）
鈴木重尹（民部丞）
女
俊宗〈飯野三郎〉
正義〈山田太郎〉
二郎王〈浅里安親〉
太郎王〈浅里重親〉
竹原宗睦（八郎）
女
俊仲
俊信
俊明
俊正
俊榮
俊長
俊應
俊参
文俊
惠明〈朝里知蔵主〉◆
榮仙
和田頼重
女
朝里知蔵主（惠明）◆
宗良（榮珍）（朝里太夫）※
宗良〈朝里太夫〉（榮珍）※
定榮
次郎
道榮（重左衛門）
道見
英順（安左衛門）（松雪浄林）（心峯了達）
某
某
道音（重太夫）
道香（重太夫）（別峯惠傳）
宗得
重左衛門（寂岩）
重左衛門
源六
浅蔵
後亀山天皇
良泰親王
尊子女王
尊慶王
尊義王
泰仁王（教尊）
義仁王
熈國王（玉河宮）
（十津川宮）
熈高王（小瀬宮）
尊雅王
忠義王
尊秀王（自天王）
二郎王丸〈熊澤信廣〉
某
（朝里氏系図付属熊澤氏系図）
（抜粋）
（詳細別記）
廣敷
廣増
意正
玄理
勝成
廣貞
守久
（寒山浄光）
（源室本流）
＊ プライバシー保護の為、浅蔵の子孫は伏せた。（早瀬.注）
＊ 系譜は現代まで続いている。
この系図は、宝賀寿男氏より提供された系図（道香までの系図）を補うものである（入手協力．扶桑町図書館）。
朝里氏⇨和歌山の旧家。南朝皇胤と伝えられる。

出典『朝里氏系譜（国立国会図書館．蔵）』（複写協力．国立国会図書館、閲覧・入手協力．扶桑町図書館）

飯野氏系図

＊ 後亀山院天皇⇨通常の系譜は後亀山天皇と記すが、古い時代の天皇は正式には院号で記載される。
＊ 後村上院天皇は記載の都合上、補筆した(早瀬)。

『飯野家譜』(国立国会図書館.蔵)(『各家系譜』〈第一冊の２〉所収)
『皇胤志』 (国立国会図書館.蔵)(飯野俊宗まで記載)

資料提供・複写協力、国立国会図書館。
問合わせ・入手協力、扶桑町立図書館。

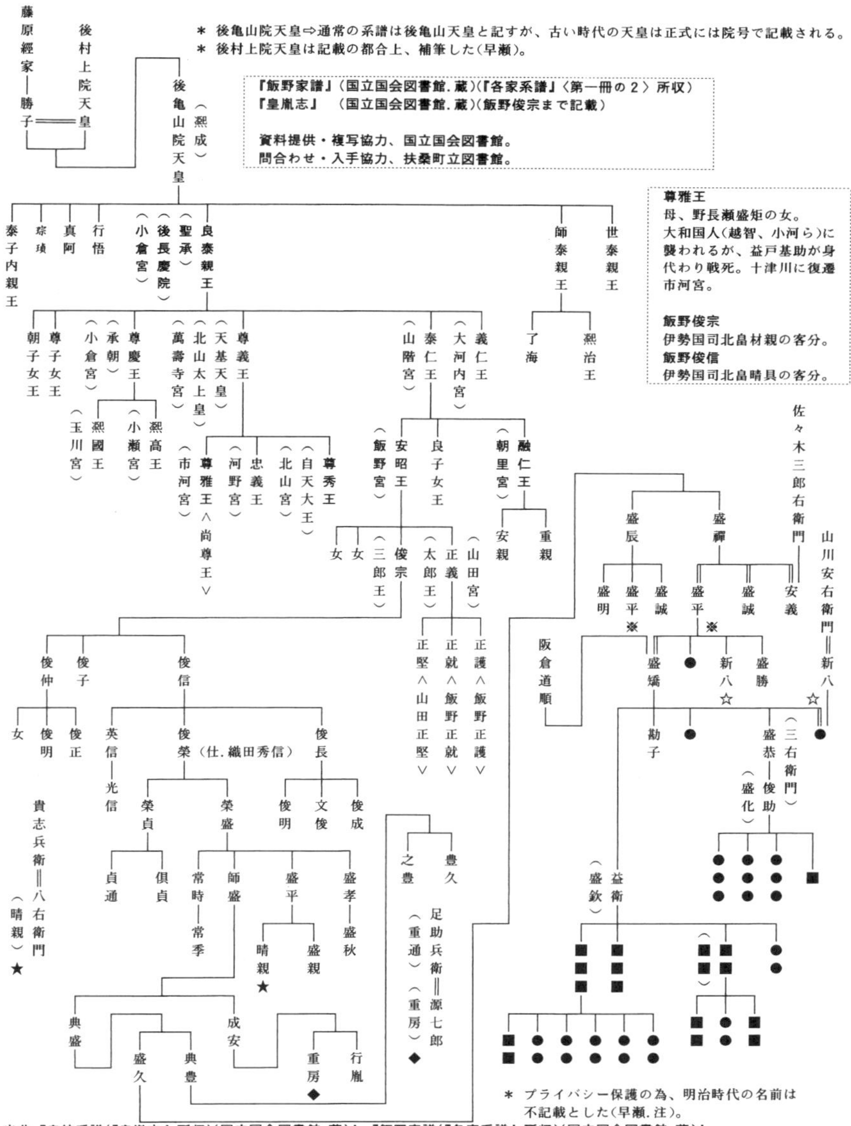

藤原經家―勝子
後村上院天皇
後亀山院天皇(煕成)
泰子内親王
琮頊
真阿
行悟
(小倉宮)
(後長慶院)
(聖承)
良泰親王
師泰親王
世泰親王
朝子女王
尊子女王
(小倉宮)
(承朝)
尊慶王
(萬壽寺宮)
(北山太上皇)
(天基天皇)
尊義王
(山階宮)
泰仁王
(大河内宮)
義仁王
了海
煕治王
(玉川宮)
煕國王
(小瀬宮)
煕高王
(市河宮)
尊雅王〈尚尊王〉
(河野宮)
忠義王
(北山宮)
(自天大王)
尊秀王
(飯野宮)
安昭王
良子女王
(朝里宮)
融仁王
安親
重親
女
女
(三郎王)
俊宗
(太郎王)
正義
(山田宮)
正堅〈山田正堅〉
正就〈飯野正就〉
正護〈飯野正護〉
俊仲
俊子
俊信
女
俊明
俊正
英信―光信
俊榮(仕.織田秀信)
俊長
榮貞
榮盛
俊明
文俊
俊成
貞通
倶貞
常時―常季
師盛
盛平
盛孝―盛秋
晴親★
盛親
典盛
成安
盛久
典豊
重房◆
行胤
之豊
豊久
足助兵衛＝源七郎
(重通)
(重房)
◆
貴志兵衛＝八右衛門
(晴親)
★
佐々木三郎右衛門
盛辰
盛禰
盛明
盛平※
盛誠
盛平※
盛誠
安義
山川安右衛門＝新八☆
阪倉道順
盛矯
●
新八☆
盛勝
勘子
●
盛恭―俊助
(三右衛門)
(盛化)
●
(盛欽)
益衛
尊雅王
母、野長瀬盛矩の女。
大和国人(越智、小河ら)に襲われるが、益戸基助が身代わり戦死。十津川に復遷市河宮。
飯野俊宗
伊勢国司北畠材親の客分。
飯野俊信
伊勢国司北畠晴具の客分。
＊ プライバシー保護の為、明治時代の名前は不記載とした(早瀬.注)。

出典『皇統系譜(『皇胤志』所収)(国立国会図書館.蔵)』、『飯野家譜(『各家系譜』所収)(国立国会図書館.蔵)』

後醍醐流皇胤一族系図（4）（中田宮）

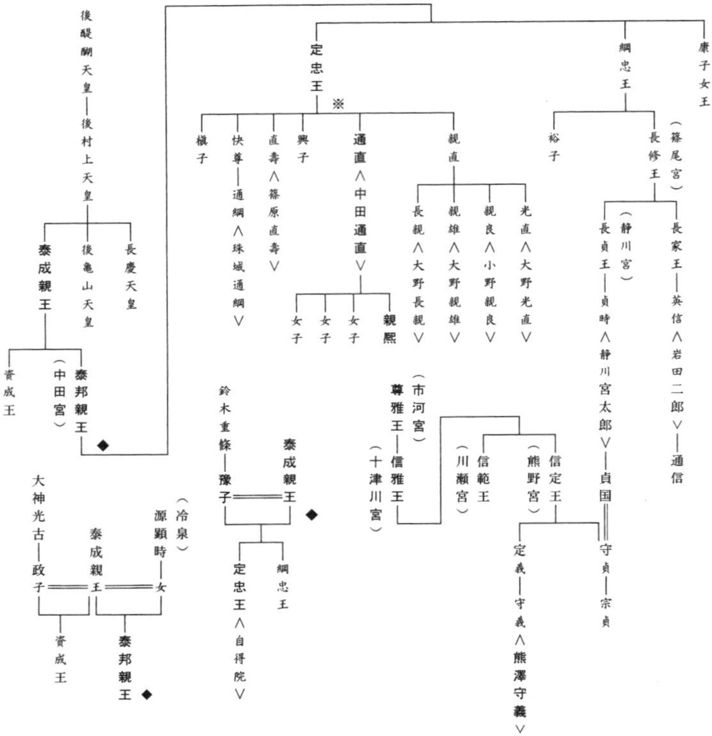
後醍醐天皇
後村上天皇
泰成親王
後亀山天皇
長慶天皇
資成王
泰邦親王
（中田宮）
定忠王
綱忠王
康子女王
槇子
快尊
通綱〈珠城通綱〉
直壽〈篠原直壽〉
興子
通直〈中田通直〉
女子
女子
女子
親熙
親直
長親〈大野長親〉
親雄〈大野親雄〉
親良〈小野親良〉
光直〈大野光直〉
裕子
長修王
（篠尾宮）
長貞王
（静川宮）
貞時〈静川宮太郎〉
貞国
長家王
英信〈岩田二郎〉
通信
尊雅王
（市河宮）
信雅王
（十津川宮）
信範王
（川瀬宮）
信定王
（熊野宮）
定義
守義〈熊澤守義〉
守貞
宗貞
鈴木重條
豫子
泰成親王
定忠王〈自得院〉
綱忠王
大神光古
政子
泰成親王
源顕時
（冷泉）
女
資成王
泰邦親王

出典『皇統系譜』中田憲信『皇胤志』所収。（国立国会図書館．蔵）（資料提供．宝賀寿男氏）

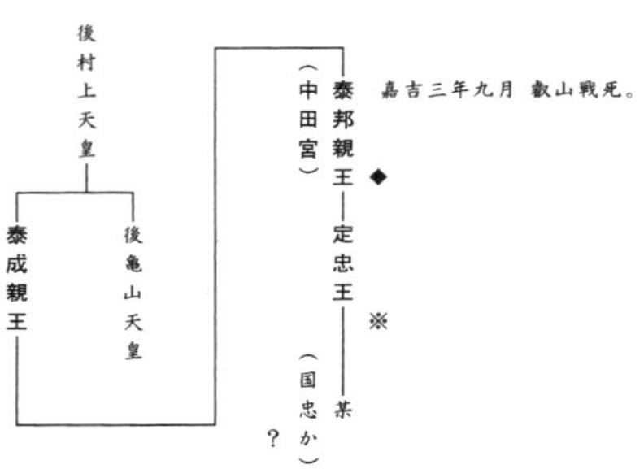
後村上天皇
泰成親王
後亀山天皇
泰邦親王
（中田宮）
嘉吉三年九月　叡山戦死。
定忠王
某
（国忠か）
？

出典『古代氏族系譜集成（宝賀寿男．編著、古代氏族研究会）』原典資料『各家系譜』

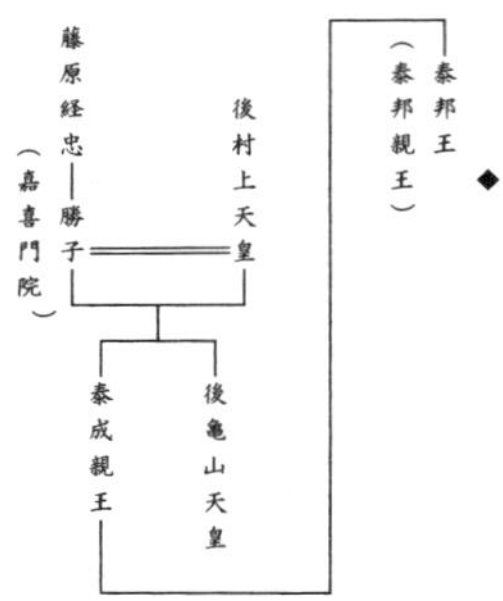
藤原経忠
勝子
（嘉喜門院）
後村上天皇
泰成親王
後亀山天皇
泰邦王
（泰邦親王）

『姓氏家系大辞典（太田亮．編著、角川書店）』

南朝皇胤中田氏系図

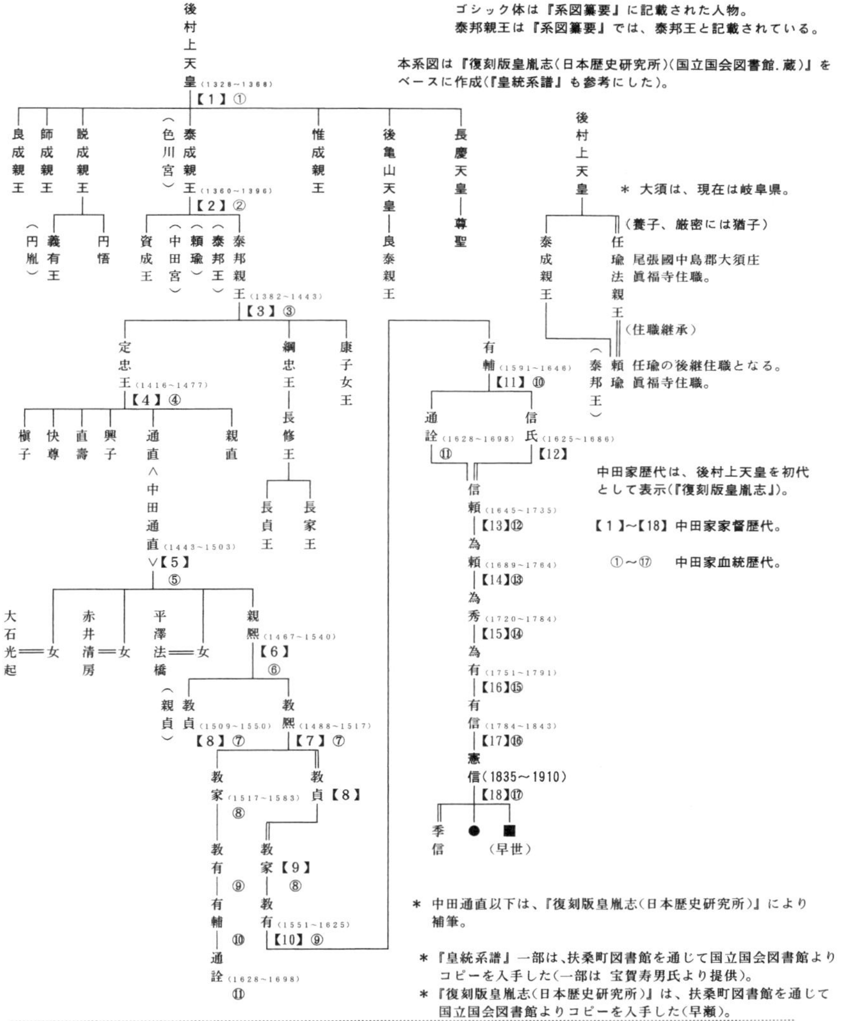
ゴシック体は『系図纂要』に記載された人物。
泰邦親王は『系図纂要』では、泰邦王と記載されている。
本系図は『復刻版皇胤志(日本歴史研究所)(国立国会図書館.蔵)』をベースに作成(『皇統系譜』も参考にした)。
後村上天皇(1328~1368)【1】①
良成親王
師成親王
説成親王
泰成親王(色川宮)(1360~1396)【2】②
惟成親王
後亀山天皇
良泰親王
長慶天皇
尊聖
円胤
義有王
円悟
資成王
(中田宮)
頼瑜
(泰邦王)
泰邦親王(1382~1443)【3】③
定忠王(1416~1477)【4】④
綱忠王
長修王
長貞王
長家王
康子女王
槇子
快尊
直壽
興子
通直〈中田通直〉(1443~1503)【5】⑤
親直
大石光起
女
赤井清房
女
平澤法橋
女
親熙(1467~1540)【6】⑥
(親貞)
教貞(1509~1550)【8】⑦
教熙(1488~1517)【7】⑦
教家(1517~1583)⑧
教貞【8】
教有⑨
教家【9】⑧
有輔⑩
教有(1551~1625)【10】⑨
通詮(1628~1698)⑪
有輔(1591~1646)【11】⑩
通詮(1628~1698)⑪
信氏(1625~1686)【12】
信頼(1645~1735)【13】⑫
為頼(1689~1764)【14】⑬
為秀(1720~1784)【15】⑭
為有(1751~1791)【16】⑮
有信(1784~1843)【17】⑯
憲信(1835~1910)【18】⑰
季信
●
■(早世)
後村上天皇
＊ 大須は、現在は岐阜県。
泰成親王
(養子、厳密には猶子)
任瑜法親王 尾張國中島郡大須庄 眞福寺住職。
(住職継承)
(泰邦王)
頼瑜 任瑜の後継住職となる。眞福寺住職。
中田家歴代は、後村上天皇を初代として表示(『復刻版皇胤志』)。
【1】~【18】中田家家督歴代。
①~⑰ 中田家血統歴代。
＊ 中田通直以下は、『復刻版皇胤志(日本歴史研究所)』により補筆。
＊『皇統系譜』一部は、扶桑町図書館を通じて国立国会図書館よりコピーを入手した(一部は 宝賀寿男氏より提供)。
＊『復刻版皇胤志(日本歴史研究所)』は、扶桑町図書館を通じて国立国会図書館よりコピーを入手した(早瀬)。

中田憲信(なかたのりのぶ)(1835~1910)
江戸末期から明治の人物。平田篤胤に学問を学ぶ。 系譜学は、鈴木眞年に学ぶ。
明治五年、司法大録となる。系譜研究家としては、『皇胤志』、『各家系譜』などを著する。
帝国古蹟取調会(帝国古蹟調査会)会員・裁判官として各地を廻る。

出典『皇統系譜(「皇胤志」所収)(国立国会図書館.蔵)(資料提供.宝賀寿男氏)』、『姓氏家系大辞典(太田亮、角川書店)』、『古代氏族系譜集成(宝賀寿男.編著、古代氏族研究会)』、『復刻版皇胤志(日本歴史研究所)(国立国会図書館.蔵)』、『系図纂要(名著出版)』

南方遺胤（中田氏一族系図）（1）

ゴシック体は原則『皇胤志（中田憲信．編、国立国会図書館．蔵）』に記載

『南方遺胤』は『復刻版．皇胤志（木村信行、日本歴史研究所）』に掲載されているもので、系図に関しては、木村氏の了解により転載したものです。本系図を再転載される場合は、木村氏の承認・許諾を得て下さい。 解説については省略します。 必要な場合は日本歴史研究所版の皇胤志（『復刻版．皇胤志』）で確認して下さい。

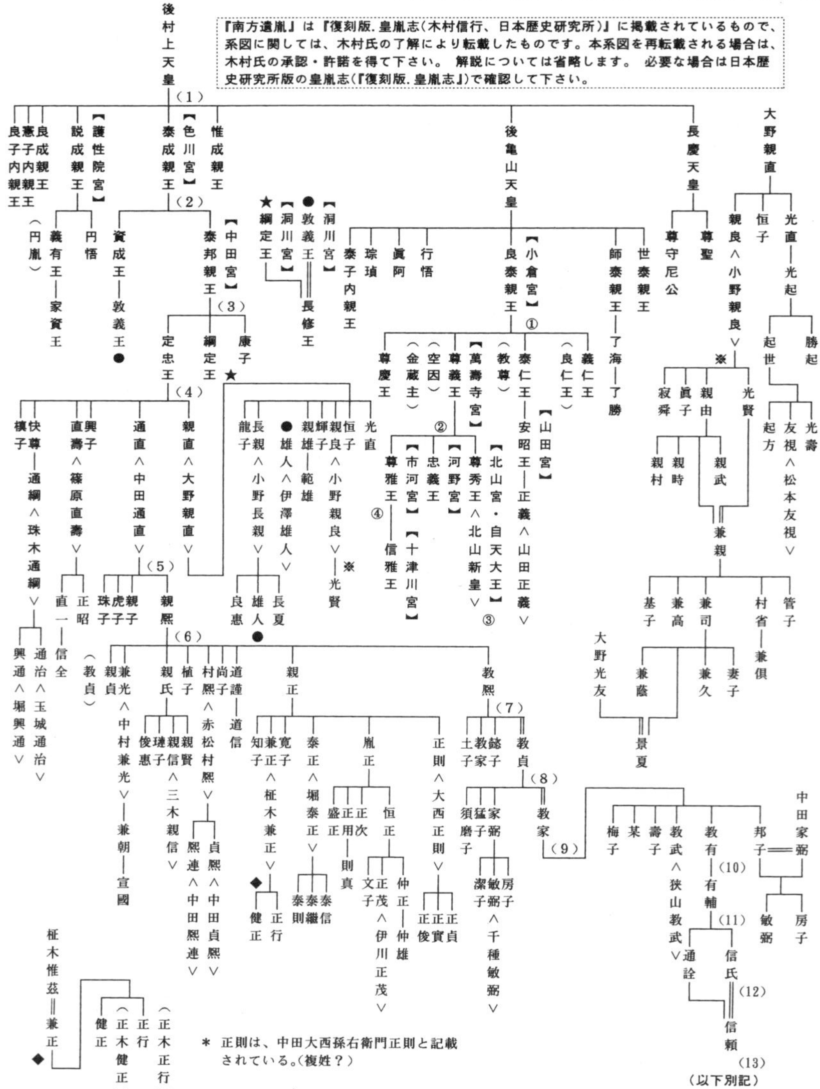

後村上天皇
（1）
良子内親王
憲子内親王
良成親王
説成親王
【護性院宮】
泰成親王
【色川宮】
惟成親王
後亀山天皇
長慶天皇
大野親直
（円胤）
義有王
円悟
資成王
敦義王
家資王
（2）
泰邦親王
【中田宮】
★綱定王
【洞川宮】
●敦義王
【洞川宮】
長修王
泰子内親王
琮璸
眞阿
行悟
良泰親王
【小倉宮】
師泰親王
世泰親王
了海
了勝
尊守尼公
尊聖
親良（小野親良）
恒子
光直
光起
起世
勝起
（3）
定忠王
綱定王
康子
★
（4）
尊慶王
（金蔵主）
（空因）
尊義王
【萬壽寺宮】
（教尊）
泰仁王
（良仁王）
義仁王
①
②
【山田宮】
安昭王
正義（山田正義）
尊雅王
【市河宮】
忠義王
【河野宮】
尊秀王
【北山宮・自天大王】
（北山新皇）
③
④
信雅王
【十津川宮】
槙子
快尊
通綱（珠木通綱）
直壽（篠原直壽）
興子
通直（中田通直）
親直（大野親直）
龍子
長親（小野長親）
●雄人（伊澤雄人）
親雄
範雄
輝子
親良（小野親良）
恒子
光直
光賢
※
寂舜
眞子
親由
光賢
起方
友視（松本友視）
光壽
親村
親時
親武
兼親
基子
兼高
兼司
村省
管子
兼俱
大野光友
兼蔭
兼久
妻子
景夏
興通（堀興通）
通治（玉城通治）
直一
信全
正昭
（5）
珠子
虎子
親子
親熙
良恵
雄人●
長夏
（6）
（教貞）
親貞
兼光（中村兼光）
兼朝
宣國
親氏
俊恵
瑾子
親信（三木親信）
親賢
植子
村熙（赤松村熙）
熙連（中田熙連）
貞熙（中田貞熙）
尚子
道謹
道信
親正
知子
兼正（枉木兼正）
寛子
◆
健正
正行
泰正（堀泰正）
泰則
泰繼
泰信
胤正
盛正
正用
正次
則真
恒正
文子
正茂（伊川正茂）
仲正
仲雄
正則（大西正則）
正俊
正實
正貞
教熙
（7）
土子
教家
懿子
教貞
（8）
須磨子
猛子
家弼
潔子
敏弼
房子
（千種敏弼）
教家
（9）
梅子
某
壽子
教武（狭山教武）
教有
（10）
有輔
（11）
通詮
信氏
（12）
信頼
（13）
（以下別記）
邦子
中田家弼
敏弼
房子
枉木惟茲
兼正
◆
健正（正木健正）
正行（正木正行）

＊ 正則は、中田大西孫右衛門正則と記載されている。（複姓？）

出典『復刻版．皇胤志（木村信行、日本歴史研究所）』、『皇胤志（中田憲信．編、国立国会図書館．蔵）』

南方遺胤（中田氏一族系図）(2)

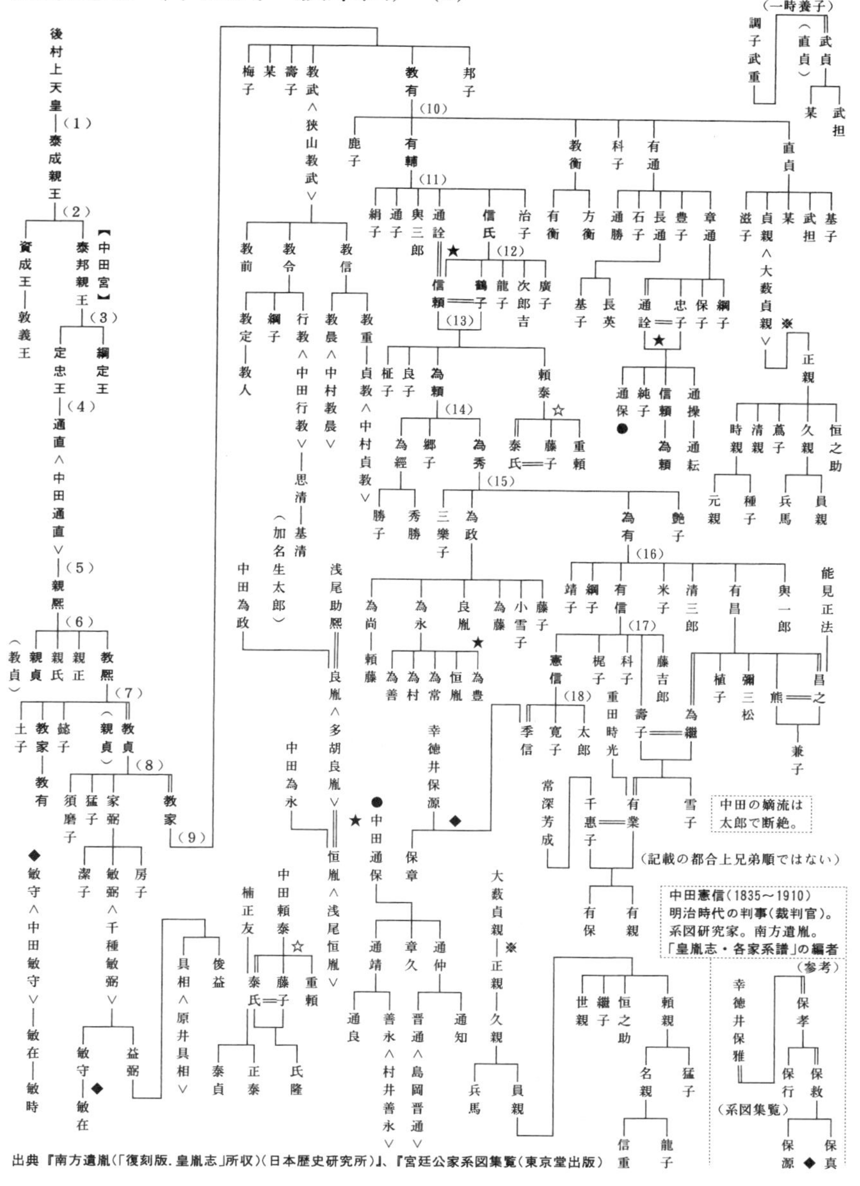

後村上天皇
(1)
泰成親王
(2)
資成王
敦義王
泰邦親王
【中田宮】
(3)
定忠王
綱定王
(4)
通直〈中田通直〉
(5)
親熙
(6)
(教貞)
親貞
親氏
親正
教熙
(7)
土子
教家
教有
懿子
(親貞)
教貞
(8)
須磨子
猛子
家弼
潔子
敏弼〈千種敏弼〉
房子
敏守
敏在
益弼
教家
(9)
◆敏守〈中田敏守〉
敏在
敏時
梅子
某
壽子
教武〈狭山教武〉
教有
邦子
(10)
教前
教令
教信
教定
教人
綱子
行教〈中田行教〉
思清
基清
（加名生太郎）
教長〈中村教長〉
教重
貞教〈中村貞教〉
中田為政
浅尾助熙
良胤〈多胡良胤〉
恒胤〈浅尾恒胤〉
中田為永
鹿子
有輔
(11)
絹子
通子
與三郎
通詮
信頼
信氏
(12)
鶴子
龍子
次郎吉
廣子
治子
(13)
柾子
良子
為頼
頼泰
(14)
為經
郷子
為秀
勝子
秀勝
泰氏
藤子
重頼
(15)
三樂子
為政
為尚
頼藤
為永
為善
為村
為常
恒胤
為豊
良胤
為藤
小雪子
藤子
為有
艶子
(16)
靖子
綱子
有信
米子
清三郎
有昌
與一郎
能見正法
(17)
憲信
梶子
科子
藤吉郎
(18)
季信
寛子
太郎
重田時光
壽子
為継
植子
彌三松
熊
昌之
兼子
常深芳成
千惠子
有業
雪子
有保
有親
幸徳井保源
保章
中田通保
通靖
章久
通仲
通良
善永〈村井善永〉
晋通〈島岡晋通〉
通知
中田頼泰
楠正友
泰氏
藤子
重頼
泰貞
正泰
氏隆
俊益
具相〈原井具相〉
大藪貞親
正親
久親
兵馬
員親
世親
継子
恒之助
頼親
名親
猛子
信重
龍子
教衡
有衡
方衡
科子
有通
通勝
石子
長通
豊子
章通
基子
長英
通詮
忠子
保子
綱子
通保
純子
信頼
為頼
通操
通耘
直貞
滋子
貞親〈大藪貞親〉
某
武担
基子
正親
時親
清親
蔦子
久親
恒之助
元親
種子
兵馬
員親
（一時養子）
調子
武重
（直貞）
武貞
某
武担
中田の嫡流は太郎で断絶。
（記載の都合上兄弟順ではない）
中田憲信（1835～1910）
明治時代の判事（裁判官）。
系図研究家。南方遺胤。
「皇胤志・各家系譜」の編者
（参考）
幸徳井保雅
保孝
保行
保救
（系図集覧）
保源
保真

出典『南方遺胤（「復刻版．皇胤志」所収）（日本歴史研究所）』、『宮廷公家系図集覧（東京堂出版）

南方遺胤（洞川宮・篠尾宮）

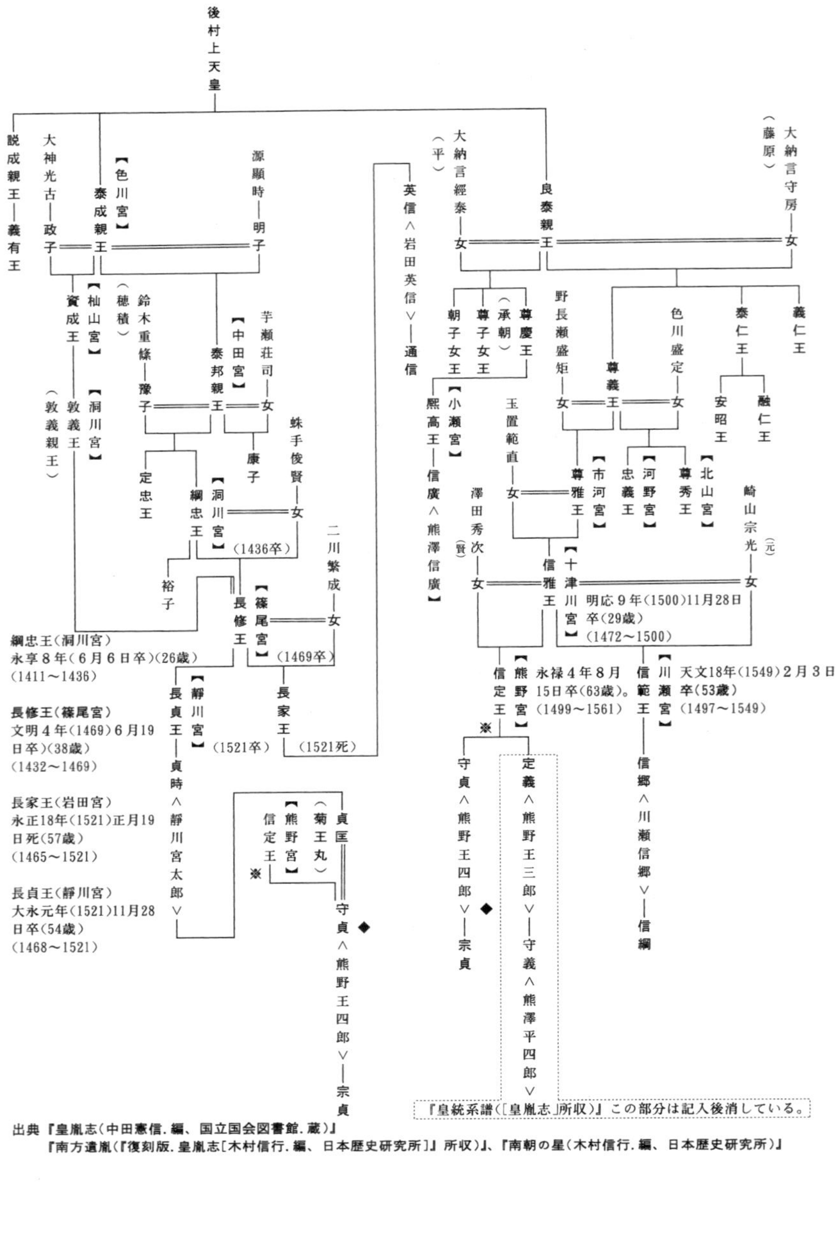
後村上天皇
説成親王―義有王
大神光古―政子
泰成親王【色川宮】
源顯時―明子
資成王【杣山宮】
敦義王【洞川宮】
（敦義親王）
鈴木重條―豫子
（穂積）
泰邦親王【中田宮】
芋瀬荘司―女
康子
定忠王
綱忠王【洞川宮】（1436卒）
蛛手俊賢―女
裕子
長修王【篠尾宮】（1469卒）
二川繁成―女
長貞王【靜川宮】（1521卒）
長家王（1521死）
貞時〈靜川宮太郎〉
貞匡（菊王丸）
信定王【熊野宮】※
守貞◆〈熊野王四郎〉―宗貞
英信〈岩田英信〉―通信
大納言經泰（平）―女
良泰親王
大納言守房（藤原）―女
朝子女王
尊子女王
尊慶王（承朝）
熈高王【小瀬宮】―信廣〈熊澤信廣〉
野長瀬盛矩―女
尊義王
色川盛定―女
泰仁王
義仁王
安昭王
融仁王
玉置範直―女
尊雅王【市河宮】
忠義王【河野宮】
尊秀王【北山宮】
澤田秀次（賢）―女
信雅王【十津川宮】明応9年(1500)11月28日卒(29歳)(1472〜1500)
崎山宗光（元）―女
信定王【熊野宮】永禄4年8月15日卒(63歳)。(1499〜1561)
信範王【川瀬宮】天文18年(1549)2月3日卒(53歳)(1497〜1549)
※
守貞〈熊野王四郎〉◆―宗貞
定義〈熊野王三郎〉―守義〈熊澤平四郎〉
信郷〈川瀬信郷〉―信綱
綱忠王(洞川宮)
永享8年(6月6日卒)(26歳)
(1411〜1436)
長修王(篠尾宮)
文明4年(1469)6月19日卒)(38歳)
(1432〜1469)
長家王(岩田宮)
永正18年(1521)正月19日死(57歳)
(1465〜1521)
長貞王(靜川宮)
大永元年(1521)11月28日卒(54歳)
(1468〜1521)
『皇統系譜(『皇胤志』所収)』この部分は記入後消している。

出典『皇胤志(中田憲信.編、国立国会図書館.蔵)』
『南方遺胤(『復刻版.皇胤志[木村信行.編、日本歴史研究所]』所収)』、『南朝の星(木村信行.編、日本歴史研究所)』

消された皇統と後醍醐流

まず大覚寺統について触れる前に、後醍醐流について紹介することにする。『系図纂要』をベースに紹介する。この系図が、これから触れる後醍醐流の基本となる。護良流も、富士・信州・三河南朝も、後南朝も、美作後南朝も、津軽南朝も、ここから始まる。後醍醐流の嫡流（後南朝宗家）は、尊雅王までは、本系図（『纂要』）により確認される。尊雅王は、『纂輯御系図』にも記載されている。尊雅王については後で触れるので、話を進める。

後醍醐天皇の皇子や皇孫は、各地で南朝維持のための戦いを続けた。九州南朝（征西将軍家）は、南北朝合一後も独自の戦いを続けた。中国とも関係を持ち、一時は日本国王の称号も得ている。その子孫は、米良氏や後醍院氏として存続した。その後、後醍院氏は鹿児島に移り、島津家臣などとして存続した。

後醍醐天皇の末裔は、後南朝として存続した。これについては『系図纂要』の他に国会図書館所蔵の「皇統系譜」（『皇胤志』所収）でも確認することができる。この系図では信雅王の名前が確認できる。ただし、熊野宮信雅王（西陣南帝）ではなく、川瀬氏の祖の十津川宮信雅王と記載されている。また、熊澤家の祖である熊澤信廣が、尊義王の弟の尊慶王の孫として記載されている（これは後で触れるが、注目しておいてもらいたい）。

国会図書館には「皇統系譜」（『皇胤志』）を補う資料として「各家系譜」があるが、そこには、南朝皇胤として、浅里（朝里）氏、飯野氏などが記載されている。これらの資料の編者は中田憲信といわれているが、この人物は各地の判事（裁判官）を務めた人物で、鈴木真年と並び明治時代の系譜研究家としてその名前をとどめている。

中田がまとめたと思われる系譜に「南方遺胤」があり、これは、後南朝中田宮の末裔一族系譜であり、中田自身の系譜でもある。これは、日本歴史研究所の木村信行氏により、『復刻版・皇胤志』に収められている。これらの系譜は、南朝・後南朝系譜の参考となるので、大覚寺統及び南朝系譜に触れる前に記しておいた。後述する後南朝及び自称南朝末裔とは区別する意味合いもある。朝里氏も、飯野氏も、中田氏も、積極的に南朝末裔とは主張せず、保坂正康氏のルポ「十九人の自称天皇」にも触れられてはいない。

日本歴史研究所の木村氏によれば、飯野氏の現在は定かでないが、朝里氏の末裔は大阪府内某所に現存するが、系譜の公開を望んでいないとのことで、本書でも近代・現代の部分は伏せさせていただいた。興味のある方は国会図書館で調査されれば、明治時代まで確認できるが、著述するのは今暫く控えるべきと考える。ただし、この朝里氏系図の存在は後述の熊澤系図とも関連するので無視はできないということで取り上げた。

この後は、南北両朝皇室系図、大覚寺統推定略系図、南朝・後南朝系図（概略）、後南朝系譜、南朝・後南朝系図（尊雅王子は蘇る）、後南朝皇胤・尊雅王の系譜、後南朝皇胤略系図（伊藤家）、美作後南朝系図、青蓮院門跡・青蓮院宮系譜、美作天皇家系図、流王氏一族姻族系図、大覚寺統皇統略系譜（美作後南朝）、美作後南朝皇統譜、南朝秘史、後南朝及びその後裔熊澤氏の系、南朝後裔熊澤氏系図を紹介し、さらに、南朝正副二統皇系系譜、南朝皇系系譜（二統皇系）、南朝正統皇位継承論、自称正統

南朝皇系（三浦天皇家）、三河吉野朝系図、若宮兵部卿家（村上氏）系図、竹田村上氏系図（若宮兵部卿・別伝）、三師略系図（後醍醐天皇末裔略系）、隠れ南朝皇統系図、隠れ南朝関係系図、隠れ南朝と陰の南朝系図を紹介する。その後に、大塔宮護良親王関係系図、宗良親王関係系図（後醍醐源氏系図）、宗良親王関係系図（祖父江氏姻族系図）、宗良親王関係系図（大橋氏・祖父江氏）、華陽院殿伝系、大橋氏・祖父江氏系図、祖父江氏・富田氏関係系図、氷室氏姻族系図、宗良親王姻族系図（世良田氏）、宗良親王姻族系図（井伊氏）などを紹介する。これらの系譜により南朝伝承の一端を垣間見ることができる。では紹介しよう。

南朝の系譜は、「本朝皇胤紹運録」（『群書系図部集』所収）では無視されていることでも判ることだが、「消された系譜」である。『系図纂要』、『姓氏家系大辞典』などでは、いわゆる南朝といわれる時代までは掲載されており、ここまでが許容範囲ということになる。しかしそれ以後に続く系譜については、南朝の研究者・支援者と一部の研究者を除き、ほとんど無視あるいは偽系図ということで、研究のフィールドから抹殺している。井上良信氏や森茂暁氏が取り上げているが、北朝側の資料が基本となっているので、いわゆる後南朝の系譜は、『系図纂要』や『姓氏家系大辞典』に掲載されている後南朝の系譜にも整合しないのである。これは、北朝側の記録が、わざと正確に記さなかったのか、あるいは伝聞記事によるのが原因であろうと思われる。

しかし、森氏の『闇の歴史　後南朝——後醍醐流の抵抗と終焉——』（角川書店）は、北朝周辺から見た「後南朝」ということでは参考になるし、南朝の実態が、大覚寺統ではなく、後醍醐流ということも明らかにしているので、中学・高校で学んだ、「持明院系イコール北朝」、「大覚寺統イコール南朝」という図式が修正されることには役立った。ただ、森氏の著書で、南朝皇胤の実名が明らかにされていないのが残念である（「大覚寺統推定略系図」参照）。

後南朝や副南朝――吉野南朝こそ副統と主張する意見もある――は、伝説・伝承・自称の南朝ということで、学問の世界では、ほとんど無視されるか、批判の材料としてしか扱われず、南朝の血脈である家系でも、鳴りを潜めている家系もあれば、正式な系譜も明らかにせず略系譜をもって南朝正統を主張する家系、怪しげな系譜で、怪しげな後援者の支援を得て南朝末裔を主張する家系もあったという。筆者の生まれる前の話、あるいは、幼少時代の話である。これらは、世間からはほとんど黙殺され、熊澤家などが、時折週刊誌などに取り上げられているが、昭和天皇崩御の後は、落ち着いたようである。

南朝末裔伝承を主張する家系は、取りも直さず後醍醐流の家系ということになるので、大覚寺統推定系図の後に、概略系図としての「南朝・後南朝系図」を紹介した。この略系図には、前著『南朝興亡史』出版後に入手したものを加えて作成した。それに続く系図は、『南朝興亡史』に掲載のもの、同書出版後に、ご縁があって資料提供いただいた各地の研究者の方の資料及び、扶桑町図書館のレファレンス協力により入手した資料などを紹介した。これらの資料によれば、後南朝の中核は、小倉宮の皇系と説成親王系の連合体ということになる。両系は、猶子（養子に準じる）関係により一体化し、北朝側を幻惑させたようである。熊澤系図を改竄した熊澤寛道氏や照元氏（熊澤家が南朝皇胤の可能性はあるが、寛道氏や照元氏の発表した系図は、改竄系図である。後述）も、その幻惑にはまっている。

後南朝は、尊秀王（一の宮・北山宮自天皇）、忠義王（二の宮・河野宮）、尊雅王（市河宮）らの落命により事実上断絶した。『系図纂要』、『姓氏家系大辞典』もこのあたりまでは紹介している。『纂輯御系図』も同様である。良泰親王の子供に、義仁王、僧教尊（泰仁王）、僧空因（尊雅王）、尊慶王、王女（名前なし）を記し、空因の子供に、尊秀王、忠義王を記している。「皇統系譜」（『皇胤志』所収、国立国会図書館・蔵）も、一部関係が異なるが、尊義王、尊秀王、忠義王、尊雅王を掲載している。また、「皇統系譜」には、信雅王が記載されているが、熊澤家の主張する信雅王（西陣南帝・熊澤廣次王）とは別人である。

熊澤家のことは、後でも触れるので、ここでは割愛する。吉野・熊野の後南朝伝承に自天皇の異母弟の末裔とする伊藤家（伊藤獨氏）がある（『悲運の南朝皇胤並自天王祭祀について』（伊藤獨・檜書店））。ただ、伊藤家は系譜を公開されていないようで、伊藤氏を取材された南朝研究家にも問い合わせたが、資料はあっても提供できないとの事で、伊藤家の系譜調査は断念した。一応、伊藤氏の著書や、雑誌に断片的に紹介された資料により、推定略系譜を記載する。あくまで筆者の推定なので、その点ご了承いただきたい。

次に、岡山在住の方から頂戴した三冊の図書により、美作南朝伝承の系譜を紹介する。ベースは、田中千秋氏の『植月御所の真相』によるもの（『南朝興亡史』執筆前に、書名は知っていたが入手できず、簡略に紹介した本より略系図を作成して『南朝興亡史』で紹介した）。しかし、よく判らないというのが、筆者の感想である。というのは、先に紹介した後南朝と整合しないからである。また、その系譜の中に、青蓮院門跡の記述があるが、青蓮院門跡の系譜を見ると、尊純は、伏見宮家の王子であり、高仁や良懐の名前がなく、伏見宮家系譜にも、良懐に該当する人物は確認されない（筆者の未熟かもしれないが）のである。

ある研究家によると、この地方には、木地師の伝承もあり、美作南朝の傍系が椋彦右衛門と名乗ったとの所伝もあり、そういう伝承が生まれる下地はあったようである。毎日新聞倉敷支局長の橋田穂波氏も「作州に住んだ九代の王族」という記事で異説の美作後南朝実在説を追求している。

また、同地には、流王家という家系があり、同家も後南朝に連なる家系であるが、井光の伊藤家との関係が明らかにならないと何ともいえないが、確認する手立てがないのが残念である。流王家は、美作後南朝天皇家とも姻族関係にあったようだが、別のものと考えるべきで、美作南朝と同列に批判すべきではない。保坂ルポの酒本天皇は、美作天皇家末裔を主張したようであるが、世間一般からは、見向きもされていない。流王家は、そういうことには関わらなかったようで、保坂氏も偽天皇の系譜には加えていない。同家が南朝の皇統であるか否かは、筆者の手元の資料では判らないが、少なくとも、南朝との接点はあったと考える。先祖の系譜に伊藤家の先祖をうかがわせる人物が記載されていることからも、全くの偶然とは言えないのではないだろうか？　南朝の血脈か、家臣の血脈が、美作地方に入った、あるいは、南朝の伝承が、美作地方に伝わったことの反映と考えたい。

田中千秋氏による「美作後南朝系図」は、大阪歴史懇談会の安居隆行氏から提供の「大覚寺統皇統略系譜」によっても確認されるが、良明王（椋彦右衛門）によるものとの所伝があるらしいが、作者や正確な作成年次は定かでない（あくまで伝承）。

しかし、美作後南朝伝承にはいくつか疑問点もある。忠義王が、吉野より、難を逃れて美作に移ったというなら、従来の南朝伝承とも繋がらないわけではないが、尊義王と尊秀王（自天皇）が、山名教清の勢力圏である美作植月へ遷座したというのは如何なものか？　また、愛知県の三河地方にも南朝伝承があり、それによると、尊義王（空因）は、吉野・熊野と三河地方で南朝再興を謀ったようである（年表「南朝秘史」参照）。熊野なら伊勢から三河へ渡ることも、熊野灘から三河へ渡ることも可能であるし、南朝シンパもいたので可能性は高いが、美作では、周囲は山名氏や赤松氏らの勢力圏なので、三河や信州の南朝勢力との提携は難しくなる。また、尊秀王が、美作で殺されたということになると、川上地区で連綿と続く自天皇祭祀はおかしなことになる。三河の別の南朝伝承（三河が南朝正統で吉野は副統とする伝承）でも、吉野・熊野などとのかかわりは出てくるが、美作とのかかわりはない。

忠義王に関しては、尊秀王と同時期に殺されたという所伝と、難を逃れて三十五歳ぐらいで亡くなったという所伝があるので、美作に移った可能性までは否定できないし、前述の伊藤家と流王家の先祖の類似性も考えれば、吉野・熊野の南朝勢力の生き残りの一部が、美作に移った可能性までは否定できない。

「皇統系譜」を見ると、後南朝の王子は、吉野・熊野に潜伏後各地に散ったようである。自天皇以後の後南朝は、熊野、伊勢、三河、信州、甲州、東北地方へ逃れたようである（熊澤家、三浦家、天内・北山家、伊藤家など）。「皇統系譜」を見ても、美作のことは、確認されない。尊義王・忠義王以外の王の存在も大和説には有利である。

南北両朝皇室系図

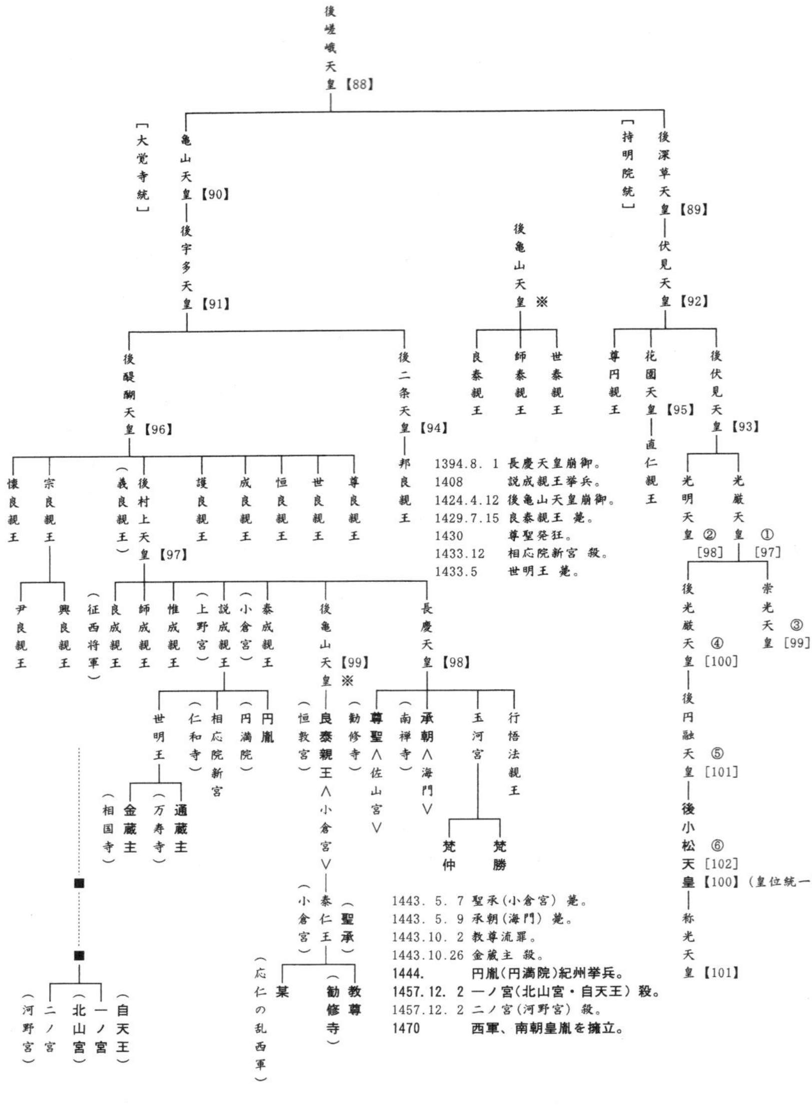
後嵯峨天皇【88】
［大覚寺統］
亀山天皇【90】
後宇多天皇【91】
後醍醐天皇【96】
後二条天皇【94】
邦良親王
懐良親王
宗良親王
（義良親王）
後村上天皇【97】
護良親王
成良親王
恒良親王
世良親王
尊良親王
尹良親王
興良親王
（征西将軍）
良成親王
師成親王
惟成親王
（上野宮）
説成親王
（小倉宮）
泰成親王
後亀山天皇【99】※
長慶天皇【98】
世明王
（仁和寺）
相応院新宮
（円満院）
円胤
（恒敦宮）
良泰親王＜小倉宮＞
（勧修寺）
尊聖＜佐山宮＞
（南禅寺）
承朝＜海門＞
玉河宮
行悟法親王
（相国寺）
金蔵主
（万寿寺）
通蔵主
梵仲
梵勝
（小倉宮）
泰仁王
（聖承）
（応仁の乱西軍）
某
（勧修寺）
教尊
（河野宮）
二ノ宮
（北山宮）
一ノ宮
（自天王）
［持明院統］
後深草天皇【89】
伏見天皇【92】
後亀山天皇※
良泰親王
師泰親王
世泰親王
尊円親王
花園天皇【95】
直仁親王
後伏見天皇【93】
光明天皇 ② [98]
光厳天皇 ① [97]
後光厳天皇 ④ [100]
崇光天皇 ③ [99]
後円融天皇 ⑤ [101]
後小松天皇 ⑥ [102]【100】（皇位統一）
称光天皇【101】
1394.8. 1 長慶天皇崩御。
1408 説成親王挙兵。
1424.4.12 後亀山天皇崩御。
1429.7.15 良泰親王 薨。
1430 尊聖発狂。
1433.12 相応院新宮 殺。
1433.5 世明王 薨。
1443. 5. 7 聖承(小倉宮) 薨。
1443. 5. 9 承朝(海門) 薨。
1443.10. 2 教尊流罪。
1443.10.26 金蔵主 殺。
1444. 円胤(円満院)紀州挙兵。
1457.12. 2 一ノ宮(北山宮・自天王) 殺。
1457.12. 2 二ノ宮(河野宮) 殺。
1470 西軍、南朝皇胤を擁立。

＊ 自天王の系譜、長慶系統か小倉宮系統か護聖院宮系統か不詳。
＊ 他の系図、金蔵主を万寿寺宮とする。
出典『南北朝の内乱（井上良信、評論社）』

大覚寺統（後醍醐・後二条流）推定略系図

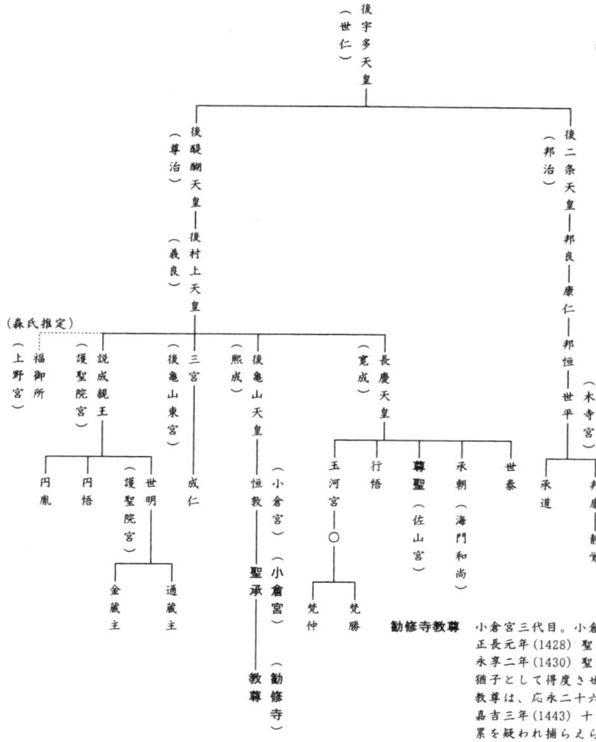
後宇多天皇（世仁）
後醍醐天皇（尊治）
後村上天皇（義良）
後二条天皇（邦治）
邦良
康仁
邦恒
世平（木寺宮）
承道
邦康
静覚
（森氏推定）
福御所（上野宮）
説成親王（護聖院宮）
（後亀山東宮）
三宮
成仁
後亀山天皇（熙成）
恒敦（小倉宮）
聖承（小倉宮）
教尊（勧修寺）
長慶天皇（寛成）
玉河宮
○
梵仲
梵勝
行悟
尊聖（佐山宮）
承朝（海門和尚）
世泰
円胤
円悟
（護聖院宮）
世明
金蔵主
通蔵主

小倉宮恒敦（つねあつ）
小倉宮初代。後亀山流正嫡。
＊ 南朝関係史料 良泰親王と記す。

万里小路時房の『建内記（けんないき）』
嘉吉三年(1443) 五月九日条の記録。南方小倉宮、死没の事。

中山定親の日記『薩戒記（さっかいき）』
応永二十九年(1422) 七月十五日小倉殿没の記録。

小倉宮の生没年不詳。

小倉宮聖承（せいしょう）
小倉宮二代目。恒敦の嫡子。
生没年不詳。
『建内記』後醍醐院の玄孫、後村上の曽孫、後亀山院の御孫、故恒敦宮の御子と記す。帰京後、子息を普広院殿(足利義教)の御猶子となし、勧修寺門跡に入室、その身得度、法名聖承。
子息は、教尊(勧修寺)。
醍醐寺座主満済『満済准后日記（まんさいじゅごうにっき）』
小倉宮の出家は、永享六年(1434)二月(日記 二月五日の条)。
聖承の俗名を泰仁王（やすひとおう）とする説もあるが詳細不詳。
伏見宮貞成（さだふさ）親王の『看聞日記（かもんにっき）』
嘉吉三年(1443) 五月七日、小倉宮(聖承)没と記す。

勧修寺教尊 小倉宮三代目。小倉宮聖承の子息。
正長元年(1428) 聖承、伊勢へ出奔(北畠満雅を頼る)。
永享二年(1430) 聖承、帰京。十一月 教尊を足利義教猶子として得度させ、勧修寺門跡へ入室(十二歳)。
教尊は、応永二十六年(1419) 生まれと推定される。
嘉吉三年(1443) 十月、禁闕の変(御所乱入事件)の連累を疑われ捕らえられ、流罪となる(二十五歳)。

小倉宮御息 奈良興福寺大乗院門跡尋尊の日記『大乗院寺社雑事記（だいじょういんじしゃぞうじき）』文明三年(1471)閏八月八日条「西方新主は小倉宮御息、十八歳に成り給う」とみえる。「**小倉宮御息**」は、**享徳三年(1454)生まれとなる。**その父は、岡崎前門主(『大乗院日記目録』文明三年八月二十六日条)。その事蹟は知られない。森氏は、憶測と断りながら「岡崎前門主」は聖承王子で、教尊の弟ぐらいであったかもしれないと記している。俗名不詳。

岡崎前門主 西方新主(西陣南帝)の実父。教尊の弟か？ 詳細不詳。

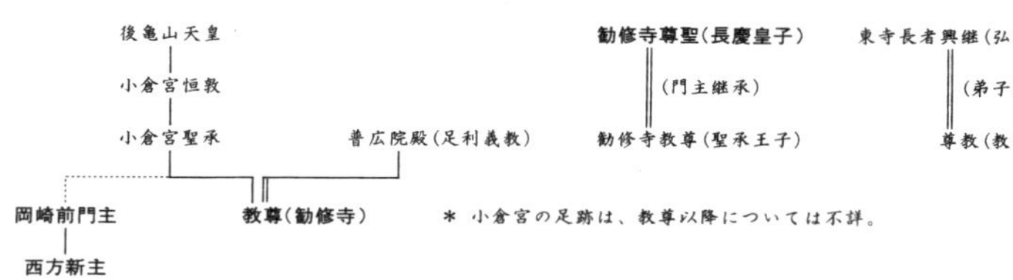
後亀山天皇
小倉宮恒敦
小倉宮聖承
普広院殿(足利義教)
岡崎前門主
教尊(勧修寺)
西方新主
勧修寺尊聖(長慶皇子)
(門主継承)
勧修寺教尊(聖承王子)
東寺長者興継(弘継)
(弟子)
尊教(教尊)

＊ 小倉宮の足跡は、教尊以降については不詳。

出典『闇の歴史、後南朝〈後醍醐流の抵抗と終焉〉(森 茂暁、角川選書 284〈角川書店〉)』

大覚寺統推定略系図

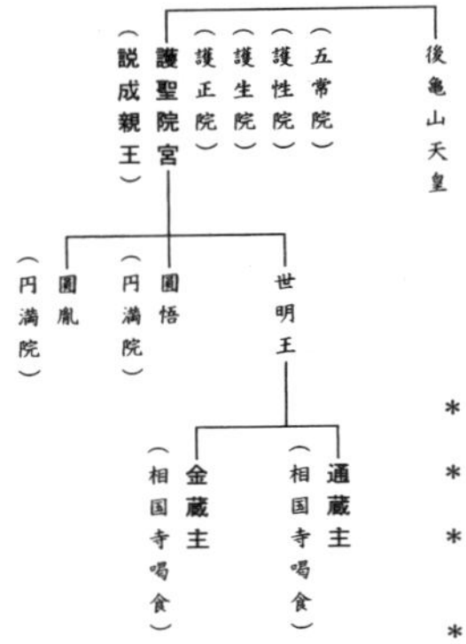

後亀山天皇
五常院
護性院
護生院
護正院
護聖院宮
（説成親王）
世明王
圓悟
（円満院）
圓胤
（円満院）
通蔵主
（相国寺喝食）
金蔵主
（相国寺喝食）

［護聖院宮］

応永十九年　(1412)　一月十九日、護聖院宮、幕府を訪問。
応永二十一年(1414)　四月、足利義満の七回忌で、供物を献じる。
応永二十七年(1420)　五月二日、足利義満の十三回忌に布施として馬を贈る。

永享五年　　(1433)　四月、護聖院宮(説明親王)没す(『満済准后日記』四月三日　条)。
永享五年　　(1433)　六月、足利義教、護聖院宮の臣籍降下を画策(『満済准后日記』六月二十六日　条)する(阿野実治が抗弁し回避)。
永享六年　　(1434)　八月二十日、足利義教、護聖院宮家及び南朝皇統の断絶政策を打ち出す(『看聞日記』八月二十日、九月十八日　条)。
嘉吉三年　　(1443)　五月、世明宮両息釈門に入る(『建内記』五月九日　条)。
(世明宮の息子の通蔵主と金蔵主、相国寺喝食となる。)
(宮家としての護聖院宮家は断絶する)

＊ 皇籍剥奪されそうになった遺児と世明王とは別人。

＊『建内記』金蔵主、通蔵主を世明王の王子で、相国寺喝食と記す。

＊**『康富記(中原康富の日記)』後亀山の子息で、金蔵主は万寿寺の僧とする。**
後亀山子息は誤記だが後亀山の後裔と考えられる。

＊『建内記』と『康富記』は整合しない。

＊ **南朝関係系譜、万寿寺宮は、金蔵主・空因・尊義王と記し、泰仁王(教尊)の弟と記す(早瀬.補注)。**

［玉川(玉河)宮］

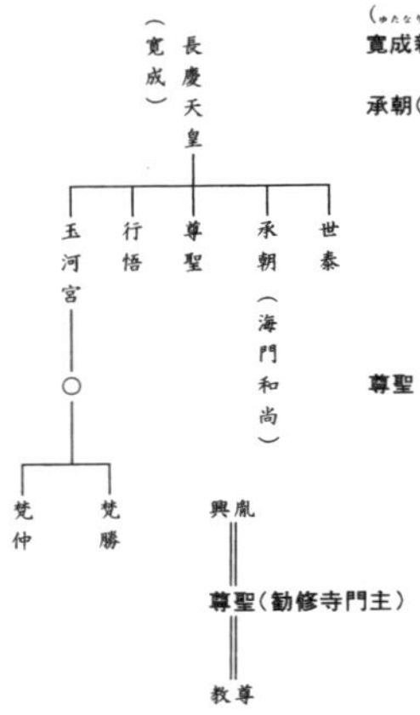

長慶天皇
（寛成）
玉河宮
行悟
尊聖
承朝
（海門和尚）
世泰
○
梵仲
梵勝
興胤
尊聖(勧修寺門主)
教尊

寛成(ゆたなりしんのう)親王(長慶天皇)『系図纂要』注記、玉川宮と記す。

承朝(海門和尚)　長慶院皇子。常光国師(空谷明応(くうこくみょうおう))の弟子。相国寺常徳院主、南禅寺住持。
後醍醐院曽孫、後村上孫、慶寿院(長慶院の事)御子。嘉吉三年(1443)　五月嵯峨慶寿院で没す(『建内記』五月九日　条)。
相国寺鹿苑院主海門(承朝和尚)(『康富記』嘉吉三年五月十四日　条)。
応永十四年(1407)　四月十七日　文書発給(『観心寺文書』)。
嘉吉元年(1441)　二月八日　文書発給(『建内記』)。
嘉吉三年　五月十日晩入滅(七十余歳)(『康富記』)。(推定生年、文中三年(1374)以前)
＊ 嘉吉二年(1442)　相国寺鹿苑院に移り住む。

尊聖　　長慶院皇子。南方玉河宮息(『勧修寺門跡次第』)。安祥寺寺務。
南方玉河宮御猶子(『勧修寺長吏次第』)。
正長元年(1428)　五月、勧修寺門主興胤僧正没。七月、佐山宮が南都釜口山寺より入寺(尊聖)。
正長二年(永享元年・1429)　二月、大僧正に任ずる勅許宣下が到来した(『満済准后日記』二月二十五日　条)(尊聖、五十四歳)。
永享元年　三月十二日、足利義宣(義教)元服祝賀の為、室町殿へ参じる。
永享二年(1430)　十一月、凶心により、小倉宮聖承の子息教尊が勧修寺門跡に就任する(尊聖は、病気隠居)。
永享四年(1432)　七月に没す(五十七歳)(推定生年、天授二年・永和二年(1376))(『東寺過去帳』、『勧修寺長吏次第』)。

玉河宮某　応永二十一年(1414)　四月、足利義満の七年忌法要で、護聖院宮とともに供物を献じる。
正長元年　　(1428)　十月、所領の訴訟に関して、担当奉行に督促する(『建内記』)。
永享三年　　(1431)　十二月、十七歳の玉河殿娘(或いは孫娘)、室町殿に参じる(『看聞日記』)。
永享六年　　(1434)　四月、伏見宮とともに、御百首の「端作(表題)」の記し方について尋ねる(『薩戒記』)。
永享九年　　(1437)　十一月、玉川殿御女(或いは孫女)東御方、密通の罪で流罪に処された(『看聞日記』十一月六日　条)。
嘉吉三年　　(1443)　五月、玉河宮因幡国へ遷された(『建内記』五月九日　条)。
享徳四年　　(1455)　二月、相国寺慶雲院主梵勝(ぼんしょうぞうす)蔵主・梵仲(ぼんちゅうじしゃ)侍者(南朝玉川宮御末孫)、京都より逐電(『康富記』二月二十九日　条)。

＊ 系図によると、円満院行悟も長慶院皇子。
＊ 他の系図では、梵勝、梵仲を玉川宮の息とする説あり(井上良信『南北朝の内乱』評論社)。

南朝・後南朝系図（1）

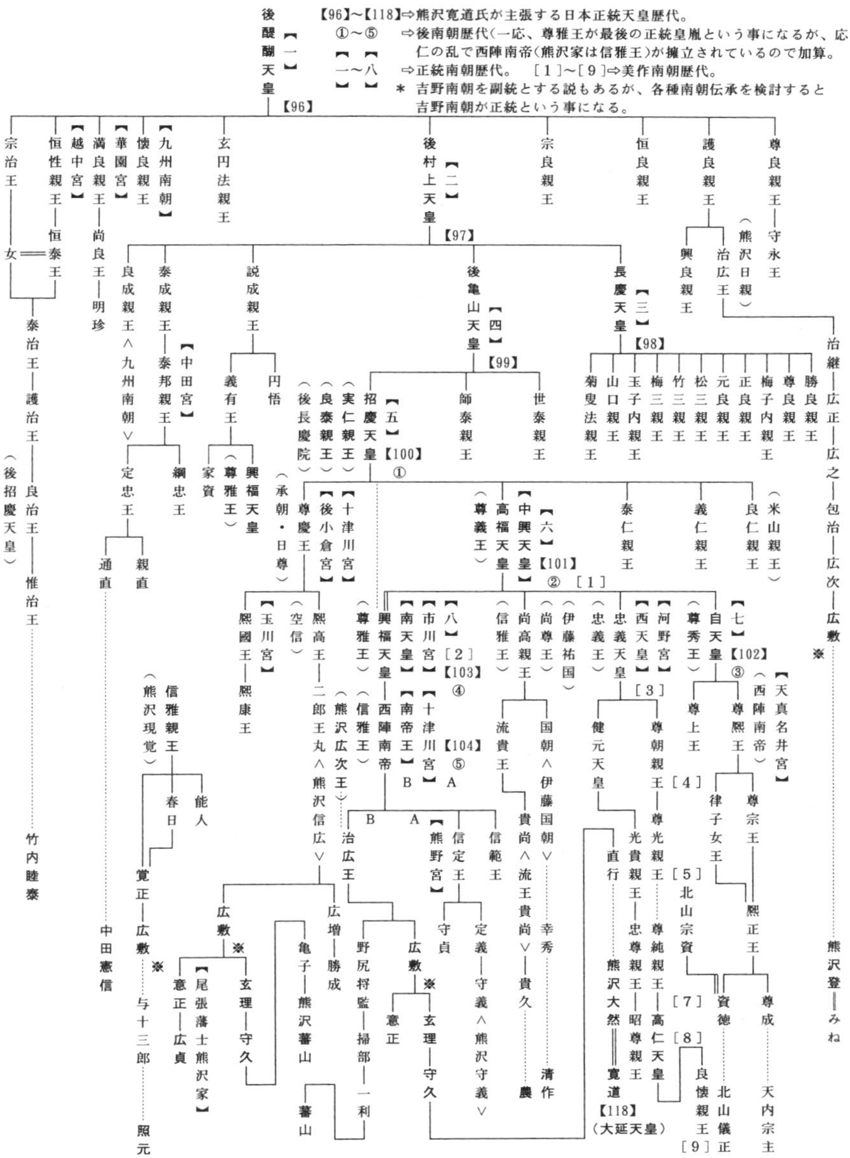

【96】〜【118】⇨熊沢寛道氏が主張する日本正統天皇歴代。
①〜⑤　⇨後南朝歴代（一応、尊雅王が最後の正統皇胤という事になるが、応仁の乱で西陣南帝（熊沢家は信雅王）が擁立されているので加算。
【一】〜【八】⇨正統南朝歴代。　［1］〜［9］⇨美作南朝歴代。
＊ 吉野南朝を副統とする説もあるが、各種南朝伝承を検討すると吉野南朝が正統という事になる。
後醍醐天皇【一】【96】
宗治王
恒性親王
越中宮
満良親王
華園宮
懐良親王
九州南朝
玄円法親王
後村上天皇【二】【97】
宗良親王
恒良親王
護良親王
尊良親王
守永王
興良親王
治広王
（熊沢日親）
恒泰王
尚良王
明珍
良成親王〈九州南朝〉
泰成親王
泰邦親王
中田宮
説成親王
義有王
円悟
後亀山天皇【四】【99】
長慶天皇【三】【98】
菊叟法親王
山口親王
玉子内親王
梅三親王
竹三親王
松三親王
元良親王
正良親王
梅子内親王
尊良親王
勝良親王
治継
広正
広之
包治
広次
広數
※
熊沢登
みね
泰治王
護治王
良治王
惟治王
（後招慶天皇）
竹内睦泰
定忠王
綱忠王
通直
親直
中田憲信
家資
興福天皇（尊雅王）
（後長慶院）
良泰親王
実仁親王
招慶天皇【五】【100】
①
師泰親王
世泰親王
（承朝・日尊）
尊慶王
後小倉宮
十津川宮
（尊義王）
高福天皇
中興天皇【六】【101】
② ［1］
泰仁親王
義仁親王
良仁親王
（米山親王）
熈國王
玉川宮
（空信）
熈高王
熈康王
二郎王丸〈熊沢信広〉
（熊沢広次王）
（尊雅王）
興福天皇
西陣南帝
（信雅王）
南天皇
南帝王
市川宮
十津川宮
【八】［2］【103】④
【104】⑤
B　A
（信雅王）
尚高親王
（尚尊王）
伊藤祐国
（忠義王）
忠義天皇
西天皇
河野宮
［3］
（尊秀王）
自天皇【七】【102】③
天真名井宮
（西陣南帝）
尊上王
尊熈王
信雅親王
（熊沢現覚）
春日
能人
覚正
広數
※
与十三郎
照元
広數
※
意正
広貞
尾張藩士熊沢家
玄理
守久
広増
勝成
亀子
熊沢蓄山
蓄山
治広王
熊野宮
信定王
信範王
守貞
定義
守義〈熊沢守義〉
野尻将監
掃部
一利
広數
※
意正
玄理
守久
流貴王
貴尚〈流王貴尚〉
貴久
農
国朝〈伊藤国朝〉
幸秀
清作
健元天皇
直行
熊沢大然
寛道
【118】
（大延天皇）
尊朝親王
［4］
尊光親王
光貴親王
忠尊親王
昭尊親王
尊純親王
高仁天皇
［5］
北山宗資
［7］
［8］
良懐親王
［9］
律子女王
尊宗王
熈正王
資徳
北山儀正
尊成
天内宗主

南朝・後南朝系図 (2)

＊ 吉野新帝(義有王)⇨一時神器を奉じて皇位を継承した可能性もあるが
熊沢家は将軍宮と位置付けている(尊義の影か？)。

(96)～(100) 正副二統皇系による歴代。
①～⑥ 南朝正統歴代(吉野南朝を副統と主張)。
＊ 二統皇系は元子内親王を小松天皇と記す。

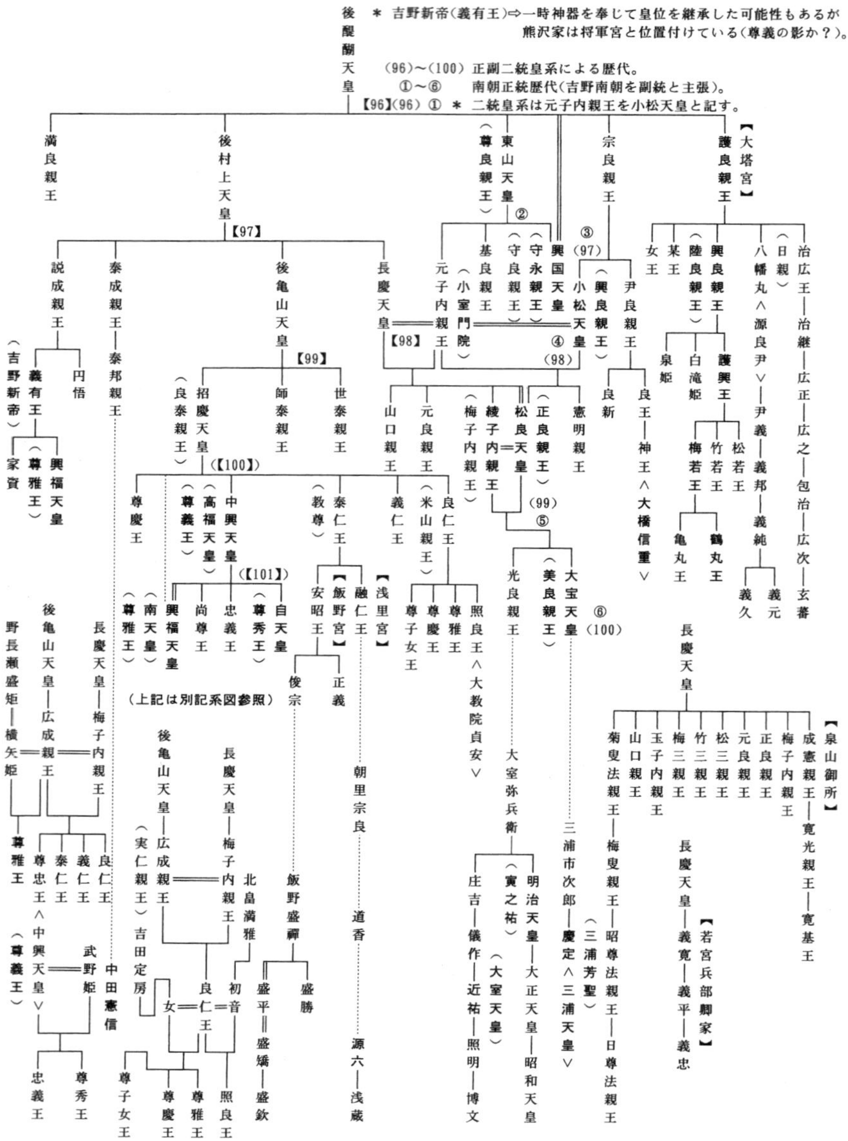

後醍醐天皇
【96】(96) ①
満良親王
後村上天皇
【97】
(尊良親王)
東山天皇
②
宗良親王
【大塔宮】
護良親王
説成親王
泰成親王―泰邦親王
後亀山天皇
【99】
長慶天皇
元子内親王
【98】
(小室門院)
基良親王
(守良親王)
(守永親王)
興国天皇
③ (97)
小松天皇
④ (98)
(興良親王)
尹良親王
女王
某王
(陸良親王)
興良親王
八幡丸〈源良尹〉―尹義―義邦―義純
(日親)
治広王―治継―広正―広之―包治―広次―玄番
(吉野新帝)
義有王
円悟
家資
(尊雅王)
興福天皇
(良泰親王)
招慶天皇
(【100】)
師泰親王
世泰親王
山口親王
元良親王
(梅子内親王)
綾子内親王
松良天皇
(正良親王)
憲明親王
(99)
⑤
良新
良王―神王〈大橋信重〉
泉姫
白滝姫
護興王
梅若王
竹若王
松若王
亀丸王
鶴丸王
義久
義元
尊慶王
(尊義王)
(高福天皇)
中興天皇
(【101】)
(教尊)
泰仁王
義仁王
(米山親王)
良仁王
(尊雅王)
(南天皇)
興福天皇
尚尊王
忠義王
(尊秀王)
自天皇
安昭王
【飯野宮】
融仁王
【浅里宮】
俊宗
正義
尊子女王
尊慶王
尊雅王
照良王〈大教院貞安〉
光良親王
(美良親王)
大宝天皇
⑥ (100)
(上記は別記系図参照)
野長瀬盛矩―横矢姫
後亀山天皇―広成親王
長慶天皇―梅子内親王
尊雅王
尊忠王〈中興天皇〉
泰仁王
義仁王
良仁王
(尊義王)
武野姫
中田憲信
忠義王
尊秀王
後亀山天皇―広成親王
長慶天皇―梅子内親王
(実仁親王)
北畠満雅
吉田定房
女
良仁王
初音
尊子女王
尊慶王
尊雅王
照良王
飯野盛禰
盛平‖盛矯―盛欽
盛勝
朝里宗良
道香
源六―浅蔵
大室弥兵衛
庄吉―儀作―近祐―照明―博文
(寅之祐)
明治天皇―大正天皇―昭和天皇
(大室天皇)
三浦市次郎―慶定〈三浦天皇〉
(三浦芳聖)
長慶天皇
菊叟法親王―梅叟親王―昭尊法親王―日尊法親王
山口親王
玉子内親王
梅三親王
竹三親王
松三親王
元良親王
正良親王
梅子内親王
成憲親王【泉山御所】―寛光親王―寛基王
長慶天皇―義寛―義平―義忠
【若宮兵部卿家】

後南朝系譜

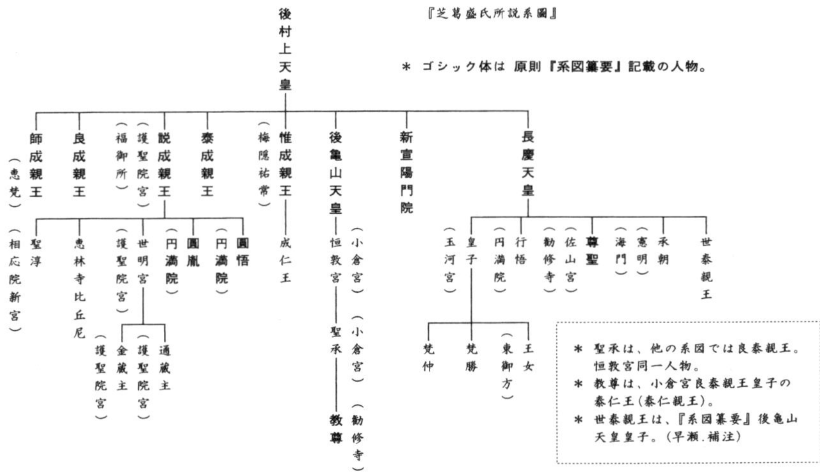
『芝葛盛氏所説系圖』
＊ ゴシック体は 原則『系図纂要』記載の人物。
後村上天皇
師成親王(恵梵)
良成親王
説成親王(護聖院宮)(福御所)
泰成親王
惟成親王(梅隠祐常)
後亀山天皇
新宣陽門院
長慶天皇
聖淳(相応院新宮)
恵林寺比丘尼
世明宮(護聖院宮)
圓胤(円満院)
圓悟(円満院)
金蔵主(護聖院宮)
通蔵主(護聖院宮)
成仁王
恒敦宮(小倉宮)
聖承(小倉宮)
教尊(勧修寺)
皇子(玉河宮)
行悟(円満院)
(勧修寺)
尊聖(佐山宮)
(海門)
(憲明)
承朝
世泰親王
梵仲
梵勝
(東御方)
王女
＊ 聖承は、他の系図では良泰親王。恒敦宮同一人物。
＊ 教尊は、小倉宮良泰親王皇子の泰仁王(泰仁親王)。
＊ 世泰親王は、『系図纂要』後亀山天皇皇子。(早瀬.補注)

出典『一宮市史・西成編』(一宮市立豊島図書館.蔵)

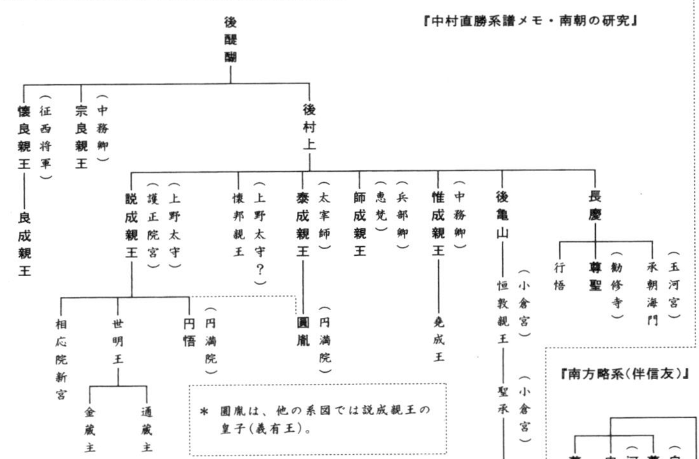
『中村直勝系譜メモ・南朝の研究』
後醍醐
懐良親王(征西将軍)
良成親王
宗良親王(中務卿)
後村上
説成親王(護正院宮)(上野太守)
懐邦親王(上野太守？)
泰成親王(太宰師)
師成親王(恵梵)(兵部卿)
惟成親王(中務卿)
後亀山
長慶
相応院新宮
世明王
円悟(円満院)
圓胤(円満院)
尭成王
金蔵主
通蔵主
恒敦親王(小倉宮)
聖承(小倉宮)
教尊(勧修寺)
行悟
尊聖(勧修寺)
承朝海門
(玉河宮)
＊ 圓胤は、他の系図では説成親王の皇子(義有王)。

出典『悲運の南朝皇胤並自天王祭祀について(伊藤 獨、檜書店)』
原典『南朝の研究(中村直勝)』

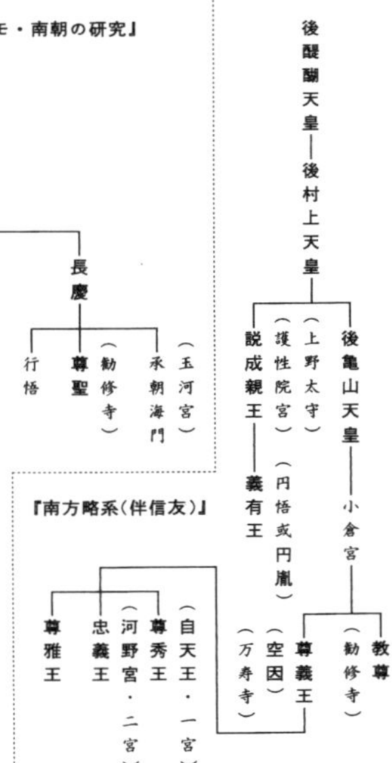
後醍醐天皇
後村上天皇
説成親王(護性院宮)(上野太守)
義有王(円悟或円胤)
後亀山天皇
小倉宮
尊義王(空因)(万寿寺)
教尊(勧修寺)
『南方略系(伴信友)』
尊雅王
忠義王
尊秀王(河野宮・二宮)(自天王・一宮)

『悲運の南朝皇胤並自天王祭祀について』

南朝・後南朝系図 (3)

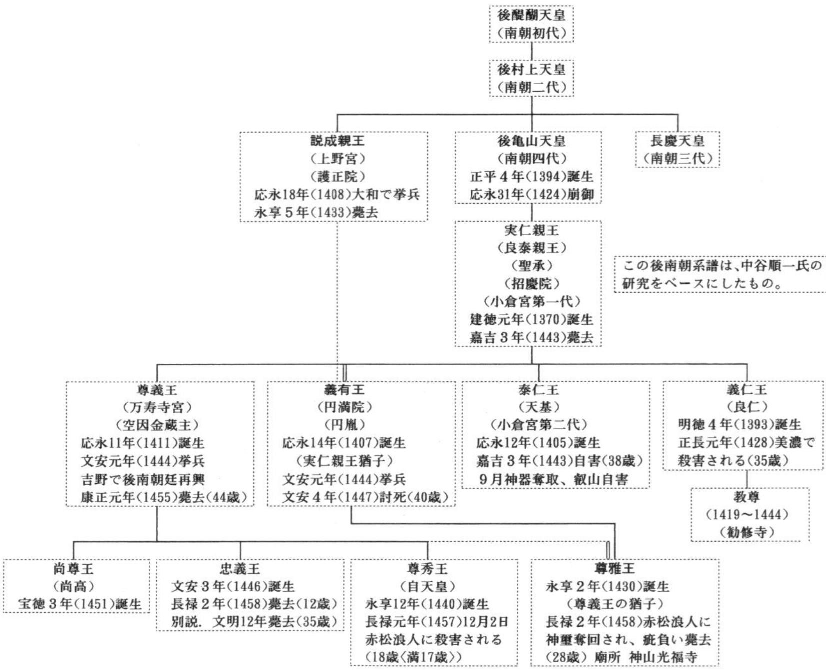
後醍醐天皇
（南朝初代）
後村上天皇
（南朝二代）
説成親王
（上野宮）
（護正院）
応永18年（1408）大和で挙兵
永享５年（1433）薨去
後亀山天皇
（南朝四代）
正平４年（1394）誕生
応永31年（1424）崩御
長慶天皇
（南朝三代）
実仁親王
（良泰親王）
（聖承）
（招慶院）
（小倉宮第一代）
建徳元年（1370）誕生
嘉吉３年（1443）薨去
この後南朝系譜は、中谷順一氏の
研究をベースにしたもの。
尊義王
（万寿寺宮）
（空因金蔵主）
応永11年（1411）誕生
文安元年（1444）挙兵
吉野で後南朝廷再興
康正元年（1455）薨去（44歳）
義有王
（円満院）
（円胤）
応永14年（1407）誕生
（実仁親王猶子）
文安元年（1444）挙兵
文安４年（1447）討死（40歳）
泰仁王
（天基）
（小倉宮第二代）
応永12年（1405）誕生
嘉吉３年（1443）自害（38歳）
９月神器奪取、叡山自害
義仁王
（良仁）
明徳４年（1393）誕生
正長元年（1428）美濃で
殺害される（35歳）
教尊
（1419～1444）
（勧修寺）
尚尊王
（尚高）
宝徳３年（1451）誕生
忠義王
文安３年（1446）誕生
長禄２年（1458）薨去（12歳）
別説．文明12年薨去（35歳）
尊秀王
（自天皇）
永享12年（1440）誕生
長禄元年（1457）12月2日
赤松浪人に殺害される
（18歳〈満17歳〉）
尊雅王
永享２年（1430）誕生
（尊義王の猶子）
長禄２年（1458）赤松浪人に
神璽奪回され、疵負い薨去
（28歳）廟所 神山光福寺

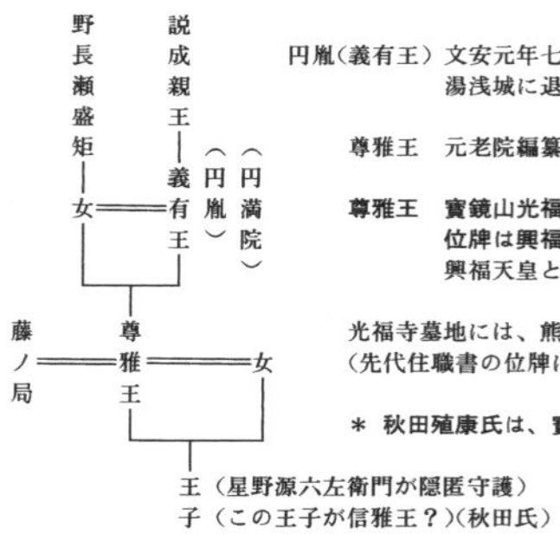
野長瀬盛矩
説成親王
女
義有王
（円胤）
（円満院）
藤ノ局
尊雅王
女
王子
王（星野源六左衛門が隠匿守護）
子（この王子が信雅王？）（秋田氏）

円胤（義有王）文安元年七月吉野で旗上げ、八月紀伊に進出し八幡山城に拠ったが、内応者が出た為、湯浅城に退いたが、文安四年十二月二十二日、城は落城し義有王は自刃する。

尊雅王　元老院編纂皇室御系図（「纂樹御系図」）に記載（中谷順一氏の発表より）。

尊雅王　寳鏡山光福寺（古くは興福寺、高福寺とも記す）に墓（石宝殿）と位牌あり。
位牌は興福院殿南天皇都正位尊儀と記されている。
興福天皇と記す史書もある（『後南朝 尊雅王子は蘇る〈秋田殖康．著〉』）

光福寺墓地には、熊沢寛道氏の墓碑がある。 熊野宮正照王尊儀と刻されている。
（先代住職書の位牌による）（平成二年七月十五日建立）（『後南朝 尊雅王子は蘇る』より）

＊ 秋田殖康氏は、寳鏡山光福寺十八世住職

＊ 熊沢一族は 上記の星野宮王子を信雅王として系譜を作成。

＊ 尊雅王は神山と縁有り、南帝尊雅王御遺跡 神之山御所 寳鏡山興福寺と刻した石碑あり（『後南朝 尊雅王子は蘇る』に、写真掲載）。

出典『後南朝 尊雅王子は蘇る（秋田殖康．著、私家版）』 資料提供．秋田殖康氏

後南朝皇胤・尊雅王の系譜

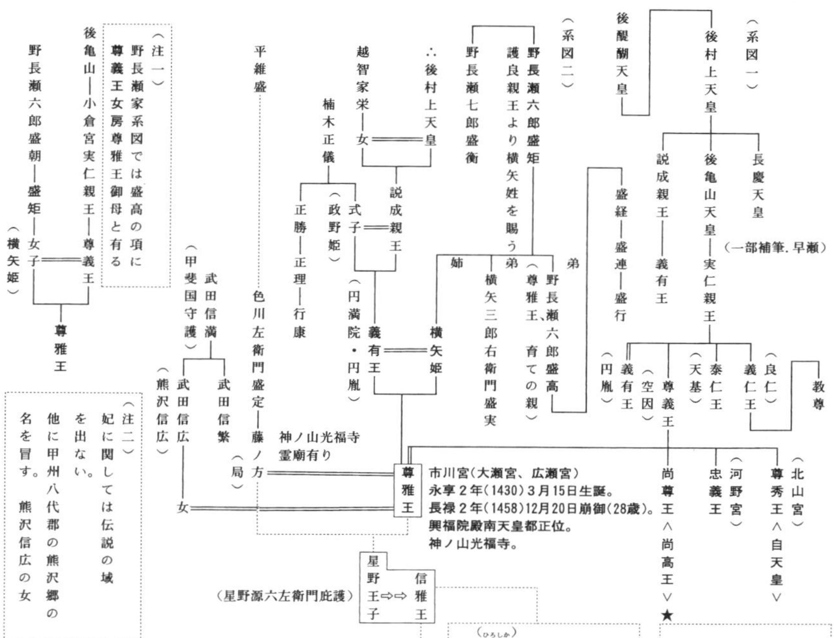
（系図一）
後醍醐天皇
後村上天皇
長慶天皇
後亀山天皇
説成親王
義有王
実仁親王
（良仁）義仁王
教尊
（天基）泰仁王
（空因）尊義王
（円胤）義有王
（一部補筆．早瀬）
尚尊王＜尚高王＞★
忠義王
（河野宮）
尊秀王＜自天皇＞
（北山宮）
（系図二）
野長瀬六郎盛矩
護良親王より横矢姓を賜う
野長瀬七郎盛衡
盛経―盛連―盛行
弟
野長瀬六郎盛高（尊雅王、育ての親）
弟
横矢三郎右衛門盛実
姉
横矢姫
∴後村上天皇
越智家栄
女
説成親王
楠木正儀
式子（政野姫）
正勝―正理―行康
義有王
（円満院・円胤）
平維盛
色川左衛門盛定
藤ノ方（局）
神ノ山光福寺霊廟有り
武田信満（甲斐国守護）
武田信繁
武田信広（熊沢信広）
女
尊雅王
市川宮（大瀬宮、広瀬宮）
永享２年（1430）３月15日生誕。
長禄２年（1458）12月20日崩御（28歳）。
興福院殿南天皇都正位。
神ノ山光福寺。
星野子
王⇨⇨
信雅王
（星野源六左衛門庇護）
（注一）
野長瀬家系図では盛高の項に尊義王女房尊雅王御母と有る
後亀山―小倉宮実仁親王―尊義王
野長瀬六郎盛朝―盛矩―女子（横矢姫）
尊雅王
（注二）
妃に関しては伝説の域を出ない。
他に甲州八代郡の熊沢郷の名を冒す。
熊沢信広の女

熊沢大然‖寛道

（ひろしか）
熊沢大然は、林嘉三郎宅に寄宿し、後南朝史を学び、尊雅王に王子がいたという伝説を知り、信雅王という南朝皇胤を創作した。
（「安居氏からのお手紙」より）

後亀山天皇　正平４年（1394）生、応永31年（1424）崩御。

（ひろなり）
説成親王（上野宮）永享５年（1433）薨。

（みひと）
実仁親王（小倉宮）建徳元年（1370）生、嘉吉３年（1443）薨。
（良泰親王、聖承）

義有王（説成第二子）（円満院・円胤）（吉野新帝）
応永14年（1407）５月23日大和国高取城生誕。
文安４年（1447、天靖５年）12月23日湯浅近郊自刃（40才）。

横矢姫　文明８年（1476）卒（71才）光宝院殿宝照妙貞大姉。
神ノ山光福寺に葬る。

（なおたか）
尚尊王（尚高王）自天皇と忠義王の末弟（尊雅王の義兄弟）。
母は井光の伊藤祐国の娘多美子。伊藤　獨画伯家の先祖。

（たかまさ）
尊雅王　後南朝最後の皇胤。
赤松逆賊（小寺藤兵衛入道性説ら）に襲われ負傷、神器を奪還され楠木正理は討死。
十津川の御座所から湯之谷村へ逃れる。傷が悪化して神ノ山村で薨去。
光福寺（寶鏡山光福寺）へ葬られる。

＊「皇胤志（国立国会図書館．蔵）」によると、熊沢先祖の信雅王と別人の信雅王が、尊雅王の子として記載されている。
『皇統系譜（「皇胤志」所収）』
（『宝賀寿男氏提供資料による）
（早瀬．注）

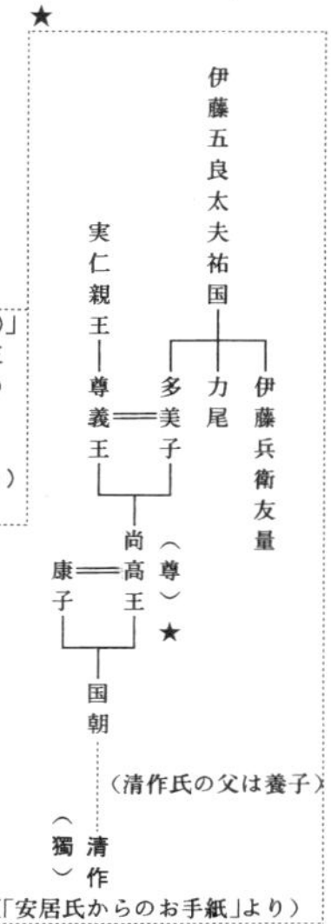
伊藤五良太夫祐国
伊藤兵衛友量
力尾
多美子
実仁親王―尊義王
尚高王（尊）★
康子
国朝
清作（獨）
（清作氏の父は養子）
（「安居氏からのお手紙」より）

信雅王　熊沢家の主張によれば後南朝最後の皇胤（天皇）にして熊沢家の始祖。
『皇胤志（国立国会図書館．蔵）』によれば、熊沢家の始祖とは別人（西陣南帝ではない）。
熊野宮ではなく十津川宮で、川瀬宮信範王と熊野宮信定王の父。（早瀬補筆）

＊　平成９年８月24日発行「歴史懇談　11号」掲載論文より。
出典『後南朝皇胤尊雅王について〈南朝最後の帝の事跡と伝説の謎を探る〉（安居隆行）（「歴史懇談」11号）』（安居隆行氏提供資料）

後南朝皇胤略系図（伊藤家）(1)

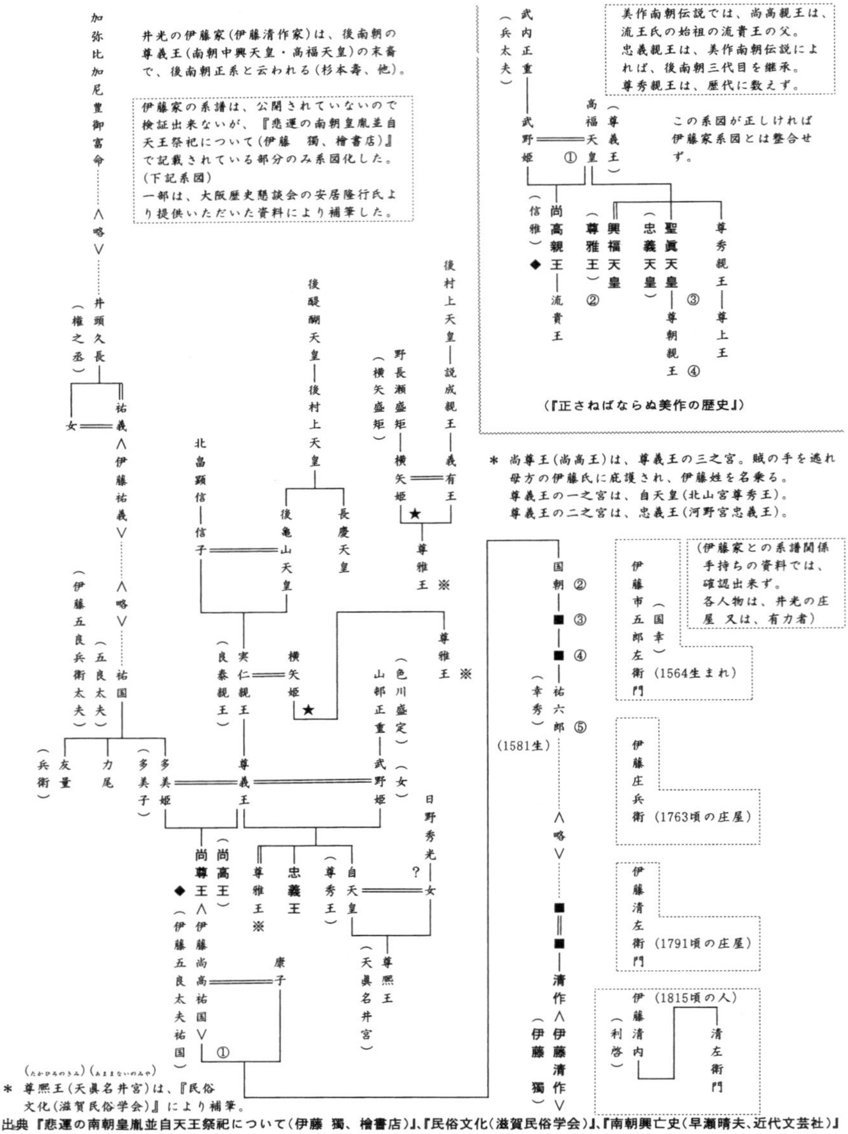

井光の伊藤家（伊藤清作家）は、後南朝の尊義王（南朝中興天皇・高福天皇）の末裔で、後南朝正系と云われる（杉本壽、他）。
伊藤家の系譜は、公開されていないので検証出来ないが、『悲運の南朝皇胤並自天王祭祀について（伊藤　獨、檜書店）』で記載されている部分のみ系図化した。（下記系図）
一部は、大阪歴史懇談会の安居隆行氏より提供いただいた資料により補筆した。
美作南朝伝説では、尚高親王は、流王氏の始祖の流貴王の父。
忠義親王は、美作南朝伝説によれば、後南朝三代目を継承。
尊秀親王は、歴代に数えず。
この系図が正しければ伊藤家系図とは整合せず。
（『正さねばならぬ美作の歴史』）
＊　尚尊王（尚高王）は、尊義王の三之宮。賊の手を逃れ母方の伊藤氏に庇護され、伊藤姓を名乗る。
尊義王の一之宮は、自天皇（北山宮尊秀王）。
尊義王の二之宮は、忠義王（河野宮忠義王）。
（伊藤家との系譜関係手持ちの資料では、確認出来ず。各人物は、井光の庄屋　又は、有力者）
加弥比加尼豊御富命
＜略＞
井頭久長（権之丞）
女
祐義＜伊藤祐義＞
＜略＞
祐国
伊藤五良兵衛太夫
五良太夫
友量（兵衛）
力尾
多美姫（多美子）
後醍醐天皇
後村上天皇
後亀山天皇
長慶天皇
北畠顕信
信子
実仁親王（良泰親王）
横矢姫
★
後村上天皇
説成親王
義有王
野長瀬盛矩（横矢盛矩）
横矢姫
★
尊雅王 ※
尊雅王 ※
山部正重（色川盛定）
武野姫（女）
尊義王
日野秀光
?
女
尚尊王（尚高王）
◆
＜伊藤尚高祐国＞（伊藤五良太夫祐国）
康子
①
尊雅王 ※
忠義王
尊秀王
自天皇
尊熙王（天眞名井宮）
武内正重（兵太夫）
武野姫
高福天皇（尊義王）
①
尚高親王（信雅）
◆
流貴王
尊雅王
②
興福天皇
忠義天皇
聖眞天皇
③
尊朝親王
④
尊秀親王
尊上王
国朝 ②
■ ③
■ ④
祐六郎（幸秀） ⑤
（1581生）
＜略＞
■＝■
清作＜伊藤清作＞（伊藤獨）
伊藤市五郎左衛門（国幸）（1564生まれ）
伊藤庄兵衛（1763頃の庄屋）
伊藤清左衛門（1791頃の庄屋）
伊藤清内（利啓）（1815頃の人）
清左衛門
＊　尊熙王（天眞名井宮）は、『民俗文化（滋賀民俗学会）』により補筆。

出典『悲運の南朝皇胤並自天王祭祀について（伊藤　獨、檜書店）』、『民俗文化（滋賀民俗学会）』、『南朝興亡史（早瀬晴夫、近代文芸社）』
『正さねばならない美作の歴史（靈仁王、美作後南朝正史研究会・温羅書房）』

後南朝皇胤略系図（伊藤家）(2)

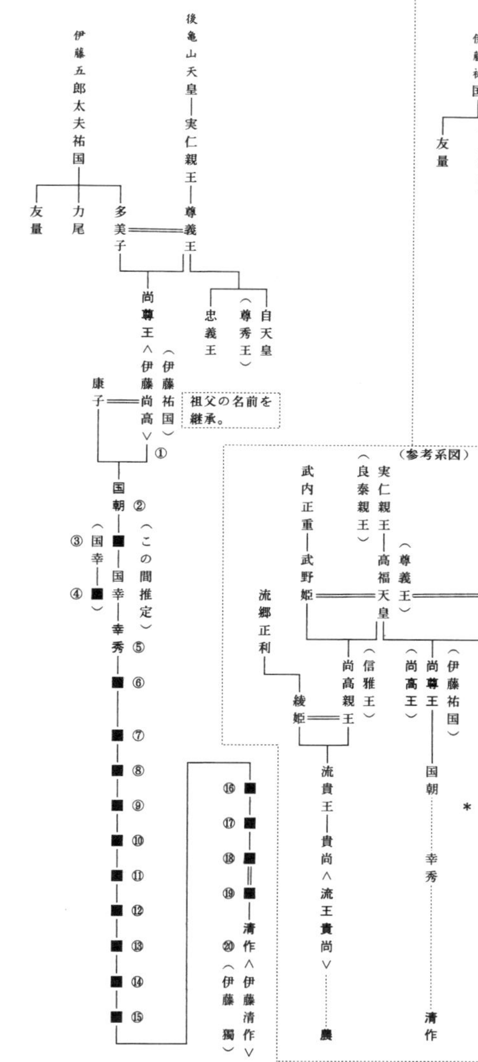
伊藤五郎太夫祐国
後亀山天皇—実仁親王—尊義王
友量
力尾
多美子
尚尊王〈伊藤尚高〉（伊藤祐国）
忠義王
（尊秀王）
自天皇
康子
祖父の名前を継承。
国朝
（国幸）
（この間推定）
国幸
幸秀
清作〈伊藤清作〉
（伊藤獨）
（参考系図）
武内正重
武野姫
（良泰親王）
実仁親王
高福天皇
（尊義王）
伊藤祐国
多美子
流郷正利
綾姫
尚高親王
（信雅王）
（尚高王）
尚尊王
（伊藤祐国）
流貴王
貴尚〈流王貴尚〉
農
国朝
幸秀
清作

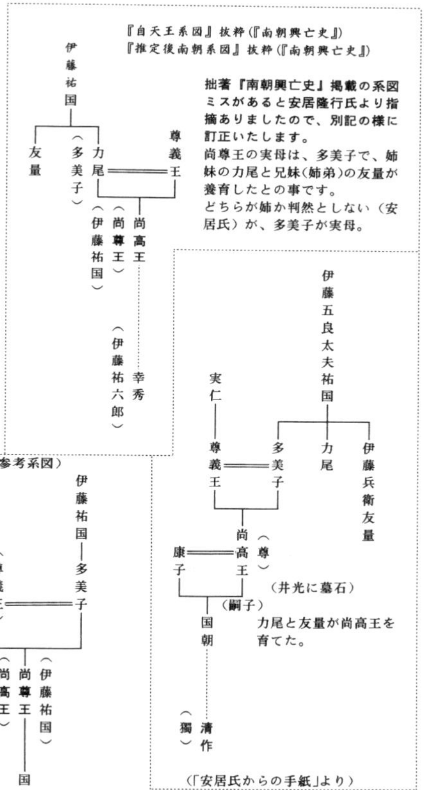
『自天王系図』抜粋（『南朝興亡史』）
『推定後南朝系図』抜粋（『南朝興亡史』）
伊藤祐国
友量
（多美子）
力尾
尊義王
（伊藤祐国）
（尚尊王）
尚高王
（伊藤祐六郎）
幸秀
拙著『南朝興亡史』掲載の系図ミスがあると安居隆行氏より指摘ありましたので、別記の様に訂正いたします。
尚尊王の実母は、多美子で、姉妹の力尾と兄妹(姉弟)の友量が養育したとの事です。
どちらが姉か判然としない（安居氏）が、多美子が実母。
伊藤五良太夫祐国
実仁
尊義王
多美子
力尾
伊藤兵衛友量
康子
尚高王
（尊）
（井光に墓石）
（嗣子）
国朝
力尾と友量が尚高王を育てた。
清作
（獨）
（「安居氏からの手紙」より）

＊ 左記の系図は 美作後南朝一族といわれる流王家の系図(詳細別記)と伊藤家の系図を併せたものである。

流王家の先祖の尚高親王は、伊藤家の尚高王を連想させるが、別記として信雅と記載されているが、信雅とは、熊沢家の祖の信雅王(西陣南帝)を連想させる。美作の流王家と伊藤家は、何らかの関係が有るのだろうか(伊藤家の一族、家臣、縁者)?

私としては何の検証も出来ていないが、今後、後南朝を研究される方への問題提起になるかと思い、紹介した(早瀬)。

＊ 流王家の事は『正さねばならぬ美作の歴史(靈仁王<こまひとおう>、美作後南朝正史研究会、温羅書房』による。
同書は平成11年に流王農(りゅうおうあつし)氏より筆者に献本。

＊ 伊藤清作氏は、伊藤国朝の十九代目(「南朝の最後尾にいる人々」より)。
（尚尊王より二十代目）

出典『南朝の最後尾にいる人々(河原敏明、新潮45 1987.3月号)』、『悲運の南朝皇胤並自天王祭祀について(伊藤 獨、檜書店)』

美作後南朝系図 (1)

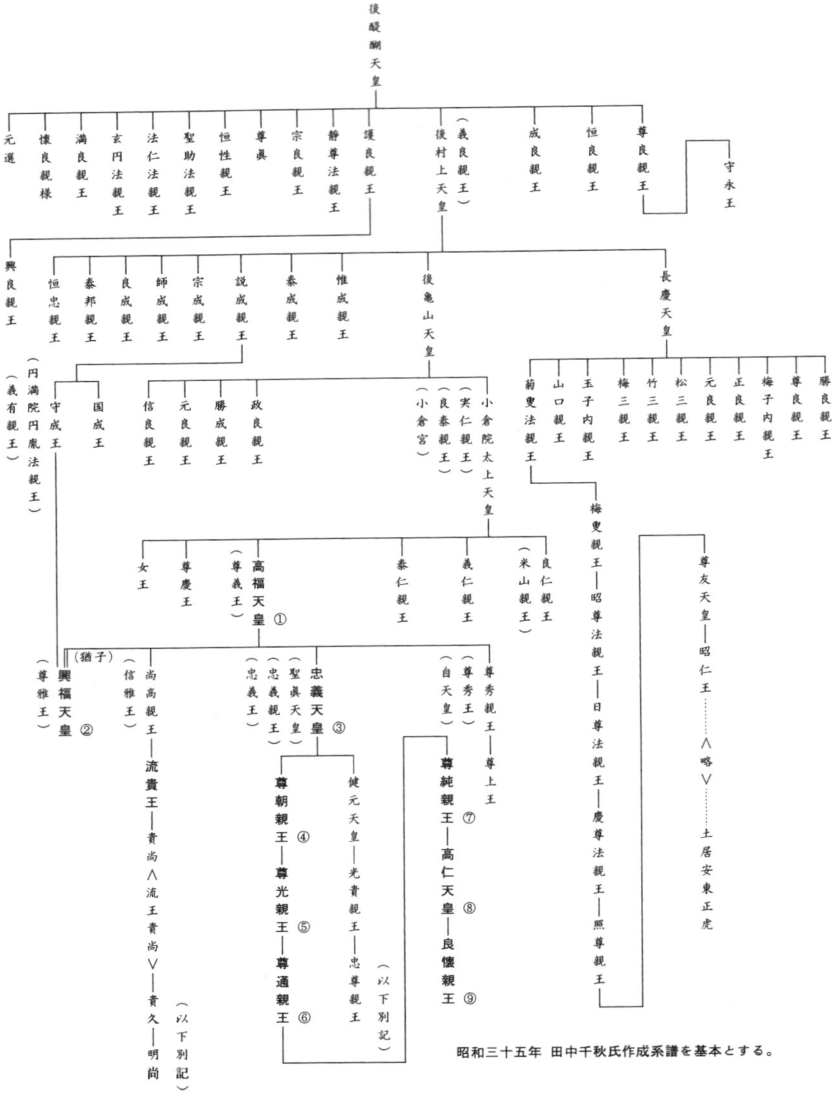
後醍醐天皇
元選
懐良親様
満良親王
玄円法親王
法仁法親王
聖助法親王
恒性親王
尊眞
宗良親王
静尊法親王
護良親王
後村上天皇
(義良親王)
成良親王
恒良親王
尊良親王
守永王
興良親王
恒忠親王
泰邦親王
良成親王
師成親王
宗成親王
説成親王
泰成親王
惟成親王
後亀山天皇
長慶天皇
(義有親王)
(円満院円胤法親王)
守成王
国成王
信良親王
元良親王
勝成親王
政良親王
(小倉宮)
(良泰親王)
(実仁親王)
小倉院太上天皇
菊叟法親王
山口親王
玉子内親王
梅三親王
竹三親王
松三親王
元良親王
正良親王
梅子内親王
尊良親王
勝良親王
梅叟親王
昭尊法親王
日尊法親王
慶尊法親王
煕尊親王
尊友天皇
昭仁王
<略>
土居安東正虎
女王
尊慶王
(尊義王)
高福天皇 ①
泰仁親王
義仁親王
(米山親王)
良仁親王
(猶子)
(尊雅王)
興福天皇 ②
(信雅王)
尚高親王
流貴王
貴尚<流王貴尚>
貴久
明尚
(以下別記)
(忠義王)
(忠義親王)
(聖眞天皇)
忠義天皇 ③
尊朝親王 ④
尊光親王 ⑤
尊通親王 ⑥
健元天皇
光貴親王
忠尊親王
(以下別記)
(自天皇)
(尊秀王)
尊秀親王
尊上王
尊純親王 ⑦
高仁天皇 ⑧
良懐親王 ⑨

昭和三十五年 田中千秋氏作成系譜を基本とする。

出典『美作天皇記(原三正.著、おかやま同郷社.発行、温羅書房.発売)』
『正さねばならぬ美作の歴史(靈仁王.著、美作後南朝正史研究会.発行、温羅書房.発売)』

美作後南朝系図 (2)

昭和三十五年 田中千秋氏作成系譜を基本とする。

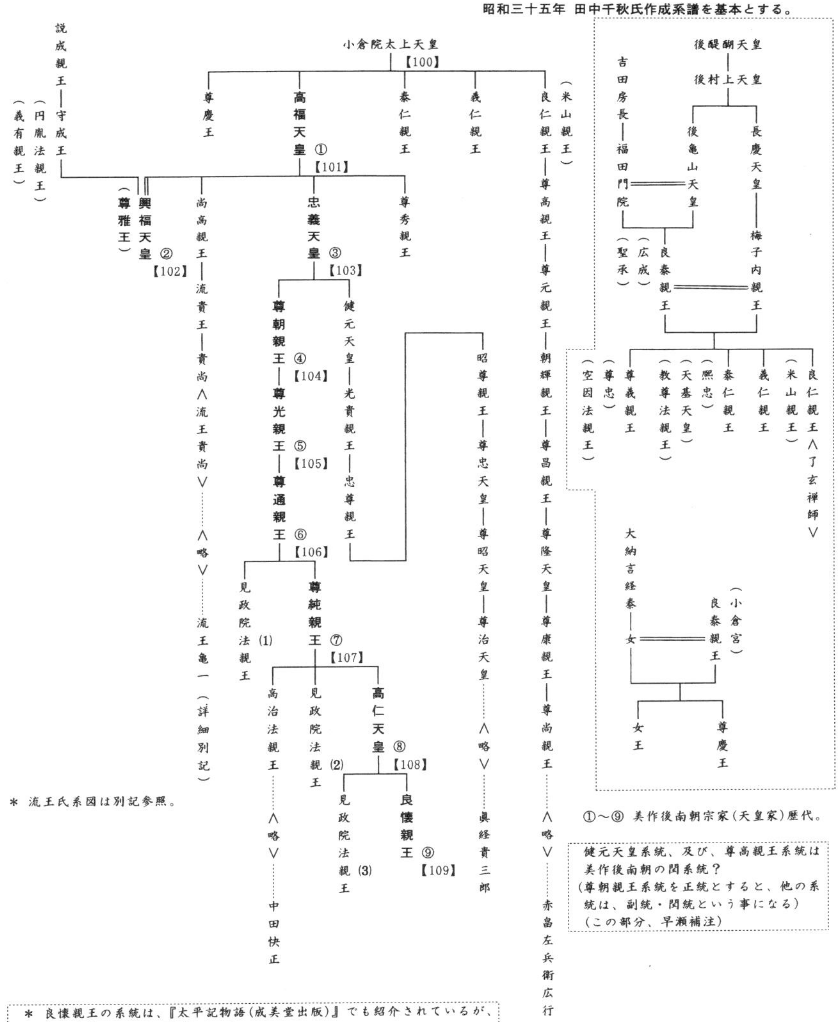

小倉院太上天皇【100】
尊慶王
高福天皇①【101】
泰仁親王
義仁親王
良仁親王（米山親王）
説成親王—守成王
（円胤法親王）
（義有親王）
尊雅王
興福天皇②【102】
尚高親王—流貴王—貴尚〈流王貴尚〉……〈略〉……流王亀一（詳細別記）
忠義天皇③【103】
尊秀親王
尊高親王—尊元親王—朝輝親王—尊昌親王—尊隆天皇—尊康親王—尊尚親王……〈略〉……赤畠左兵衛広行
尊朝親王④【104】
尊光親王⑤【105】
尊通親王⑥【106】
健元天皇—光貴親王—忠尊親王
昭尊親王—尊忠天皇—尊昭天皇—尊治天皇……〈略〉……眞経貴三郎
見政院法親王(1)
尊純親王⑦【107】
高治法親王……〈略〉……中田快正
見政院法親王(2)
高仁天皇⑧【108】
見政院法親王(3)
良懐親王⑨【109】
後醍醐天皇—後村上天皇
吉田房長—福田門院
後亀山天皇
長慶天皇—梅子内親王
（聖承）（広成）良泰親王
（空因法親王）
（尊忠）
尊義親王
（教尊法親王）
（天基天皇）
（煕忠）
泰仁親王
義仁親王
（米山親王）
良仁親王〈了玄禅師〉
大納言経泰—女
良泰親王（小倉宮）
女王
尊慶王

＊ 流王氏系図は別記参照。

①〜⑨ 美作後南朝宗家(天皇家)歴代。

健元天皇系統、及び、尊高親王系統は美作後南朝の閏系統？
(尊朝親王系統を正統とすると、他の系統は、副統・閏統という事になる)
(この部分、早瀬補注)

＊ 良懐親王の系統は、『太平記物語(成美堂出版)』でも紹介されているが、他の系統については触れていない。

出典『美作天皇記(原正三. 著、おかやま同郷社. 発行、温羅書房. 発売)』、『植月御所の真相(田中千秋. 著、美作後南朝正史研究会. 後援、温羅書房. 発行)』、『太平記物語(成美堂出版)』
『正さねばならない美作の歴史(靈仁王. 著、美作後南朝正史研究会. 発行、温羅書房. 発売)』

青蓮院門跡・青蓮院宮

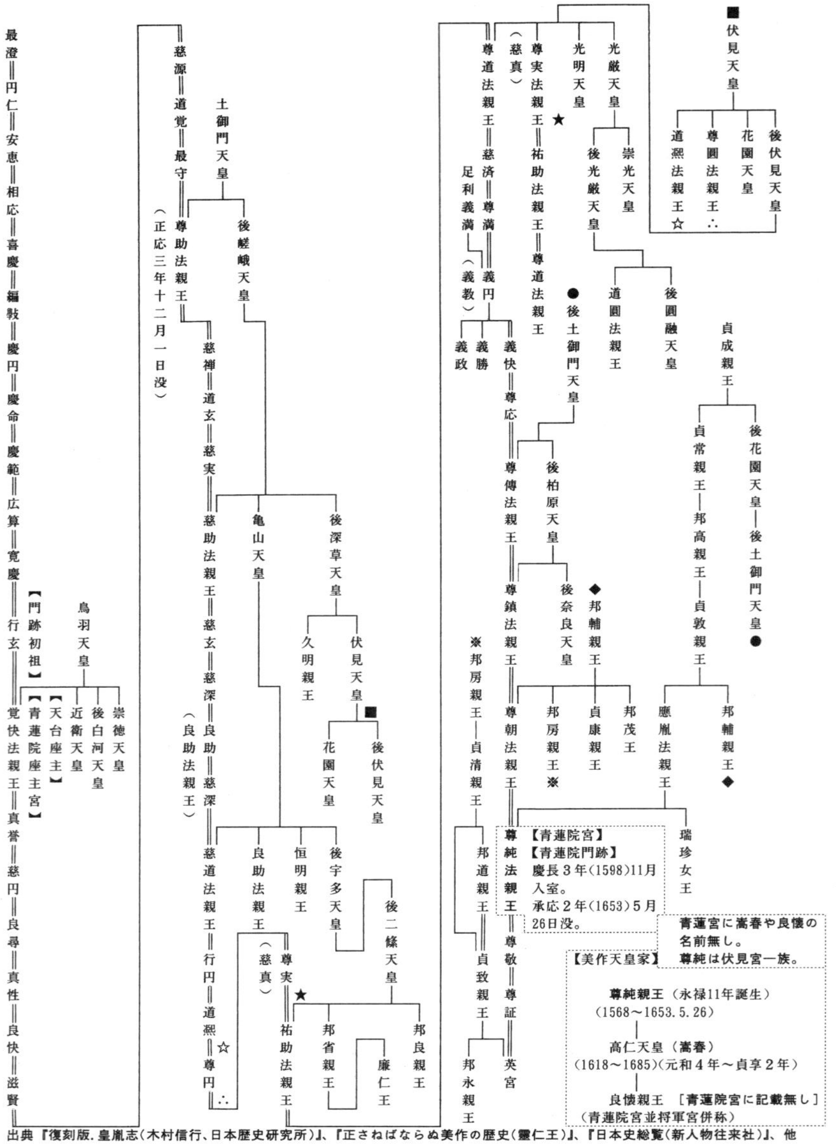

最澄‖円仁‖安恵‖相応‖喜慶‖編斅‖慶円‖慶命‖慶範‖広算‖寛慶‖行玄‖覚快法親王‖真誉‖慈円‖良尋‖真性‖良快‖滋賢
【門跡初祖】
【青蓮院座主宮】
【天台座主】
鳥羽天皇
近衛天皇
後白河天皇
崇徳天皇
慈源‖道覚‖最守‖尊助法親王
（正応三年十二月一日没）
土御門天皇
後嵯峨天皇
慈禅‖道玄‖慈実‖慈助法親王‖慈玄‖慈深‖良助‖慈深‖慈道法親王‖行円‖道熈‖尊円
（良助法親王）
☆
∴
亀山天皇
後深草天皇
久明親王
伏見天皇
■
花園天皇
後伏見天皇
良助法親王
恒明親王
後宇多天皇
後二條天皇
（慈真）
尊実
★
祐助法親王
邦省親王
廉仁王
邦良親王
■伏見天皇
道熈法親王☆
尊圓法親王∴
花園天皇
後伏見天皇
光厳天皇
光明天皇
尊実法親王‖祐助法親王‖尊道法親王
★
（慈真）
尊道法親王‖慈済‖尊満‖義円
崇光天皇
後光厳天皇
道圓法親王
後圓融天皇
足利義満
（義教）
義政
義勝
義快‖尊応‖尊傳法親王‖尊鎮法親王‖尊朝法親王‖尊純法親王‖尊敬‖尊証
●後土御門天皇
後柏原天皇
後奈良天皇
◆邦輔親王
邦房親王※
貞康親王
邦茂王
※邦房親王―貞清親王
邦道親王‖貞致親王
邦永親王
英宮
貞成親王
貞常親王―邦高親王―貞敦親王
後花園天皇―後土御門天皇●
應胤法親王
邦輔親王◆
瑞珍女王
【青蓮院宮】
【青蓮院門跡】
慶長3年(1598)11月入室。
承応2年(1653)5月26日没。
青蓮宮に嵩春や良懐の名前無し。
尊純は伏見宮一族。
【美作天皇家】
尊純親王（永禄11年誕生）
(1568～1653. 5. 26)
高仁天皇（嵩春）
(1618～1685)(元和4年～貞享2年)
良懐親王 [青蓮院宮に記載無し]
（青蓮院宮並将軍宮併称）

出典『復刻版.皇胤志(木村信行、日本歴史研究所)』、『正さねばならぬ美作の歴史(靈仁王)』、『日本史総覧(新人物往来社)』、他

美作天皇家系図

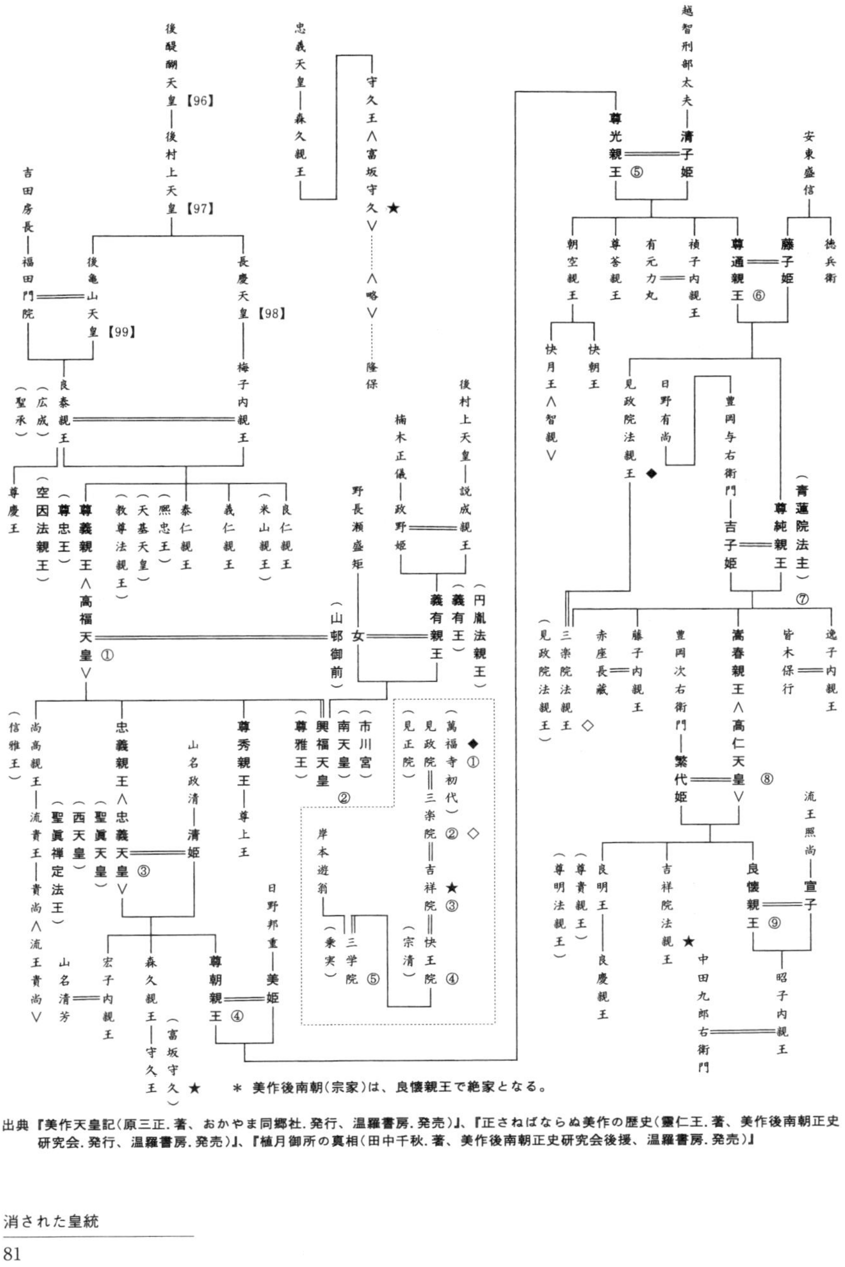
後醍醐天皇【96】
後村上天皇【97】
後亀山天皇【99】
長慶天皇【98】
吉田房長
福田門院
良泰親王
梅子内親王
(聖承)
(広成)
尊慶王
(空因法親王)
(尊忠王)
尊義親王〈高福天皇〉①
(教尊法親王)
(天基天皇)
(熈忠王)
泰仁親王
義仁親王
(米山親王)
良仁親王
忠義天皇
森久親王
守久王〈富坂守久〉★
〈略〉
隆保
楠木正儀
後村上天皇
説成親王
政野姫
野長瀬盛矩
義有親王
(義有王)
(円胤法親王)
(山邨御前)
女
尚高親王
(信雅王)
流青王
青尚〈流王青尚〉
忠義親王〈忠義天皇〉③
(聖眞禅定法王)
(西天皇)
(聖眞天皇)
山名政清
清姫
尊秀親王
尊上王
(尊雅王)
興福天皇 ②
(南天皇)
(市川宮)
宏子内親王
山名清芳
森久親王
守久王
(富坂守久)★
尊朝親王 ④
日野邦重
美姫
岸本遊翁
三学院 ⑤
(乗実)
(萬福寺初代)◆①
見政院
三楽院 ②◇
吉祥院 ★③
快王院 ④
(見正院)
(宗清)
越智刑部太夫
清子姫
尊光親王 ⑤
安東盛信
朝空親王
尊荅親王
有元力丸
禎子内親王
尊通親王 ⑥
藤子姫
徳兵衛
快月王〈智親〉
快朝王
見政院法親王 ◆
日野有尚
豊岡与右衛門
吉子姫
尊純親王
(青蓮院法主)
⑦
(見政院法親王)
三楽院法親王 ◇
赤座長蔵
藤子内親王
豊岡次右衛門
繁代姫
嵩春親王〈高仁天皇〉⑧
皆木保行
逸子内親王
流王照尚
宣子
(尊貴親王)
(尊明法親王)
良明王
良慶親王
吉祥院法親王 ★
中田九郎右衛門
良懐親王 ⑨
昭子内親王

＊ 美作後南朝(宗家)は、良懐親王で絶家となる。

出典『美作天皇記(原三正.著、おかやま同郷社.発行、温羅書房.発売)』、『正さねばならぬ美作の歴史(靈仁王.著、美作後南朝正史研究会.発行、温羅書房.発売)』、『植月御所の真相(田中千秋.著、美作後南朝正史研究会後援、温羅書房.発売)』

流王氏一族姻族略系図

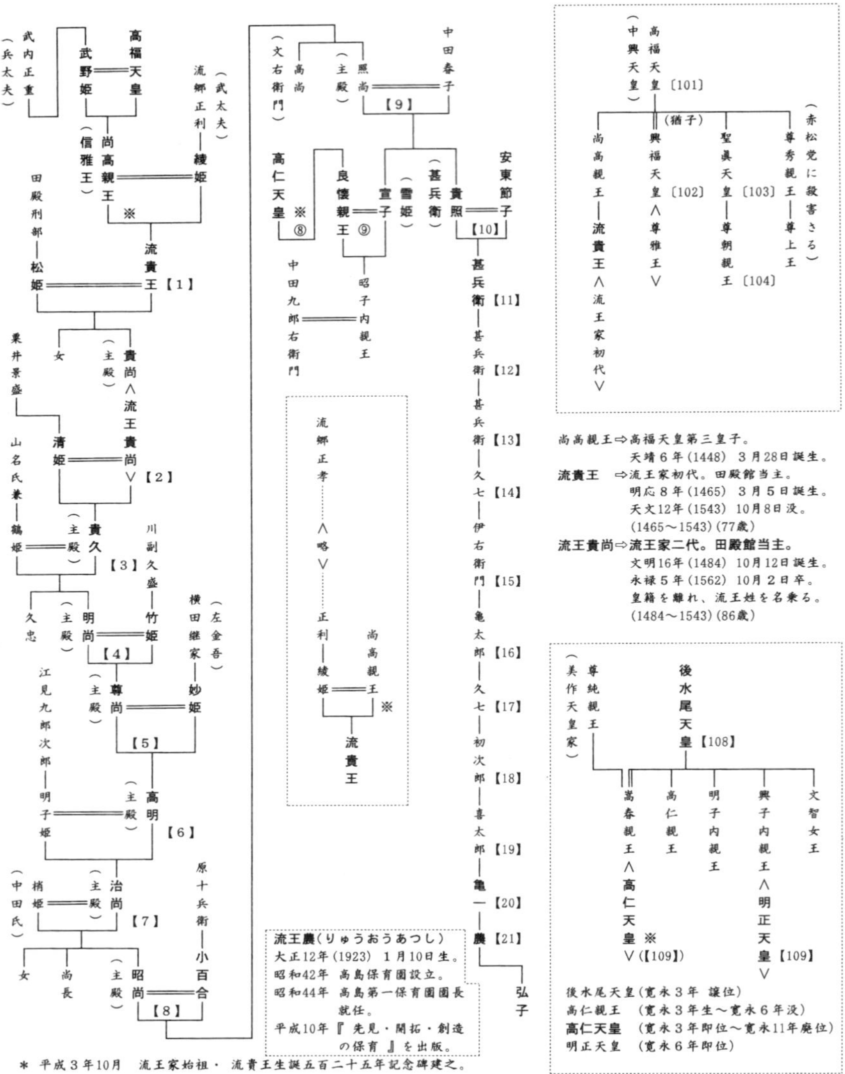
武内正重(兵太夫)
武野姫
高福天皇
尚高親王(信雅王)
流郷正利(武太夫)
綾姫
※
田殿刑部—松姫
流貴王【1】
女
貴尚(主殿)<流王貴尚>【2】
粟井景盛—清姫
山名氏兼—鶴姫
貴久(主殿)【3】
川副久盛—竹姫
久忠
明尚(主殿)【4】
横田継家(左金吾)—妙姫
尊尚(主殿)【5】
江見九郎次郎—明子姫
高明(主殿)【6】
梢姫(中田氏)
治尚(主殿)【7】
原十兵衛—小百合
女
尚長
昭尚(主殿)【8】
中田春子
照尚(主殿)【9】
高尚(文右衛門)
高仁天皇 ※ ⑧
良懐親王 ⑨
宣子
(雪姫)
(甚兵衛)
貴照
安東節子【10】
中田九郎右衛門
昭子内親王
甚兵衛【11】
甚兵衛【12】
甚兵衛【13】
久七【14】
伊右衛門【15】
亀太郎【16】
久七【17】
初次郎【18】
喜太郎【19】
亀一【20】
農【21】
弘子
流郷正孝
<略>
正利—綾姫
尚高親王 ※
流貴王
流王農(りゅうおうあつし)
大正12年(1923) 1月10日生。
昭和42年 高島保育園設立。
昭和44年 高島第一保育園園長就任。
平成10年『先見・開拓・創造の保育』を出版。
高福天皇(中興天皇)〔101〕
(猶子)
尚高親王—流貴王<流王家初代>
興福天皇〔102〕<尊雅王>
聖眞天皇〔103〕—尊朝親王〔104〕
尊秀親王(赤松党に殺害さる)—尊上王
尚高親王⇨高福天皇第三皇子。
天靖6年(1448) 3月28日誕生。
流貴王 ⇨流王家初代。田殿館当主。
明応8年(1465) 3月5日誕生。
天文12年(1543) 10月8日没。
(1465〜1543)(77歳)
流王貴尚⇨流王家二代。田殿館当主。
文明16年(1484) 10月12日誕生。
永禄5年(1562) 10月2日卒。
皇籍を離れ、流王姓を名乗る。
(1484〜1543)(86歳)
後水尾天皇【108】
尊純親王(美作天皇家)
嵩春親王<高仁天皇 ※>(【109】)
高仁親王
明子内親王
興子内親王<明正天皇【109】>
文智女王
後水尾天皇(寛永3年 譲位)
高仁親王 (寛永3年生〜寛永6年没)
高仁天皇 (寛永3年即位〜寛永11年廃位)
明正天皇 (寛永6年即位)
* 平成3年10月 流王家始祖・流貴王生誕五百二十五年記念碑建之。

出典『正さねばならぬ美作の歴史(靈仁王.著、美作後南朝正史研究会.発行、温羅書房.発売)』
『先見・開拓・創造の保育(流王農.著、温羅書房)』

大覚寺統皇統略系譜（美作後南朝）

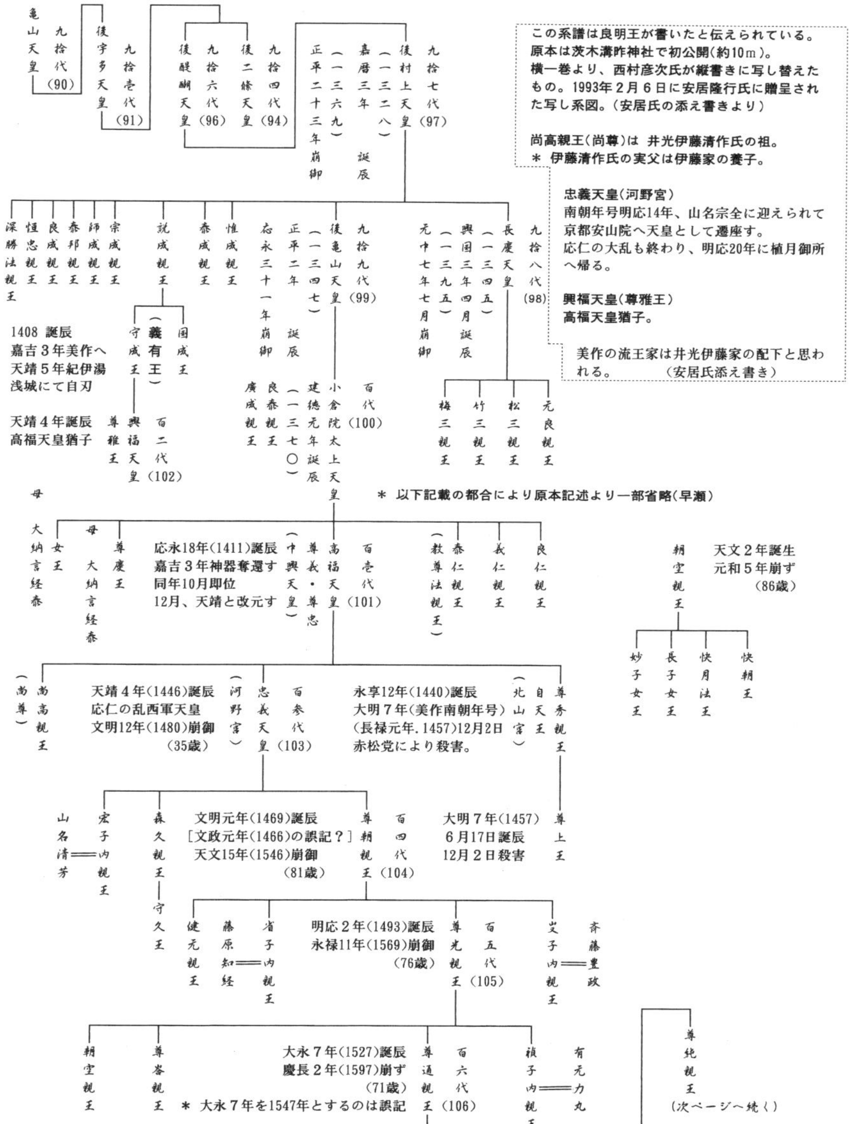
亀山天皇 九拾代（90）
後宇多天皇 九拾壱代（91）
後醍醐天皇 九拾六代（96）
後二條天皇 九拾四代（94）
正平二十三年崩御（一三六九）
嘉暦三年誕辰（一三二八）
後村上天皇 九拾七代（97）
この系譜は良明王が書いたと伝えられている。原本は茨木溝咋神社で初公開(約10ｍ)。横一巻より、西村彦次氏が縦書きに写し替えたもの。1993年2月6日に安居隆行氏に贈呈された写し系図。（安居氏の添え書きより）
尚高親王（尚尊）は 井光伊藤清作氏の祖。
＊ 伊藤清作氏の実父は伊藤家の養子。
忠義天皇（河野宮）
南朝年号明応14年、山名宗全に迎えられて京都安山院へ天皇として遷座す。
応仁の大乱も終わり、明応20年に植月御所へ帰る。
興福天皇（尊雅王）
高福天皇猶子。
美作の流王家は井光伊藤家の配下と思われる。（安居氏添え書き）
深勝法親王
恒忠親王
良成親王
泰邦親王
師成親王
宗成親王
説成親王
泰成親王
惟成親王
応永三十一年崩御
正平二年誕辰（一三四七）
後亀山天皇 九拾九代（99）
元中七年七月崩御（一三九五）
興国三年四月誕辰（一三四五）
長慶天皇 九拾八代（98）
守成王
（義有王）
国成王
1408 誕辰
嘉吉3年美作へ
天靖5年紀伊湯浅城にて自刃
天靖4年誕辰
高福天皇猶子
尊雅王
興福天皇 百二代（102）
廣成親王
良泰親王
建徳元年誕辰（一三七〇）
小倉院太上天皇 百代（100）
梅三親王
竹三親王
松三親王
元良親王
＊ 以下記載の都合により原本記述より一部省略（早瀬）
母 大納言経泰
女王
母 大納言経泰
尊慶王
応永18年(1411)誕辰
嘉吉3年神器奪還す
同年10月即位
12月、天靖と改元す
（中興天皇）
尊義・尊忠
高福天皇 百壱代（101）
（教尊法親王）
泰仁親王
義仁親王
良仁親王
朝空親王
天文2年誕生
元和5年崩ず（86歳）
妙子女王
長子女王
快月法王
快朝王
（尚尊）
尚高親王
天靖4年(1446)誕辰
応仁の乱西軍天皇
文明12年(1480)崩御（35歳）
（河野宮）
忠義天皇 百参代（103）
永享12年(1440)誕辰
大明7年（美作南朝年号）
（長禄元年.1457）12月2日
赤松党により殺害。
（北山宮）
自天王
尊秀親王
山名清芳＝＝宏子内親王
森久親王
守久王
文明元年(1469)誕辰
［文政元年(1466)の誤記？］
天文15年(1546)崩御（81歳）
尊朝親王 百四代（104）
大明7年(1457)
6月17日誕辰
12月2日殺害
尊上王
健元親王
藤原知経＝＝省子内親王
明応2年(1493)誕辰
永禄11年(1569)崩御（76歳）
尊光親王 百五代（105）
艾子内親王＝＝斉藤豊政
朝空親王
尊誉親王
大永7年(1527)誕辰
慶長2年(1597)崩ず（71歳）
＊ 大永7年を1547年とするのは誤記
尊通親王 百六代（106）
禎子内親王＝＝有元力丸
尊純親王
（次ページへ続く）

出典『大覚寺統略系譜（美作後南朝）』（安居隆行氏提供資料）

大覚寺統略系譜（美作後南朝）

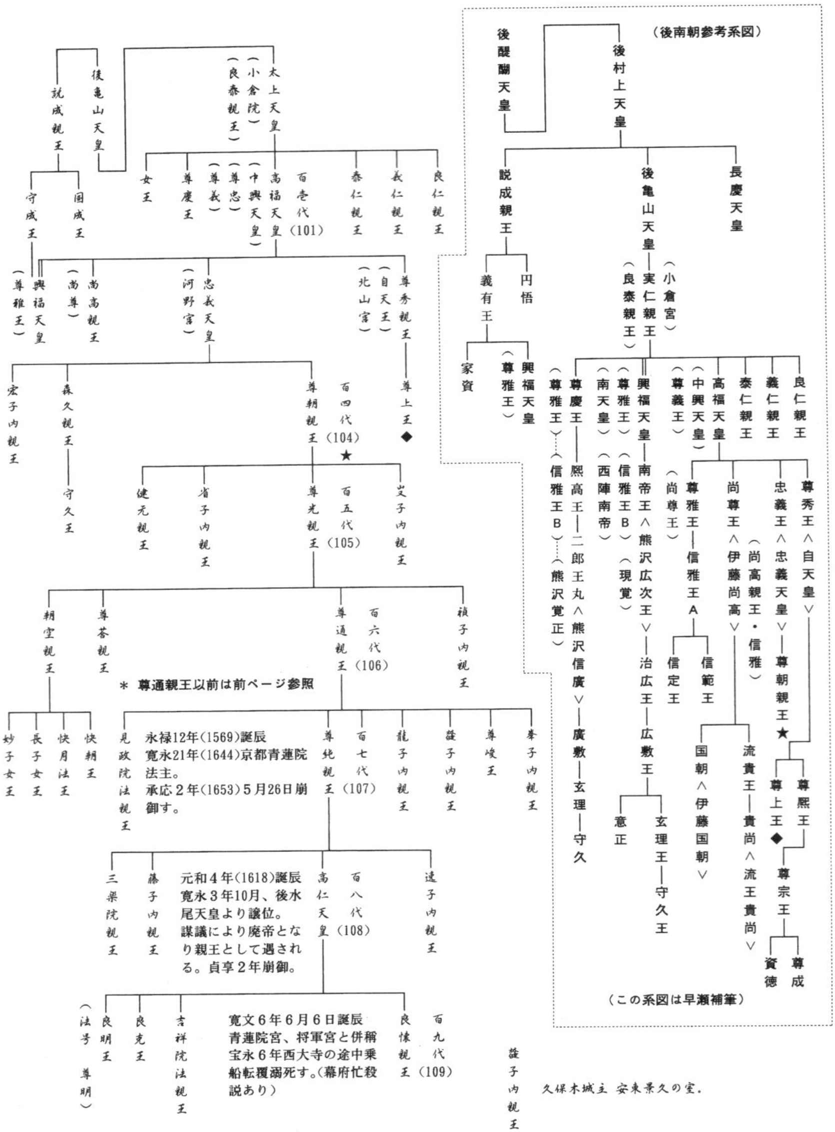
後亀山天皇
説成親王
太上天皇
（小倉院）
（良泰親王）
守成王
国成王
女王
尊慶王
（尊義）
（尊忠）
高福天皇
（中興天皇）
百壱代（101）
泰仁親王
義仁親王
良仁親王
（尊雅王）
興福天皇
尚高親王
（尚尊）
忠義天皇
（河野宮）
尊秀親王
（自天王）
（北山宮）
尊上王◆
宏子内親王
森久親王
守久王
尊朝親王
百四代（104）★
健元親王
省子内親王
尊光親王
百五代（105）
岦子内親王
朝空親王
尊营親王?
尊通親王
百六代（106）
禎子内親王
＊ 尊通親王以前は前ページ参照
妙子女王
長子女王
快月法王
快朝王
見政院法親王
永禄12年（1569）誕辰
寛永21年（1644）京都青蓮院法主。
承応2年（1653）5月26日崩御す。
尊純親王
百七代（107）
龍子内親王
葐子内親王
尊峻王
孝子内親王
三梁院親王?
藤子内親王
元和4年（1618）誕辰
寛永3年10月、後水尾天皇より譲位。
謀議により廃帝となり親王として遇される。貞享2年崩御。
高仁天皇
百八代（108）
遠子内親王
良明王
（法号 尊明）
良克王
吉祥院法親王
寛文6年6月6日誕辰
青蓮院宮、将軍宮と併稱
宝永6年西大寺の途中乗船転覆溺死す。（幕府忙殺説あり）
良懐親王
百九代（109）
益子内親王
久保木城主 安東景久の室。
（後南朝参考系図）
後醍醐天皇
後村上天皇
説成親王
後亀山天皇
長慶天皇
義有王
円悟
実仁親王
（小倉宮）
（良泰親王）
家資
興福天皇
（尊雅王）
尊慶王
（尊雅王）…（信雅王B）…（熊沢覚正）
熈高王—二郎王丸〈熊沢信廣〉—廣数—玄理—守久
（南天皇）
（西陣南帝）
（尊雅王）
（信雅王B）
（現覚）
興福天皇—南帝王〈熊沢広次王〉—治広王—広数王
意正
玄理王—守久王
（尊義王）
（尚尊王）
高福天皇
（中興天皇）
泰仁親王
義仁親王
良仁親王
尊雅王—信雅王A
信定王
信範王
尚尊王〈伊藤尚高〉
（尚高親王・信雅）
国朝〈伊藤国朝〉
流貴王—貴尚〈流王貴尚〉
忠義王〈忠義天皇〉—尊朝親王★
尊秀王〈自天皇〉
尊上王◆
尊熈王
尊宗王
資徳
尊成
（この系図は早瀬補筆）

出典『大覚寺統略系譜（美作後南朝）』（安居隆行氏提供資料）

美作後南朝皇統譜（杉本壽氏の『美作後南朝研究』より）

信良親王
（1374～1440）
（瑚璉阿）
（真阿）
［母、皇后.福田門院吉田大納言守房長女］

元良親王（早世）

泰成親王（早世）

勝成親王（早世）

政良親王（早世）

実仁親王（南朝第百代）
小倉院太上天皇大都尊儀
［母.北畠顕信女信子］

義仁親王 ＊
（1402～1428）（壽武拾七）
応永九年四月拾五日誕生
正長元年拾武月土岐持益為殺害。
美能院殿義恩公佛尊儀
［母.梅子内親王］

女王

尊慶王
［母.唐橋大納言経泰女］

高福天皇（第百壹代第五拾三世）中興天皇
［母.長慶天皇長女.梅子内親王］
諱尊義、初名尊忠親王
応永拾八年（1411）七月武日誕辰。
大明五年（1455）武月五日崩御（壽四拾五）。
嘉吉参年（1443）九月二十三日神器奪還。
嘉吉参年（1443）拾月武拾九日即位。
同年拾武月武拾五日年号天靖改元。
天靖九年（1451）譲位。
高福院殿天皇大都正尊儀

泰仁親王
（1405～1443）
応永拾武年四月参日誕生。
嘉吉参年拾月二日薨（壽参拾九）
初名.熙忠親王、教尊法親王
勧修寺宮
天基院殿教尊公佛尊儀
［母.梅子内親王］

義仁親王
（1402～1428）
妙福門院＊

良仁親王
（了玄禅師）
亀壽王
米山親王

［母.梅子内親王］

＊ 美作後南朝が尊秀王（自天皇）を歴代としなかった事には
疑問がある（他の後南朝伝承は自天皇を歴代とする）。（早瀬）

尚尊親王（1451～1513）
［母.伊藤祐國女多美］
宝徳参年（天靖九年）壱月拾日誕生
永正拾年弐月五日薨（壽六拾三）

興福天皇（第百武代第五拾参世）
諱尊雅、父義有親王、母横矢姫、野長瀬盛矩女。
天靖四年（1446）参月五日誕辰。
大明八年（1458）八月武拾八日崩御（壽拾参）。
市川宮
天靖九年（1451）正月八日即位（在位七年）
年号大明改元。
横矢姫.康正元年（1455、大明五年）二月五日薨去
（壽四十五）小寺藤兵衛入道神璽奪去。
興福院殿天皇大都尊儀

忠義天皇（第百参代第五拾四世）
［母.皇后武野姫、武内兵太夫正重女］
天靖四年（1446）武月拾五日誕辰。
文明拾年（1480）参月拾七日薨（壽三拾五）
大明八年（1458）八月武拾八日即位。
大明八年拾月壹日、年号明応改元。
明応拾四年（1471）迎西軍山名宗全、
京都於安山院天皇位就遷座。
明応武拾年（1477）植月庄地方御所
還行幸、皇子尊朝親王譲世代。
成禅定法王、法名.聖真。
聖真院殿天皇大都正尊儀
（1446～1480）

尊秀親王
（1440～1457）
（北山宮）
［母.皇后武野姫］
永享拾武年参月四日誕生。
大明七年拾月武日殺害。
（壽拾八歳）
謚.自天親王
自天院殿勝公佛尊義

尊上王
（1457～1457）
大明七年（長禄元年）十二月
一日誕生。
母.清水喬房女.石女姫。
石女姫、大明七年十二月二
日殉死。
（別説）母.山名忠政女.芳子姫。
大明七年六月拾七日誕生。
大明十七年殺害
天壽院殿尊幼佛尊儀

尊朝親王（第百四代第五拾五世）
［母.清姫、山名政清の女］
明応九年（1466）参月武拾参日誕辰。
天文拾五年（1546）拾月武拾六日薨（壽八拾壹）。
（1466～1546）
龍渓院殿親王大都正尊儀

『美作後南朝の研究（一）（杉本 壽）』掲載出典不明
H8.9.7 伊藤 獨氏より安居隆行氏に贈呈された資料。

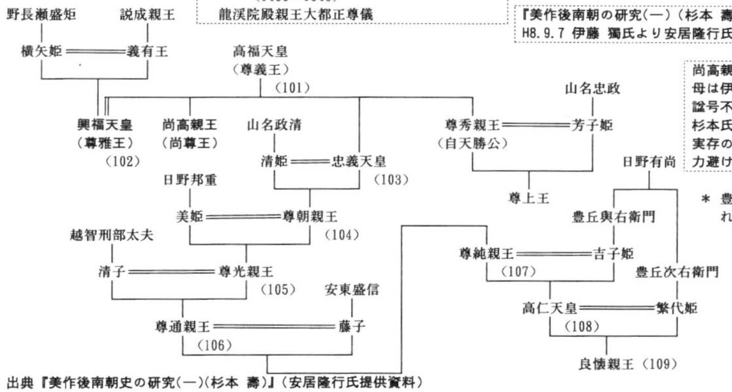

野長瀬盛矩
説成親王
横矢姫
義有王
高福天皇
（尊義王）
（101）
山名忠政
興福天皇
（尊雅王）
（102）
尚高親王
（尚尊王）
山名政清
清姫
忠義天皇
（103）
尊秀親王
（自天勝公）
芳子姫
日野有尚
日野邦重
尊上王
美姫
尊朝親王
（104）
豊丘輿右衛門
越智刑部太夫
尊純親王
吉子姫
（107）
豊丘次右衛門
清子
尊光親王
（105）
安東盛信
高仁天皇
繁代姫
（108）
尊通親王
藤子
（106）
良懐親王（109）

尚高親王（尚尊王）
母は伊藤祐國女多美（民）
諡号不記入。
杉本氏によれば、川上郷に
実存の人物につき詳記を極
力避けているとの事。

＊ 豊丘は豊岡とも記さ
れている。

杉本氏によれば
美作後南朝系譜
は、後南朝史に
詳しい僧籍の人
物が編作した可
能性があるらし
い。

出典『美作後南朝史の研究（一）（杉本 壽）』（安居隆行氏提供資料）

文保二年（一三一八）	八月二十六日、花園天皇譲位し、第九十六代後醍醐天皇践祚する。
元亨四年（一三二四）	九月十九日、倒幕計画発覚する（正中の変） ＊十二月に正中に改元されたので、俗に正中の変といわれる。
元弘元年（一三三一）	八月、後醍醐天皇、神器を奉じて京より奈良へ逃れる。九月、後伏見上皇詔により、北朝初代光厳天皇践祚する。同月、笠置山陥落、後醍醐天皇捕らわれる。十月、神器は光厳天皇に渡る。
元弘二年（一三三二）	北条高時、後醍醐天皇を隠岐に流す。同月、光厳天皇即位。六月、日野資朝・俊基、斬られる。
元弘三年（一三三三）	閏二月、後醍醐天皇隠岐を脱出する。 五月、後醍醐天皇、光厳天皇を廃し、年号を正慶から元弘に復す。同月二十二日、鎌倉幕府滅亡（五月七日、足利尊氏、六波羅攻略、新田義貞、鎌倉攻略）。
建武二年（一三三五）	七月、北条時行挙兵（中先代の乱）。八月、足利尊氏、北条時行を破って鎌倉に入る。十一月十八日、後醍醐天皇は新田義貞に尊氏追討を命じる。十二月二十九日、足利尊氏近江に入る。
建武三年（一三三六）	一月十日、後醍醐天皇、神器を奉じて東坂本に行幸す。一月十一日、足利尊氏入洛する。一月三十日、足利軍は宮方に敗れ京より撤退。二月二十九日、後醍醐天皇、年号を延元と改元する（閏二月）。
延元元年（一三三六）	五月二十五日、楠木正成、足利軍に敗れ自刃する。六月十四日、足利尊氏、京へ入る。八月十五日、北朝光明天皇践祚す。十一月二日、後醍醐天皇、神器（偽器）を光明天皇に譲渡す。後醍醐

	帝花山院を脱出し、神器を奉じて大和へ向かう。十二月二十二日、吉野に行宮を定められ南朝始まる（南北朝分裂）。
延元三年（一三三八）	（北朝・暦応元年）五月二十二日、北畠顕家、和泉安倍野（阿倍野）で敗死す（二十一歳）。閏七月二日新田義貞、藤島で戦死する（三十七歳）。八月十一日、足利尊氏、征夷大将軍となる。
延元四年（一三三九）	八月九日、後醍醐天皇発病する。十五日、義良親王践祚する（後村上天皇）（一説十六日）。八月十六日、丑の刻頃、後醍醐天皇崩御す。
正平三年（一三四八）	（北朝・貞和四年）十月、北朝三代、崇光天皇践祚する。
正平四年（一三四九）	（北朝・貞和五年）十二月、崇光天皇即位する。
正平五年（一三五〇）	（北朝・観応元年）秋、足利直義、高師直、足利尊氏打倒の兵を挙げる。十二月、足利直義、九州に入る。
正平六年（一三五一）	（北朝・観応二年）二月十日、足利尊氏、直義に和議を乞う。二月二十六日、高師直、師泰殺される。
正平六年（一三五一）	七月二十八日、足利尊氏、近江へ出陣する。八月一日、足利直義、京を脱出する。十一月二十五日、足利直義、鎌倉へ入る。この間、十一月二日には南朝方より和議を認める綸旨と直義追討の綸旨が、尊氏の許へ届けられる。同月、北朝の崇光天皇と皇太弟の直仁親王を廃す。
正平七年（一三五二）	（北朝・文和元年）一月五日、尊氏、直義軍を破って鎌倉に入る。二月二十六日、直義死す。南朝の使者、北朝の神器（偽器）の接収を要求。足利義詮これを拒む。閏二月十九日、南朝軍、京に入る。二十日、足利義詮近江へ走る。北朝の三上皇（光厳、光明、崇光）と廃太子（直仁）、後村上天皇の、八幡の本営に移される（正平の一統）。南朝方、京へ入る。

	三月十五日、足利義詮、京を奪還す。五月十一日、幕府軍、八幡の後村上天皇を攻撃する。南朝方、八幡より賀名生に転座す。この間、京を奪還した足利義詮、神器無きまま、光厳上皇の第三皇子、弥仁王を擁し、八月、同王に践祚の手続きをとり新帝とす（後光厳天皇）。
正平八年（一三五三）	（北朝・文和二年）南朝軍（楠木正儀ら）京へ突入する。足利義詮、叡山から後光厳天皇を奉じて美濃に逃れる。九月二十一日、足利尊氏、義詮と合流し、後光厳天皇を奉じて入京する。
正平九年（一三五四）	（北朝・文和三年）四月十七日、北畠親房死す。五月、足利直冬、南朝より総追捕使の肩書を与えられ、兵を東に向ける。十二月下旬、尊氏は後光厳天皇を奉じて近江へ逃れる。
正平十年（一三五五）	（北朝・文和四年）足利直冬、山名時氏ら、正月に入洛する。直冬軍京を去り、後光厳天皇再入洛。
正平十二年（一三五七）	（北朝・延文二年）二月、南朝側に連れ去られた三上皇ら帰京を許される。
正平十三年（一三五八）	（北朝・延文三年）四月三十日、足利尊氏没す。八月二十二日、義詮の愛妾が男子を生む（足利義満）。
正平十四年（一三五九）	（北朝・延文四年）四月二十九日、新待賢門院廉子死す。十一月、足利義詮金剛寺を攻撃す。十二月下旬、後村上天皇、金剛寺より河内観心寺へ転座す。
正平十五年（一三六〇）	（北朝・延文五年）五月、楠木正儀、幕府側の細川清氏に攻められ、赤坂城落城する。
正平十六年（一三六一）	（北朝・康安元年）二月、仁木義長、南朝に降る。その後、細川清氏も南朝に降る。十二月、南朝方、京を攻める。十二月八日、足利義詮、後光厳天皇を奉じて近江へ走り、南朝軍京都占領。十二月二十八日、足利義詮、京を奪回する。
正平十七年（一三六二）	（北朝・貞治元年）二月、後光厳天皇再入洛。
正平十九年（一三六四）	（北朝・貞治三年）七月七日、光厳法皇崩御す（五十二歳）。

正平二十二年（一三六七）	（北朝・貞治六年）四月、「南北朝講和の儀」起こるも、南朝が「来降の礼」を要求し決裂する。十二月七日、二代将軍、足利義詮没す。
正平二十三年（一三六八）	（三河南朝年号・弥勒元年）宇都宮高正、後醍醐天皇の孫に当たる小室門院元子内親王を守って三河に入る。宇都宮高正、神谷と姓を改める（「三河玉川御所と広福寺」）。 （北朝・応安元年）三月十一日、後村上天皇、住吉の行宮にて崩御。同月、長慶天皇（寛成親王）践祚す。四月十五日、足利義満、元服。十二月三十日、北朝より征夷大将軍に任ぜられる。
正平二十四年（一三六九）	（北朝・応安二年）一月、楠木正儀、北朝に降る。
建徳元年（一三七〇）	（北朝・応安三年）八月、小倉宮良泰親王誕生（『系図纂要』、「臨時増刊『歴史と旅』」、他）。
建徳二年（一三七一）	（北朝・応安四年）三月、北朝五代、後円融天皇践祚す。
文中二年（一三七三）	（北朝・応安六年）楠木正儀ら、金剛寺行宮を攻める。八月、長慶天皇吉野へ転座す。
文中三年（一三七四）	（北朝・応安七年）一月、後光厳上皇崩御す。
天授元年（一三七五）	（北朝・永和元年）北朝五代、後円融天皇即位す。征西将軍宮懐良親王、良成親王を後継者とする。
天授二年（一三七六）	（北朝・永和二年）征西将軍宮懐良親王、明に好を通ず（『山川　日本史小辞典』）。
天授五年（一三七九）	（北朝・康暦元年）この頃、小倉宮良泰（広成・実仁）親王誕生する（『足利天皇血統秘史』、『皇統正史』などの記述で、没年から逆算すると、この頃の誕生と推定される）。
天授五年（一三七九）	（北朝・康暦元年）広成親王（後の良泰親王）、皇太子となる（『植月御所の真相』）。
天授六年（一三八〇）	（北朝・康暦二年）六月、光明法皇崩御す。
弘和二年（一三八二）	（北朝・永徳二年）楠木正儀、再び南朝に帰順す。閏正月、楠木正儀、山名氏清に敗れ、消息不明。四月、北朝六代、後小松天皇践祚（『南朝興亡史』）。九月、長慶天皇、上皇となる（「美作天皇記」）。

弘和三年（一三八三）	（北朝・永徳三年）十月、後亀山天皇（熙成親王）践祚（一説、前年の秋）す。
元中四年（一三八七）	（北朝・嘉慶元年）上州江田郷の尊良親王を上野国守に任ずる（「美作天皇記」）。
元中九年（一三九二）	（北朝・明徳三年）十月、南北朝の講和が成り、後亀山天皇、吉野を発する。閏十月二日、天皇一行嵯峨大覚寺へ入る。三日後、神器、大覚寺の後亀山天皇から土御門東洞院の後小松天皇に譲渡され、**南北朝合一する（統一天皇・後小松天皇）**。元中の年号を廃止し、明徳三年に統一する。
明徳四年（一三九三）	二月九日、九州南朝西征将軍宮の良成親王、阿蘇惟政に九州回復を命ず。四月、後円融上皇崩御。
応永元年（一三九四）	二月、足利義満、天竜寺で後亀山天皇（上皇）と体面し、同月末に太上天皇（上皇）の尊号を送る。後亀山上皇、小倉宮良泰（実仁）親王を春宮（継宮）に立て、落飾して覚理と称して、法皇となる。 ＊以後の経過は、後南朝秘史に続く。 ＊ここまでの経過については、『南朝興亡史』年表参照。

後南朝秘史

＊後南朝秘史は『南朝興亡史』、美作後南朝秘史は「美作天皇記」・『植月御所の真相』・『正さねばならぬ美作の歴史』を参照した。　＊「二統皇系」→「南朝正副二統皇系系譜」
＊三河南朝の伝承と美作南朝の伝承には相互に対立矛盾する記述あり、後世に作為されたか？

	後南朝秘史（一般的な立場からの記述）	美作後南朝秘史
建徳元年（一三七〇）	小倉宮良泰親王誕生。（別説に天授六年頃の誕生、別説は『南朝と足利天皇血統秘史』、『皇統正史』などによる）	
元中九年（一三九二）	（北朝・明徳三年）南北朝合一。	（明徳三年）後小松に神器譲渡、南北両朝統合成る。
応永元年（一三九四）	（明徳五年）足利義満、後亀山天皇と対面し、太上天皇の尊号を送る。後亀山上天皇、小倉宮良泰親王を皇太子に立てる。同年、義仁親王誕生（『後南朝新史』）。八月、長慶上皇崩御す。	
応永四年（一三九七）	三河南朝守永親王（「二統皇系」、興国天皇）崩御する（「三河玉川御所と広福寺」）。	
応永五年（一三九八）	一月、崇光法皇崩御す。一月十五日、良仁王（親王）誕生。幕府「三管領・四職の制」を整備する。	
応永九年（一四〇二）	泰仁親王誕生（『後南朝新史』）。	四月十二日、義仁親王誕生。
応永十一年（一四〇四）	十月、泰仁王（親王）誕生（『皇統正史』）。	良仁親王（米山親王・了玄禅師）誕生（誤記か？）。

応永十二年（一四〇五）	小倉宮、泰仁王ら、北畠館へ入る。	四月三日、泰仁親王誕生。
応永十四年（一四〇七）		守成王（円満院円胤・義有親王）誕生さる。
応永十五年（一四〇八）	この頃、義有王（親王）（円満院円胤）誕生する。三月、後小松天皇、将軍義満の北山第に行幸する。五月六日、足利義満没す。朝廷より太上天皇（上皇）の尊号贈られるも、四代将軍義持、これを辞退する。十二月二十九日、後村上天皇皇子説成親王が、大和で挙兵する。	足利義満死す。
応永十七年（一四一〇）	この頃、尊義王（親王）（尊忠王、空因）誕生（一説に一四四一）。十一月二十七日夜、後亀山法皇、嵯峨大覚寺を出て吉野へ走る（両統迭立反古になる）。	
応永十八年（一四一一）		七月二日、良泰親王四宮、尊忠王（尊義親王、空因）、富士谷で生まれる（高福天皇）。
応永十九年（一四一二）	八月、称光天皇践祚。	小倉宮良泰親王挙兵。
応永二十年（一四一三）	四月、陸奥の伊達持宗ら、称光天皇践祚を不満として挙兵。	
応永二十一年（一四一四）	九月、北畠満雅が挙兵する。十二月、称光天皇即位する。	九月四日、師成親王死す。

応永二十二年（一四一五）		北畠満雅、伊勢で挙兵。
応永二十三年（一四一六）	九月、幕府、南朝方と和睦す。後亀山法皇再入洛。	
応永三十一年（一四二四）	四月、後亀山法皇崩御する。	四月十二日、後亀山太上天皇崩御。
応永三十二年（一四二五）	九月、義仁王（親王）、伊勢より美濃に入る。	
正長元年（一四二八）	七月、称光天皇崩御。後小松上皇、彦仁王（伏見宮貞成親王の子）を猶子とする（再度両統迭立を反古にする）。小倉宮良泰親王（皇太子）伊勢へ走る。北畠満雅挙兵。義仁王、美濃で挙兵するも土岐持益に敗れ、討たれる。十二月、北畠氏、幕府に降伏し、小倉宮京に戻り落飾して聖承と名乗る。	小倉宮良泰親王再挙兵。義仁親王、土岐持益の為に殺害される。
永享元年（一四二九）		九月、尊義親王、近江国甲賀へ隠住。落飾して空因法親王となる。
永享二年（一四三〇）	三月十五日、北畠館に於いて尊雅王誕生す。九月、横矢氏の領地の紀伊へ移る。	小倉宮良泰親王、落飾して聖承と名乗る。
永享五年（一四三三）	十月、後小松上皇崩御。	
永享六年（一四三四）	二月、叡山の乗蓮ら挙兵準備。五月十六日、勧修寺の教尊、妙法院の仁明法親王と共に	

	京都出奔。	
永享七年（一四三五）	二月、畠山持国ら幕府軍、叡山を攻める。十二月より大軍をもって八方から攻め、乗蓮らを捕らえる。教尊、延暦寺中堂に於いて自刃する（身代わりか?）。	
永享八年（一四三六）	南朝遺臣越智維通ら、高取城に拠り幕府に背く。七月、大覚寺大僧正義昭（将軍義教の実弟）が、円満院問跡円悟と挙兵を企て発覚し、大和へ出奔する。	
永享十二年（一四四〇）	二月五日、尊秀王（自天皇）誕生。	高取城落城、越智通頼ら四方へ逃れる。
嘉吉元年（一四四一）	閏六月、赤松満祐、将軍義教を謀殺して播磨に走る。九月、満祐、幕府軍に攻められ自殺する（嘉吉の乱）。	
嘉吉二年（一四四二）	この頃、小倉宮良泰親王崩御（熊澤寛道は後南朝初代天皇とみなして崩御と記す。『南朝と足利天皇血統秘史』）、六十四歳（別説、嘉吉三年九月二十五日、叡山の戦いに敗れ、根本中堂で自刃）。	尊義親王（空因）、美作に御遷座（「植月御所の真相」）。＊空因は、竹内兵太夫正重の娘を妃とする。御子、尊秀親王も美作国植月庄北方の御所に遷る。
嘉吉三年（一四四三）	九月二十三日、小倉宮皇子尊義王（空因、別説に小倉宮良泰親王）、鳥羽尊秀、通蔵	二月、楠木正秀、楠木正光、越智通頼ら、京へ潜入、万寿寺に隠れて機を窺う。九月二十三日、後花園天

	主ら三百余名、御所に侵入。神器を奪還し、叡山に拠る（前大納言の日野有光が協力）。九月二十五日、中堂に拠るも、僧兵や幕府軍に攻められ、日野有光は捕らえられ、通蔵主、金蔵主も捕まる。神器南朝に渡る。	皇の御所を襲い、小倉宮良泰親王、神器奪回に成功。良泰親王を奉じる南朝遺臣、叡山に入る。幕府軍（畠山持国ら）叡山に進攻。叡山の宗徒幕府軍に寝返る。九月二十五日、良泰親王、根本中堂で自刃（七十四歳）。神器は、美作の尊義親王に渡る。
	後南朝秘史（三河・玉川御所伝承からの記述）	美作後南朝秘史
延元元年（一三三六）	後醍醐天皇の猶子、守永親王（後醍醐の孫の尹良親王）金ケ崎城へ入る。	
延元三年（一三三八）	九月、守永親王、遠州白羽の港に上陸。	
延元四年（一三三九）	八月、後醍醐天皇崩御。十月、守永親王（興国天皇）、遠州より三河に入る。	八月十六日、後醍醐天皇崩御。後村上天皇が即位。
正平二十二年（一三六七）	（三河南朝年号弥勒元年）この頃、元子内親王（小松天皇・小室門院）三河南朝皇位継承。	
正平二十三年（一三六八）	後村上天皇（南朝副帝）崩御。長慶天皇が践祚、皇位継承（正帝は三河南朝小松天皇）。	
天授二年（一三七六）	（三河南朝年号弥勒十年）三河の望理郷に王田殿建立（「三河玉川御所と広福寺」）。	
天授五年（一三七九）	九月二十日、後醍醐天皇第一皇女懽子内親	広成親王（小倉宮良泰親王）、皇太子となる（「植月

	王、小室門院元子内親王（三河南朝小松天皇）の身代わりとなられ王田殿で自刃。	御所の真相」）。
応永三年（一三九六）	守永親王、信州の浪合村で賊軍（足利軍）に襲われる。	
応永四年（一三九七）	六月二十四日（一説、三月二十四日）、守永親王（興国天皇）崩御。	
応永九年（一四〇二）		四月十五日、義仁親王（良泰親王の二の宮）誕生。
応永十八年（一四一一）	万寿宮空因法親王（金蔵主・尊義王）誕生（「三河玉川御所と広福寺」以下「三河南朝伝」と記す）（母、綾子内親王）。	七月二日、良泰親王四宮の尊義親王誕生。
正長元年（一四二八）	小倉宮良泰親王、北朝方との戦いに敗れ降伏する。この時、空因は母の綾姫（綾子内親王・長慶天皇の皇女）と共に三河玉川御所に逃れて来られて、広福殿に入る（「三河南朝伝」）。	小倉宮良泰親王再挙兵。義仁親王、土岐持益に討たれる。
永享二年（一四三〇）		良泰親王、落飾して聖承と名乗る。
嘉吉二年（一四四二）	小倉宮良泰親王崩御。空因、遺骨を奉持して再び三河に入る（広福殿近くの高台に葬る）。（「三河南朝伝」）＊小倉宮の没年は嘉吉三年とする説もあり、諸説一致せず。	尊義親王（空因）、美作に御遷座（「植月御所の真相」）。

嘉吉三年（一四四三）	九月二十三日、還俗した尊義王（空因親王）は兄宮や同志の武士と御所に侵入し、神璽を奪い返す。その時、天基親王は戦死、尊義王は吉野に逃れる。まもなく円満院が、兵を集め紀州へ行かれ、賊軍に討たれる。空因親王、伊勢から伊良湖に上陸、三河に入る。神器を奉じて即位され、南朝中興天皇となられる。年号を天靖と改元（「三河南朝伝」）。	九月二十三日、楠木正秀ら、良泰親王を奉じて御所を襲撃、神器奪回に成功。二十五日、幕府軍に攻められ、良泰親王自害。神器は楠木正秀、橋本兵庫助らに守護され、美作植月御所の、尊義親王のもとへ届けられる。十月二十九日、尊義親王践祚して後南朝初代の高福天皇となる。十二月二十五日、年号を天靖と改元（南朝年号復活）。高福天皇、義有親王を征夷大将軍宮に任命。
文安元年（一四四四）	（南朝・天靖二年）	正月、小倉宮良泰親王の葬儀を行い、小倉院太上天皇の尊号を追贈する。七月、義有親王、美作国豊国庄の渡り河原に兵を集結し、征途に就かれた。
文安二年（一四四五）	（南朝・天靖三年）	八月、義有親王、山城国八幡山で敵と戦い、転戦して、大和から紀伊へ入る。
文安四年（一四四七）	（南朝・天靖五年）	十二月二十三日、湯浅城落城、義有親王自害（四十一歳）。
享徳元年（一四五二）	（南朝・天靖九年）二月五日、尊秀王に譲位し、太上天皇（上皇）となる。尊義王（上皇）、小倉宮良泰親王の菩提寺建立の為、三河へ入る。空因法皇、中尾山広福寺を開	

	後南朝秘史（熊沢伝承から見た記述）	美作後南朝秘史
	山する。	
享徳四年（一四五五）	正月、空因（尊義）法皇崩御（四十五歳）。	
嘉吉三年（一四四三） （後南朝・天靖元年）	九月二十三日、小倉宮皇子尊義王（親王）（別説、小倉宮良泰親王）、鳥羽尊秀、通蔵主ら三百余名、御所に侵入して神器を奪回し、叡山に拠る（前大納言日野有光が協力）。九月二十五日、中堂に拠るも僧兵や幕府軍に攻められ、日野有光は捕らえられ、通蔵主（教尊身代わり？）、金蔵主（尊義王？）も捕らまり、尊義王（影武者或いは小倉宮良泰親王）は、根本中堂で自刃し、一味の者は殆ど討たれる。楠木正秀、橋本兵庫助の両名が脱出に成功し、神器を奉じて吉野に走る。 ＊尊義王（親王）は、最初から吉野に潜伏していたという説もある。 十月二日、教尊、捕らわれ隠岐へ流される。 十月二十五日、**尊義王（親王）即位して、南**	九月二十三日、良泰親王、南朝遺臣三百余と共に御所に侵入し、神器を奪回し、比叡山の根本中堂に立て籠もる。九月二十五日、幕府軍に攻められ、良泰親王自害する。神器は、楠木正秀、橋本兵庫介らに守護され、美作植月御所の尊義親王に捧げられた。 十月二十九日、**尊義親王が、南朝正系第百壱代第五十一世として即位**（後南朝初代高福天皇）。 十二月二十五日、**高福天皇、年号を天靖と改元**。高福天皇は、即位後、円満院円胤（義有親王）を征夷大将軍の宮に任じる。

	朝中興天皇一世（高福天皇）となり、年号を天靖元年と改める。（この南朝新皇を、吉野新帝義有王とする説もある）南方の旧臣、三千余名、吉野に集結。	
文安元年（一四四四）	（南朝・天靖二年）中興天皇（高福天皇・尊義王）即位式を挙げる。七月、円満院円胤還俗して、義有王・将軍宮となり、吉野新帝と称し、十津川を越え紀州に入り、八幡城にて挙兵する。	七月、美作国豊国庄に集結した皇軍は、義有親王に率いられ、東に向かって征途に就く。
文安二年（一四四五）	（南朝・天靖三年）八幡城、畠山・細川軍に攻められ、義有王退城して湯浅城に入る。	八月、義有親王、山城国八幡山に拠って敵と戦う。激戦の末、大和・紀伊方面へ転戦し、大和の湯浅城へ立て籠もる。
文安三年（一四四六）	（南朝・天靖四年）二月二十五日、忠義王誕生。九月、幕府軍、遊佐兵庫介（畠山持国の武将）らを差し向け湯浅城を攻める。	三月五日、市川宮尊雅王誕生（父・義有親王、母・野長瀬盛矩の女）。
文安四年（一四四七）	（南朝・天靖五年）十二月二十二日、吉野新帝（義有王）は、側近二十八騎と共に、敵中に突入し自刃す（伝、四十歳）。	
文安五年（一四四八）	（南朝・天靖六年）一月十日、義有王の首が京へ上送さる。中興天皇（高福天皇・尊	

	義王）、天靖五年の南朝再起の義戦に於いて、義有王及び楠木正秀（楠正秀）らが南紀で敗戦陣没した責任を取り、三十九歳で、皇子尊秀王（九歳）に譲位され、太上天皇となる（享徳元年二月五日、譲位とする説もあり）。**尊秀王、皇位を継ぎ南朝中興天皇二世となり、自天皇（自天王・自天大王）と称す。**	
宝徳三年（一四五一）	（南朝・天靖九年）	（美作南朝・大明元年）正月八日、尊雅王即位（人皇百二代第五十三世・美作後南朝二代興福天皇）（六歳）。高福天皇は、太上天皇となる。
享徳三年（一四五四）	（南朝・天靖十二年）この頃、信雅王誕生。この時期、自天皇、神璽を奉じて奥吉野北山郷に拠る。	
康正元年（一四五五）	（南朝・天靖十三年）二月五日、中興上皇（高福院・尊義王）崩御（伝、四十五歳）。吉野郡川上三ノ公大明神と崇められている。	（美作南朝・大明五年）後南朝初代高福天皇、植月北方仙洞御所に於いて崩御（四十五歳）。一の宮、尊秀親王は、美作国豊国庄北山に城を築き遷座され、北山の宮として、植月御所東方の護りに就かれた。二の宮の忠義親王は、美作国高野郷の奥の高倉庄へ遷座、高野宮として、植月御所西方の護りに就かれた。

康正二年　(一四五六)	(南朝・天靖十四年)八月、伏見宮貞成親王没す。十二月二十日、間島彦太郎ら赤松遺臣、大和五條(五条)に潜入。一部の遺臣、自天皇を欺きその近くに仕える。他の遺臣、吉野侵入の機会を待つ。	
長禄元年　(一四五七)	(南朝・天靖十五年)赤松遺臣吉野へ入る。十二月二日夜半、後花園天皇の内意を受けた赤松遺臣、二手に分かれて、北山殿と河野殿に乱入して自天皇を殺害して、神璽を奪う(自天皇十八歳と伝える)。この時、忠義王は、密かに河野殿を脱出し、高原村(川上村高原)に転座す(赤松方は、忠義王を殺害と報告)。 自天皇を襲い神器(神璽)と御首を奪った一行は、伯母峠から川上村に入りたる所、南朝方の橘将監、郷民らに討たれ、神器は小倉宮の第四皇子(猶子)の尊雅王(親王)に渡る。二十八歳の**尊雅王即位して、南朝中興三世(南天皇)となる**。楠正理ら、神器と南天皇を奉じて十津川へ落ちる。	(美作南朝・大明七年)十二月二日夜、赤松残党石見太郎左衛門雅助、丹生屋帯刀左衛門尉・四郎左衛門尉、上月満吉、堀秀世ら四十余名が北山城中に侵入、尊秀親王を襲撃する。尊秀親王とその皇子尊上王を殺害する(赤松方、神器奪取には失敗)。 丹生屋帯刀左衛門尉ら、美作国豊国庄北山の伯母ケ峯で郷民に襲われ、神璽は再度南朝に奪還される。

長禄二年　（一四五八）

＊熊澤系の書籍は、尊雅王により後南朝は継承されたと主張（「皇統正史」、他）。
（南朝・天靖十六年）三月末、小川某、故自天皇の母に御所に侵入し、神器（偽器）を奪取す。五月末、北畠教具、小川庄（小川荘）に出向き神器を京へ奉ずる事を要請するも、恩賞を要求してこれを拒む。六月、南天皇（尊雅王）吉野の山奥に、御座所を転座する。七月、神器を奪わんとする逆徒（小川、小寺ら）が、南天皇の御所を襲い、南天皇負傷する。
神器（神璽）逆徒に渡り、八月二十八日、小川某（弘光と伝える）一行、神器を奉じて入洛する（この事件は、赤松党の小寺某、不思議なる才をもって郷民より神器を奪還すると伝える）。十二月二十日（二日？）、負傷の南天皇崩御（一説八月二十五日、二十九歳）。幼少（五歳）の皇子**信雅王践祚して、南帝王と申す**（西陣南帝・熊澤玄覚）。
＊南帝王、一四六九年、明応と改元。

（美作南朝・大明八年）七月二十五日、小寺藤兵衛入道性説、興福天皇に重症を負わせ、神璽を奪って逃走する。興福天皇、半山高福寺に担ぎ込まれ治療を受ける。八月二十八日、興福天皇崩御す。美作南朝太政大臣徳大寺実孝は、責任を問われ、蟄居す。
八月三十日、神璽は京都の北朝御所に奉還された。
興福天皇崩御後、高野の忠義親王が、第百三代第五十四世忠義天皇として即位。十月一日、年号を明応と改元する（美作南朝年号明応元年）。

寛正五年（一四六四）	七月、後花園天皇譲位、後土御門天皇践祚。	
寛正六年（一四六五）	十二月、後土御門天皇即位す。	
応仁元年（一四六七）	畠山義就の軍、京都御霊社に、畠山政長を急襲、次いで細川方と山名方の軍勢二十五万が激突する（応仁の乱）。	（美作南朝・明応十年）忠義天皇、大内政弘と呼応して、側近らと植月御所を御発輦東上せらる。
文明元年（一四六九）	（南朝・明応元年）信雅王（親王）、即位宣言。十六歳の南帝王、南朝の年号を定め、明応元年とする。	（美作南朝・明応十二年）
文明二年（一四七〇）	（南朝・明応二年）三月、南朝遺臣の横矢盛高・楠行康・結城鏡之介・坂井貞忠・酒井貞信ら、小倉宮皇胤（南帝王）を擁立し、大和国十津川村の日尊王（系統不明）（別説、南天皇弟）と謀り、南朝再興の義軍を催す（挙兵）（南帝王は紀伊で挙兵）。細川方の畠山政長、日尊王を捕らえ、入洛の時殺し、その首を京の白川へ送る。	
文明三年（一四七一）	（南朝・明応三年）閏八月二十六日、**天皇（西陣南帝・信雅親王）御上洛、北野の松梅院に入御さる。九月、天皇（南帝）安山院に移る。南帝王、西陣（山名宗全方）を義軍とし、**	（美作南朝・明応十四年）六月二十九日、北野梅松院に入御。その後安山院に還御（御子尊朝親王と森久親親王を同道）す。

	西陣南帝と称す。	
文明九年（一四七七）	（南朝・明応九年）十一月、諸将、各分国に帰り、応仁の乱終わる（**南朝基盤を失い、崩壊**）。	（美作南朝・明応二十年）応仁の乱終わり、忠義天皇植月庄北方御所に御還行。十二歳の尊朝親王に譲位禅定法王となられ（聖真禅定法皇）、美作国加茂庄公之森新蔵坊（新善光寺）へ隠居する。
文明十年（一四七八）	（南朝・明応十年）南帝王、京を脱出して甲州小石沢観音寺に座す。同年、標葉清隆に迎えられて、奥州標葉郡の沢邑（福島県双葉郡浪江町大堀字沢）に転座す（南帝王のまま十年駐座す）。	（以後美作南朝年号不明）
文明十二年（一四八〇）	十二月三日、高原村に御座する河野宮忠義王、病の為没す（三十五歳）。	忠義天皇、公之森新蔵坊で崩御（三十五歳）。
長享元年（一四八七）	十二月十五日、相馬盛胤が標葉氏の権現堂城を攻め、南帝王（信雅王）は、熊野宮の熊と地名の沢とを以て、姓を熊沢、名を現覚と称し、去城して時之島に向かって出立する（南朝・明応十九年）。	赤松政則、山名政豊を滅ぼす。
長享二年（一四八八）	（南朝・明応二十年）春、三十五歳の南帝王、山伏姿に変装し、葛尾村の高野城をあとに野田正秀に先達され、坂井貞忠、酒井	

	貞信、結城鏡之介らの忠臣を伴って、時之島城に向かって発向、途中で信州の与曽井家に立ち寄る。信州を経て、尾張国丹羽郡左瀬部（愛知県一宮市時之島）の時之島城に入御す。この時王は、後柏原天皇（後土御門天皇の誤伝か？）の第八皇子と世を欺き、**菊亭御所熊沢広次王と改名する（南帝王退位）**。 ＊「後南朝新史」時之島入御を、延徳四年（南朝・明応二十四年）と記す。	
延徳四年（一四九二）	（南朝・明応二十四年）七月十九日、後土御門天皇、北朝年号を明応と改元する。	
明応二年（一四九三）		尊光親王（親皇）誕生す。
明応九年（一五〇〇）	九月、後土御門天皇崩御。十月、後柏原天皇践祚す。	後土御門天皇崩御。
明応十年（一五〇一）	二月二十九日、後柏原天皇、年号を文亀と改元す。	
永正十一年（一五一四）	六月十六日、南帝王・熊沢広次王崩御す（六十一歳）。	
大永七年（一五二七）		尊通親王（親皇）誕生す。

後南朝伝承の概略

後南朝伝承といえば、戦後、南朝正統を主張した熊澤天皇こと熊澤寛道氏と、南朝熊澤家宗家を主張した熊澤照元氏のことは、戦後生まれの人でも、南北朝に興味のある読書なら、何かの本で読んだりして名前ぐらいはご承知であろう。かく言う筆者も、和歌森太郎氏の『日本史の虚像と実像』（毎日新聞社）という本で、熊澤天皇のことを知り、それがきっかけで『南朝興亡史』を執筆したのである。

熊澤家のことは第二章でも述べるので、ここでは一般に知られていない「熊澤系図」を紹介しておく。「後南朝及びその後裔熊澤氏の系」は、古代氏族研究家の宝賀寿男氏が、大著『古代氏族系譜集成』（古代氏族研究会）で発表されたものである。その元になった系譜は、国会図書館の系譜資料の中に収録されている。その系図の一部は、埼玉県の高橋光男氏、神奈川県の山地悠一郎氏（南朝研究家）、宝賀寿男氏らから提供され、筆者もその後、扶桑町図書館を通じて入手した。この系図は第二章でも触れるので注目しておいていただきたい。

熊澤系図といわれるものも、寛道氏らのものとは若干異なる熊澤系図がある。一宮市史に掲載の熊澤系図では、瀬部熊澤氏が護良親王より系を引いているものもある。従って、熊澤系図も、寛道氏らの発表した系図を単純に鵜呑みにもできないし、否定することもできないのである。

次に、「南朝正副二統皇系」は、三河南朝伝承の中核を成すもので、その末裔と称したのが、三浦天皇（三浦芳聖）である。これは、吉野南朝（後村上天皇の皇統）を副統として、興国天皇（守永親王）、小松天皇（元子内親王・小室門院・長慶院）、松良天皇（正良親王）、大宝天皇（美良親王）を正統南朝と主張している。仮に三河南朝が正統であるとしても、三浦家がその末裔とは証明されない。自著において中間がすっぽり抜けた系図を堂々と掲載しているが、それなら誰でも天皇の末裔になれる。三浦家が完全な系図を公開し、十分な検証を受けて認定されない限り、南朝末裔とは認められない。

三河、遠州、信州には南朝伝承（長慶天皇）があるが、村上一族のある家系が、長慶の子孫と「三河玉川御所と広福寺」では紹介されている（若宮兵部卿家）。富士、甲州、信州、三河、遠州などには、南朝末裔が潜伏し、複雑な系譜を形成する（三師略系図など）。ただこの幻の皇子たちの中には、語呂合わせで付けたような名前もあり、信憑性には問題がある。松竹梅という命名は、明らかに語呂合わせの創作である（「隠れ南朝皇統系図」参照）。

富士を基盤とする隠れ南朝、三河、遠州、信州などを基盤とする陰の南朝（三浦氏は正統南朝と主張）。共に、闇に埋もれて行くのである。護良親王の伝承の中にも、隠れ南朝に絡むものもある。護良親王や長慶天皇には、色々な伝承があるが、断定はできない。これらの伝承に登場する王子は、大部分基本系図には、所見がなく、疑惑の系譜である。

南朝伝承といえば、三河及び尾張にもあるが、それは漂泊の皇子、歌人でもある宗良親王に由来する。その子孫は、大橋氏や祖父江氏、津島神社の氷室氏などに連なっている。この系統は、井伊氏や世良田氏などがあり、関係系譜の延長線上には、大河内氏や家康の祖母の華陽院も登場する。世良田氏は正真正銘の新田一族で、家康も先祖系譜を改竄してこの一族の末裔から松平氏に入り、家康に至る系譜を作成した。一部に混乱はあるが、基本図書の『系図纂要』や「柳営婦女伝系（『徳川諸家譜』所収）、『姓氏家系大辞典』などにも掲載されているので、護良親王末裔系図や三浦天皇系図よりは、信頼性があると思われる。

ただ祖父江氏や氷室氏には、異伝もあるので、参考までに他の資料も併記した。また、家康に家系を乗っ取られたと主張される世良田氏の系譜も紹介した。詳細な系譜は、拙著『織豊興亡史』(今日の話題社）を参照されたい。井伊氏の系譜も参考までに紹介したが、この系譜は、一般にいわれる藤原良門の末裔ではなく、継体天皇の末裔と南家藤原氏の藤原為憲の子孫としている。

後南朝及びその後裔熊澤氏の系

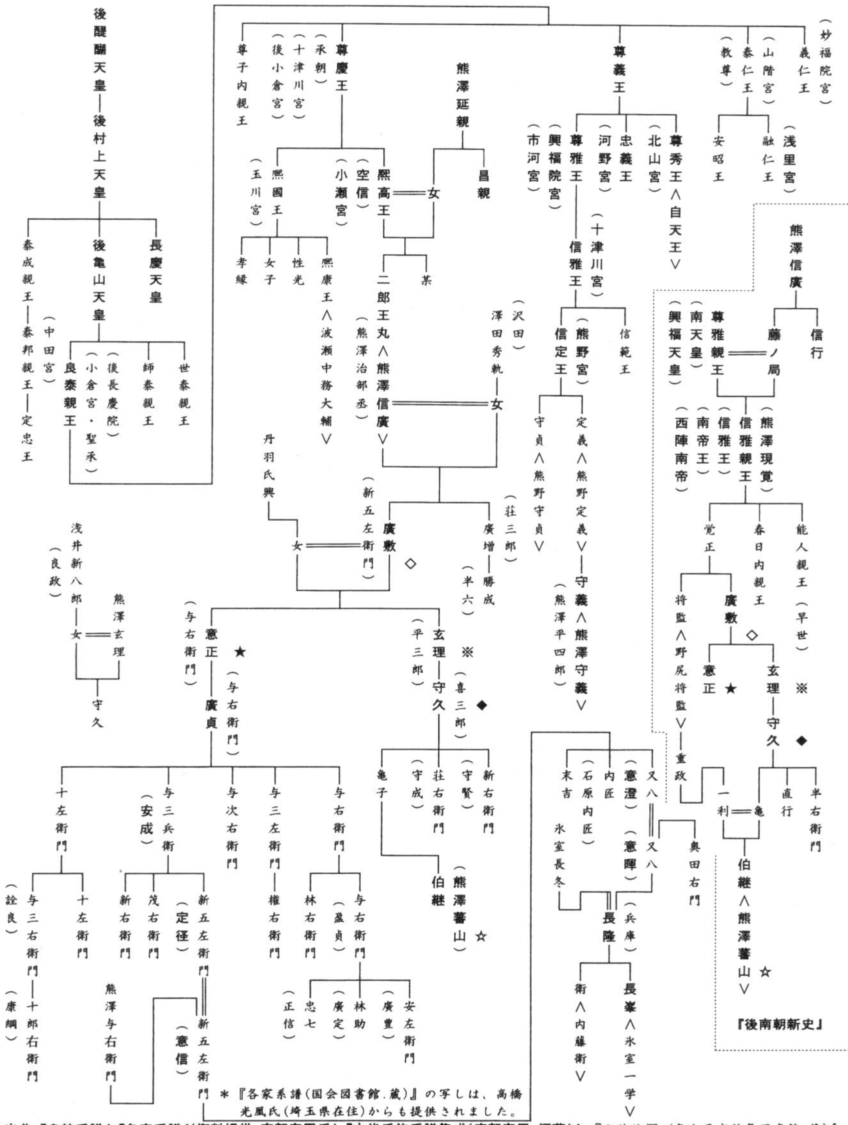

後醍醐天皇
後村上天皇
長慶天皇
後亀山天皇
泰成親王
泰邦親王
定忠王
（中田宮）
良泰親王
（後長慶院）
（小倉宮・聖承）
師泰親王
世泰親王
尊子内親王
（承朝）
（十津川宮）
（後小倉宮）
尊慶王
熊澤延親
熙高王
（空信）
（小瀬宮）
熙國王
（玉川宮）
昌親
女
孝緣
女子
性光
熙康王〈波瀬中務大輔〉
二郎王丸〈熊澤信廣〉
（熊澤治部丞）
某
（沢田）
澤田秀執
女
尊義王
尊秀王〈自天王〉
（北山宮）
忠義王
（河野宮）
尊雅王
（興福院宮）
（市河宮）
（十津川宮）
信雅王
信定王
（熊野宮）
信範王
定義〈熊野定義〉
守貞〈熊野守貞〉
守義〈熊澤守義〉
（熊澤平四郎）
義仁王
（妙福院宮）
泰仁王
（山階宮）
（教尊）
安昭王
融仁王
（浅里宮）
熊澤信廣
信行
藤ノ局
尊雅親王
（南天皇）
（興福天皇）
信雅親王
（熊澤現覚）
（信雅王）
（南帝王）
（西陣南帝）
覚正
春日内親王
能人親王
（早世）
廣敷 ◇
将監〈野尻将監〉
意正 ★
玄理 ※
守久 ◆
重政
一利
亀
直行
半右衛門
伯継〈熊澤蕃山 ☆〉
『後南朝新史』
丹羽氏興
女
廣敷 ◇
（新五左衛門）
廣増
（荘三郎）
勝成
（半六）
浅井新八郎
（良政）
女
熊澤玄理
守久
意正 ★
（与右衛門）
廣貞
（与右衛門）
玄理 ※
（平三郎）
守久 ◆
（喜三郎）
亀子
荘右衛門
（守成）
（守賢）
新右衛門
伯継
（熊澤蕃山）☆
十左衛門
与三兵衛
（安成）
与次右衛門
与三左衛門
与右衛門
与三右衛門
（詮良）
十左衛門
十郎右衛門
（康綱）
新右衛門
茂右衛門
新五左衛門
（定径）
新五左衛門
（意信）
熊澤与右衛門
権右衛門
林右衛門
与右衛門
（盈貞）
忠七
（正信）
（廣定）
林助
（廣重）
安左衛門
又八
（意澄）
内匠
（石原内匠）
末吉
又八
（意暉）
氷室長冬
奥田右門
長隆
（兵庫）
衛〈内藤衛〉
長峯〈氷室一学〉
＊『各家系譜（国会図書館.蔵）』の写しは、高橋光風氏（埼玉県在住）からも提供されました。

出典『皇統系譜』、『各家系譜』（資料提供.宝賀寿男氏）、『古代氏族系譜集成（宝賀寿男.編著）』、『士林泝洄（名古屋市鶴舞図書館.蔵）』

南朝後裔熊澤氏系図（1）

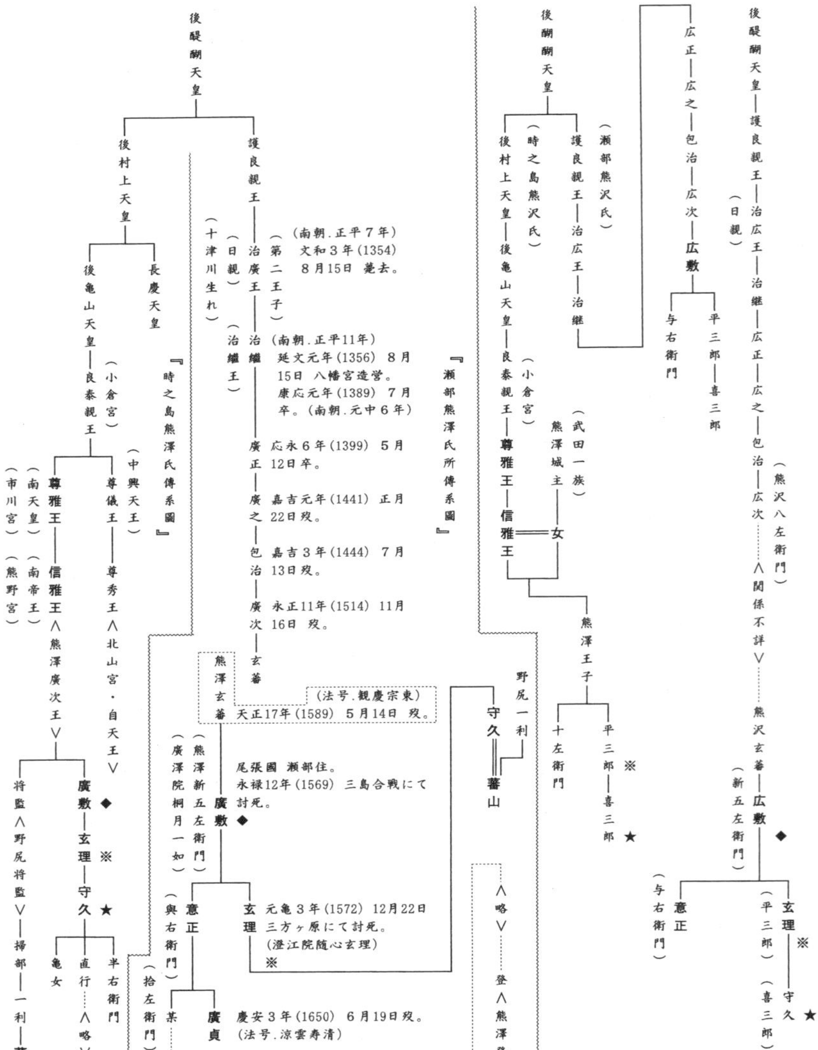

後醍醐天皇
後村上天皇
護良親王
長慶天皇
後亀山天皇―良泰親王
（小倉宮）
尊儀王
（中興天王）
尊秀王＜北山宮・自天王＞
尊雅王
（南天皇）（市川宮）
信雅王＜熊澤廣次王＞
（南帝王）（熊野宮）
将監＜野尻将監＞―掃部―一利―蕃山
廣數―玄理―守久
◆
※
★
亀女
直行……＜略＞……寛道
半右衛門
『時之島熊澤氏傳系圖』
（十津川生れ）
（日親）
治廣王
第二王子
（南朝.正平7年）
文和3年(1354) 8月15日 薨去。
（治繼王）
治繼
（南朝.正平11年）
延文元年(1356) 8月15日 八幡宮造営。
康応元年(1389) 7月卒。（南朝.元中6年）
廣正 応永6年(1399) 5月12日卒。
廣之 嘉吉元年(1441) 正月22日歿。
包治 嘉吉3年(1444) 7月13日歿。
廣次 永正11年(1514) 11月16日 歿。
玄蕃
熊澤玄蕃
（法号.観慶宗東）
天正17年(1589) 5月14日 歿。
（熊澤新五左衛門）
（廣澤院桐月一如）
廣數 ◆
尾張國 瀬部住。
永禄12年(1569) 三島合戦にて討死。
意正
（與右衛門）
玄理 元亀3年(1572) 12月22日 三方ヶ原にて討死。
（澄江院随心玄理）
※
某
（拾左衛門）
廣貞 慶安3年(1650) 6月19日歿。
（法号.涼雲寿清）
守久═蕃山
野尻一利
＜略＞……登＜熊澤登＞
『瀬部熊澤氏所傳系圖』
後醐醐天皇
後村上天皇―後亀山天皇―良泰親王―尊雅王―信雅王═女
（小倉宮）
（時之島熊沢氏）
護良親王―治広王―治継
（瀬部熊沢氏）
熊澤城主
（武田一族）
熊澤王子
十左衛門
平三郎―喜三郎
※
★
広正―広之―包治―広次―広數
与右衛門
平三郎―喜三郎
後醍醐天皇―護良親王―治広王―治継―広正―広之―包治―広次……＜関係不詳＞……熊沢玄蕃―広數
（日親）
（熊沢八左衛門）
（新五左衛門）
◆
意正
（与右衛門）
（平三郎）
（喜三郎）
玄理 ※
守久 ★

（次ページへ続く）

『一宮市史・西成編（一宮市立豊島図書館.蔵）』（昭和28年発行）
閲覧協力.扶桑町立図書館（平成9年）

『尾張群書系図部集』
（平成9年発行）

出典『一宮市史・西成編（一宮市立豊島図書館.蔵）』、『尾張群書系図部集（加藤國光.編、続群書類従完成会）』

南朝後裔熊澤氏系図 (2)

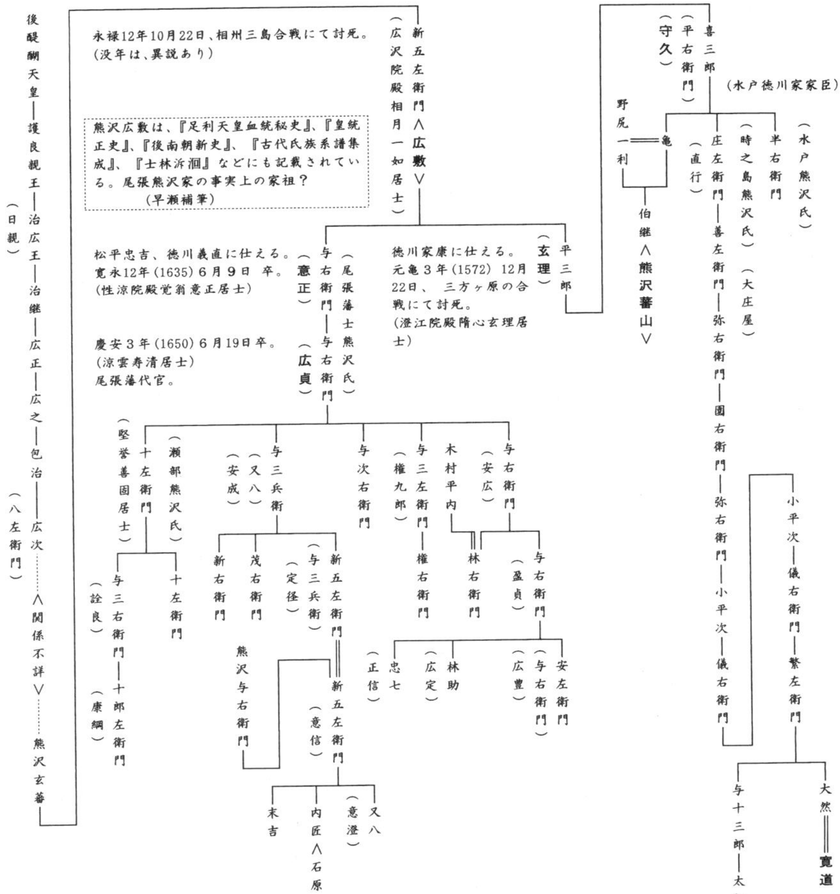

後醍醐天皇―護良親王―治広王（日親）―治継―広正―広之―包治―広次（八左衛門）……〈関係不詳〉……熊沢玄蕃
新五左衛門〈広數〉（広沢院殿相月一如居士）
永禄12年10月22日、相州三島合戦にて討死。
（没年は、異説あり）
熊沢広數は、『足利天皇血統秘史』、『皇統正史』、『後南朝新史』、『古代氏族系譜集成』、『士林泝洄』などにも記載されている。尾張熊沢家の事実上の家祖？
（早瀬補筆）
与右衛門（意正）（尾張藩士熊沢氏）
松平忠吉、徳川義直に仕える。
寛永12年(1635) 6月9日 卒。
(性涼院殿覚翁意正居士)
与右衛門（広貞）
慶安3年(1650) 6月19日卒。
(涼雲寿清居士)
尾張藩代官。
平三郎（玄理）
徳川家康に仕える。
元亀3年(1572) 12月22日、三方ヶ原の合戦にて討死。
(澄江院殿隋心玄理居士)
喜三郎（平右衛門）（守久）
（水戸徳川家家臣）
野尻一利
亀
伯継〈熊沢蕃山〉
庄左衛門（直行）―善左衛門―弥右衛門―園右衛門―弥右衛門―小平次―儀右衛門
時之島熊沢氏（大庄屋）
半右衛門
（水戸熊沢氏）
十左衛門（堅誉善固居士）（瀬部熊沢氏）
与三右衛門（詮良）―十郎左衛門（康綱）
十左衛門
与三兵衛（又八）（安成）
新右衛門
茂右衛門
（与三兵衛）（定径）
新五左衛門
熊沢与右衛門
新五左衛門（意信）
末吉
内匠〈石原内匠〉
又八（意澄）
与次右衛門
与三左衛門（権九郎）―権右衛門
木村平内
林右衛門
与右衛門（安広）
与右衛門（盈貞）
忠七（正信）
林助（広定）
安左衛門（与右衛門）（広豊）
小平次―儀右衛門―繁左衛門
与十三郎―太郎―静江―照元
大然＝寛道

* 加藤氏は、熊沢玄覚(現覚)なる人物は、熊沢玄蕃をもとに創作したと考えられると記す。
確実な始祖は、熊沢玄蕃(姓は藤原氏)とする。(『士林泝洄』は、広數以前は記さず。)
* 後醍醐天皇から熊沢八左衛門広次に至る歴代は、後代の創作にして信ずるに足りずと記す。

* 岡山の池田光政に仕えた熊沢蕃山は、熊沢守久の外孫にして養子。

出典『尾張群書系図部集(加藤國光.編、続群書類従完成会)』

南朝正副二統皇系系譜

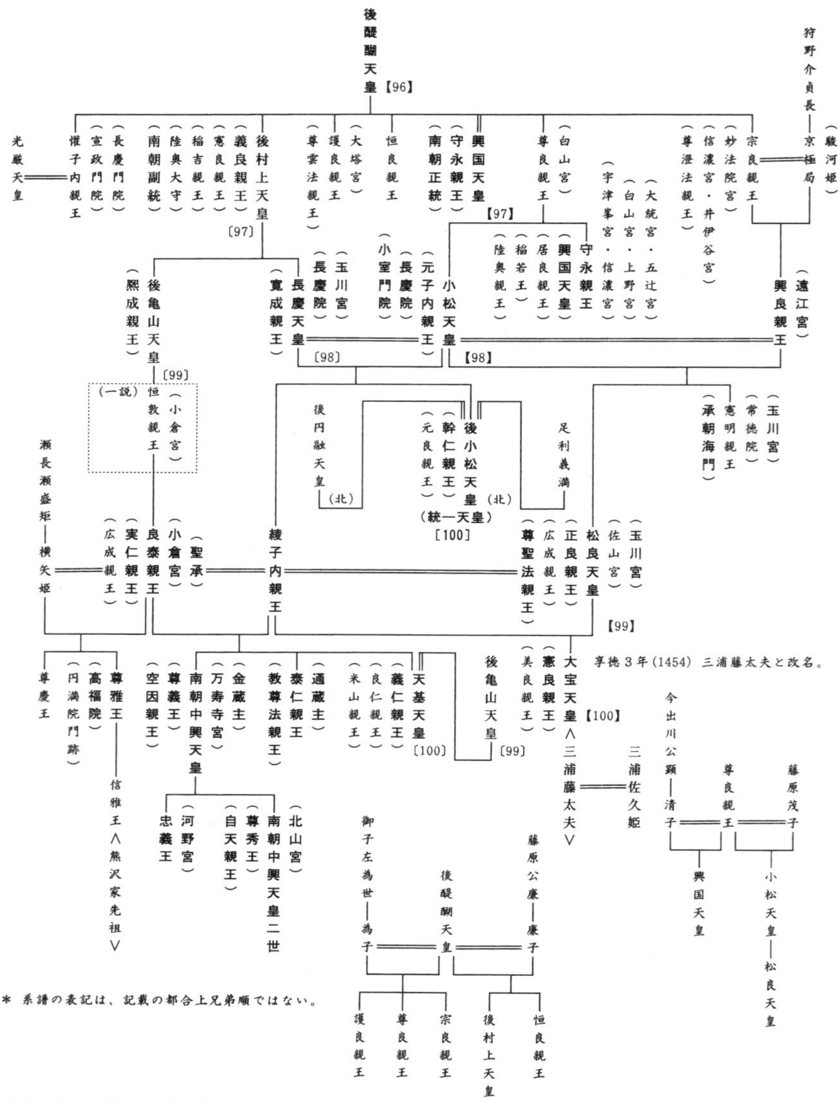

＊ 系譜の表記は、記載の都合上兄弟順ではない。

出典『三河玉川御所と広福寺（松井 勉、中尾山広福寺）』（昭和53年発行）
＊ 原典『南朝正統皇位継承論（藤原丸山.著）』

南朝皇系系譜（二統皇系）

＊ 記載の都合上、一部省略してあります。

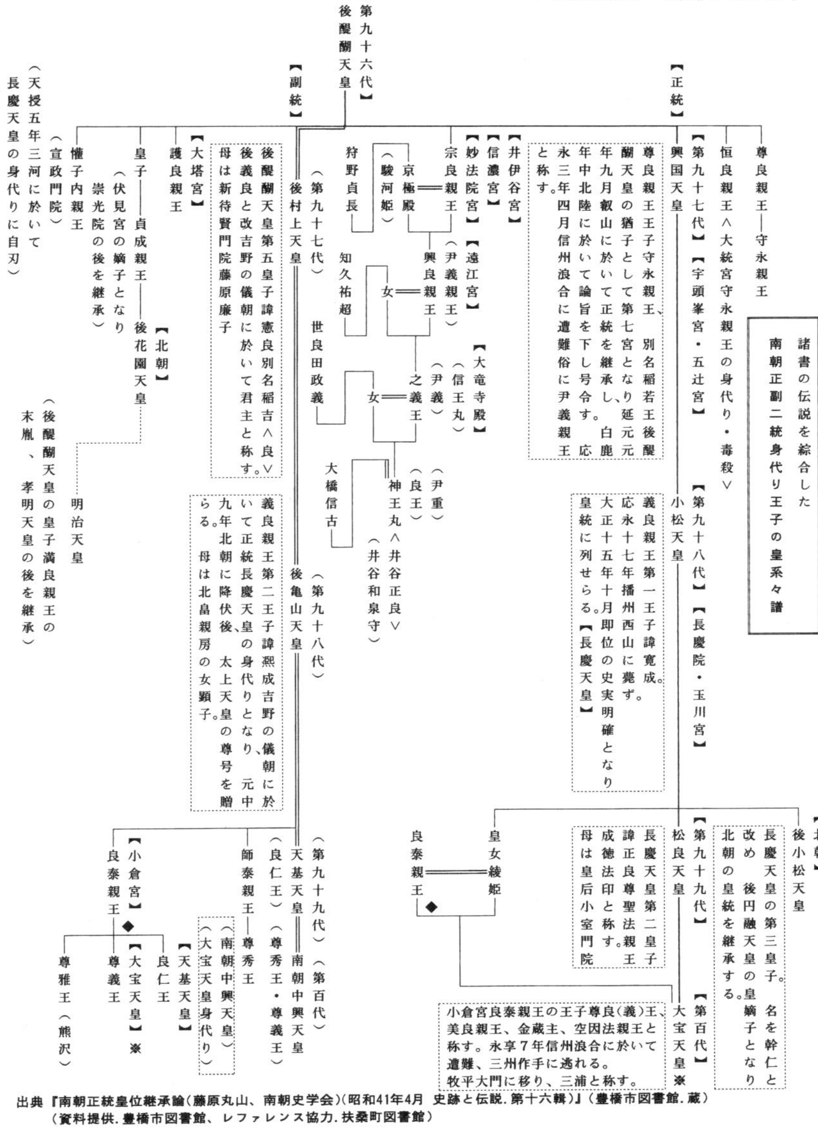

【第九十六代】後醍醐天皇
【正統】
【副統】
尊良親王―守永親王
恒良親王〈大統宮守永親王の身代り・毒殺〉
【第九十七代】【宇頭峯宮・五辻宮】興国天皇
尊良親王王子守永親王、別名稲若王後醍醐天皇の猶子として第七宮となり延元元年九月叡山に於いて正統を継承し、白鹿年中北陸に於いて論旨を下し号令す。応永三年四月信州浪合に遭難俗に尹義親王と称す。
【井伊谷宮】
【信濃宮】
【妙法院宮】【遠江宮】
宗良親王（尹義親王）
京極殿
（駿河姫）
狩野貞長
興良親王
女
知久祐超
【大竜寺殿】（信王丸）（尹義）之義王
女
世良田政義
（尹重）（良王）神王丸〈井谷正良〉（井谷和泉守）
大橋信古
（第九十七代）後村上天皇
後醍醐天皇第五皇子諱憲良別名稲吉〈良〉後義良と改吉野の儀朝に於いて君主と称す。母は新待賢門院藤原廉子
【大塔宮】護良親王
皇子―貞成親王―後花園天皇
（伏見宮の嫡子となり崇光院の後を継承）
【北朝】
懽子内親王（宣政門院）
（天授五年三河に於いて長慶天皇の身代りに自刃）
明治天皇
（後醍醐天皇の皇子満良親王の末胤、孝明天皇の後を継承）
【第九十八代】【長慶院・玉川宮】小松天皇
義良親王第一王子諱寛成。応永十七年播州西山に薨ず。大正十五年十月即位の史実明確となり皇統に列せらる。【長慶天皇】
（第九十八代）後亀山天皇
義良親王第二王子諱煕成吉野の儀朝に於いて正統長慶天皇の身代りとなり、元中九年北朝に降伏後、太上天皇の尊号を贈らる。母は北畠親房の女顕子。
【北朝】後小松天皇
長慶天皇の第三皇子。名を幹仁と改め後円融天皇の皇嫡子となり北朝の皇統を継承する。
【第九十九代】松良天皇
長慶天皇第二皇子諱正良尊聖法親王成徳法印と称す。母は皇后小室門院
皇女綾姫
良泰親王
◆
【第百代】大宝天皇※
小倉宮良泰親王の王子尊良（義）王、美良親王、金蔵主、空因法親王と称す。永享7年信州浪合に於いて遭難、三州作手に逃れる。牧平大門に移り、三浦と称す。
（第九十九代）天基天皇
（良仁王）（尊秀王・尊義王）
（第百代）南朝中興天皇
師泰親王―尊秀王
（南朝中興天皇）
（大宝天皇身代り）
【小倉宮】良泰親王
◆
【天基天皇】良仁王
【大宝天皇】※尊義王
尊雅王（熊沢）

出典『南朝正統皇位継承論（藤原丸山、南朝史学会）（昭和41年4月 史跡と伝説．第十六輯）』（豊橋市図書館．蔵）
（資料提供．豊橋市図書館、レファレンス協力．扶桑町図書館）

南朝正統皇位継承論

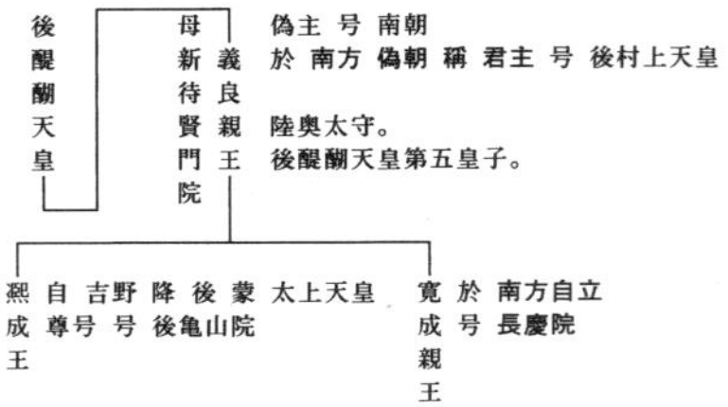

後醍醐天皇
母新待賢門院
義良親王
偽主 号 南朝
於 南方 偽朝 稱 君主 号 後村上天皇
陸奥太守。
後醍醐天皇第五皇子。
熙成王
自 吉野 降 後 蒙 太上天皇
尊号 号 後亀山院
寛成親王
於 南方自立
号 長慶院

［古本大系図（南山皇胤譜巻六）］

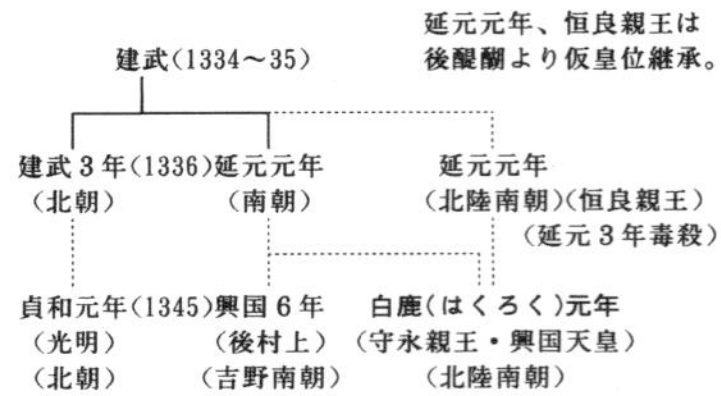

延元元年、恒良親王は
後醍醐より仮皇位継承。
建武（1334～35）
建武３年（1336）
（北朝）
延元元年
（南朝）
延元元年
（北陸南朝）（恒良親王）
（延元３年毒殺）
貞和元年（1345）
（光明）
（北朝）
興国６年
（後村上）
（吉野南朝）
白鹿（はくろく）元年
（守永親王・興国天皇）
（北陸南朝）

通説は恒良親王が仮皇位を継承したとされるが、『南朝正統皇位継承論』は後醍醐天皇の猶子の守永親王が大統を継承したとする。白鹿年号の存在は北陸に南朝が存在した事（天皇の存在）を示唆。

① 藤原丸山氏はこの系図により、吉野朝を南朝の偽朝と位置付ける。

② 守永親王（興国天皇）を南朝正統二代目（第97代）とする。

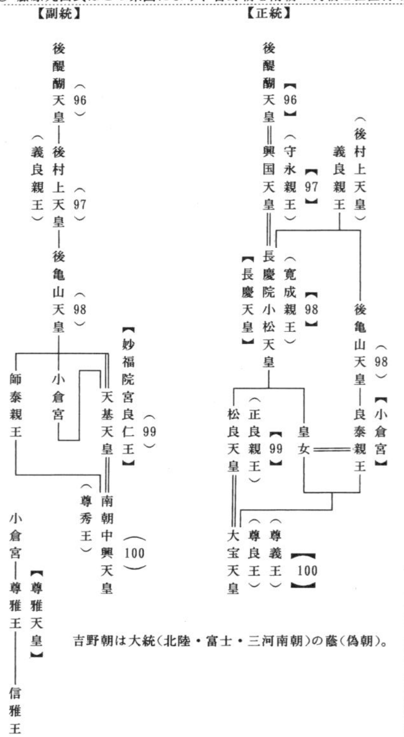

【副統】
後醍醐天皇（96）
後村上天皇（97）
（義良親王）
後亀山天皇（98）
師泰親王
小倉宮
天基天皇
【妙福院宮良仁王】
（99）
南朝中興天皇
（100）
（尊秀王）
小倉宮
尊雅王
【尊雅天皇】
信雅王
【正統】
後醍醐天皇【96】
興国天皇
（守永親王）
【97】
義良親王
（後村上天皇）
長慶院小松天皇
（寛成親王）
【98】
【長慶天皇】
後亀山天皇
（98）
良泰親王
【小倉宮】
松良天皇
（正良親王）
【99】
皇女
大宝天皇
（尊良王）
（尊義王）
【100】
吉野朝は大統（北陸・富士・三河南朝）の蔭（偽朝）。

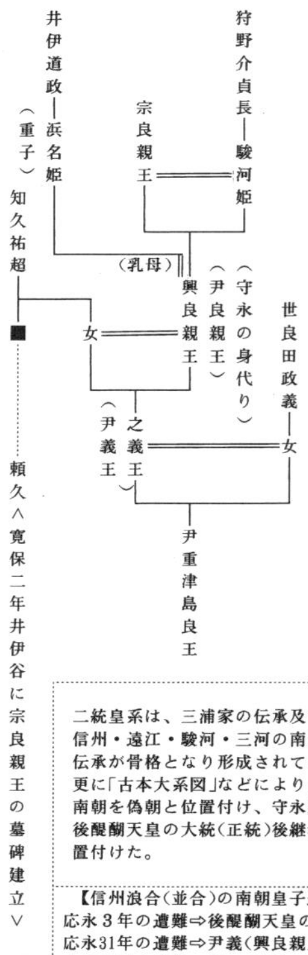

井伊道政
浜名姫
（重子）
知久祐超
頼久〈寛保二年井伊谷に宗良親王の墓碑建立〉
狩野介貞長
駿河姫
宗良親王
（乳母）
興良親王
（尹良親王）
（守永の身代り）
女
世良田政義
女
之義王
（尹義王）
尹重津島良王

二統皇系は、三浦家の伝承及び富士・信州・遠江・駿河・三河の南朝皇子伝承が骨格となり形成されている。更に「古本大系図」などにより、吉野南朝を偽朝と位置付け、守永親王を後醍醐天皇の大統（正統）後継者と位置付けた。

【信州浪合（並合）の南朝皇子遭難】
応永３年の遭難⇨後醍醐天皇の皇子
応永31年の遭難⇨尹義（興良親王の子）
永享７年の遭難⇨良王（尹義の子尹重）

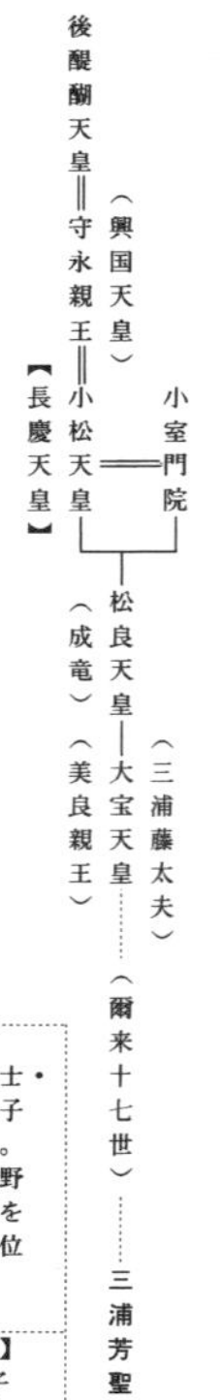

後醍醐天皇
守永親王
（興国天皇）
【長慶天皇】
小松天皇
小室門院
松良天皇
（成竜）
大宝天皇
（美良親王）
（三浦藤太夫）
（爾来十七世）
三浦芳聖

（三浦系図）

③ 昭和39年から41年頃の二統皇系（藤原丸山．編）

東海南朝の伝承は『熊谷伝記』などの発見により、明らかになりつつある。
藤原丸山は 滝川博士が「木地屋が南朝伝承を創作したとして、小倉宮や熊澤伝承をデッチあげの如く述べている」事に対して、博士の肩書に物を云わせてかかる表現をする事は無責任な放言であると批判している。

出典『南朝正統皇位継承論（藤原丸山、南朝史学会．昭和41年）』（豊橋市図書館．蔵）

南朝皇統系譜（二統皇系）

＊ 記載の都合上、原典系図を若干アレンジしました(早瀬)。

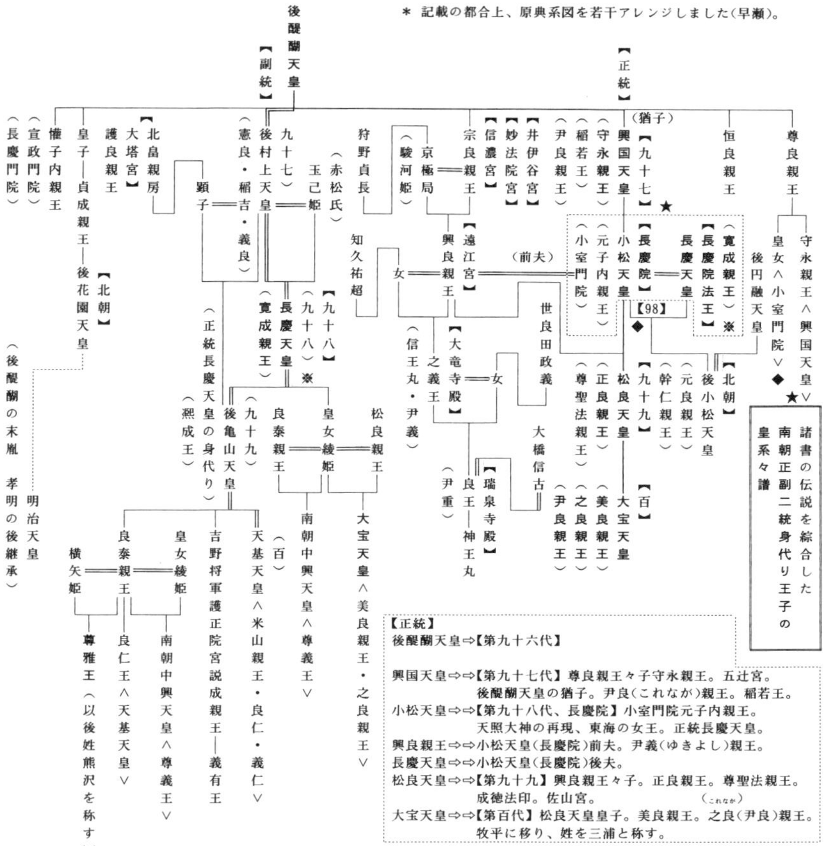

後醍醐天皇
【副統】
【正統】
(猶子)
興国天皇
【九十七】
小松天皇
【長慶院】
長慶天皇
【寛成親王】
【長慶院法主】
【98】
後小松天皇
【北朝】
松良天皇
【九十九】
大宝天皇
【百】
後村上天皇
【九十七】
長慶天皇
【九十八】
後亀山天皇
【九十九】
天基天皇
【百】
南朝中興天皇
興良親王
【遠江宮】
(前夫)
宗良親王
尊良親王
恒良親王
守永親王
小室門院
元子内親王
【大竜寺殿】
【瑞泉寺殿】
良王
神王丸
大橋信古
世良田政義
【北朝】
後花園天皇
明治天皇
(後醍醐の末胤 孝明の後継承)
諸書の伝説を綜合した南朝正副二統身代り王子の皇系々譜

【正統】
後醍醐天皇⇨【第九十六代】

興国天皇⇨⇨【第九十七代】尊良親王々子守永親王。五辻宮。
後醍醐天皇の猶子。尹良(これなが)親王。稲若王。
小松天皇⇨⇨【第九十八代、長慶院】小室門院元子内親王。
天照大神の再現、東海の女王。正統長慶天皇。
興良親王⇨⇨小松天皇(長慶院)前夫。尹義(ゆきよし)親王。
長慶天皇⇨⇨小松天皇(長慶院)後夫。
松良天皇⇨⇨【第九十九】興良親王々子。正良親王。尊聖法親王。
成徳法印。佐山宮。 (これなが)
大宝天皇⇨⇨【第百代】松良天皇皇子。美良親王。之良(尹良)親王。
牧平に移り、姓を三浦と称す。

【副統】
後村上天皇(第九十七代)⇨憲良親王。稲吉王。義良親王。吉野偽朝君主。
長慶天皇 (第九十八代)⇨寛成親王。小松天皇(長慶院)後夫。長慶院法主。
玉川宮。(夫婦で長慶天皇と呼ばれる)
後亀山天皇(第九十九代)⇨熙成王。吉野偽朝に於いて、正統長慶天皇の身代り
となり、北朝に降伏、太上天皇の尊号を贈られる。
良泰親王 (皇太子)⇨実仁親王。【小倉宮】後小松天皇皇太子。
天基天皇 (第百代)⇨⇨⇨小倉宮良泰親王々子、米山親王、良仁、義仁。
後亀山天皇猶子。美濃で殺害される。
南朝中興天皇 (後南朝)⇨尊義王。

興良親王⇨小松天皇前夫。守永親王の身代り。
【遠江宮】宗良親王々子。
之義王⇨⇨尹義王。松良天皇の身代り。
【大竜寺殿】
良王丸⇨⇨尹重、大橋信古の嗣。大宝天皇の
身代り。【瑞泉寺殿】
神王丸⇨⇨井谷和泉守正良。

【信濃宮系】

＊ 説成親王は 通常の系譜関係資料では後村上天皇の皇子(後亀山天皇の弟)の位置付けで記載されている(早瀬)。

出典『三河に於ける長慶天皇伝説考(藤原石山. 著、南朝史学会、昭和54年1月)』(豊橋市図書館. 蔵)
(資料提供. 豊橋市図書館、レファレンス協力. 扶桑町図書館)

三河に於ける長慶天皇伝説考

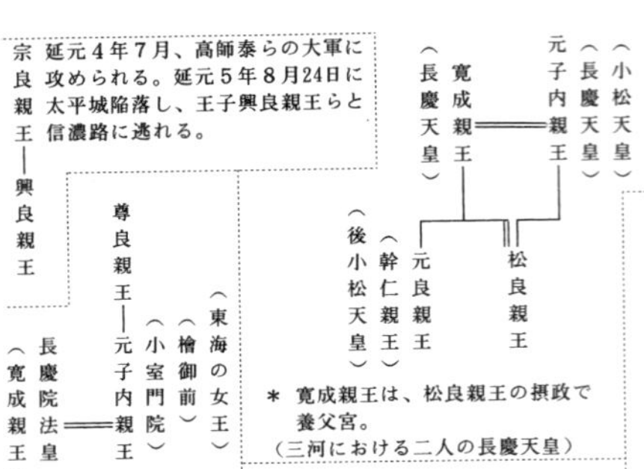
宗良親王
延元4年7月、高師泰らの大軍に攻められる。延元5年8月24日に太平城陥落し、王子興良親王らと信濃路に逃れる。
興良親王
尊良親王
元子内親王
（小室門院）
（檜御前）
（東海の女王）
長慶院法皇
（寛成親王）
寛成親王
（長慶天皇）
元子内親王
（長慶天皇）
（小松天皇）
松良親王
元良親王
幹仁親王
（後小松天皇）
＊ 寛成親王は、松良親王の摂政で養父宮。
（三河における二人の長慶天皇）

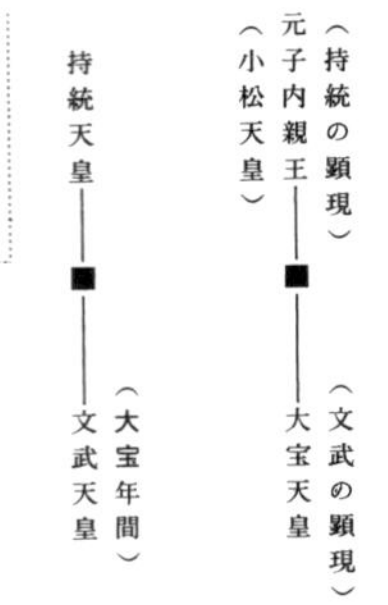
持統天皇
文武天皇
（大宝年間）
元子内親王
（持統の顕現）
（小松天皇）
大宝天皇
（文武の顕現）
（大宝天皇の由来）

（三河における長慶天皇伝説）

正平23年(1368)、寛成親王(長慶天皇)、吉野朝の皇位を弟に譲り 三河南朝(再興北陸南朝)(正統南朝)に合流。

＊ 三河南朝心酔心棒者は三河南朝を正統南朝と主張。

天授5年(1379)9月 三河南朝崩壊。長慶院(元子内親王・寛成親王)の身代わりの長慶門院憧子内親王自刃。 これが三河における長慶天皇の 天授5年崩御説となる。

(長慶天皇は富士谷に潜行)

富士谷で 藤原経家の三女の玉乃江姫を元子内親王(小室門院・小松天皇・長慶天皇)の身代りとして、皇后として小室門院と名乗らせた。その後の動向は定かでないが、元中2年(1385)、高野山に願文を奉納したと伝えられている。

＊ 豊川の某寺には、長慶天皇と松良親王の位牌が伝えられている(伝承上は両者の位牌との事)。

● 長慶天皇⇨金剛心院皇夫大士(天授5年9月20日)。

● 松良親王⇨明光院成徳大士(応永24年8月16日)。

＊ 三河南朝伝承(長慶門院身代わり自刃)が正しければ、この位牌の記述は矛盾する(偽物という事になる)(早瀬)。

(『三河に於ける長慶天皇伝説考』)

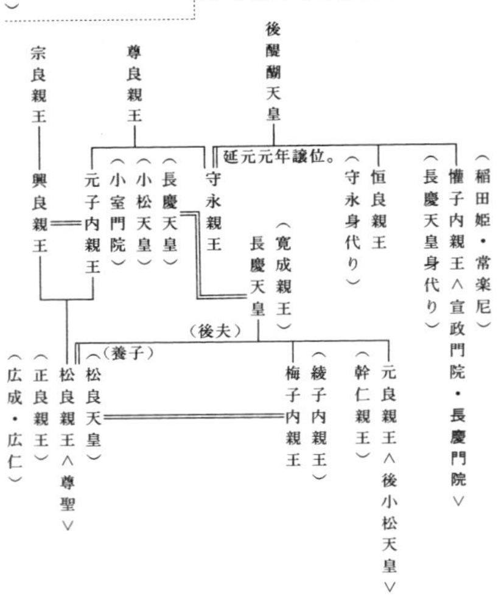
後醍醐天皇
宗良親王
興良親王
尊良親王
元子内親王
（小室門院）
（小松天皇）
（長慶天皇）
守永親王
延元元年譲位。
長慶天皇
（寛成親王）
（後夫）
守永身代り
恒良親王
懽子内親王〈宣政門院・長慶門院〉
（長慶天皇身代り）
（稲田姫・常楽尼）
（養子）
松良天皇
松良親王〈尊聖〉
（正良親王）
（広成・広仁）
梅子内親王
（綾子内親王）
（幹仁親王）
元良親王〈後小松天皇〉
（三河南朝系譜）

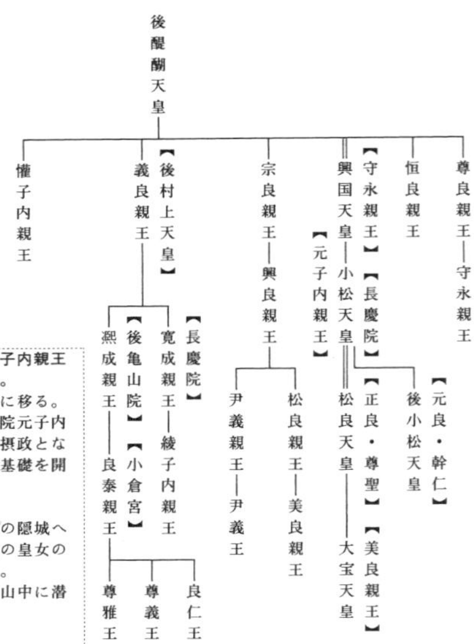
後醍醐天皇
懽子内親王
義良親王【後村上天皇】
宗良親王
興良親王
興国天皇【守永親王】
小松天皇【長慶院】
【元子内親王】
恒良親王
尊良親王
守永親王
熈成親王【後亀山院】
寛成親王【長慶院】
【小倉宮】
綾子内親王
良泰親王
尊雅王
尊義王
良仁王
尹義親王
尹義王
松良親王
美良親王
松良天皇
大宝天皇
【正良・尊聖】
【美良親王】
後小松天皇
【元良・幹仁】

正平22年(1367)(三河南朝年号.弥勒元年)三河の南朝、小室門院元子内親王を迎える。この年、長慶天皇吉野南朝を継承する。

正平23年(1368) 長慶天皇、吉野の朝廷を後亀山天皇に委ね、三河に移る。

文中3年(1373) 三河に寛成親王を三河に迎える。遺臣達が小室門院元子内親王を奉じ、松良親王を皇太子とし、寛成親王が摂政となる。更に懽子内親王を迎え、三河吉野朝(南朝)の基礎を開く。小松天皇(正統長慶天皇)が三河の天皇。

天授2年(1376)(三河南朝年号.弥勒10年) 王田殿を建立する。

天授5年(1379) 9月、三河の吉野朝廷崩壊。長慶天皇ら、富士谷の隠城へ移る。9月25日長慶天皇の身代わりに後醍醐天皇の皇女の懽子内親王(宣政門院・長慶門院)が自刃している。
皇太子松良親王と妃宮の綾子内親王は足助付近の山中に潜伏する。

出典『三河に於ける長慶天皇伝説考(藤原石山、南朝史学会)(昭和54年発行)』(豊橋市図書館.蔵)

三浦天皇系図

＊ 三浦天皇の系図は、富士・三河南朝に系を繋げたもので、信憑性は極めて低い(古い部分は富士・三河南朝系図)。三浦天皇は、独自の法を根拠に皇居の移転を政界著名人に主張し、文書を送付した。三浦天皇は、昭和四十六年三月、六十八歳で死去。

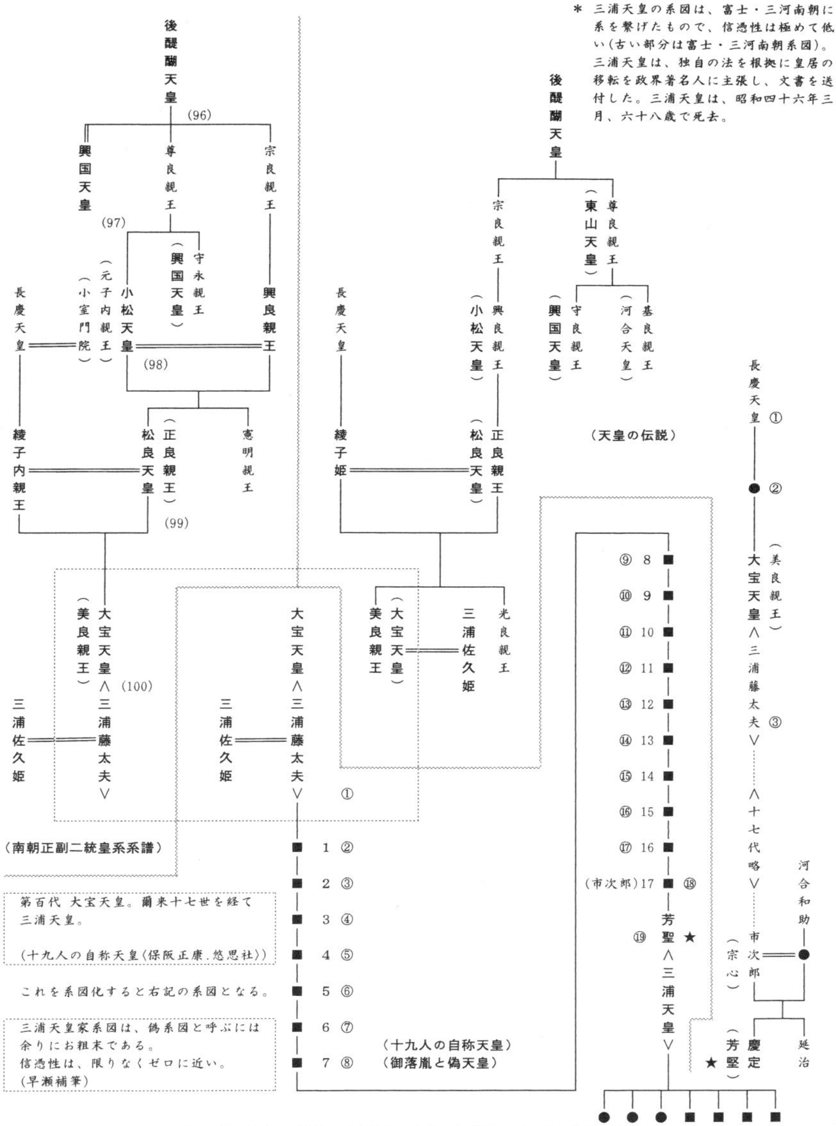

後醍醐天皇
(96)
興国天皇
尊良親王
宗良親王
(97)
守永親王
(興国天皇)
小松天皇
(元子内親王)
(小室門院)
長慶天皇
興良親王
(98)
松良天皇
(正良親王)
憲明親王
綾子内親王
(99)
大宝天皇
(美良親王)
(100)
三浦藤太夫
三浦佐久姫
(南朝正副二統皇系系譜)
宗良親王
(東山天皇)
興良親王
(小松天皇)
(興国天皇)
守良親王
(河合天皇)
基良親王
(天皇の伝説)
綾子姫
正良親王
(松良天皇)
美良親王
(大宝天皇)
三浦佐久姫
光良親王
(市次郎)
芳聖
三浦天皇
(美良親王)
(十七代略)
河合和助
市次郎
(宗心)
慶定
(芳堅)
延治
(十九人の自称天皇)
(御落胤と偽天皇)

第百代 大宝天皇。爾来十七世を経て三浦天皇。

(十九人の自称天皇(保阪正康.悠思社))

これを系図化すると右記の系図となる。

三浦天皇家系図は、偽系図と呼ぶには余りにお粗末である。
信憑性は、限りなくゼロに近い。
(早瀬補筆)

出典『御落胤と偽天皇(玉川信明.編、社会評論社)』、『十九人の自称天皇(保阪正康.著、悠思社)』
『天皇の伝説(メディアワークス、主婦の友)』、『三河玉川御所と広福寺(松井 勉.著、中尾山広福寺)』

自称正統南朝皇系（三浦天皇家）（1）

三浦系図は正統帝を天皇、副統帝を天王と記す。同系図は、吉野南朝を副統としている。

＊ 表記の都合上兄弟順ではない。

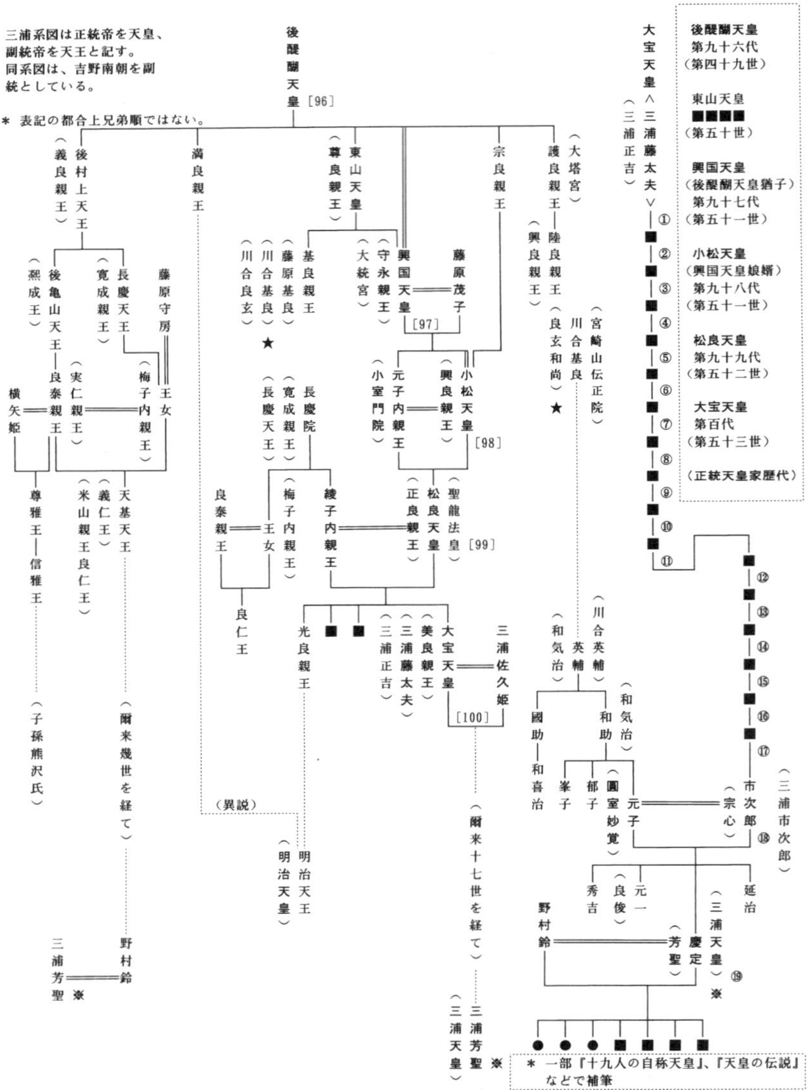

後醍醐天皇［96］
後村上天王（義良親王）
満良親王
東山天皇（尊良親王）
宗良親王
護良親王（大塔宮）
後亀山天王（煕成王）
長慶天王（寛成親王）
藤原守房
王女
良泰親王
実仁親王
梅子内親王
横矢姫
基良親王
藤原基良
川合基良
川合良玄
守永親王
大統宮
興国天皇
藤原茂子
［97］
陸良親王（興良親王）
川合基良
良玄和尚
宮崎山伝正院
★
元子内親王（小室門院）
興良親王
小松天皇
［98］
長慶院
長慶天王（寛成親王）
尊雅王
信雅王
天基天王
義仁王
米山親王良仁王
良泰親王
王女
梅子内親王
綾子内親王
松良天皇（正良親王）
聖龍法皇［99］
良仁王
光良親王
■
■
三浦正吉
三浦藤太夫
美良親王
大宝天皇
三浦佐久姫
［100］
川合英輔
英輔
和気治
和助
和気治
國助
和喜治
峯子
郁子
圓室妙覚
元子
宗心
市次郎（三浦市次郎）
（子孫熊沢氏）
（爾来幾世を経て）
（異説）
明治天王（明治天皇）
（爾来十七世を経て）
秀吉
良俊
元一
延治
野村鈴
芳聖
慶定（三浦天皇）⑲
※
三浦芳聖 ※
野村鈴
三浦芳聖（三浦天皇）※
●●●■■■■
大宝天皇〈三浦藤太夫〉（三浦正吉）
①②③④⑤⑥⑦⑧⑨⑩⑪⑫⑬⑭⑮⑯⑰⑱
後醍醐天皇
第九十六代
（第四十九世）
東山天皇
[redacted]
（第五十世）
興国天皇
（後醍醐天皇猶子）
第九十七代
（第五十一世）
小松天皇
（興国天皇娘婿）
第九十八代
（第五十一世）
松良天皇
第九十九代
（第五十二世）
大宝天皇
第百代
（第五十三世）
（正統天皇家歴代）
＊ 一部『十九人の自称天皇』、『天皇の伝説』などで補筆

出典『徹底的に日本歴史の誤謬を糺す其の壱〈神皇正統第五十世尊良天皇検証，附再現芳聖の串呂の一部〉（三浦芳聖）』（国立国会図書館，蔵）［閲覧・複写協力，国立国会図書館］、［レファレンス・入手協力，扶桑町図書館］

自称正統南朝皇系（三浦天皇家）(2)

後醍醐天皇（尊治(たかはる)親王） 父.後宇多天皇、母.藤原忠子。
(1288～1339)(52歳)（皇位 1318～1336)
（第96代・第四十九世）
正応元年(1288) 11月2日誕生。
文保2年(1318) 2月26日践祚。3月29日即位。
延元元年(1336) 10月9日比叡山に於いて第一皇子尊良親王に譲位。
延元4年(1339) 8月16日崩御。

東山天皇（尊良(たかなか)親王） 父.後醍醐天皇、母.藤原為子。
(1304～1337)(34歳)（皇位 1336～1337)
（[redacted]・第五十世）
嘉元2年(1304) 8月8日誕生。
延元元年(1336) 10月9日比叡山に於いて践祚。
延元2年(1337) 3月5日金ヶ崎城に於いて第一皇子守永親王に譲位。
同年 3月6日金ヶ崎城に於いて崩御。

興国天皇（守永(もりなか)親王） 父.東山天皇、母.藤原(西園寺)公顕の女。
(1328～1397)(70歳)（皇位 1337～1368)
（第97代・第五十一世）
嘉暦3年(1328) 9月誕生。
延元2年(1337) 3月5日金ヶ崎城に於いて践祚。
正平23年(1368) 3月23日譲位。
応永4年(1397) 3月崩御

小松天皇（興良(おきよし)親王） 父.宗良親王、母.狩野介藤原貞長の女。
(1334～****)(**歳)（皇位 1368～1373)
（第98代・第五十一世）
建武元年(1334) 3月14日誕生。
正平11年(1356) 興国天皇皇女小室門院内元子の婿となる(23歳)。
正平23年(1368) 3月23日践祚(興国天皇より譲位)(35歳)。
皇后は興国天皇皇女小室門院元子内親王。
文中2年(1373) 5月26日譲位。
足利方に捕らえられ、京都で監居中崩御。

松良天皇（正良(まさよし)親王） 父.小松天皇、母.小室門院元子内親王。
(1364～1417)(54歳)（皇位 1373～1410)
（第99代・第五十二世）
正平19年(1364) 8月8日誕生。
文中2年(1373) 5月26日践祚。同年即位。
皇后は長慶院寛成親王(長慶天皇)王女綾子姫。
応永17年(1410)(天皇紀元2070年) 譲位。
応永24年(1417)(天皇紀元2077年) 崩御(三州高浜で暗殺、衣浦湾へ投棄)。

大宝(たいほう)天皇（美良(よしなか)親王） 父.松良天皇、母. 寛成親王王女綾子姫。
(1394～1481)(88歳)（皇位 1410～1454 天之岩戸籠り・正統皇位封印）
（第百代・第五十三世）（三浦正吉）（三浦家初代）
応永元年(1394)(天皇紀元2054) 誕生。
応永17年(1410)(天皇紀元2070) 践祚。
永享10年(1438)(天皇紀元2098) 三州切越へ遷座(以後16年着座)。
享徳3年(1454)(天皇紀元2114) 三浦藤太夫と称して牧平大門に移住。
文明13年(1481)(天皇紀元2141) 崩御。
三浦市次郎(宗心) （三浦家18代）
(1874～1913) （天皇紀元⇨皇紀）
明治7年(1874) 4月7日誕生。
大正2年(1913) 6月30日昇天。
三浦芳聖(三浦天皇) （三浦家19代）
(1904～1971)(68歳)(三浦藤太夫より爾来十七世を経て三浦芳聖)
明治37年(1904)(天皇紀元2564) 陰暦8月8日(新暦9月17日)誕生。
昭和45年(1970)(天皇紀元2630) 8月15日『徹底的に日本歴史の誤謬を糺す』を執筆公開。
昭和46年(1971)(天皇紀元2631) 3月没。
＊ 三浦芳聖氏は、国会議員や宮内庁へ皇居移転を要求した事で知られる。

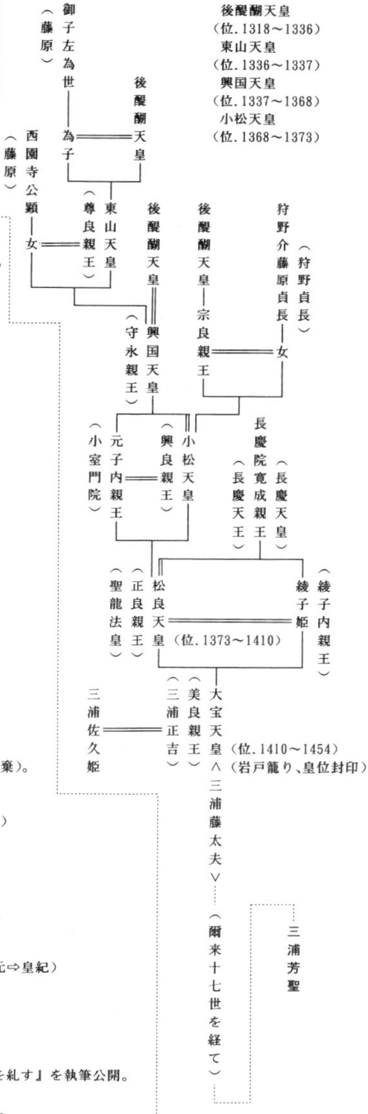

後醍醐天皇
(位.1318～1336)
東山天皇
(位.1336～1337)
興国天皇
(位.1337～1368)
小松天皇
(位.1368～1373)
御子左為世（藤原）
後醍醐天皇
為子
西園寺公顕（藤原）
女
東山天皇（尊良親王）
後醍醐天皇
後醍醐天皇
宗良親王
狩野介藤原貞長（狩野貞長）
女
興国天皇（守永親王）
元子内親王（小室門院）
小松天皇（興良親王）
長慶院寛成親王（長慶天王）（長慶天皇）
松良天皇（位.1373～1410）
（正良親王）
（聖龍法皇）
綾子姫（綾子内親王）
大宝天皇（位.1410～1454）（岩戸籠り、皇位封印）
（美良親王）
（三浦正吉）
三浦佐久姫
＜三浦藤太夫＞
（爾来十七世を経て）
三浦芳聖

出典『徹底的に日本歴史の誤謬を糺す(三浦芳聖)』(国立国会図書館.蔵)

三河吉野朝系図

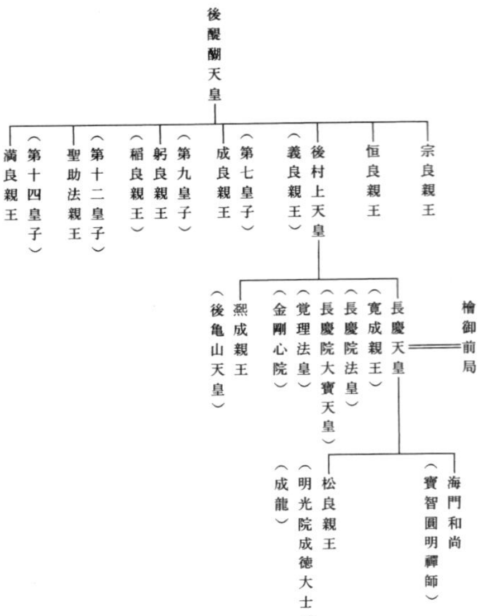
後醍醐天皇
満良親王
（第十四皇子）
聖助法親王
（第十二皇子）
（稲良親王）
躬良親王
（第九皇子）
成良親王
（第七皇子）
（義良親王）
後村上天皇
恒良親王
宗良親王
（後亀山天皇）
熙成親王
（金剛心院）
（覚理法皇）
長慶院大寶天皇
長慶院法皇
（寛成親王）
長慶天皇
檜御前局
（成龍）
（明光院成徳大士）
松良親王
（寶智圓明禪師）
海門和尚

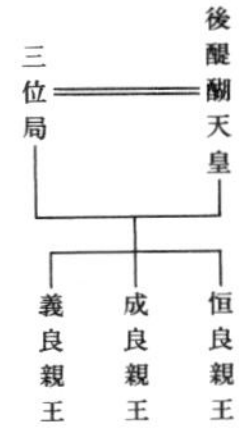
三位局
後醍醐天皇
義良親王
成良親王
恒良親王

左の系図は『三河吉野朝の研究』の記述を基に系図化したものである。

＊『南朝正副二統皇系』では、松良親王の皇子が大寶天皇で、三浦藤太夫を称したと記している(美良親王)。

＊ 三浦家伝承では、北陸南朝が逃れて信州を経て、富士谷・三河で再興(三河南朝)した事になっており、吉野南朝の遷都ではない。
後醍醐、尊良、守永、興良、正良、美良と継承
(東山、興國 小松、松良 大寶天皇)
恒良親王(通史北陸南朝仮天皇)は、皇位継承していない。山口説は、北陸南朝との関連性がない)。

後醍醐天皇⇨延元４年(1339)８月15日吉野の行宮で崩御。

北畠親房⇨三河鎌倉なる保國山全福寺の地を興国の地と定め、吉野より遷都を遂行、御津府の地を御所と定め、幡豆城を防衛の根拠地とする。伊勢海(伊勢湾)の制海権は、熱田大宮司家に把握せしむ。

宗良親王⇨後醍醐天皇皇子。遠州井伊城に御座。

成良親王⇨後醍醐天皇第七皇子。三河國寶飯郡御津町大字廣石に御墓ありと伝えられる。

躬良親王⇨後醍醐天皇第九皇子。稲吉親王。尾張國知多郡常滑邑に御下向(北畠顕廣、忠勝ら奉仕)の後、三河國幡豆郡横須賀村友國に御座。王塚は、躬良親王の御墓と推臆し奉る。

義良親王⇨後村上天皇。正平23年(1368)３月21日崩御、多賀神社に合祀される。

寛成親王⇨長慶院大寶天皇(長慶天皇)。三河吉野朝においては、大寶天皇と追号される。熙成(ヒロナリ)親王に譲位後、覚理法皇と称す。天授５年(1379)９月20日三河國望王里郷なる仙洞の御苑内王田殿に於いて崩御、法名.金剛心院。御靈牌は、大寶山西明寺に安置し奉る。【長慶院法皇】、【大寶天皇】

松良親王⇨長慶院法皇の皇子。応永20年(1413)、剃髪し成龍と号し、薬師寺を建立。応永24年(1417)、御坊(三河大通寺)にて薨去される。墓所は三河國寶飯郡御油町筑前ケ谷の御坊塚と伝えられる。

山口保吉氏は、『三河吉野朝の研究』を著して、南朝の三河遷都説を主張する(北畠親房が遂行)。
三河遷都というのは、後村上天皇の行宮が吉野にあり、足利軍が吉野を攻めている事、正平の一統で北朝天皇が一時吉野に幽閉された点からも、俄には信じかねる。長慶天皇は、譲位後の動向は定かでなく、各地に伝説がある点に鑑み、三河来行の可能性は、否定できないが、三河にて崩御というのは断定しかねる(播磨や津軽にも崩御伝説あり)。又、元子内親王を正統長慶天皇とする説もあるので、寛成親王(通史の長慶天皇)の三河崩御説は確証がない。
(早瀬)

出典『吉野南朝の研究(山口保吉、山口研宗堂)(昭和15年５月発行)』(豊橋市図書館.蔵)
(資料提供.豊橋市図書館、レファレンス協力.扶桑町図書館)

若宮兵部卿家（村上氏）

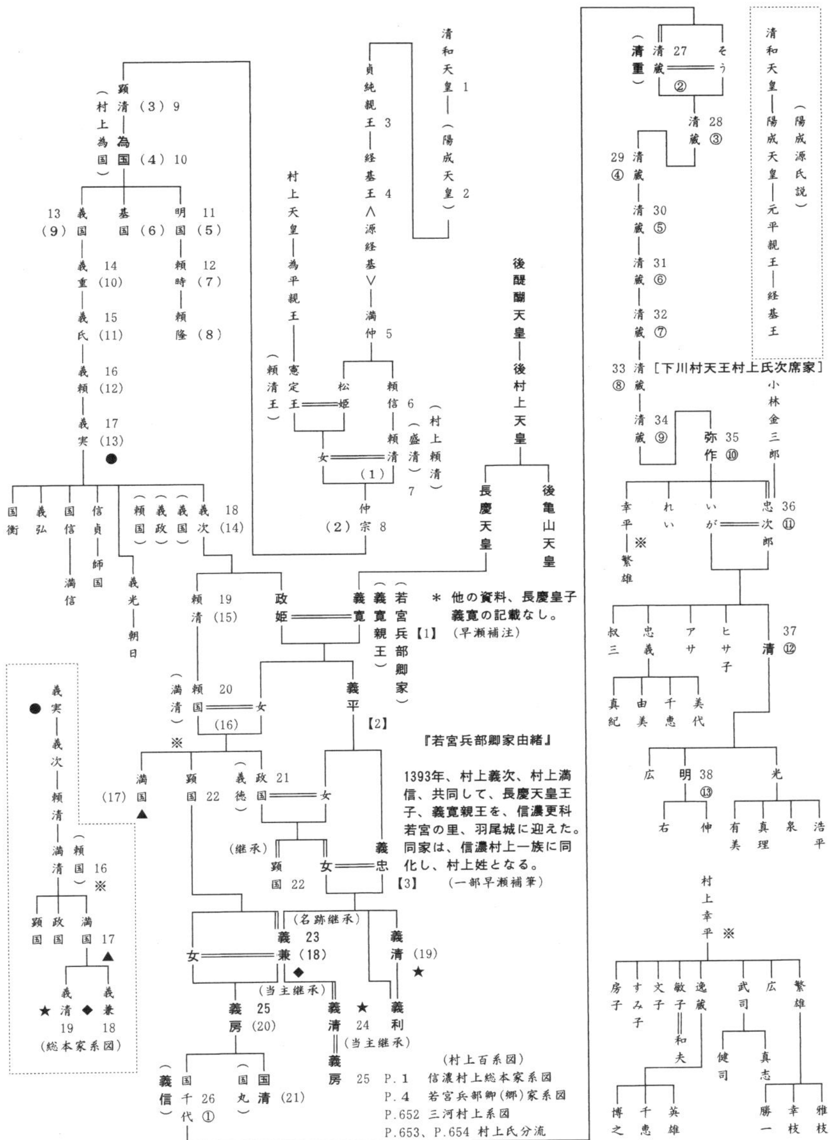

清和天皇 1
（陽成天皇）2
貞純親王 3
経基王 4
＜源経基＞
満仲 5
頼信 6
（村上頼清）
頼清（盛清）7
（1）
村上天皇
為平親王
憲定王（頼清王）
松姫
女
仲宗 8
（2）
顕清（3）9
為国（4）10
（村上為国）
義国 13（9）
基国（6）
明国 11（5）
義重 14（10）
義氏 15（11）
義頼 16（12）
義実 17（13）
頼時 12（7）
頼隆（8）
国衡
義弘
国信
満信
信貞
師国
義光
朝日
（頼国）
（義政）
（義国）
義次 18（14）
頼清 19（15）
政姫
後醍醐天皇
後村上天皇
長慶天皇
後亀山天皇
義寛
（義寛親王）
（若宮兵部卿家）
【1】
＊ 他の資料、長慶皇子義寛の記載なし。
（早瀬補注）
頼国 20
（満清）
女
（16）
※
義平
【2】
『若宮兵部卿家由緒』
1393年、村上義次、村上満信、共同して、長慶天皇王子、義寛親王を、信濃更科若宮の里、羽尾城に迎えた。同家は、信濃村上一族に同化し、村上姓となる。
（一部早瀬補筆）
満国（17）▲
顕国 22
（義徳）
政国 21
女
（継承）
顕国 22
女
義忠
【3】
（名跡継承）
女
義兼 23（18）◆
義清（19）★
（当主継承）
義房 25（20）
義清 ★ 24
義利
（当主継承）
義房 25
（義信）
国千代 26 ①
（国丸）
国清（21）
（村上百系図）
P.1 信濃村上総本家系図
P.4 若宮兵部卿(郷)家系図
P.652 三河村上系図
P.653、P.654 村上氏分流
● 義実
義次
頼清
満清
（頼国）16 ※
顕国
政国
満国 17 ▲
義清 19 ★
義兼 18 ◆
（総本家系図）
（清重）
清蔵 27
そう
②
清蔵 28 ③
29 ④ 清蔵
清蔵 30 ⑤
清蔵 31 ⑥
清蔵 32 ⑦
33 ⑧ 清蔵
［下川村天王村上氏次席家］
清蔵 34 ⑨
弥作 35 ⑩
小林金三郎
幸平 ※
繁雄
れい
いが
忠次郎 36 ⑪
叔三
忠義
アサ
ヒサ子
清 37 ⑫
真紀
由美
千恵
美代
広
明 38 ⑬
光
右
伸
有美
真理
泉
浩平
清和天皇
陽成天皇
元平親王
経基王
（陽成源氏説）
村上幸平 ※
房子
すみ子
文子
敏子
和夫
逸蔵
武司
広
繁雄
健司
真志
博之
千恵子
英雄
勝一
幸枝
雅枝

出典『村上百系図(村上 清.私家版)』、『三河玉川御所と広福寺(松井 勉、広福寺)』

竹田村上氏系図（若宮兵部卿別伝）

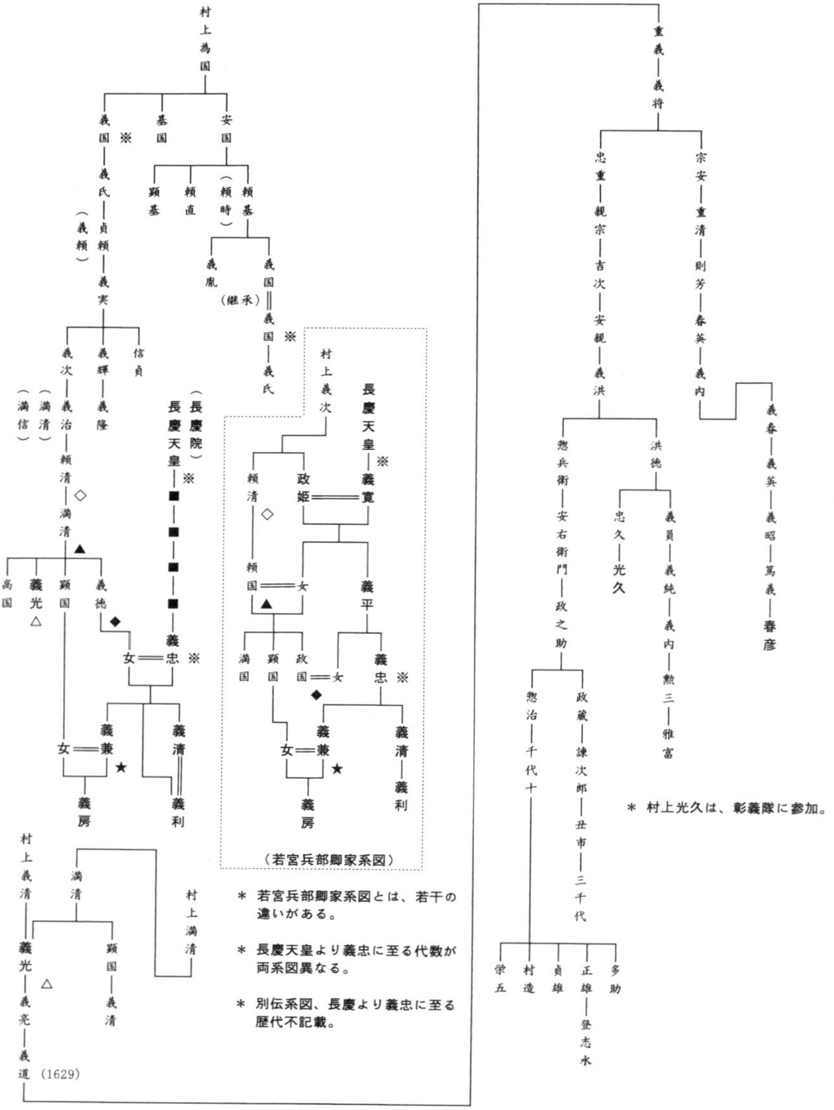

村上為国
義国 ※
基国
安国
義氏
貞頼
（義頼）
義実
顕基
頼直
（頼時）
頼基
義胤
義国
（継承）
義国 ※
義氏
義次
義輝
信貞
義治
義隆
（満清）
（満信）
頼清 ◇
満清 ▲
高国
義光 △
顕国
義徳 ◆
（長慶院）
長慶天皇 ※
■
義忠 ※
女
義兼 ★
義清
義房
義利
村上義次
長慶天皇 ※
頼清 ◇
政姫
義寛
頼国
女
義平
満国
顕国
政国
女
義忠 ※
義兼 ★
義清
義房
義利
（若宮兵部卿家系図）
村上義清
満清
村上満清
義光 △
顕国
義清
義亮
義道（1629）
重義
義将
忠重
親宗
吉次
安親
義洪
宗安
重清
則芳
春英
義内
義春
義英
義昭
篤義
春彦
惣兵衛
安右衛門
政之助
洪徳
忠久
光久
義員
義純
義内
熊三
雅富
惣治
千代十
政蔵
謙次郎
丑市
三千代
宗五
村造
貞雄
正雄
登志水
多助

＊ 村上光久は、彰義隊に参加。

＊ 若宮兵部卿家系図とは、若干の違いがある。

＊ 長慶天皇より義忠に至る代数が両系図異なる。

＊ 別伝系図、長慶より義忠に至る歴代不記載。

三師略系図（後醍醐天皇末裔略系）

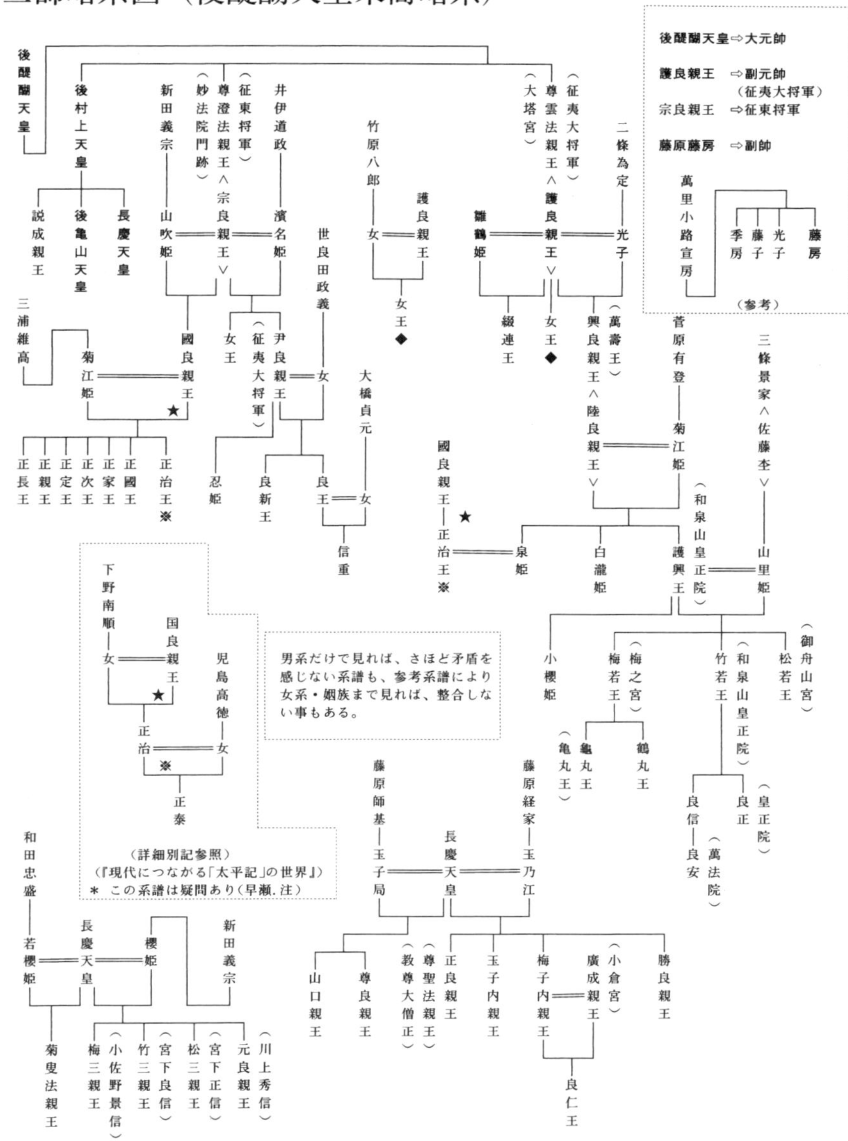
後醍醐天皇⇨大元帥
護良親王　⇨副元帥
（征夷大将軍）
宗良親王　⇨征東将軍
藤原藤房　⇨副帥
萬里小路宣房
季房
藤子
光子
藤房
（参考）
後醍醐天皇
後村上天皇
説成親王
後亀山天皇
長慶天皇
新田義宗
山吹姫
（妙法院門跡）
尊澄法親王＜宗良親王＞
（征東将軍）
井伊道政
濱名姫
國良親王
女王
尹良親王
（征夷大将軍）
世良田政義
女
竹原八郎
女
護良親王
女王
◆
（大塔宮）
尊雲法親王＜護良親王＞
（征夷大将軍）
雛鶴姫
綴連王
女王
◆
二條為定
光子
興良親王＜陸良親王＞
（萬壽王）
三浦維高
菊江姫
★
正長王
正親王
正定王
正次王
正家王
正國王
正治王
※
忍姫
良新王
良王
大橋貞元
女
信重
國良親王
★
正治王
※
泉姫
白瀧姫
護興王
（和泉山皇正院）
山里姫
菅原有登
菊江姫
三條景家＜佐藤李＞
下野南順
女
国良親王
★
正治
※
児島高徳
女
正泰
（詳細別記参照）
（『現代につながる「太平記」の世界』）
＊　この系譜は疑問あり（早瀬．注）
男系だけで見れば、さほど矛盾を感じない系譜も、参考系譜により女系・姻族まで見れば、整合しない事もある。
小櫻姫
梅若王
（梅之宮）
竹若王
（和泉山皇正院）
松若王
（御舟山宮）
亀丸王
（亀丸王）
鶴丸王
良信
良安
（萬法院）
良正
（皇正院）
藤原師基
玉子局
長慶天皇
藤原経家
玉乃江
山口親王
尊良親王
尊聖法親王
（教尊大僧正）
正良親王
玉子内親王
梅子内親王
廣成親王
（小倉宮）
勝良親王
良仁王
和田忠盛
若櫻姫
長慶天皇
櫻姫
新田義宗
菊叟法親王
梅三親王
（小佐野景信）
竹三親王
（宮下良信）
松三親王
（宮下正信）
元良親王
（川上秀信）

出典『富士古文献考証（三輪義凞、八幡書店）』、『現代につながる「太平記」の世界（山地悠一郎．編、清水弘文堂）』

三帥略系図（後醍醐天皇末裔系図）

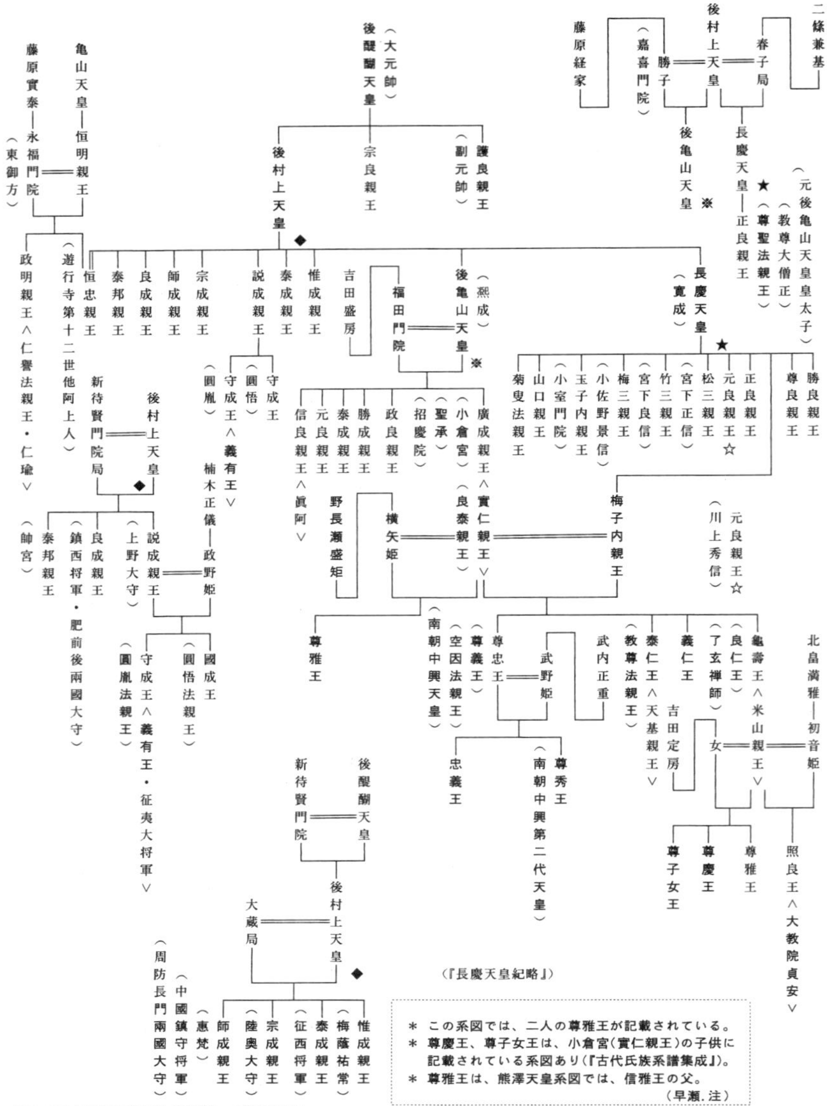
二條兼基
春子局
後村上天皇
勝子（嘉喜門院）
藤原経家
長慶天皇
後亀山天皇※
★（尊聖法親王）
正良親王
（元後亀山天皇皇太子）
（教尊大僧正）
後醍醐天皇（大元帥）
護良親王（副元帥）
宗良親王
後村上天皇◆
亀山天皇―恒明親王
藤原實泰―永福門院（東御方）
政明親王（仁譽法親王・仁瑜）
（遊行寺第十二世他阿上人）
恒忠親王
泰邦親王
良成親王
師成親王
宗成親王
説成親王
泰成親王
惟成親王
吉田盛房
福田門院
後亀山天皇（熙成）※
長慶天皇（寛成）★
勝良親王
尊良親王
正良親王
元良親王☆
松三親王
（宮下正信）
竹三親王
（宮下良信）
梅三親王
（小佐野景信）
玉子内親王
（小室門院）
山口親王
菊叟法親王
守成王
（圓悟）
守成王（義有王）
（圓胤）
廣成親王（實仁親王）
（小倉宮）
（聖承）
（招慶院）
政良親王
勝成親王
泰成親王
元良親王
信良親王（眞阿）
新待賢門院局
後村上天皇◆
楠木正儀―政野姫
説成親王
（上野大守）
良成親王
（鎮西将軍・肥前後両國大守）
泰邦親王
（帥宮）
國成王
（圓悟法親王）
守成王（義有王・征夷大将軍）
（圓胤法親王）
野長瀬盛矩
横矢姫
良泰親王（實仁親王）
梅子内親王
元良親王（川上秀信）☆
尊雅王
（南朝中興天皇）
尊義王（空因法親王）
尊忠王
武野姫
武内正重
泰仁王（教尊法親王）
泰仁王（天基親王）
義仁王
（了玄禅師）
（良仁王）
亀壽王（米山親王）
吉田定房
女
北畠満雅―初音姫
忠義王
尊秀王（南朝中興第二代天皇）
尊子女王
尊慶王
尊雅王
照良王（大教院貞安）
後醍醐天皇
新待賢門院
後村上天皇◆
大蔵局
惟成親王（梅薗祐常）
泰成親王
（征西将軍）
宗成親王
（陸奥大守）
師成親王
（恵梵）
（中國鎮守将軍）
（周防長門両國大守）
（『長慶天皇紀略』）

＊ この系図では、二人の尊雅王が記載されている。
＊ 尊慶王、尊子女王は、小倉宮（實仁親王）の子供に記載されている系図あり（『古代氏族系譜集成』）。
＊ 尊雅王は、熊澤天皇系図では、信雅王の父。
（早瀬.注）

出典『富士古文献考証（三輪義熈、八幡書店）』

隠れ南朝皇統系図

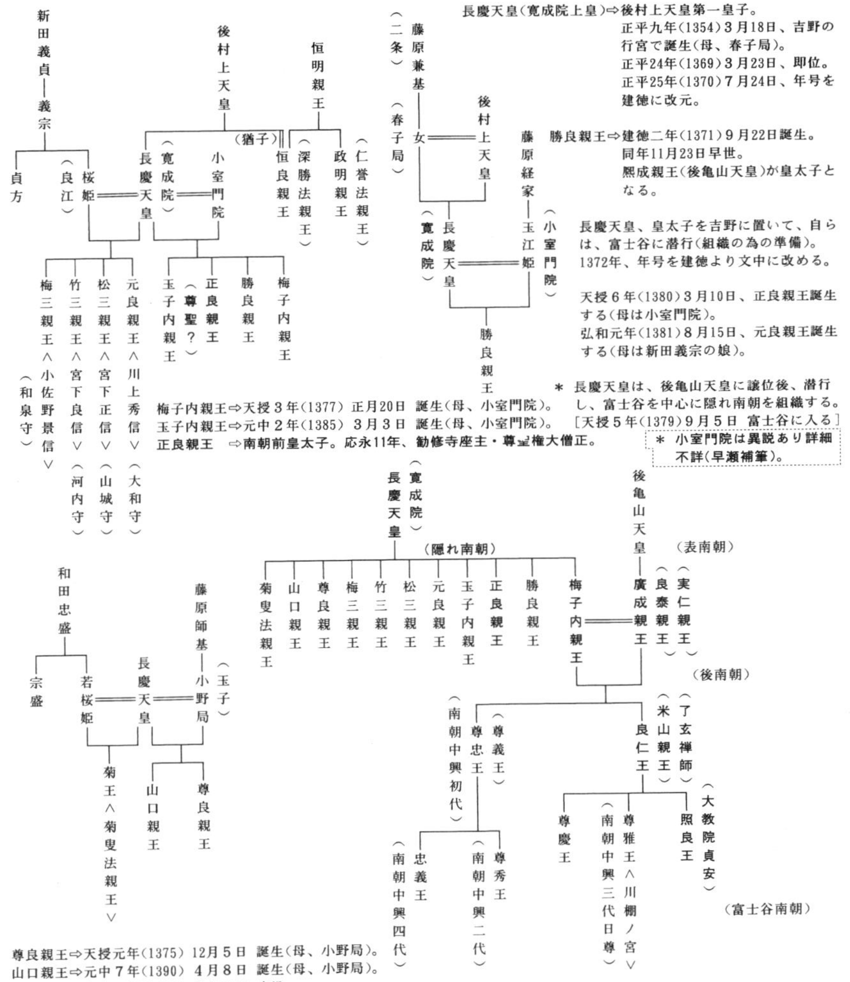
新田義貞―義宗
貞方
桜姫（良江）
後村上天皇
恒明親王
（猶子）
長慶天皇（寛成院）
小室門院
恒良親王
深勝法親王
政明親王
仁誉法親王
梅三親王＜小佐野景信＞（和泉守）
竹三親王＜宮下良信＞（河内守）
松三親王＜宮下正信＞（山城守）
元良親王＜川上秀信＞（大和守）
玉子内親王
（尊聖？）
正良親王
勝良親王
梅子内親王
藤原兼基（二条）
女（春子局）
後村上天皇
藤原経家
玉江姫（小室門院）
長慶天皇（寛成院）
勝良親王
長慶天皇（寛成院上皇）⇨後村上天皇第一皇子。
正平九年（1354）3月18日、吉野の行宮で誕生（母、春子局）。
正平24年（1369）3月23日、即位。
正平25年（1370）7月24日、年号を建徳に改元。
勝良親王⇨建徳二年（1371）9月22日誕生。
同年11月23日早世。
熙成親王（後亀山天皇）が皇太子となる。
長慶天皇、皇太子を吉野に置いて、自らは、富士谷に潜行（組織の為の準備）。
1372年、年号を建徳より文中に改める。
天授6年（1380）3月10日、正良親王誕生する（母は小室門院）。
弘和元年（1381）8月15日、元良親王誕生する（母は新田義宗の娘）。
＊ 長慶天皇は、後亀山天皇に譲位後、潜行し、富士谷を中心に隠れ南朝を組織する。
［天授5年（1379）9月5日 富士谷に入る］
梅子内親王⇨天授3年（1377） 正月20日 誕生（母、小室門院）。
玉子内親王⇨元中2年（1385） 3月3日 誕生（母、小室門院）。
正良親王 ⇨南朝前皇太子。応永11年、勧修寺座主・尊聖権大僧正。
＊ 小室門院は異説あり詳細不詳（早瀬補筆）。
長慶天皇（寛成院）
（隠れ南朝）
菊叟法親王
山口親王
尊良親王
梅三親王
竹三親王
松三親王
元良親王
玉子内親王
正良親王
勝良親王
梅子内親王
後亀山天皇
（表南朝）
廣成親王
良泰親王
実仁親王
（後南朝）
尊忠王（南朝中興初代）
尊義王
良仁王
米山親王
了玄禅師
忠義王（南朝中興四代）
尊秀王（南朝中興二代）
尊慶王
尊雅王＜川棚ノ宮＞（南朝中興三代日尊）
照良王
（大教院貞安）
（富士谷南朝）
和田忠盛
宗盛
若桜姫
長慶天皇
藤原師基
小野局（玉子）
菊王＜菊叟法親王＞
山口親王
尊良親王
尊良親王⇨天授元年（1375） 12月5日 誕生（母、小野局）。
山口親王⇨元中7年（1390） 4月8日 誕生（母、小野局）。
応永11年（1403） 2月8日 病没。

＊ 尊慶王・尊雅王の位置付けが従来の後南朝系譜と異なる。
＊ 良仁王の系統に尊雅王と尊慶王を付加したものか？
＊ 駿河南朝伝承では、忠義王が北條早雲に捕らえられ三島に流され、その後の所在は定かでない（『隠れ南朝史』）。

＊ 忠義王が吉野より駿河へ逃亡したという可能性はかなり低い。
＊ 日尊と尊雅王を同一人物とする可能性は低い。日尊の正体は不明、一説に尊慶王を日尊とする所伝あり。（早瀬補筆）

出典『隠れ南朝史（加茂喜三、富士地方史料調査会）』（山梨県立図書館. 蔵）（複写協力. 山梨県立図書館、入手協力. 扶桑町図書館）

隠れ南朝関係系図（1）

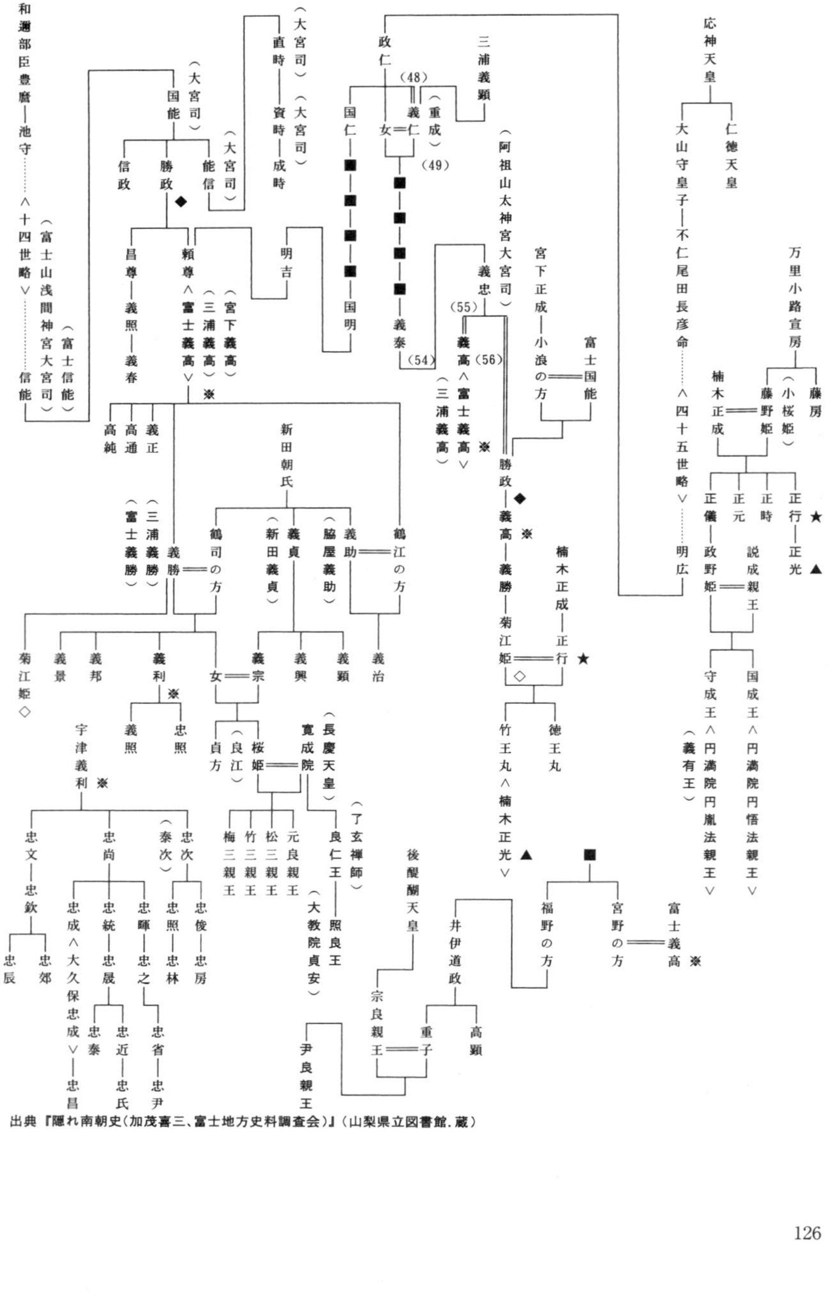

応神天皇
仁徳天皇
大山守皇子―不仁尾田長彦命……〈四十五世略〉……明広
政仁
三浦義顕
国仁
女＝義仁
（重成）
（大宮司）直時―資時―成時
（大宮司）国能
信政
勝政
能信
和邇部臣豊麿―池守……〈十四世略〉……信能
（富士山浅間神宮大宮司）
（富士信能）
昌尊―義照―義春
頼尊〈富士義高〉
（三浦義高）
（宮下義高）
明吉
国明
義泰
義忠
義高〈富士義高〉
（三浦義高）
勝政―義高―義勝―菊江姫
（阿祖山太神宮大宮司）
宮下正成―小浪の方
富士国能
万里小路宣房
楠木正成
藤野姫
（小桜姫）
藤房
正儀―政野姫
正元
正時
正行―正光
説成親王
守成王〈円満院円胤法親王〉
（義有王）
国成王〈円満院円悟法親王〉
高純
高通
義正
新田朝氏
義勝
（三浦義勝）
（富士義勝）
鶴司の方
義貞
（新田義貞）
義助
（脇屋義助）
鶴江の方
菊江姫
義景
義邦
義利
女＝義宗
義興
義顕
義治
楠木正成―正行
菊江姫
竹王丸〈楠木正光〉
徳王丸
義照
忠照
貞方
（良江）
桜姫＝寛成院
（長慶天皇）
宇津義利
良仁王―照良王
（了玄禅師）
（大教院貞安）
梅三親王
竹三親王
松三親王
元良親王
後醍醐天皇
宗良親王＝重子
尹良親王
井伊道政
高顕
福野の方
宮野の方＝富士義高
忠文―忠欽
忠辰
忠郊
忠尚
忠成〈大久保忠成〉―忠昌
忠統―忠晟
忠泰
忠近―忠氏
忠暉―忠之―忠省―忠尹
忠次
（泰次）
忠照―忠林
忠俊―忠房

出典『隠れ南朝史（加茂喜三、富士地方史料調査会）』（山梨県立図書館．蔵）

隠れ南朝関係系図 (2)

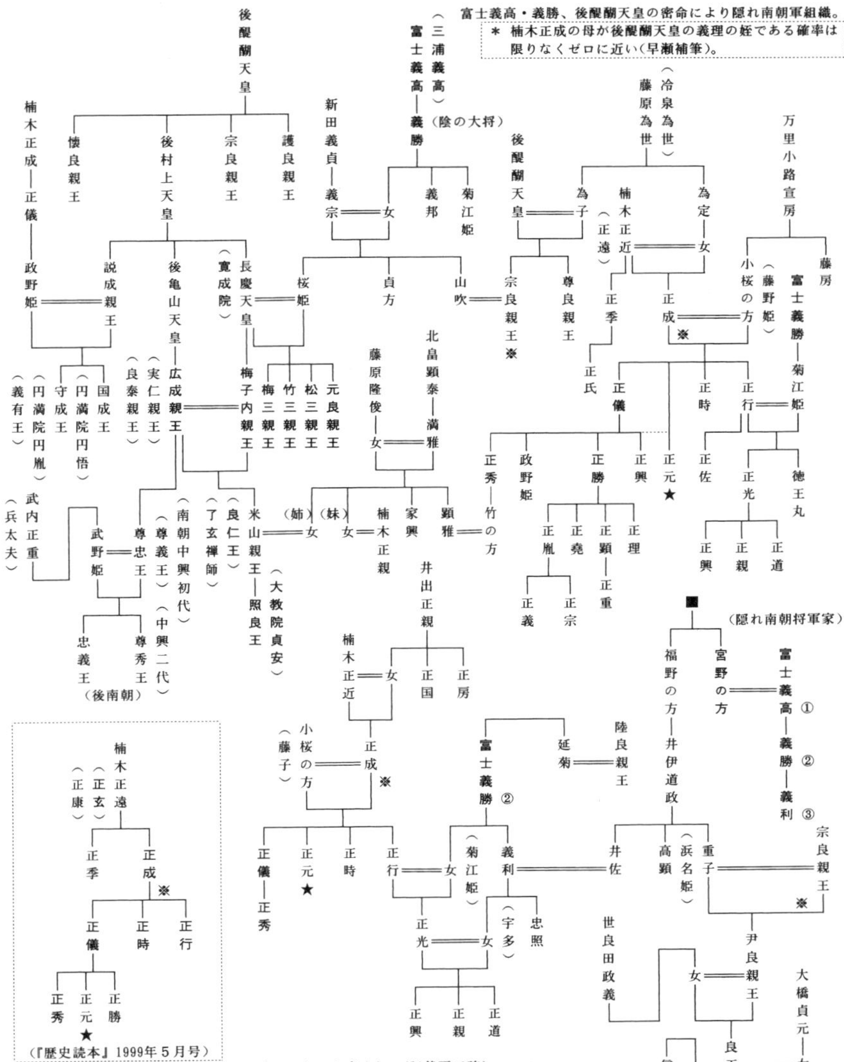

富士義高・義勝、後醍醐天皇の密命により隠れ南朝軍組織。
＊ 楠木正成の母が後醍醐天皇の義理の姪である確率は限りなくゼロに近い（早瀬補筆）。
後醍醐天皇
楠木正成—正儀
懐良親王
後村上天皇
宗良親王
護良親王
新田義貞—義宗
（三浦義高）富士義高—義勝（陰の大将）
女
義邦
菊江姫
（冷泉為世）藤原為世
後醍醐天皇
為子
楠木正近（正遠）
為定
女
万里小路宣房
藤房
政野姫
説成親王
後亀山天皇
（寛成院）長慶天皇
桜姫
貞方
山吹
宗良親王※
尊良親王
正季
正成※
小桜の方（藤野姫）
富士義勝—菊江姫
北畠顕泰—満雅
藤原隆俊—女
正氏
正儀
正時
正行
（義有王）
（円満院円胤）
守成王
（円満院円悟）
国成王
（良泰親王）
（実仁親王）
広成親王
梅子内親王
梅三親王
竹三親王
松三親王
元良親王
正秀—竹の方
政野姫
正勝
正興
正元★
正佐
正光
徳王丸
武内正重（兵太夫）
武野姫
尊忠王
（尊義王）
（南朝中興初代）
（了玄禅師）
（良仁王）
米山親王—照良王（大教院貞安）
（姉）女
（妹）女
楠木正親
家興
顕雅
正胤
正堯
正顕—正重
正理
正興
正親
正道
正義
正宗
（中興二代）
忠義王
尊秀王
（後南朝）
井出正親
楠木正近
女
正国
正房
■（隠れ南朝将軍家）
福野の方—井伊道政
宮野の方
富士義高①—義勝②—義利③
小桜の方（藤子）
正成※
富士義勝②
延菊
陸良親王
正儀—正秀
正元★
正時
正行
女（菊江姫）
義利
井佐
高顕
（浜名姫）
重子
宗良親王※
（宇多）
忠照
正光
女
世良田政義
尹良親王
女
大橋貞元—女
良王
信重
正興
正親
正道
楠木正遠（正玄）（正康）
正季
正成※
正儀
正時
正行
正秀
正元★
正勝
（『歴史読本』1999年5月号）

＊『隠れ南朝史』の楠木氏系図の信憑度はそれほど高くない（記載不正確）。
　富士氏を隠れ南朝の中核に位置づける為の創作、若しくは操作の可能性あり、注意を要する。
＊ 尊雅王の母（横矢姫）の実家、野長瀬氏の末裔当主の著書によると楠木正成は、和田（にぎた）氏一族、
　和田正玄（楠木正玄）の息子で、楠木氏初代（『野長瀬氏の事績』所収「楠家系図」による）。
出典『隠れ南朝史（加茂喜三、富士地方史料調査会）』、『歴史読本 1999年5月号<闘将 楠木正成>（新人物往来社）』

隠れ南朝と陰の南朝系図 (1)

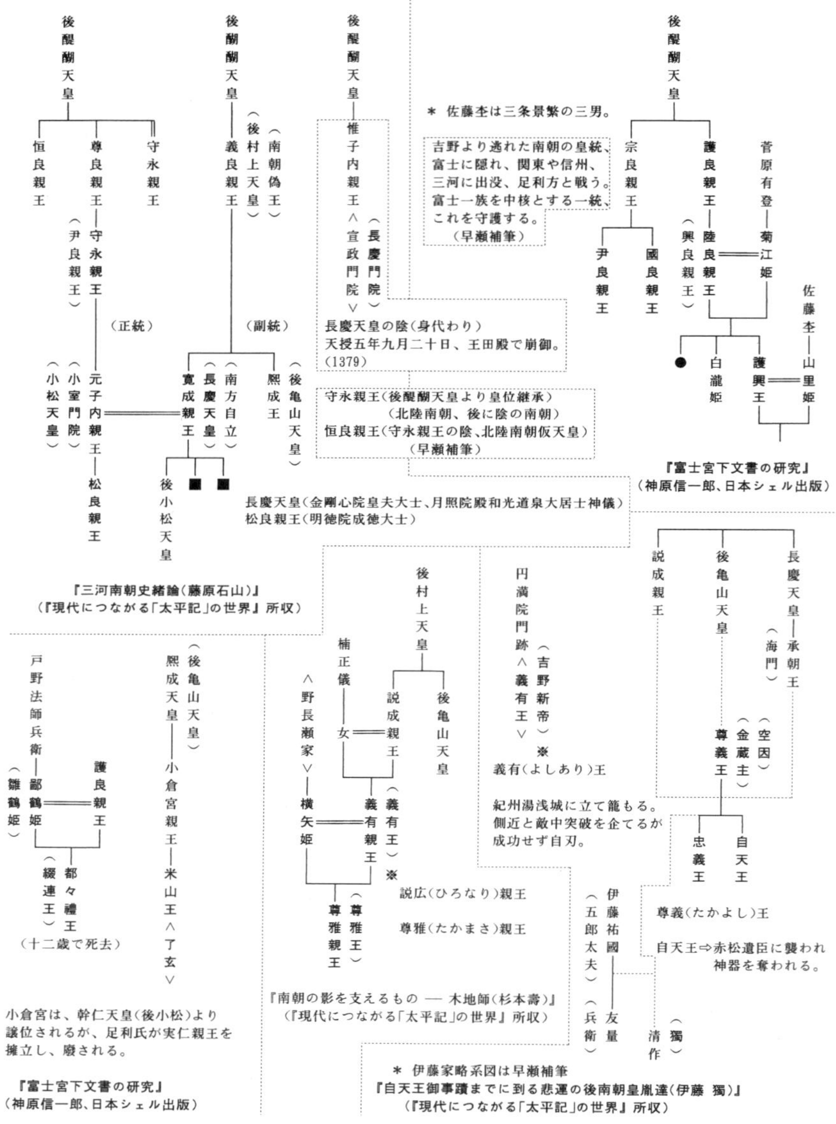
後醍醐天皇
恒良親王
尊良親王
守永親王
守永親王（尹良親王）
（正統）
元子内親王（小室門院）（小松天皇）
松良親王
義良親王（後村上天皇）（南朝偽王）
（副統）
寛成親王
長慶天皇
南方自立
熙成王
後亀山天皇
後小松天皇
■ ■
『三河南朝史緒論（藤原石山）』
（『現代につながる「太平記」の世界』所収）
後醍醐天皇
惟子内親王〈宣政門院〉（長慶門院）
長慶天皇の陰（身代わり）
天授五年九月二十日、王田殿で崩御。
(1379)
守永親王（後醍醐天皇より皇位継承）
（北陸南朝、後に陰の南朝）
恒良親王（守永親王の陰、北陸南朝仮天皇）
（早瀬補筆）
長慶天皇（金剛心院皇夫大士、月照院殿和光道泉大居士神儀）
松良親王（明徳院成徳大士）
＊ 佐藤杢は三条景繁の三男。
吉野より逃れた南朝の皇統、
富士に隠れ、関東や信州、
三河に出没、足利方と戦う。
富士一族を中核とする一統、
これを守護する。
（早瀬補筆）
後醍醐天皇
宗良親王
護良親王
菅原有登
尹良親王
國良親王
陸良親王（興良親王）
菊江姫
佐藤杢
●
白瀧姫
護興王
山里姫
『富士宮下文書の研究』
（神原信一郎、日本シェル出版）
説成親王
後亀山天皇
長慶天皇
承朝王（海門）
尊義王（金蔵主）（空因）
忠義王
自天王
尊義（たかよし）王
自天王⇨赤松遺臣に襲われ
神器を奪われる。
伊藤祐國（五郎太夫）
友量（兵衛）
清作（獨）
＊ 伊藤家略系図は早瀬補筆
『自天王御事蹟までに到る悲運の後南朝皇胤達（伊藤 獨）』
（『現代につながる「太平記」の世界』所収）
後村上天皇
楠正儀
説成親王
後亀山天皇
〈野長瀬家〉
女
横矢姫
義有親王（義有王）※
尊雅親王（尊雅王）
説広（ひろなり）親王
尊雅（たかまさ）親王
『南朝の影を支えるもの ── 木地師（杉本壽）』
（『現代につながる「太平記」の世界』所収）
円満院門跡〈義有王〉（吉野新帝）
※
義有（よしあり）王
紀州湯浅城に立て籠もる。
側近と敵中突破を企てるが
成功せず自刃。
戸野法師兵衛
鄙鶴姫（雛鶴姫）
護良親王
都々禮王（綴連王）
（十二歳で死去）
熙成天皇（後亀山天皇）
小倉宮親王
米山王〈了玄〉
小倉宮は、幹仁天皇（後小松）より
譲位されるが、足利氏が実仁親王を
擁立し、廢される。
『富士宮下文書の研究』
（神原信一郎、日本シェル出版）

出典『現代につながる「太平記」の世界（山地悠一郎.編、清水弘文堂）』、『富士宮下文書の研究（神原信一郎、日本シェル出版）』

隠れ南朝と陰の南朝系図 (2)

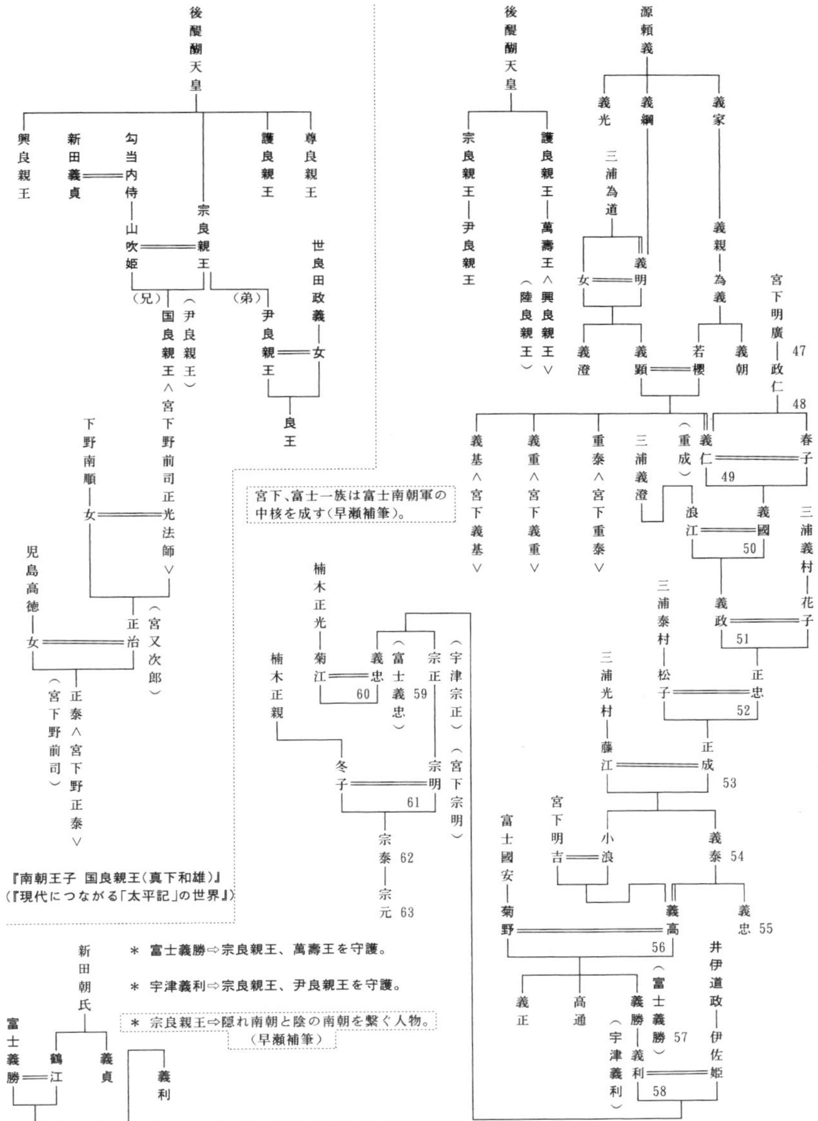
後醍醐天皇
興良親王
新田義貞
勾当内侍
宗良親王
護良親王
尊良親王
山吹姫
世良田政義
（兄）
（弟）
国良親王〈宮下野前司正光法師〉
（尹良親王）
尹良親王
女
良王
下野南順
女
児島高徳
女
正治
（宮又次郎）
正泰〈宮下野正泰〉
（宮下野前司）
『南朝王子 国良親王（真下和雄）』
（『現代につながる「太平記」の世界』）
宮下、富士一族は富士南朝軍の中核を成す（早瀬補筆）。
楠木正光
菊江
義忠
（富士義忠）
60
宗正 59
（宇津宗正）
楠木正親
冬子
宗明
61
（宮下宗明）
宗泰 62
宗元 63
新田朝氏
富士義勝
鶴江
義貞
義利
＊ 富士義勝⇨宗良親王、萬壽王を守護。
＊ 宇津義利⇨宗良親王、尹良親王を守護。
＊ 宗良親王⇨隠れ南朝と陰の南朝を繋ぐ人物。（早瀬補筆）
後醍醐天皇
宗良親王—尹良親王
護良親王—萬壽王〈興良親王〉
（陸良親王）
源頼義
義光
義綱
義家
三浦為道
義親—為義
女
義明
義澄
義顕
若櫻
義朝
宮下明廣—政仁 47
48
義基〈宮下義基〉
義重〈宮下義重〉
重泰〈宮下重泰〉
三浦義澄
（重成）
義仁
春子
49
浪江
義國
50
三浦義村—花子
義政
51
三浦泰村—松子
正忠
52
三浦光村—藤江
正成
53
宮下明吉
小浪
義泰 54
富士國安—菊野
義高
56
義忠 55
井伊道政—伊佐姫
義正
高通
義勝
（富士義勝）57
（宇津義利）
義利
58
『神皇紀．天皇家七千年の歴史（日本国書刊行会）』

出典『現代につながる「太平記」の世界（山地悠一郎．編、清水弘文堂）』、『神皇紀．天皇家七千年の歴史（日本国書刊行会）』

大塔宮護良親王関係系図

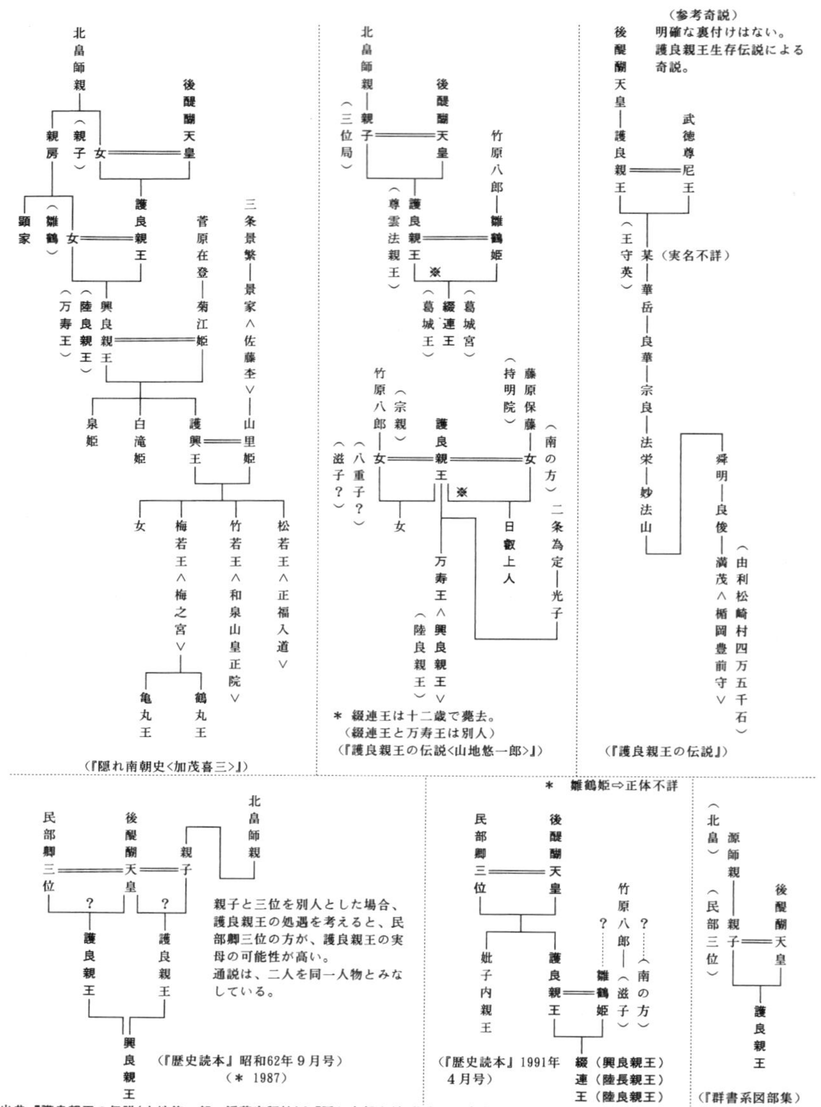
北畠師親
後醍醐天皇
親房
女（親子）
顕家
女（雛鶴）
護良親王
菅原在登
三条景繁
景家〈佐藤李〉
興良親王（陸良親王）（万寿王）
菊江姫
泉姫
白滝姫
護興王
山里姫
女
梅若王〈梅之宮〉
竹若王〈和泉山皇正院〉
松若王〈正福入道〉
亀丸王
鶴丸王
（『隠れ南朝史<加茂喜三>』）
北畠師親
親子（三位局）
後醍醐天皇
竹原八郎
護良親王
尊雲法親王
雛鶴姫
※
綴連王（葛城王）（葛城宮）
竹原八郎
女（宗親）
八重子？
滋子？
護良親王
藤原保藤
女（持明院）（南の方）
二条為定
光子
女
万寿王〈興良親王〉（陸良親王）
日叡上人
＊ 綴連王は十二歳で薨去。
（綴連王と万寿王は別人）
（『護良親王の伝説<山地悠一郎>』）
（参考奇説）
明確な裏付けはない。
護良親王生存伝説による奇説。
後醍醐天皇
護良親王
武徳尊尼王
某（実名不詳）（王守英）
華岳
良華
宗良
法栄
妙法山
舜明
良俊
満茂〈栢岡豊前守〉（由利松崎村四万五千石）
（『護良親王の伝説』）
＊ 雛鶴姫⇨正体不詳
民部卿三位
後醍醐天皇
北畠師親
親子
？
？
護良親王
護良親王
興良親王
親子と三位を別人とした場合、護良親王の処遇を考えると、民部卿三位の方が、護良親王の実母の可能性が高い。
通説は、二人を同一人物とみなしている。
（『歴史読本』昭和62年９月号）
（＊ 1987）
民部卿三位
後醍醐天皇
竹原八郎
？
？
妣子内親王
護良親王
雛鶴姫（滋子）
（南の方）
綴連王（興良親王）（陸長親王）（陸良親王）
（『歴史読本』1991年４月号）
源師親（北畠）
親子（民部三位）
後醍醐天皇
護良親王
（『群書系図部集）

出典『護良親王の伝説（山地悠一郎、近藤出版社）』、『隠れ南朝史（加茂喜三、富士地方史料調査会）』、『歴史読本（新人物往来社）』、他

護良親王関係系図

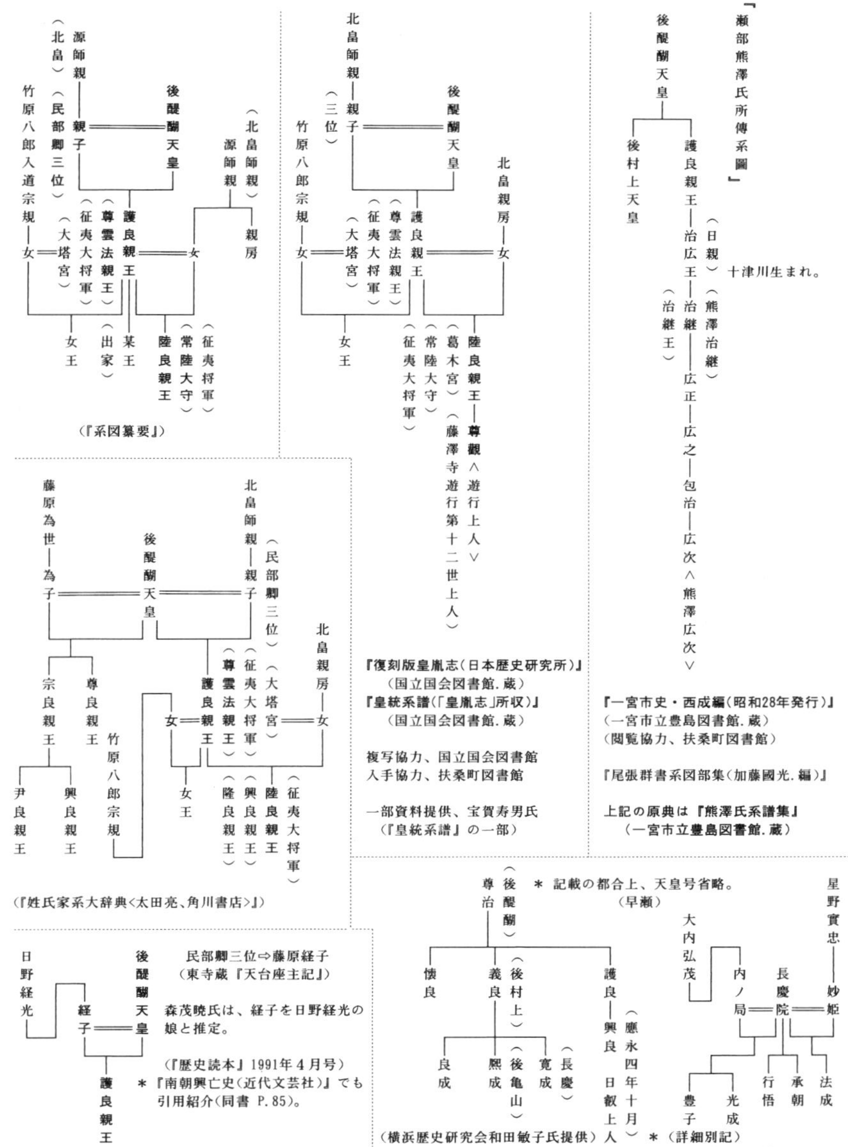

源師親（北畠）
親子（民部卿三位）
後醍醐天皇
竹原八郎入道宗規
北畠師親
源師親
親房
女
護良親王
尊雲法親王
征夷大将軍
大塔宮
女王
某王（出家）
陸良親王（常陸大守）（征夷将軍）
（『系図纂要』）
北畠師親
親子（三位）
後醍醐天皇
竹原八郎宗規
北畠親房
女
護良親王
尊雲法親王
征夷大将軍
大塔宮
女王
陸良親王（葛木宮）（常陸大守）（征夷大将軍）
尊観＜遊行上人＞（藤澤寺遊行第十二世上人）
『復刻版皇胤志（日本歴史研究所）』
（国立国会図書館．蔵）
『皇統系譜（「皇胤志」所収）』
（国立国会図書館．蔵）
複写協力、国立国会図書館
入手協力、扶桑町図書館
一部資料提供、宝賀寿男氏
（『皇統系譜』の一部）
『瀬部熊澤氏所傳系圖』
後醍醐天皇
後村上天皇
護良親王
治広王（日親）
十津川生まれ。
治継（熊澤治継）
（治継王）
広正
広之
包治
広次＜熊澤広次＞
『一宮市史・西成編（昭和28年発行）』
（一宮市立豊島図書館．蔵）
（閲覧協力、扶桑町図書館）
『尾張群書系図部集（加藤國光．編）』
上記の原典は『熊澤氏系譜集』
（一宮市立豊島図書館．蔵）
藤原為世
為子
後醍醐天皇
北畠師親
親子（民部卿三位）
北畠親房
女
宗良親王
尊良親王
尹良親王
興良親王
竹原八郎宗規
女
護良親王
尊雲法親王
征夷大将軍
大塔宮
女王
隆良親王
興良親王
陸良親王
征夷大将軍
（『姓氏家系大辞典＜太田亮、角川書店＞』）
日野経光
経子
後醍醐天皇
護良親王
民部卿三位⇨藤原経子
（東寺蔵『天台座主記』）
森茂暁氏は、経子を日野経光の娘と推定。
（『歴史読本』1991年4月号）
＊『南朝興亡史（近代文芸社）』でも引用紹介（同書 P.85）。
尊治（後醍醐）
＊ 記載の都合上、天皇号省略。
（早瀬）
懐良
義良（後村上）
護良
良成
熙成（後亀山）
寛成（長慶）
興良
日叡上人（應永四年十月）
（横浜歴史研究会和田敏子氏提供）
＊（詳細別記）
大内弘茂
星野實忠
内ノ局
長慶院
妙姫
豊子
光成
行悟
承朝
法成

出典『復刻版皇胤志（日本歴史研究所）』、『姓氏家系大辞典（角川書店）』、『一宮市史・西成編（一宮市立豊島図書館．蔵）』、他

伝承・南朝系図

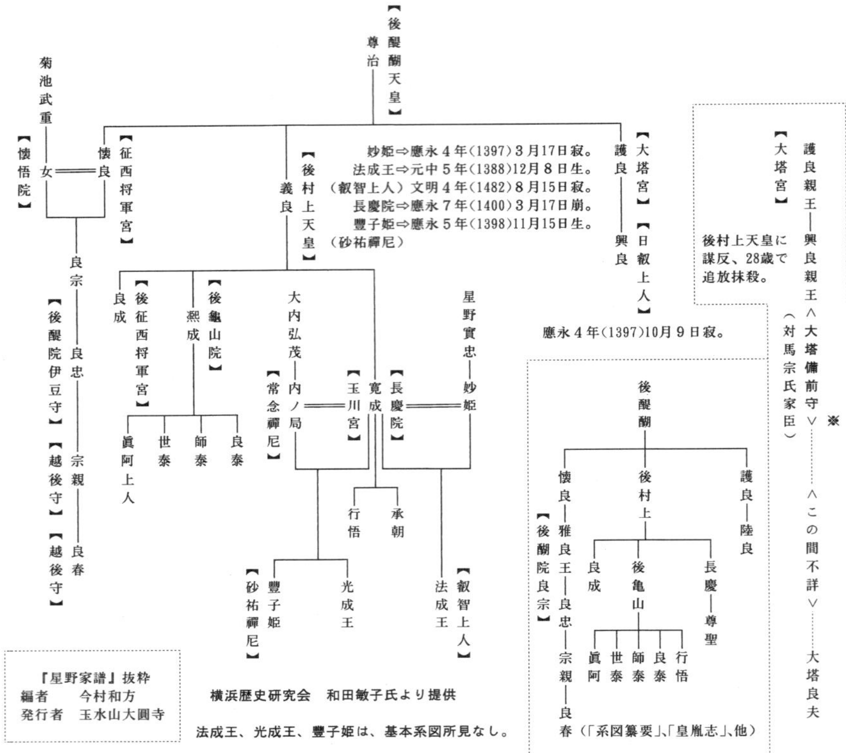
【後醍醐天皇】
尊治
菊池武重
女
【懐悟院】
懐良
【征西将軍宮】
良宗
良忠
【後醍院伊豆守】
宗親
【越後守】
良春
【越後守】
義良
【後村上天皇】
妙姫⇨應永４年(1397)３月17日寂。
法成王⇨元中５年(1388)12月８日生。
（叡智上人）文明４年(1482)８月15日寂。
長慶院⇨應永７年(1400)３月17日崩。
豊子姫⇨應永５年(1398)11月15日生。
（砂祐禪尼）
護良
【大塔宮】
興良
【日叡上人】
應永４年(1397)10月９日寂。
良成
【後征西将軍宮】
熈成
【後亀山院】
眞阿上人
世泰
師泰
良泰
大内弘茂
内ノ局
【常念禪尼】
【玉川宮】
寛成
【長慶院】
星野實忠
妙姫
行悟
承朝
豊子姫
【砂祐禪尼】
光成王
法成王
【叡智上人】
『星野家譜』抜粋
編者　今村和方
発行者　玉水山大圓寺
横浜歴史研究会　和田敏子氏より提供
法成王、光成王、豊子姫は、基本系図所見なし。
護良親王
【大塔宮】
興良親王＜大塔備前守＞※
（対馬宗氏家臣）
後村上天皇に
謀反、28歳で
追放抹殺。
＜この間不詳＞
大塔良夫
後醍醐
懐良
雅良王
【後醍院良宗】
良忠
宗親
良春（「系図纂要」、「皇胤志」、他）
後村上
護良
陸良
良成
後亀山
長慶
尊聖
眞阿
世泰
師泰
良泰
行悟

横浜歴史研究会講演資料　「宮崎県の南朝関係子孫を尋ねて(平成11年９月４日．横浜歴史研究会　和田敏子)」より作成。

平成11年12月13日付　和田敏子氏(横浜歴史研究会理事)よりの御手紙によると、大塔氏の完全なる系譜というものは、和田氏の手元にも無く、皆無ではないかとの事。又、星野家譜も単に九州で入手しただけで、内容は疑わしいものとの事、あくまで参考資料としてこういうものもあると紹介しただけとの事でした。

征西将軍家・後醍院氏については、「系図纂要」や、その他の系図資料で確認出来るが、法成王、光成王、豊子姫は、確認出来ない。
承朝は、一部の南朝系図には、海門和尚として記載されている(早瀬)。
行悟については、後亀山帝の皇子とする系図もある。
妙姫や内ノ局という名前は、筆者(早瀬)の所持する系図資料図書では確認出来ない。
他の南朝関係系図に照らし合わせても、和田氏の指摘同様、疑わしいと云わざるを得ない(早瀬)。

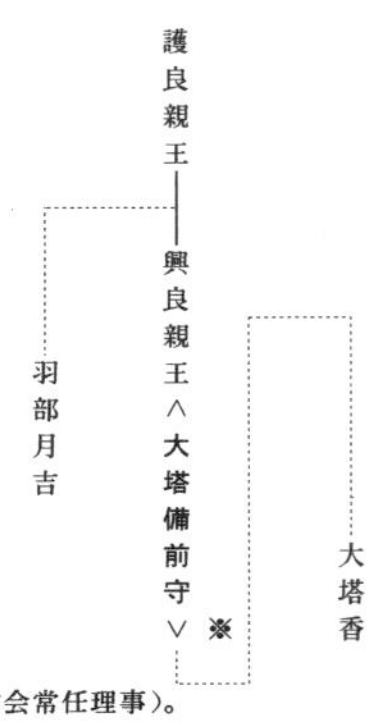
護良親王
興良親王＜大塔備前守＞※
羽部月吉
大塔香

大塔氏⇨興良親王は吉野で謀反を起こし、賀名生行宮を襲撃するも成功せず、奈良へ出奔、
その後の動向は不詳。死んだ事になっているが、脱出して九州に逃れ、宗経茂の庇護を受け、対馬に逃れたと云われる。故あって大塔備前守と名乗り客臣となる。
子孫は、大塔姓を名乗り現存するという(山地悠一郎氏著書による)。
大塔香氏⇨大塔会理事(山地悠一郎氏著書による)。
山地悠一郎氏⇨『護良親王の伝説(近藤出版社)』などの著書がある南朝研究家(日本家系図学会常任理事)。
参考出典　『南朝霊の呼び声(山地悠一郎、合資会社．歴研)』

宗良親王関係系図（後醍醐源氏系図）

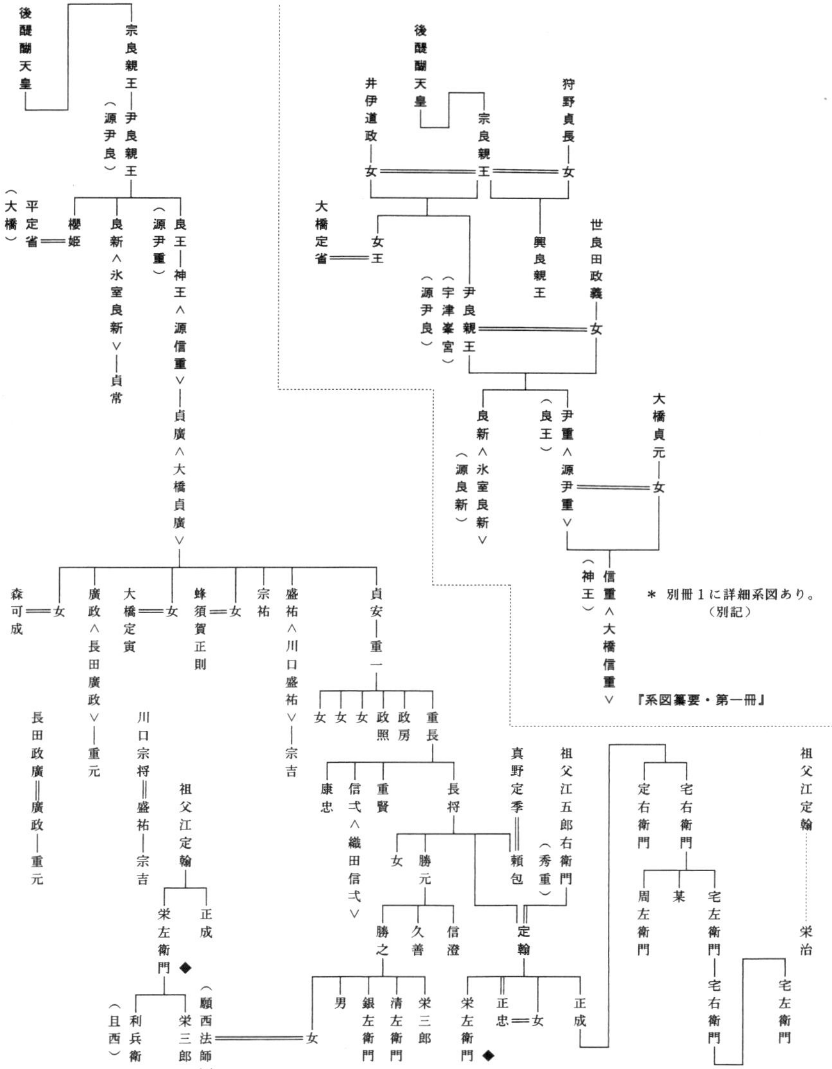
後醍醐天皇
宗良親王
尹良親王
（源尹良）
平定省
（大橋）
櫻姫
良新〈氷室良新〉
貞常
良王
（源尹重）
神王〈源信重〉
貞廣〈大橋貞廣〉
森可成
女
廣政〈長田廣政〉
重元
大橋定寅
女
蜂須賀正則
女
宗祐
盛祐〈川口盛祐〉
宗吉
貞安
重一
女
女
女
政照
政房
重長
長田政廣＝廣政─重元
川口宗将＝盛祐─宗吉
祖父江定輪
栄左衛門◆
正成
利兵衛
（且西）
栄三郎
（願西法師）
女
康忠
信弌〈織田信弌〉
重賢
長将
女
勝元
勝之
久善
信澄
男
銀左衛門
清左衛門
栄三郎
真野定季
頼包
祖父江五郎右衛門
（秀重）
定輪
栄左衛門◆
正忠＝女
正成
定右衛門
宅右衛門
周左衛門
某
宅左衛門─宅右衛門
祖父江定輪
栄治
宅左衛門
後醍醐天皇
宗良親王
井伊道政─女
狩野貞長─女
大橋定省＝女王
興良親王
世良田政義─女
尹良親王
（宇津峯宮）
（源尹良）
良新〈氷室良新〉
（源良新）
（良王）
尹重〈源尹重〉
大橋貞元─女
信重〈大橋信重〉
（神王）
＊ 別冊１に詳細系図あり。
（別記）
『系図纂要・第一冊』

『祖父江家の歴史（祖父江〈源〉栄治．著）（「姓氏と家紋．第51号」所収）』

出典『系図纂要・第一冊（名著出版）』、『姓氏と家紋．第51号（日本家系図学会、近藤出版社）』

宗良親王関係系図（祖父江氏姻族系図）

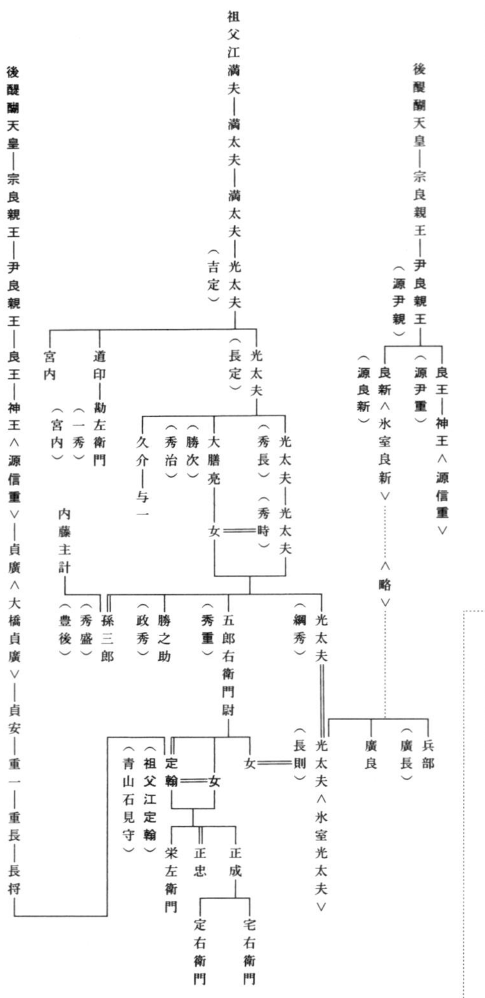
後醍醐天皇—宗良親王—尹良親王—良王—神王〈源信重〉—貞廣〈大橋貞廣〉—貞安—重一—重長—長将
祖父江満夫—満太夫—満太夫—光太夫（吉定）
宮内
道印—勘左衛門（一秀）（宮内）
光太夫（長定）
光太夫（秀長）—光太夫（秀時）
大膳亮
（勝次）（秀治）
久介—与一
女
内藤主計
孫三郎（秀盛）（豊後）
勝之助（政秀）
五郎右衛門尉（秀重）
光太夫（綱秀）
定輸（祖父江定輸）（青山石見守）
女
女
栄左衛門
正忠
正成
定右衛門
宅右衛門
光太夫〈氷室光太夫〉（長則）
廣良
兵部（廣長）
後醍醐天皇—宗良親王—尹良親王（源尹親）
良王—神王〈源信重〉
（源尹重）
良新〈氷室良新〉（源良新）
〈略〉

『姓氏と家紋.第51号（祖父江家の歴史）』

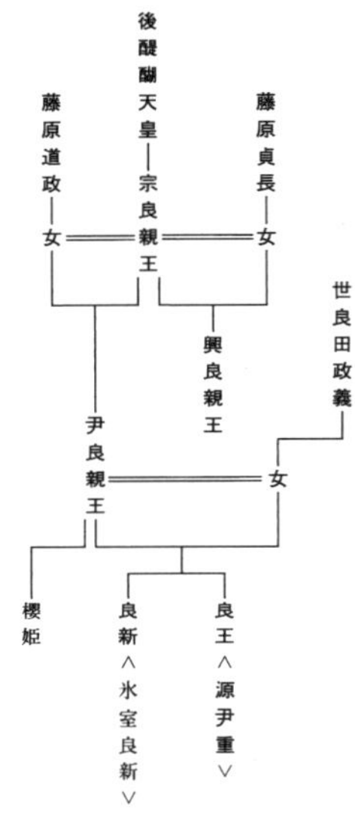
後醍醐天皇—宗良親王
藤原道政—女
藤原貞長—女
興良親王
世良田政義
女
尹良親王
櫻姫
良新〈氷室良新〉
良王〈源尹重〉

『姓氏家系大辞典（太田亮、角川書店）』

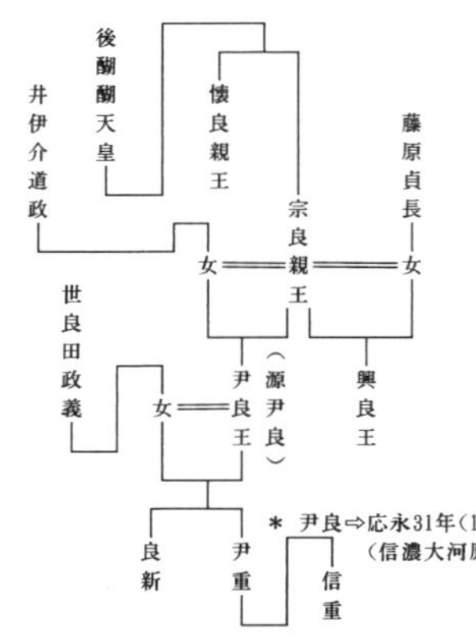
後醍醐天皇
懐良親王
井伊介道政
藤原貞長—女
女
宗良親王
世良田政義
女
尹良王（源尹良）
興良王
良新
尹重
信重

＊ 尹良⇨応永31年（1424）自刃。（信濃大河原の戦い）

＊ 尹重⇨明応元年（1492）没。

『歴史読本 1999年８月号（新人物往来社）』（源頼朝と源氏二十一流）

出典『姓氏と家紋.51号（日本家系図学会、近藤出版社）』、『歴史読本 1999年８月号（源頼朝と源氏二十一流）（新人物往来社）』

宗良親王関係系図（大橋氏・祖父江氏）

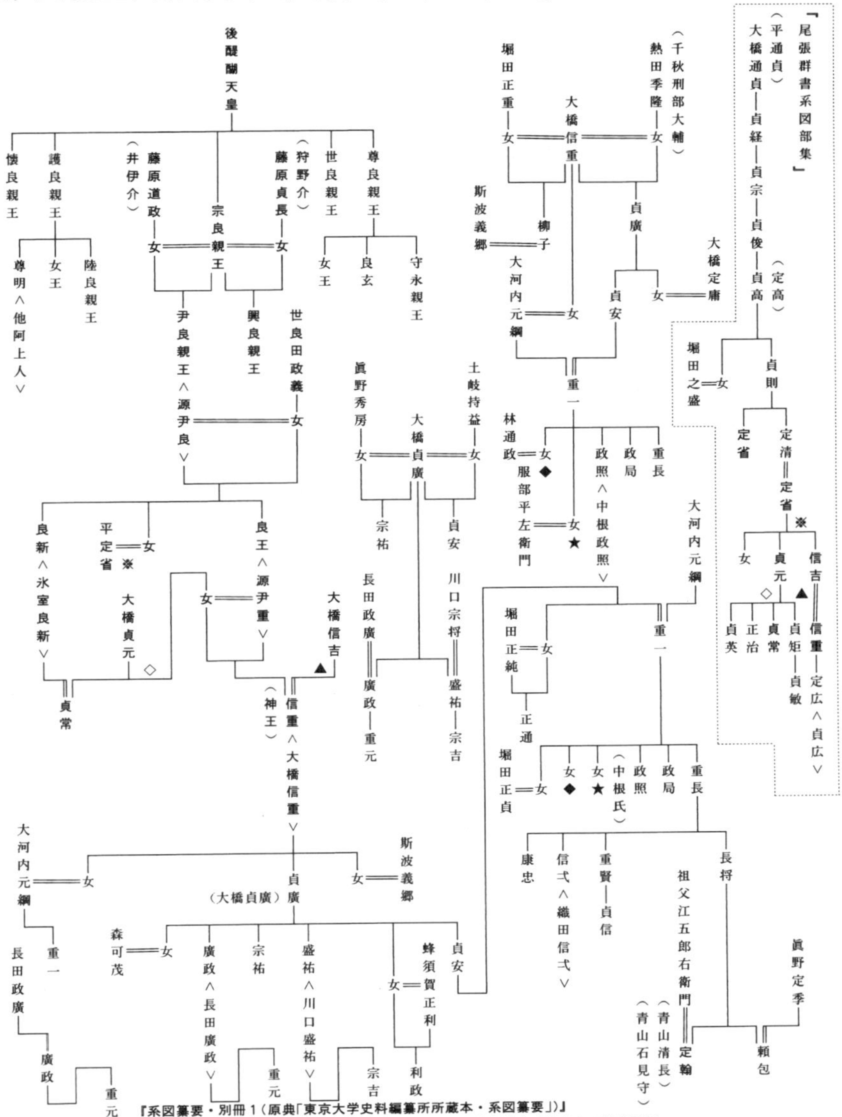

後醍醐天皇
懐良親王
護良親王
藤原道政（井伊介）
宗良親王
藤原貞長（狩野介）
世良親王
尊良親王
尊明〈他阿上人〉
女王
陸良親王
女
女
女王
良玄
守永親王
尹良親王〈源尹良〉
興良親王
世良田政義
女
良新〈氷室良新〉
平定省
女 ※
良王〈源尹重〉
大橋貞元
女
大橋信吉
貞常
信重〈大橋信重〉（神王）
大河内元綱
女
斯波義郷
女
貞廣（大橋貞廣）
重一
長田政廣
廣政
重元
森可茂
女
廣政〈長田廣政〉
宗祐
盛祐〈川口盛祐〉
重元
宗吉
蜂須賀正利
女
利政
貞安
眞野秀房
女
大橋貞廣
土岐持益
女
宗祐
貞安
長田政廣
廣政
重元
川口宗将
盛祐
宗吉
堀田正重
女
大橋信重
熱田季隆（千秋刑部大輔）
女
斯波義郷
柳子
貞廣
大橋定庸
女
貞安
大河内元綱
女
重一
林通政
女 ◆
服部平左衛門
女 ★
政照〈中根政照〉
政局
重長
大河内元綱
堀田正純
女
重一
正通
堀田正貞
女
女 ◆
女 ★（中根氏）
政照
政局
重長
康忠
信弌〈織田信弌〉
重賢
貞信
長将
祖父江五郎右衛門（青山清長）（青山石見守）
定輪
眞野定季
頼包
「尾張群書系図部集」
大橋通貞（平通貞）
貞経
貞宗
貞俊
貞高（定高）
堀田之盛
女
貞則
定省
定清
定省 ※
女
貞元
信吉
貞英
正治
貞常
貞矩
貞敏
信重
定広〈貞広〉

『系図纂要・別冊１（原典「東京大学史料編纂所所蔵本・系図纂要」）』
＊ 別記の『系図纂要・第一冊』は、原典は「国立公文書館内閣文庫所蔵本・系図纂要」
出典『系図纂要・別冊１（名著出版）』、『尾張群書系図部集（加藤國光．編、続群書類従完成会）』

華陽院殿伝系

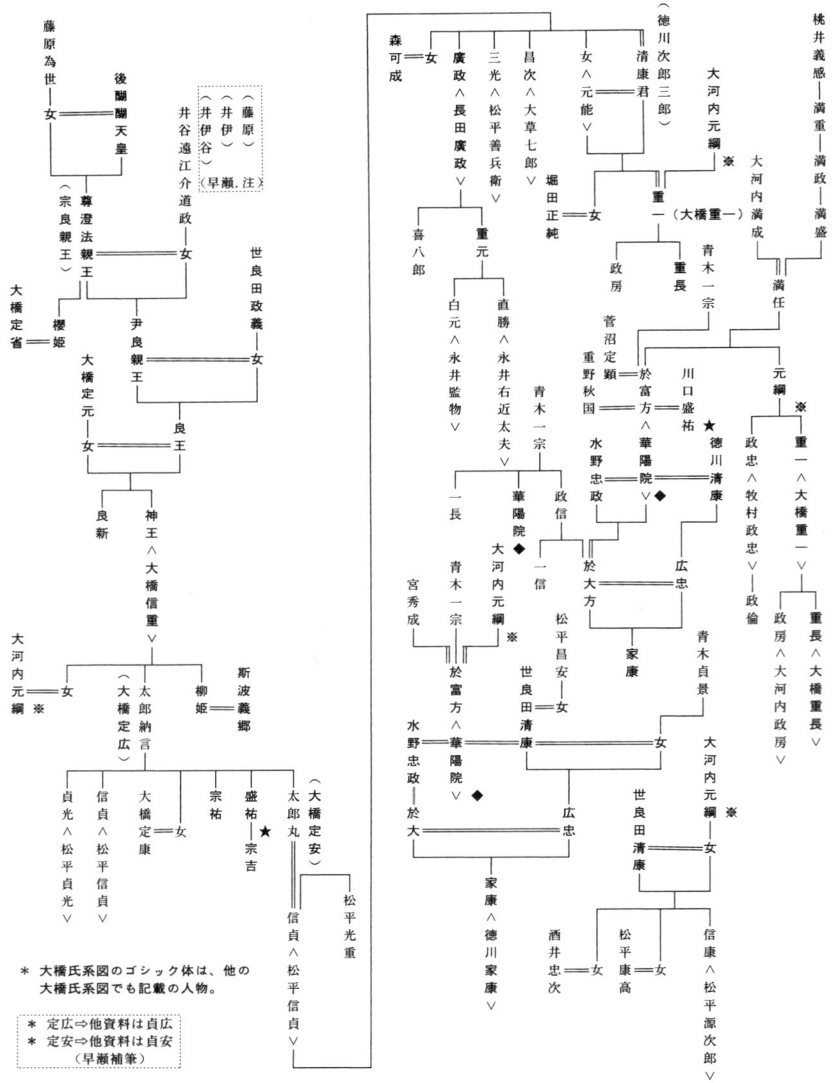
藤原為世
女
後醍醐天皇
尊澄法親王
（宗良親王）
（藤原）（井伊）（井伊谷）（早瀬.注）
井谷遠江介道政
女
大橋定省
櫻姫
尹良親王
世良田政義
女
大橋定元
女
良王
良新
神王（大橋信重）
大河内元綱 ※
女
太郎納言（大橋定広）
柳姫
斯波義郷
貞光（松平貞光）
信貞（松平信貞）
大橋定康
女
宗祐
盛祐 ★
宗吉
太郎丸
（大橋定安）
信貞（松平信貞）
松平光重
* 大橋氏系図のゴシック体は、他の大橋氏系図でも記載の人物。
* 定広⇒他資料は貞広
* 定安⇒他資料は貞安
（早瀬補筆）
（徳川次郎三郎）
森可成
女
廣政（長田廣政）
三光（松平善兵衛）
昌次（大草七郎）
女（元能）
清康君
桃井義感
満重
満政
満盛
大河内元綱 ※
大河内満成
満任
堀田正純
女
重一（大橋重一）
喜八郎
重元
政房
重長
青木一宗
白元（永井監物）
直勝（永井右近太夫）
菅沼定顕
重野秋国
於富方（華陽院）◆
川口盛祐 ★
元綱 ※
政忠（牧村政忠）
政倫
重一（大橋重一）
政房（大河内政房）
重長（大橋重長）
青木一宗
一長
華陽院 ◆
政信
一信
水野忠政
徳川清康
於大方
広忠
家康
大河内元綱 ※
青木一宗
宮秀成
於富方（華陽院）◆
松平昌安
女
世良田清康
青木貞景
女
水野忠政
於大
広忠
世良田清康
大河内元綱 ※
女
家康（徳川家康）
酒井忠次
女
松平康高
女
信康（松平源次郎）

『柳営婦女伝系（「徳川諸家系譜・第一」所収）』

出典『徳川諸家系譜・第一（続群書類従完成会）』

大橋氏・祖父江氏系図

＊『大辞典』⇨『姓氏家系大辞典(太田亮、角川書店)』

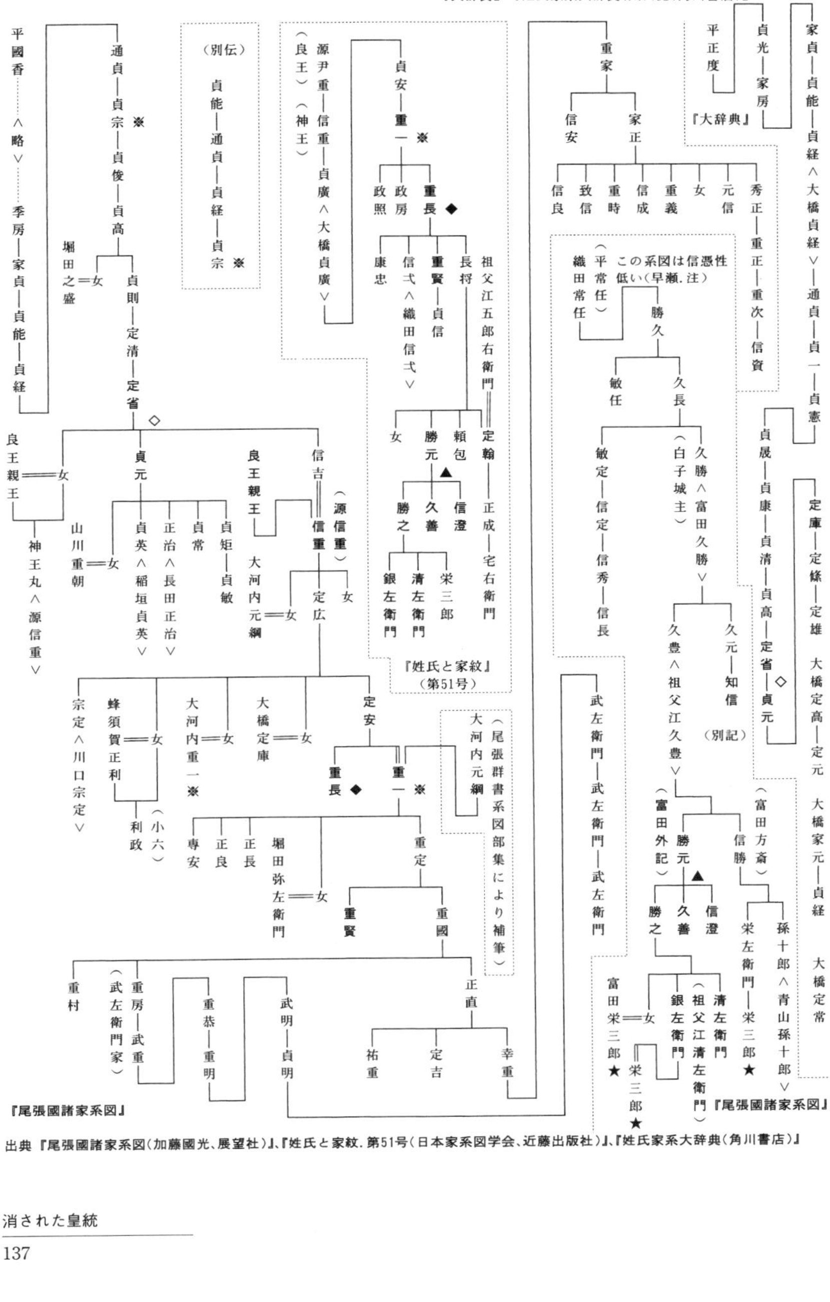

出典『尾張國諸家系図(加藤國光、展望社)』、『姓氏と家紋.第51号(日本家系図学会、近藤出版社)』、『姓氏家系大辞典(角川書店)』

祖父江氏・富田氏関係系図

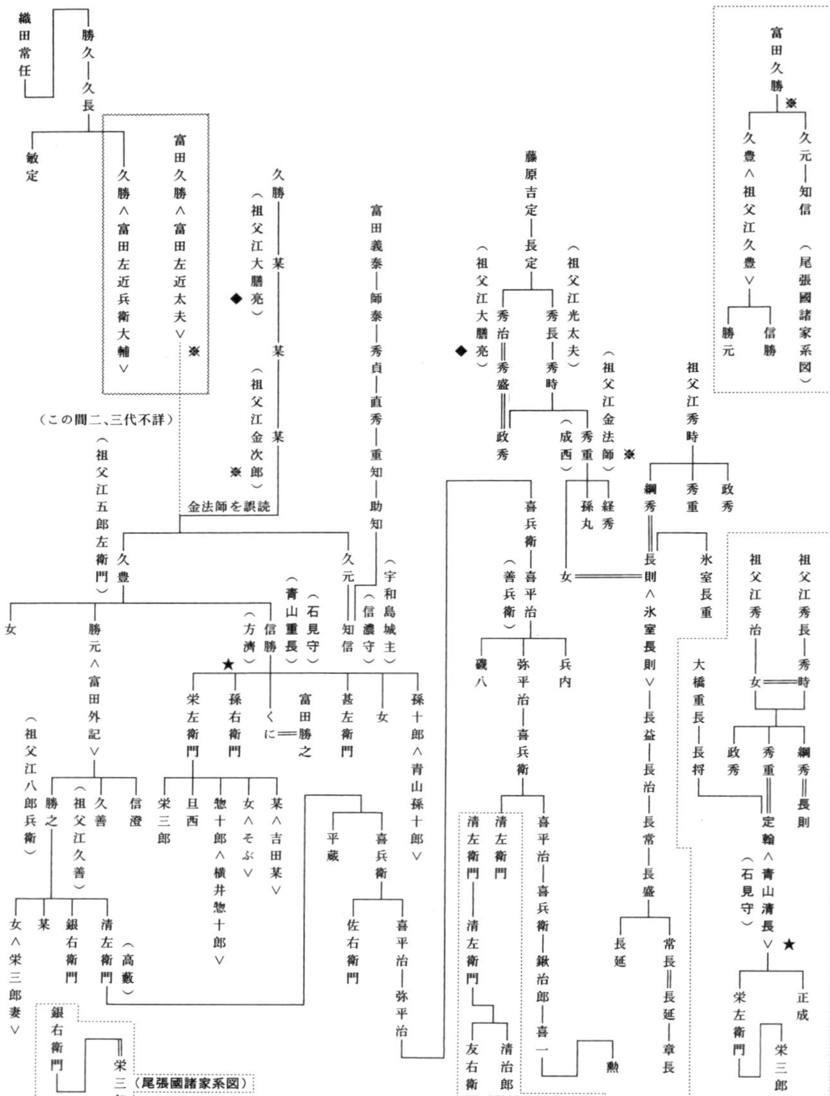
織田常任
勝久
久長
敏定
久勝〈富田左近兵衛大輔〉
富田久勝〈富田左近太夫〉※
（この間二、三代不詳）
久勝（祖父江大膳亮）◆
某
某
某（祖父江金次郎）※
金法師を誤読
富田義泰
師泰
秀貞
直秀
重知
助知（宇和島城主）
（祖父江五郎左衛門）
久豊
久元
知信（信濃守）
女
勝元〈富田外記〉
信勝（方清）
（石見守）
（青山重長）
★
栄左衛門
孫右衛門
くに
富田勝之
甚左衛門
女
孫十郎〈青山孫十郎〉
（祖父江八郎兵衛）
勝之
久善（祖父江久善）
信澄
栄三郎
旦西
惣十郎〈横井惣十郎〉
女〈そぶ〉
某〈吉田某〉
平蔵
喜兵衛
女〈栄三郎妻〉
某
銀右衛門
清左衛門（高藪）
佐右衛門
喜平治
弥平治
銀右衛門
栄三郎
（尾張國諸家系図）
藤原吉定
長定
秀治（祖父江大膳亮）◆
秀長（祖父江光太夫）
秀盛
秀時
政秀
秀重（成西）
経秀（祖父江金法師）※
孫丸
喜兵衛
喜平治（善兵衛）
磯八
弥平治
兵内
喜兵衛
清左衛門
清左衛門
喜平治
喜兵衛
鍬治郎
喜一
勲
清左衛門
友右衛門
清治郎
（尾張國諸家系図）
女
祖父江秀時
綱秀
秀重
政秀
長則〈氷室長則〉
氷室長重
長益
長治
長常
長盛
長延
常長
長延
章長
富田久勝※
久豊〈祖父江久豊〉
久元
知信
（尾張國諸家系図）
勝元
信勝
祖父江秀治
祖父江秀長
秀時
女
大橋重長
長将
政秀
秀重
綱秀
長則
定輪〈青山清長〉（石見守）
★
栄左衛門
正成
栄三郎
（姓氏と家紋．51号）

出典『尾張群書系図部集（加藤國光．編、続群書類従完成会）』、『尾張國諸家系図（加藤國光、展望社）』、『姓氏と家紋．51号（近藤出版社）』

氷室氏姻族系図

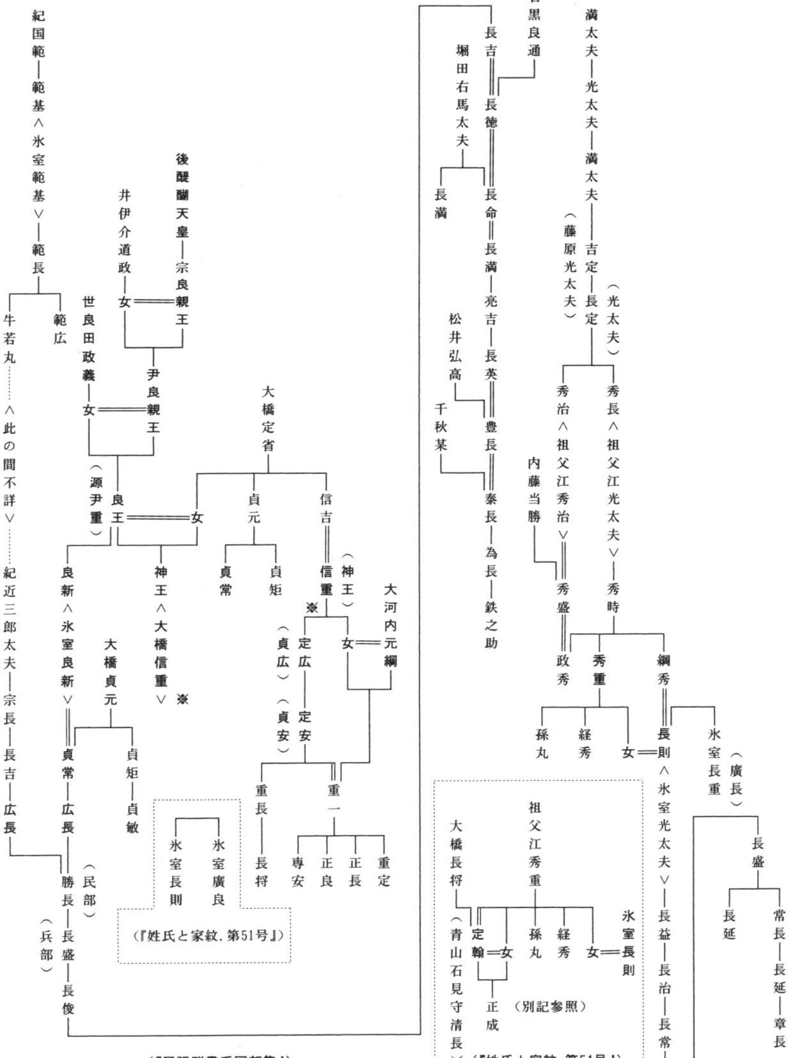

紀国範
範基〈氷室範基〉
範長
牛若丸
範広
〈此の間不詳〉
紀近三郎太夫
宗長
長吉
広長
井伊介道政
後醍醐天皇
宗良親王
世良田政義
尹良親王
良王（源尹重）
大橋定省
貞元
信吉
良新〈氷室良新〉
神王〈大橋信重〉※
貞常
貞矩
信重（神王）
大橋貞元
貞常
広長
勝長（民部）
長盛（兵部）
長俊
貞矩
貞敏
定広（貞広）
定安（貞安）
大河内元綱
重長
長将
重一
専安
正良
正長
重定
氷室長則
氷室廣良
（『姓氏と家紋. 第51号』）
（『尾張群書系図部集』）
石黒良通
長吉
長徳
堀田右馬太夫
長命
長満
長満
亮吉
長英
松井弘高
豊長
千秋某
泰長
為長
鉄之助
満太夫
光太夫
満太夫
吉定（藤原光太夫）
長定（光太夫）
秀治〈祖父江秀治〉
秀長〈祖父江光太夫〉
内藤当勝
秀盛
秀時
政秀
秀重
綱秀
孫丸
経秀
女
長則〈氷室光太夫〉
氷室長重（廣長）
長益
長治
長常
長盛
長延
常長
長延
章長
大橋長将（青山石見守清長）
祖父江秀重
定輸
孫丸
経秀
氷室長則
正成
（別記参照）
（『姓氏と家紋. 第51号』）

＊ 氷室氏（津島神社神官）は 紀氏の末裔とする伝承と、南朝系大橋氏・祖父江氏一族とする伝承がある。

出典『尾張群書系図部集（加藤國光. 編、続群書類従完成会）』、『姓氏と家紋. 第51号（日本家系図学会、近藤出版社）』

宗良親王姻族系図（世良田氏）

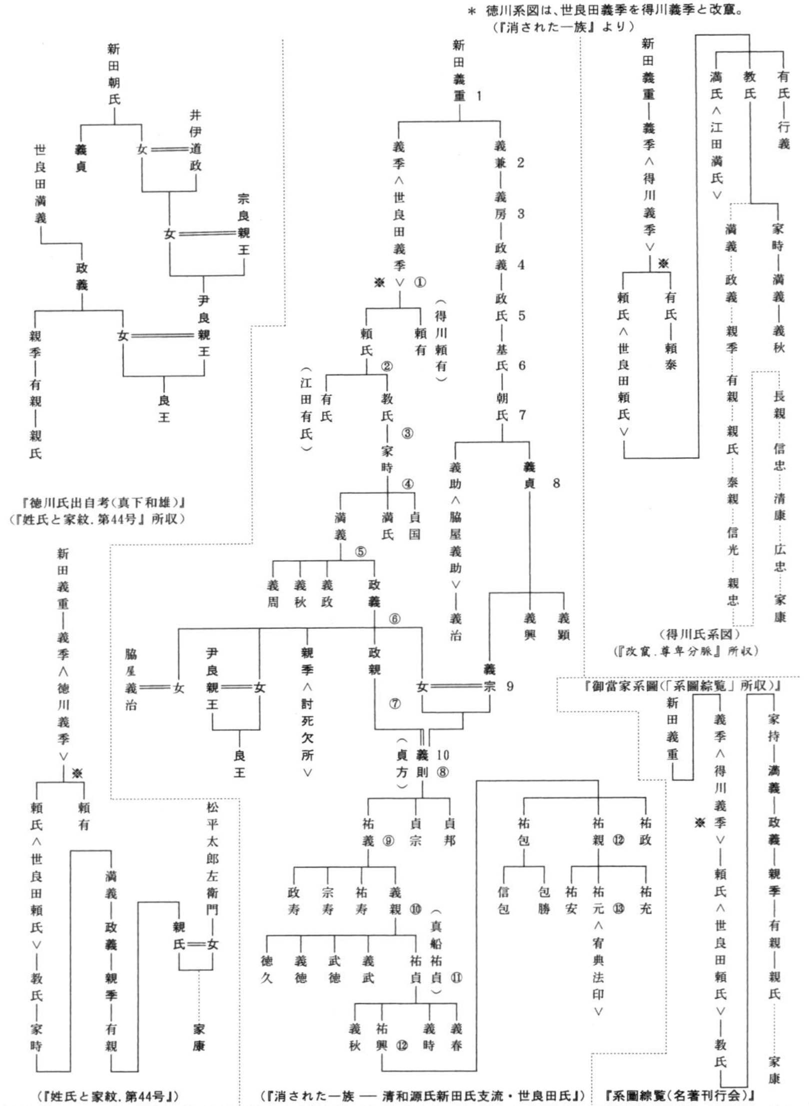
＊ 徳川系図は、世良田義季を得川義季と改竄。
（『消された一族』より）
新田朝氏
義貞
女
井伊道政
世良田満義
宗良親王
政義
尹良親王
親季
有親
親氏
良王
『徳川氏出自考（真下和雄）』
（『姓氏と家紋．第44号』所収）
新田義重 1
義季（世良田義季）①
義兼 2
義房 3
政義 4
政氏 5
基氏 6
朝氏 7
頼氏 ②
頼有（得川頼有）
有氏（江田有氏）
教氏 ③
家時 ④
満義 ⑤
満氏
貞国
義周
義秋
義政
政義 ⑥
義助（脇屋義助）
義治
義貞 8
義興
義顕
脇屋義治
尹良親王
親季（討死欠所）
政親 ⑦
義宗 9
良王
義則 10 ⑧（貞方）
祐義 ⑨
貞宗
貞邦
政寿
宗寿
祐寿
義親 ⑩
徳久
義徳
武徳
義武
祐貞（真船祐貞）⑪
義秋
祐興 ⑫
義時
義春
祐包
祐親 ⑫
祐政
信包
包勝
祐安
祐元（宥典法印）⑬
祐充
新田義重
義季（得川義季）
頼氏（世良田頼氏）
有氏
頼泰
満氏（江田満氏）
教氏
有氏
行義
満義
政義
親季
有親
親氏
泰親
信光
親忠
家時
満義
義秋
長親
信忠
清康
広忠
家康
（得川氏系図）
（『改寬．尊卑分脈』所収）
新田義重
義季（徳川義季）
頼氏（世良田頼氏）
頼有
満義
政義
親季
有親
教氏
家時
親氏
松平太郎左衛門
女
家康
（『姓氏と家紋．第44号』）
（『消された一族 ── 清和源氏新田氏支流・世良田氏』）
『御當家系圖（「系圖綜覧」所収）』
新田義重
義季（得川義季）
頼氏（世良田頼氏）
教氏
家持
満義
政義
親季
有親
親氏
家康
『系圖綜覧（名著刊行会）』

出典『消された一族－清和源氏新田氏支流・世良田氏（清水 昇．著、あさを社）』、『姓氏と家紋．第44号（日本家系図学会、近藤出版社）』

宗良親王姻族系図（井伊氏）

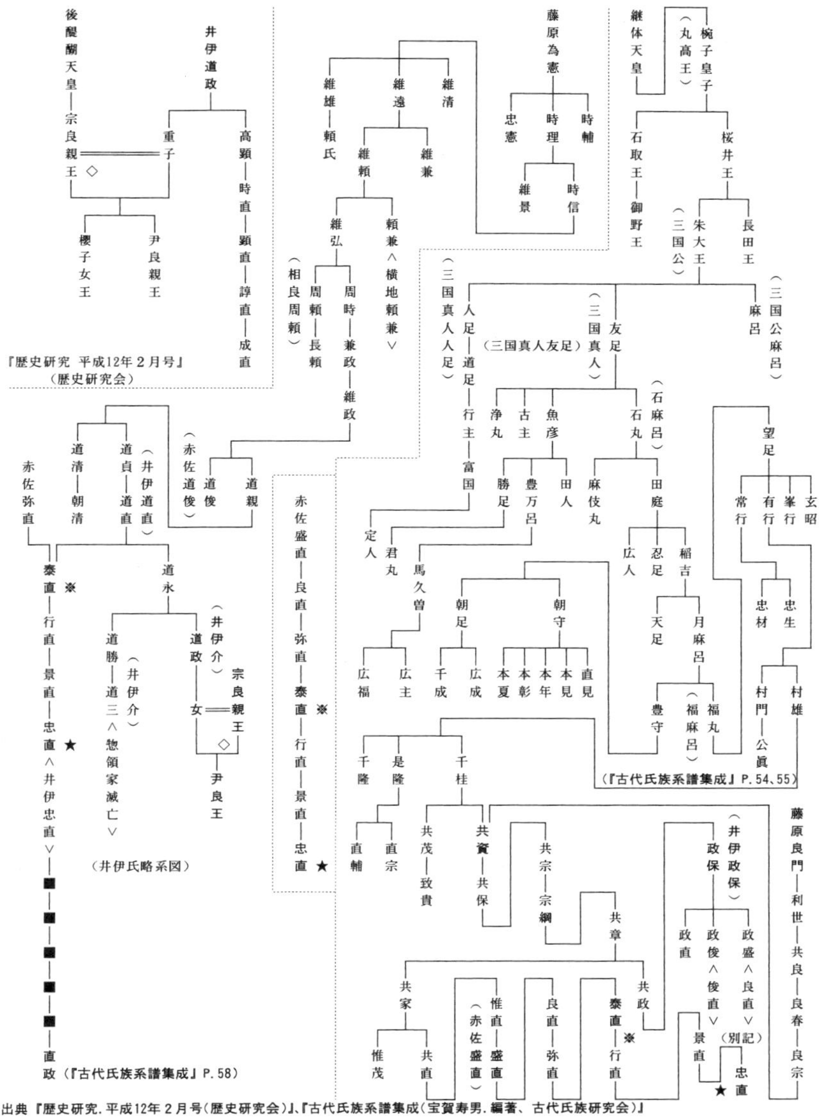
『歴史研究 平成12年２月号』
（歴史研究会）
（井伊氏略系図）
（『古代氏族系譜集成』P.58）
（『古代氏族系譜集成』P.54、55）

出典『歴史研究.平成12年２月号（歴史研究会）』、『古代氏族系譜集成（宝賀寿男.編著、古代氏族研究会）』

井伊氏一族系図

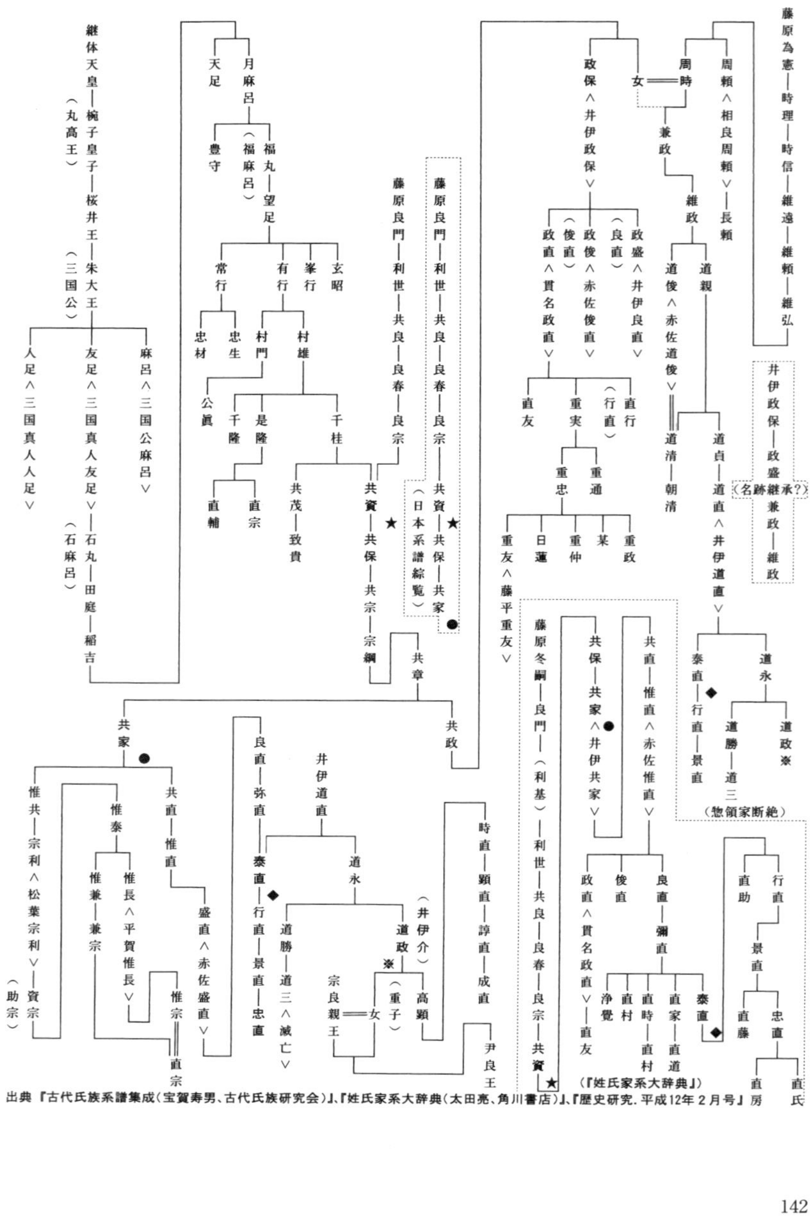
藤原為憲—時理—時信—維遠—維頼—維弘
周頼〈相良周頼〉—長頼
周時
女
兼政
維政
道親
道俊〈赤佐道俊〉
道清—朝清
道貞—道直〈井伊道直〉
泰直◆—行直—景直
道永
道勝—道三
道政※
（惣領家断絶）
井伊政保—政盛〈名跡継承?〉兼政—維政
政保〈井伊政保〉
政盛〈井伊良直〉
（良直）
政俊〈赤佐俊直〉
（俊直）
政直〈貫名政直〉
直行
（行直）
直友
重実
重通
重忠
重政
某
重仲
日蓮
重友〈藤平重友〉
藤原良門—利世—共良—良春—良宗—共資★—共保—共家●
（日本系譜綜覧）
藤原良門—利世—共良—良春—良宗
共資★—共保—共宗—宗綱
共章
共政
共家●
継体天皇—椀子皇子—桜井王—朱大王
（丸高王）
（三国公）
麻呂〈三国公麻呂〉
友足〈三国真人友足〉—石丸—田庭—稲吉
（石麻呂）
人足〈三国真人人足〉
天足
月麻呂
豊守
福丸—望足
（福麻呂）
玄昭
峯行
有行
常行
忠生
忠材
村門
村雄
公眞
千隆
是隆
千柱
直宗
直輔
共茂—致貴
惟共—宗利〈松葉宗利〉—資宗
（助宗）
惟泰
惟長〈平賀惟長〉
惟兼—兼宗
惟宗‖直宗
共直—惟直
盛直〈赤佐盛直〉
良直—弥直
泰直◆—行直—景直—忠直
井伊道直
道永
道勝—道三〈滅亡〉
道政※
（井伊介）
（重子）
高顕
宗良親王＝女
尹良王
時直—顕直—諄直—成直
藤原冬嗣—良門—（利基）—利世—共良—良春—良宗—共資★
共保—共家〈井伊共家〉●
共直—惟直〈赤佐惟直〉
良直—彌直
俊直
政直〈貫名政直〉—直友
泰直◆
直家—直道
直時—直村
直村
浄覺
（『姓氏家系大辞典』）
行直—景直
直助
忠直
直藤
直房
直氏

出典『古代氏族系譜集成（宝賀寿男、古代氏族研究会）』、『姓氏家系大辞典（太田亮、角川書店）』、『歴史研究．平成12年2月号』

南朝皇統譜と大室家略系図

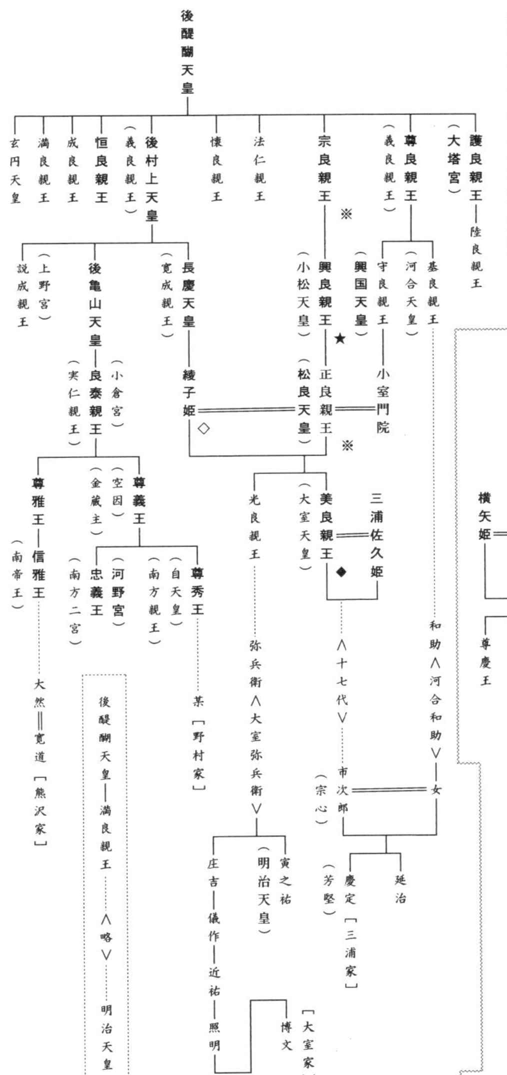

後醍醐天皇
玄円天皇
満良親王
成良親王
恒良親王
(義良親王)後村上天皇
懐良親王
法仁親王
宗良親王
(義良親王)尊良親王
(大塔宮)護良親王
陸良親王
説成親王
(上野宮)
後亀山天皇
(寛成親王)長慶天皇
(小松天皇)興良親王
(興国天皇)守良親王
(河合天皇)基良親王
(実仁親王)良泰親王(小倉宮)
綾子姫
(松良天皇)正良親王
小室門院
尊雅王
(空因)(金蔵主)尊義王
光良親王
(大室天皇)美良親王
三浦佐久姫
(南帝王)信雅王
(河野宮)忠義王
(南方二宮)
(自天皇)(南方親王)尊秀王
某[野村家]
大然‖寛道[熊沢家]
弥兵衛<大室弥兵衛>
<十七代>
和助<河合和助>
(宗心)市次郎
女
庄吉—儀作—近祐—照明
(明治天皇)寅之祐
博文[大室家]
(芳堅)慶定[三浦家]
延治
後醍醐天皇—満良親王……<略>……明治天皇

* 野村家については、検証する資料は持ち合わせていない(早瀬)。
* 熊沢家については、『南朝興亡史』、他参照。
出典『天皇の伝説(メディアワークス、主婦の友)』

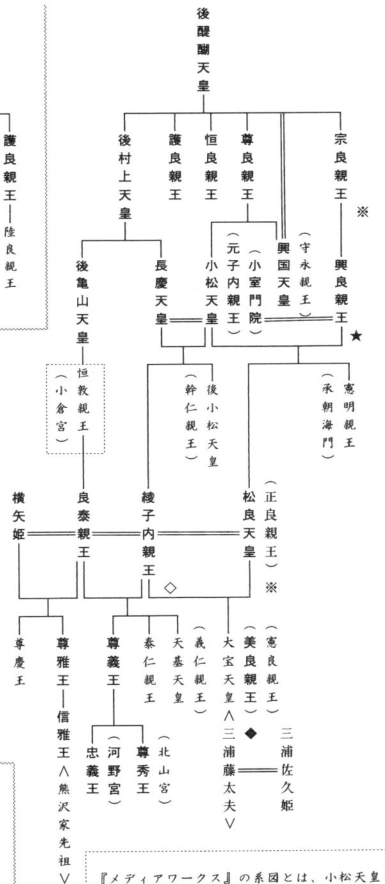

後醍醐天皇
後村上天皇
護良親王
恒良親王
尊良親王
宗良親王
後亀山天皇
長慶天皇
(元子内親王)小松天皇
(小室門院)
(守永親王)興国天皇
興良親王
恒敦親王(小倉宮)
(幹仁親王)後小松天皇
(承朝海門)憲明親王
横矢姫
良泰親王
綾子内親王
(正良親王)松良天皇
尊慶王
尊雅王—信雅王<熊沢家先祖>
尊義王
泰仁親王
天基天皇
(義仁親王)
大宝天皇<三浦藤太夫>
(美良親王)(憲良親王)
三浦佐久姫
(河野宮)忠義王
(北山宮)尊秀王

『メディアワークス』の系図とは、小松天皇・小室門院の位置付け一致せず。
後醍醐天皇から美良親王までの流れは、両系図は、ほぼ同じ。但し、美良親王が大室天皇か、大宝天皇かは確定出来ない。

『南朝正副二統皇系系譜』抜粋
出典『三河玉川御所と広福寺(松井 勉、中尾山広福寺)』

異聞天皇家略系図（大室家）

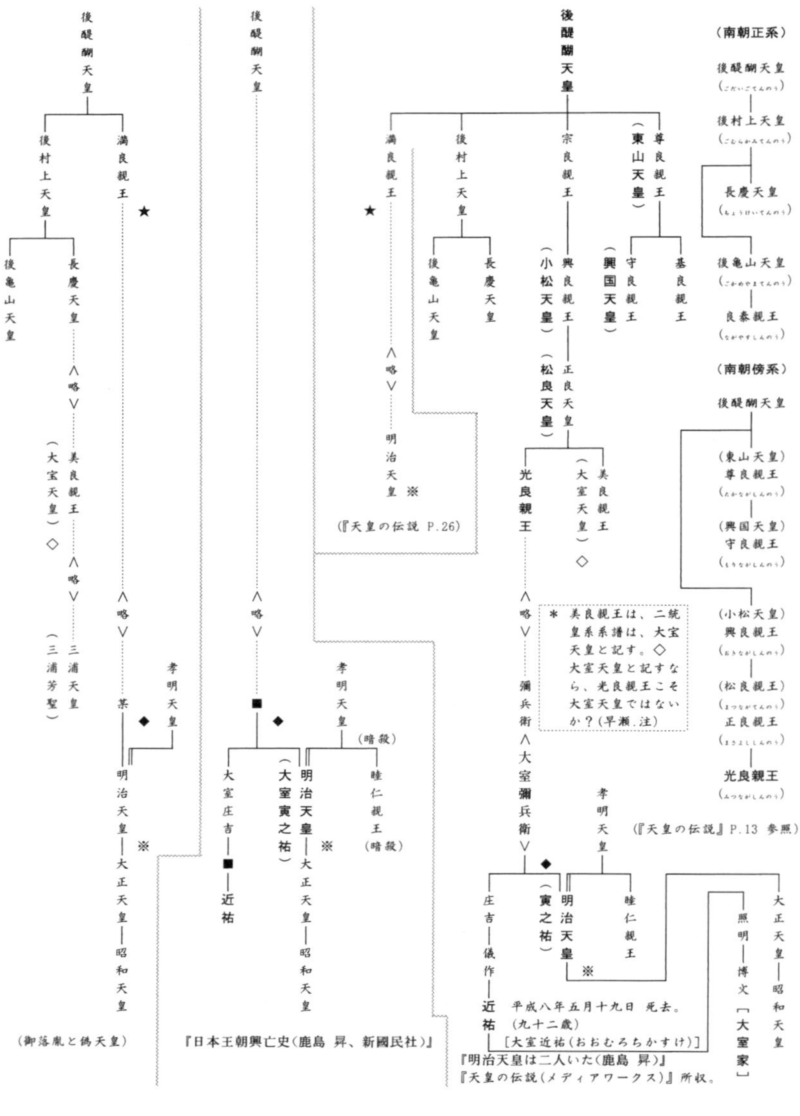

後醍醐天皇
後村上天皇
満良親王 ★
後亀山天皇
長慶天皇
〈略〉
美良親王
（大室天皇）◇
〈略〉
三浦天皇
（三浦芳聖）
〈略〉
某 ◆
孝明天皇
明治天皇 ※
大正天皇
昭和天皇
（御落胤と偽天皇）
後醍醐天皇
〈略〉
■ ◆
孝明天皇
（暗殺）
大室庄吉
■
近祐
明治天皇 ※
（大室寅之祐）
睦仁親王
（暗殺）
大正天皇
昭和天皇
『日本王朝興亡史（鹿島 昇、新國民社）』
後醍醐天皇
満良親王 ★
〈略〉
明治天皇 ※
（『天皇の伝説 P.26）
後村上天皇
後亀山天皇
長慶天皇
宗良親王
興良親王
（小松天皇）
正良天皇
（松良天皇）
光良親王
美良親王
（大室天皇）◇
尊良親王
（東山天皇）
守良親王
（興国天皇）
基良親王
〈略〉
彌兵衛
〈大室彌兵衛〉
＊ 美良親王は、二統皇系系譜は、大宝天皇と記す。◇大室天皇と記すなら、光良親王こそ大室天皇ではないか？(早瀬.注)
孝明天皇
庄吉
儀作
近祐
◆
明治天皇 ※
（寅之祐）
睦仁親王
照明
博文
[大室家]
大正天皇
昭和天皇
平成八年五月十九日 死去。
(九十二歳)
[大室近祐(おおむろちかすけ)]
『明治天皇は二人いた(鹿島 昇)』
『天皇の伝説(メディアワークス)』所収。
（南朝正系）
後醍醐天皇
後村上天皇
長慶天皇
後亀山天皇
良泰親王
（南朝傍系）
後醍醐天皇
(東山天皇)
尊良親王
(興国天皇)
守良親王
(小松天皇)
興良親王
(松良親王)
正良親王
光良親王
(『天皇の伝説』P.13 参照)

出典『日本王朝興亡史（鹿島 昇、新國民社）』、『天皇の伝説（メディアワークス、主婦の友）』、『御落胤と偽天皇（社会評論社）』

南朝系譜

この系図は 山口県の松重正（まつしげまさし）氏より提供の系図をベースに作成した。
表記の都合上姻族関係の一部を省略した。通常の系譜と異なる表記もあるがそのまま掲載した。この系譜の原典は提供資料に表示されていなかったので不明。
表記の都合上、後二条天皇の系統は省略した（提供資料は表記）。
＊ 松重氏は 山口県の郷土史研究家、株式会社 松重 代表取締役。

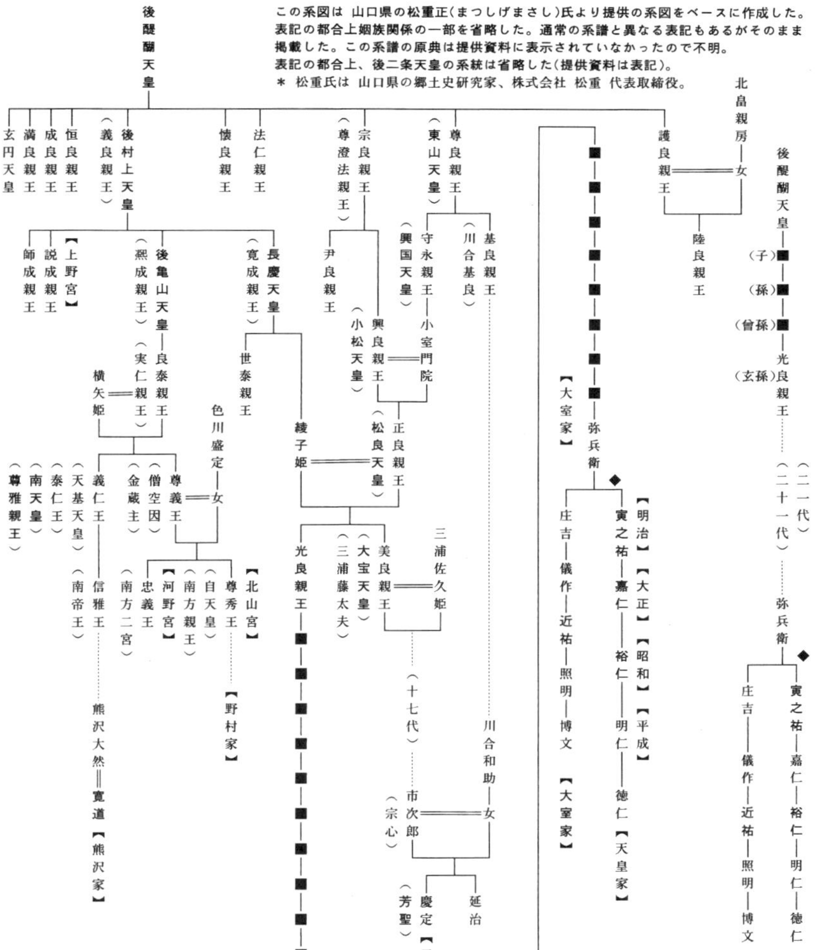

後醍醐天皇
玄円天皇
満良親王
成良親王
恒良親王
後村上天皇（義良親王）
懐良親王
法仁親王
宗良親王（尊澄法親王）
尊良親王（東山天皇）
護良親王
北畠親房
女
陸良親王
師成親王
説成親王
【上野宮】
後亀山天皇（煕成親王）
長慶天皇（寛成親王）
尹良親王
守永親王（興国天皇）
基良親王（川合基良）
興良親王（小松天皇）
小室門院
良泰親王（実仁親王）
横矢姫
世泰親王
色川盛定
綾子姫
正良親王（松良天皇）
尊雅親王
南天皇
泰仁王
天基天皇
義仁王
金蔵主
僧空因
尊義王
女
信雅王
南帝王
南方二宮
忠義王
【河野宮】
南方親王
自天皇
尊秀王
【北山宮】
熊沢大然
寛道
【熊沢家】
【野村家】
光良親王
三浦藤太夫
大宝天皇
美良親王
三浦佐久姫
（十七代）
市次郎（宗心）
川合和助
女
慶定（芳聖）
延治
【三浦家】
【大室家】
弥兵衛
庄吉
儀作
近祐
照明
博文
【大室家】
寅之祐
嘉仁
裕仁
明仁
徳仁
【天皇家】
【明治】
【大正】
【昭和】
【平成】
後醍醐天皇
（子）
（孫）
（曾孫）
（玄孫）
光良親王
（二一代）
（二十一代）
弥兵衛
庄吉
儀作
近祐
照明
博文
寅之祐
嘉仁
裕仁
明仁
徳仁

大室家の系図は処分された事になってるが大室近祐氏の妹の談として、光良親王を初代として22代まで記載あり、23代（弥兵衛）と寅之祐の部分は空白になっているというその系図は本宅でなく新宅に存在するらしい（『日本侵略興亡史』より）。しかし その系図は公開されていない。

出典『南朝系図』（資料提供．松重正〈まつしげまさし〉）

南朝系図（大室家）

（造られた戸籍）
大室ハナ⇨文右衛門長女・弥兵衛妻。文化12年(1815)12月5日生まれ。
※ 大室庄吉⇨大室弥兵衛長男。嘉永3年(1850)正月10日生まれ。
大室マチ⇨嘉永2年(1849)8月23日生まれ。
大室儀作⇨大室庄吉長男。明治19年(1886)11月23日生まれ。昭和8年没。
モト⇨大室庄吉長女。明治4年(1871)正月8日生まれ。
タカ⇨大室庄吉二女。明治8年(1875)11月24日生まれ。
ツネ⇨大室庄吉三女。明治11年(1878)11月1日生まれ。
ヨネ⇨大室庄吉四女。明治14年(1881)10月24日生まれ。
ツユ⇨大室庄吉五女。明治17年(1884)6月28日生まれ。
大室音吉⇨大室庄吉二男。明治22年(1889)9月26日生まれ。

（実際の戸籍）
大室寅之助⇨大室弥兵衛長男。嘉永4年(1851)生まれ。明治天皇。
慶応2年 伊藤俊輔(伊藤博文)が寅之助を萩の杉家へ連れだす。
慶応3年(1867)4月 上洛。
※ 大室庄吉⇨大室弥兵衛二男。嘉永6年(1853)生まれ(1853〜1926)。

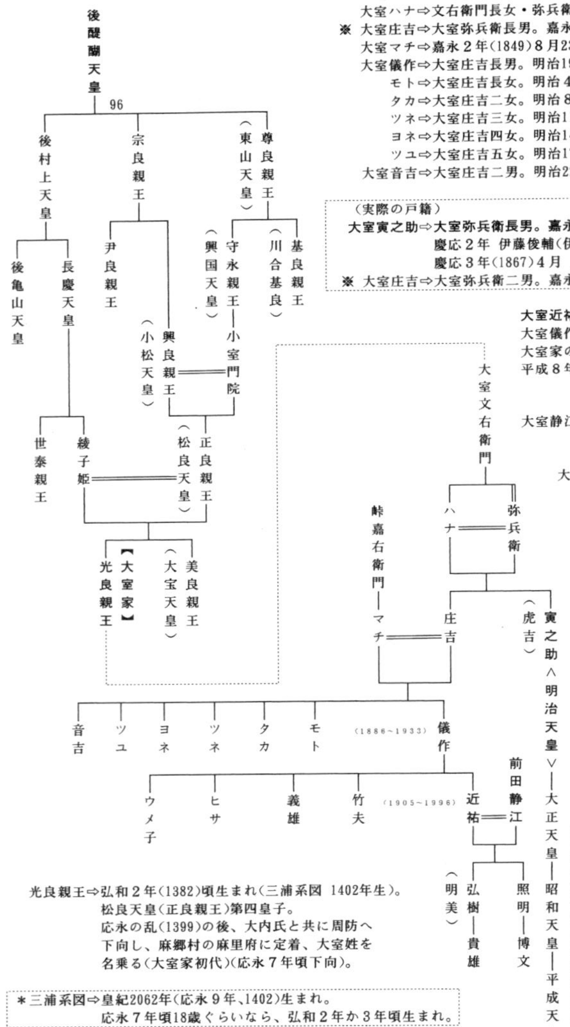

後醍醐天皇
96
後村上天皇
宗良親王
尊良親王（東山天皇）
後亀山天皇
長慶天皇
尹良親王
守永親王（興国天皇）
基良親王（川合基良）
興良親王（小松天皇）
小室門院
世泰親王
綾子姫
正良親王（松良天皇）
光良親王
【大室家】
美良親王（大宝天皇）
大室文右衛門
ハナ
弥兵衛
峠嘉右衛門
マチ
庄吉
寅之助＜明治天皇＞
（虎吉）
大正天皇
昭和天皇
平成天皇
音吉
ツユ
ヨネ
ツネ
タカ
モト
(1886〜1933)
儀作
前田静江
ウメ子
ヒサ
義雄
竹夫
(1905〜1996)
近祐
弘樹
（明美）
貴雄
照明
博文

大室近祐(1905〜1996)（明治35年頃誕生）
大室儀作長男。鹿島昇、松重正、吾郷清彦氏らに大室家の口伝を語る。
平成8年(1996)5月19日永眠(92歳)。

大室静江⇨大正12年(1923)生まれ。近祐翁の妻。
旧姓は前田氏。

大室竹夫⇨大正3年(1914)生まれ。
昭和19年(1944)5月15日、い号潜水艦でドイツより未完成原爆(或いは設計図)引取り帰国途中印度洋上で、バンコク駐在の三笠宮指揮下の部隊に撃沈され戦死する(大室近祐氏.談)。

ウメ子⇨大正5年(1916)生まれ。
昭和14年(1939)南京陸軍病院に勤務中薬殺(亜ひ酸)される。(重症になり、広島陸軍病院に転院後、実家で死去)(23歳)

義雄⇨大正9年(1920)生まれ。
陸軍に招集され南洋方面に派遣され、昭和20年(1945)1月24日西部ニューギニア・マノクワリにて死亡。

『日本王朝興亡史(平成元年)』
『日本侵略興亡史(平成2年)』
『裏切られた三人の天皇(平成9年)』
『倭と日本建国史(平成9年)』
『明治維新の生贄(平成10年)』
『裏切られた三人の天皇(増補版)(H11)』
(以上が「新国民社」発行)

『天皇の伝説(メディアワークス)』
[1997(平成9年)]発行

大室家の事は、鹿島氏らが各書で紹介。

光良親王⇨弘和2年(1382)頃生まれ(三浦系図 1402年生)。
松良天皇(正良親王)第四皇子。
応永の乱(1399)の後、大内氏と共に周防へ下向し、麻郷村の麻里府に定着、大室姓を名乗る(大室家初代)(応永7年頃下向)。

＊三浦系図⇨皇紀2062年(応永9年、1402)生まれ。
応永7年頃18歳ぐらいなら、弘和2年か3年頃生まれ。

基本出典『裏切られた三人の天皇・明治維新の謎(増補版)(鹿島 昇.著、 新国民社)』
参考出典『明治維新の生贄(鹿島 昇、宮崎鉄雄、松重 正.著、新国民社)』、『倭と日本建国史(鹿島 昇.著、新国民社)』
『日本侵略興亡史(鹿島 昇.著、新國民社)(コピー)(資料提供. 松重 正)』、『日本王朝興亡史(鹿島昇、新国民社)』
『天皇の伝説(メディアワークス)』

近代天皇家系図（異聞大室天皇家）

（参考.東武皇帝系図）

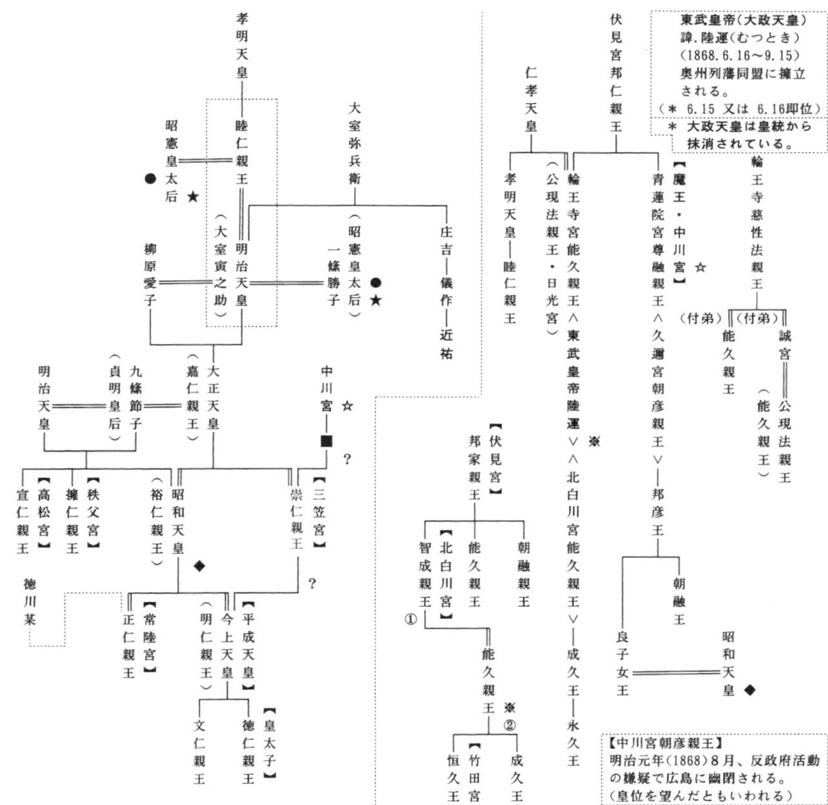

孝明天皇
睦仁親王
昭憲皇太后 ●★
大室弥兵衛
（大室寅之助）明治天皇
柳原愛子
（昭憲皇太后）一條勝子 ●★
庄吉―儀作―近祐
明治天皇
（貞明皇后）九條節子
（嘉仁親王）大正天皇
中川宮 ☆
■ ?
宣仁親王【高松宮】
擁仁親王【秩父宮】
（裕仁親王）昭和天皇 ◆
崇仁親王【三笠宮】
?
徳川某
正仁親王【常陸宮】
（明仁親王）今上天皇【平成天皇】
文仁親王
徳仁親王【皇太子】
仁孝天皇
伏見宮邦仁親王
東武皇帝（大政天皇）
諱.陸運（むつとき）
（1868.6.16～9.15）
奥州列藩同盟に擁立される。
（＊ 6.15 又は 6.16即位）
＊ 大政天皇は皇統から抹消されている。
孝明天皇―睦仁親王
（公現法親王・日光宮）
輪王寺宮能久親王＜東武皇帝陸運＞※＜北白川宮能久親王＞―成久王―永久王
青蓮院宮尊融親王＜久邇宮朝彦親王＞―邦彦王
【魔王・中川宮】☆
輪王寺慈性法親王
（付弟）
（付弟）
能久親王
誠宮
（能久親王）
公現法親王
【伏見宮】邦家親王
智成親王【北白川宮】①
能久親王
朝融親王
能久親王 ※ ②
恒久王
【竹田宮】
成久王 ③
永久王 ④
道久王 ⑤ ＜北白川道久＞
朝融王
良子女王
昭和天皇 ◆

（鹿島昇説による近代天皇家系図）

【中川宮朝彦親王】
明治元年（1868）8月、反政府活動の嫌疑で広島に幽閉される。
（皇位を望んだともいわれる）

【東武皇帝陸運（むつとき）】
弘化4年（1847）誕生。
嘉永元年（1848）仁孝天皇の養子。
青蓮院第38代宮の付弟。
嘉永5年（1852）梶井宮付弟。
嘉永6年（1853）2月、弟の誠宮（輪王寺慈性入道法親王付弟）薨去（輪王寺付弟空白となる）。
安政5年（1858）9月輪王寺付弟。
10月親王宣下（能久親王）、11月得度式（公現法親王）。
安政6年（1859）2月東叡山入山。
慶応3年（1867）5月輪王寺門跡継承。
慶応4年（1868）6月15日、年号を大政元年と改元、東武皇帝に即位
9月15日降伏・退位。謹慎処分。

鹿島氏は、孝明天皇が暗殺され、後継の睦仁天皇（親王）も暗殺されて、伊藤博文や岩倉具視らに擁立された大室寅之助が、すり替えられて明治天皇になったと主張。　更に鹿島氏は、昭和天皇や今上天皇（平成天皇）の血統にも疑義を指摘している。
孝明天皇の暗殺や明治天皇のすり替えはともかく、昭和天皇兄弟や今上天皇の血統の疑義については俄には信じ難い（早瀬）。
鹿島氏によれば、正仁親王は徳川の血統らしいとの事。

昭和天皇（明治34年4月29日生）
擁仁（やすひと）親王（明治35年6月25日生）（秩父宮）

宣仁親王（明治38年1月3日生）（高松宮）
崇仁（たかひと）親王（大正4年12月2日生）（三笠宮）

出典『裏切られた三人の天皇（増補版）（鹿島昇、新国民社）』、『天皇の伝説（メディアワークス）』

東武皇帝系図（輪王寺門跡宮）

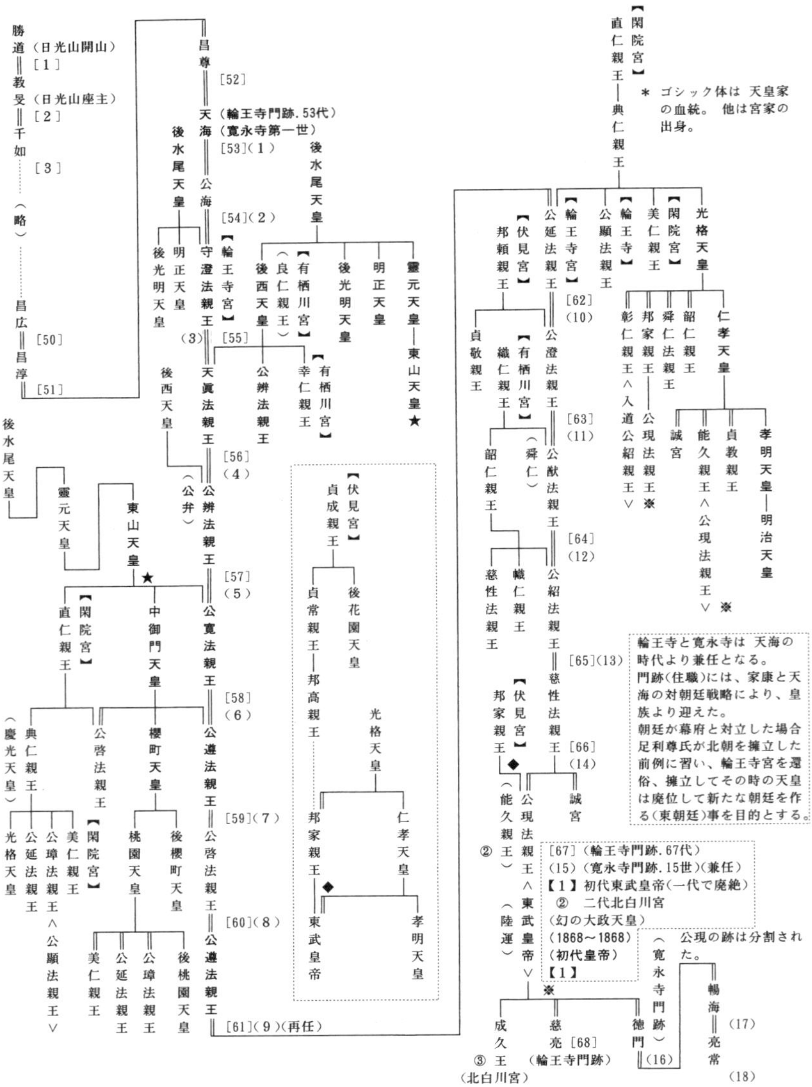
勝道（日光山開山）［1］
教旻（日光山座主）［2］
千如［3］
（略）
昌広［50］
昌淳［51］
昌尊［52］
天海（輪王寺門跡.53代）（寛永寺第一世）［53］（1）
公海［54］（2）
守澄法親王【輪王寺宮】（3）
天眞法親王［55］
公辨法親王［56］（4）
公寛法親王［57］（5）
公遵法親王［58］（6）
公啓法親王［59］（7）
公遵法親王［60］（8）
［61］（9）（再任）
後水尾天皇
後光明天皇
明正天皇
後西天皇
（良仁親王）
【有栖川宮】
靈元天皇
東山天皇★
公弁法親王
幸仁親王【有栖川宮】
（公弁）
中御門天皇
直仁親王【閑院宮】
典仁親王
（慶光天皇）
公啓法親王
櫻町天皇
光格天皇
公延法親王
公璋法親王〈公顯法親王〉
美仁親王【閑院宮】
桃園天皇
後櫻町天皇
美仁親王
公延法親王
公璋法親王
後桃園天皇
貞成親王【伏見宮】
貞常親王
後花園天皇
邦高親王
光格天皇
邦家親王◆
仁孝天皇
東武皇帝
孝明天皇
直仁親王【閑院宮】
典仁親王
＊ゴシック体は 天皇家の血統。 他は宮家の出身。
公延法親王［62］（10）
公顯法親王
輪王寺宮
邦頼親王【伏見宮】
貞敬親王
織仁親王【有栖川宮】
公澄法親王［63］（11）
（舜仁）
韶仁親王
公猷法親王［64］（12）
慈性法親王
幟仁親王
公紹法親王［65］（13）
慈性法親王［66］（14）
邦家親王【伏見宮】◆
（能久親王）②
公現法親王〈東武皇帝〉※
誠宮
（陸運）
彰仁親王〈入道公紹親王〉
邦家親王
舜仁法親王
韶仁親王
仁孝天皇
公現法親王※
誠宮
能久親王〈公現法親王〉※
貞教親王
孝明天皇
明治天皇
輪王寺と寛永寺は 天海の時代より兼任となる。
門跡（住職）には、家康と天海の対朝廷戦略により、皇族より迎えた。
朝廷が幕府と対立した場合足利尊氏が北朝を擁立した前例に習い、輪王寺宮を還俗、擁立してその時の天皇は廃位して新たな朝廷を作る（東朝廷）事を目的とする。
［67］（輪王寺門跡.67代）
（15）（寛永寺門跡.15世）（兼任）
【1】初代東武皇帝（一代で廃絶）
② 二代北白川宮
（幻の大政天皇）
（1868～1868）
（初代皇帝）
【1】
公現の跡は分割された。
成久王 ③（北白川宮）
慈亮［68］（輪王寺門跡）
徳門（寛永寺門跡）（16）
暢海（17）
亮常（18）

出典『日本史総覧・補巻（新人物往来社）』、『姓氏家系大辞典（太田亮、角川書店）』、『天皇の伝説（メディアワークス）』

北部王家（護良親王後裔）略系図

(参考.瀬部熊澤氏系図)

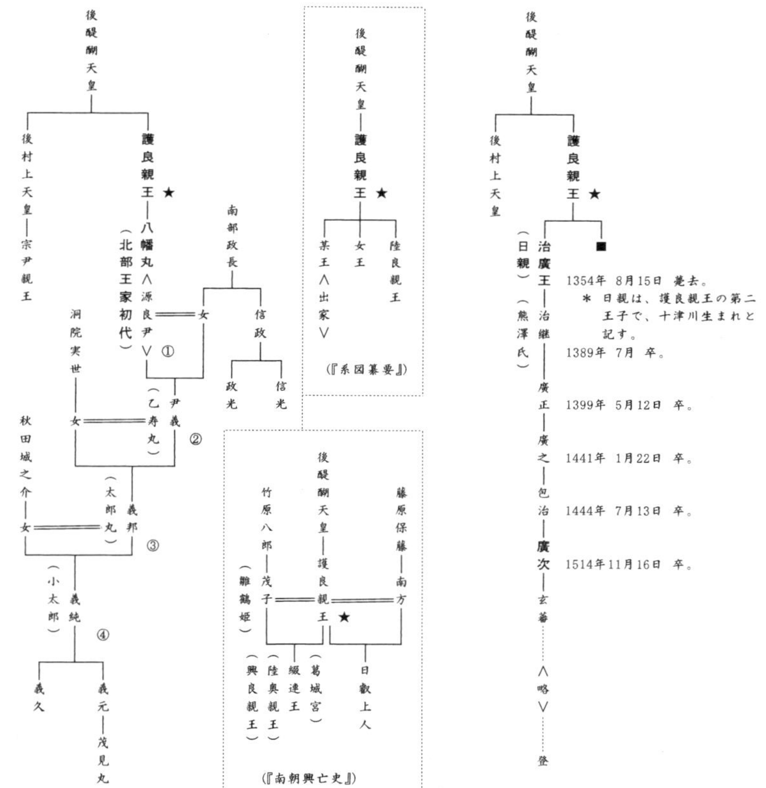
後醍醐天皇
後村上天皇
宗尹親王
護良親王 ★
八幡丸〈源良尹〉①
（北部王家初代）
南部政長
女
信政
政光
信光
洞院実世
女
尹義 ②
（乙寿丸）
秋田城之介
女
義邦 ③
（太郎丸）
義純 ④
（小太郎）
義久
義元
茂見丸
某王〈出家〉
女王
陸良親王
(『系図纂要』)
竹原八郎
茂子
（雛鶴姫）
藤原保藤
南方
興良親王
陸奥親王
綴連王
葛城宮
日叡上人
(『南朝興亡史』)
■
治廣王
（日親）
（熊澤氏）
1354年 8月15日 薨去。
＊ 日親は、護良親王の第二王子で、十津川生まれと記す。
治継
1389年 7月 卒。
廣正
1399年 5月12日 卒。
廣之
1441年 1月22日 卒。
包治
1444年 7月13日 卒。
廣次
1514年11月16日 卒。
玄蕃
〈略〉
登

『一宮市史・西成編(一宮市立豊島図書館.蔵)』
『尾張群書系図部集(加藤國光、続群書類従完成会)』

源良尹⇨北部王家初代(享年 37歳)。

源尹義⇨北部王家二代(享年 24歳)。

源義邦⇨北部王家三代。

源義純⇨北部王家四代。武田信純に誅殺される。
(北部王家滅亡)

源義元⇨北部王家五代目候補。武田信純に誅殺される。

＊ 護良親王の子孫の系譜は定かでない。『系図纂要』は 陸良親王、女王、王を記す(女王、出家した王の実名は不詳)。

熊澤日親や源良尹については、『系図纂要』などの基本系図では確認されない。

出典『北部王家の滅亡(霞 弘道、歴史研究.第424号)』
(歴史研究会・新人物往来社)

津軽南朝伝承北部王家（きたべおうけ）

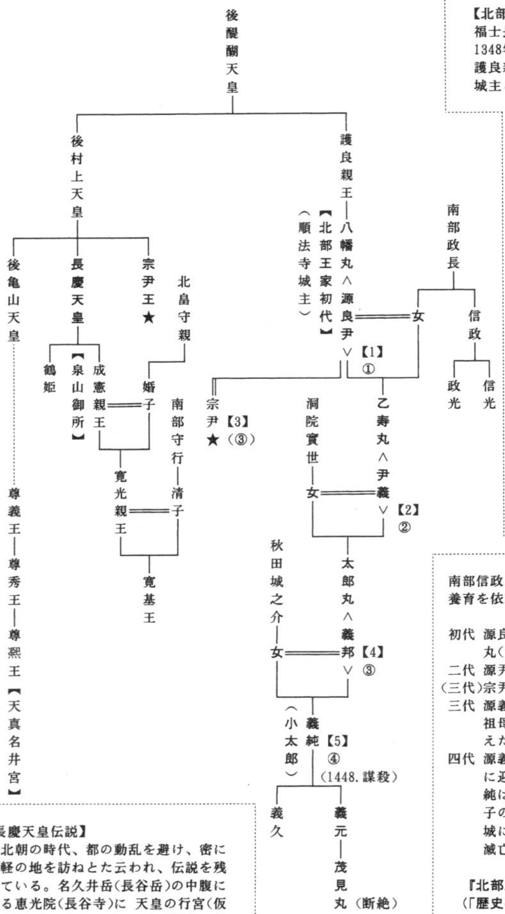

後醍醐天皇
後村上天皇
護良親王
八幡丸〈源良尹〉【北部王家初代】（順法寺城主）
【1】①
南部政長
女
信政
政光
信光
後亀山天皇
長慶天皇
宗尹王★
北畠守親
鶴姫
成憲親王【泉山御所】
婿子
南部守行
宗尹【3】★（③）
洞院實世
乙寿丸〈尹義〉
【2】②
寛光親王
清子
寛基王
女
尊義王
尊秀王
尊熙王【天真名井宮】
秋田城之介
女
太郎丸〈義邦〉
【4】③
義純【5】④（1448.謀殺）
（小太郎）
義久
義元
茂見丸（断絶）

【北部王家<きたべおうけ>】（1348～1448）
福士長俊.作の『東北太平記』による伝説の一族。
1348年（南朝正平３年、北朝貞和４年）、南部信政が護良親王の遺子を迎えて、下北郡城ケ沢の順法寺の城主としたことに始まる。

初代順法寺城主は良尹（ながただ）。

２代城主尹義（ただよし）は若死に。

３代城主は、目代の武田氏（蛎崎氏）が、後村上天皇皇子の宗尹（むねただ）が順法寺城に居たので、尹義の子の太郎丸を排して擁立した。
良尹の後室は兄の信政にこの事を訴えた。
信政は、直ちに順法寺城へ赴き、太郎丸を擁立し、第４代義邦（よしくに）とした。

４代城主義邦は、南部信政に擁立され当主となる。

５代城主義純（よしずみ）は、将軍義量に拝謁五位民部大輔に任ぜられた。

1448年 義純一族が、蛎崎蔵人のために謀殺された（北部王家滅亡）。
1456年 南部政経が蛎崎一族を討伐。

（『青森県百科事典<東奥日報社>』所収）
（青森県立図書館.蔵）

南部信政が後村上天皇より、護良親王の遺児・八幡丸の養育を依頼され、下北郡の順法寺城主とした事に始まる。

初代　源良尹（八幡丸）。南部信政の妹を娶る。翌年に乙寿丸（尹義）誕生。37歳で没す。
二代　源尹義。洞院實世の女を妻とする。24歳で没す。
（三代）宗尹王。蛎崎の目代の武田信吉が擁立する。
三代　源義邦。田名部の目代の赤星修理が擁立する。
　　祖母の妙専尼が、義邦の三代目継承を南部信光に訴えた。
四代　源義純。幕府に誼を通じ、管領の畠山満家の娘を妻に迎えたともいわれる。蛎崎の目代の武田（蛎崎）信純は、舟遊中に、舟を沈め、義純と長子の義元、次子の義久を溺死（謀殺）させたと云われる。この時、城に残った義元の子の茂見丸も急死し、北部王家は滅亡した。

『北部王家の滅亡（霞弘道、歴史研究）』
（「歴史研究 第424号<歴史研究会、新人物往来社>」所収）

【長慶天皇伝説】
南北朝の時代、都の動乱を避け、密に津軽の地を訪ねとた云われ、伝説を残している。名久井岳（長谷岳）の中腹にある恵光院（長谷寺）に 天皇の行宮（仮御所）があったという。 八戸根城の南部氏（南部信政、信光ら）が行宮を護衛したと云われている。その後、所在を北朝方に知られ、浪岡へ移る。そこも危うくなり、紙漉沢（かみすきざわ）へ移る（1385.元中２年11月10日）。 ここで修験となり、常照院盛賢と改め、応永10年（1403）崩御、上皇堂に葬られる。明治21年（1888）宮内省により御陵墓参考地の指定をうける。昭和19年（1944）京都嵯峨に御陵墓が決まって、指定廃止となる。浪岡時代には、天皇の行宮あたりは泉山御所とも呼ばれ、地名が残っているという（「青森県百科事典」）。

北山清江は、紙漉沢の棺盛山陵を長慶帝の御陵、紙漉沢山内の墳墓を天真名井宮尊熙王の墳墓と主張した。

出典『青森県百科事典（東奥日報社）（青森県立図書館.蔵）』、『歴史研究 第424号（歴史研究会、新人物往来社）』
『長慶天皇御事蹟御陵墓調査並南朝皇長孫の顕彰に關し請願書（北山清江子.著）（青森県立図書館.蔵）』
（資料提供.青森県立図書館、レファレンス協力.扶桑町図書館）

津軽南朝（北部王家・天真名井宮・天内氏）

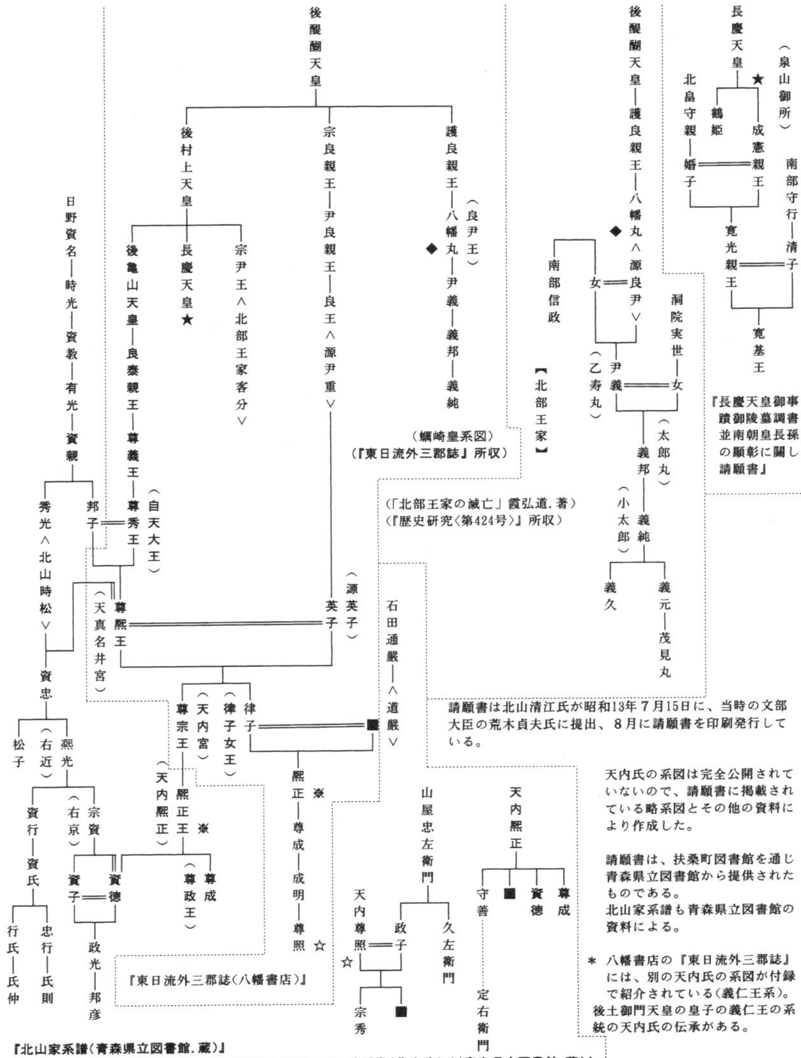
後醍醐天皇
後村上天皇
宗良親王
護良親王
後亀山天皇
長慶天皇★
宗尹王〈北部王家客分〉
良泰親王
尊義王
尊秀王（自天大王）
尹良親王
良王〈源尹重〉
英子（源英子）
八幡丸◆
尹義
義邦
義純
（良尹王）
（蠣崎皇系図）
（『東日流外三郡誌』所収）
日野資名
時光
資教
有光
資親
秀光〈北山時松〉
邦子
尊熙王（天真名井宮）
資忠
松子
（右近）
熈光
資行
資氏
行氏
氏仲
忠行
氏則
宗資（右京）
資子
資徳
政光
邦彦
尊宗王
（天内宮）
律子女王
律子
熙正王※（天内熙正）
尊政王
尊成
熙正※
尊成
成明
尊照☆
『東日流外三郡誌(八幡書店)』
（「北部王家の滅亡」霞弘道.著）
（『歴史研究〈第424号〉』所収）
石田通嚴〈道嚴〉
山屋忠左衛門
天内尊照☆
政子
久左衛門
宗秀
天内熙正
守善
資徳
尊成
定右衛門
後醍醐天皇
護良親王
八幡丸〈源良尹〉◆
南部信政
女
尹義
（乙寿丸）
洞院実世
女
義邦（太郎丸）
義純（小太郎）
義久
義元
茂見丸
【北部王家】
長慶天皇★
北畠守親
鶴姫
婿子
成憲親王
（泉山御所）
寛光親王
南部守行
清子
寛基王
『長慶天皇御事蹟御陵墓調書並南朝皇長孫の顕彰に關し請願書』

請願書は北山清江氏が昭和13年7月15日に、当時の文部大臣の荒木貞夫氏に提出、8月に請願書を印刷発行している。

天内氏の系図は完全公開されていないので、請願書に掲載されている略系図とその他の資料により作成した。

請願書は、扶桑町図書館を通じ青森県立図書館から提供されたものである。
北山家系譜も青森県立図書館の資料による。

＊ 八幡書店の『東日流外三郡誌』には、別の天内氏の系図が付録で紹介されている（義仁王系）。後土御門天皇の皇子の義仁王の系統の天内氏の伝承がある。

『北山家系譜(青森県立図書館.蔵)』
『長慶天皇御事蹟御陵墓調書並南朝皇長孫の顕彰に關し請願書(北山清江)(青森県立図書館.蔵)』
出典『請願書(＊上記)(北山清江)』、『北山家系譜』、『東日流外三郡誌(八幡書店)』、『歴史研究(歴史研究会)』

津軽南朝（天真名井宮・天内氏・北山氏）

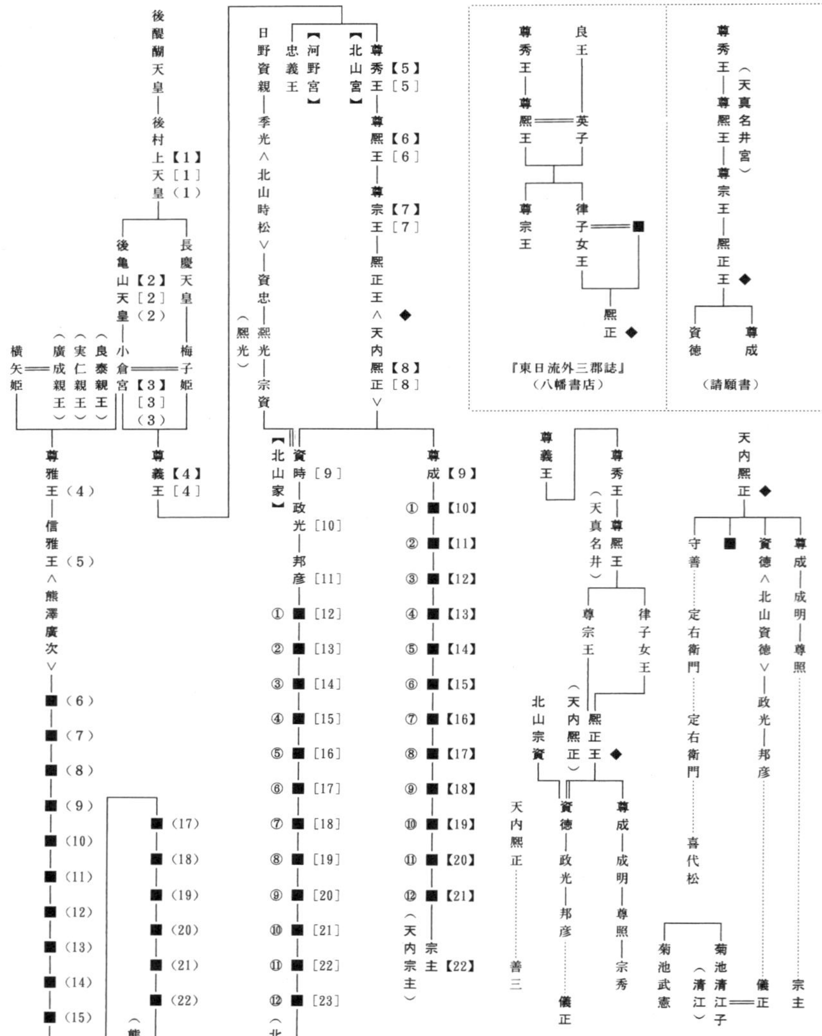
後醍醐天皇
後村上天皇【1】［1］（1）
長慶天皇
後亀山天皇【2】［2］（2）
梅子姫
小倉宮【3】［3］（3）
（良泰親王）
（実仁親王）
（廣成親王）
横矢姫
尊雅王（4）
信雅王（5）〈熊澤廣次〉
尊義王【4】［4］
（熊澤寛道）寛道（23）
日野資親
季光〈北山時松〉
資忠
（熙光）
熙光
宗資
【河野宮】忠義王
【北山宮】
尊秀王【5】［5］
尊熙王【6】［6］
尊宗王【7】［7］
熙正王〈天内熙正〉【8】［8］
【北山家】
資時［9］
政光［10］
邦彦［11］
（北山儀正）儀正［24］
尊成【9】
（天内宗主）宗主【22】
『東日流外三郡誌』（八幡書店）
良王
英子
尊秀王
尊熙王
尊宗王
律子女王
熙正
（天真名井宮）
尊秀王
尊熙王
尊宗王
熙正王
資徳
尊成
（請願書）
尊義王
尊秀王
（天真名井）尊熙王
尊宗王
律子女王
北山宗資
（天内熙正）熙正王
天内熙正
資徳
政光
邦彦
儀正
尊成
成明
尊照
宗秀
善三
天内熙正
守善
定右衛門
定右衛門
喜代松
資徳〈北山資徳〉
政光
邦彦
尊成
成明
尊照
宗主
菊池武憲
菊池清江子
（清江）
儀正

天内宗主⇨後醍醐天皇第二十二代。
北山儀正⇨後醍醐天皇第二十四代。
熊澤寛道⇨後醍醐天皇第二十三代（この代数は、寛道氏の系図と不整合）。
北山清江⇨北山儀正の妻、請願書提出者。

出典『長慶天皇御事蹟御陵墓調書並南朝皇長孫の顕彰に關し請願書（北山清江）（青森県立図書館．蔵）』、『北山家系譜』

津軽南朝（北山氏・天内氏姻族略系図）

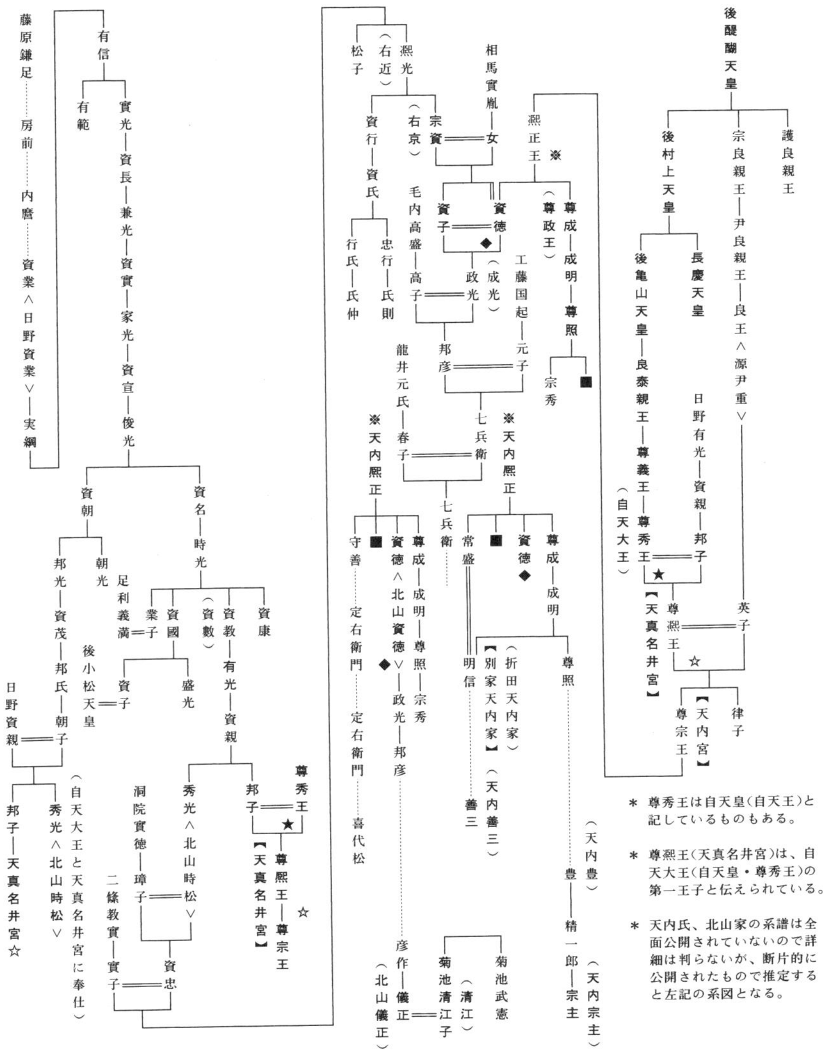

後醍醐天皇
後村上天皇
宗良親王
護良親王
長慶天皇
後亀山天皇
良泰親王
尊義王
尊秀王（自天大王）
【天真名井宮】
尊熈王
尹良親王
良王〈源尹重〉
日野有光
資親
邦子
英子
律子
尊宗王
【天内宮】
藤原鎌足
房前
内麿
資業〈日野資業〉
実綱
有信
有範
實光
資長
兼光
資實
家光
資宣
俊光
資朝
資名
邦光
朝光
資茂
邦氏
朝子
日野資親
邦子
天真名井宮
秀光〈北山時松〉（自天大王と天真名井宮に奉仕）
足利義満
業子
資國
資数
資教
資康
時光
有光
資親
後小松天皇
資子
盛光
洞院實徳
二條教實
實子
璋子
資忠
秀光〈北山時松〉
邦子
尊秀王
【天真名井宮】
尊熙王
尊宗王
松子
熈光（右近）
資行
資氏
行氏
氏仲
忠行
氏則
宗資（右京）
相馬實胤
女
資子
資徳
毛内高盛
高子
政光（成光）
邦彦
工藤国起
元子
熈正王
尊政王
尊成
成明
尊照
宗秀
龍井元氏
春子
七兵衛
天内熈正
守善
資徳〈北山資徳〉
尊成
成明
尊照
宗秀
政光
邦彦
定右衛門
喜代松
彦作
儀正（北山儀正）
菊池清江子（清江）
菊池武憲
常盛
明信
善三（天内善三）
資徳
尊成
成明
【別家天内家】
（折田天内家）
尊照
豊（天内豊）
精一郎
宗主（天内宗主）

＊ 尊秀王は自天皇（自天王）と記しているものもある。

＊ 尊熈王（天真名井宮）は、自天大王（自天皇・尊秀王）の第一王子と伝えられている。

＊ 天内氏、北山家の系譜は全面公開されていないので詳細は判らないが、断片的に公開されたもので推定すると左記の系図となる。

出典『長慶天皇御事蹟御陵墓調査並南朝皇長孫の顕彰に關し請願書（北山清江子）（昭和13年８月発行）』（青森県図書館．蔵）
『長慶天皇御陵及び南朝皇孫御墳墓（北山清江．著）（昭和10年７月発行）』（国立国会図書館．蔵）
『北山家系譜』（青森県立図書館．蔵）

天内氏略系図

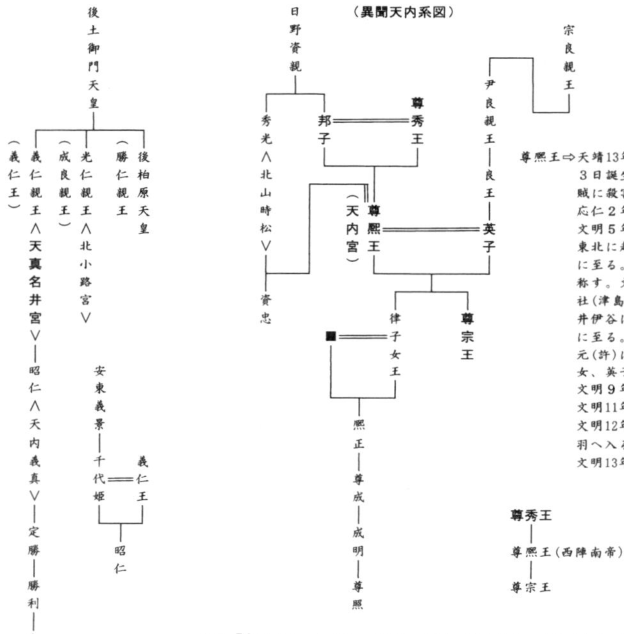

後土御門天皇
義仁親王〈天真名井宮〉
(義仁王)
(成良親王)
光仁親王〈北小路宮〉
(勝仁親王)
後柏原天皇
昭仁〈天内義真〉
定勝
勝利
安東義景
千代姫
義仁王
昭仁
(異聞天内系図)
日野資親
秀光〈北山時松〉
資忠
邦子
尊秀王
(天内宮)
尊熙王
宗良親王
尹良親王
良王
英子
律子女王
尊宗王
熙正
尊成
成明
尊照
尊秀王
尊熙王(西陣南帝)
尊宗王

尊熙王⇨天靖13年(1455)(北朝.康正元年) 9月3日誕生。三歳の時、御父尊秀才王逆賊に殺害される。
応仁2年、山名宗全に迎えられる。
文明5年3月、山名宗全死去。 6月、東北に赴かんと欲し、江州(近江)草津に至る。伊賀猪田郷に住し、天内宮と称す。文明7年正月、尾張海部郡天王社(津島神社)に詣でる。4月、遠江国井伊谷に至り、6月、信州伊那郡浪合に至る。9月、上野国世良田の良王の元(許)に至る。文明8年2月、良王の女、英子女王(源英子)を妃とする。
文明9年8月、妃王子(尊宗王)を生む。
文明11年4月、世良田を発す。
文明12年3月、常陸に入る。6月、出羽へ入る。9月、東日流行丘城に入る。
文明13年10月、義仁親王に拝す。

出典『東日流外三郡誌3・中世篇(二)』(東日流中山史跡保存会.編、八幡書店)

＊ 各系図、西陣南帝の位置付けが異なる。
尚高王の位置付けも検討を要する。

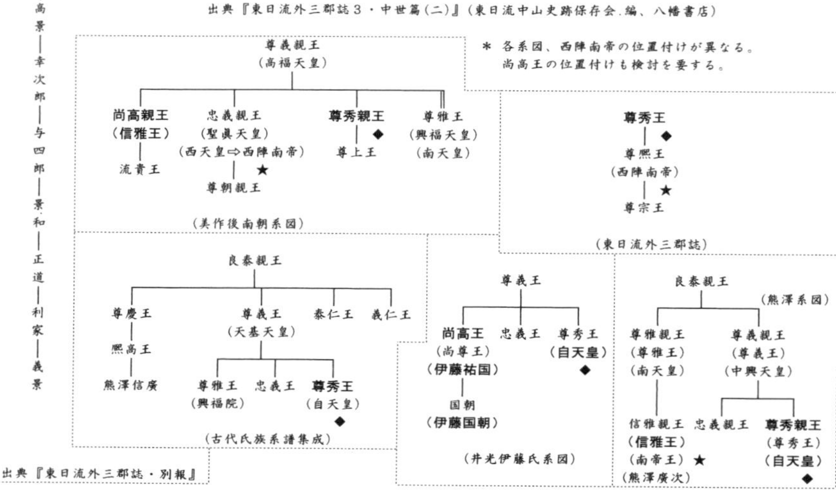

高景
幸次郎
与四郎
景和
正道
利家
義景
尊義親王
(高福天皇)
尚高親王
(信雅王)
流貴王
忠義親王
(聖真天皇)
(西天皇⇨西陣南帝)
★
尊朝親王
尊秀親王
◆
尊上王
尊雅王
(興福天皇)
(南天皇)
(美作後南朝系図)
尊秀王
◆
尊熙王
(西陣南帝)
★
尊宗王
(東日流外三郡誌)
良泰親王
尊慶王
熙高王
熊澤信廣
尊義王
(天基天皇)
泰仁王
義仁王
尊雅王
(興福院)
忠義王
尊秀王
(自天皇)
◆
(古代氏族系譜集成)
尊義王
尚高王
(尚尊王)
(伊藤祐国)
国朝
(伊藤国朝)
忠義王
尊秀王
(自天皇)
◆
(井光伊藤氏系図)
良泰親王
(熊澤系図)
尊雅親王
(尊雅王)
(南天皇)
信雅親王
(信雅王)
(南帝王) ★
(熊澤廣次)
尊義親王
(尊義王)
(中興天皇)
忠義親王
尊秀親王
(尊秀王)
(自天皇)
◆

出典『東日流外三郡誌・別報』

異聞皇統系図

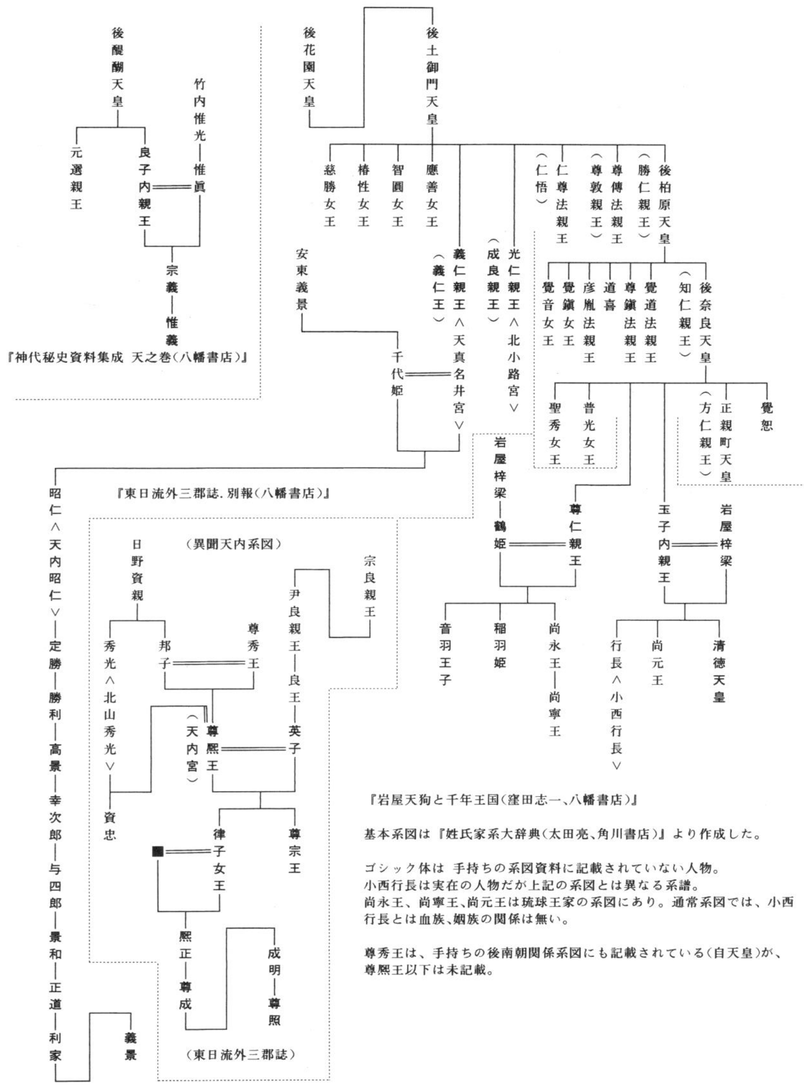
後醍醐天皇
竹内惟光
元選親王
良子内親王
惟眞
宗義
惟義
『神代秘史資料集成 天之巻(八幡書店)』
後花園天皇
後土御門天皇
慈勝女王
椿性女王
智圓女王
應善女王
義仁親王〈天真名井宮〉
(義仁王)
光仁親王〈北小路宮〉
(成良親王)
(仁悟)
仁尊法親王
(尊敦親王)
尊傳法親王
(勝仁親王)
後柏原天皇
覺音女王
覺鎮女王
彦胤法親王
道喜
尊鎮法親王
覺道法親王
(知仁親王)
後奈良天皇
聖秀女王
普光女王
(方仁親王)
正親町天皇
覺恕
安東義景
千代姫
昭仁〈天内昭仁〉―定勝―勝利―高景―幸次郎―与四郎―景和―正道―利家
義景
『東日流外三郡誌. 別報(八幡書店)』
(異聞天内系図)
日野資親
宗良親王
尹良親王―良王―英子
秀光〈北山秀光〉
邦子
尊秀王
尊熙王
(天内宮)
資忠
■
律子女王
尊宗王
熙正―尊成
成明―尊照
(東日流外三郡誌)
岩屋梓梁―鶴姫
尊仁親王
玉子内親王
岩屋梓梁
音羽王子
稲羽姫
尚永王―尚寧王
行長〈小西行長〉
尚元王
清徳天皇

『岩屋天狗と千年王国(窪田志一、八幡書店)』

基本系図は『姓氏家系大辞典(太田亮、角川書店)』より作成した。

ゴシック体は 手持ちの系図資料に記載されていない人物。
小西行長は実在の人物だが上記の系図とは異なる系譜。
尚永王、尚寧王、尚元王は琉球王家の系図にあり。通常系図では、小西行長とは血族、姻族の関係は無い。

尊秀王は、手持ちの後南朝関係系図にも記載されている(自天皇)が、尊熙王以下は未記載。

出典『姓氏家系大辞典(太田亮、角川書店)』、『東日流外三郡誌(八幡書店)』、『岩屋天狗と千年王国(窪田志一)(八幡書店)』

帝釈氏・泰道氏略系図（造られた皇胤系図）

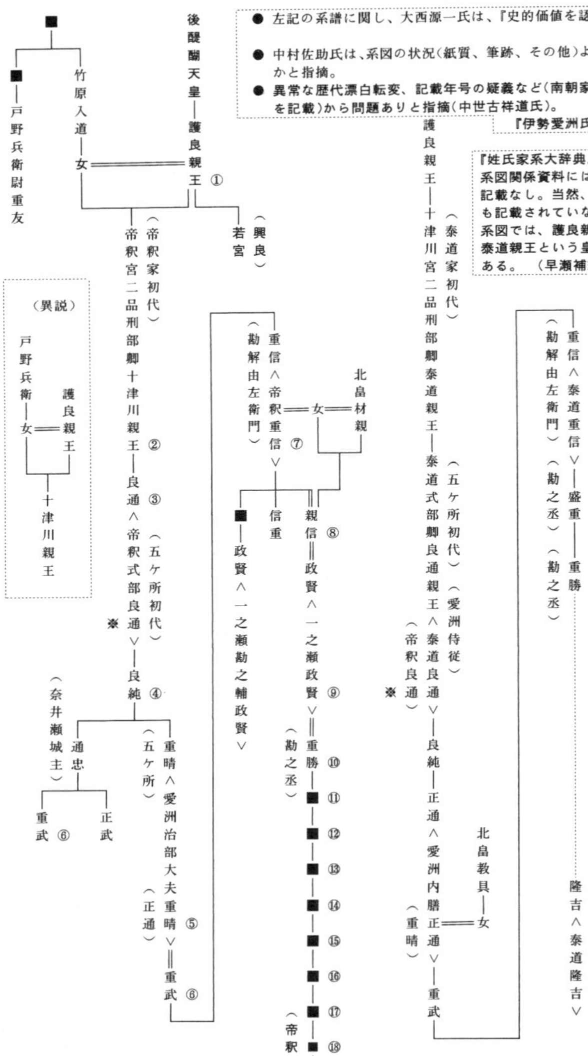

後醍醐天皇―護良親王 ①
竹原入道―女
■
戸野兵衛尉重友
若宮（興良）
帝釈宮二品刑部卿十津川親王 ②（帝釈家初代）
良通 ③ ＜帝釈式部良通＞（五ケ所初代） ※
良純 ④
通忠（奈井瀬城主）
重武 ⑥
正武
重晴＜愛洲治部大夫重晴＞ ⑤（五ケ所）（正通）
重武 ⑥
重信＜帝釈重信＞ ⑦（勘解由左衛門）
北畠材親
女
■ 政賢＜一之瀬勘之輔政賢＞
信重
親信 ⑧
政賢＜一之瀬政賢＞ ⑨
重勝 ⑩（勘之丞）
■ ⑪
■ ⑫
■ ⑬
■ ⑭
■ ⑮
■ ⑯
■ ⑰
■ ⑱
重政 ⑲（帝釈市治郎）
（異説）
戸野兵衛―女
護良親王
十津川親王
護良親王―十津川宮二品刑部卿泰道親王（泰道家初代）
泰道式部卿良通親王＜泰道良通＞（五ケ所初代）（愛洲侍従）（帝釈良通） ※
良純
正通＜愛洲内膳正通＞（重晴）
北畠教具―女
重武
重信＜泰道重信＞（勘解由左衛門）
盛重（勘之丞）
重勝（勘之丞）
隆吉＜泰道隆吉＞

● 左記の系譜に関し、大西源一氏は、『史的価値を認め得ない』と批判。

● 中村佐助氏は、系図の状況（紙質、筆跡、その他）より、偽作ではないかと指摘。

● 異常な歴代漂白転変、記載年号の疑義など（南朝家系なのに北朝年号を記載）から問題ありと指摘（中世古祥道氏）。

『伊勢愛洲氏の研究より』

『姓氏家系大辞典』、『系図纂要』などの系図関係資料には、帝釈宮・十津川宮記載なし。当然、『本朝皇胤紹運録』にも記載されていない。 つまり、主要な系図では、護良親王には、十津川親王、泰道親王という皇子は 存在しないのである。 （早瀬補筆）

護良親王
（1308～1335）

帝釈宮十津川親王
（1333～1375）
母は 竹原入道の娘。
1343年 親王宣旨、帝釈氏を氏とする。
（親王が氏を称する事はあり得ない）

帝釈良通
（****～1422）
愛洲侍従、五カ所に移り、愛洲城主元祖となる。
（愛洲伊勢守の客分が愛洲侍従というのは疑問、帝釈侍従というならまだしも、愛洲侍従というのはありえない）
北畠満雅は南朝支持その支配下の愛洲氏が、護良親王の孫を臣従的に扱うのは、おかしい。帝釈良通が、護良親王と血縁でなければ、愛洲氏が家臣並に扱っても問題はない。

帝釈良純
（****～1468）

愛洲重晴
（1432～1459）
五ケ所侍従。 北畠氏に不意打ちされる。
（帝釈姓が賜姓なら、愛洲に改姓するのは疑問）

＊ この系図は、中世古祥道氏が指摘しているように多くの疑義がある。詳細は、下記出典参照。

愛洲重武 （****～1516） 帝釈通忠（奈井瀬城主）の二男。
帝釈通忠 （****～1494） 奈井瀬城主。
帝釈重信 （1477～1531） 帝釈親信（1511?～1571?）
一之瀬政賢（****～1642） 帝釈重勝 （****～1656）

出典『伊勢愛洲氏の研究（中世古祥道.著、三重県郷土資料刊行会）』（昭和50年）

大塔氏略系図

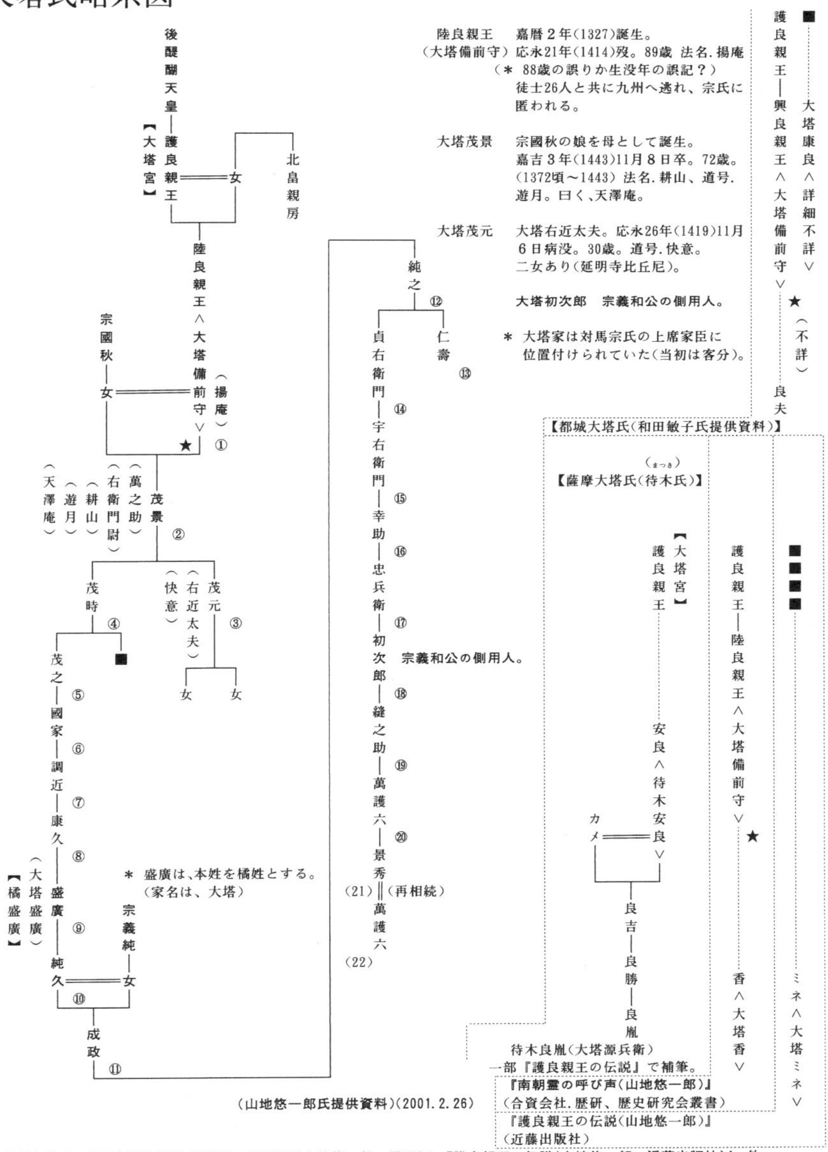
後醍醐天皇
【大塔宮】護良親王
女
北畠親房
陸良親王〈大塔備前守〉（揚庵）①
宗國秋
女
★
茂景②
（萬之助）（右衛門尉）（耕山）（遊月）（天澤庵）
茂時④
[redacted]
茂元③
（右近太夫）（快意）
女　女
茂之⑤
國家⑥
調近⑦
康久⑧
盛廣⑨
（大塔盛廣）
【橘盛廣】
＊ 盛廣は、本姓を橘姓とする。（家名は、大塔）
宗義純
純久⑩
女
成政⑪
純之⑫
仁壽⑬
貞右衛門⑭
宇右衛門⑮
幸助⑯
忠兵衛⑰
初次郎 宗義和公の側用人。⑱
縫之助⑲
萬護六⑳
景秀
(21)（再相続）
萬護六
(22)
陸良親王（大塔備前守）　嘉暦2年(1327)誕生。
応永21年(1414)歿。89歳 法名.揚庵
（＊ 88歳の誤りか生没年の誤記？）
徒士26人と共に九州へ逃れ、宗氏に匿われる。
大塔茂景　宗國秋の娘を母として誕生。
嘉吉3年(1443)11月8日卒。72歳。
(1372頃～1443) 法名.耕山、道号.遊月。曰く、天澤庵。
大塔茂元　大塔右近太夫。応永26年(1419)11月6日病没。30歳。道号.快意。
二女あり(延明寺比丘尼)。
大塔初次郎　宗義和公の側用人。
＊ 大塔家は対馬宗氏の上席家臣に位置付けられていた(当初は客分)。
[redacted]
護良親王―興良親王〈大塔備前守〉
大塔康良〈詳細不詳〉
★（不詳）
良夫
【都城大塔氏(和田敏子氏提供資料)】
【薩摩大塔氏(待木氏)】
（まつき）
【大塔宮】護良親王
安良〈待木安良〉
カメ
良吉
良勝
良胤
待木良胤(大塔源兵衛)
一部『護良親王の伝説』で補筆。
護良親王―陸良親王〈大塔備前守〉★
香〈大塔香〉
[redacted]
ミネ〈大塔ミネ〉
『南朝霊の呼び声(山地悠一郎)』
(合資会社.歴研、歴史研究会叢書)
『護良親王の伝説(山地悠一郎)』
(近藤出版社)
(山地悠一郎氏提供資料)(2001.2.26)

出典『山地悠一郎氏提供資料』、『南朝霊の呼び声(山地悠一郎、歴研)』、『護良親王の伝説(山地悠一郎、近藤出版社)』、他

越中宮関係系図

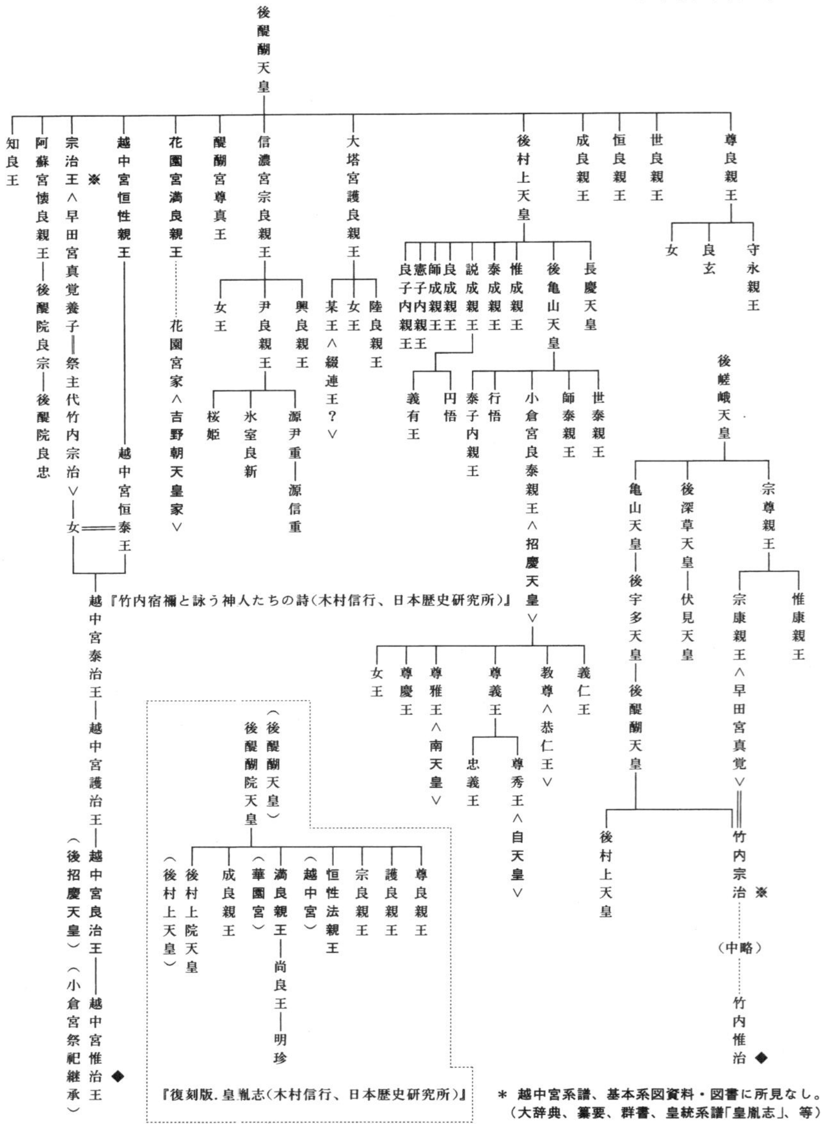

後醍醐天皇
知良王
阿蘇宮懐良親王―後醍院良宗―後醍院良忠
宗治王＜早田宮真覚養子＝祭主代竹内宗治＞―女 ※
越中宮恒性親王―越中宮恒泰王
花園宮満良親王……花園宮家＜吉野朝天皇家＞
醍醐宮尊真王
信濃宮宗良親王
女王
尹良親王
興良親王
桜姫
氷室良新
源尹重―源信重
大塔宮護良親王
某王＜綴連王？＞
女王
陸良親王
後村上天皇
良子内親王
憲子内親王
師成親王
良成親王
説成親王
泰成親王
惟成親王
後亀山天皇
長慶天皇
義有王
円悟
泰子内親王
行悟
小倉宮良泰親王＜招慶天皇＞
師泰親王
世泰親王
女王
尊慶王
尊雅王＜南天皇＞
尊義王
忠義王
尊秀王＜自天皇＞
教尊＜恭仁王＞
義仁王
成良親王
恒良親王
世良親王
尊良親王
女
良玄
守永親王
後嵯峨天皇
亀山天皇―後宇多天皇―後醍醐天皇
後深草天皇―伏見天皇
宗尊親王
宗康親王＜早田宮真覚＞＝竹内宗治 ※……（中略）……竹内惟治 ◆
惟康親王
後村上天皇
『竹内宿禰と詠う神人たちの詩(木村信行、日本歴史研究所)』
越中宮泰治王―越中宮護治王―越中宮良治王―越中宮惟治王 ◆
（後招慶天皇）（小倉宮祭祀継承）
（後醍醐天皇）
後醍醐院天皇
尊良親王
護良親王
宗良親王
恒性法親王（越中宮）
満良親王（華園宮）―尚良王―明珍
成良親王
後村上院天皇（後村上天皇）
『復刻版.皇胤志(木村信行、日本歴史研究所)』
＊ 越中宮系譜、基本系図資料・図書に所見なし。
（大辞典、纂要、群書、皇統系譜「皇胤志」、等）

出典『竹内宿禰と詠う神人たちの詩(木村信行、日本歴史研究所)』、『復刻版.皇胤志(木村信行、日本歴史研究所)』

越中宮家（竹内家）

- 後嵯峨天皇—宗尊親王
  - 宗康親王〈真覚〉（早田宮）
  - 惟康親王
- 後醍醐天皇
  - 後村上天皇
    - 後亀山天皇
      - 招慶天皇（小倉宮良泰親王）
        - 尊慶王
        - 尊雅王〈南天皇〉
        - 尊義王（後招慶天皇）
          - 忠義王
          - 尊秀王（自天皇）
    - 長慶天皇
  - 満良親王〈花園宮〉
  - 恒性親王—恒泰王
  - 【越中宮】宗治王〈竹内宗治〉（宗康親王＝宗治王）—女
- 恒泰王＝女
  - 泰治王—護治王—良治王

- 竹内豊治—基治【64】（53）
  - （兄）秀治【65】（54）
    - （兄）季治【67】（56）
    - （弟）懐元【68】（57）
    - （弟）典治【69】（58）
  - （弟）幸治【66】（55）
- 良治王＝季治
  - 惟治王【71】（60）（越中竹内家）
  - 長治【70】（59）【公家竹内家】

- 惟治王（越中竹内家）
  - 三郎太郎【72】（61）①
    - 三郎太郎【73】（62）②
      - 三郎太郎【74】（63）③
      - （[redacted]）
      - 五郎太郎
      - 小七郎〈真圓〉
    - （[redacted]）
    - 六郎太郎左衛門（勝重）
    - 六郎次郎〈宮地惟重〉（惟重）
  - （[redacted]）
  - 三郎次郎（惟良）
  - 三郎四郎（惟宗）
  - 八郎太郎〈石黒光治〉（光治）

- 三郎太郎【74】（63）③—三郎太郎【75】（64）④—三郎太郎【76】（65）⑤—三郎太郎【77】（66）⑥—三郎太郎【78】（67）⑦—三郎太郎【79】（68）⑧—三郎太郎【80】（69）⑨—三郎太郎【81】（70）⑩—三郎太郎【82】（71）⑪—三郎太郎【83】（72）⑫—[redacted]【欠世初代竹内宿禰】—[redacted]【欠世二代竹内宿禰】—[redacted]【欠世三代竹内宿禰】—睦泰【84】（73）⑬【第七十三世竹内宿禰】

※ 正統竹内家当主の諱は非公開。
通称、三郎太郎。
代々、竹内宿禰を継承。
第七十二世竹内宿禰で一旦は
中絶する（欠世三代）。
竹内睦泰氏（七十二世の玄孫）
が、正統竹内家を再興して、
第七十三世竹内宿禰を継承。

＊ 惟治王は第六十世竹内宿禰を継承。併せて小倉宮（後南朝嫡統）の祭祀を継承した。

＊ 越中宮の系譜は通常の系譜集では確認されない（早瀬.注）。
（大辞典、纂要、古代氏族系譜集成、 皇統系譜「皇胤志」、群書、等）
＊『尊卑分脈』、の竹内家系図、越中竹内家不記載。

出典『竹内宿禰と詠う神人たちの詩（木村信行、日本歴史研究所）』

尾張、三河、信州、遠州、富士などに南朝伝承があることは前述したが、その枝が防長にも伝わり、鹿島曻氏らにより、ある家系が浮上した。その家系とは、山口県の大室氏である。拙著『南朝興亡史』でも、ごく簡単な略系図を紹介した。筆者が大室家について知ったのは、新國民社の『日本王朝興亡史』(鹿島曻)を入手してからである。もっとも、防長南朝のことは、『南朝興亡史』の参考資料にした『御落胤と偽天皇——エロスを介して眺めた天皇は夢まぼろしの華である——』(玉川信明編・社会評論社)という書により知ってはいたが、それが大室家と知ったのは『日本王朝興亡史』である。

その後、『天皇家の伝説』(メディアワークス・主婦の友)、『裏切られた三人の天皇(増補版)』(鹿島曻・新國民社)、『明治天皇の生贄』(鹿島曻・宮崎鉄雄・松重正共著・新國民社)、『日本侵略興亡史』(鹿島曻・新國民社、コピー)を入手したが、満足な答えは得ていない。

新國民社へ問い合わせたら後日、松重正(まつしげまさし)氏よりご連絡いただき、『日本侵略興亡史』を、松重氏の好意により一部コピーさせてもらった。また同氏より『南朝系譜』のコピーをいただいたが、大室家の系図はやはり途中が省略されており、系譜研究の立場からは納得できるものではなかった。孝明天皇暗殺や、明治天皇のすり替え説には興味を覚えたが、肝心の防長南朝を立証するには至らなかった。

大室家が南朝であることを立証するには、三河南朝大宝天皇の弟とする光良親王から大室寅之助に至る系譜が公開され検証されること、後醍醐天皇から光良親王までの系譜が基本資料で確認されることが必要である。また、鹿島氏らが主張すること(孝明天皇暗殺と明治天皇のすり替え)が立証されなければ、現天皇家を大室家一族と主張することはできない。

また山口県在住の女性（日本家系図学会会員）からの手紙によると、山口地方の方言を使っていた者が替え玉として朝廷に潜入して側近や公家らを騙せるのか疑問であるし、側近などに幼少時に仕えていた侍女のことなどを語っている点から、明治天皇のすり替えは疑問との指摘をいただいた。その点については よく判らないが、現代でも例えば私でも方言を消して完全な標準語を喋ることはできないし、宮中言葉など「おから」が「卯の花」ぐらいは知っているがよく判らない。まして、今ほど情報が一般庶民に伝播していない江戸末期において、田舎暮らしの少年が宮中奥深くに座する人物と入れ替わることはかなり難しいと、先の指摘を受ければ納得してしまう。確率ゼロとは言わないが、相当困難なことである。

鹿島氏らの主張がすべて正しければ、「消された皇統」は、明治になって顕現したことになる。三浦天皇は、現天皇家が南朝末裔（毛利家に匿われた南朝末裔）という話を、宮中顧問官から聞いた話として喧伝している。鹿島氏らはこの家系を大室家として、一連の著書で紹介したのである。明治天皇すり替え説は、その人物が南朝末裔であろうと、ただの農民の子供であろうと関係ないが、現実の問題としては成功の可能性は、限りなく低いのではないだろうか？

ちなみに、『角川日本姓氏歴史人物大辞典35・山口県姓氏歴史人物大辞典』（角川書店）には、大室家や大室近祐氏のことは記載されていない。

鹿島氏はさらに、明治天皇すり替えだけでなく、明治天皇から今上天皇に至る系譜にも疑問を呈している（近代天皇家系図参照）。幕末から明治初期は混乱の時代であり、皇位簒奪の可能性がないとは言わないが、明治から現在に至る系譜を改竄したとすると重大な問題となる。鹿島説は、あまりに飛躍してはいないだろうか？

皇位簒奪といえば、ごく短期間東北に、明治天皇とは別に、大政天皇（東武皇帝）が存在したと言われている。東北での合戦が長引いていたら、東北から北海道に、明治天皇の政権とは別の王権が誕生したかもしれない。現実は、奥州列藩同盟の瓦解などもあり、東武皇帝は、約三カ月の在位で終わり、王統には加えられず、謀反に加担した皇族として謹慎処分とはなったが、北白川宮家として存続した。

南朝末裔伝承は、宗良親王の系統ばかりではない。護良親王にも末裔伝承がある。その一部は前述したが、東北にもその末裔とする家系があった。北部王家（きたべおうけ）と呼ばれる家系である。『青森県百科事典』（東奥日報社、青森県立図書館・蔵）などによると、護良親王の皇子の八幡丸（源良尹）を初代とする。しかし、四代目（あるいは五代目）の義純の時、蠣崎蔵人の謀略で、断絶に追い込まれている。また、長慶天皇の伝説もあり、泉山御所といわれる家系が数代続いたようである（『皇統系譜』不記載）。

さらには、後南朝の自天皇（尊秀王）の末裔「天真名井宮・天内家」が、津軽で存続したと言われている。天内家・北山家は、その一族・姻族末裔と言われている。一部関係資料が、国会図書館、青森県立図書館にあるが、略系図なのが残念である。ちなみに、この一族も、熊澤家のように、南朝認定の請願をしているようである。

『東日流外三郡雑誌』では、尊熈王を西陣南帝としている。同書によれば、別の天内氏系図も付録で紹介している（八幡書店版の『東日流外三郡誌』別報）。別系統の天内氏は、後土御門天皇末裔としている。また、『岩屋天狗と千年王国』（窪田志一・八幡書店）によると、後奈良天皇の末裔として「消された皇統」を紹介している。しかし、これは通常の系譜資料では確認できない。窪田家の秘伝によるという。

話が戻るが、悲劇の皇子、護良親王には、ほかにもその末裔とする家系がある。帝釈氏、泰道氏、大塔氏などである。大塔氏は、九州に伝承があり、対馬に逃れて、宗氏の客分から家臣になり、一部は宮崎などに移ったというが詳細はよく判らない。

帝釈氏、泰道氏については、『南朝興亡史』執筆以前に参考図書を入手していたが、疑問があり紹介を見送った。その系譜の疑惑については、中世古祥道氏が指摘しているところなので、紹介のみとする。ちなみに、俳優の小泉孝太郎の母系は、泰道氏につながり、この泰道氏は、三重県の出身である（エスエス製薬創業者の泰道一族）。

次に越中宮皇統であるが、越中宮皇統というのは、従来の南朝関係系譜には登場していない。わずかに、恒性法親王が越中宮と記されている（国立国会図書館・蔵『皇統系譜』）のみで、その皇子、子孫は不記載である。また、後醍醐の皇子に宗治王なる人物は、筆者が所持する系図資料では確認されない。ここで紹介した系図は、日本歴史研究所の木村氏の著作による。

なお、関係系図記載の花園宮満良親王の子孫（吉野朝天皇家）については、手持ちの系図の基本図書では確認できていないし、南朝関係の資料でも確認できていないことをお断りしておく。一説に大室家（称・防長南朝）の先祖との見方があるが、確認するすべはない。この越中宮家には、正統竹内家なる家系が絡んでいるが、これは竹内家のみの主張で系図研究の基礎資料（『尊卑分脈』、『系図纂要』、『群書系図部集』、『姓氏家系大辞典』）には記載されていない。もちろん『古代氏族系譜集成』や『系圖綜覧』などにも記載されていない。
竹内宿禰の子孫で、堂上竹内家、武術竹内家と一族で言われる竹内家だが、一族と証明する竹内系図は公開されていないし、武術の宗家、流派を記載したもので、武術竹内家が、堂上竹内家に繋がる系図、竹内宿禰に繋がる系図は、少ない手持ちの資料では、確認していない。
また、「越中宮の皇統」が南朝嫡流を継承したとするが、尊秀王の系統は津軽南朝（天内氏）となり、熊澤家の主張によれば、尊雅王が、後南朝嫡流（皇統）を継承し、信雅王（熊澤家の主張によれば）を経て、熊澤家が嫡統を継承した。美作南朝説では、忠義王の系統が皇統を継承して良懐が謀殺されて嫡流は断絶したと伝える。三河南朝の主張によれば、吉野は南朝の副統で、正統は興国天皇（守永親王）が継承したとする。
「越中宮家」は、誰から皇統を継承したのであろうか？　吉野朝天皇家というのもよく判らない。満良親王の系統は、明珍なる人物までしか確認されない（尚良王―明珍を不記載とする資料もある）。中田憲信の調査からもその系統は浮上しないのである。

酒本天皇系譜（偽天皇の系譜）

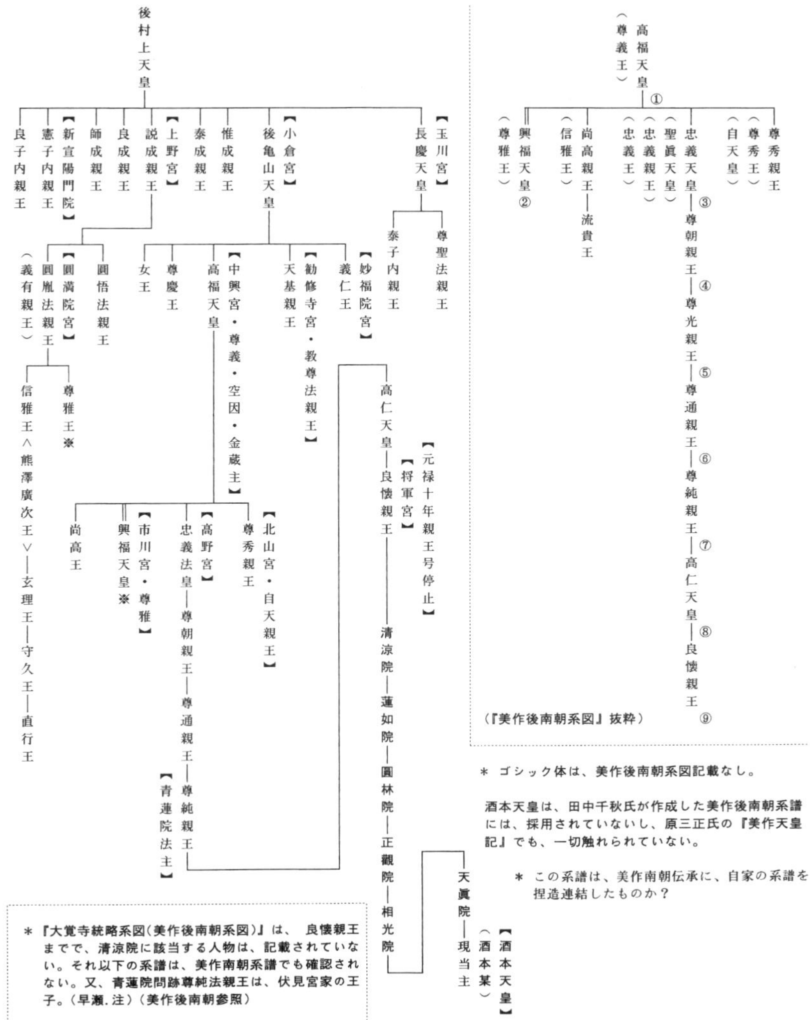
後村上天皇
良子内親王
憲子内親王
【新宣陽門院】
師成親王
良成親王
説成親王
【上野宮】
泰成親王
惟成親王
後亀山天皇
【小倉宮】
長慶天皇
【玉川宮】
（義有親王）
圓胤法親王
【圓満院宮】
圓悟法親王
信雅王〈熊澤廣次王〉—玄理王—守久王—直行王
尊雅王※
女王
尊慶王
高福天皇
【中興宮・尊義・空因・金蔵主】
天基親王
【勧修寺宮・教尊法親王】
義仁王
【妙福院宮】
泰子内親王
尊聖法親王
尚高王
興福天皇※
【市川宮・尊雅】
忠義法皇—尊朝親王—尊通親王—尊純親王
【高野宮】
尊秀親王
【北山宮・自天親王】
【青蓮院法主】
高仁天皇—良懐親王—清涼院—蓮如院—圓林院—正觀院—相光院
【将軍宮】
【元禄十年親王号停止】
天眞院—現当主
（酒本某）
【酒本天皇】
高福天皇（尊義王）①
興福天皇②
（尊雅王）
尚高親王—流貴王
（信雅王）
（忠義王）
（忠義親王）
（聖眞天皇）
忠義天皇③—尊朝親王④—尊光親王⑤—尊通親王⑥—尊純親王⑦—高仁天皇⑧—良懐親王⑨
（自天皇）
（尊秀王）
尊秀親王
（『美作後南朝系図』抜粋）

＊『大覚寺統略系図(美作後南朝系図)』は、良懐親王までで、清涼院に該当する人物は、記載されていない。それ以下の系譜は、美作南朝系譜でも確認されない。又、青蓮院問跡尊純法親王は、伏見宮家の王子。(早瀬．注)（美作後南朝参照）

＊ ゴシック体は、美作後南朝系図記載なし。

酒本天皇は、田中千秋氏が作成した美作後南朝系譜には、採用されていないし、原三正氏の『美作天皇記』でも、一切触れられていない。

＊ この系譜は、美作南朝伝承に、自家の系譜を捏造連結したものか？

酒本系図に関しては、『系図の偽作に就いて［熊澤天皇・酒本天皇両系譜の駁筆］(渡辺世祐)』が、熊澤系図と併せて批判しているのでそちらを参考にされたい。

出典『安居隆行氏提供資料』

後南朝系譜批判と反駁（熊澤・酒本系譜批判）

渡邊世祐の批判	吉田長蔵の反論・逆批判
● 後亀山天皇の皇子以下南朝方の系統は全くの偽作であり、出鱈目である。一等資料に記載なし。 後亀山天皇の皇子としては小倉宮恒敦王があり、その御子に入道聖承があり、その御子に勧修寺門跡教尊があることは、伏見宮御記録・看聞日記・建内記・満済准后日記等に明らかである。實仁親王や義仁王・泰仁王・尊義義王・尊雅王や日尊王などがあるも、これは信用すべき諸家の系圖には勿論、確實な記録には全く見えぬ名であるから實在せるものとは考えらるべき筈はないのである。 但し實仁親王とあるのは、持明院統後小松天皇の皇子で後に即位して稱光天皇となられた皇子を後亀山天皇の皇子としたのではないかと思われる。南朝後胤と云う日尊は山名宗全に擁せられていることが興福寺門跡大乗院の寺社雑事記にみえるが、後亀山天皇の後胤か否か全く不明である。宗全は文明五年(1473)に卒しているので、明應元年(1492)に挙兵すべき筈もない。	● 『纂輯御系図』に後亀山天皇の皇子の記載あり(変名や僧名)偽作や出鱈目という指摘は当たらない。 南朝を語るのに南朝資料を無視して、北朝資料で云々するのは、又聞きや伝聞の日記類が基本なのでおかしい。 『纂輯御系図』に尊雅王まで記載されているので、 これを出鱈目呼ばわりする事は、『纂輯御系図』に対する挑戦である。 小倉宮とは實仁親王、即ち変名良泰親王の事で、恒敦王とは是こそ仮空の人物、聖承とは小倉宮實仁親王が入道した僧名で、その子教尊とは小倉宮實仁親王の第二皇子泰仁王の僧名に過ぎないものである。『纂輯御系図』に変名記載されていたとしても久しい間慣用された諱だとすれば正しいと云う事になる。「偽作」だとか「出鱈目」だの「実在しない」と云うような批難をする事は当たらない。恒敦王は仮空の人物で、亀山天皇皇子の恒明親王と後亀山天皇の皇子小倉宮を混合連想したもので、「世明宮」も「政明宮」からの連想誤記であり「纂輯御系図」も取り上げていない。 年号については南朝再興の時文明を明應と改元しているいるが、後に北朝も明應の年号を用いているのでこれと混合しており的外れである。
● 尊義王は架空の人物。尊秀と忠義は実在の人物だが大覚寺統の系統であるか否かは不明。御所乱入事件に関係したのは源尊秀で源氏を稱する臣下の系統で王ではない。忠義が尊義王の子であるとか、尊秀の弟であるとかいう事実は全く無いことである。忠義が尊秀と同じ日に殺害されたとは思いもよらぬ事で、尊秀は嘉吉3年(1443)9月23日に幕府軍に叡山で殺され、忠義は康正元年(1455)大覚寺統回復の願文を、熊野那智権現に納めているので同時殺害は有るべき筈はないのである。 熊澤系譜なるものは、一知半解の徒が不確実な各種記録を渉猟して、南朝御関係の方の名を集めて系圖を偽作し出鱈目に書き出したものであることは辨解の餘地のないところである。 ● 酒本系譜⇨熊澤系譜同様に後亀山天皇後胤として系図が作られている。 後亀山天皇の皇子小倉宮は恒敦王であり、その王子が聖承であることは既に説明した通りである(熊澤系図批判)。義仁王、天基親王、高福天皇、尊慶王など、何れも記録古文書に徹して根拠のないものである。 尊朝親王、尊通親王、尊純親王等の名前は伏見宮・有栖川宮・門跡譜等親王諸家系譜にあるも全く系統を異にしいる。尚この系譜に信雅王と云うのがあるが、熊澤系譜にも同様の記述があり一脈相通ずるものがあって、両系譜が同一人若しくは同一系統のものの偽作にかかるものであると思われる。従ってこの系譜も全くの偽作であり取るに足らぬものである。　(昭和22年)	● 御所乱入事件の大将は楠木正秀であり鳥羽尊秀ではない。この時主と仰がれたのは小倉宮實仁親王である。 源尊秀と金蔵主を同一人物とするのは誤り。金蔵主は皇族である。一宮と二宮を尊秀の子とするのは渡邊氏の独り決め。 尊義王は小倉宮第三皇子空因法親王が南朝再興の時名乗った諱である。長禄の変で、神璽奪還の為、赤松氏の遺臣が両宮を襲撃している(尊秀は叡山では殺されていない)。両宮は同時代の人物。神璽奪還に成功したはずの赤松遺臣が尊雅王を襲撃している(尊秀王の叔父、尊雅王が南朝8代を継承)。 尊雅王が紀伊国神ノ山村光福寺で薨去されたが、同寺には南帝を示唆する『光福院殿南天皇都正位』の位牌が在る。 「南山義烈史」興福院、諱は尊雅、小倉宮第四子也と記す。 尊雅王の王子信雅王は応仁の乱で西陣南帝に擁立された。 信雅の名は『南朝皇胤紹運録』にあり、渡邊氏との対談でも尊雅王の王子に信雅の名前の記載を確認している。 信雅王までは史学的検討がなされているので、信雅王以降当主に至る間に誤りがない限り「偽作」だの「出鱈目」だのと非を打たれるべき性質のものではないと考えている。

村田正志の再批判
● 論議の正邪はおのづから明白で、大綱は渡邊博士の説に従うべく、吉田氏の言説の如きは全く信じるに足らぬ。 吉田氏は「纂輯御系図」が正しいものなら「熊澤系譜」も信用すべきではないかと駁論した。 本書が信頼すべき皇室御系図であることは渡邊博士の述べられた通りである。 しかし明治草創期の編著にかかることであり、今日より見て完全無欠とは言い難い。 当時(明治)の政治社会の有力な一思想たる南朝正統論に左右せられて、南朝の皇統の記載については少なからぬ無理が存在していることは否定出来ない。なかんづく後亀山天皇皇子の良泰親王御一統にこれを見得るのである。 良泰親王以下の宮々が何に拠って記載されたか明らかにすることが出来るのである。 概ね「南朝皇胤譜」、「南朝紹運録」、「南朝編年録」など一等資料に及ばざること遠き、即ち根本史料ではない後世の編書に依拠して補足されたものであろう。 従って後南朝皇親に関する限り、「纂輯御系図」と雖もこれをそのまま信用することは学術的でないと信じる。 かくの如き系図・系譜類は単に参考程度に止め、全く別な方法、即ち一等資料たる当時の日記・文書・奥書などに散見する根本史料を勘案の上、 私案を立て、識者の批判を請い、長き年月の修訂を経つつ真に近づかんとする極めて煩わしい研究によらねばならないのである。 要するに吉田氏の駁論は、 史論の根拠たるべき史料の批判並びに扱いの方法において全く誤って居り、従って史論そのものも学術的価値なき空論となる。 旧南朝の中心的位置にいられた小倉宮が後亀山天皇の後である事は間違いないが、 良泰親王という諱は当時の一等資料においては見当たらず信ずるわけにはゆかない。 吉田氏の見解は根本的に誤って居り、 真正確実なる当時の史料によれば熊澤系図の如きは全く信じるに足らぬ偽書たることが明らかになった。熊澤氏の南朝皇胤説は史実として成立しない。 後崇光院の御血統の疑惑は、吉田氏の「纂輯御系図」注記の誤読、後崇光院は由緒正しき伏見宮榮仁親王の皇子にましますを実証し得た。

＊ 村田氏は第三者の立場としているが、渡邊与党たる事は明白で、その目的は吉田氏の手法批判による後南朝史料の抹殺を狙う。

第一章のまとめ

本章「消された皇統」の前段では、皇統分裂前史として鎌倉時代の皇統を紹介、幕府の謀略により、「岩倉宮系統」が皇位を継承できずに消滅した運命を記した。その後、後嵯峨天皇により、皇統分裂の種が蒔かれ、いくつかの系統が脱落していった。後嵯峨天皇以後は、持明院統と大覚寺統の二大皇統が皇位を争い、鎌倉末期、後醍醐の即位により、皇統大分裂の扉は開かれたのである。

討幕運動の失敗で持明院統（北朝初代光厳天皇が擁立）が皇位についたが、後醍醐は自己の退位を認めず、復帰後は、北朝天皇を廃止、即位の事実も抹殺（歴代と認めず）した。討幕に成功した後醍醐は、政権の確立と、天皇家の一本化に成功するかと思われたが、時代の流れを無視した結果、武家の離反を招き、結果として吉野に走り、皇統大分裂の時代（南北朝）を迎えるのである。

後醍醐は皇子達を各地に配して、北朝を擁立する足利幕府（後の室町幕府）と対峙するも、徐々に政権基盤を失っていくのである。各地の皇子も戦いで殺され、あるいは失意の内に没し、その皇統は消されていくのである。一時、南北朝は統一された（正平の一統）が、結局は再分裂し、後亀山天皇の神器譲渡まで南北朝は合一しなかった。しかし、九州南朝は独自に活動したようで、この合一は、神器を擁する吉野朝との合一にすぎない。

三河南朝は、吉野南朝は南朝の副統であり、南朝は三河、遠州などのエリアで存続したとしている（二統皇系）。その後、合一の約束は反故にされ、後亀山やその兄弟の皇胤・皇統が、各地逃れて、ある者はひっそり暮らし、またある者は反幕府の勢力に擁立されて、幕府と戦う運命を背負わされた。これらの皇子は、天皇家からは排除され、小倉宮を中心に、幻の皇統となるのである。朝里家、飯野家、市河・十津川宮家などが密かに系譜を伝えたようである。

さらに、日本歴史研究所版の『皇胤志』（中田憲信の『皇胤志』と区別するため、本書では『復刻版皇胤志』と紹介している）によると、中田憲信も南朝の末裔らしい。本書で紹介した中田憲信の略歴は、日本歴史研究所版（木村信行氏編著）によった。ただ、ほかの研究者からは異論（甲州の裁判所退任後のことは定かでない）もあるので、大審院判事説は削除した。

その後は、南朝の諸説を紹介することとして、全体略系図、小倉宮並びに後南朝嫡流を紹介、以下、伊藤家、美作後南朝、流王家、南朝秘史、熊澤家、三河南朝、三浦天皇家、若宮兵武卿家（村上家）および、隠れ南朝、護良親王系図、宗良親王系図、防長南朝（大室家）、東武皇帝系図、津軽南朝（北部王家、泉山御所）、津軽南朝（天真名井戸宮、天内氏、北山氏）、異聞皇統系図、帝釈氏・泰道氏、大塔氏、越中宮家（竹内家）、酒本天皇系譜を紹介する。

これらの系譜には、南朝の末裔と期待させるもの、先祖はその可能性があるが欠落で伝承となっているもの、明らかに改竄系譜と多様である。素朴に先祖の伝承を伝えるもの、意図をもって系図を捏造するものさまざまである。学者の中には、南朝系統の資料は一切認めず、偽書扱いしてこれを否定する者、資料の一部を恣意的に解釈してこれを否定する者もいる。

「万世一系」を主張したいのは理解できるが、市販の系図集に掲載されている天皇家の系譜を眺めていても、何カ所か疑問に思われる部分があるのだから、そんなことは空虚なことである。熊澤天皇事件の後遺症で、南朝を抹殺したいという空気があるのかもしれない。

十分検証されて生き残った南朝を認めても、態勢に影響があるわけでもないし、二十一世紀になって、今さら南朝の正統だから皇位を譲れなどと馬鹿なことをいう人間はもう現れないであろう。熊澤家にしても、当初は、南朝皇胤であることの確認のための請願であって、寛道氏が取り巻きに乗せられて南朝正統を名乗ったり、天皇の不適格訴訟の裁判を起こしたりしたが、熊澤一族の総意ではなかったのだから。熊澤氏については、第二章で改めて紹介する。

「消された皇統」というのは様々で、単に系譜上の皇統から抹消されたもの、天皇や幕府の政策により寺院に入れられ、血脈を残す道を閉ざされた皇子、世襲親王家として家系を存続するが、当主の死後、直系の後継者が無く、傍系（兄弟や甥）の継承が認められず廃絶となるもの、都を追われ、皇位継承権を剥奪された皇子、臣籍降下により皇籍を奪われた皇子、反朝廷勢力により殺された皇子、そしてその末裔。南朝及び後南朝の家系は、そういう流れを汲むのである。

南朝・陰の南朝・後南朝で皇位についた系統以外は、皇統というより皇胤と呼ぶべきかもしれないが、便宜上、「皇統」と呼ぶ。彼らの大部分は、吉野・熊野から伊勢に潜伏、さらには、富士、信州、遠州、三河、尾張、美濃などに流れて行ったようである（『皇統系譜』参照）。伝説では（後世の創作かもしれないが）、津軽、美作、九州にも南朝を祖とする家系が存続したのである。もっとも、中央の記録からは「消されて」いる。中にはそういう伝承に便乗するものがあるが、それは本文を読んで判断されたい。

また、にわかには信じられないことではあるが、天皇家の嫡統そのものも「消されている」かもしれない。熊澤寛道氏による『足利天皇血統秘史』、鹿島曻氏らによる「大室天皇・明治天皇すり替え説」などが事実とするなら、そういうことも考えられる。実証学的見地からは採用される話ではないが、小説の世界ならネタの一つになりそうである。

できることなら、真摯な学者の手によって、すべての南朝伝承が先入観抜きで研究され、明らかにされることを期待する。後南朝（第二次南朝）についても、検証されるべきである。合一後の天皇家より神器が奪われ、数年間旧南朝の手に渡っていたことは事実だし、北山宮の謀殺は、そのことを背景に実行されたわけであるから、単なる神器紛失事件ではなく、真摯に検証されるべきである。

第二章　熊澤一族と熊澤天皇

熊澤氏一族墓所内の伝・信雅王の墓（熊野石）　（一宮市時之宮島玄會）
※一説に、義仁王の首塚ともいわれる。

熊澤一族縁の靈鷲院（日輪山曼陀羅寺地内）　（愛知県江南市前飛保）

信雅王供養塔（靈鷲院内）

側面・熊沢政明氏献納

前面・信雅王現覚法親王

側面
免龍無朝　奥州移住
玄會入寂　熊野石陵

熊野宮信雅王御

熊野宮信雅王御塋墓（熊沢照元建立）
（愛知県一宮市時之島玄會　熊澤墓所）

後面

熊澤氏一族墓所　（一宮市時之島玄會）
※墓石の家紋は、菊花紋か菊水紋

熊澤墓所横の八幡社（熊澤氏縁の地）

熊澤家について

熊澤家というと、昭和天皇の不適格訴訟に踏み切った「熊澤天皇」こと熊澤寛道氏のことがまず頭に浮かぶ。筆者（早瀬）が後南朝に首を突っ込むきっかけとなった人物である。その経緯については、拙著『南朝興亡史』（近代文芸社）で述べているので割愛する。

熊澤氏は、一宮市立豊島図書館・蔵の『熊澤氏系譜集』によれば、南朝末裔とする瀬部熊澤家・時之島熊澤家・南朝縁の結城氏末裔の定水寺熊澤家の三流を紹介している。

『一宮市史・西成編』（一宮市立豊島図書館・蔵）においても、時之島・瀬部・定水寺の三流の熊澤家の略系図を紹介している。定水寺流熊澤家は別流なので問題ないが、時之島と瀬部の熊澤家では、その主張に食い違いがあるようで、系図改竄の可能性もある。また、系統を明らかにしていないが、唐津寺沢氏家臣・平戸松浦氏家臣の熊澤家もこの地の出身としている。

「時之島熊澤氏傳系図」が、熊澤寛道氏らにより喧伝されている小倉宮末裔「日本正統天皇熊澤系図」であり、この系図は『南朝と足利天皇血統秘史』（熊澤寛道・三秘同心会）に掲載されている。しかし、同じ時之島系熊澤家でありながら、熊澤照元氏およびその関係者の著述による「南朝及び後南朝系譜」では、若干の違いを生じている。

南朝の末裔とする熊澤氏系図は、官学者には徹底的に糾弾され（寛道氏及びその一派が発表した系譜）、その影響なのか、照元氏関係の系譜は、信雅王末裔は同じだが、途中食い違いがあり、熊澤姓の由来も、寛道系とは異なっている。この点については、後に触れることになるだろう。

熊澤家は、南朝末裔とする熊澤家（時之島・瀬部熊澤家）、結城氏系熊澤氏（定水寺熊澤氏）、大工伝蔵の末裔の熊澤家、系統不詳及び明治新姓の熊澤氏の四流（一宮市近郊）と神奈川県などに、甲州八代出身の熊澤家の末裔がある。本章では、熊澤天皇一族の熊澤氏だけではなく、参考に各地の熊澤略系図も紹介する。熊澤家がすべて南朝末裔というわけではなく、各地に異流の熊澤家も存在するが、それらにも触れながら、熊澤家の本流に迫れればと考える。すべて伝説とか、捏造とか言ってしまえば簡単だが、数百年の歴史のある家系であるので、ある特定の歴史観を守るために恣意的に批判や検証をすることは避けたい。

『南朝興亡史』でも述べたが、寛道氏が発表した系譜には疑問があるが、別の系譜の存在もあり、熊澤家が南朝末裔である可能性は完全には否定されていないのである。別の系譜については、渡辺世祐も、村田正志も、滝川政次郎も攻撃の話題には載せていないし、何より寛道氏や照元氏がその存在を知らなかったのではないかと思われる。

時之島と瀬部の系譜が食い違うのは、系図を改竄した結果であることは明瞭であり、これから紹介する系図を見てもらえば、一目瞭然である。ここで紹介する系図は、基本的に公開されているものなので、読者の方も追跡可能である（巻末「出典・参考文献一覧」参照）。

本書では、『南朝興亡史』で紹介できなかった系図も紹介するので、同書の姉妹編としての役割は、それなりに果たせるものと信じる。これらの系図により、寛道氏らの系図が否定されてもなお可能性が残ると述べたことも、理解いただけると信じる。同一家系の系譜でも、複数入手できたものについては、併記したので検証の参考とされたい。なお、資料の欠落・取材拒否などにより完全に復元できないものは略記した。興味のある方は、本書を参考資料として改めて追跡取材していただきたい。

以下、最初に定水寺熊澤氏系譜を紹介後、各家の系譜を紹介する。その後、本章の中核となる南朝熊澤家の系譜を紹介、系譜改竄を明らかにする。あわせて、わずかに残る南朝の可能性を紹介するが、熊澤家が南朝の末裔であることと、寛道・照元の熊澤家が、南朝末裔の熊澤家であるか否かは別のことである。尾張熊澤家が南朝末裔であっても、両熊澤家が、その末裔でない可能性もあるのだから。詳しくは、これから紹介する検証系図を見ていただければお判りいただけると思う。

定水寺熊澤氏については、特別論議になることはないので、系図の紹介だけにとどめておく。熊澤氏は、定水寺だけでなく、時之島、瀬部、苅安賀などにあり、この地を源流として、名古屋、肥前、水戸などにも派生していた。尾張の熊澤氏の一部は、清洲松平家・尾張徳川家に仕え、残りは帰農して北方代官・大庄屋・庄屋などを務めた。

熊澤氏では、南朝伝承をもつ瀬部熊澤家と時之島熊澤家が注目される。『一宮市史』などによれば、瀬部の熊澤氏は護良親王末裔を、時之島熊澤氏は信雅王の末裔を称している。もちろんそのまま信用できるものではないが、南朝末裔伝承は考慮しておくべきである。

しかし、この熊澤氏系譜のうち、瀬部熊澤氏については改竄の可能性が高い。というのは、熊澤登家は瀬部系統であるが、一宮市立豊島図書館所蔵の『熊澤氏系譜集』の法名・俗名系譜によれば、歴代に時之島熊澤家の系譜を取り込んでいることは明らかで、改竄系図のそしりは免れない。戦国以後が俗名でないのが残念である。俗名なら登家が瀬部の熊澤氏からどう枝分かれしたか確認できたのだが、本系図ではそれができないのが残念である。

瀬部の熊澤家は、尾張藩士となった熊澤家は、尾張藩士の系譜「士林泝洄」に記載されているが、帰農した一族の系譜は定かでない。一方、時之島の熊澤家は、末裔の寛道氏や照元氏らが、南朝末裔を称しているが、その系譜は微妙に食い違っている。靈鷲院住職から提供された先代住職のメモを系図化すると、一つは寛道系の系図に重なり、もう一つのメモは照元系の系図にほぼ重なるが、矛盾するところもある。各種熊澤系図の先祖部分を併記すると、その食い違いが明らかになる（「熊澤家先祖系図」参照）。

先祖系譜の食い違いは熊澤寛道氏、熊澤照元氏がそれぞれの思惑で系図を改竄したのが原因と思われる。前著『南朝興亡史』では、熊澤広敷以前に混乱があるので、熊澤広敷から始まる、出自未詳、伝・藤原姓熊澤氏が妥当と記した。が、寛道系統、照元系統以外の熊澤系図が存在するので南朝後裔説は、簡単には否定できない（「後南朝及びその後裔熊澤氏の系」）。この系図は、熊澤系図について、今後検討する時の参考になると考える。南朝後裔熊澤家の本流は、「時之島熊澤家」ということになっているので、このあたりから検討したい。

熊澤一族を語るには、「熊澤天皇」こと熊澤寛道氏を欠くことはできない。熊澤氏の系図に関しては、同氏の著書『南朝と足利天皇血統秘史』（一宮市立豊島図書館・蔵――これは三一書房の『近代庶民生活誌11　天皇・皇族』に再録されている）を挙げておく。

同系図によれば、後南朝の尊雅王（南天皇）の王子の信雅王（西陣南帝・熊澤現覚広次王）、治広王、広敷王（熊澤新五左衛門）、玄理王（熊澤氏らの主張によれば、徳川家康の客分で、三方ヶ原の戦いで家康を助けて戦死した）、守久王（蕃山の祖父）に至るといい、この守久王が、熊澤氏の直接の先祖の直行王（熊澤庄左衛門）の父であるという（以下は系図参照）。

これと似た系図に、長島銀蔵氏の『皇統正史』（一宮市立豊島図書館、愛知学院大学図書館・蔵）と、吉田長蔵氏の『新天皇論』（千代田書院）（愛知県図書館・蔵）があるが、こちらは、信雅王、広敷王、玄理王、守久王となっている。つまり、治広王が直系から抜けているのである。『皇統正史』は、広敷王の早死にした兄として位置付けている。治広王については、特別な事績もない様で架空の人物の可能性も残る。これらの系図の原型は、熊澤家伝来のものでないとすると、熊澤天皇の養父の熊澤大然（ひろしか）氏の時に作られたものかもしれない。長島氏や吉田氏は、独自の調査で同様の結論になったと推定される。

この熊澤系図は、戦後、渡辺世祐や、村田正志らにより、徹底的に批判され、吉田氏らの反駁も及ばず、偽系図と断罪された。しかし、かなり感情的、恣意的な側面があったようで、有賀龍太氏も「偽天皇論」『地球ロマン』一九七六年十二月号で、「要するに、渡辺、村田の論文は、純粋に学問的な興味から書かれたものではなく、裕仁（昭和天皇、早瀬注）を頂点とする社会秩序の維持を目的としたものである」と指摘している。

また、熊澤氏の墓石の家紋が菊花紋であることから、木地師の末と決めつける学者もいるが、この点は、木地師学会会長であった杉本壽氏が、氏子狩りにより作成された小椋一族の系譜や史料から、熊澤家が木地師の末と証明するものはないと指摘されている。熊澤系図は、熊澤寛道氏の奇異的行動により、学者の批判も功を奏して偽系図というレッテルが定着した。熊澤姓の由来が、熊野宮の熊と奥州の沢邑の沢により熊沢（熊澤）としたという安易な発姓譚も後押ししたかもしれない。

戦後、ＧＨＱの戦略に利用されて浮上した熊澤天皇も、利用価値なしと判断されて、ＧＨＱから見捨てられ、昭和天皇の不適格訴訟を門前払いされ、取り巻きも徐々に去って行き、時々世間をを騒がせて新聞や雑誌のネタになったようだが、世間からは相手にされなくなっていった。熊澤天皇の零落と入れ替わるように登場したのが、熊澤宗家を自称する熊澤照元氏である。同氏も熊澤寛道氏と同族である。

照元氏及びその支持者の作成した系図は、信雅親王を始祖とする点は同じだが、広敷王に至る部分が寛道氏系統と異なる。すなわち、信雅親王の子供に、能人親王と春日内親王を配し、庶子として熊澤覚正を配す。その覚正の子供を熊澤広敷としている。姓の由来も、信雅親王の母を武田一族八代熊澤信広の女とし、母方の姓を借姓して熊澤を称したとしている。甲州の熊澤氏を姓の由来としたことは、国会図書館の熊澤系図とも通じるが、その系譜については疑問な点もあり、すんなりとは容認できない。検証に関しては後述するとして、関連系譜をいくつか併記しておく。照元系統の系図が首尾一貫していないことにも注目しておいてもらいたい。

照元系の熊澤系図は、後南朝並びに熊澤家系図（『後南朝新史』）、「取り替えられた熊澤天皇」（『朝日観光新聞』第64号「南朝正皇系譜」、一宮市立豊島図書館・蔵）、『復刻版皇胤志』（木村信行・日本歴史研究所）、「一宮タイムズ社作成パンフレット」、「靈鷲院メモ書き」などにより確認されるが、微妙に食い違う。

『後南朝新史』は、信雅親王の子供に、能人親王、春日内親王、熊澤覚正を記すが、「一宮タイムズ社作成パンフレット」は、信雅親王の娘の春日の子供に覚正を記し、「靈鷲院メモ②」もほぼ同様の内容であり、『朝日観光新聞』は、信雅王の後に広敷（熊澤王子、熊澤新五左衛門）を記す。これは、寛道系熊澤系図への批判をかわし自分が熊澤宗家を主張するプロセスで系図を作り替えた結果なのであろうか？

元来、寛道氏も照元氏も、熊澤繁左衛門を系譜上の直近の先祖とする点では同系であるのに、先祖の系譜が異なるということは、都合のいいように、伝来系図もしくは、大然氏の調査した系譜を改竄したのではないだろうか？

覚正は、熊澤家甲州出身説のために創作された可能性もある。能人親王とか、春日内親王は、寛道系には一切登場してこないので疑惑の人物である。これらの人物は、信雅王と熊澤広敷とを繋ぐために創作された可能性が大きい。

国会図書館の熊澤系図と関連系図は、熊澤姓の由来を母方の借姓、甲州出身とすることでは照元系と同じだが、その系譜は異なる。また、熊澤氏の始祖（熊澤信廣）の父は、後南朝傍系の尊慶王の王子の小瀬宮（熙高王）で、信雅王ではない。母は、熊澤延親の娘で、武田一族熊澤信廣の娘ではない。照元氏らが、何らかの形で甲州の伝説を取り込んだ可能性がある。国会図書館の熊澤系図については、寛道氏も照元氏も、その存在を知らなかった様子である。かく言う筆者（早瀬）も『古代氏族系譜集成』を入手するまでこの系図は知らなかったし、この系譜の原典が国会図書館の系譜であることは、埼玉の高橋氏、神奈川県の南朝研究家の山地悠一郎氏、そして、古代氏族研究家の宝賀寿男氏（『古代氏族系譜集成』の編著者）よりコピーの提供を受けるまで知らなかった。

これらに、熊澤蕃山関係系譜を加味して作成したのが、「熊澤家一族推定系図」である。この系譜は、『南朝興亡史』でも紹介した（この時点では、『古代氏族系譜集成』を参考とした）。あの時点では、国会図書館の熊澤系図は入手していなかったので、取り敢えず検証できないということで否定したが、現在は安易には否定できないと考えている。『皇統系譜（中田版『皇胤志』）の存在が大きい。この点は後でも触れたいが、とりあえず、熊澤蕃山の祖父の熊澤守久に至る系譜について、南朝熊澤各系図や、蕃山関係系譜、『士林泝洄』などにより検討したい。

熊澤玄理（守次・平三郎）と守久の親子関係については、ほぼ各系図ともに共通しているので問題はない。蕃山関係系譜は、玄理の父を広次としているが、その他の系図は、熊澤新五左衛門広敷を玄理の父としている。尾張藩に提出された瀬部系の熊澤廣貞の系譜も同様なので、おおむね信用してよさそうである。ただ尾張藩へ提出されたものは広敷以前を記さず、本姓も藤原氏としている。

蕃山関係系譜の方に若干混乱が見られるのは、蕃山系譜にも皇胤伝承があり、そのあたりの兼ね合いで混乱しているかもしれない。瀬部系の熊澤家（臼井熊澤も含む）は、異なる皇胤伝承を創作しているのでその影響かもしれない（「後柏原天皇末裔藤原姓熊澤氏系図」）。「蕃山一族系図」（『増訂蕃山全集』所収）では、蕃山の末裔及び唐津・平戸の熊澤家も同系として掲載している（この点は後で検討）。

ここで、寛道氏と照元氏らが系図改竄した点について明らかにしたい。熊澤守久の先祖系譜については、諸説あり疑問があることを指摘したが、熊澤ストーリーの中の中核を占める尊雅王と信雅王についてはどうであろうか？

市河宮尊雅王については、『系図纂要』や『姓氏家系大辞典』、『纂輯御系図』にも記載されているおり、熊澤家が勝手に捏造した人物ではないので実在の人物と考えてよさそうである。また、野長瀬氏の系図にも記載されていることからも、間違いなかろうと考える。次に信雅王については、前記の系譜資料では確認できないので疑問な点もある。国会図書館・蔵の『皇統系譜』（中田版『皇胤志』）」に記載があるが、それは熊野宮信定王と川瀬宮信範王の父、十津川宮としてである。

十津川宮信雅王には、治広王という王子も、広敷王という子供もいないのである。ただ、その子供の信定王が永禄四年（一五六一）八月十五日尾州で死去とあり、その下に、一度記載されて消されている定義、その子供の守義（熊澤平四郎）というのが気に掛かるところである。また、信定王の母を澤田秀賢の女としているところも気になる。というのは、国会図書館の熊澤系図（『古代氏族系譜集成』の原典）によれば、熊澤信廣を尾張へ招聘した人物が、澤田弥四郎秀賢と記載されているのである。さらに、熊澤廣敷の母は澤田秀軌の娘と記載されている点である（廣敷は、永禄六年八月三十日卒と記されている）。ひょっとしたら熊澤廣敷は、熊野宮信定王と、国会図書館の熊澤系図の熊澤信廣の子供の熊澤廣敷との合成人格かもしれない。

十津川宮信雅王は、明応九年（一五〇〇）十一月、二十九歳で卒したとある（文明四年頃誕生）。一方、熊野宮信雅王は、享徳三年（一四五四）頃の誕生となる。そうなると、十津川宮信雅王は、熊野宮信雅王とは別人となるし、西陣南帝とはなり得ないのである。熊澤家がいうところの信雅王は、架空の人物か、伝説の星野宮を取り込んだものか、正体不明の人物になってしまう。

ちなみに、十津川宮信雅王の母は、玉置範直の女とあり、熊澤信廣（八代熊澤氏）の女ではない点からも、信雅王の母を八代熊澤家の女とするのは、照元系の関係者の捏造の可能性が浮上する（八代熊澤氏の疑問に関しては後述）。

信雅王は、紀州の近露近郊で養育されたというが、野長瀬家の記録にはそういう事実はないとのことである。野長瀬家には尊雅王とその母の伝承はあるが、信雅王は無関係だし、熊澤との関係を裏付ける

信雅王が西陣南帝とする明確な証拠はないのである。

そうすると、南朝傍系であった熊澤家が、後南朝嫡流に系譜を結び付けるために創作した可能性が残るのである。西陣南帝が、応仁の乱の後、北陸あるいは東北へ落ちたという伝説があるので、熊澤家が取り込んだ可能性はある。それらについて、熊澤家は、どこまで証明できるのであろうか?

しかし、このことにより熊澤家が南朝末裔でないと断言するのも早計である。国会図書館の熊澤系図は寛道氏・照元氏とは無関係だからである。瀬部熊澤家とは関係があるかもしれない。さらなる検討が必要である。

熊澤家といえば、尾張熊澤家が知られているが、尾張を源流とし、尾張を中興の地として広がった熊澤家は数流ある。尾張藩士などを輩出した瀬部の熊澤家一族。熊澤守久を始祖とする水戸の熊澤家。その水戸から尾張に帰農した「熊澤天皇家」、水戸熊澤家の姻族養子関係にある蕃山流熊澤家、その蕃山流と姻族関係にあった南條流熊澤家、その同族の正英流熊澤家、その分流とされる宮城熊澤家と唐津・平戸熊澤家などがある。さらには、尾張流とは別系の甲州武田支族の相模（神奈川県）熊澤家などである。

尾張藩熊澤家は、『士林泝洄』と国会図書館の熊澤氏系図により確認される。この系図は寛道氏や照元氏らが捏造したものではなく、熊澤系図としては信頼性があると思わる。水戸の熊澤家は、守久とその子供の半右衛門で断絶している。半右衛門は、国会図書館の系図によれば、守賢とされている。

守久の外孫で養子となり、備前池田家に仕えたのが、熊澤伯継・蕃山了介こと熊澤蕃山である。蕃山は熊沢姓を憚り蕃山姓を称した。その系譜上の末裔が米子熊澤家である。その系譜は、沼田頼輔の『蕃山の末葉』（山陽新聞社）などに詳しい。

蕃山の義弟が南條熊澤家であり、その先祖は、蕃山関係系図によれば、熊澤守久の兄にあたる熊澤正英とされている。しかし、この熊澤正英に関しては、守久とは別流との説もあり、尾張熊澤氏は、甲州の出身で、藤原姓を称している（『士林泝洄』など）が、正英は、加州から尾張瀬部に移り、本姓紀姓としており、伊達家臣の熊澤氏も紀姓を称している。南條熊澤家は本姓を紀姓としている。本来別流であったものが、尾張時代に同族化したのかもしれない。この一族の熊澤氏は、唐津藩主の寺沢家や平戸の松浦家などにも仕えている。

また、尾張の熊澤家が藤原姓を称したのは、すでに定水寺に藤原姓の熊澤家があり、それに合わせたのかもしれない。備前の熊澤家は養子の政倫が諸侯に列し、生田藩祖池田輝録となったことにより消滅、実子の左内の系統もその子供の半右衛門で絶家となり、蕃山流備前熊澤家は終わった。蕃山の家系は米子熊澤家に引き継がれた。備前には、他に数家の熊澤家があったようである。

尾張藩熊澤家（瀬部流）が南朝末裔であることは前述したが、国会図書館蔵の熊澤系図には、熊澤天皇家の祖の熊澤庄左衛門直行の名前はない。半右衛門の名前はあるが、直行はないのである。さらに、熊沢蕃山関係系図でも、守久の子供に、亀と半右衛門の名前は記載されているが、庄左衛門直行の名前は無いのである。守久の子供で、半右衛門の名跡を継承したとする「熊澤天皇家」の主張は怪しくなってくる。
同家の主張が成立するのは、庄左衛門直行と荘右衛門守成が同一人物である場合のみである。ただ「熊澤天皇家」としては、守久の直系と信じて南朝正統を主張しているのは間違いない。これに対し、南朝末裔を主張した大工伝蔵の末裔の熊澤信彦（ニセ熊澤天皇）の一統は、熊澤一族とは何の繋がりもないのである。最初は原氏の客分となり原姓を称し、後に熊澤家に仕えた家系である。
山地悠一郎氏によると、神奈川県にも熊澤一族があり、その熊澤家は甲州武田支族の末らしい。熊澤照元氏らによると、信雅親王の母の実家ということである。しかし、この八代熊澤説には疑問がある。主な武田系図を調べても、熊澤信廣はなく、倉科信廣が確認されるのみで、その子孫は主要系譜資料では確認できない。武田支流の小佐手氏の末裔の可能性はあるが、照元氏らが主張する八代熊澤氏系図は、「まともな」というか、研究者が使用する基本系図では確認されない。扶桑町図書館を通じて、山梨県立図書館に問い合わせしたら、確認できる武田氏系図には該当の系譜は記載されていないという回答でした。
自称熊澤宗家の主張は否定されたが、相模熊澤家が武田支族である事を否定されたわけではない。小佐手氏（於佐手氏）の末裔なら武田流といっても大きな誤りではない。
何らかの形で、甲州発生説を知り、武田系譜に結びつけたかもしれない。しかし、国会図書館熊澤系図とは、同じ甲州発生説でも整合しない。信雅王始祖説を残したまま、甲州説に繋げようとした結果かもしれない。専門家の研究を待ちたい。残念ながら神奈川の熊澤一族の詳細な系譜は入手していないので、この程度でやめておく。

「熊澤天皇家」の系譜には、いくつかクリアーしなければならないポイントがある。それがクリアーされなければ改竄系図ということになる。さきほど、熊澤家が南朝末裔の可能性があっても「熊澤天皇家」が南朝末裔とは言い切れないと記したが、それはいくつかの疑問点があるからである。

①寛道系の熊澤系図と照元系の熊澤系図が整合しないという点。

②照元系熊澤家の系図が安定していない点。

③野尻氏系図を熊澤支族に改竄している点。

④熊澤天皇家の直接の先祖の庄左衛門直行が、国会図書館の熊澤系図及び『士林泝洄』などで確認されない点。

⑤信雅王を熊澤家の先祖とすることに疑問がある点。

⑥尊雅王の母方の野長瀬家を平姓と捏造している点（野長瀬盛孝氏提供系図と、国立国会図書館・蔵の「野長瀬氏系図」により、源姓であることが確認された）。

などによる。さらには、抹殺された後南朝が立証されないと成立しないことになる。

最後に、東北転座の伝承にからんで、茨城南朝伝承の大塚家の系譜を紹介して本章を終わる。熊澤家の伝承も後南朝の一翼を担うものである。これが真実なら正に「消された皇統」ということになる。

熊澤一族の内、南朝末裔を唱えた家系は、ある期間注目され、あるいは批判されてきた。世間一般から見れば奇異に映るかもしれないが、そう信じて明治時代よりその家系の認定を上奏してきたのは事実である。戦前は、皇室に触れることはタブーであり、万世一系を脅かす言動は不敬罪にも接触しかねない時代であった。そんな時代に南朝末裔を主張することは冗談では済まされない。

しかし、熊澤一族が数回に渡り上奏を繰り返したことは、前著『南朝興亡史』で紹介したとおりである。熊澤家はそれでも不敬罪にならず、菊花紋も使い続けていた。熊澤大然氏は、調査整理した資料に相当の自信をもって上奏したことであろう。氏は皇位を要求したわけではなく、先祖といわれる信雅王（熊澤現覚広次王）を皇胤と認めてもらい、熊野石を信雅王の墓石として正式に宮内庁に管理してもらうことを目的としていたのであり、それにより、熊澤家が皇胤である認定を政府から得ようとしたものと思われる。

一時、南朝後裔の認定の動きもあった（熊澤家の主張）が、明治天皇の崩御のどさくさでうやむやになって以後はそういう動きは消滅し、無視ともいえる状況となった。

終戦前に、熊澤一族擁立の動きもあったらしいが、実現せずに終わった（『南朝興亡史』参照）。戦後、GHQが一時利用したこともあり「熊澤天皇」と喧伝されたが、結果的には一過性の現象に終わった。天皇不適格訴訟が不発に終わってからは凋落の道を辿った。側近に恵まれなかったことも原因かもしれない。

一部の側近を除いては、利用価値のなくなった「熊澤天皇」を見捨てた。戦後、GHQに利用されることなく、真摯に家系調査にのぞんでいたらもう少し平穏な人生を送れたかもしれない。戦後、十一宮家が皇族より放逐されたことを考えれば、南朝の末裔と正式に認定されても皇族となれないことは明らかであり、世間からも嘲笑された「熊澤天皇」は、歴史の「あだ花」だったのだろうか？

「消された皇統」は、哀れである。

定水寺熊澤氏系図（1）

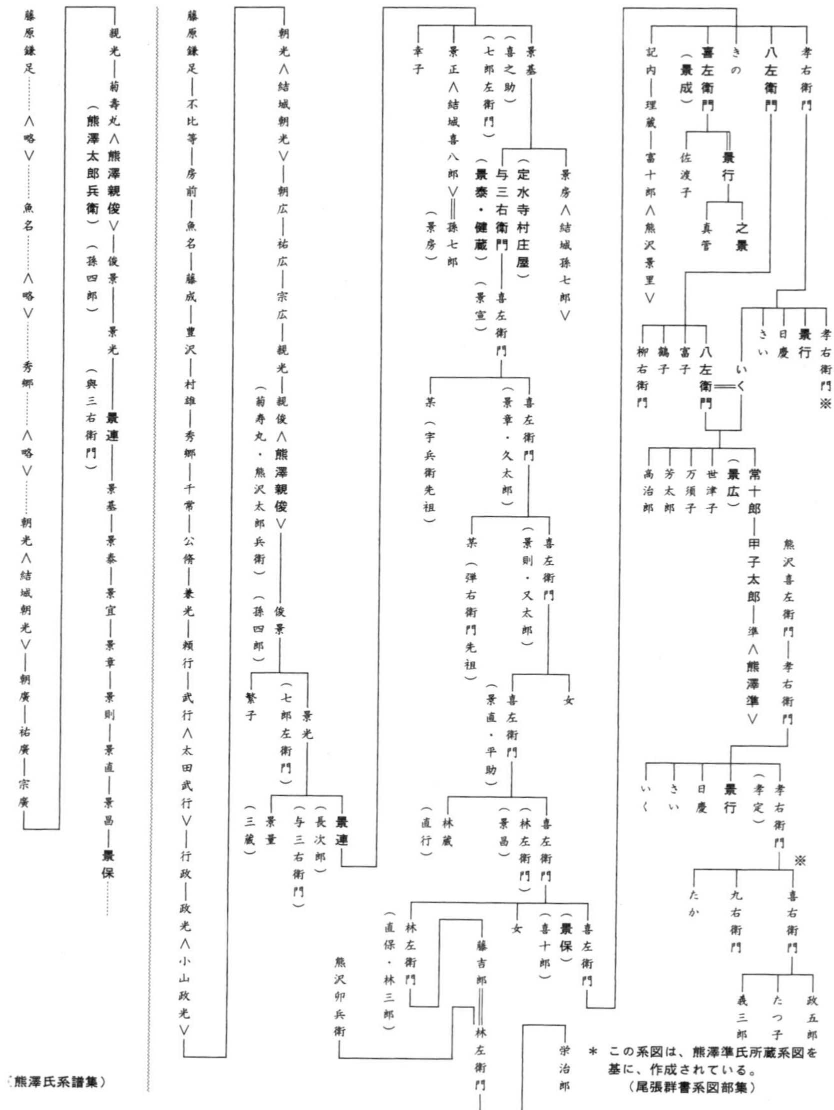

藤原鎌足……〈略〉……魚名……〈略〉……秀郷……〈略〉……朝光〈結城朝光〉—朝廣—祐廣—宗廣
親光—菊寿丸〈熊澤親俊〉（熊澤太郎兵衛）—俊景（孫四郎）—景光（與三右衛門）—景連—景基—景泰—景宜—景章—景則—景直—景昌—景保……
（熊澤氏系譜集）
藤原鎌足—不比等—房前—魚名—藤成—豊沢—村雄—秀郷—千常—公脩—兼光—頼行—武行〈太田武行〉—行政—政光〈小山政光〉
朝光〈結城朝光〉—朝広—祐広—宗広—親光—親俊〈熊澤親俊〉（菊寿丸・熊沢太郎兵衛）—俊景（孫四郎）
景光（七郎左衛門）
繁子
景連
（長次郎）（与三右衛門）
景量（三蔵）
景基（喜之助）
（七郎左衛門）
景正〈結城喜八郎〉＝孫七郎（景房）
幸子
景房〈結城孫七郎〉
（定水寺村庄屋）
与三右衛門（景泰・健蔵）—喜左衛門（景宣）
喜左衛門（景章・久太郎）
某（宇兵衛先祖）
喜左衛門（景則・又太郎）
某（弾右衛門先祖）
喜左衛門（景直・平助）
女
喜左衛門（林左衛門）（景昌）
林蔵（直行）
喜左衛門
（景保）（喜十郎）
女
林左衛門（直保・林三郎）
藤吉郎＝林左衛門
熊沢卯兵衛
栄治郎
孝右衛門
八左衛門
きの
喜左衛門（景成）
記内—理蔵—富十郎〈熊沢景里〉
佐渡子
景行
之景
真菅
孝右衛門※
景行
日慶
さい
いく
八左衛門＝いく
富子
鶴子
柳右衛門
常十郎（景広）—甲子太郎—準〈熊澤準〉
世津子
万須子
芳太郎
高治郎
熊沢喜左衛門—孝右衛門
孝右衛門（孝定）
景行
日慶
さい
いく
※
喜右衛門
九右衛門
たか
政五郎
たつ子
義三郎
＊ この系図は、熊澤準氏所蔵系図を基に、作成されている。
（尾張群書系図部集）

出典『熊澤氏系譜集』（一宮市立豊島図書館 蔵）、『尾張群書系図部集（加藤國光 編、続群書類従完成会）』

定水寺熊澤氏系図（2）

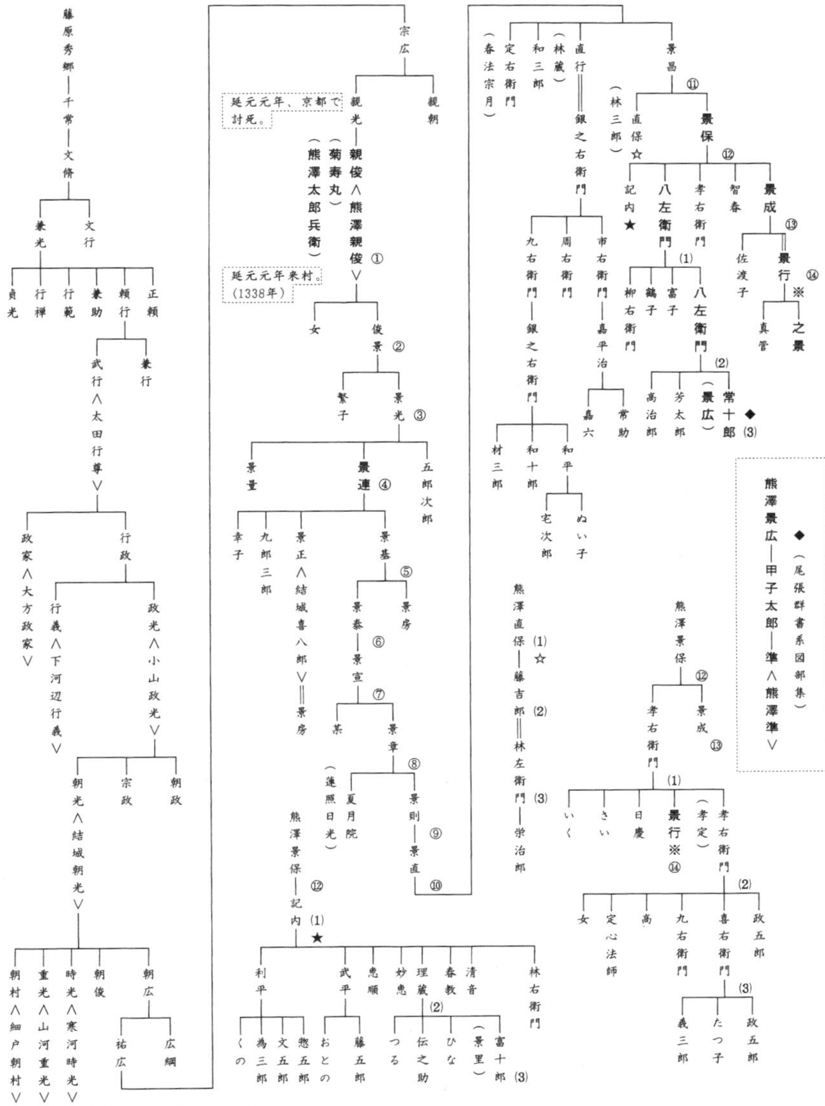
藤原秀郷—千常—文脩
兼光
文行
貞光
行禅
行範
兼助
頼行
正頼
武行〈太田行尊〉
兼行
政家〈大方政家〉
行政
行義〈下河辺行義〉
政光〈小山政光〉
朝光〈結城朝光〉
宗政
朝政
朝村〈細戸朝村〉
重光〈山河重光〉
時光〈寒河時光〉
朝俊
朝広
祐広
広綱
宗広
親光
親朝
延元元年、京都で討死。
親俊〈熊澤親俊〉①
（菊寿丸）
（熊澤太郎兵衛）
延元元年来村。(1338年)
女
俊景②
繁子
景光③
景量
景連④
五郎次郎
幸子
九郎三郎
景正〈結城喜八郎〉‖景房
景基⑤
景泰⑥—景宣⑦
景房
某
景章⑧
夏月院（蓮照日光）
景則⑨—景直⑩
熊澤景保⑫—記内(1)★
利平
武平
恵順
妙恵
理蔵(2)
春教
清音
林右衛門
くの
為三郎
文五郎
惣五郎
おとの
藤五郎
つる
伝之助
ひな
富十郎（景里）(3)
定右衛門（春法宗月）
和三郎
直行（林蔵）‖銀之右衛門
九右衛門—銀之右衛門
周右衛門
市右衛門—嘉平治
嘉六
常助
材三郎
和十郎
和平
宅次郎
ぬい子
景昌⑪
直保☆（林三郎）
景保⑫
記内★
八左衛門(1)
孝右衛門
智春
景成⑬
柳右衛門
鶴子
富子
八左衛門(2)
高治郎
芳太郎
常十郎◆(3)（景広）
佐渡子
景行⑭※
真管
之景
熊澤景広—甲子太郎—準〈熊澤準〉
◆（尾張群書系図部集）
熊澤直保(1)☆—藤吉郎(2)‖林左衛門(3)—栄治郎
熊澤景保⑫
孝右衛門(1)
景成⑬
いく
さい
日慶
景行※⑭
孝右衛門(2)（孝定）
女
定心法師
高
九右衛門
喜右衛門(3)
政五郎
義三郎
たつ子
政五郎

出典『尾張國諸家系図（加藤國光．著、展望社）』

熊澤氏諸系図（1）

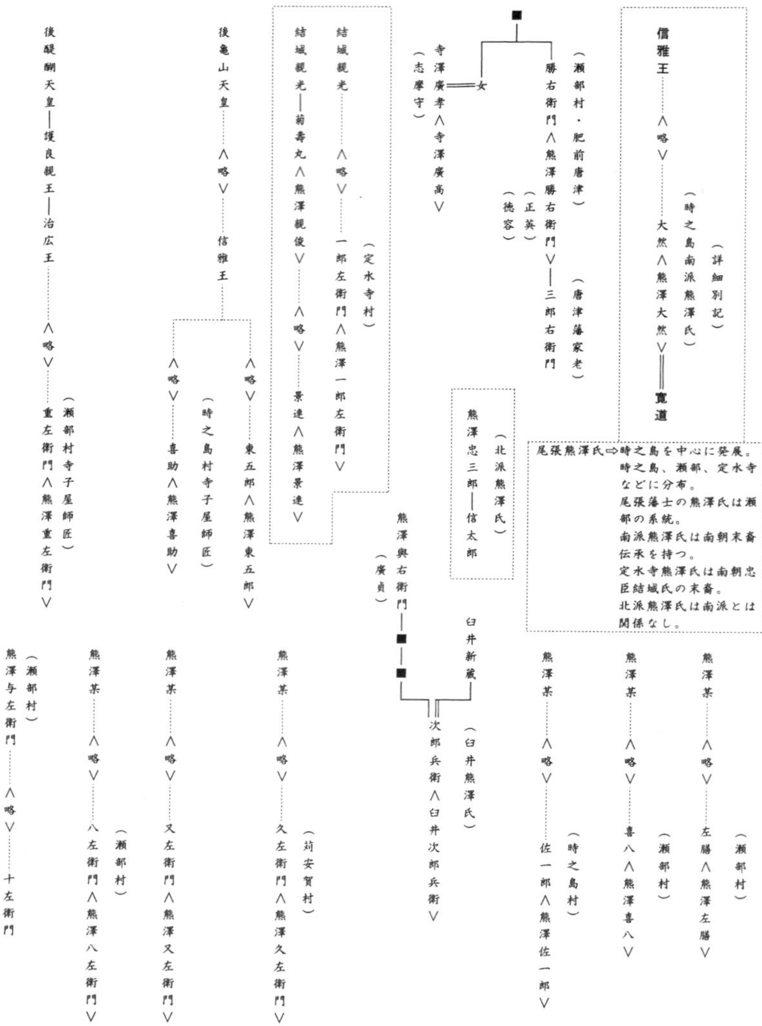

信雅王……〈略〉……大然〈熊澤大然〉＝寛道
（時之島南派熊澤氏）
（詳細別記）
■
勝右衛門〈熊澤勝右衛門〉―三郎右衛門
（瀬部村・肥前唐津）
（正英）
（徳容）
（唐津藩家老）
女＝寺澤廣孝〈寺澤廣高〉
（志摩守）
結城親光……〈略〉……一郎左衛門〈熊澤一郎左衛門〉
（定水寺村）
結城親光―菊寿丸〈熊澤親俊〉……〈略〉……景連〈熊澤景連〉
後亀山天皇……〈略〉……信雅王
〈略〉……東五郎〈熊澤東五郎〉
〈略〉……喜助〈熊澤喜助〉
（時之島村寺子屋師匠）
後醍醐天皇―護良親王―治広王……〈略〉……重左衛門〈熊澤重左衛門〉
（瀬部村寺子屋師匠）
熊澤忠三郎―信太郎
（北派熊澤氏）
尾張熊澤氏⇨時之島を中心に発展。
時之島、瀬部、定水寺などに分布。
尾張藩士の熊澤氏は瀬部の系統。
南派熊澤氏は南朝末裔伝承を持つ。
定水寺熊澤氏は南朝忠臣結城氏の末裔。
北派熊澤氏は南派とは関係なし。
熊澤與右衛門―■―■
（廣貞）
臼井新蔵
次郎兵衛〈臼井次郎兵衛〉
（臼井熊澤氏）
熊澤某……〈略〉……左膳〈熊澤左膳〉
（瀬部村）
熊澤某……〈略〉……喜八〈熊澤喜八〉
（瀬部村）
熊澤某……〈略〉……佐一郎〈熊澤佐一郎〉
（時之島村）
熊澤某……〈略〉……久左衛門〈熊澤久左衛門〉
（苅安賀村）
熊澤某……〈略〉……又左衛門〈熊澤又左衛門〉
熊澤某……〈略〉……八左衛門〈熊澤八左衛門〉
（瀬部村）
熊澤与左衛門……〈略〉……十左衛門
（瀬部村）

熊澤氏⇨尾張一宮地方に多くみられる。水戸徳川家家臣の熊澤氏（熊澤守久、半右衛門）は、時之島系の熊澤氏。
尾張徳川家家臣の熊澤氏（熊澤意正、廣貞）は、瀬部系の熊澤氏。熊澤寛道氏は、時之島系熊澤氏末裔と称する。
唐津藩熊澤氏、平戸松浦氏家臣の熊澤氏も尾張熊澤氏の出身と云われる。
出典『愛知県姓氏歴史人物大辞典（角川書店）』（名古屋市立鶴舞中央図書館蔵）、『一宮市史・西成編』

熊澤氏諸系図 (2)

熊澤久左衛門
｜
久左衛門（孫助）
文政３年 北方代官 磯貝武右衛門支配当番庄屋。
文政６年 孫助より改名、久左衛門。
文政９年 北方代官 鈴木彦助支配当番庄屋。
文政11年 北方代官 太田萬太郎支配当番庄屋。
天保９年 北方代官 本杉為三郎支配当番庄屋。
｜
久左衛門（直吉）
安政４年 北方代官 深澤新平支配当番庄屋。
文久元年 直吉より改名、久左衛門。
文久３年 北方代官 弓場勘三郎支配当番庄屋。
慶応３年 北方代官 杉山三郎兵衛支配当番庄屋。

（『北方御代官人名録』一宮市立豊島図書館.蔵）

熊澤久左衛門⇨苅安賀村庄屋の一人。
浅井吉太郎、舟橋儀右衛門、関戸藤右衛門と並んで記載されている。

熊澤與右衛門⇨正保２年、御支配御代官方として、記載されている。

（『北方御代官御名前録』一宮市立豊島図書館.蔵）

熊澤廣定（十左衛門）
熊澤廣能（傳之進）

熊澤廣能〈熊澤傳蔵〉……〈略〉……増太郎・九左衛門
熊澤十左衛門……〈略〉……時三郎（瀬部村）

熊澤廣能⇨瀬部熊澤本家十三代の祖、十左衛門廣定（廣貞同一人物か？）の弟、傳之進廣能。元和５年 瀬部村生まれ。寛永15年、親族野尻藤兵衛とともに鍋島公に属し負傷する。寛文６年、大病の為帰国。寛文７年、時之島に移る。その後、帰農し傳蔵と改める。その末裔については、資料を入手していないので、詳細は解らない。

（『西成編』原典 重要書類、一宮市立豊島図書館.蔵）

（熊野宮信雅王）
熊澤玄蕃（廣次）
｜
（熊野王子）
新五左衛門（廣數）
├ 十左衛門（賢誉善固居士）
└ 平三郎（玄理）

浅井長政
└ 浅井政高（苅安賀城主）
　　｜
　　女 ＝ 平三郎
　　　｜
　　喜三郎（守久）（四世）
　　├ 庄左衛門
　　├ 野尻一利
　　└ 半右衛門（五世）
　　　　├ 次郎八〈蕃山〉
　　　　└ 半七郎

熊澤勝右衛門（正英）（徳容） 唐津寺沢家に仕える。
｜
三郎右衛門 唐津寺沢家に仕える。（後に松平家臣）

（前記参照）

『一宮市史・西成編資料』
（一宮市立豊島図書館.蔵）

尾張熊澤氏は、瀬部・時之島を中心に発展。（南派熊澤氏）

時之島系熊澤氏は、信雅王の末裔伝承を持ち瀬部熊澤氏は、時之島熊澤氏の傍系とする。

瀬部熊澤氏は、護良親王の末裔伝承を持つ。これは時之島熊澤氏に対抗して創作されたものか？

時之島には、南派とは別系統の熊澤氏（北派）も存在する。北派熊澤氏では、津島方面に移動したものもある。

尾張藩士熊澤氏は、瀬部熊澤氏の一族。

水戸熊澤氏は、時之島熊澤氏の出身。

熊澤蕃山は、時之島熊澤守久（水戸家に仕える）の外孫にして養子。

苅安賀熊澤氏の系譜はよく解らない。

定水寺熊澤氏は、南朝家臣の結城氏の末裔。但し、熊澤現覚との関係は、明らかならず。

熊澤廣數
├ 意正……〈略〉……忠雄
└ 玄理 ─ 守久

（後南朝新史）

＊ 忠雄に至る詳細は不詳。

出典 一宮市立豊島図書館所蔵資料、他

南朝後裔熊澤氏系図（1）

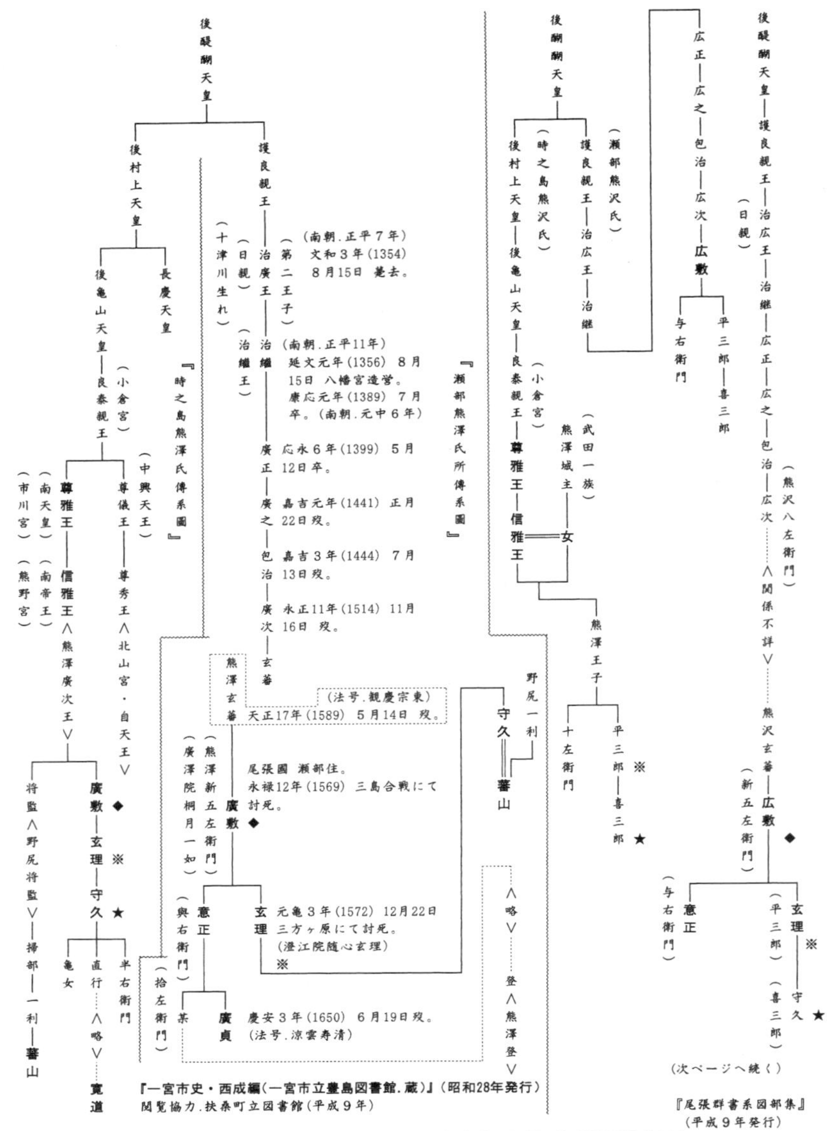

後醍醐天皇
後村上天皇
長慶天皇
後亀山天皇
良泰親王（小倉宮）
尊雅王（南天皇）（市川宮）
尊儀王（中興天王）
信雅王（南帝王）（熊野宮）
〈熊澤廣次王〉
尊秀王〈北山宮・自天王〉
将監〈野尻将監〉
掃部
一利
蕃山
廣數 ◆
玄理 ※
守久 ★
亀女
直行
〈略〉
寛道
半右衛門
『時之島熊澤氏傳系圖』
護良親王
治廣王（第二王子）（日親）（十津川生れ）
（南朝.正平7年）文和3年（1354）8月15日 甍去。
治繼（治繼王）
（南朝.正平11年）延文元年（1356）8月15日 八幡宮造営。康応元年（1389）7月卒。（南朝.元中6年）
廣正 応永6年（1399）5月12日卒。
廣之 嘉吉元年（1441）正月22日歿。
包治 嘉吉3年（1444）7月13日歿。
廣次 永正11年（1514）11月16日 歿。
玄蕃
熊澤玄蕃 天正17年（1589）5月14日 歿。（法号.観慶宗東）
廣數 ◆（熊澤新五左衛門）（廣澤院桐月一如）
尾張國 瀬部住。永禄12年（1569）三島合戦にて討死。
意正（與右衛門）
玄理 元亀3年（1572）12月22日 三方ヶ原にて討死。（澄江院随心玄理）※
某（拾左衛門）
廣貞 慶安3年（1650）6月19日歿。（法号.涼雲寿清）
野尻一利
守久
蕃山
〈略〉
登〈熊澤登〉
『瀬部熊澤氏所傳系圖』
『一宮市史・西成編（一宮市立豊島図書館.蔵）』（昭和28年発行）
閲覧協力.扶桑町立図書館（平成9年）
後醍醐天皇
後村上天皇
後亀山天皇
良泰親王（小倉宮）
尊雅王
信雅王
女
熊澤城主（武田一族）
熊澤王子
十左衛門
平三郎 ※
喜三郎 ★
（時之島熊沢氏）
護良親王
治広王
治継
（瀬部熊沢氏）
広正
広之
包治
広次
広數
与右衛門
平三郎
喜三郎
後醍醐天皇
護良親王（日親）
治広王
治継
広正
広之
包治
広次
〈関係不詳〉（熊沢八左衛門）
熊沢玄蕃
広數 ◆（新五左衛門）
意正（与右衛門）
玄理 ※（平三郎）
守久 ★（喜三郎）
（次ページへ続く）
『尾張群書系図部集』（平成9年発行）

出典『一宮市史・西成編（一宮市立豊島図書館.蔵）』、『尾張群書系図部集（加藤國光.編、続群書類従完成会）』

南朝後裔熊澤氏系図 (2)

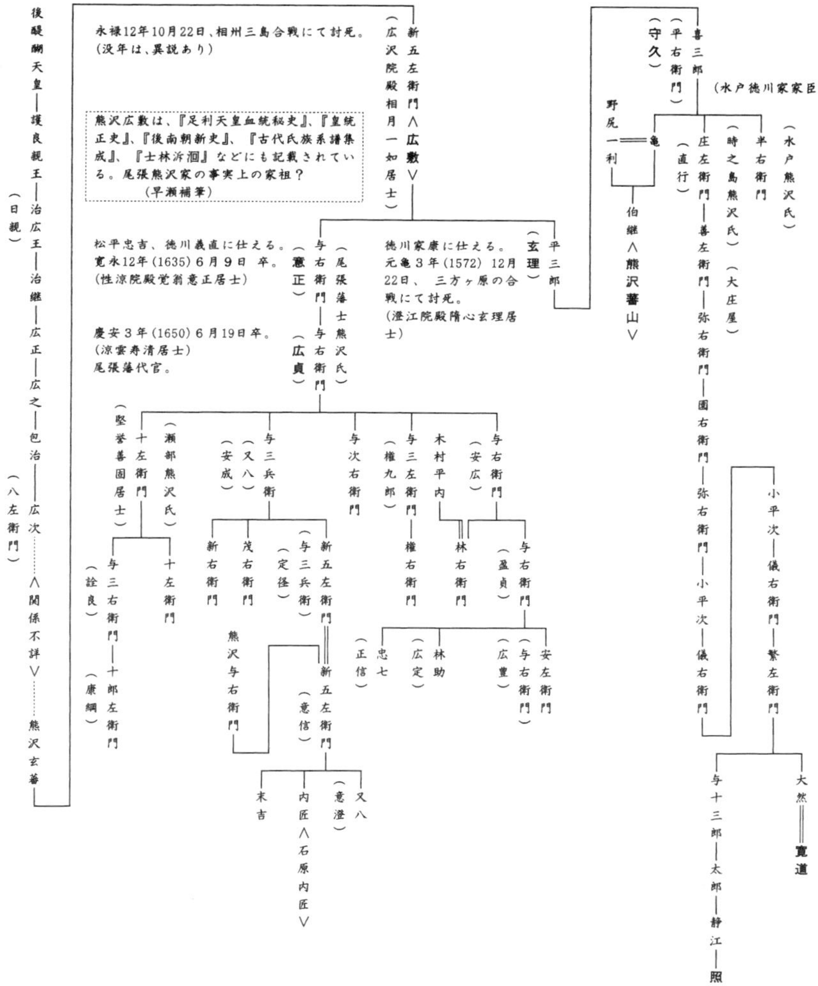
後醍醐天皇―護良親王―治広王―治継―広正―広之―包治―広次……＜関係不詳＞……熊沢玄蕃
(日親)
(八左衛門)
新五左衛門＜広数＞
(広沢院殿相月一如居士)
永禄12年10月22日、相州三島合戦にて討死。(没年は、異説あり)
熊沢広数は、『足利天皇血統秘史』、『皇統正史』、『後南朝新史』、『古代氏族系譜集成』、『士林泝洄』などにも記載されている。尾張熊沢家の事実上の家祖？
(早瀬補筆)
与右衛門(意正)―与右衛門(広貞)
(尾張藩士熊沢氏)
松平忠吉、徳川義直に仕える。寛永12年(1635)6月9日 卒。(性涼院殿覚翁意正居士)
慶安3年(1650)6月19日卒。(涼雲寿清居士) 尾張藩代官。
平三郎(玄理)
徳川家康に仕える。元亀3年(1572) 12月22日、三方ヶ原の合戦にて討死。(澄江院殿隋心玄理居士)
喜三郎(平右衛門)(守久)
(水戸徳川家家臣)
野尻一利＝亀
伯継＜熊沢蕃山＞
庄左衛門(直行)―善左衛門―弥右衛門―園右衛門―弥右衛門―小平次―儀右衛門
(時之島熊沢氏)(大庄屋)
半右衛門
(水戸熊沢氏)
十左衛門(堅誉善固居士)
(瀬部熊沢氏)
与三兵衛(又八)(安成)
与次右衛門
与三左衛門(権九郎)―権右衛門
木村平内
与右衛門(安広)
与三右衛門(詮良)―十郎左衛門(康綱)
十左衛門
新右衛門
茂右衛門
与三兵衛(定径)
新五左衛門＝新五左衛門(意信)
熊沢与右衛門
林右衛門
与右衛門(盈貞)
忠七(正信)
林助(広定)
与右衛門(広豊)
安左衛門
末吉
内匠＜石原内匠＞
又八(意澄)
小平次―儀右衛門―繁左衛門
与十三郎―太郎―静江―照元
大然＝寛道

＊ 加藤氏は、熊沢玄覚(現覚)なる人物は、熊沢玄蕃をもとに創作したと考えられると記す。
確実な始祖は、熊沢玄蕃(姓は藤原氏)とする。(『士林泝洄』は、広數以前は記さず。)
＊ 後醍醐天皇から熊沢八左衛門広次に至る歴代は、後代の創作にして信ずるに足りずと記す。

＊ 岡山の池田光政に仕えた熊沢蕃山は、熊沢守久の外孫にして養子。

出典『尾張群書系図部集(加藤國光.編、続群書類従完成会)』

瀬部熊澤氏系図（熊澤登家法名俗名系図）

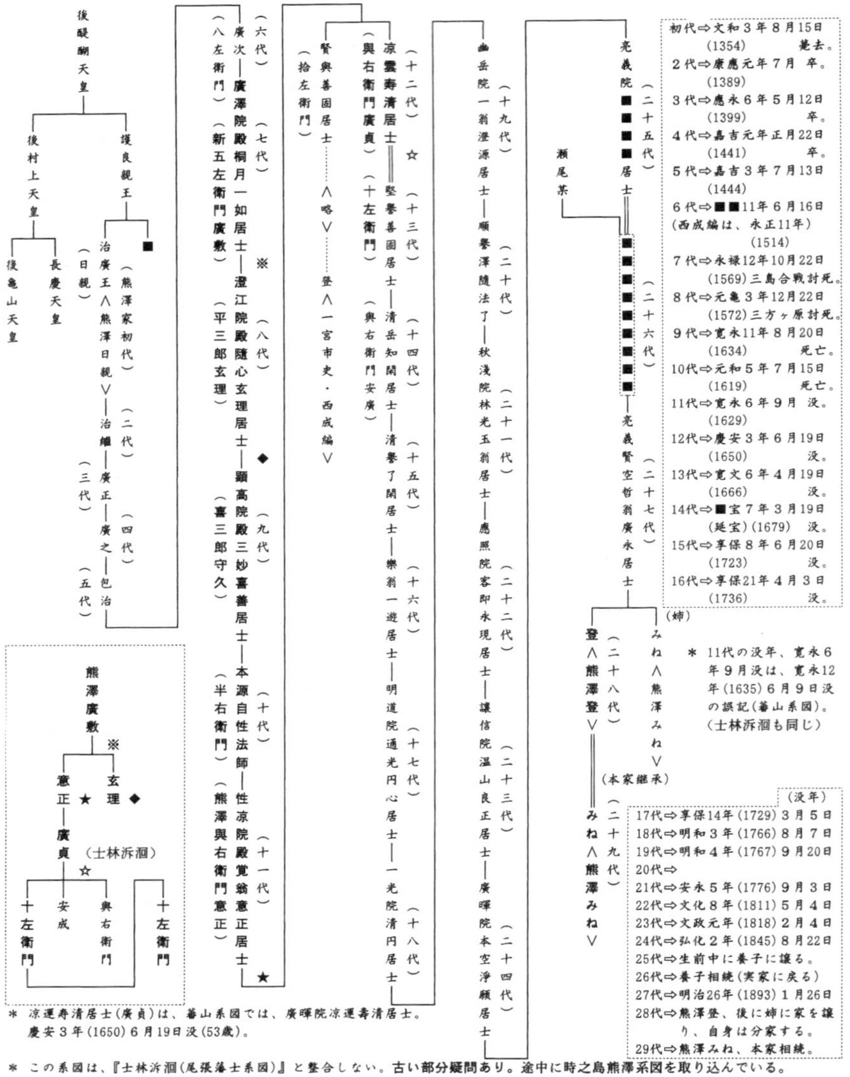
後醍醐天皇
後村上天皇
長慶天皇
後亀山天皇
護良親王
■
治廣王〈熊澤日親〉（熊澤家初代）（日親）
治繼（二代）
廣正（三代）
廣之（四代）
包治（五代）
廣次（六代）（八左衛門）
廣澤院殿桐月一如居士（七代）（新五左衛門廣數）
※
澄江院殿隨心玄理居士（八代）（平三郎玄理）
◆
顕高院殿三妙喜善居士（九代）（喜三郎守久）
本源自性法師（十代）（半右衛門）
性凉院殿覚翁意正居士（十一代）（熊澤與右衛門意正）
★
賢與善固居士（拾左衛門）
〈略〉
登〈一宮市史・西成編〉
涼雲寿清居士（十二代）（與右衛門廣貞）
☆
堅譽善固居士（十三代）（十左衛門）
清岳知閑居士（十四代）（與右衛門安廣）
清譽了閑居士（十五代）
樂翁一遊居士（十六代）
明道院通光円心居士（十七代）
一光院清円居士（十八代）
幽岳院一翁澄源居士（十九代）
順譽澤隨法了（二十代）
秋淺院林光玉翁居士（二十一代）
應照院客即永現居士（二十二代）
讓信院温山良正居士（二十三代）
廣暉院本空淨顧居士（二十四代）
瀬尾某
亮義院■■■■居士（二十五代）
■■■■■■■■■（二十六代）
亮義賢空哲翁廣永居士（二十七代）
登〈熊澤登〉（二十八代）
みね〈熊澤みね〉（姉）
（本家継承）
みね〈熊澤みね〉（二十九代）
熊澤廣數
※
意正 ★
玄理 ◆
廣貞（士林泝洄）
☆
十左衛門
安成
與右衛門
十左衛門
初代⇨文和３年８月15日（1354）薨去。
２代⇨康應元年７月 卒。（1389）
３代⇨應永６年５月12日（1399）卒。
４代⇨嘉吉元年正月22日（1441）卒。
５代⇨嘉吉３年７月13日（1444）
６代⇨■■11年６月16日（西成編は、永正11年）（1514）
７代⇨永禄12年10月22日（1569）三島合戦討死。
８代⇨元亀３年12月22日（1572）三方ヶ原討死。
９代⇨寛永11年８月20日（1634）死亡。
10代⇨元和５年７月15日（1619）死亡。
11代⇨寛永６年９月 没。（1629）
12代⇨慶安３年６月19日（1650）没。
13代⇨寛文６年４月19日（1666）没。
14代⇨■宝７年３月19日（延宝）（1679）没。
15代⇨享保８年６月20日（1723）没。
16代⇨享保21年４月３日（1736）没。
＊ 11代の没年、寛永６年９月没は、寛永12年（1635）６月９日没の誤記（蕃山系図）。（士林泝洄も同じ）
（没年）
17代⇨享保14年（1729）３月５日
18代⇨明和３年（1766）８月７日
19代⇨明和４年（1767）９月20日
20代⇨
21代⇨安永５年（1776）９月３日
22代⇨文化８年（1811）５月４日
23代⇨文政元年（1818）２月４日
24代⇨弘化２年（1845）８月22日
25代⇨生前中に養子に譲る。
26代⇨養子相続（実家に戻る）
27代⇨明治26年（1893）１月26日
28代⇨熊澤登、後に姉に家を譲り、自身は分家する。
29代⇨熊澤みね、本家相続。

＊ 涼運寿清居士（廣貞）は、蕃山系図では、廣暉院涼運壽清居士。
慶安３年（1650）６月19日没（53歳）。

＊ この系図は、『士林泝洄（尾張藩士系図）』と整合しない。古い部分疑問あり。途中に時之島熊澤系図を取り込んでいる。
熊澤登は、瀬部熊澤家の十左衛門の末裔。

＊ 顕高院殿三妙喜善居士の諱（守久）と、本源自性法師の通称（半右衛門）は、尾張群書系図部集により補筆した（早瀬）。
出典『熊澤氏系譜集（大正15年、二村亀太郎．写編）』（一宮市立豊島図書館．蔵）
参考出典『一宮市史・西成編』（一宮市立豊島図書館．蔵）、『蕃山全集』（名古屋市立鶴舞中央図書館．蔵）、『士林泝洄』（鶴舞図書館）

瀬部熊澤氏系図（熊澤登家系図）

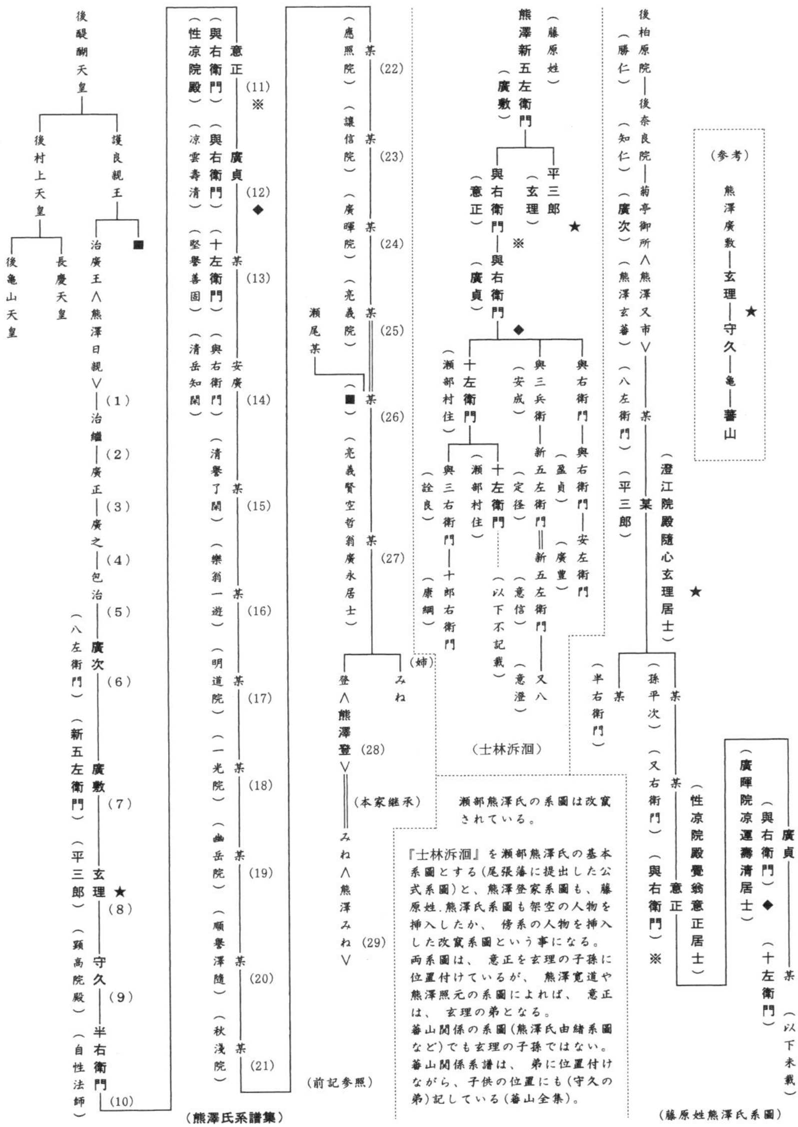
後醍醐天皇
後村上天皇
護良親王
後亀山天皇
長慶天皇
■
治廣王〈熊澤日親〉(1)
治繼 (2)
廣正 (3)
廣之 (4)
包治 (5)
廣次（八左衛門）(6)
廣敷（新五左衛門）(7)
玄理（平三郎）★ (8)
守久（顕高院殿）(9)
半右衛門（自性法師）(10)
意正（與右衛門）（性凉院殿）(11) ※
廣貞（與右衛門）（凉雲壽清）(12) ◆
某（十左衛門）（堅譽善固）(13)
安廣（與右衛門）（清岳知閑）(14)
某（清譽了閑）(15)
某（樂翁一遊）(16)
某（明道院）(17)
某（一光院）(18)
某（幽岳院）(19)
某（順譽澤隨）(20)
某（秋浅院）(21)
（熊澤氏系譜集）
某（應照院）(22)
某（讓信院）(23)
某（廣暉院）(24)
某（亮義院）(25)
瀬尾某
某（■）（亮義賢空哲翁廣永居士）(26)
某 (27)
登〈熊澤登〉(28)
（本家継承）
みね（姉）
みね〈熊澤みね〉(29)
（前記参照）
（藤原姓）
熊澤新五左衛門（廣敷）
平三郎（玄理）★
與右衛門（意正）※
與右衛門（廣貞）◆
十左衛門（瀬部村住）
與三兵衛（安成）
與右衛門
與三右衛門（詮良）―十郎右衛門（康綱）
十左衛門（瀬部村住）（以下不記載）
新五左衛門（定径）＝新五左衛門（意信）―又八（意澄）
與右衛門（盈貞）―安左衛門（廣豊）
（士林泝洄）
後柏原院（勝仁）―後奈良院（知仁）―菊亭御所〈熊澤又市〉（廣次）（熊澤玄蕃）（八左衛門）
某（平三郎）
某（澄江院殿隨心玄理居士）★
某（半右衛門）
某（孫平次）（又右衛門）（與右衛門）※
某 意正（性凉院殿覺翁意正居士）
廣貞（與右衛門）◆（廣暉院凉運壽清居士）
某（十左衛門）（以下未載）
（藤原姓熊澤氏系圖）
（参考）
熊澤廣敷―玄理★―守久―亀―蕃山
瀬部熊澤氏の系圖は改竄されている。
『士林泝洄』を瀬部熊澤氏の基本系圖とする（尾張藩に提出した公式系圖）と、熊澤登家系圖も、藤原姓熊澤氏系圖も架空の人物を挿入したか、傍系の人物を挿入した改竄系圖という事になる。
両系圖は、意正を玄理の子孫に位置付けているが、熊澤寛道や熊澤照元の系圖によれば、意正は、玄理の弟となる。
蕃山関係の系圖（熊澤氏由緒系圖など）でも玄理の子孫ではない。
蕃山関係系譜は、弟に位置付けながら、子供の位置にも（守久の弟）記している（蕃山全集）。

熊澤家先祖代々霊位系譜

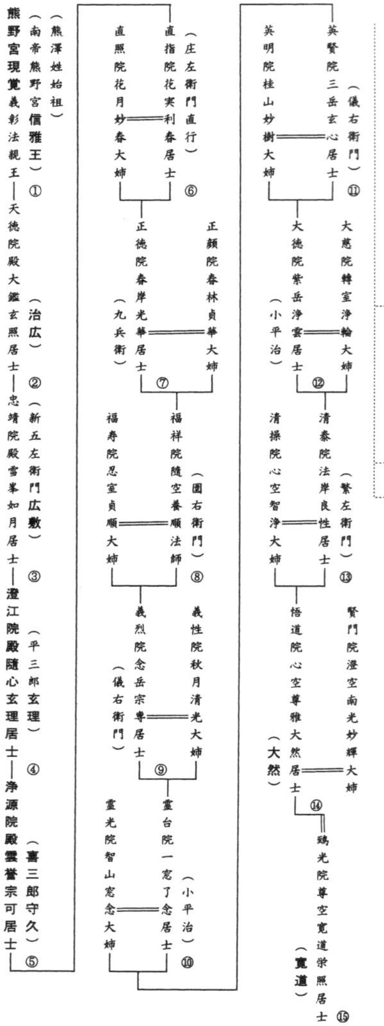
(熊澤姓始祖)
(南帝熊野宮信雅王)①
熊野宮現覚義彰法親王
天徳院殿大鑑玄照居士
(治広)②
忠靖院殿雪峯如月居士
(新五左衛門広敷)③
澄江院殿随心玄理居士
(平三郎玄理)④
浄源院殿雲誉宗可居士
(喜三郎守久)⑤
直指院花実利春居士
(庄左衛門直行)⑥
直照院花月妙春大姉
正徳院春岸光華居士
(九兵衛)
正顔院春林貞華大姉
⑦
福祥院随空養順法師
(園右衛門)⑧
福寿院忍室貞順大姉
義烈院念岳宗専居士
(儀右衛門)
義性院秋月清光大姉
⑨
霊台院一窓了念居士
(小平治)⑩
霊光院智山窓念大姉
英賢院三岳玄心居士
(儀右衛門)⑪
英明院桂山妙樹大姉
大徳院紫岳浄雲居士
(小平治)
大慈院轉室浄輪大姉
⑫
清泰院法岸良性居士
(繁左衛門)⑬
清操院心空智浄大姉
悟道院心空尊雅大然居士
(大然)
賢門院澄空南光妙輝大姉
⑭
鶏光院尊空寛道栄照居士
(寛道)⑮

霊鷲院提供資料(メモ書き①)

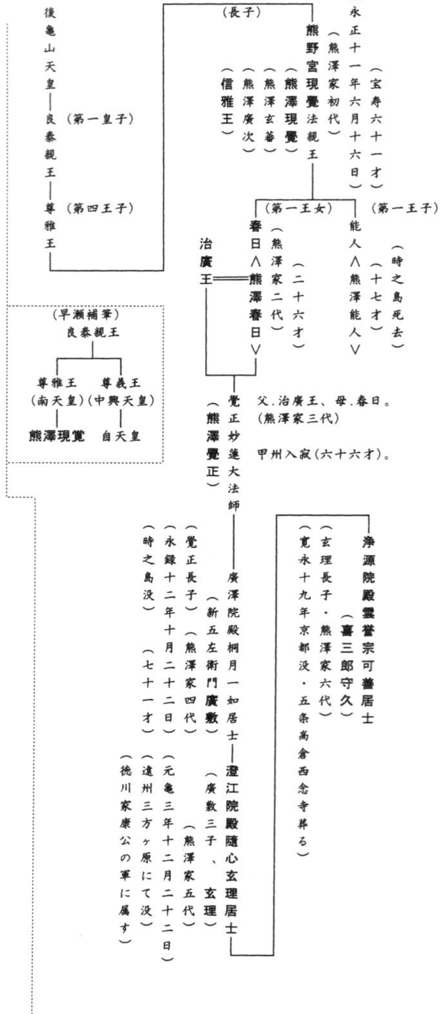
(永正十一年六月十六日)
(宝寿六十一才)
(熊澤家初代)
熊野宮現覚法親王
(熊澤現覚)
(熊澤玄蕃)
(熊澤廣次)
(信雅王)
(長子)
後亀山天皇
(第一皇子)
良泰親王
(第四王子)
尊雅王
(第一王子)
能人＜熊澤能人＞
(十七才)
(時之島死去)
(第一王女)
春日＜熊澤春日＞
(熊澤家二代)
(二十六才)
治廣王
覚正妙蓮大法師
(熊澤覺正)
父.治廣王、母.春日。
(熊澤家三代)
甲州入寂(六十六才)。
廣澤院殿桐月一如居士
(新五左衛門廣數)
(熊澤家四代)
(覚正長子)
(永録十二年十月二十二日)
(時之島没)
(七十一才)
澄江院殿随心玄理居士
(廣數三子、玄理)
(熊澤家五代)
(元亀三年十二月二十二日)
(遠州三方ヶ原にて没)
(徳川家康公の軍に属す)
浄源院殿雲誉宗可善居士
(喜三郎守久)
(玄理長子・熊澤家六代)
(寛永十九年京都没・五条高倉西念寺葬る)
(早瀬補筆)
良泰親王
尊雅王
(南天皇)
尊義王
(中興天皇)
熊澤現覚
自天皇

霊鷲院提供資料(メモ書き②)

＊ このメモ書きは、古い本に挟まっていたもので、先代御住職の覚書らしい(平成9年2月のお手紙より)。
＊ メモ①とメモ②は、古い部分整合しない。

熊澤家先祖系図

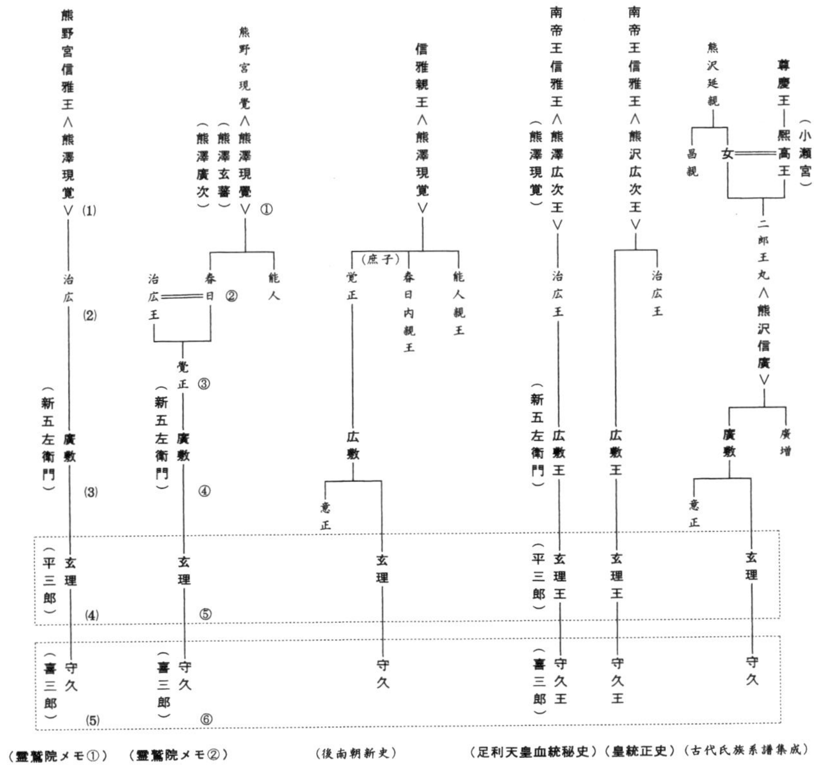
熊野宮信雅王〈熊澤現覚〉(1)
治広 (2)
廣數（新五左衛門）(3)
玄理（平三郎）(4)
守久（喜三郎）(5)
熊野宮現覚〈熊澤現覚〉①（熊澤玄蕃）（熊澤廣次）
治広王＝春日 ② 能人
覚正 ③
廣數（新五左衛門）④
玄理 ⑤
守久（喜三郎）⑥
信雅親王〈熊澤現覚〉
覚正（庶子） 春日内親王 能人親王
広數
意正 玄理
守久
南帝王信雅王〈熊澤広次王〉（熊澤現覚）
治広王
広數王（新五左衛門）
玄理王（平三郎）
守久王（喜三郎）
南帝王信雅王〈熊沢広次王〉
治広王
広數王
玄理王
守久王
熊沢延親
昌親 女
尊慶王―熙高王（小瀬宮）
二郎王丸〈熊沢信廣〉
廣數 廣増
意正 玄理
守久
（霊鷲院メモ①）
（霊鷲院メモ②）
（後南朝新史）
（足利天皇血統秘史）
（皇統正史）
（古代氏族系譜集成）

メモ①は、足利天皇血統秘史と重なるが、メモ②は、従来公表されている系図とは重ならない。 強いて言えば、後南朝新史が近いが、覚正の位置付けが異なる。それと治広王が春日の夫なら、治広王は何者であろうか？ メモ①が正しければ、メモ②は成立しない。 後南朝新史によれば、覚正は現覚(信雅王・熊澤広次)の庶子という事になっている。信雅王の末裔とする系図でも廣數以前は諸説あり確定出来ない。古代氏族系譜集成は、信雅王ではなく尊慶王に系を引いている。

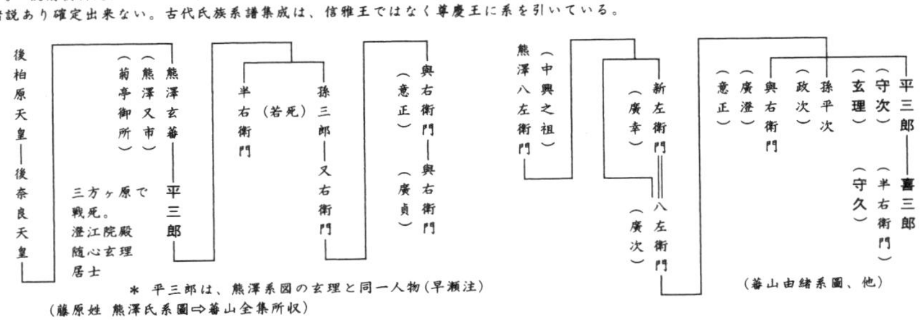
後柏原天皇―後奈良天皇
熊澤玄蕃（熊澤又市）（菊亭御所）
平三郎
三方ヶ原で戦死。澄江院殿随心玄理居士
半右衛門 （若死） 孫三郎―又右衛門
興右衛門（意正）―興右衛門（廣貞）
＊ 平三郎は、熊澤系図の玄理と同一人物(早瀬注)
（藤原姓 熊澤氏系圖⇨蕃山全集所収）
熊澤八左衛門（中興之祖）
新左衛門（廣幸）‖八左衛門（廣次）
平三郎（守次）―喜三郎（半右衛門）
（玄理）（守久）
孫平次 （政次） 興右衛門 （廣澄） （意正）
（蕃山由緒系圖、他）

後南朝及びその後裔熊澤氏の系

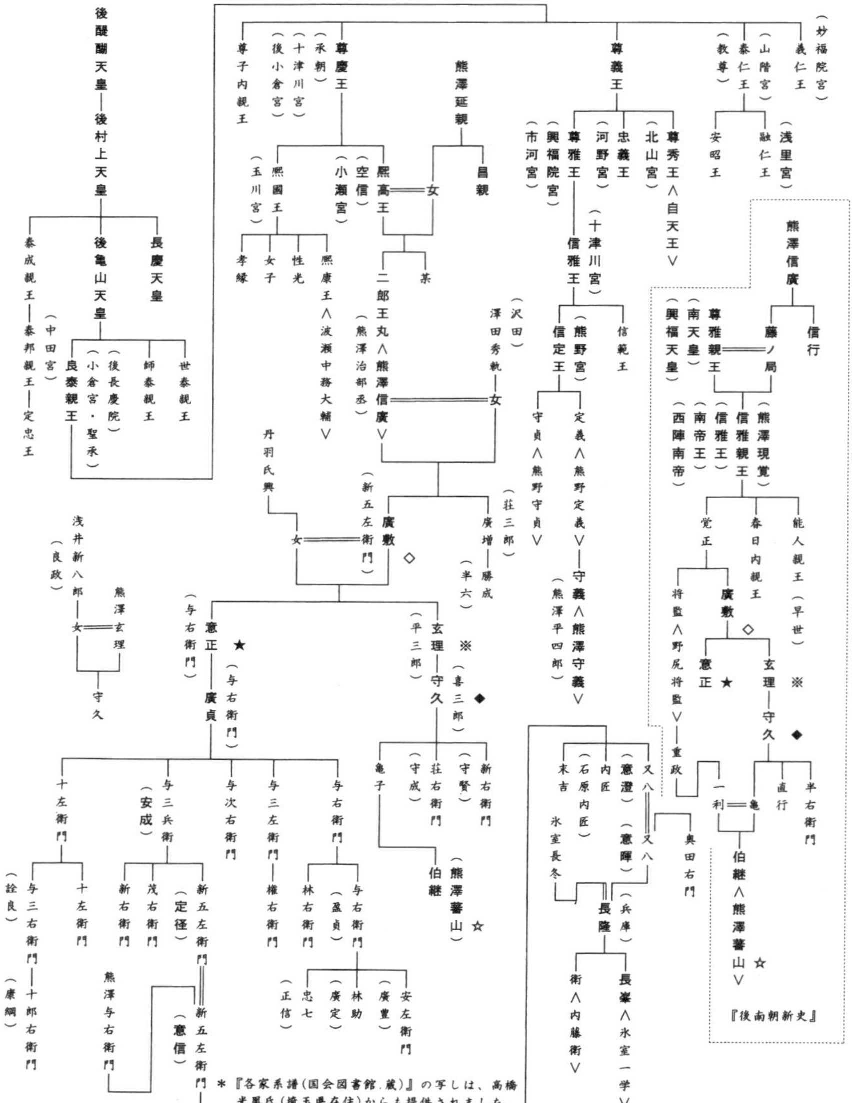

後醍醐天皇—後村上天皇
長慶天皇
後亀山天皇
泰成親王—泰邦親王—定忠王
(中田宮)
世泰親王
師泰親王
(後長慶院)
(小倉宮・聖承)
良泰親王
(妙福院宮)
義仁王
(山階宮)
泰仁王
(教尊)
浅里宮
融仁王
安昭王
尊義王
尊秀王<自天王>
(北山宮)
忠義王
(河野宮)
尊雅王
(興福院宮)
(市河宮)
(十津川宮)
信雅王
信範王
(熊野宮)
信定王
定義<熊野定義>—守義<熊澤守義>
(熊澤平四郎)
守貞<熊野守貞>
尊子内親王
(後小倉宮)
(十津川宮)
(承朝)
尊慶王
(空信)
熙高王
(小瀬宮)
熙國王
(玉川宮)
熙康王<波瀬中務大輔>
性光
女子
孝縁
熊澤延親
昌親
女
二郎王丸<熊澤信廣>
(熊澤治部丞)
某
(沢田)
澤田秀執
女
丹羽氏興
女
(新五左衛門)
廣數 ◇
(荘三郎)
廣増—勝成
(半六)
浅井新八郎
(良政)
熊澤玄理
女
守久
(与右衛門)
意正 ★
(与右衛門)
廣貞
(平三郎)
玄理—守久 ※ ◆
(喜三郎)
十左衛門
与三兵衛
(安成)
与次右衛門
与三左衛門—權右衛門
与右衛門
与三右衛門—十郎右衛門
(詮良)
(康綱)
十左衛門
新右衛門
茂右衛門
(定径)
新五左衛門
新五左衛門
熊澤与右衛門
(意信)
林右衛門
与右衛門
(盈貞)
(正信)
忠七
(廣定)
林助
(廣豊)
安左衛門
亀子
(守成)
荘右衛門
(守賢)
新右衛門
伯継
(熊澤蕃山) ☆
熊澤信廣
信行
藤ノ局
尊雅親王
(南天皇)
(興福天皇)
(熊澤現覚)
信雅親王
(信雅王)
(南帝王)
(西陣南帝)
能人親王
(早世)
春日内親王
覚正
廣數 ◇
将監<野尻将監>—重政
意正 ★
玄理 ※
守久 ◆
一利
亀
直行
半右衛門
伯継<熊澤蕃山> ☆
『後南朝新史』
又八
又八
(意澄)
(意暉)
内匠
(石原内匠)
末吉
氷室長冬
奥田右門
長隆
(兵庫)
衛<内藤衛>
長峯<氷室一学>

＊『各家系譜(国会図書館.蔵)』の写しは、高橋光凰氏(埼玉県在住)からも提供されました。

出典『皇統系譜』、『各家系譜』(資料提供.宝賀寿男氏)、『古代氏族系譜集成(宝賀寿男.編著)』、『士林泝洄(名古屋市鶴舞図書館.蔵)』

時之島熊澤家系図

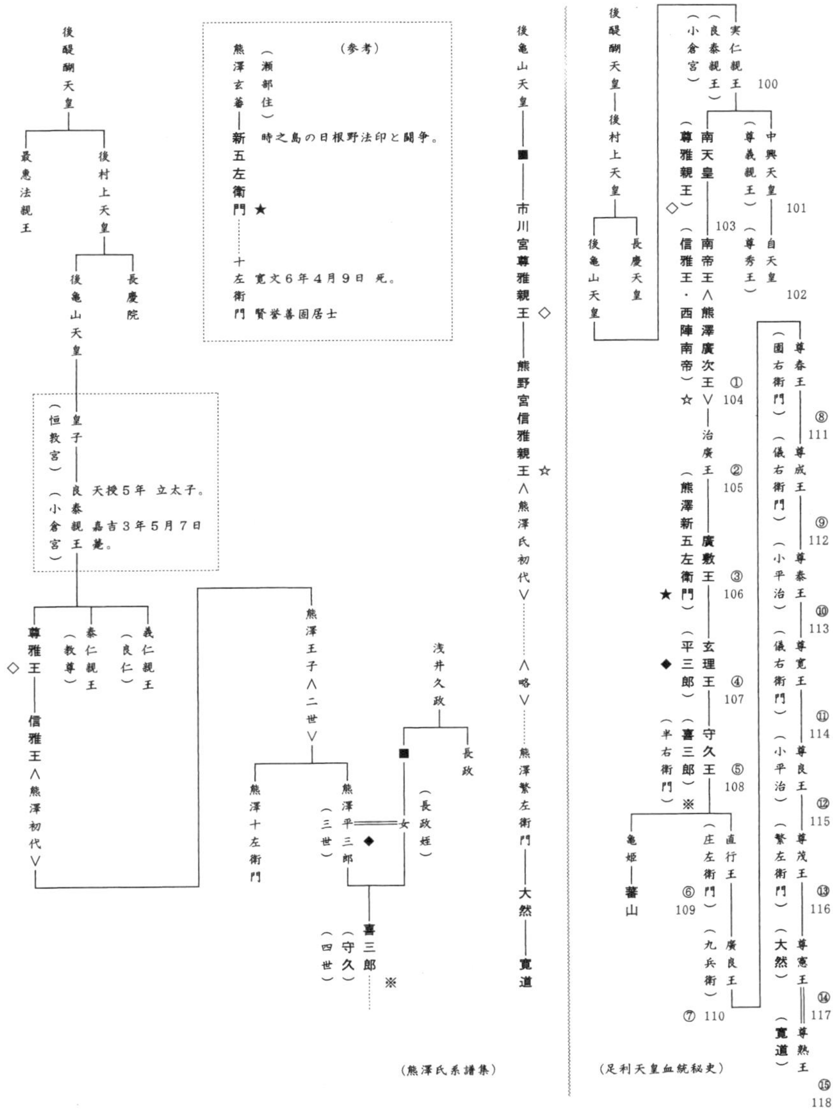
後醍醐天皇
最恵法親王
後村上天皇
後亀山天皇
長慶院
皇子（恒教宮）
良泰親王（小倉宮） 天授5年 立太子。 嘉吉3年5月7日薨。
尊雅王 ◇
泰仁親王（教尊）
義仁親王（良仁）
信雅王＜熊澤初代＞
熊澤王子＜二世＞
熊澤十左衛門
熊澤平三郎（三世）◆
浅井久政
■
長政
女（長政姪）
喜三郎（守久）（四世）※
（参考）
熊澤玄蕃（瀬部住）
新五左衛門 ★ 時之島の日根野法印と闘争。
十左衛門 寛文6年4月9日 死。 賢誉善園居士
（熊澤氏系譜集）
後亀山天皇
■
市川宮尊雅親王 ◇
熊野宮信雅親王 ☆ ＜熊澤氏初代＞
＜略＞
熊澤繁左衛門
大然
寛道
後醍醐天皇
後村上天皇
長慶天皇
後亀山天皇
実仁親王（良泰親王）（小倉宮） 100
中興天皇（尊義親王） 101
自天皇（尊秀王） 102
南天皇（尊雅親王）◇ 103
南帝王＜熊澤廣次王＞（信雅王・西陣南帝）☆ ① 104
治廣王 ② 105
廣數王（熊澤新五左衛門）★ ③ 106
玄理王（平三郎）◆ ④ 107
守久王（喜三郎）※ ⑤ 108
亀姫
審山
直行王（庄左衛門） ⑥ 109
廣良王（九兵衛） ⑦ 110
尊春王（園右衛門） ⑧ 111
尊成王（儀右衛門） ⑨ 112
尊泰王（小平治） ⑩ 113
尊寛王（儀右衛門） ⑪ 114
尊良王（小平治） ⑫ 115
尊茂王（繁左衛門） ⑬ 116
尊憲王（大然） ⑭ 117
尊熟王（寛道） ⑮ 118
（足利天皇血統秘史）

出典『熊澤氏系譜集（二村亀太郎．写編）』（一宮市立豊島図書館．蔵）、『足利天皇血統秘史（熊澤寛道．著）』（一宮市立豊島図書館．蔵）

熊沢天皇系図（日本正統天皇系図）

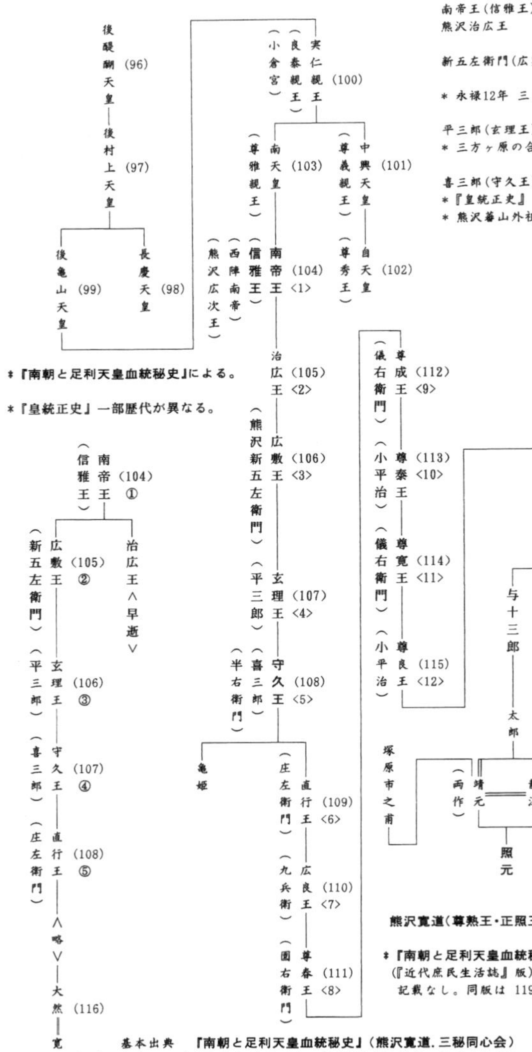

後醍醐天皇 (96)
後村上天皇 (97)
長慶天皇 (98)
後亀山天皇 (99)
実仁親王（良泰親王）（小倉宮） (100)
中興天皇（尊義親王） (101)
自天皇（尊秀王） (102)
南天皇（尊雅親王） (103)
南帝王（信雅王）（西陣南帝）（熊沢広次王） (104) <1>
治広王 (105) <2>
広數王（熊沢新五左衛門） (106) <3>
玄理王（平三郎） (107) <4>
守久王（喜三郎）（半右衛門） (108) <5>
亀姫
直行王（庄左衛門） (109) <6>
広良王（九兵衛） (110) <7>
尊春王（園右衛門） (111) <8>
尊成王（儀右衛門） (112) <9>
尊泰王（小平治） (113) <10>
尊寛王（儀右衛門） (114) <11>
尊良王（小平治） (115) <12>
尊茂王（繁左衛門） (116) <13>
与十三郎
太郎
塚原市之甫
靖元（両作）
静江
照元
尊憲王（大然） (117) <14>
熊沢弥三郎（彌三郎）
宗明
英雄
尊熟王（寛道） (118) <15>
〈熊沢天皇〉（正照王）
良尊
広尊
尊信 (119) <16>
*『南朝と足利天皇血統秘史』による。
*『皇統正史』一部歴代が異なる。
南帝王（信雅王） (104) ①
広數王（新五左衛門） (105) ②
治広王〈早逝〉
玄理王（平三郎） (106) ③
守久王（喜三郎） (107) ④
直行王（庄左衛門） (108) ⑤
〈略〉
大然 (116)
寛道 (117)

南帝王(信雅王)　熊沢家の元祖(熊沢広次王を自称)。
熊沢治広王　　御父と共に尾州に移る(事績不明)。

新五左衛門(広數王)　(広沢院殿桐月一如居士)
(別伝.忠靖院殿雪峯如月居士)
* 永禄12年　三島合戦に討死(別伝による)。

平三郎(玄理王)　(澄江院殿随心玄理居士)
* 三方ヶ原の合戦に敗れ自刃、22歳。

喜三郎(守久王)　(浄源院殿雲誉宗可善居士)
*『皇統正史』　(浄源院殿相可善居士)
* 熊沢蕃山外祖父、養父。

庄左衛門(直行王)　(花実利春居士)
* 尾張に帰り農民となる。

九兵衛(広良王)　(春岸光華居士)

園右衛門(尊春王)　(随空養順法子)

儀右衛門(尊成王)（倉岳宗書居士）
（別伝.倉岳宗専居士）

小平治(尊泰王)　（一窓了念居士）

儀右衛門(尊寛王)
（三岳玄心居士）

小平治(尊良王)
（紫岳浄雲居士）

繁左衛門(尊茂王)
(法岸良性居士)

大然(尊憲王)
(悟道院尊雅大然居士)
(悟道院覚空尊雅大然居士)

熊沢寛道(尊熟王・正照王・大延天皇)(瑀光院殿尊空寛導傾照居士)

***『南朝と足利天皇血統秘史』(三秘同心会版)は　歴代に王号を付す。**
(『近代庶民生活誌』版)は　王号記さず。さらに　九兵衛以下は実名記載なし。同版は　119代　尊信を補筆する。

基本出典　**『南朝と足利天皇血統秘史』(熊沢寛道.三秘同心会)**　参考　『皇統正史』(長島銀蔵.私家版)
参考　[『未発表・熊沢天皇回顧録』]『御落胤と偽天皇』所収。
[『熊沢家の歴史(熊沢尊信)』]『近代庶民生活誌⑪天皇・皇族』所収。
*『御落胤と偽天皇(玉川信明.編、社会評論社)』、『近代庶民生活誌⑪天皇・皇族(南博.編、三一書房)』

後南朝並びに熊沢家系譜

＊『週刊新潮』1957年9月23日号によれば 熊沢照元氏は 後醍醐天皇28代目当主、信雅王第20代皇胤という。『御落胤と偽天皇(玉川信明.編、社会評論社)』所収。
＊ 系図は『後南朝新史』による(『近代庶民生活誌⑪<三一書房>』)所収。

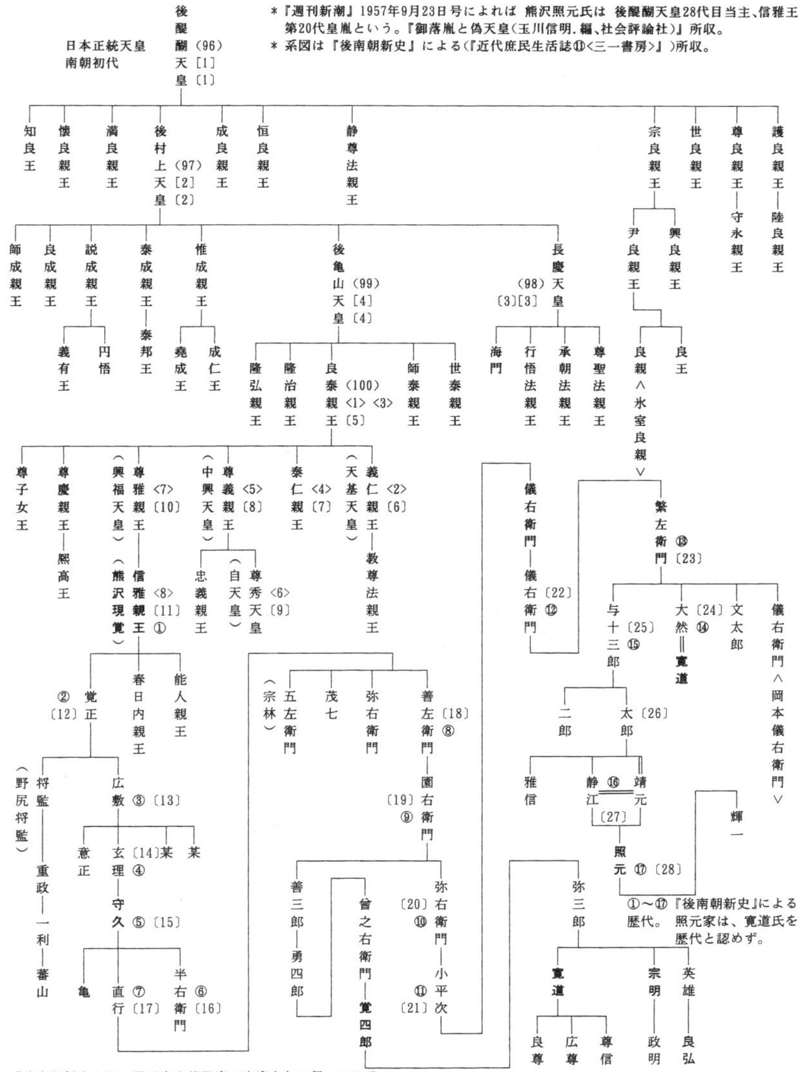

日本正統天皇
南朝初代
後醍醐天皇(96)[1]〔1〕
知良王
懐良親王
満良親王
後村上天皇(97)[2]〔2〕
成良親王
恒良親王
静尊法親王
宗良親王
世良親王
尊良親王
護良親王
守永親王
陸良親王
尹良親王
興良親王
良親〈氷室良親〉
良王
師成親王
良成親王
説成親王
泰成親王
惟成親王
後亀山天皇(99)[4]〔4〕
長慶天皇(98)〔3〕[3]
義有王
円悟
泰邦王
尭成王
成仁王
隆弘親王
隆治親王
良泰親王(100)<1><3>〔5〕
師泰親王
世泰親王
海門
行悟法親王
承朝法親王
尊聖法親王
尊子女王
尊慶親王
熙高王
尊雅親王<7>〔10〕(興福天皇)
尊義親王<5>〔8〕(中興天皇)
泰仁親王<4>〔7〕
義仁親王<2>〔6〕(天基天皇)
教尊法親王
信雅親王<8>〔11〕①(熊沢現覚)
忠義親王
尊秀天皇<6>〔9〕(自天皇)
儀右衛門
儀右衛門〔22〕⑫
繁左衛門⑬〔23〕
与十三郎〔25〕⑮
大然〔24〕⑭
寛道
文太郎
儀右衛門〈岡本儀右衛門〉
覚正②〔12〕
春日内親王
能人親王
五左衛門(宗林)
茂七
弥右衛門
善左衛門〔18〕⑧
二郎
太郎〔26〕
将監(野尻将監)
広数③〔13〕
園右衛門〔19〕⑨
雅信
静江⑯
靖元
〔27〕
輝一
意正
玄理〔14〕④
某
某
重政
照元⑰〔28〕
①～⑰『後南朝新史』による歴代。照元家は、寛道氏を歴代と認めず。
守久⑤〔15〕
善三郎
曾之右衛門
弥右衛門〔20〕⑩
弥三郎
一利
勇四郎
小平次⑪〔21〕
蕃山
亀
直行⑦〔17〕
半右衛門⑥〔16〕
覚四郎
寛道
宗明
英雄
良尊
広尊
尊信
政明
良弘

＊『後南朝新史』は 照元家を熊沢家の宗家として扱っている。
出典［『後南朝新史』］『近代庶民生活誌⑪天皇・皇族(三一書房)』所収。

熊澤弥三郎家一族略系図

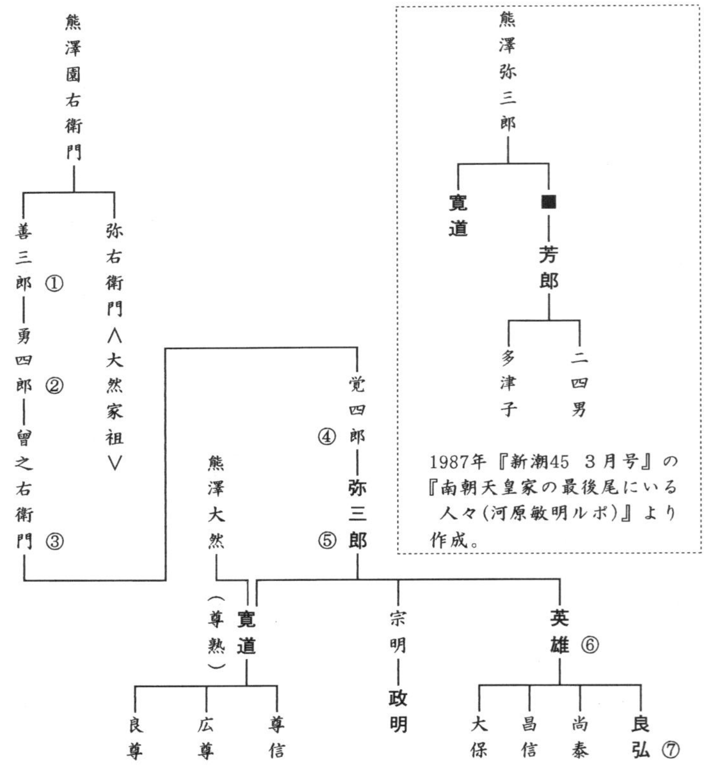
熊澤園右衛門
善三郎 ①
弥右衛門
∧大然家祖∨
勇四郎 ②
曾之右衛門 ③
覚四郎 ④
弥三郎 ⑤
熊澤大然
寛道
（尊熟）
宗明
英雄 ⑥
良尊
広尊
尊信
政明
大保
昌信
尚泰
良弘 ⑦
熊澤弥三郎
寛道
[redacted]
芳郎
多津子
二四男
1987年『新潮45 3月号』の
『南朝天皇家の最後尾にいる
人々（河原敏明ルポ）』より
作成。

＊ 善三郎から尊信、政明、良弘までは『後南朝新史』所収の熊澤氏系図による。

熊澤寛道⇨弥三郎の三男。 熊澤本家の熊澤大然の養子。熊澤天皇事件で知られる。

熊澤政明⇨寛道の甥。曼陀羅寺山内の靈鷲院内に、信雅王の供養塔を献納。
『天皇・皇室を知っていますか（昭和時代研究会・角川書店）』にも、熊澤天皇一族として紹介されている。

熊澤芳郎⇨寛道の甥。1987年の『新潮 45』 3月号で紹介されている。

熊澤繁左衛門家一族系図

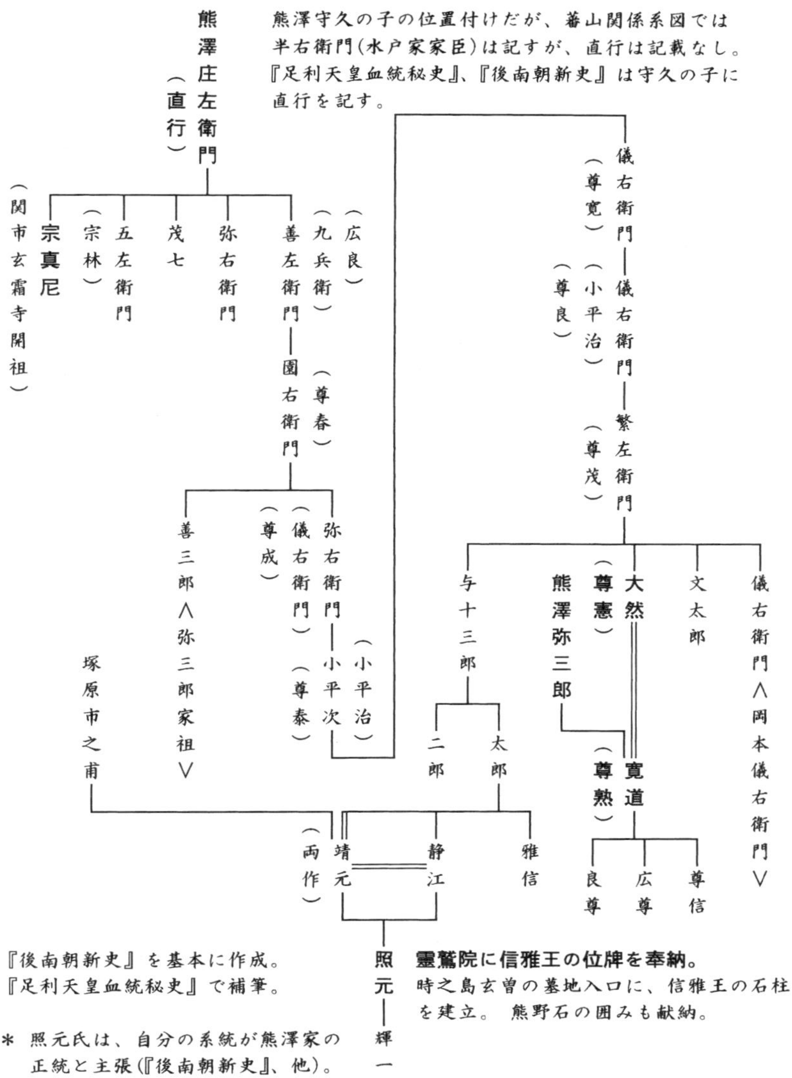
熊澤庄左衛門（直行）
熊澤守久の子の位置付けだが、蕃山関係系図では半右衛門（水戸家家臣）は記すが、直行は記載なし。『足利天皇血統秘史』、『後南朝新史』は守久の子に直行を記す。
宗真尼（関市玄霜寺開祖）
五左衛門（宗林）
茂七
弥右衛門
善左衛門（広良）
（九兵衛）
園右衛門（尊春）
弥右衛門（儀右衛門）（尊成）
小平次（小平治）（尊泰）
善三郎＜弥三郎家祖＞
塚原市之甫
儀右衛門（尊寛）
儀右衛門（小平治）（尊良）
繁左衛門（尊茂）
儀右衛門＜岡本儀右衛門＞
文太郎
大然（尊憲）
熊澤弥三郎
寛道（尊熟）
良尊
広尊
尊信
与十三郎
太郎
二郎
靖元（両作）
静江
雅信
照元
輝一
霊鷲院に信雅王の位牌を奉納。
時之島玄曽の墓地入口に、信雅王の石柱を建立。 熊野石の囲みも献納。
『後南朝新史』を基本に作成。
『足利天皇血統秘史』で補筆。
＊ 照元氏は、自分の系統が熊澤家の正統と主張（『後南朝新史』、他）。

南朝系譜 (1)

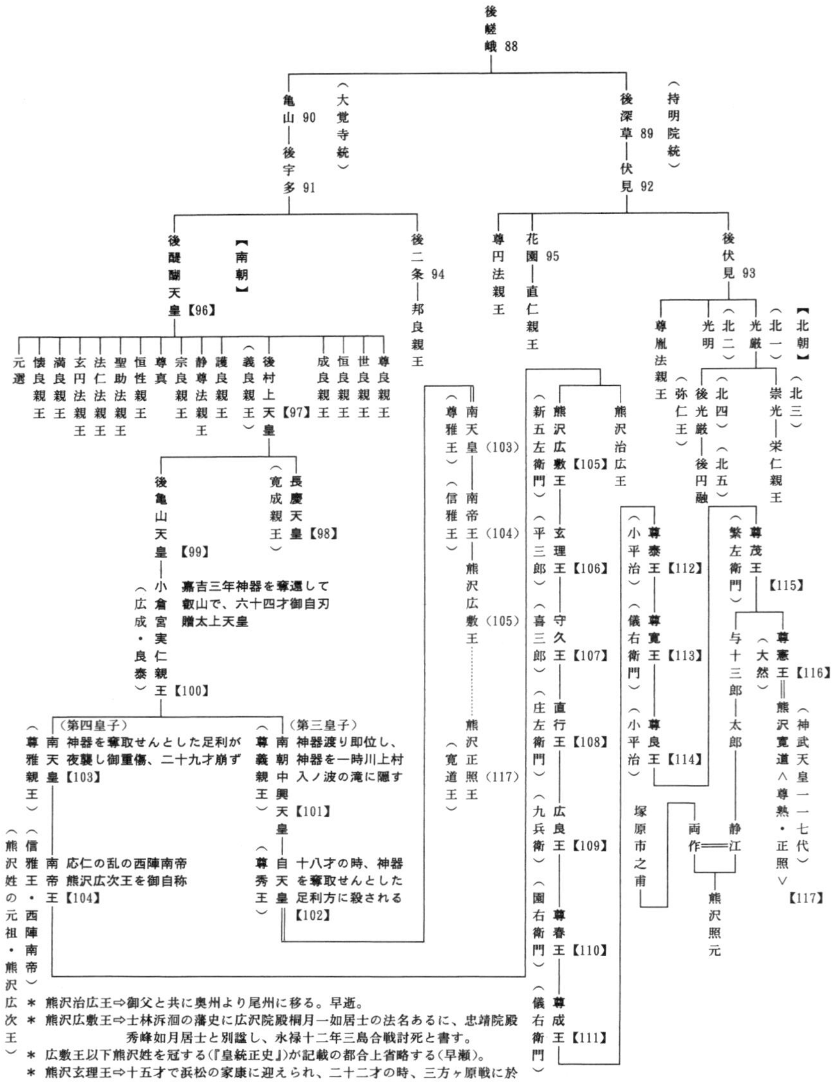
後嵯峨 88
亀山 90
（大覚寺統）
後宇多 91
後深草 89
（持明院統）
伏見 92
後醍醐天皇【96】
【南朝】
後二条 94
邦良親王
尊円法親王
花園 95
直仁親王
後伏見 93
【北朝】
光厳（北一）
光明（北二）
尊胤法親王
崇光（北三）
栄仁親王
後光厳（北四）
（弥仁王）
後円融（北五）
元選
懐良親王
満良親王
玄円法親王
法仁法親王
聖助法親王
恒性親王
尊真
宗良親王
静尊法親王
護良親王
後村上天皇【97】
（義良親王）
成良親王
恒良親王
世良親王
尊良親王
後亀山天皇【99】
長慶天皇【98】
（寛成親王）
小倉宮実仁親王【100】
（広成・良泰）
嘉吉三年神器を奪還して
叡山で、六十四才御自刃
贈太上天皇
（第四皇子）
南天皇【103】
（尊雅親王）
神器を奪取せんとした足利が
夜襲し御重傷、二十九才崩ず
（第三皇子）
南朝中興天皇【101】
（尊義親王）
神器渡り即位し、
神器を一時川上村
入ノ波の滝に隠す
南帝王【104】
（信雅王・西陣南帝）
応仁の乱の西陣南帝
熊沢広次王を御自称
（熊沢姓の元祖・熊沢広次王）
自天皇【102】
（尊秀王）
十八才の時、神器
を奪取せんとした
足利方に殺される
南天皇（103）
（尊雅王）
南帝王（104）
（信雅王）
熊沢広敷王（105）
熊沢正照王（117）
（寛道王）
熊沢広敷王【105】
（新五左衛門）
熊沢治広王
玄理王【106】
（平三郎）
守久王【107】
（喜三郎）
直行王【108】
（庄左衛門）
広良王【109】
（九兵衛）
尊春王【110】
（園右衛門）
尊成王【111】
（儀右衛門）
尊泰王【112】
（小平治）
尊寛王【113】
（儀右衛門）
尊良王【114】
（小平治）
尊茂王【115】
（繁左衛門）
与十三郎
太郎
尊憲王【116】
（大然）
熊沢寛道
〈神武天皇一一七代〉
（尊熱・正照）
【117】
塚原市之甫
両作
静江
熊沢照元

＊ 熊沢治広王⇨御父と共に奥州より尾州に移る。早逝。
＊ 熊沢広敷王⇨士林泝洄の藩史に広沢院殿桐月一如居士の法名あるに、忠靖院殿秀峰如月居士と別諡し、永禄十二年三島合戦討死と書す。
＊ 広敷王以下熊沢姓を冠する（『皇統正史』）が記載の都合上省略する（早瀬）。
＊ 熊沢玄理王⇨十五才で浜松の家康に迎えられ、二十二才の時、三方ヶ原戦に於いて、家康を逃して自刃。法名．澄江院殿随心玄理居士。

出典『皇統正史（長島銀蔵、昭和四十一年発行．非売品）』（愛知学院大学図書館．蔵、一宮市立豊島図書館．蔵）

南朝系譜 (2)

（参考.北朝全殺譜）

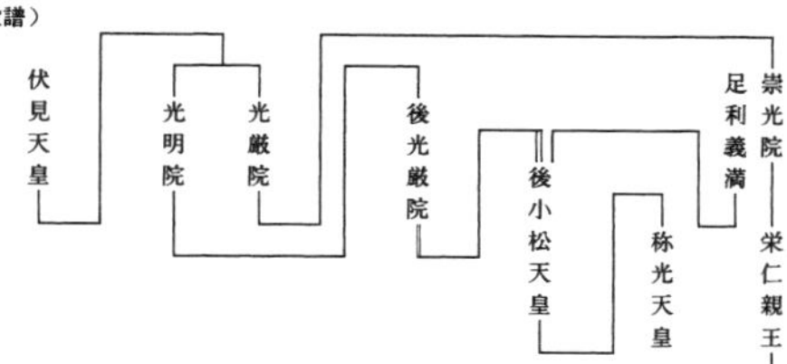

伏見天皇
光明院
光厳院
後光厳院
後小松天皇
称光天皇
足利義満
崇光院
栄仁親王

後亀山天皇(99)
元中2年(1392)、後小松天皇に譲位。
【99】

後小松天皇(100)

小倉宮実仁親王[100]
(後小松天皇皇太子)
嘉吉3年(1443)9月、京都御所に乱入、神器奪還、叡山に籠もるが、離反され自刃する。（太上天皇）
【100】

（第四皇子）
南天皇(尊雅親王)(1430～1458)
永享2年(1430)、北畠満雅の城で誕生。
父.小倉宮実仁親王、母.横矢姫。
長禄元年、神器を継承し即位(28才)。
天靖16年(1458)(長禄2年)7月、逆徒に襲われ重傷。12月20日崩御(29才)。
【103】

南帝王(熊野宮信雅王)(1454～1514)
享徳3年(1454)紀伊国奥熊野で誕生。
5才の12月、神璽を受け南帝王に即位。
長享元年(1487)12月15日、標葉清隆の権現堂城が相馬盛胤に攻められ、熊野宮の熊と沢邑の沢と合わせ熊沢現覚坊と自称、長享2年(1488)春、葛尾村の高野城をあとに、尾張時之島に向け発向す(宝寿35才)。南帝熊沢広次王は、永正11年(1514) 宝寿61才で崩じる。
【104】

熊沢広敷王
熊沢広次王の子、時之島城主二代を継ぐ。
妃は日比野左近の娘。
法名「広沢院殿桐月一如居士」 （二代）
【105】

熊沢玄理王(熊沢平三郎)(1555～1572)
天文2年(1551)誕生。母は日比野左近娘。
永禄8年(1565)、15才で徳川家康に迎えられる。三方ヶ原戦で家康を逃がし、武田の大軍に当たる。元亀3年(1572)12月22日、自刃して果てる(22才)
法名「澄江院殿随心玄理居士」 （三代）
【106】

熊沢守久王(熊沢喜三郎)(1569～1642)
永禄12年(1569)誕生。母は浅井政高の娘。
父玄理王の死後、外祖父の養育を受ける。
柴田勝家、福島正則らに仕える。
寛永3年(1626)水戸の徳川頼房に仕える。
寛永17年(1640)長男半右衛門を水戸に残し頼房と共に上洛。孫の蕃山を池田光政に仕えしめた。
寛永19年(1642)京都で薨去(74歳)。
法名「浄源院殿相可善居士」 （四代）
【107】

熊沢直行王(熊沢庄左衛門)(****～1682)
寛永19年(1642)父の菩提を弔った後時之島村に帰農。
天和2年(1682)3月9日薨去。
法名「花実利春居士」 （五代）
【108】

熊沢広良王(熊沢九兵衛)
法名「春岸光華居士」 （六代）
【109】

（第三皇子）
南朝中興天皇(尊義親王)(1411～1455)
応永18年(1411)、富士谷で誕生。
幼名は尊忠王、空恩法親王と称する。
空恩法親王、嘉吉3年江州甲賀より吉野に転じ入り、尊義親王と改め南朝新王と称す。嘉吉3年10月25日に年号を天靖(天請)元年と改める。
天靖6年(1448)8月15日に一の皇子尊秀親王に神器を譲り給いて、太上天皇と称し、天靖13年(康正元年、1455)2月5日崩じる(45才)。
【101】

自天皇(尊秀王)(1440～1457)
永享12年(1440)2月5日誕生。
母は武内正重の室小邸の娘武野。
天靖6年8月父より譲位される。
長禄元年12月御年18才で逆賊足利朝方に殺害される(1457年)。
【102】

忠義王(1446～1457)
天靖4年(1446)2月25日誕生。
天靖15年(1457)(長禄元年)12月逆賊に殺害される。(12才(満11才))
＊ 16才と記すが、生年が確かなら16才は誤記(早瀬.注)

熊沢尊春王(熊沢園右衛門)
法名「随空養順法子」 （七代）
【110】

熊沢尊成王(熊沢儀右衛門)
法名「倉岳宗書居士」 （八代）
【111】

熊沢尊泰王(熊沢小平治)
法名「一窓了念居士」 （九代）
【112】

熊沢尊寛王(熊沢儀右衛門)
法名「三岳玄心居士」 （十代）
【113】

熊沢尊良王(熊沢小平治)
法名「紫岳浄雲居士」 （十一代）
【114】

熊沢尊茂王(熊沢繁左衛門)
法名「法岸良性居士」 （十二代）
【115】

熊沢尊憲王(熊沢大然)
法名「悟道院尊雅大然居士」(十三代)
【116】

熊沢尊熱王(熊沢寛道)(正照)
(神武天皇117代)【117】

泰仁親王(1404～1435)
応永11年(1404)嵯峨小倉で誕生。(偽名.北畠熙忠)
永享2年叡山に登り、乗蓮に帰依剃髪、教尊法親王と改める。永享7年(1435)足利義教叡山攻撃、教尊法親王こと天基王、延暦寺中堂に於いて自殺(宝寿33歳)。
＊ 33歳⇨32歳の誤記？

良仁王(1398～1429頃)
応永5年(1398)嵯峨小倉で誕生。母は長慶皇女梅子。
正長年間(1428～1429)美濃で土岐持益に殺される。

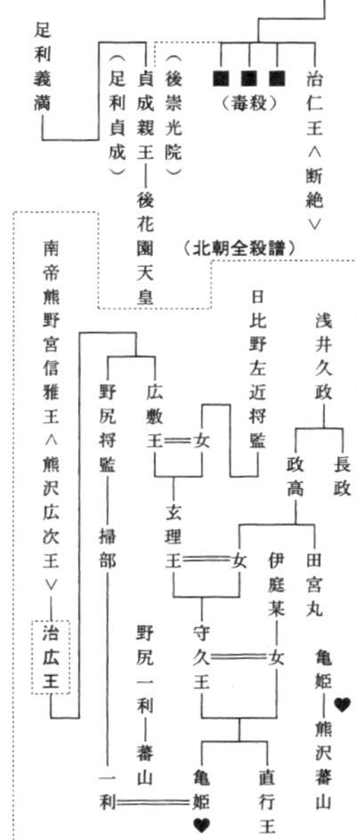

足利義満
（足利貞成）
貞成親王
（後崇光院）
後花園天皇
■■■
（毒殺）
治仁王（断絶）
（北朝全殺譜）
南帝熊野宮信雅王（熊沢広次王）
治広王
野尻将監
掃部
一利
広敷王
女
日比野左近将監
浅井久政
政高
長政
玄理王
女
伊庭某
田宮丸
野尻一利
蕃山
守久王
女
亀姫
熊沢蕃山
亀姫
直行王
一利

（熊沢総家縁組系図）

出典『皇統正史(長島銀蔵、私家版)』(前ページ参照) ＊ この系図 治広王未記載。

南朝直系と足利天皇家

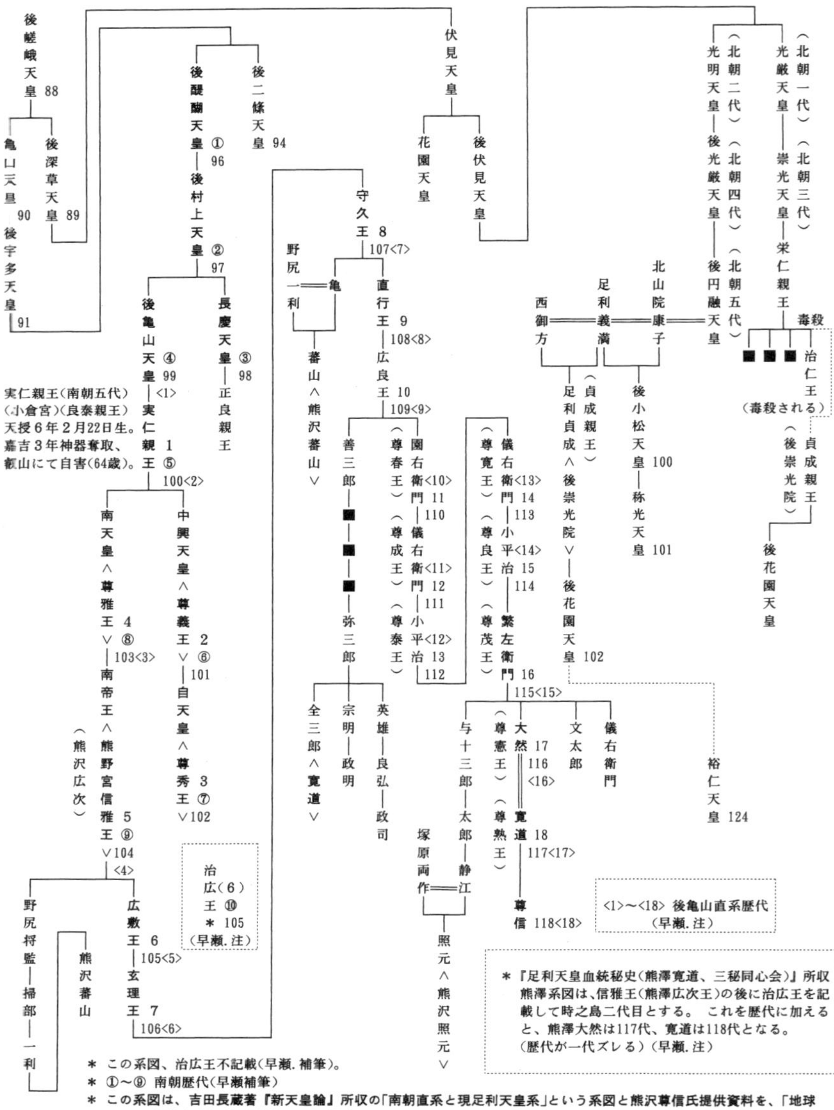

後嵯峨天皇 88
亀山天皇 90
後深草天皇 89
後宇多天皇 91
後醍醐天皇 ① 96
後二條天皇 94
後村上天皇 ② 97
後亀山天皇 ④ 99
長慶天皇 ③ 98
正良親王
実仁親王(南朝五代)(小倉宮)(良泰親王)天授6年2月22日生。嘉吉3年神器奪取、叡山にて自害(64歳)。
実仁親王 1 ⑤ 100<2>
南天皇〈尊雅王 4〉⑧ 103<3>
南帝王〈熊野宮信雅王 5〉⑨ 104<4>
(熊沢広次)
中興天皇〈尊義王 2〉⑥ 101
自天皇〈尊秀王 3〉⑦ 102
治広(6)王 ⑩ ＊105 (早瀬.注)
野尻将監―掃部―一利
熊沢蕃山
広数王 6 105<5>
玄理王 7 106<6>
伏見天皇
花園天皇
後伏見天皇
守久王 8 107<7>
野尻一利
亀
蕃山〈熊沢蕃山〉
直行王 9 108<8>
広良王 10 109<9>
善三郎―■―■―■―弥三郎
全三郎〈寛道〉
宗明―政明
英雄―良弘―政司
園右衛門 11 <10> 110(尊春王)
儀右衛門 12 <11> 111(尊成王)
小平治 13 <12> 112(尊泰王)
儀右衛門 14 <13> 113(尊寛王)
小平治 15 <14> 114(尊良王)
繁左衛門 16 115<15>(尊茂王)
与十三郎―太郎―静江
塚原両作
照元〈熊沢照元〉
大然 17 116 <16>(尊憲王)
寛道 18 117<17>(尊熱王)
尊信 118<18>
文太郎
儀右衛門
<1>〜<18> 後亀山直系歴代 (早瀬.注)
(北朝一代)光厳天皇
(北朝二代)光明天皇
(北朝三代)崇光天皇
(北朝四代)後光厳天皇
(北朝五代)後円融天皇
栄仁親王
毒殺
■ ■ ■
治仁王(毒殺される)
貞成親王(後崇光院)
後花園天皇
北山院康子
足利義満
西御方
足利貞成〈後崇光院〉(貞成親王)
後花園天皇 102
後小松天皇 100
称光天皇 101
裕仁天皇 124
＊『足利天皇血統秘史(熊澤寛道、三秘同心会)』所収熊澤系図は、信雅王(熊澤広次王)の後に治広王を記載して時之島二代目とする。 これを歴代に加えると、熊澤大然は117代、寛道は118代となる。(歴代が一代ズレる)(早瀬.注)

＊ この系図、治広王不記載(早瀬.補筆)。

＊ ①〜⑨ 南朝歴代(早瀬補筆)

＊ この系図は、吉田長蔵著『新天皇論』所収の「南朝直系と現足利天皇系」という系図と熊沢尊信氏提供資料を、「地球ロマン」編集部(絃映社編集部)が合成編集したもの。この系図は治広王(「足利天皇血統秘史」は記載)が欠落している。

出典『地球ロマン 1976.12月号(復刊3号)、総特集・我驚は天皇也(絃映社)』(資料提供.日本歴史研究所 木村信行氏)

熊澤家略系図

後亀山天皇‥‥尊雅親王—信雅王〈菊亭御所熊澤広次王〉（熊澤現覚）

信雅王：南朝九代南帝。

熊澤現覚：長享元年十二月十五日宮号の熊と地名の澤を取り、熊澤現覚坊と化称する。

—■—■—喜三郎守久王

喜三郎守久王：熊野宮信雅王直系曾孫。水戸光圀を教育。

—亀之姫＝野尻一利

—蕃山〈熊澤蕃山〉

後亀山天皇—実仁親王（小倉宮）—尊義王〈南朝中興天皇〉

実仁親王：嘉吉三年、神器奪還。

尊義王：南朝六代。天靖二年即位（文安即位）。

熊澤大然

明治二十六年（42歳）より南朝史の疑問点を研究開始。
明治三十九年、帝国古蹟調査会へ調査史料を提出。
明治四十一年、明治天皇に上奏。
明治四十二年、内大臣府に招請される。
（勅答により南朝正皇系と決定）（熊澤家の主張）
大正元年、二度目の上奏。
大正四年、死去。

■—宗明／寛道（熊澤大然＝寛道）

寛道

大正八年、家督相続を上奏。
大正九年、熊澤家系を上奏。
昭和十一年、新たな史料を加えて再上奏。
昭和十六年、再上奏。
昭和十七年、賀陽宮夫妻、熊野石を参拝。
昭和二十年十二月、マッカーサー、調査団を熊澤家に派遣。翌年一月、ライフ誌などが「熊澤寛道」天皇を世界に向け配信。

—尊信（湖尊）

熊澤宗家当主。湖尊と号する。
「地球ロマン」に『南朝正系熊澤家の歩み』を寄稿。

『南朝正系熊澤家の歩み（熊澤尊信）』（「地球ロマン」昭和五十二年十二月号所収）
『熊沢家の歴史（熊沢尊信）』（「近代庶民生活誌⑪天皇・皇族〈三一書房〉」〈1990〉所収）
＊『熊沢家の歴史』は、『南朝正系熊澤家の歩み』に修正加筆したものと思われる。

後亀山天皇—■—■—信雅王〈後亀山皇曾孫〉

後亀山天皇—良泰親王—尊雅王—信雅王

後亀山天皇—日尊王／尊雅王〈南天皇〉／尊義王（中興天皇）（南朝方新皇）

尊雅王〈南天皇〉—信雅王〈南帝〉（西軍南王）

尊義王—忠義王／尊秀王（南朝方新皇）

後亀山天皇‥‥熊沢大然＝寛道

熊沢大然：後亀山天皇第十八世直皇胤。明治四十一年上奏。大正元年上奏。

寛道：後亀山天皇第十九世直皇胤。大正八年上奏。大正九年上奏。昭和十一年上奏。

（吉田長蔵「新天皇論」所収）（「地球ロマン」掲載）

（南朝直系と足利天皇家）⇧

＊ 熊澤大然を後亀山天皇第十八世とする位置付けは、前記系図からは割り出せない（早瀬）。南朝正系（嫡流）第十八代とすべきではないか？（治広王も加えて）

（参考）

『足利天皇血統秘史（熊澤寛道）』　西陣南帝（信雅王・熊澤広次王）—治広王—広敷王—玄理王—守久王—直行王

『新天皇論（吉田長蔵）』　南帝王（熊野宮信雅王・熊澤広次）——広敷王—玄理王—守久王—直行王

『皇統正史（長島銀蔵）』　西陣南帝（信雅王・熊澤広次王）——広敷王—玄理王—守久王—直行王
＊ 治広王を記載しているが歴代とせず、弟広敷王が家系（歴代）を継承したとしている。

『後南朝新史（小笠原秀凞、市川元雅）』　西陣南帝（信雅親王・熊澤現覚）—覚正—広敷—玄理—守久

『古代氏族系譜集成（宝賀寿男）』　小瀬宮凞高王——二郎王丸（熊沢信廣）—広敷—玄理—守久

南朝正皇系譜（熊沢宗家系譜）

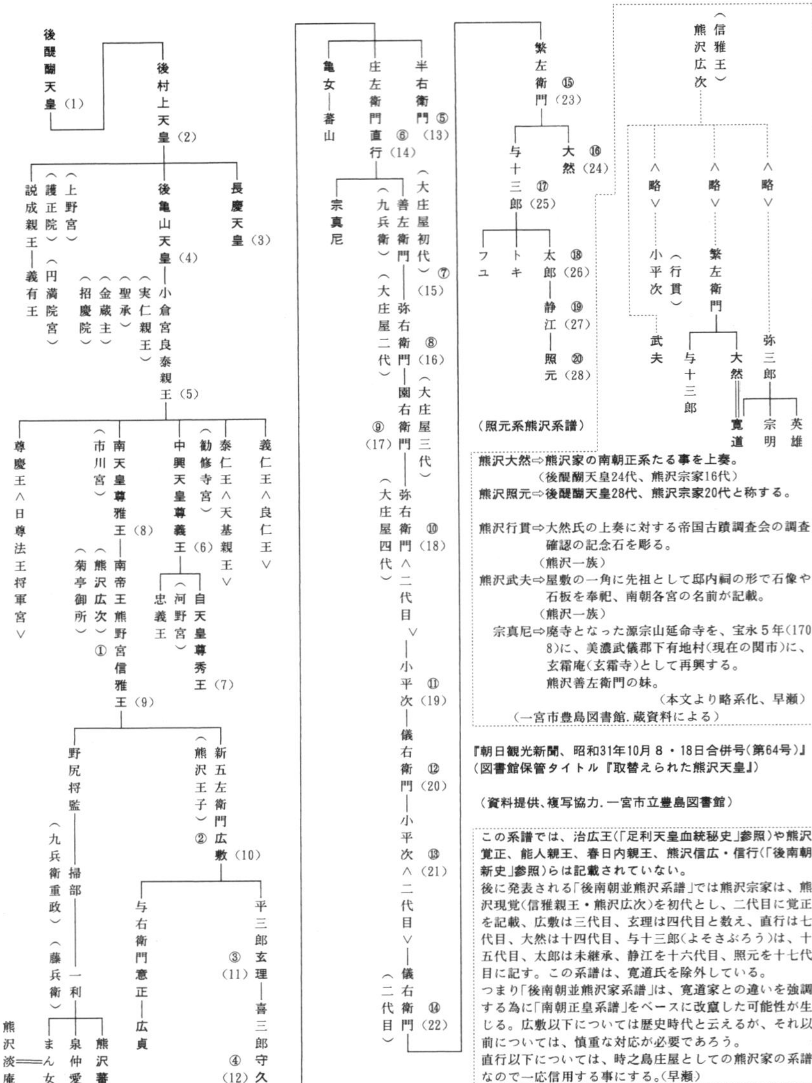
後醍醐天皇（1）
後村上天皇（2）
説成親王―義有王
（護正院）（円満院宮）
（上野宮）
後亀山天皇（4）
長慶天皇（3）
（実仁親王）―小倉宮良泰親王（5）
（聖承）
（金蔵主）
（招慶院）
尊慶王＜日尊法王将軍宮＞
（市川宮）
南天皇尊雅王（8）―南帝王熊野宮信雅王（9）
（熊沢広次）①
（菊亭御所）
中興天皇尊義王（6）
（勧修寺宮）
泰仁王＜天基親王＞
義仁王＜良仁王＞
忠義王
（河野宮）
自天皇尊秀王（7）
野尻将監
（九兵衛重政）
掃部
（藤兵衛）
一利
熊沢淡庵
まん女
泉仲愛
熊沢蕃山
新五左衛門広敷（10）
（熊沢王子）②
与右衛門意正―広貞
平三郎玄理 ③（11）―喜三郎守久 ④（12）
亀女―蕃山
庄左衛門直行 ⑥（14）
半右衛門 ⑤（13）
宗真尼
（九兵衛）
善左衛門（大庄屋初代）⑦（15）
（大庄屋二代）
弥右衛門 ⑧（16）
園右衛門（大庄屋三代）⑨（17）
（大庄屋四代）
弥右衛門 ⑩（18）＜二代目＞
小平次 ⑪（19）
儀右衛門 ⑫（20）
小平次 ⑬（21）＜二代目＞
（二代目）
儀右衛門 ⑭（22）
繁左衛門 ⑮（23）
与十三郎 ⑰（25）
大然 ⑯（24）
フユ
トキ
太郎 ⑱（26）
静江 ⑲（27）
照元 ⑳（28）
（照元系熊沢系譜）
熊沢広次（信雅王）
＜略＞
＜略＞
＜略＞
小平次
（行貫）
武夫
繁左衛門
与十三郎
大然
寛道
宗明
英雄
弥三郎

熊沢大然⇨熊沢家の南朝正系たる事を上奏。
（後醍醐天皇24代、熊沢宗家16代）
熊沢照元⇨後醍醐天皇28代、熊沢宗家20代と称する。

熊沢行貫⇨大然氏の上奏に対する帝国古蹟調査会の調査確認の記念石を彫る。
（熊沢一族）
熊沢武夫⇨屋敷の一角に先祖として邸内祠の形で石像や石板を奉祀、南朝各宮の名前が記載。
（熊沢一族）
宗真尼⇨廃寺となった源宗山延命寺を、宝永５年（1708）に、美濃武儀郡下有地村（現在の関市）に、玄霜庵（玄霜寺）として再興する。
熊沢善左衛門の妹。
（本文より略系化、早瀬）
（一宮市豊島図書館.蔵資料による）

『朝日観光新聞、昭和31年10月８・18日合併号（第64号）』
（図書館保管タイトル『取替えられた熊沢天皇』）

（資料提供、複写協力.一宮市立豊島図書館）

この系譜では、治広王（「足利天皇血統秘史」参照）や熊沢覚正、能人親王、春日内親王、熊沢信広・信行（「後南朝新史」参照）らは記載されていない。
後に発表される「後南朝並熊沢系譜」では熊沢宗家は、熊沢現覚（信雅親王・熊沢広次）を初代とし、二代目に覚正を記載、広敷は三代目、玄理は四代目と数え、直行は七代目、大然は十四代目、与十三郎（よそさぶろう）は、十五代目、太郎は未継承、静江を十六代目、照元を十七代目に記す。この系譜は、寛道氏を除外している。
つまり「後南朝並熊沢家系譜」は、寛道家との違いを強調する為に「南朝正皇系譜」をベースに改竄した可能性が生じる。広敷以下については歴史時代と云えるが、それ以前については、慎重な対応が必要であろう。
直行以下については、時之島庄屋としての熊沢家の系譜なので一応信用する事にする。（早瀬）

出典『取替えられた熊沢天皇（「朝日観光新聞.第64号」）（一宮市立豊島図書館.蔵）』

熊澤武夫家略系図

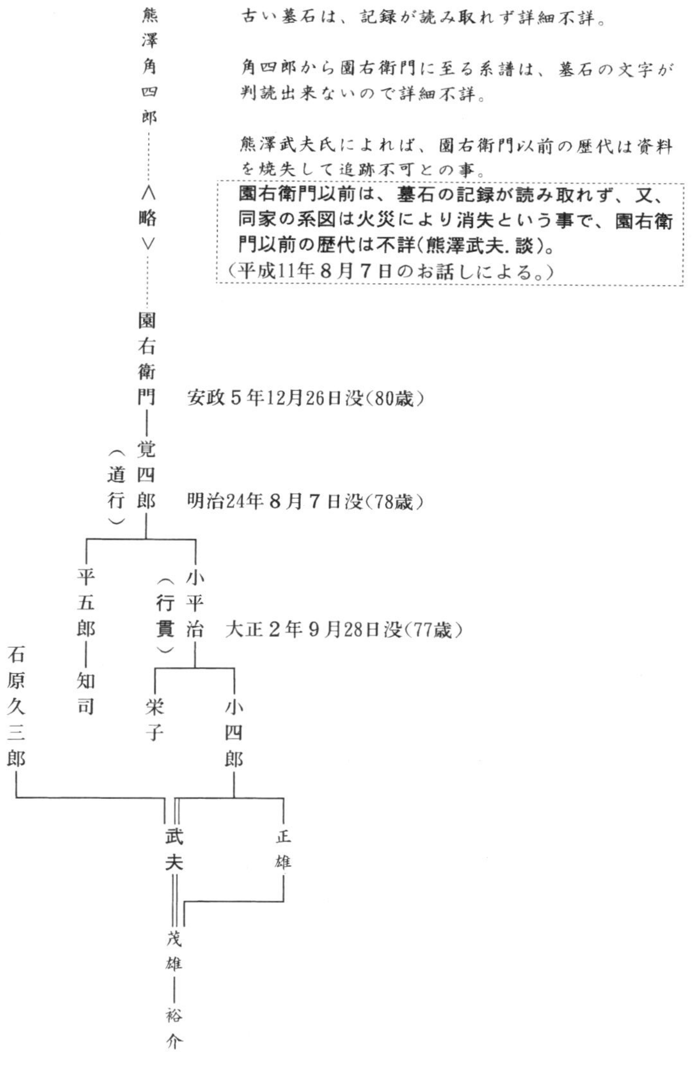
熊澤角四郎
＜略＞
古い墓石は、記録が読み取れず詳細不詳。
角四郎から園右衛門に至る系譜は、墓石の文字が判読出来ないので詳細不詳。
熊澤武夫氏によれば、園右衛門以前の歴代は資料を焼失して追跡不可との事。
園右衛門以前は、墓石の記録が読み取れず、又、同家の系図は火災により消失という事で、園右衛門以前の歴代は不詳(熊澤武夫.談)。
(平成11年8月7日のお話しによる。)
園右衛門
安政5年12月26日没(80歳)
覚四郎
(道行)
明治24年8月7日没(78歳)
平五郎
知司
小平治
(行貫)
大正2年9月28日没(77歳)
栄子
小四郎
石原久三郎
武夫
正雄
茂雄
裕介

熊沢家一族推定略系図

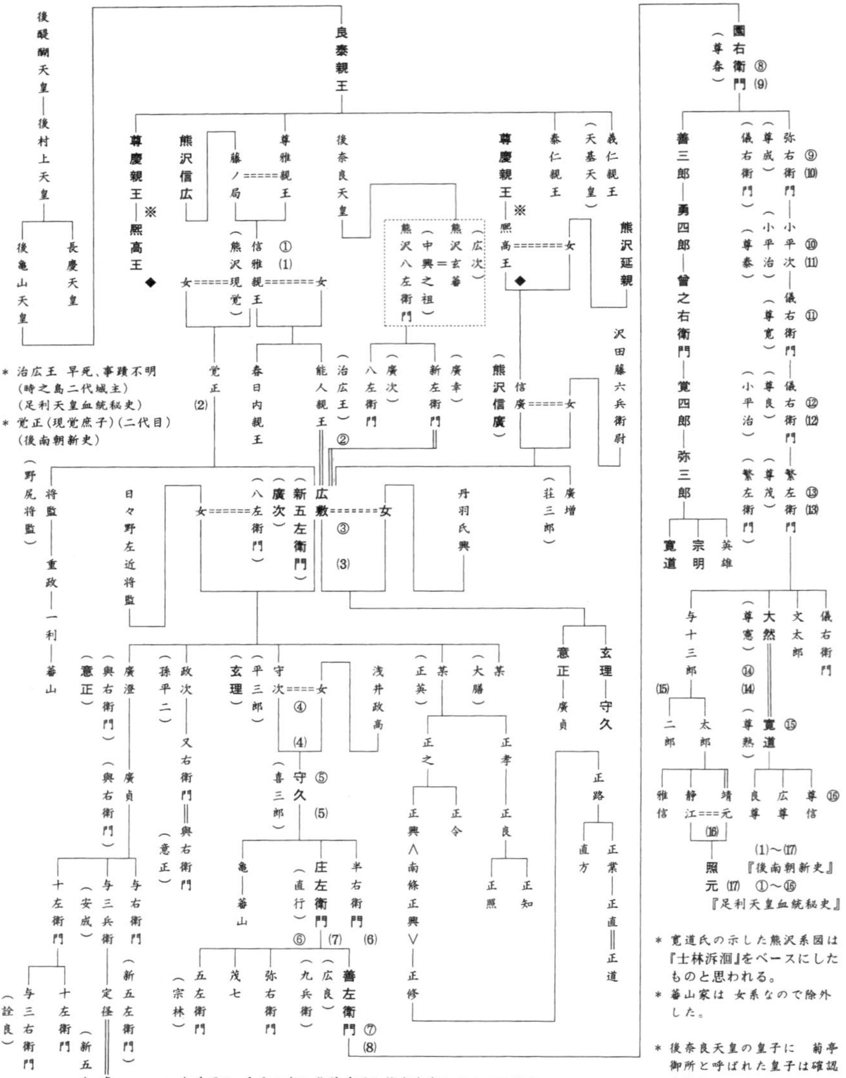

後醍醐天皇—後村上天皇
長慶天皇
後亀山天皇
良泰親王
尊慶親王※—熙高王◆
熊沢信広
藤ノ局=====尊雅親王
信雅親王 ① (1)（熊沢現覚）
女=====信雅親王=======女
覚正 (2)
春日内親王
能人親王（治広王）②
後奈良天皇
熊沢玄蕃（広次）
熊沢八左衛門（中興之祖）
八左衛門（廣次）
新左衛門（廣幸）
尊慶親王※
熙高王=======女
◆
泰仁親王
義仁親王（天基天皇）
熊沢延親
熊沢信廣（信廣）=====女
沢田藤六兵衛尉
将監（野尻将監）—重政—一利—蕃山
日々野左近将監
女======新五左衛門（廣次）（八左衛門）
広数=======女 ③ (3)
丹羽氏興
廣増（荘三郎）
意正—廣貞
玄理—守久
廣澄（與右衛門）（意正）—廣貞（與右衛門）
十左衛門
与三兵衛（安成）—定径‖意信
与右衛門（新五左衛門）
与三右衛門（詮良）
十左衛門（新五左衛門）
政次（孫平二）—又右衛門‖與右衛門（意正）
守次（平三郎）（玄理）====女 ④ (4)
浅井政高
守久 ⑤ (5)（喜三郎）
亀—蕃山
庄左衛門（直行）⑥ (7)
半右衛門 (6)
五左衛門（宗林）
茂七
弥右衛門
九兵衛
善左衛門（広良）⑦ (8)
某（正英）
某（大膳）
正之
正孝
正興＜南條正興＞—正修
正令
正良
正照
正知
正路
直方
正業—正直‖正道
園右衛門（尊春）⑧ (9)
善三郎—勇四郎—曾之右衛門—覚四郎—弥三郎
寛道
宗明
英雄
弥右衛門（尊成）（儀右衛門）⑨ (10)
小平次（小平治）（尊泰）⑩ (11)
儀右衛門（尊寛）⑪
儀右衛門（尊良）（小平治）⑫ (12)
繁左衛門（尊茂）（繁左衛門）⑬ (13)
与十三郎 (15)
大然（尊憲）⑭ (14)
文太郎
儀右衛門
寛道（尊熱）⑮
二郎
太郎
雅信
静江===靖元 (16)
照元 (17)
良尊
広尊
尊信 ⑯
(1)〜(17)『後南朝新史』
①〜⑯『足利天皇血統秘史』

＊ 治広王 早死、事蹟不明
（時之島二代城主）
（足利天皇血統秘史）
＊ 覚正（現覚庶子）（二代目）
（後南朝新史）

＊ 寛道氏の示した熊沢系図は『士林泝洄』をベースにしたものと思われる。
＊ 蕃山家は 女系なので除外した。

＊ 後奈良天皇の皇子に 萠亭御所と呼ばれた皇子は確認出来ない。

＊ 本系図は 手元に有る各種系図を推定合成したものである。
＊ 熊沢系図は 広數が どの系譜上に位置するかが解明の鍵となる。（同時に 八左衛門の 位置付けも重要である）。
＊ 蕃山関係の系図に庄左衛門（直行）の名前無し、守久の子供か疑問が残る。

考証　熊沢氏系図（1）

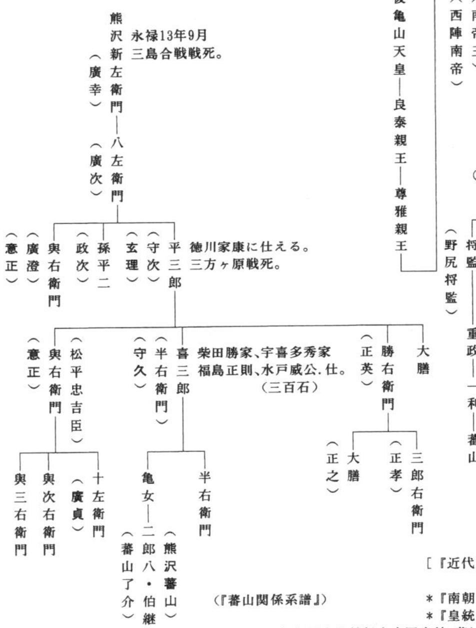

熊沢新左衛門（廣幸）
永禄13年9月
三島合戦戦死。
八左衛門（廣次）
平三郎
徳川家康に仕える。
三方ヶ原戦死。
守次
玄理
孫平二
政次
與右衛門
廣澄
意正
大膳
勝右衛門
正英
喜三郎
柴田勝家、宇喜多秀家
福島正則、水戸威公.仕。
（三百石）
半右衛門
守久
松平忠吉臣
與右衛門
意正
三郎右衛門
正孝
大膳
正之
半右衛門
亀女
二郎八・伯継
熊沢蕃山
蕃山了介
十左衛門
廣貞
與次右衛門
與三右衛門

（『蕃山関係系譜』）

出典『増訂.蕃山全集 第七冊(名著出版)』(名古屋市立鶴舞中央図書館.蔵)

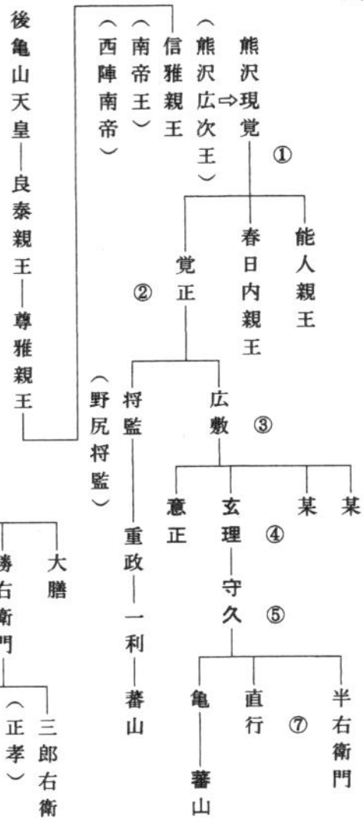

後亀山天皇
良泰親王
尊雅親王
（西陣南帝）
（南帝王）
信雅親王
（熊沢広次王）
熊沢現覚
①
能人親王
春日内親王
覚正
②
広數
③
将監
（野尻将監）
重政
一利
蕃山
某
某
玄理
④
意正
守久
⑤
半右衛門
⑥
直行
⑦
亀
蕃山

（『後南朝新史』）

［『近代庶民生活誌⑪天皇・皇族』所収。］

（『南朝と足利天皇血統秘史』）

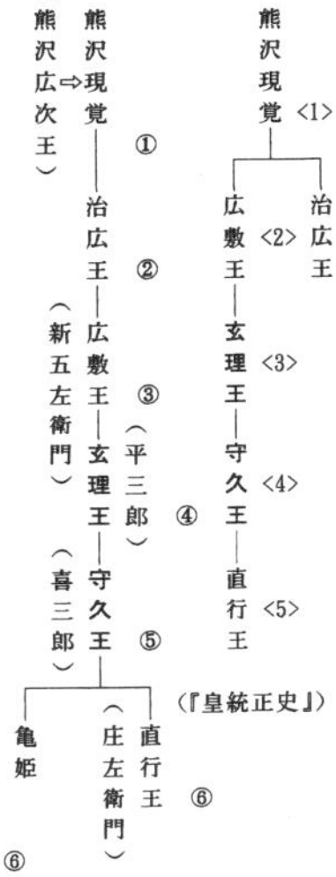

熊沢現覚
（熊沢広次王）
①
治広王
②
広數王
③
（新五左衛門）
玄理王
（平三郎）
④
守久王
（喜三郎）
⑤
直行王
⑥
（庄左衛門）
亀姫
熊沢現覚 <1>
治広王
広數王 <2>
玄理王 <3>
守久王 <4>
直行王 <5>

（『皇統正史』）

＊『南朝と足利天皇血統秘史』（一宮市立豊島図書館.蔵）

＊『皇統正史』（愛知学院大学図書館.蔵）

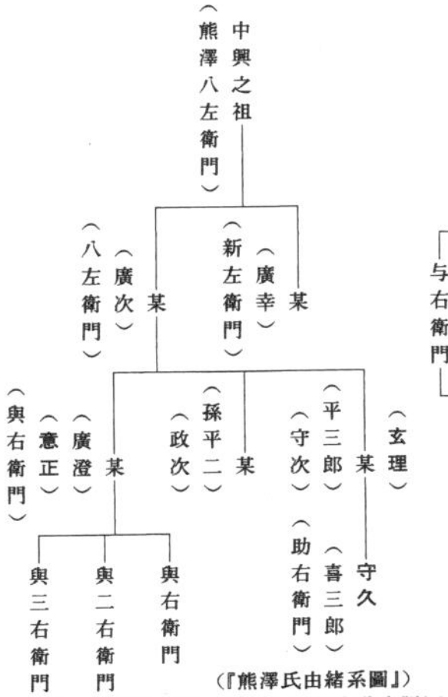

中興之祖
（熊澤八左衛門）
某
（新左衛門）
（廣幸）
某
（八左衛門）
（廣次）
某
（平三郎）
（守次）
某
（玄理）
某
（孫平二）
（政次）
某
（廣澄）
（意正）
（與右衛門）
守久
（喜三郎）
（助右衛門）
與右衛門
與二右衛門
與三右衛門

（『熊澤氏由緒系圖』）

出典『増訂.蕃山全集 第七冊(名著出版)』

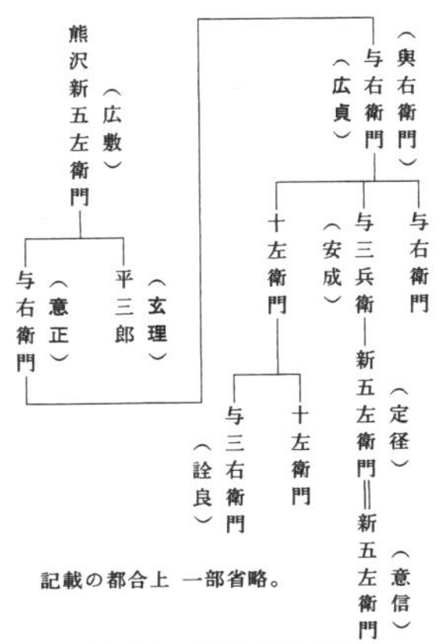

熊沢新五左衛門
（広數）
平三郎
（玄理）
与右衛門
（意正）
与右衛門
（與右衛門）
（広貞）
与右衛門
与三兵衛
（安成）
十左衛門
新五左衛門
（定径）
新五左衛門
（意信）
十左衛門
与三右衛門
（詮良）

記載の都合上 一部省略。

（『熊沢氏・尾州清洲新参衆』）

出典『名古屋叢書.続編 19 士林泝洄』

（名古屋市立鶴舞中央図書館.蔵）

考証　熊沢氏系図 (2)

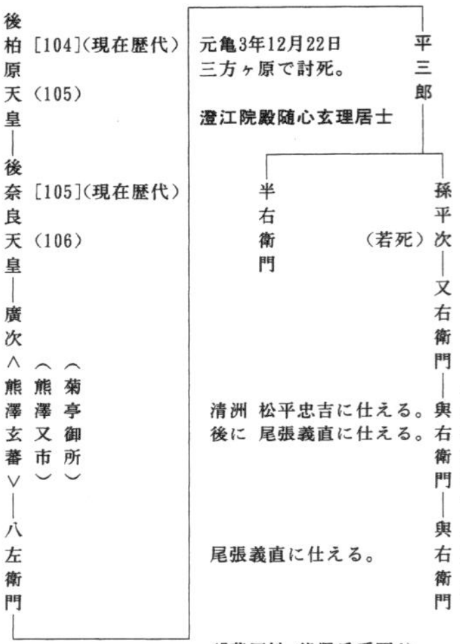
後柏原天皇
[104](現在歴代)
(105)
後奈良天皇
[105](現在歴代)
(106)
廣次〈熊澤玄蕃〉
(熊澤又市)
(菊亭御所)
八左衛門
平三郎
元亀3年12月22日
三方ヶ原で討死。
澄江院殿随心玄理居士
半右衛門
孫平次
(若死)
又右衛門
與右衛門
(与右衛門)
(意正)
清洲 松平忠吉に仕える。
後に 尾張義直に仕える。
與右衛門
(廣貞)
尾張義直に仕える。

(『藤原姓 熊澤氏系圖』)
『増訂.蕃山全集 第七冊(名著出版)』

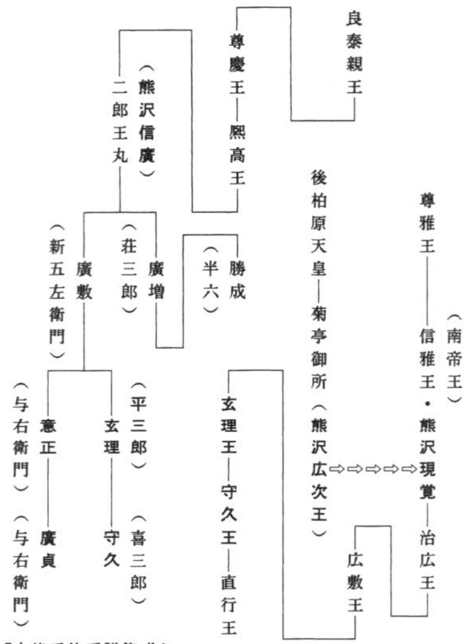
良泰親王
尊慶王
熙高王
二郎王丸
(熊沢信廣)
廣敷
(新五左衛門)
廣増
(荘三郎)
勝成
(半六)
意正
(与右衛門)
廣貞
(与右衛門)
玄理
(平三郎)
守久
(喜三郎)
玄理王
守久王
直行王
後柏原天皇
菊亭御所
(熊沢広次王)
広敷王
尊雅王
信雅王
(南帝王)
・熊沢現覚
治広王

『古代氏族系譜集成』

『南朝と足利天皇血統秘史』

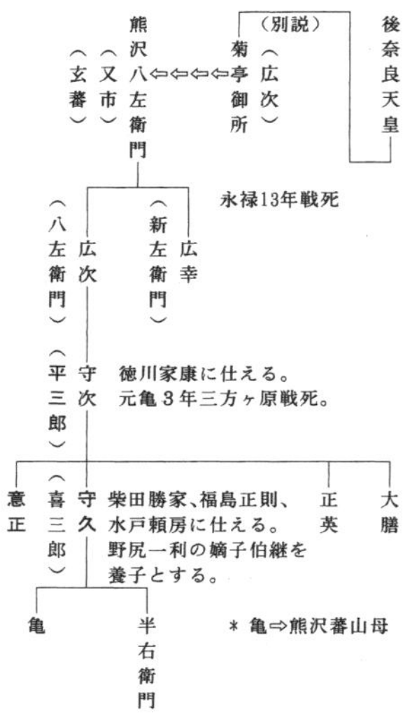
後奈良天皇
(別説)
菊亭御所
(広次)
熊沢八左衛門
(又市)
(玄蕃)
広次
(八左衛門)
広幸
(新左衛門)
永禄13年戦死
守次
(平三郎)
徳川家康に仕える。
元亀３年三方ヶ原戦死。
意正
守久
(喜三郎)
柴田勝家、福島正則、
水戸頼房に仕える。
野尻一利の嫡子伯継を
養子とする。
正英
大膳
亀
半右衛門
＊亀⇨熊沢蕃山母

(『蕃山関係略系図』)
出典 『熊沢蕃山　人物･事績･思想 』(宮崎道生.新人物往来社)

＊ 藤原姓熊澤氏系圖は、兄弟関係を直系に書き換えた可能性あり。
同系圖の熊澤平三郎は、他の系図の熊澤玄理と同一人物。

＊ 熊澤家は、広敷(或いは広次)あたりから確かな存在となるが、
それ以前は、系図の書き換え・改竄があると思われる。

＊ 熊澤守久は、熊澤蕃山の外祖父にして養父。

＊ 熊澤意正の子孫は、尾張徳川家に仕える(『士林泝洄』)。

＊ 熊澤天皇家には南朝皇胤伝承を隠蔽する為の、北朝皇胤伝承があるが尾張藩士熊澤家(意正家)にも北朝皇胤伝承があるという事は、暗に熊澤家が南朝と無関係でない事を示唆している。尾張藩士熊澤家が南朝と無関係なら、架空の北朝皇胤説など不要である。

＊ 尾張藩士の系譜集『士林泝洄』では、広敷以前は言及していない。
熊澤新五左衛門広敷から書き出している。
『士林泝洄』巻第六十五は、尾州清洲新参衆として熊澤家を掲載。
本姓は藤原、家紋は十六花弁菊紋。尾州瀬部村住人の熊澤新五左衛門より書き出し。意正の時代、尾張藩主松平忠吉(家康息)に仕える。
松平家断絶後、尾張徳川家に仕える(五十人組小頭)。

＊ 熊澤玄理の家禄は、熊澤意正に与えられ、意正家が徳川家に仕える事となる。後に玄理の遺児の守久は、柴田勝家、宇喜多秀家、福島正則を経て、徳川頼房(水戸徳川家)に仕える。

＊ 熊澤寛道(熊澤天皇)は、守久の子の直行が、時之島に帰農した末裔で時之島熊澤家の総本家を継承と主張(熊澤照元家と本家争い)。

熊沢氏系図（熊沢蕃山一族系図）(1)

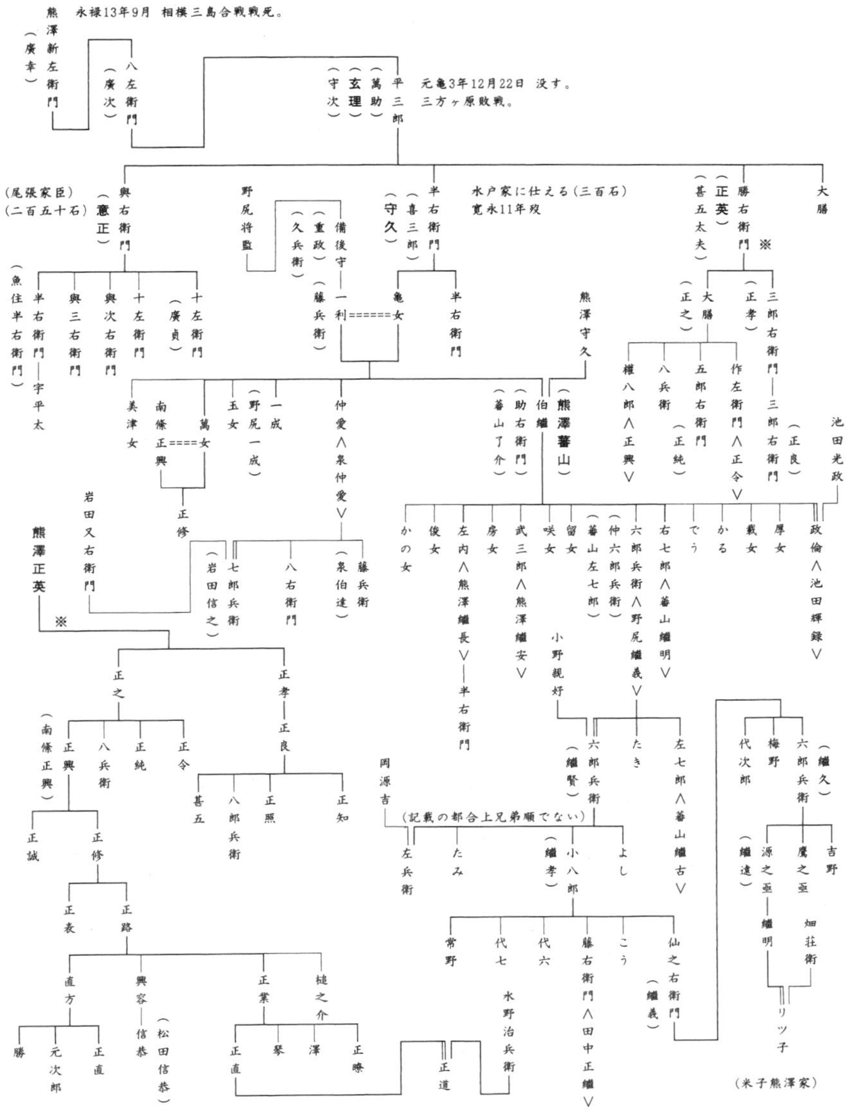
熊澤新左衛門（廣幸）
永禄13年9月 相模三島合戦戦死。
八左衛門（廣次）
平三郎（萬助）（玄理）（守次）
元亀3年12月22日 没す。
三方ヶ原敗戦。
與右衛門（意正）
(尾張家臣)
(二百五十石)
野尻将監
備後守（重政）（久兵衛）
半右衛門（喜三郎）（守久）
水戸家に仕える（三百石）
寛永11年歿
勝右衛門（正英）（甚五太夫）※
大膳
半右衛門（魚住半右衛門）
宇平太
與三右衛門
與次右衛門
十左衛門（廣貞）
十左衛門
一利（藤兵衛）
亀女
半右衛門
熊澤守久
大膳（正之）
三郎右衛門（正孝）
三郎右衛門（正良）
權八郎〈正興〉
八兵衛
五郎右衛門（正純）
作左衛門〈正令〉
池田光政
美津女
南條正興
萬女
正修
玉女
一成（野尻一成）
仲愛〈泉仲愛〉
伯繼（熊澤蕃山）（助右衛門）（蕃山了介）
岩田又右衛門
七郎兵衛（岩田信之）
八右衛門
藤兵衛（泉伯達）
かの女
俊女
左内〈熊澤繼長〉
半右衛門
房女
武三郎〈熊澤繼安〉
咲女
留女
（蕃山左七郎）
（仲六郎兵衛）
六郎兵衛〈野尻繼義〉
右七郎〈蕃山繼明〉
でう
かる
戴女
厚女
政倫〈池田輝録〉
熊澤正英
※
正之
正孝
正良
正興（南條正興）
八兵衛
正純
正令
甚五
八郎兵衛
正照
正知
正誠
正修
正表
正路
直方
興容
信恭（松田信恭）
正業
槌之介
勝
元次郎
正直
正直
琴
澤
正暸
正道
水野治兵衛
小野親好
六郎兵衛（繼賢）
たき
左七郎〈蕃山繼古〉
岡源吉
（記載の都合上兄弟順でない）
左兵衛
たみ
小八郎（繼孝）
よし
常野
代七
代六
藤右衛門〈田中正繼〉
こう
仙之右衛門（繼義）
代次郎
梅野
六郎兵衛（繼久）
源之亟（繼達）
繼明
鷹之亟
畑荘衛
吉野
リツ子
（米子熊澤家）

出展『増訂.蕃山全集 第七冊（名著出版）』（名古屋市立鶴舞中央図書館.蔵）

熊沢氏系図（熊沢蕃山一族系図）(2)

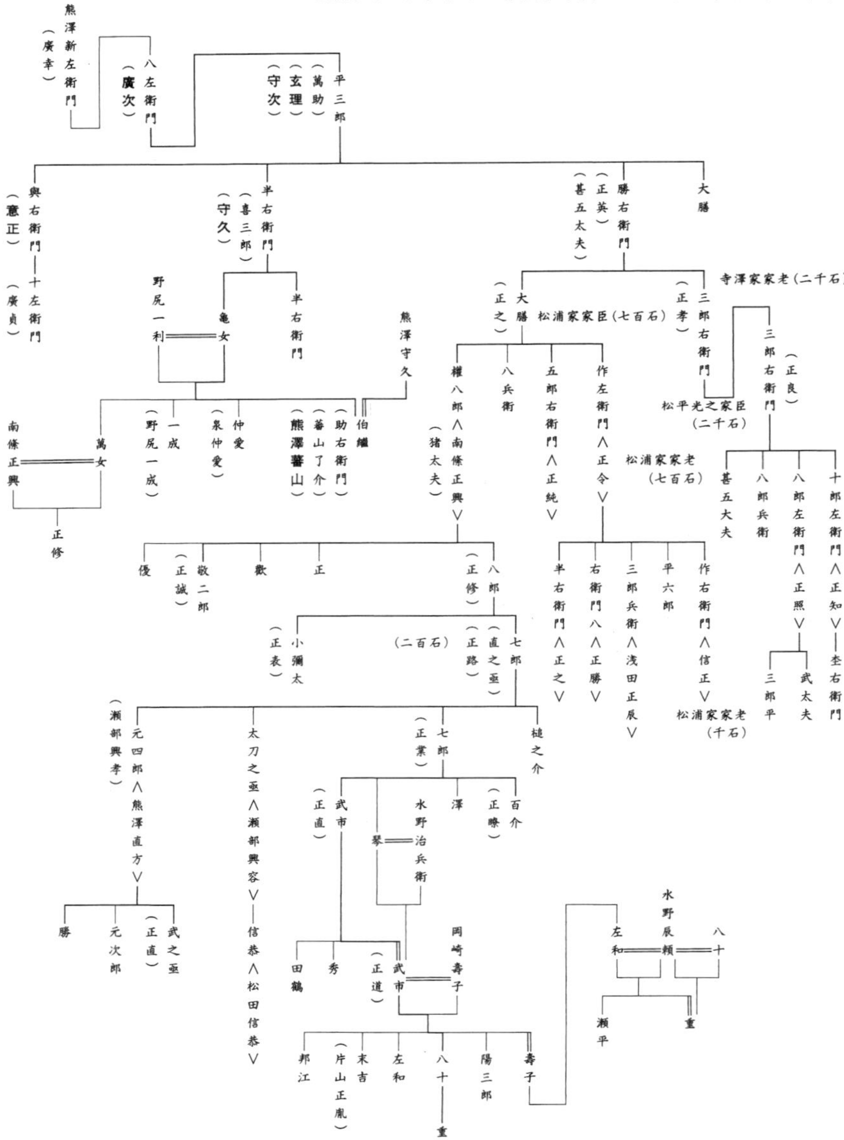
熊澤新左衛門（廣幸）
八左衛門（廣次）
平三郎（萬助）（玄理）（守次）
與右衛門（意正）
十左衛門（廣貞）
半右衛門（喜三郎）（守久）
野尻一利
亀女
半右衛門
熊澤守久
勝右衛門（正英）（甚五太夫）
大勝
大膳（正之）
松浦家家臣（七百石）
三郎右衛門（正孝）
寺澤家家老（二千石）
三郎右衛門（正良）
松平光之家臣（二千石）
南條正興
萬女
正修
一成（野尻一成）
仲愛（泉仲愛）
助右衛門（蕃山了介）（熊澤蕃山）
伯繼
權八郎〈南條正興〉（猪太夫）
八兵衛
五郎右衛門〈正純〉
作左衛門〈正令〉
松浦家家老（七百石）
甚五大夫
八郎兵衛
八郎左衛門〈正照〉
十郎左衛門〈正知〉
優
敬二郎（正誠）
歡
正
八郎（正修）
半右衛門〈正之〉
右衛門八〈正勝〉
三郎兵衛〈浅田正辰〉
平六郎
作右衛門〈信正〉
松浦家家老（千石）
三郎平
武太夫
杢右衛門
小彌太（正表）
（二百石）
七郎（直之亟）（正路）
元四郎〈熊澤直方〉（瀬部興孝）
太刀之亟〈瀬部興容〉
七郎（正業）
槌之介
武市（正直）
水野治兵衛
琴
澤
百介（正暸）
勝
元次郎
武之亟（正直）
信恭〈松田信恭〉
田鶴
秀
武市（正道）
岡崎壽子
水野辰頼
左和
八十
瀬平
重
邦江
末吉（片山正胤）
左和
八十
重
陽三郎
壽子

出典『増訂．蕃山全集 第七冊（名著出版）』（名古屋市立鶴舞中央図書館．蔵）

造られた熊澤氏系図

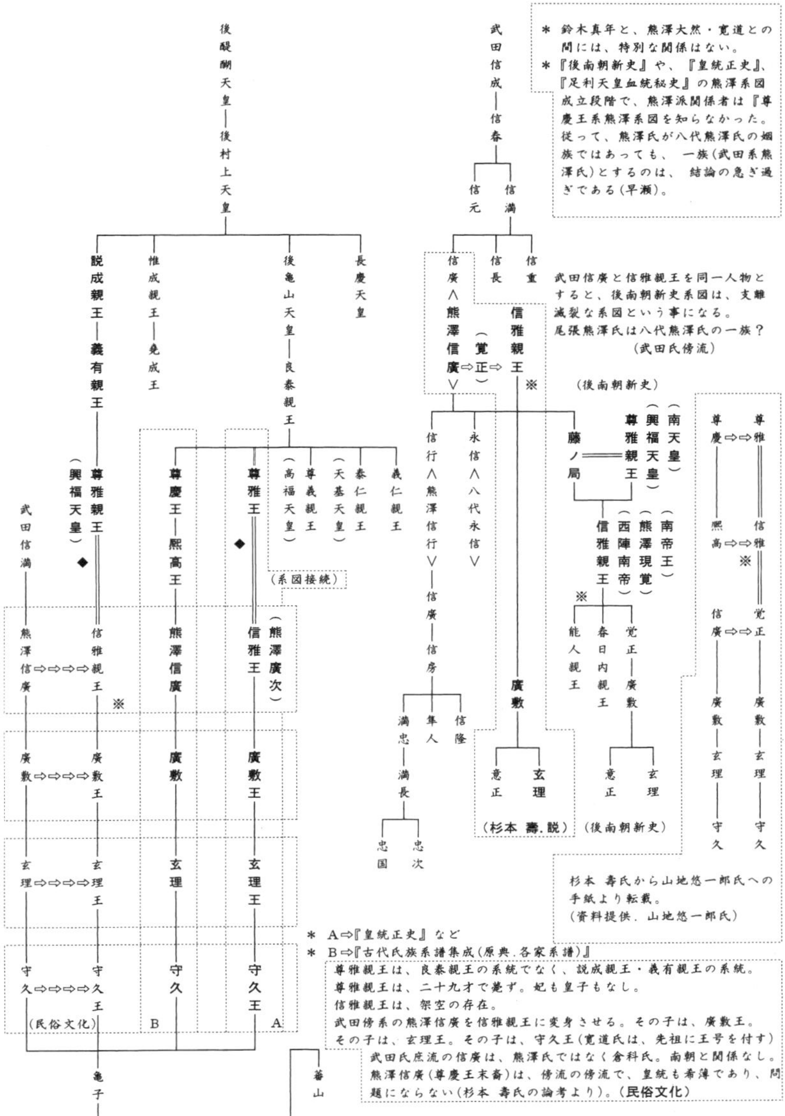

後醍醐天皇—後村上天皇
説成親王—義有親王
惟成親王—尭成王
後亀山天皇—良泰親王
長慶天皇
(興福天皇) 尊雅親王
尊慶王—熙高王
尊雅王
(高福天皇) 尊義親王 (天基天皇) 泰仁親王 義仁親王
(系図接続)
武田信満
熊澤信廣⇨⇨⇨⇨信雅親王 ※
廣數⇨⇨⇨⇨廣數王
玄理⇨⇨⇨⇨玄理王
守久⇨⇨⇨⇨守久王
(民俗文化)
熊澤信廣—廣數—玄理—守久
B
信雅王 (熊澤廣次)—廣數王—玄理王—守久王
A
亀子
蕃山
武田信成—信春
信元 信満
信廣 信長 信重
信廣＜熊澤信廣＞⇨(覚正)⇨信雅親王 ※
信行＜熊澤信行＞—信廣—信房
永信＜八代永信＞
満忠—満長 隼人 信隆
忠国 忠次
廣數
意正 玄理
(杉本 壽.説)
(後南朝新史)
藤ノ局 尊雅親王 (興福天皇) (南天皇)
信雅親王 (西陣南帝) (熊澤現覚) (南帝王) ※
能人親王 春日内親王 覚正—廣數
意正 玄理
(後南朝新史)
尊慶⇨⇨尊雅
熈高⇨⇨信雅 ※
信廣⇨⇨覚正
廣數 廣數
玄理 玄理
守久 守久
＊ 鈴木真年と、熊澤大然・寛道との間には、特別な関係はない。
＊『後南朝新史』や、『皇統正史』、『足利天皇血統秘史』の熊澤系図成立段階で、熊澤派関係者は『尊慶王系熊澤系図を知らなかった。従って、熊澤氏が八代熊澤氏の姻族ではあっても、一族(武田系熊澤氏)とするのは、結論の急ぎ過ぎである(早瀬)。
武田信廣と信雅親王を同一人物とすると、後南朝新史系図は、支離滅裂な系図という事になる。
尾張熊澤氏は八代熊澤氏の一族？
(武田氏傍流)
杉本 壽氏から山地悠一郎氏への手紙より転載。
(資料提供. 山地悠一郎氏)
＊ A⇨『皇統正史』など
＊ B⇨『古代氏族系譜集成(原典.各家系譜)』
尊雅親王は、良泰親王の系統でなく、説成親王・義有親王の系統。
尊雅親王は、二十九才で薨ず。妃も皇子もなし。
信雅親王は、架空の存在。
武田傍系の熊澤信廣を信雅親王に変身させる。その子は、廣數王。
その子は、玄理王。その子は、守久王(寛道氏は、先祖に王号を付す)
武田氏庶流の信廣は、熊澤氏ではなく倉科氏。南朝と関係なし。
熊澤信廣(尊慶王末裔)は、傍流の傍流で、皇統も希薄であり、問題にならない(杉本 壽氏の論考より)。(民俗文化)

出典『民俗文化.第364号(熊澤家と小椋氏一族.1)』、『民俗文化.第365号(熊澤家と小椋氏一族.2)』、『民俗文化.第366号(熊澤家と小椋氏一族.3)』、『民俗文化.第367号(熊澤家と小椋一族.4)』、『民俗文化.第368年(熊澤家と小椋一族.5)』

造られた熊澤氏系図（尊雅王関係系図）（1）

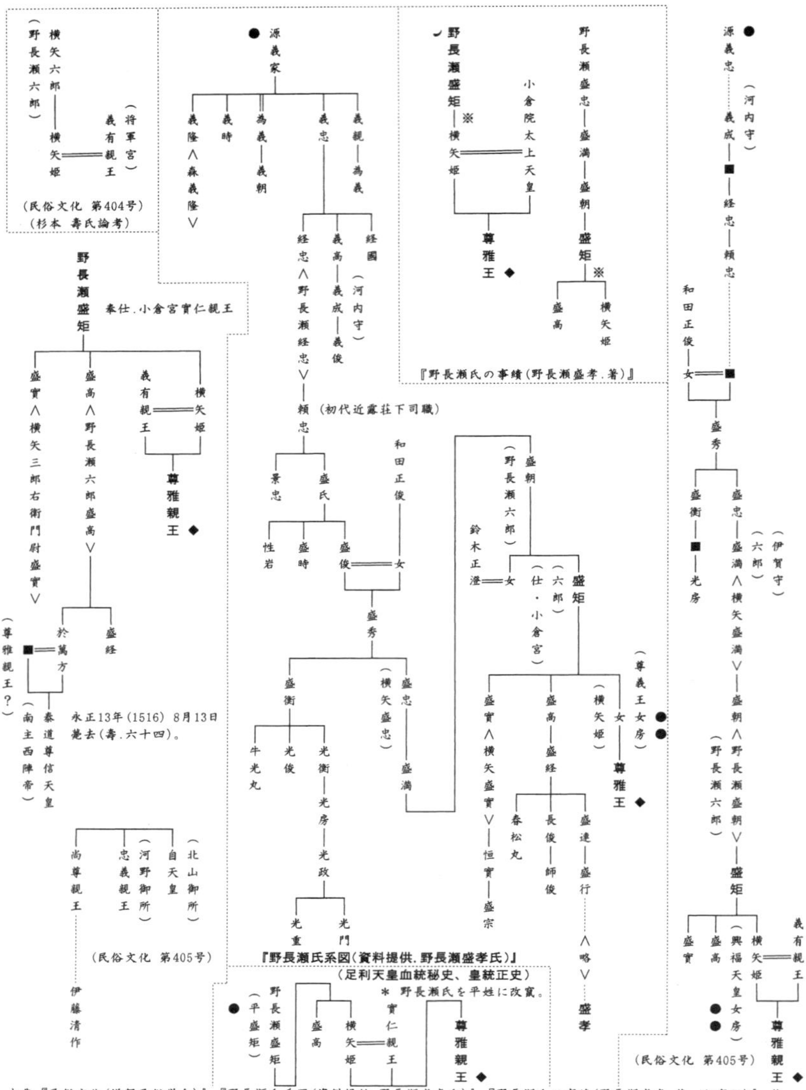

横矢六郎（野長瀬六郎）
横矢姫
義有親王（将軍宮）
（民俗文化 第404号）
（杉本 壽氏論考）
源義家
義隆〈森義隆〉
義時
為義
義朝
義忠
義親
経忠〈野長瀬経忠〉
義高
義成
義俊
経國（河内守）
頼忠（初代近露荘下司職）
景忠
盛氏
性岩
盛時
盛俊
和田正俊
女
盛秀
盛衡
牛光丸
光俊
光衡
光房
光政
光重
光門
盛忠（横矢盛忠）
盛満
野長瀬盛矩
小倉院太上天皇
尊雅王
野長瀬盛忠
盛朝
盛矩
盛高
横矢姫
『野長瀬氏の事績（野長瀬盛孝.著）』
野長瀬盛矩 奉仕.小倉宮實仁親王
盛實〈横矢三郎右衛門尉盛實〉
盛高〈野長瀬六郎盛高〉
義有親王
尊雅親王
於萬方
盛経
（尊雅親王？）
泰道尊信天皇（南主西陣帝）
永正13年（1516）8月13日薨去（壽.六十四）。
尚尊親王
忠義親王（河野御所）
自天皇（北山御所）
伊藤清作
（民俗文化 第405号）
盛朝（野長瀬六郎）
鈴木正澄
盛矩（六郎）（仕・小倉宮）
盛實〈横矢盛實〉
恒實
盛宗
盛高
盛経
春松丸
長俊
師俊
盛速
盛行
〈略〉
盛孝
女（尊義王女房）
（横矢姫）
『野長瀬氏系図（資料提供.野長瀬盛孝氏）』
（足利天皇血統秘史、皇統正史）
＊ 野長瀬氏を平姓に改竄。
野長瀬盛矩（平盛矩）
實仁親王
源義忠
義成（河内守）
経忠
頼忠
和田正俊
盛秀
盛衡
光房
盛忠
盛満〈横矢盛満〉（六郎）（伊賀守）
盛朝〈野長瀬盛朝〉（野長瀬六郎）
盛矩
盛實
盛高
横矢姫（興福天皇女房）
義有親王
尊雅親王
（民俗文化 第405号）

出典『民俗文化（滋賀民俗学会）』、『野長瀬氏系図（資料提供.野長瀬盛孝氏）』、『野長瀬氏の事績（野長瀬盛孝.著、私家版）』、他。

造られた熊澤氏系図（尊雅王関係系図）(2)

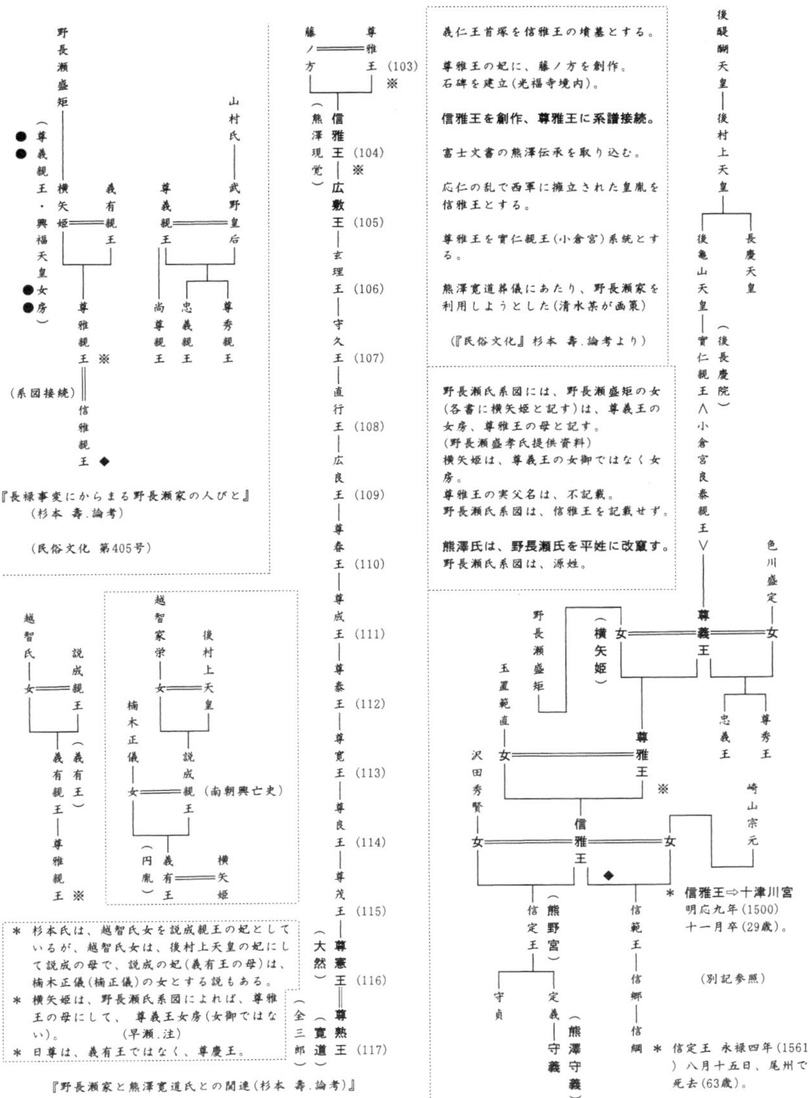

野長瀬盛矩
横矢姫
義有親王
（●尊義親王・興福天皇●女房●）
尊雅親王 ※
（系図接続）
信雅親王 ◆
山村氏
武野皇后
尊義親王
尚尊親王
忠義親王
尊秀親王
藤ノ方
尊雅王 (103) ※
信雅王 (104) ※
（熊澤現覚）
広數王 (105)
玄理王 (106)
守久王 (107)
直行王 (108)
広良王 (109)
尊春王 (110)
尊成王 (111)
尊泰王 (112)
尊寛王 (113)
尊良王 (114)
尊茂王 (115)
尊憲王 (116)
（大然）
尊熟王 (117)
（寛道）
（全三郎）
義仁王首塚を信雅王の墳墓とする。
尊雅王の妃に、藤ノ方を創作。
石碑を建立(光福寺境内)。
信雅王を創作、尊雅王に系譜接続。
富士文書の熊澤伝承を取り込む。
応仁の乱で西軍に擁立された皇胤を信雅王とする。
尊雅王を實仁親王(小倉宮)系統とする。
熊澤寛道葬儀にあたり、野長瀬家を利用しようとした(清水某が画策)
(『民俗文化』杉本 壽.論考より)
野長瀬氏系図には、野長瀬盛矩の女(各書に横矢姫と記す)は、尊義王の女房、尊雅王の母と記す。
(野長瀬盛孝氏提供資料)
横矢姫は、尊義王の女御ではなく女房。
尊雅王の実父名は、不記載。
野長瀬氏系図は、信雅王を記載せず。
熊澤氏は、野長瀬氏を平姓に改竄す。
野長瀬氏系図は、源姓。
後醍醐天皇
後村上天皇
後亀山天皇
長慶天皇
（後長慶院）
實仁親王〈小倉宮良泰親王〉
色川盛定
女
尊義王
女
（横矢姫）
野長瀬盛矩
忠義王
尊秀王
玉置範直
女
尊雅王 ※
沢田秀賢
女
信雅王 ◆
女
崎山宗元
* 信雅王⇨十津川宮
明応九年(1500)
十一月卒(29歳)。
(別記参照)
信定王
（熊野宮）
信範王
守貞
定義
守義
（熊澤守義）
信郷
信綱
* 信定王 永禄四年(1561) 八月十五日、尾州で死去(63歳)。
越智氏
女
説成親王
義有親王
（義有王）
尊雅親王 ※
越智家栄
女
後村上天皇
楠木正儀
女
説成親王
(南朝興亡史)
義有王
（円胤）
横矢姫
* 杉本氏は、越智氏女を説成親王の妃としているが、越智氏女は、後村上天皇の妃にして説成の母で、説成の妃(義有王の母)は、楠木正儀(楠正儀)の女とする説もある。
* 横矢姫は、野長瀬氏系図によれば、尊雅王の母にして、尊義王女房(女御ではない)。 (早瀬.注)
* 日尊は、義有王ではなく、尊慶王。

『長禄事変にからまる野長瀬家の人びと』(杉本 壽.論考)
(民俗文化 第405号)

『野長瀬家と熊澤寛道氏との関連(杉本 壽.論考)』
(民俗文化 第406号)

『皇胤志』所収の『皇統系譜』(資料提供.宝賀壽男氏)

造られた熊澤氏系図（信雅王関係系図）

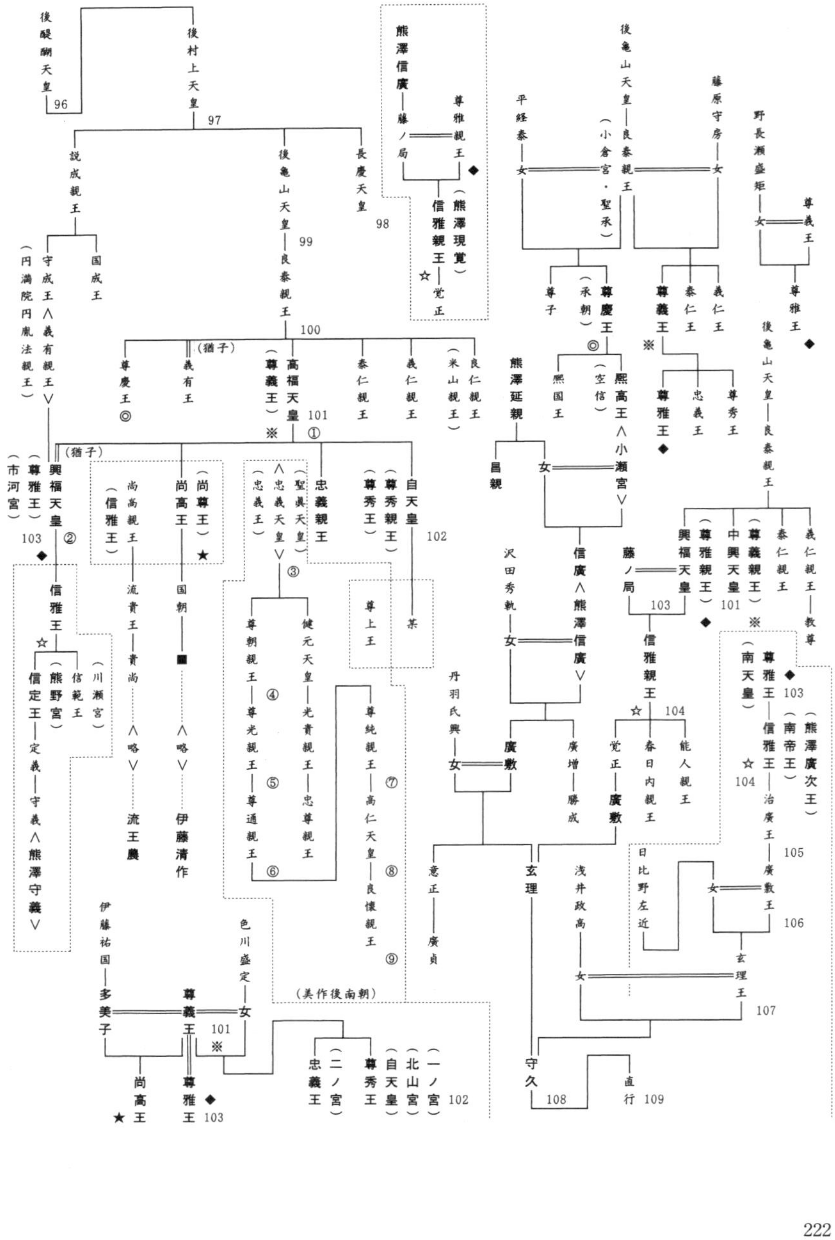

後醍醐天皇
96
後村上天皇
97
説成親王
後亀山天皇
99
長慶天皇
98
守成王＜義有親王＞
（円満院円胤法親王）
国成王
良泰親王
100
尊慶王◎
義有王
（猶子）
高福天皇
（尊義王）
101
①
※
泰仁親王
義仁親王
良仁親王
（米山親王）
（猶子）
興福天皇
（尊雅王）
（市河宮）
103
②
◆
尚高王
（尚尊王）
★
尚高親王
（信雅王）
忠義親王
（聖興天皇）
＜忠義天皇＞
（忠義王）
③
自天皇
102
（尊秀親王）
（尊秀王）
尊上王
某
信雅王
☆
信定王
（熊野宮）
信範王
（川瀬宮）
定義
守義＜熊澤守義＞
流貴王
貴尚
＜略＞
流王農
国朝
■
＜略＞
伊藤清作
尊朝親王
尊光親王
尊通親王
④
⑤
⑥
健元天皇
光貴親王
忠尊親王
尊純親王
高仁天皇
良懐親王
⑦
⑧
⑨
（美作後南朝）
伊藤祐国
多美子
尊義王
101
※
色川盛定
女
尚高王
★
尊雅王
◆
103
忠義王
（二ノ宮）
尊秀王
（自天皇）
（北山宮）
（一ノ宮）
102
熊澤信廣
藤ノ局
尊雅親王
◆
信雅親王
☆
（熊澤現覚）
覚正
平経泰
女
後亀山天皇
良泰親王
（小倉宮・聖承）
藤原守房
女
尊子
（承朝）
尊慶王
◎
熙国王
（空信）
熙高王＜小瀬宮＞
尊義王
※
泰仁王
義仁王
尊雅王
◆
忠義王
尊秀王
野長瀬盛矩
女
尊義王
尊雅王
◆
熊澤延親
昌親
女
信廣＜熊澤信廣＞
沢田秀軌
女
丹羽氏興
女
廣數
廣増
勝成
意正
廣貞
玄理
藤ノ局
103
信雅親王
☆
104
覚正
廣數
春日内親王
能人親王
浅井政高
女
守久
108
直行 109
後亀山天皇
良泰親王
興福天皇
（尊雅親王）
◆
中興天皇
101
（尊義親王）
※
泰仁親王
義仁親王
教尊
尊雅王
◆
103
（南天皇）
信雅王
☆
104
（南帝王）
（熊澤廣次王）
治廣王
105
廣數王
106
日比野左近
女
玄理王
107

謎の熊澤系図 (1)

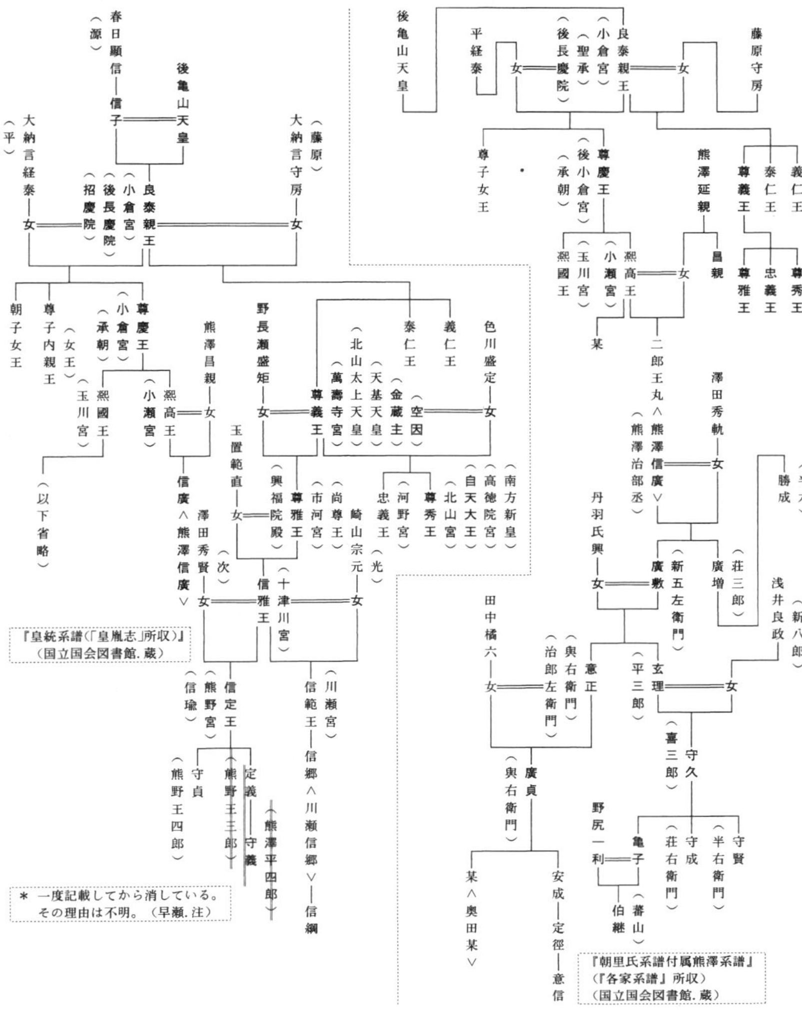

＊『復刻版. 皇胤志(木村信行. 編、日本歴史研究所)』の熊澤系図は、『皇胤志』と『朝里氏系図(「各家系譜」)』をベースに作成されている(『復刻版. 皇胤志』の熊澤系図は別記する)。
＊『古代氏族系譜集成(宝賀寿男. 編、古代氏族研究会)』は、『朝里氏系図付属熊澤氏系図(「各家系図」)を引用している。

出典『皇胤志(中田憲信. 編、国立国会図書館. 蔵)』、『朝里氏系図付属熊澤氏系図(「各家系譜」〈中田憲信. 編〉 国立国会図書館. 蔵)』

謎の熊澤系図 (2)

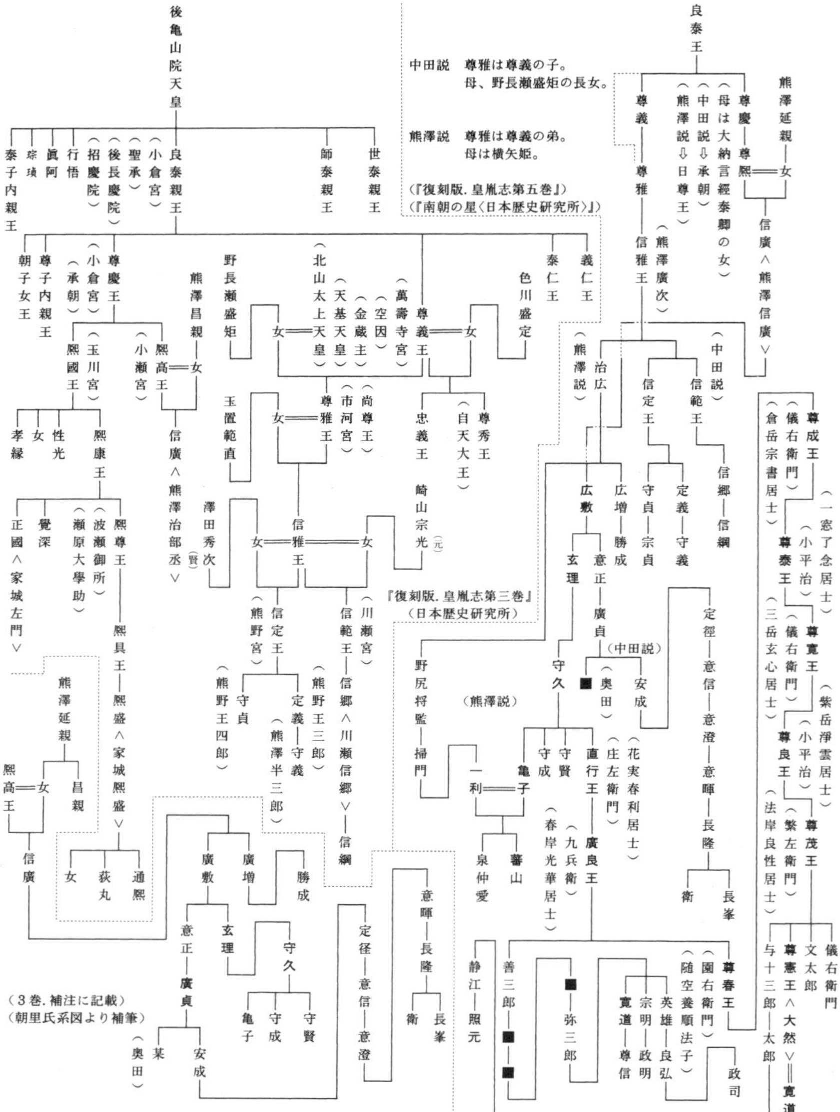
後亀山院天皇
泰子内親王
琮頊
眞阿
行悟
（招慶院）
（後長慶院）
聖承）
（小倉宮）
良泰親王
師泰親王
世泰親王
朝子女王
尊子内親王
（承朝）
（小倉宮）
尊慶王
熊澤昌親
野長瀬盛矩
（北山太上天皇）
（天基天皇）
金蔵主
（空因）
（萬壽寺宮）
尊義王
色川盛定
泰仁王
義仁王
熈國王
（玉川宮）
（小瀬宮）
熈高王
女
信廣〈熊澤治部丞〉
玉置範直
尊雅王
（市河宮）
（尚尊王）
忠義王
（自天大王）
尊秀王
孝緑
女
性光
熈康王
澤田秀次
信雅王
崎山宗光
正國〈家城左門〉
覺深
（瀬原大學助）
（波瀬御所）
熈尊王
熈具王
熈盛〈家城熈盛〉
（熊野宮）
信定王
信範王
（川瀬宮）
（熊野王四郎）
守貞
定義
守義
（熊澤半三郎）
（熊野王三郎）
信郷〈川瀬信郷〉
信綱
熊澤延親
熈高王
女
昌親
信廣
女
荻丸
通熈
廣敷
廣増
勝成
意正
玄理
守久
廣貞
亀子
守成
守賢
（奥田）
某
安成
定徑
意信
意澄
意暉
長隆
衛
長峯
（3巻．補注に記載）
（朝里氏系図より補筆）
中田説　尊雅は尊義の子。
母、野長瀬盛矩の長女。
熊澤説　尊雅は尊義の弟。
母は横矢姫。
（『復刻版．皇胤志第五巻』）
（『南朝の星〈日本歴史研究所〉』）
良泰王
尊義
（熊澤説⇩日尊王）
（中田説⇩承朝）
（母は大納言經泰卿の女）
尊慶
尊熈
熊澤延親
女
信廣〈熊澤信廣〉
尊雅
（熊澤廣次）
信雅王
（熊澤説）
治広
信定王
信範王
（中田説）
信郷
信綱
広敷
広増
勝成
守貞
宗貞
定義
守義
玄理
意正
廣貞
（中田説）
■
（奥田）
安成
定徑
意信
意澄
意暉
長隆
衛
長峯
守久
（熊澤説）
野尻将監
掃門
一利
亀子
泉仲愛
蕃山
守成
守賢
直行王
（庄左衛門）
（花実春利居士）
（春岸光華居士）
（九兵衛）
廣良王
静江
照元
善三郎
■
■
■
弥三郎
寛道
尊信
宗明
政明
英雄
良弘
（随空養順法子）
（園右衛門）
尊春王
政司
尊成王
（儀右衛門）
（倉岳宗書居士）
（一窓了念居士）
尊泰王
（小平治）
（三岳玄心居士）
尊寛王
（儀右衛門）
（紫岳淨雲居士）
尊良王
（小平治）
（法岸良性居士）
尊茂王
（繁左衛門）
与十三郎
太郎
尊憲王〈大然〉
寛道
文太郎
儀右衛門
『復刻版．皇胤志第三巻』
（日本歴史研究所）

出典『復刻版．皇胤志第三巻、第五巻（木村信行、日本歴史研究所）』、『南朝の星．南北朝と後南朝（木村信行、日本歴史研究所）』、他

謎の熊澤家系図（熊澤系図成立の謎）（1）

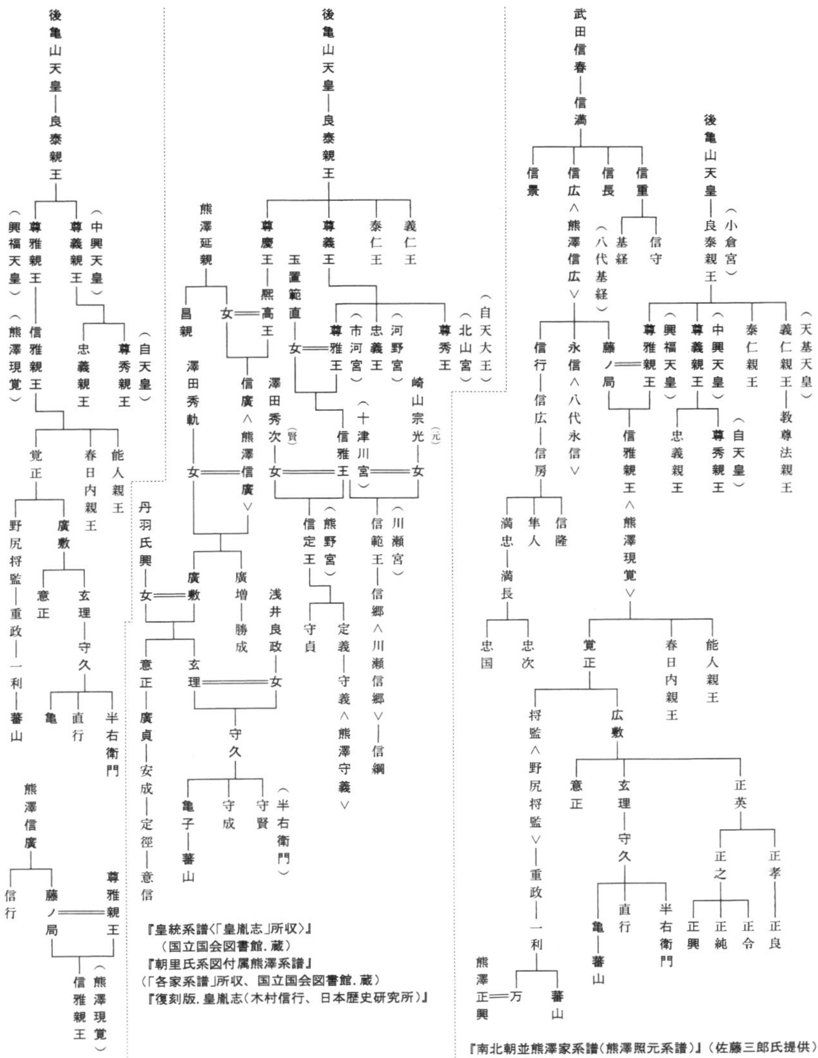

『後南朝新史』
（照元系熊澤家）

『皇統系譜〈「皇胤志」所収〉』
（国立国会図書館．蔵）
『朝里氏系図付属熊澤系譜』
（「各家系譜」所収、国立国会図書館．蔵）
『復刻版．皇胤志（木村信行、日本歴史研究所）』

『南北朝並熊澤家系譜（熊澤照元系譜）』（佐藤三郎氏提供）
［原資料『前後南北朝新史（非売品）』］
『後南朝新史（市川元雅、小笠原秀熙）』
（『近代庶民生活誌⑪天皇・皇族〈南博．編、三一書房〉』所収）

謎の熊澤家系図（熊澤系図成立の謎）(2)

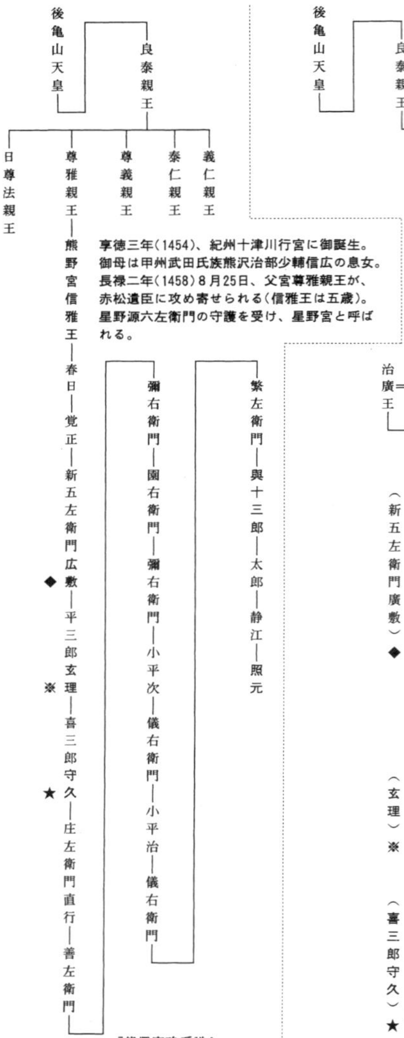

後亀山天皇
良泰親王
日尊法親王
尊雅親王
尊義親王
泰仁親王
義仁親王
熊野宮信雅王
享徳三年(1454)、紀州十津川行宮に御誕生。
御母は甲州武田氏族熊沢治部少輔信広の息女。
長禄二年(1458)8月25日、父宮尊雅親王が、
赤松遺臣に攻め寄せられる(信雅王は五歳)。
星野源六左衛門の守護を受け、星野宮と呼ばれる。
春日
覚正
新五左衛門広數 ◆
平三郎玄理 ※
喜三郎守久 ★
庄左衛門直行
善左衛門
彌右衛門
園右衛門
彌右衛門
小平次
儀右衛門
小平治
儀右衛門
繁左衛門
與十三郎
太郎
静江
照元

『熊澤家略系譜』
（一宮タイムズ社作成パンフレット掲載）
（コピー提供、一宮市 小川智男氏）
＊『南朝興亡史』出版後に提供いただきました。

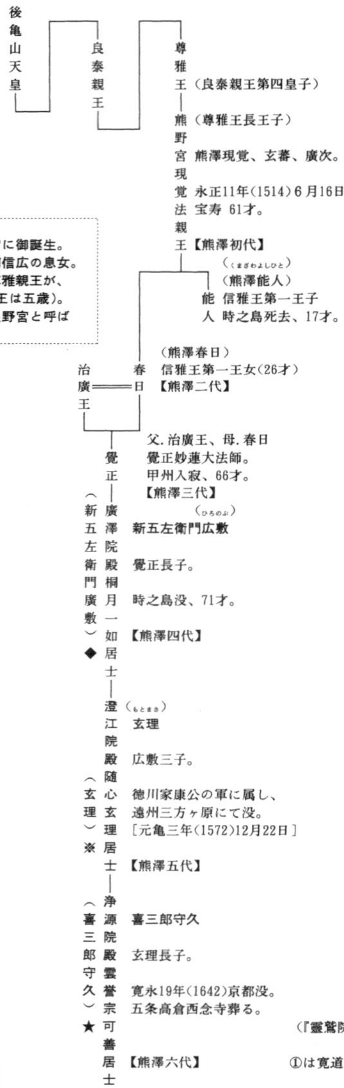

後亀山天皇
良泰親王
尊雅王（良泰親王第四皇子）
熊野宮現覚法親王（尊雅王長王子）
熊澤現覚、玄蕃、廣次。
永正11年(1514)6月16日
宝寿 61才。
【熊澤初代】
（くまざわよしひと）
（熊澤能人）
能人 信雅王第一王子
時之島死去、17才。
（熊澤春日）
治廣王
春日 信雅王第一王女(26才)
【熊澤二代】
覺正
父.治廣王、母.春日
覺正妙蓮大法師。
甲州入寂、66才。
【熊澤三代】
廣澤院殿桐月一如居士（新五左衛門廣數）◆
（ひろのぶ）
新五左衛門広數
覺正長子。
時之島没、71才。
【熊澤四代】
澄江院殿随心玄理居士（玄理）※
（もとまさ）
玄理
広數三子。
徳川家康公の軍に屬し、
遠州三方ヶ原にて没。
［元亀三年(1572)12月22日］
【熊澤五代】
浄源院殿雲誉宗可善居士（喜三郎守久）★
喜三郎守久
玄理長子。
寛永19年(1642)京都没。
五条高倉西念寺葬る。
【熊澤六代】

（『靈鷲院提供メモ書き②』を系図化）

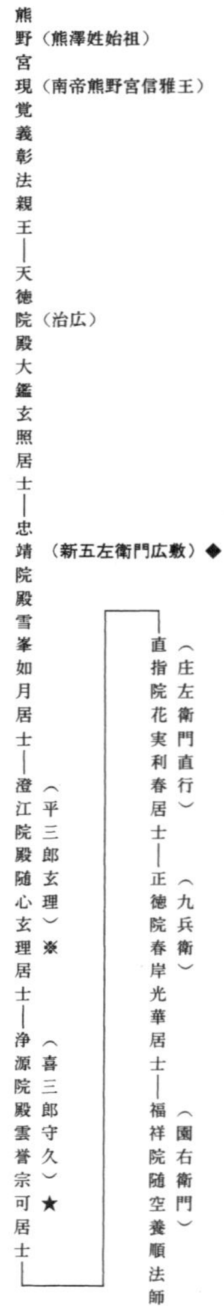

熊野宮現覚義彰法親王（熊澤姓始祖）（南帝熊野宮信雅王）
天徳院殿大鑑玄照居士（治広）
忠靖院殿雪峯如月居士（新五左衛門広數）◆
澄江院殿随心玄理居士（平三郎玄理）※
浄源院殿雲誉宗可居士（喜三郎守久）★
直指院花実利春居士（庄左衛門直行）
正徳院春岸光華居士（九兵衛）
福祥院随空養順法師（園右衛門）

（『靈鷲院提供メモ書き①』を系図化）

①は寛道系の熊沢系図に重なる。

②は照元系の熊沢系図に近い。

（平成９年２月12日 靈鷲院提供メモ〈先代住職のメモ書き？〉による）

謎の熊澤家系図（熊澤系図成立の謎）(3)

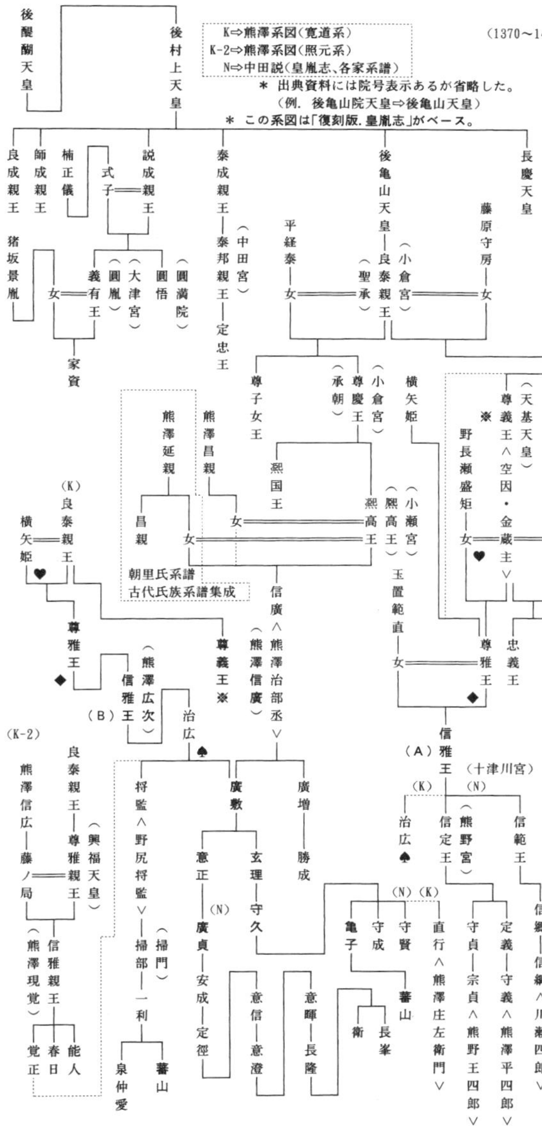
K⇨熊澤系図(寛道系)
K-2⇨熊澤系図(照元系)
N⇨中田説(皇胤志、各家系譜)
＊ 出典資料には院号表示あるが省略した。
(例. 後亀山院天皇⇨後亀山天皇)
＊ この系図は「復刻版.皇胤志」がベース。

良泰親王(聖承) 嘉吉３年薨去(74歳)。
(1370〜1443)(74) (1380〜1443)(64) (1379〜1442)
① 正月18日
② 5月9日
③ 9月23日(比叡山で自刃)

尊義王 嘉吉３年９月25日害される。
① 1443年９月25日害
② 1455年２月５日崩御(45歳) 天靖13年
天基天皇(北山太上天皇)(位.1443〜1448)
南朝中興天皇Ａ(位.1443〜1452)
Ｂ(位.1443〜1448)

尊秀王(自天皇) 長禄元年12月２日害(18歳)。
(自天大王、高徳院宮、自天勝公)
① (1439頃〜1457)(位.1448〜1457)
② (1440頃〜1457)(位.1454〜1457)
③ (1439頃〜1457)(位.1454〜1457)
④ (1434頃〜1457)(位.1452〜1457)

忠義王 長禄元年12月２日(16歳)。
一説 文明12年(35歳)
① (1446〜1480)(35歳)
② (1442〜1480)(39歳)
③ (1446〜1457)(12歳)
④ (1442〜1457)(16歳)

尊雅王(尚尊王)
＊ 別人説あり。
＊ 尚尊王(1451生)
① 良泰親王王子(尊義王実弟)
② 尊義王王子(尊秀王実弟)
③ 義有王王子(尊義王猶子)

尊雅王 延徳３年10月２日薨去。
① (1430〜1491)(62歳)
② (1436〜1491)(56歳)
③ (1430〜1458)(29歳)(K)
(位.1457〜1458)(南天皇)
母は野長瀬盛矩の長女。
市河宮、広瀬宮
興福院殿南天王

信雅王(Ａ) 明応９年11月28日卒(29歳)。
(1472〜1500)
母は玉置範直の女。
十津川宮、澤宮。 (N)
信雅王(Ｂ) 永正11年６月16日卒(61歳)。
(1454〜1514)(熊野宮)
(西陣南帝)(南帝王)(K)
(位.1458〜1487)
(熊澤広次)
信雅親王(K-2) 永正11年 卒。
(1454〜1514)
母は八代熊澤信広の息女。
(藤ノ局)
(熊澤現覚)

熊澤治広 熊澤広次息子。(K)
熊澤現覚 熊澤現覚庶子。(K-2)
熊澤広敷 熊澤治広息子。(K)
熊澤広敷 熊澤現覚息子。(K-2)
熊澤広敷 熊澤信廣息子。(N)

謎の熊澤家系図（熊澤系図成立の謎）（4）

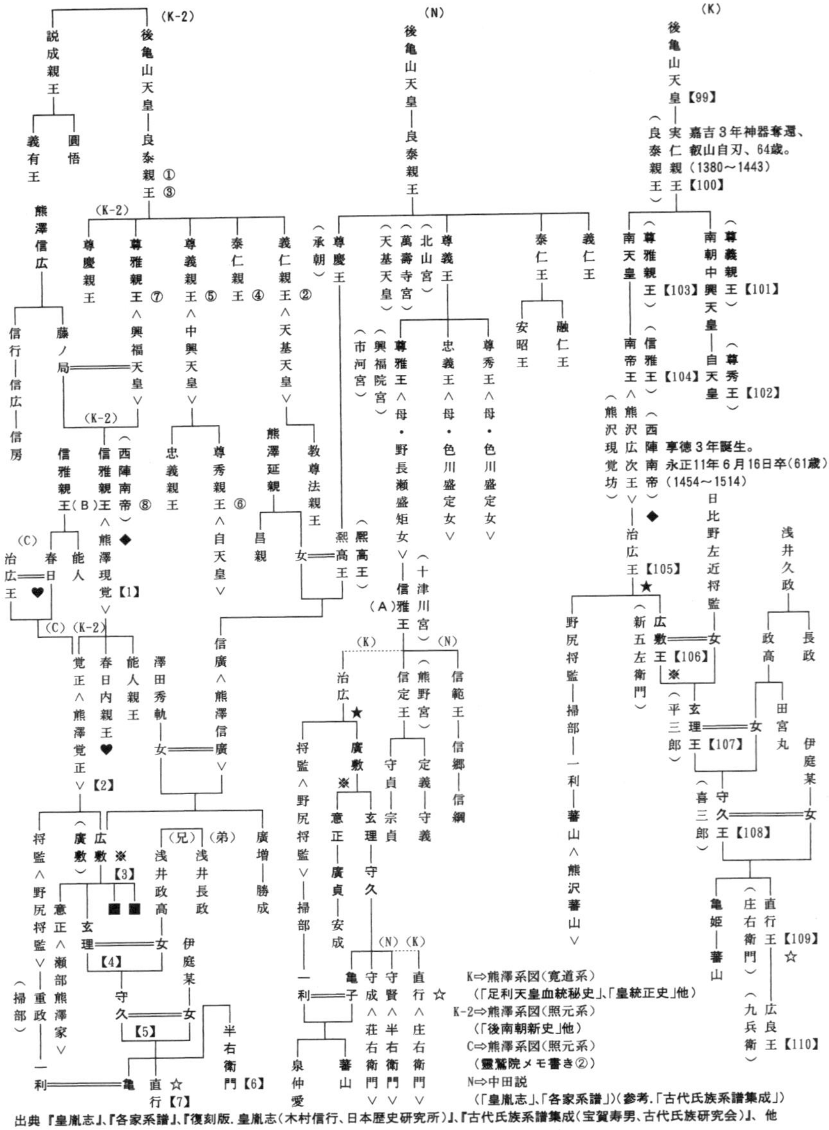
(K-2)
(N)
(K)
後亀山天皇【99】
実仁親王【100】
嘉吉３年神器奪還、
叡山自刃、64歳。
(1380～1443)
享徳３年誕生。
永正11年６月16日卒(61歳)
(1454～1514)
K⇒熊澤系図(寛道系)
(「足利天皇血統秘史」、「皇統正史」他)
K-2⇒熊澤系図(照元系)
(「後南朝新史」他)
C⇒熊澤系図(照元系)
(靈鷲院メモ書き②)
N⇒中田説
(「皇胤志」、「各家系譜」)(参考.「古代氏族系譜集成」)

出典『皇胤志』、『各家系譜』、『復刻版.皇胤志(木村信行、日本歴史研究所)』、『古代氏族系譜集成(宝賀寿男、古代氏族研究会)』、他

南條熊澤氏（称・紀姓）(1)

※『蕃山全集(蕃山全集刊行會)』所収の、「蕃山考」によれば
熊澤權八郎正興(南條猪太夫)は、紀正興と記載されている。
仙台の熊澤氏も本姓は紀姓と記している(「伊達世臣家譜」)。

※ 尾張藩士の熊澤家は、「士林泝洄」によれば、藤原姓に記す。
宮崎道生氏の編著によれば、近江蕃山堂(平成12年12月現在、閉館中)には、「藤原姓熊澤系圖(尾張熊澤系図)」なるものが伝えられているとの事(『熊澤蕃山[宮崎道生、新人物往来社]』、『増訂・蕃山全集』)。

※ 平成12年 近江蕃山堂は改修の為、資料を移転保管、一時閉館。

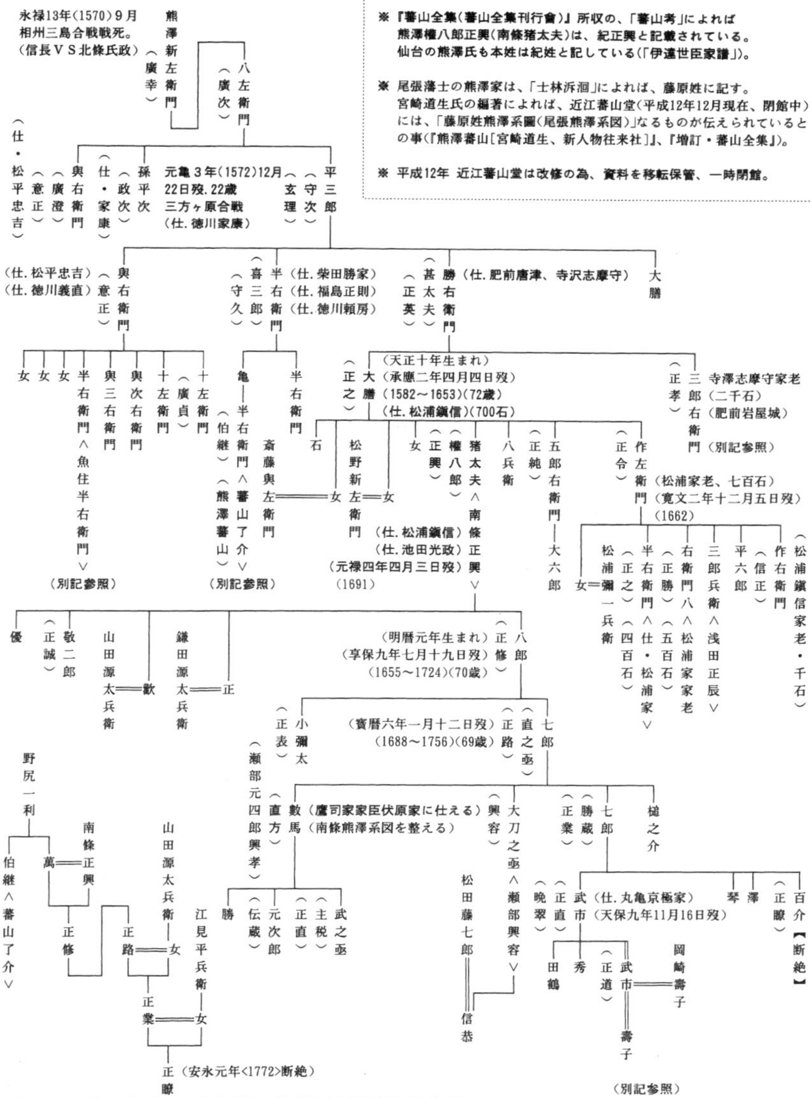

永禄13年(1570)9月 相州三島合戦戦死。(信長VS北條氏政)
熊澤新左衛門（廣幸）
八左衛門（廣次）
（仕・松平忠吉）
（意正）
（廣澄）
與右衛門
（仕・家康）
（政次）
孫平次
元亀３年(1572)12月22日歿.22歳 三方ヶ原合戦（仕.徳川家康）
（玄理）
（守次）
平三郎
（仕.松平忠吉）（仕.徳川義直）
與右衛門（意正）
（守久）
喜三郎
半右衛門（仕.柴田勝家）（仕.福島正則）（仕.徳川頼房）
（正英）
甚太夫
勝右衛門（仕.肥前唐津、寺沢志摩守）
大膳
女 女 女
半右衛門＜魚住半右衛門＞
與三右衛門
與次右衛門
十左衛門
（廣貞）
十左衛門
（別記参照）
亀
半右衛門
（伯継）
半右衛門＜蕃山了介＞
（熊澤蕃山）
（別記参照）
斎藤與左衛門
（正之）
大膳（天正十年生まれ）（承應二年四月四日歿）（1582～1653）(72歳)（仕.松浦鎮信）(700石)
（正孝）
三郎右衛門 寺澤志摩守家老（二千石）（肥前岩屋城）（別記参照）
石
松野新左衛門（仕.松浦鎮信）（仕.池田光政）（元禄四年四月三日歿）(1691)
女
女
（正興）
權八郎
猪太夫＜南條正興＞
八兵衛
（正純）
五郎右衛門
大六郎
（正令）
作左衛門（松浦家老、七百石）（寛文二年十二月五日歿）(1662)
松浦彌一兵衛
女
（正之）（四百石）
半右衛門＜仕・松浦家＞
（正勝）（五百石）
右衛門八＜松浦家家老＞
三郎兵衛＜浅田正辰＞
平六郎
（信正）
作右衛門
（松浦鎮信家老・千石）
優
（正誠）
敬二郎
山田源太兵衛
歓
鎌田源太兵衛
正
（明暦元年生まれ）（享保九年七月十九日歿）（1655～1724）(70歳)
（正修）
八郎
（正表）
小彌太
（寶暦六年一月十二日歿）（1688～1756）(69歳)
（正路）
（直之丞）
七郎
（瀬部元四郎興孝）
（直方）
數馬（鷹司家家臣伏原家に仕える）（南條熊澤系図を整える）
（興容）
大刀之丞＜瀬部興容＞
（正業）
（勝蔵）
七郎
槌之介
野尻一利
伯継＜蕃山了介＞
萬
南條正興
正修
山田源太兵衛
正路
女
江見平兵衛
女
正業
正瞭（安永元年<1772>断絶）
勝
（伝蔵）
元次郎
（正直）
（主税）
武之丞
松田藤七郎
信恭
（晩翠）
（正直）
武市（仕.丸亀京極家）（天保九年11月16日歿）
田鶴
秀
（正道）
武市
岡崎壽子
壽子
（別記参照）
琴
澤
（正瞭）
百介【断絶】

出典『増訂・蕃山全集・第七巻(名著出版)』(名古屋市立鶴舞中央図書館.蔵)

南條熊澤氏（称・紀姓）（2）

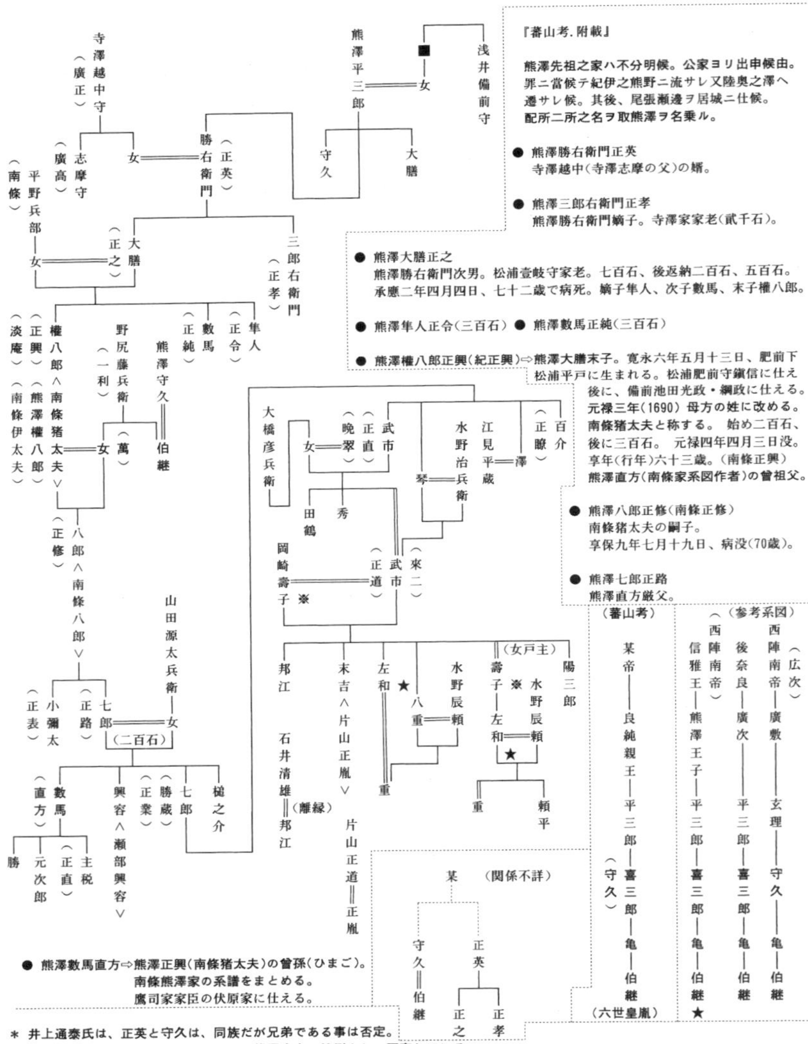

寺澤越中守（廣正）
志摩守（廣高）
平野兵部（南條）
熊澤平三郎
浅井備前守
勝右衛門（正英）
守久
大膳
大膳（正之）
三郎右衛門（正孝）
權八郎（正興）＜南條猪太夫＞
野尻藤兵衛（一利）
熊澤守久
數馬（正純）
隼人（正令）
淡庵
南條伊太夫
熊澤權八郎
萬
伯継
八郎（正修）＜南條八郎＞
小彌太（正表）
七郎（正路）
山田源太兵衛
（二百石）
數馬（直方）
興容＜瀬部興容＞
正業
勝蔵
七郎
槌之介
勝
元次郎
主税（正直）
大橋彦兵衛
武市（正直）
晩翠
田鶴
秀
水野治兵衛
江見平蔵
澤
百介（正瞭）
琴
岡崎壽子 ※
武市（正道）
來二
邦江
末吉＜片山正胤＞
左和 ★
八重
水野辰頼
壽子 ※（女戸主）
陽三郎
石井清雄（離縁）
片山正道
正胤
重
頼平
某（関係不詳）
守久
正英
伯継
正之
正孝
（蓍山考）
某帝
良純親王
平三郎
喜三郎
亀
伯継
（守久）
（六世皇胤）
（参考系図）
西陣南帝
信雅王
熊澤王子
後奈良
廣次
西陣南帝（広次）
廣敷
玄理
守久

『蓍山考.附載』

熊澤先祖之家ハ不分明候。公家ヨリ出申候由。
罪ニ當候テ紀伊之熊野ニ流サレ又陸奥之澤へ
遷サレ候。其後、尾張瀬邊ヲ居城ニ仕候。
配所二所之名ヲ取熊澤ヲ名乗ル。

● 熊澤勝右衛門正英
寺澤越中（寺澤志摩の父）の婿。

● 熊澤三郎右衛門正孝
熊澤勝右衛門嫡子。寺澤家家老（貳千石）。

● 熊澤大膳正之
熊澤勝右衛門次男。松浦壹岐守家老。七百石、後返納二百石、五百石。
承應二年四月四日、七十二歳で病死。嫡子隼人、次子數馬、末子權八郎。

● 熊澤隼人正令（三百石） ● 熊澤數馬正純（三百石）

● 熊澤權八郎正興（紀正興）⇨熊澤大膳末子。寛永六年五月十三日、肥前下松浦平戸に生まれる。松浦肥前守鎮信に仕え後に、備前池田光政・綱政に仕える。元禄三年（1690）母方の姓に改める。南條猪太夫と称する。始め二百石、後に三百石。元禄四年四月三日没。享年（行年）六十三歳。（南條正興）熊澤直方（南條家系図作者）の曾祖父。

● 熊澤八郎正修（南條正修）
南條猪太夫の嗣子。
享保九年七月十九日、病没（70歳）。

● 熊澤七郎正路
熊澤直方厳父。

● 熊澤數馬直方⇨熊澤正興（南條猪太夫）の曾孫（ひまご）。
南條熊澤家の系譜をまとめる。
鷹司家家臣の伏原家に仕える。

＊ 井上通泰氏は、正英と守久は、同族だが兄弟である事は否定。
熊澤守久を熊澤正英の弟とするのは、熊澤直方の憶測として否定している。

＊ 熊澤蓍山を、某帝六世皇胤とする説は、信じられないと、井上氏は否定している。＊ 良純親王という名前は、手持ちの熊澤系図未記載だが、これに近い系図は、一宮市立豊島図書館に所蔵（二村亀太郎.写編「熊澤氏系譜集」★ 大正時代の編纂）。

出典『蓍山全集・第六冊（正宗敦夫、蓍山全集刊行會）』所収「蓍山考（井上通泰.編著）、他」
『増訂・蓍山全集・第七冊（谷口澄夫・宮崎道生、名著出版）』所収「蓍山関係系譜（河本一夫.編）」

宮城熊澤氏（称・紀姓）

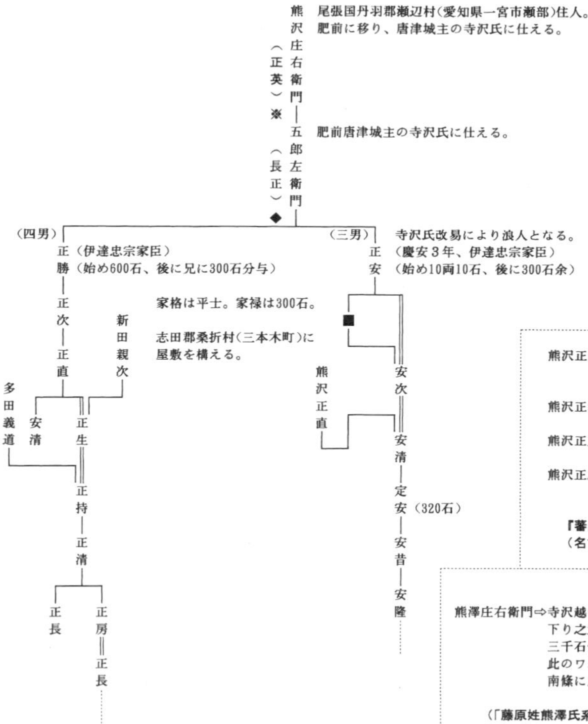

熊沢庄右衛門（正英）※
尾張国丹羽郡瀬辺村（愛知県一宮市瀬部）住人。
肥前に移り、唐津城主の寺沢氏に仕える。
五郎左衛門（長正）◆
肥前唐津城主の寺沢氏に仕える。
（四男）
正勝（伊達忠宗家臣）
（始め600石、後に兄に300石分与）
正次
新田親次
正直
家格は平士。家禄は300石。
志田郡桑折村（三本木町）に
屋敷を構える。
多田義道
安清
正生
正持
正清
正長
正房
正長
（三男）
正安
寺沢氏改易により浪人となる。
（慶安3年、伊達忠宗家臣）
（始め10両10石、後に300石余）
■
熊沢正直
安次
安清
定安（320石）
安昔
安隆
『宮城県姓氏家系大辞典（角川書店）』
（原典「伊達世臣家譜」、他）

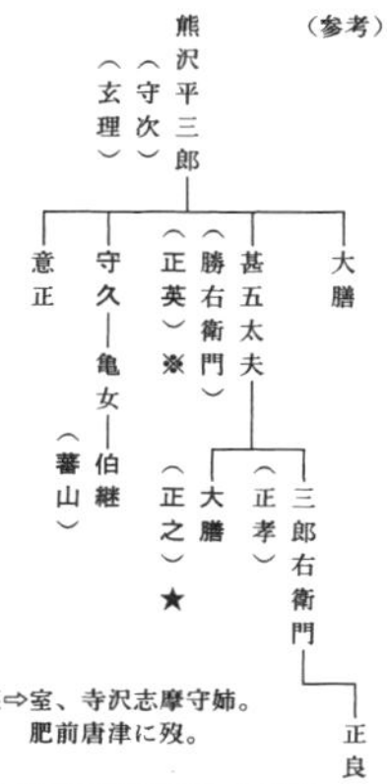

（参考）
熊沢平三郎
（守次）
（玄理）
意正
守久
亀女
伯継
（蕃山）
（勝右衛門）
（正英）※
（正之）★
甚五太夫
大膳
正孝
三郎右衛門
正良
大膳

熊沢正英⇨室、寺沢志摩守姉。
肥前唐津に歿。

熊沢正孝⇨寺沢志摩守家老、二千石。

熊沢正良⇨松平光之家臣、二千石。

熊沢正之⇨松浦隆信家臣、七百石。

（蕃山関係系譜）（詳細別記）
『蕃山全集（名著出版）』所収
（名古屋市鶴舞中央図書館. 蔵）

熊澤庄右衛門⇨寺沢越中守聟。寺沢志摩守殿肥前唐津江下り之節、文禄二年下る、嫡三郎右衛門三千石領、此のワかれ肥前平戸松浦殿仕、此のワかれ備前へ参、熊澤權八と云、後南條に成る。

（「藤原姓熊澤氏系図」添え書き）
『熊沢蕃山の研究（宮崎道生、思文閣出版）』所収
（岐阜県図書館. 蔵）

＊ 庄右衛門は、熊澤正英の事。
三郎右衛門は、熊澤正孝の事。（早瀬. 注）

宮城熊沢家の伝承では、先祖が越後国津保山熊沢荘に住んで熊沢と称する。
本姓、紀姓。
熊沢正英は、尾張国丹羽郡瀬辺村に住み、後に肥前唐津に移り、寺沢氏に仕える。
＊ 唐津城主寺沢氏は、尾張の出身。

熊沢庄右衛門と勝右衛門は、添え書きなどにより同一人物と推定される（早瀬. 注）。

（推定合成系図）

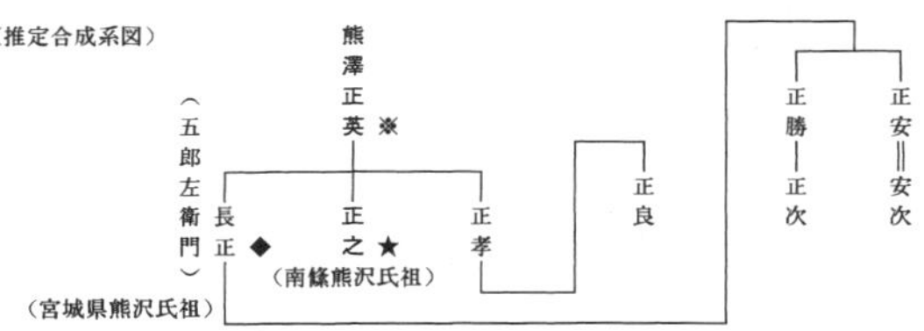

熊澤正英※
（五郎左衛門）
長正◆
正之★
（南條熊沢氏祖）
正孝
正良
（宮城県熊沢氏祖）
正勝
正次
正安
安次

蕃山関係の熊沢系図は藤原姓とされ、宮城県熊沢氏は紀姓を称する。

ちなみに、尾張藩士の系譜『士林泝洄』の熊沢氏は、藤原姓に記す。

＊ 蕃山関係系譜には、長正の名前無し。

出典『宮城県姓氏家系大辞典（角川書店）』、『蕃山全集（名著出版）』、『熊沢蕃山の研究（宮崎道生、思文閣出版）』

伊達世臣家譜・熊澤氏系図（称・紀姓）

「伊達世臣家譜」は、熊澤氏の本姓を紀姓と記す。尾州丹羽郡瀬邊邑住人の熊澤正英を系譜上の祖と記す。その先祖は、越州津保山庄熊澤郷の出身。唐津の寺澤家に仕える。その後、熊澤家は、正英の子供の時代に分裂している。
熊澤正孝と熊澤正之は南條熊澤系図にも記載されているが、熊澤長正は南條熊澤系図には記載されていない（『蕃山全集』所収の「熊澤系図」参照）。

熊澤庄右衛門正英（寺澤氏家臣）

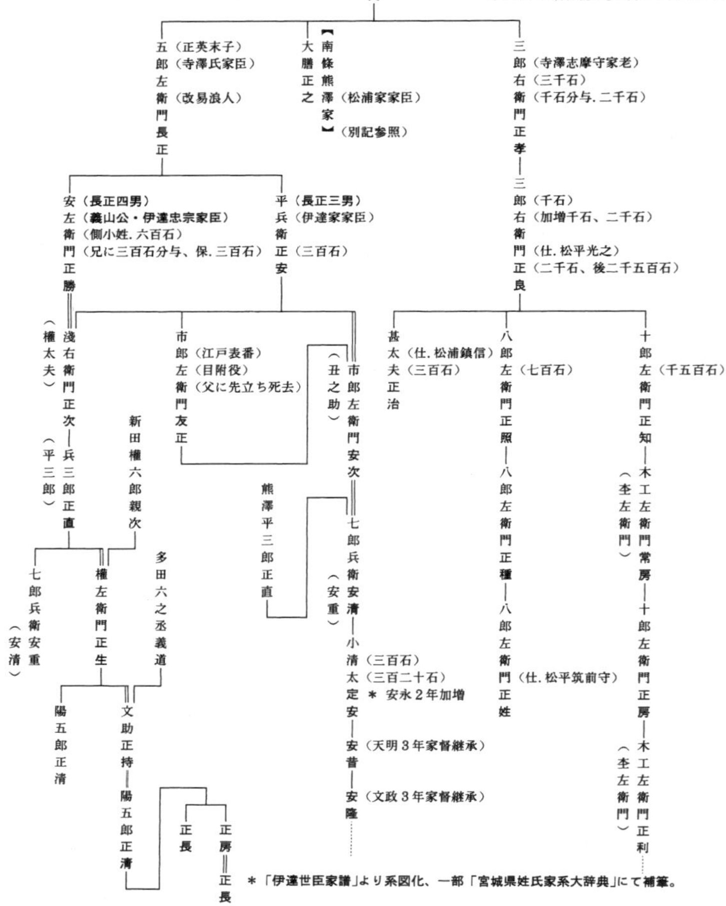

五郎左衛門長正（正英末子）（寺澤氏家臣）（改易浪人）
大膳正之【南條熊澤家】（松浦家家臣）（別記参照）
三郎右衛門正孝（寺澤志摩守家老）（三千石）（千石分与, 二千石）
三郎右衛門正良（千石）（加増千石、二千石）（仕. 松平光之）（二千石、後二千五百石）
安左衛門正勝（長正四男）（義山公・伊達忠宗家臣）（側小姓. 六百石）（兄に三百石分与、保. 三百石）
平兵衛正安（長正三男）（伊達家家臣）（三百石）
浅右衛門正次（権太夫）
兵三郎正直（平三郎）
新田権六郎親次
市郎左衛門友正（江戸表番）（目附役）（父に先立ち死去）
市郎左衛門安次（丑之助）
熊澤平三郎正直
七郎兵衛安清（安重）
小清太定安（三百石）（三百二十石）＊安永２年加増
安昔（天明３年家督継承）
安隆（文政３年家督継承）
七郎兵衛安重（安清）
権左衛門正生
多田六之丞義道
陽五郎正清
文助正持
陽五郎正清
正長
正房
正長
甚太夫正治（仕. 松浦鎮信）（三百石）
八郎左衛門正照（七百石）
八郎左衛門正種
八郎左衛門正姓（仕. 松平筑前守）
十郎左衛門正知（千五百石）
木工左衛門常房（杢左衛門）
十郎左衛門正房
木工左衛門正利（杢左衛門）

＊「伊達世臣家譜」より系図化、一部「宮城県姓氏家系大辞典」にて補筆。

出典『伊達世臣家譜巻之十二（平士之部・九十九. 熊澤・百. 熊澤）』（宮城県図書館. 蔵）（レファレンス協力. 扶桑町図書館）
『宮城県姓氏家系大辞典（角川書店）』

熊澤氏（正英末裔系図）

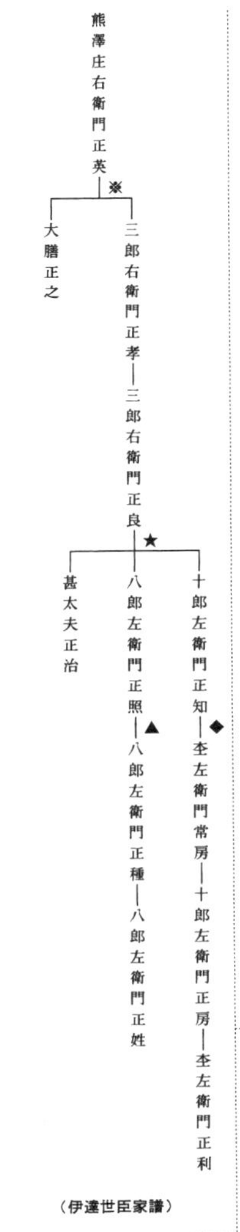

熊澤庄右衛門正英 ※
大膳正之
三郎右衛門正孝
三郎右衛門正良 ★
甚太夫正治
八郎左衛門正照 ▲
八郎左衛門正種
八郎左衛門正姓
十郎左衛門正知 ◆
杢左衛門常房
十郎左衛門正房
杢左衛門正利
（伊達世臣家譜）

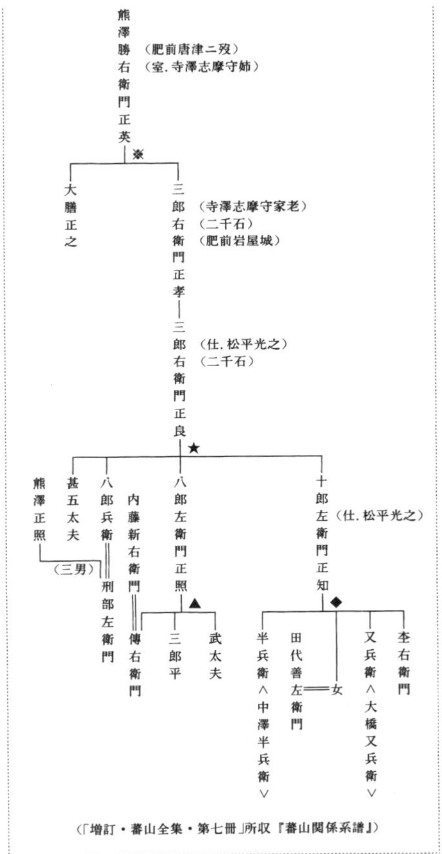

熊澤勝右衛門正英 ※
（肥前唐津ニ歿）
（室.寺澤志摩守姉）
大膳正之
三郎右衛門正孝
（寺澤志摩守家老）
（二千石）
（肥前岩屋城）
三郎右衛門正良 ★
（仕.松平光之）
（二千石）
熊澤正照
甚五太夫
八郎兵衛
（三男）
刑部左衛門
内藤新右衛門
傳右衛門
八郎左衛門正照 ▲
三郎平
武太夫
十郎左衛門正知 ◆
（仕.松平光之）
半兵衛 ∧中澤半兵衛∨
田代善左衛門
女
又兵衛 ∧大橋又兵衛∨
杢右衛門
（「増訂・蕃山全集・第七冊」所収『蕃山関係系譜』）

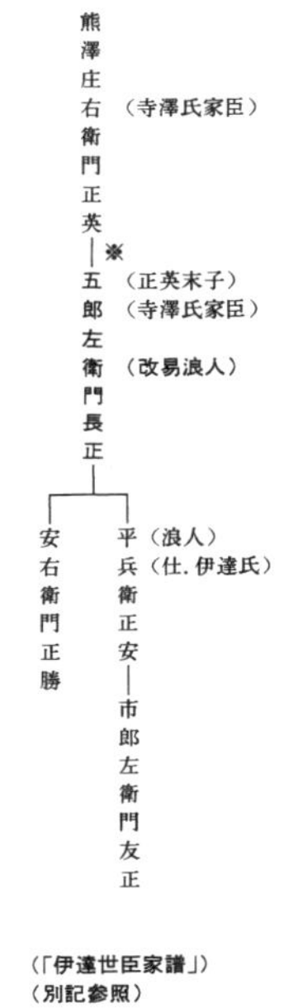

熊澤庄右衛門正英 ※
（寺澤氏家臣）
五郎左衛門長正
（正英末子）
（寺澤氏家臣）
（改易浪人）
安右衛門正勝
平兵衛正安
（浪人）
（仕.伊達氏）
市郎左衛門友正
（「伊達世臣家譜」）
（別記参照）

＊ 熊澤長正は、南條熊澤家系図には、記載なし。

＊「伊達世臣家譜」の熊澤系図と南條熊澤系図は同系である事を示唆しているが、完全には整合しない。

※ ▲ ★ 各マークは、同一人物。

熊澤正英の末裔は、「蕃山全集」所収の熊澤系図と、「宮城県姓氏家系大辞典」、「伊達世臣家譜」所収熊澤家の項目記事で確認される。しかし、異なる場所での所伝の為、系図の不整合を生じている。系図上の始祖の熊澤正英が尾州國丹羽郡瀬部（瀬邊）に住した事、本姓を紀氏と称した事、唐津寺澤家に仕えた所伝など、先祖の伝承では共通しているので同系一族と認めても問題はないと思うが、正式な結果は、プロの研究家の今後の研究を待ちたい。

只、本姓を紀姓とすると、尾張藩士熊澤家（称.藤原姓）や尾張熊澤家（称.南朝末裔）との関係が問題となる。古い先祖については未詳で、尾張に至った経緯は諸説あるが、瀬部（瀬邊）・時之島という共通のエリアに存在したのは何故か？　定水寺の熊澤家が別系（藤原秀鄕系小山氏族結城氏末裔）である事はハッキリしているが、瀬部・時之島系熊澤家には、謎が多い。熊澤正英が、熊澤守久や熊澤意正と同族か、別系かという事は、熊澤家の本姓を追求する鍵となる。只、紀氏から正英に繋がる略系図（正英以前の熊澤系図）が紹介されていない事には、引っ掛かりを覚える。

＊ 筆者（早瀬）が入手した国会図書館の熊澤系図には、正英の名前なし（守久や意正は記載）。

出典『伊達世臣家譜』、『宮城県姓氏家系大辞典（角川書店）』、『増訂・蕃山全集・第七冊（名著出版）』

熊澤氏（平戸熊澤家）

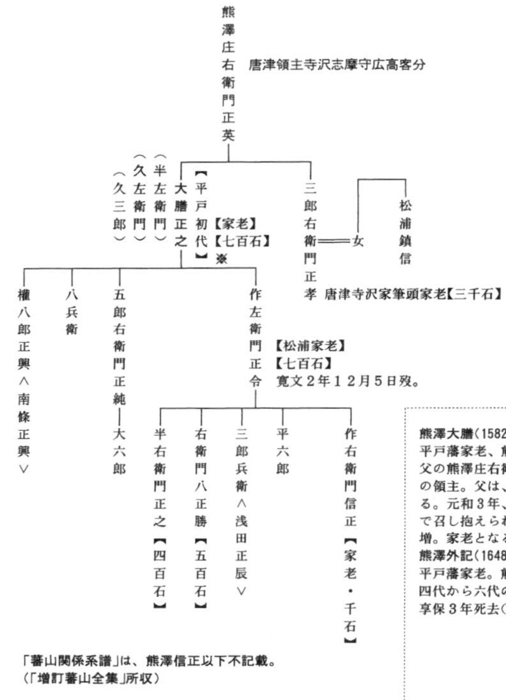

熊澤庄右衛門正英
唐津領主寺沢志摩守広高客分
（半左衛門）
（久左衛門）
（久三郎）
大膳正之
【平戸初代】【家老】【七百石】※
三郎右衛門正孝
女
松浦鎮信
唐津寺沢家筆頭家老【三千石】
権八郎正興〈南條正興〉
八兵衛
五郎右衛門正純
大六郎
作左衛門正令
【松浦家老】
【七百石】
寛文２年１２月５日歿。
半右衛門正之【四百石】
右衛門八正勝【五百石】
三郎兵衛〈浅田正辰〉
平六郎
作右衛門信正【家老・千石】
「蕃山関係系譜」は、熊澤信正以下不記載。
（「増訂蕃山全集」所収）

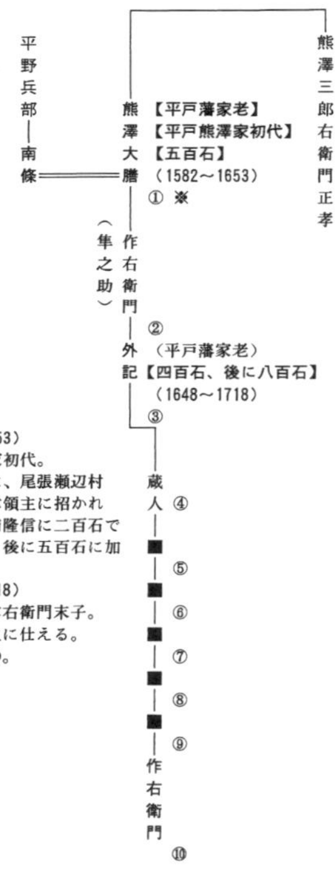

熊澤三郎右衛門正孝
平野兵部
南條
熊澤大膳
【平戸藩家老】
【平戸熊澤家初代】
【五百石】
（1582～1653）
① ※
作右衛門（隼之助）
②
外記
（平戸藩家老）
【四百石、後に八百石】
（1648～1718）
③
蔵人 ④
⑤
⑥
⑦
⑧
⑨
作右衛門
⑩

熊澤大膳(1582～1653)
平戸藩家老、熊澤家初代。
父の熊澤庄右衛門は、尾張瀬辺村の領主。父は、唐津領主に招かれる。元和３年、松浦隆信に二百石でで召し抱えられる。後に五百石に加増。家老となる。
熊澤外記(1648～1718)
平戸藩家老。熊澤作右衛門末子。
四代から六代の藩主に仕える。
享保３年死去(71歳)。

【平戸熊澤家】

唐津熊澤家(熊澤正英)の分家。熊澤大膳が、松浦隆信に仕えたのに始まる。当初、二百石、後に五百石となる。
嗣子の隼之助が作右衛門を名乗り、家督を相続。以後、幕末の十代作右衛門まで、家老職を伝える。禄高は、四百石から千石の高禄を喰む。(「蕃山関係系譜」と整合せず）（早瀬.注）

右の略系図は『三百藩家臣人名事典７(新人物往来社)』の記述より系図化した。(早瀬.注)
系図が信用出来るとすると、この熊澤氏も、尾張国瀬辺村(愛知県一宮市瀬部)の出身で、南條熊澤家、仙台熊澤家とも、同族の系譜となる。

出典『三百藩家臣人名事典７(新人物往来社)』、『増訂.蕃山全集・第七冊(名著出版)』

蕃山系熊澤氏（熊澤蕃山の末葉）

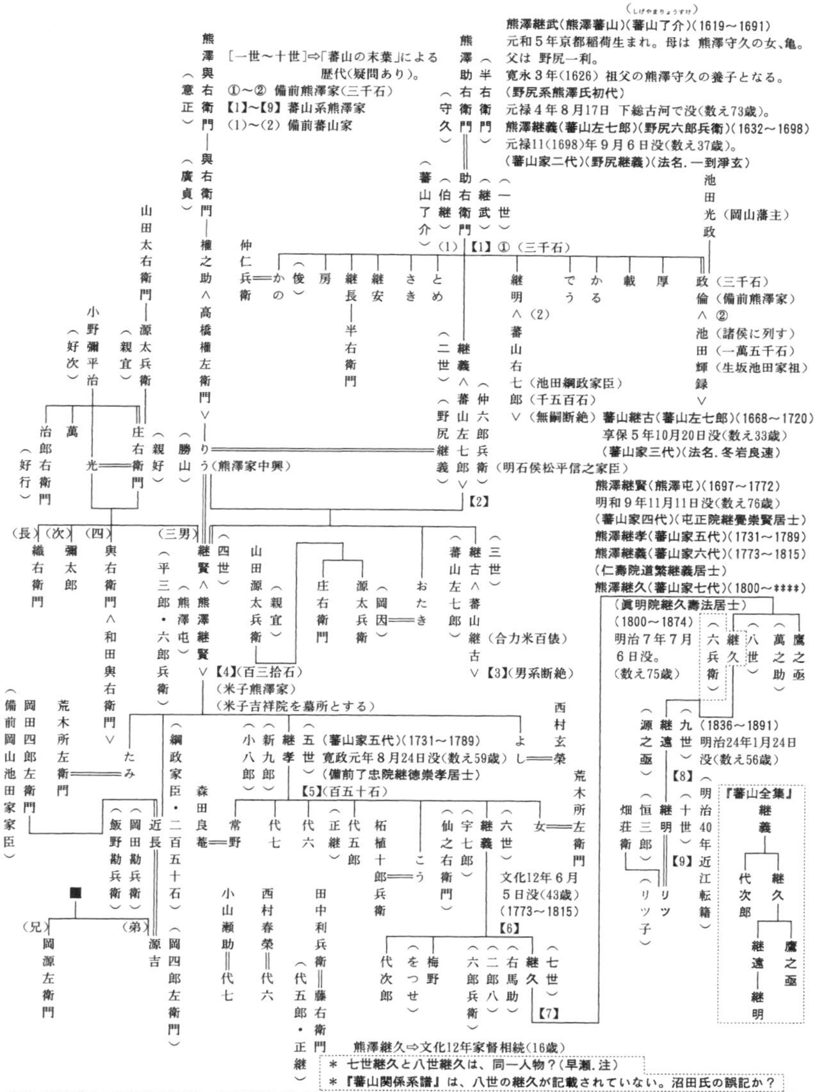

熊澤継武（熊澤蕃山）（蕃山了介）（1619～1691）
元和５年京都稲荷生まれ。母は 熊澤守久の女、亀。
父は 野尻一利。
寛永３年（1626）祖父の熊澤守久の養子となる。
（野尻系熊澤氏初代）
元禄４年８月17日 下総古河で没（数え73歳）。
熊澤継義（蕃山左七郎）（野尻六郎兵衛）（1632～1698）
元禄11（1698）年９月６日没（数え37歳）。
（蕃山家二代）（野尻継義）（法名. 一到浄玄）
［一世～十世］⇨「蕃山の末葉」による
歴代（疑問あり）。
①～② 備前熊澤家（三千石）
【1】～【9】 蕃山系熊澤家
（1）～（2） 備前蕃山家
熊澤與右衛門（意正）
熊澤助右衛門（守久）
池田光政（岡山藩主）
政倫（三千石）（備前熊澤家）
池田輝録（諸侯に列す）（一萬五千石）（生坂池田家祖）
継明（2）蕃山右七郎（池田綱政家臣）（千五百石）（無嗣断絶）
蕃山継古（蕃山左七郎）（1668～1720）
享保５年10月20日没（数え33歳）
（蕃山家三代）（法名. 冬岩良速）
熊澤継賢（熊澤屯）（1697～1772）
明和９年11月11日没（数え76歳）
（蕃山家四代）（屯正院継覺崇賢居士）
熊澤継孝（蕃山家五代）（1731～1789）
熊澤継義（蕃山家六代）（1773～1815）
（仁壽院道繁継義居士）
熊澤継久（蕃山家七代）（1800～＊＊＊＊）
（眞明院継久壽法居士）
（1800～1874）
明治７年７月６日没。
（数え75歳）
りう（熊澤家中興）
仲六郎兵衛（明石侯松平信之家臣）
蕃山継古（合力米百俵）【3】（男系断絶）
継賢（熊澤継賢）【4】（百三拾石）
（米子熊澤家）
（米子吉祥院を墓所とする）
五世（蕃山家五代）（1731～1789）
寛政元年８月24日没（数え59歳）
（備前了忠院継徳崇孝居士）
【5】（百五十石）
六世 文化12年６月５日没（43歳）（1773～1815）
【6】
七世 継久 【7】
九世（1836～1891）
明治24年１月24日没（数え56歳）
【8】 十世 継明 【9】
明治40年近江転籍
『蕃山全集』
継義
代次郎 継久
継遠 鷹之亟
継明
熊澤継久⇨文化12年家督相続（16歳）
＊ 七世継久と八世継久は、同一人物？（早瀬. 注）
＊『蕃山関係系譜』は、八世の継久が記載されていない。沼田氏の誤記か？

出典『熊澤蕃山の末葉（沼田頼輔、山陽新報社）』（資料提供. 岡山県図書館、レファレンス協力. 扶桑町立図書館）、『蕃山の研究（宮崎道生、思文閣出版）（岐阜県図書館. 蔵）』、『蕃山関係系譜（「増訂・蕃山全集・第七巻<名著出版>」所収）（名古屋市立鶴舞中央図書館. 蔵）

蕃山の姻族・末裔（1）

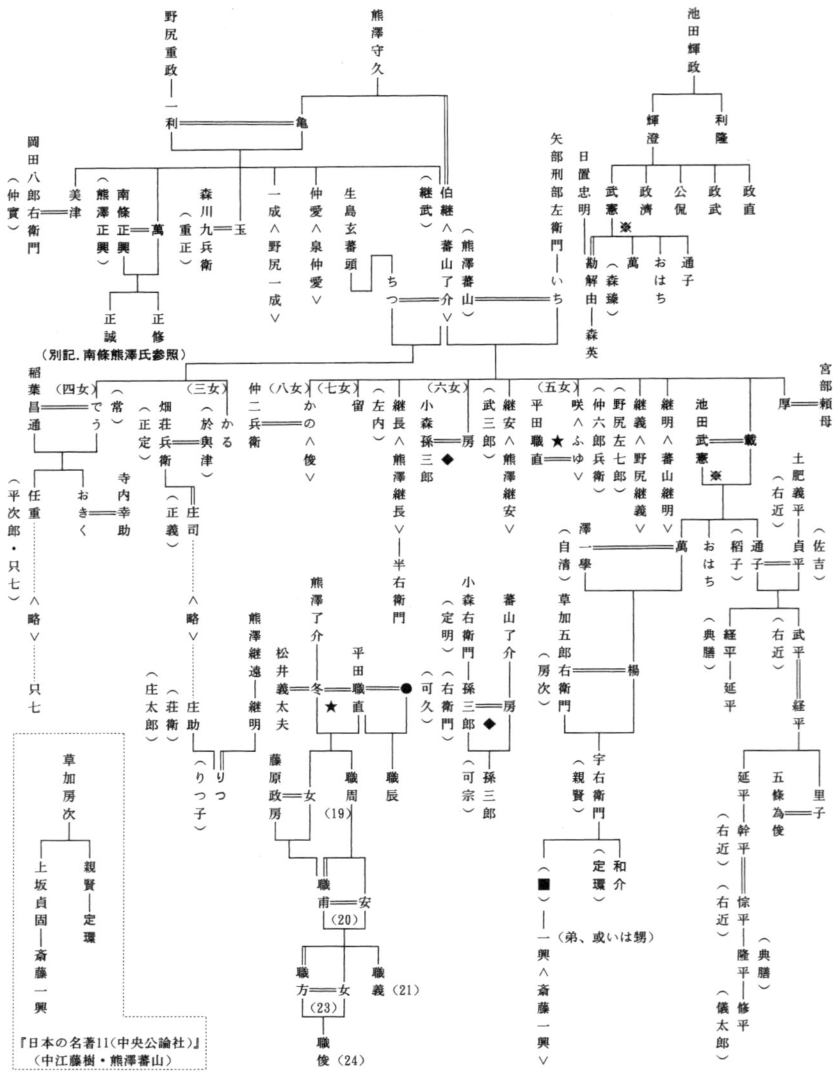
野尻重政
熊澤守久
池田輝政
一利
亀
輝澄
利隆
岡田八郎右衛門（仲實）
美津
南條正興
（熊澤正興）
萬
森川九兵衛（重正）
玉
一成（野尻一成）
仲愛（泉仲愛）
生島玄蕃頭
ちつ
伯継（蕃山了介）
（継武）
（熊澤蕃山）
矢部刑部左衛門
いち
日置忠明
武憲
政清
公侃
政武
政直
勘解由
森英
（森臻）
萬
おはち
通子
正誠
正修
（別記．南條熊澤氏參照）
稲葉昌通
（四女）でう
（常）
（三女）かる
（於與津）
畑荘兵衛
（正定）
仲二兵衛
（八女）かの（俊）
（七女）留
（左内）
継長（熊澤継長）
半右衛門
（六女）房
小森孫三郎
（武三郎）
継安（熊澤継安）
（五女）咲（ふゆ）
平田職直
（仲六郎兵衛）
野尻左七郎
継義（野尻継義）
継明（蕃山継明）
池田武憲
戴
宮部頼母
厚
土肥義平
（右近）
貞平
（佐吉）
寺内幸助
おきく
任重
（平次郎・只七）
（略）
只七
庄司
（正義）
（略）
庄助
（荘衛）
（庄太郎）
りつ
（りつ子）
熊澤継遠
継明
熊澤了介
冬
松井義太夫
平田職直
藤原政房
女
職周（19）
職辰
職甫
安（20）
職方
女（23）
職義（21）
職俊（24）
小森右衛門
（定明）
孫三郎
（右衛門）
（可久）
蕃山了介
房
孫三郎
（可宗）
澤一學
（自清）
萬
おはち
通子
（稲子）
草加五郎右衛門
（房次）
楊
宇右衛門
（親賢）
和介
（定環）
一興（斎藤一興）
（弟、或いは甥）
経平
（典膳）
延平
武平
（右近）
経平
延平
（右近）
幹平
（右近）
悰平
隆平
修平
（儀太郎）
（典膳）
五條為俊
里子
草加房次
上坂貞固
斎藤一興
親賢
定環
『日本の名著11（中央公論社）』
（中江藤樹・熊澤蕃山）

出典『蕃山全集・第六巻（正宗敦夫．編、蕃山全集刊行會）』（資料提供．愛知県図書館、レファレンス協力．扶桑町立図書館）
『増訂・蕃山全集・第七巻（谷口澄夫・宮崎道生．編、名著出版）』（名古屋市立鶴舞中央図書館．蔵）

蕃山の姻族・末裔（2）

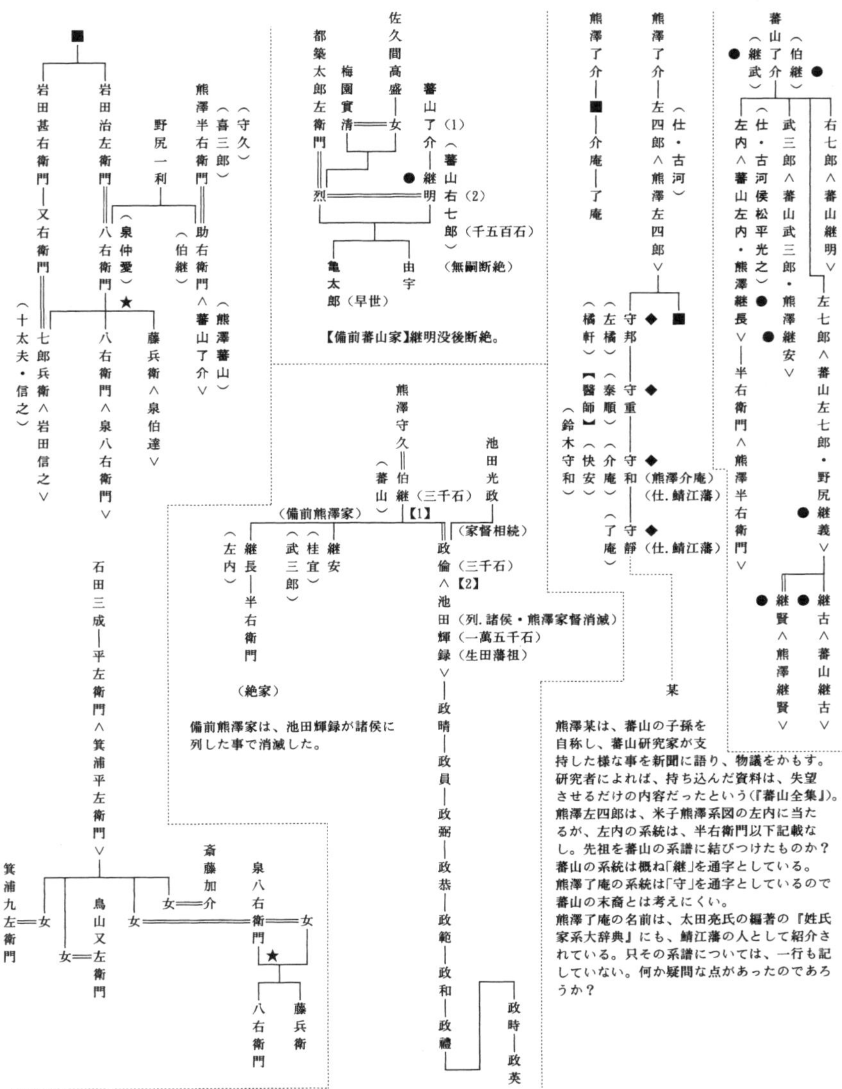
■
岩田甚右衛門—又右衛門
岩田治左衛門
八右衛門
野尻一利
熊澤半右衛門（喜三郎）（守久）
助右衛門＜蕃山了介＞（熊澤蕃山）
（伯継）
（泉仲愛）★
七郎兵衛＜岩田信之＞（十太夫・信之）
八右衛門＜泉八右衛門＞
藤兵衛＜泉伯達＞
佐久間高盛—女
梅園實清
都築太郎左衛門
烈
蕃山了介（1）—継明
（蕃山右七郎（2））（千五百石）
（無嗣断絶）
●
亀太郎（早世）
由宇
【備前蕃山家】継明没後断絶。
熊澤了介—■—介庵—了庵
熊澤了介—左四郎＜熊澤左四郎＞
（仕・古河）
■
◆守邦（左橘）（橘軒）
◆守重（泰順）【醫師】
◆守和（介庵）（快安）（鈴木守和）（熊澤介庵）（仕.鯖江藩）
◆守静（了庵）（仕.鯖江藩）
某
蕃山了介（伯継）（継武）
●
●
右七郎＜蕃山継明＞
武三郎＜蕃山武三郎・熊澤継安＞
●
左内＜蕃山左内・熊澤継長＞（仕・古河侯松平光之）
●
半右衛門＜熊澤半右衛門＞
左七郎＜蕃山左七郎・野尻継義＞
●
●継賢＜熊澤継賢＞
●継古＜蕃山継古＞
熊澤守久＝伯継（三千石）
（蕃山）
池田光政
（備前熊澤家）
【1】
継長（左内）—半右衛門
（武三郎）
桂宜
継安
（家督相続）
政倫（三千石）【2】＜池田輝録＞
（列.諸侯・熊澤家督消滅）
（一萬五千石）
（生田藩祖）
政晴—政員—政弼—政恭—政範—政和—政禮
政時—政英
（絶家）
石田三成—平左衛門＜箕浦平左衛門＞
箕浦九左衛門＝女
女＝鳥山又左衛門
女
女＝斎藤加介
泉八右衛門＝女
★
八右衛門
藤兵衛

備前熊澤家は、池田輝録が諸侯に列した事で消滅した。

熊澤某は、蕃山の子孫を自称し、蕃山研究家が支持した様な事を新聞に語り、物議をかもす。研究者によれば、持ち込んだ資料は、失望させるだけの内容だったという（『蕃山全集』）。熊澤左四郎は、米子熊澤系図の左内に当たるが、左内の系統は、半右衛門以下記載なし。先祖を蕃山の系譜に結びつけたものか？蕃山の系統は概ね「継」を通字としている。熊澤了庵の系統は「守」を通字としているので蕃山の末裔とは考えにくい。熊澤了庵の名前は、太田亮氏の編著の『姓氏家系大辞典』にも、鯖江藩の人として紹介されている。只その系譜については、一行も記していない。何か疑問な点があったのであろうか？

出典『蕃山全集（政宗敦夫、蕃山全集刊行會）（愛知県図書館.蔵）』、『熊澤蕃山の研究（宮崎道生、思文閣出版）（岐阜県図書館）』
『増訂・蕃山全集・第七冊（谷口澄夫・宮崎道生、名著出版）（名古屋市立鶴舞中央図書館.蔵）』

熊澤家姻族系図（山田家・小野家）

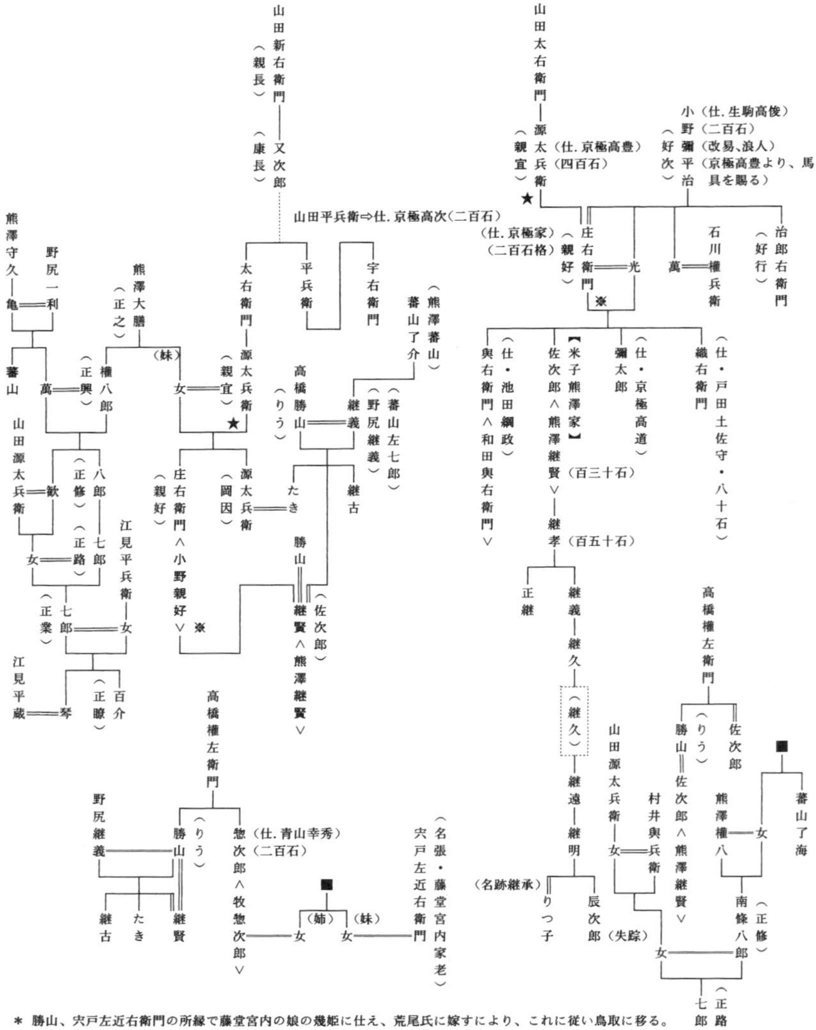

山田新右衛門（親長）
又次郎（康長）
山田太右衛門
源太兵衛（親宜）（仕. 京極高豊）（四百石）
★
小野彌平治（好次）（仕. 生駒高俊）（二百石）（改易､浪人）（京極高豊より、馬具を賜る）
山田平兵衛⇨仕. 京極高次（二百石）
庄右衛門（親好）（仕. 京極家）（二百石格）
光
※
萬
石川権兵衛
治郎右衛門（好行）
熊澤守久
亀
野尻一利
熊澤大膳（正之）
（妹）
太右衛門
平兵衛
宇右衛門
熊澤蕃山
蕃山了介
源太兵衛（親宜）
★
女
蕃山
萬
権八郎（正興）
高橋勝山（りう）
継義
蕃山左七郎（野尻継義）
與右衛門（仕・池田綱政）〈和田與右衛門〉
佐次郎〈熊澤継賢〉（百三十石）
【米子熊澤家】
彌太郎（仕・京極高道）
織右衛門（仕・戸田土佐守・八十石）
山田源太兵衛
歓
八郎（正修）
七郎（正路）
女
江見平兵衛
七郎（正業）
女
江見平蔵
琴
百介（正賺）
庄右衛門（親好）〈小野親好〉
※
源太兵衛（岡因）
たき
継古
勝山
継賢〈熊澤継賢〉（佐次郎）
継孝（百五十石）
正継
継義
継久
（継久）
継遠
継明
（名跡継承）
りつ子
辰次郎（失踪）
高橋権左衛門
勝山（りう）
佐次郎
勝山
佐次郎〈熊澤継賢〉
山田源太兵衛
女
村井與兵衛
熊澤権八
女
蕃山了海
南條八郎（正修）
女
七郎（正路）
高橋権左衛門
野尻継義
勝山（りう）
惣次郎〈牧惣次郎〉（仕. 青山幸秀）（二百石）
継古
たき
継賢
（姉）
女
（妹）
女
宍戸左近右衛門（名張・藤堂宮内家老）

＊ 勝山、宍戸左近右衛門の所縁で藤堂宮内の娘の幾姫に仕え、荒尾氏に嫁すにより、これに従い鳥取に移る。
＊ 勝山、鳥取池田家家老の荒尾成倫夫妻に仕える。勝山、浪人中の継古を鳥取に呼び寄せる。
＊ 勝山、小野親好の子の佐次郎に野尻家（蕃山家）の名跡を継承させ、熊澤姓を復活させる（米子熊澤家）。

出典『蕃山の末葉（沼田頼輔、山陽新報社）』

備前熊澤氏諸家

備前の熊澤家は、伯継(蕃山)の外に、尚、熊澤家を名乗る者三家あり。

● 熊澤權八郎　尾張熊澤氏の流れ。祖父は勝右衛門。勝右衛門と伯継(蕃山)の養父の半右衛門との関係は明らかならず。
(「増訂蕃山全集」の蕃山関係系図は、兄弟に位置付ける)

● 熊澤宇平太　父は、熊澤平三郎の弟の與右衛門の子の魚住平左衛門。宇平太の時、熊澤姓に復す。
尾張熊澤家の系譜異伝あり。即ち、平三郎の子供に與右衛門意正あり。五男三女あり。五男の半右衛門、魚住姓を称する。魚住半右衛門は、初め陸奥二本松丹羽家に仕える。

● 熊澤權之助　尾張熊澤家の系譜によれば、與右衛門の長男を廣貞といい、七男二女あり。廣貞の七男が熊澤權之助。

＊ 尾張熊澤系図(「士林泝洄」)に、熊澤權之助及び魚住半右衛門記載なし。他国に転じて、記載されなかったものか？ 熊澤宇平太の系図、尾張熊澤系図と一致せず(尾張熊澤系図で、廣貞の子供に位置付けられる人物が兄弟に位置付けされている)。
＊ 尾張熊澤系図が本姓を藤原氏とするのに対し、備前熊澤各家は、本姓を紀氏とする。
＊ 井上通泰氏は、守久を勝右衛門の弟とするのは疑問としている(『蕃山全集<刊行會>』)。
＊ 「蕃山関係系譜」は、守久を勝右衛門(正英)の弟に記す(『増訂蕃山全集<名著出版>』)
※ 「刊行會」⇨「蕃山全集刊行會」

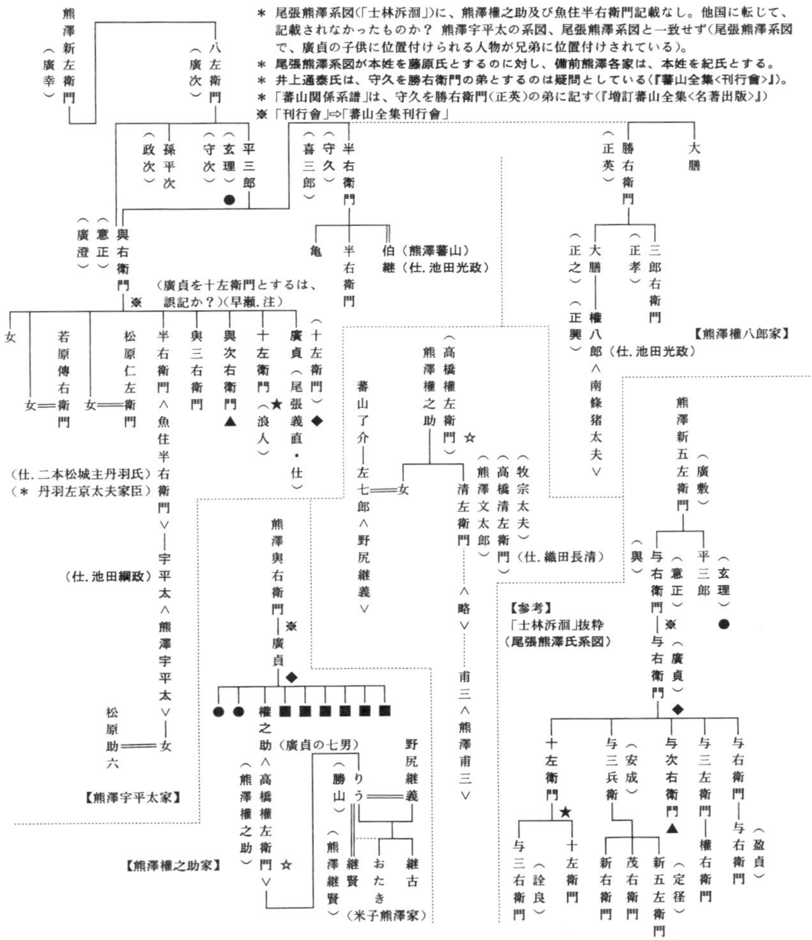

熊澤新左衛門(廣幸)
八左衛門(廣次)
平三郎
玄理 ●
守次
孫平次(政次)
半右衛門
守久
喜三郎
與右衛門
意正
廣澄
亀
半右衛門
伯継(熊澤蕃山)(仕.池田光政)
(廣貞を十左衛門とするは、誤記か？)(早瀬.注)
女
若原傳右衛門
松原仁左衛門
半右衛門(魚住半右衛門)
(仕.二本松城主丹羽氏)
(＊丹羽左京太夫家臣)
與三右衛門
與次右衛門 ▲
十左衛門 ★ (浪人)
廣貞(尾張義直・仕)
(十左衛門) ◆
宇平太(熊澤宇平太)
(仕.池田綱政)
松原助六
女
【熊澤宇平太家】
熊澤權之助(高橋權左衛門) ☆
蕃山了介
左七郎(野尻継義)
清左衛門
熊澤文太郎
高橋清左衛門
牧宗太夫
(仕.織田長清)
(略)
甫三(熊澤甫三)
熊澤與右衛門
※
廣貞
◆
權之助(廣貞の七男)(高橋權左衛門) ☆
(熊澤權之助)
野尻継義
りう
(勝山)
継賢(熊澤継賢)
おたき
継古
(米子熊澤家)
【熊澤權之助家】
大膳
勝右衛門(正英)
三郎右衛門
正孝
大膳
正之
權八郎(仕.池田光政)
正興
(南條猪太夫)
【熊澤權八郎家】
熊澤新五左衛門(廣敷)
平三郎
玄理 ●
與右衛門(意正)
(與)
※
与右衛門(廣貞)
◆
十左衛門 ★
与三兵衛(安成)
与次右衛門 ▲
与三左衛門
与右衛門
与三右衛門(詮良)
十左衛門
新右衛門
茂右衛門
新五左衛門(定径)
權右衛門
与右衛門(盈貞)
【参考】
「士林泝洄」抜粋
(尾張熊澤氏系図)

偽・熊澤天皇（大工伝蔵系熊澤家）

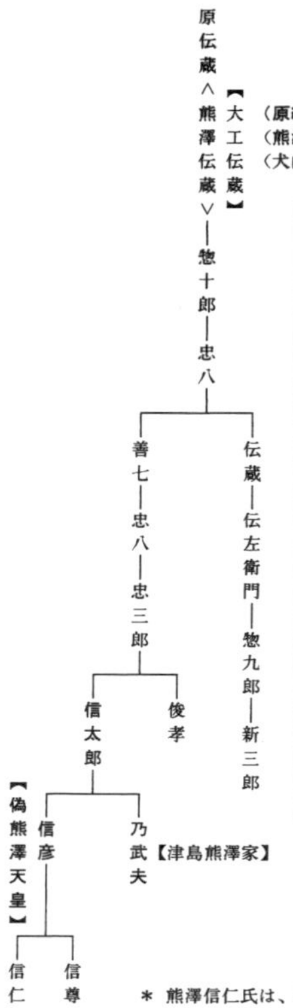
原伝蔵＜熊澤伝蔵＞
【大工伝蔵】
惣十郎
忠八
善七
忠八
忠三郎
伝蔵
伝左衛門
惣九郎
新三郎
信太郎
俊孝
【偽熊澤天皇】
信彦
乃武夫【津島熊澤家】
信仁
信尊

（原紋左衛門に寄食、原姓を称す）
（熊澤重左衛門お出入り、熊澤姓を許される）
（犬山より、時之島に移住）

伝蔵流熊澤家	時之島熊澤家（伝．南朝末裔）
熊澤伝蔵⇨大工伝蔵系熊澤家初代。（十二弁菊花紋）宗派は、浄土真宗。瀬部の熊澤重左衛門のお出入り大工。	傳．南朝熊澤家（十六弁菊花紋）宗派は、浄土宗西山派
熊澤信太郎⇨元新聞記者、会社顧問。熊澤家より調査資料を騙し取り、南朝熊澤家を自称。	熊澤寛道⇨信太郎から、調査協力を申しでられ史料を預ける。養父の大然の上奏を引き継ぎ、活動を継続、戦後、南朝正統を称し、世間からは、熊澤天皇と呼ばれた。『南朝と足利天皇血統秘史』の著者。
熊澤信彦⇨南朝正統を自称、熊澤天皇から名誉毀損で告訴される。詐欺事件、脱税事件で物議をかもす。偽熊澤天皇。	
熊澤乃武夫⇨会社重役、南朝本流を主張。	熊澤尊信⇨熊澤寛道氏の長男。「南朝正系熊澤家の歩み」の著者。熊澤信彦の系譜を明らかする。会社経営。寛道氏の運動には、直接は関与していない。

＊ 熊澤照元氏（自称南朝正系熊澤家宗家）も、熊澤信彦は、南朝熊澤家一族ではないと批判している。
＊ 皇室ジャーナリストの河原敏明氏は、雑誌（週刊新潮）で、熊澤家が南朝末裔であるとしても、熊澤信彦の系統はインチキ（ニセ南朝）と批判している。

＊ 熊澤信仁氏は、平成元年の『週刊新潮』にて補筆。
（「南朝熊澤家も新天皇」による）

『南朝と足利天皇血統秘史（熊澤寛道、三秘同心会）』
（『地球ロマン』1976.12号 復刊３号、絃英社）所収「南朝正系熊澤家の歩み（熊澤尊信）」
『南朝及後南朝史料（南朝熊澤史料調査会）』
『南朝興亡史（近代文芸社）』
『御落胤と偽天皇（玉川信明．編、社会評論社）』
『近代庶民生活誌⑪天皇・皇族（三一書房）』所収「熊澤家の歴史（熊澤尊信）」門
『天皇・皇室を知っていますか（昭和時代研究会、角川書店）』
『週刊新潮（平成元年）』
参考（自称熊澤宗家、熊澤一族）

熊澤照元⇨熊澤大然の弟の女系曾孫。寛道氏を批判し、熊澤宗家を主張。
熊澤里吉⇨長崎県の自称熊澤宗家、ヤミ商人。
熊澤常光⇨岐阜県の熊澤氏、名古屋市昭和区池端に住み、「池端天皇」とも言われた。
（昭和時代研究会は、岐阜県の熊澤と記す。『御落胤と偽天皇』は、名古屋池端と記す）
熊澤信彦⇨自称熊澤家宗家。偽熊澤天皇。

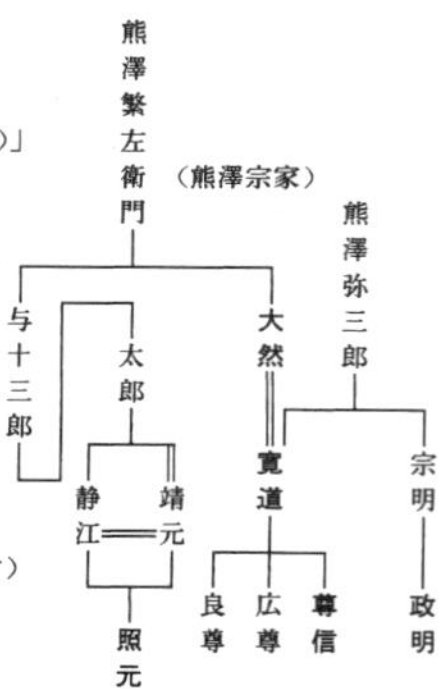
熊澤繁左衛門
（熊澤宗家）
熊澤弥三郎
与十三郎
太郎
大然
静江
靖元
寛道
宗明
照元
良尊
広尊
尊信
政明

出典『南朝興亡史（早瀬晴夫、近代文芸社）』、『近代庶民生活誌⑪天皇・皇族（三一書房）』、『地球ロマン（絃英社）』、他

検証　甲州熊沢氏（武田氏略系図）

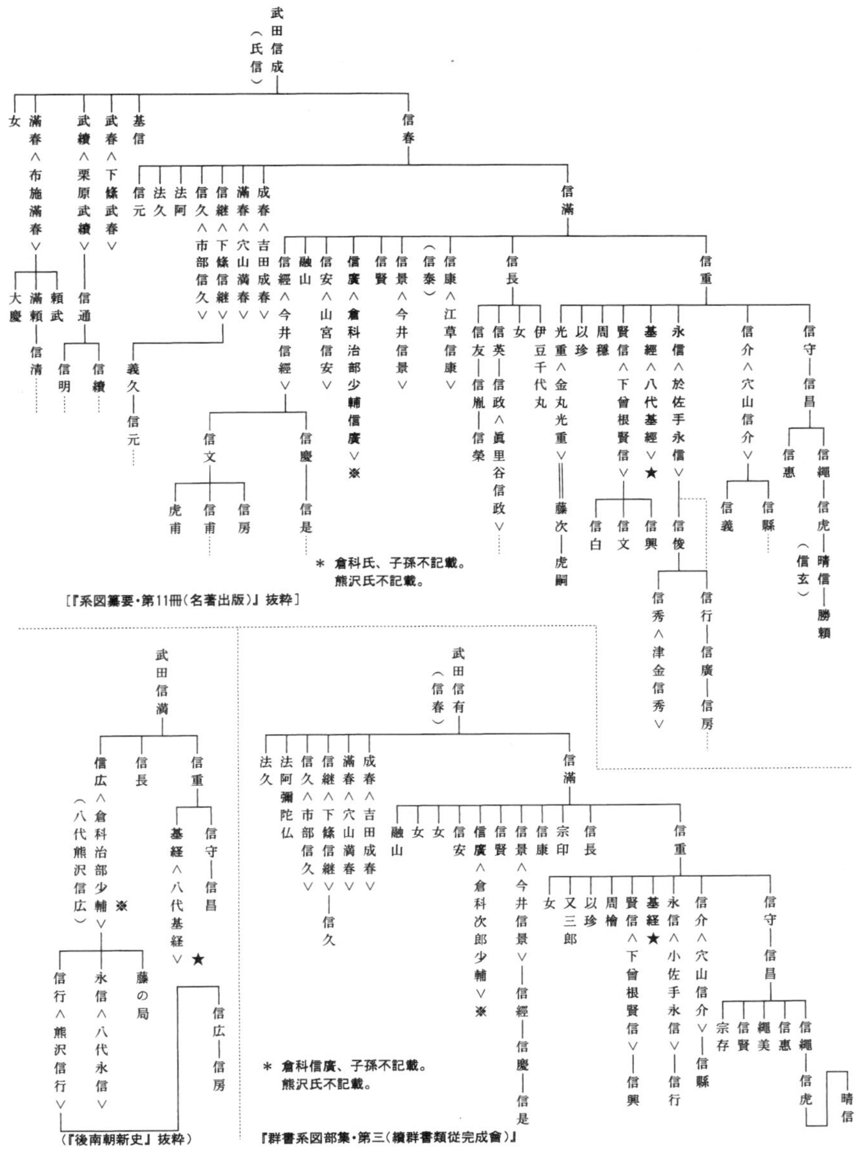
武田信成（氏信）
女
満春〈布施満春〉
武續〈栗原武續〉
武春〈下條武春〉
基信
信春
大慶
満頼
頼武
信清
信通
信明
信續
信元
法久
法阿
信久〈市部信久〉
信継〈下條信継〉
満春〈穴山満春〉
成春〈吉田成春〉
信満
義久
信元
信經〈今井信經〉
融山
信安〈山宮信安〉
信廣〈倉科治部少輔信廣〉※
信賢
信景〈今井信景〉
（信泰）
信康〈江草信康〉
信長
信重
信文
信慶
虎甫
信甫
信房
信是
信友
信胤
信榮
信英
信政〈眞里谷信政〉
女
伊豆千代丸
光重〈金丸光重〉
藤次
虎嗣
以珍
周穆
賢信〈下曾根賢信〉
信白
信文
信興
基經〈八代基經〉★
永信〈於佐手永信〉
信俊
信秀〈津金信秀〉
信行
信廣
信房
信介〈穴山信介〉
信義
信縣
信守
信昌
信恵
信縄
信虎
晴信（信玄）
勝頼
＊　倉科氏、子孫不記載。
熊沢氏不記載。
[『系図纂要・第11冊(名著出版)』抜粋]
武田信満
信広〈倉科治部少輔〉（八代熊沢信広）※
信長
信重
基経〈八代基経〉★
信守
信昌
信行〈熊沢信行〉
永信〈八代永信〉
藤の局
信広
信房
(『後南朝新史』抜粋)
武田信有（信春）
法久
法阿彌陀仏
信久〈市部信久〉
信継〈下條信継〉
満春〈穴山満春〉
成春〈吉田成春〉
信久
信満
融山
女
女
信安
信廣〈倉科次郎少輔〉※
信賢
信景〈今井信景〉
信經
信慶
信是
信康
宗印
信長
信重
女
又三郎
以珍
周檜
賢信〈下曾根賢信〉
信興
基経★
永信〈小佐手永信〉
信行
信介〈穴山信介〉
信縣
信守
信昌
宗存
信賢
縄美
信恵
信縄
信虎
晴信
＊　倉科信廣、子孫不記載。
熊沢氏不記載。
『群書系図部集・第三(續群書類従完成會)』

検証　甲州熊沢氏（武田一族略系図）

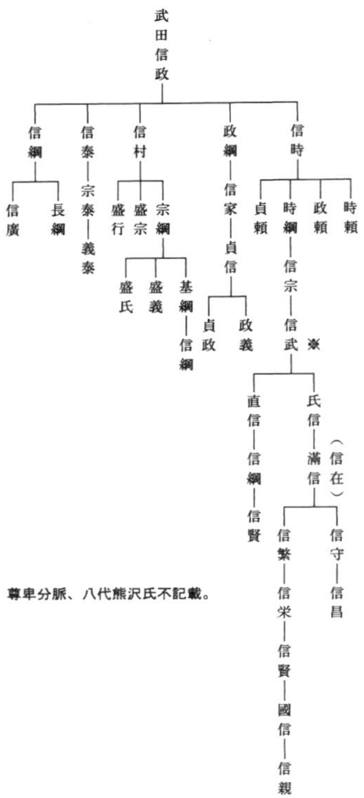

武田信政
信綱
信泰
信村
政綱
信時
信廣
長綱
宗泰
義泰
盛行
盛宗
宗綱
盛氏
盛義
基綱
信綱
信家
貞信
貞政
政義
貞頼
時綱
政頼
時頼
信宗
信武 ※
直信
信綱
信賢
氏信
満信
（信在）
信繁
信栄
信賢
國信
信親
信守
信昌

尊卑分脈、八代熊沢氏不記載。

『新訂増補國史大系・尊卑分脉・第三篇（吉川弘文館）』

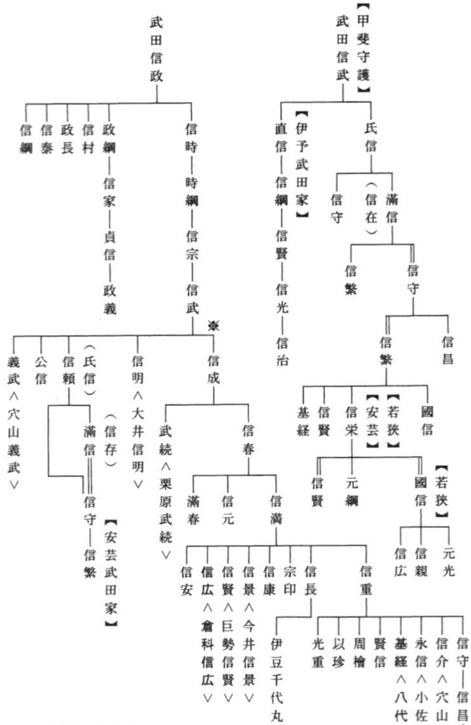

武田信政
信綱
信泰
政長
信村
政綱
信家
貞信
政義
信時
時綱
信宗
信武 ※
義武〈穴山義武〉
公信
信頼
（氏信）
満信
（信存）
信守
信繁
【安芸武田家】
信明〈大井信明〉
信成
武続〈栗原武続〉
信春
満春
信元
信満
信安
信広〈倉科信広〉
信賢〈巨勢信賢〉
信景〈今井信景〉
信康
宗印
信長
伊豆千代丸
信重
光重
以珍
周檜
賢信
基経〈八代基経〉
永信〈小佐手永信〉
信介〈穴山信介〉
信守
信昌
信縄
【甲斐守護】
武田信武
【伊予武田家】
直信
信綱
信賢
信光
信治
氏信
信守
（信在）
満信
信繁
信守
信繁
信昌
基経
信賢
信栄
【安芸】
【若狭】
國信
信賢
元綱
國信
【若狭】
信広
信親
元光

＊ 八代熊沢氏不記載。
＊ 倉科氏子孫不記載。

『別冊歴史読本/一族シリーズ［武田一族のすべて］（新人物往来社）』

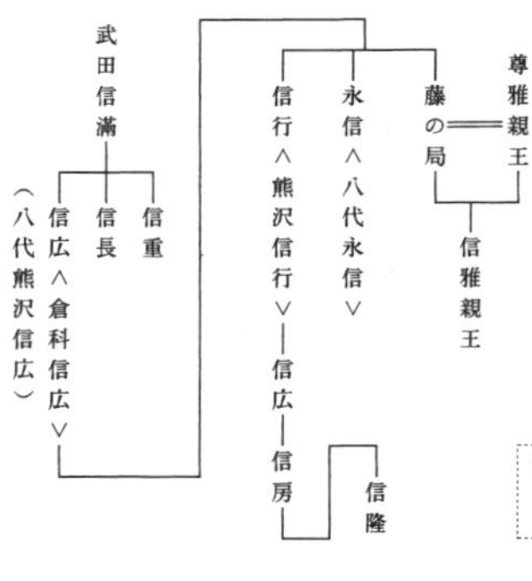

武田信満
（八代熊沢信広）
信広〈倉科信広〉
信長
信重
信行〈熊沢信行〉
信広
信房
信隆
永信〈八代永信〉
藤の局
尊雅親王
信雅親王

照元系熊沢氏が主張する左の系図（武田系八代熊沢氏系図）は、「尊卑分脈」では確認されない。「系図纂要」、「群書系図部集」でも、武田一族に熊沢姓は確認されない。新人物往来社の「武田一族のすべて」でも、八代姓や倉科姓は確認されるが、熊沢姓は所見なし。これらの系譜では、熊沢氏が祖とする信広は、倉科信広として記載されている。甲州八代郡には、熊沢氏が存在した事は、国会図書館の熊沢系図にも記載されているので、否定は出来ないが、この熊沢氏が武田一族とは記載されていない（左の熊沢氏系図と、国会図書館の系図は、整合しない）。 甲斐の熊沢氏が、先祖信広と同名の倉科信広に系図を繋げて改竄したものか？ 相模（神奈川県）の熊沢氏の一部が、甲斐からの移住したと伝えられているので、熊沢氏の存在を否定することは出来ないが、甲斐の名門の武田一族に系譜をつなげようとした可能性は充分に残る。

＊ 平成12年に扶桑町図書館を通じて、山梨県図書館に武田一族熊沢氏について問い合わせたが、関係資料に武田系熊沢氏の系図は存在しないと回答がありました（早瀬）。

検証　八代熊沢氏（武田氏一族略系図）

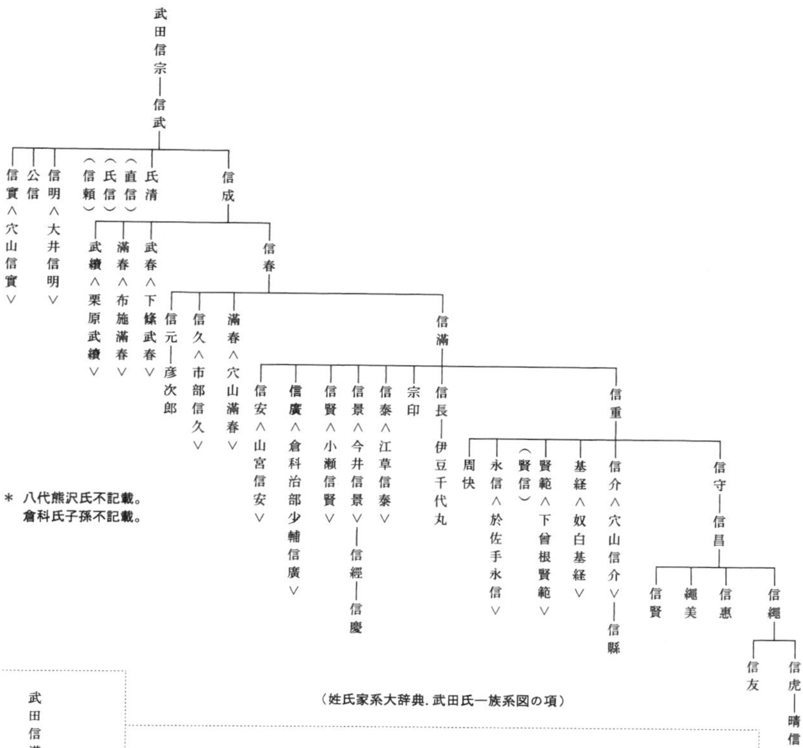

武田信宗—信武
信實〈穴山信實〉
公信
信明〈大井信明〉
（信頼）
（氏信）
（直信）
氏清
信成
武續〈栗原武續〉
滿春〈布施滿春〉
武春〈下條武春〉
信春
信元—彦次郎
信久〈市部信久〉
滿春〈穴山滿春〉
信滿
信安〈山宮信安〉
信廣〈倉科治部少輔信廣〉
信賢〈小瀬信賢〉
信景〈今井信景〉—信經—信慶
信泰〈江草信泰〉
宗印
信長—伊豆千代丸
信重
周快
永信〈於佐手永信〉
（賢信）
賢範〈下曾根賢範〉
基経〈奴白基経〉
信介〈穴山信介〉—信縣
信守—信昌
信賢
繩美
信惠
信繩
信友
信虎—晴信

＊ 八代熊沢氏不記載。
　倉科氏子孫不記載。

（姓氏家系大辞典.武田氏一族系図の項）

武田信滿
（庶子）
信廣〈倉科治部少輔〉

（姓氏家系大辞典.倉科氏の項）

『姓氏家系大辞典(太田亮)』倉科信廣の子孫の系譜記載せず。武田氏とは別に倉科氏の項目を設けるも、詳細を記さず。子孫ありとのみ記す。倉科氏は、甲斐から信濃に広がったようだが、その系譜は不詳。代表的な系譜集、倉科氏の子孫(武田系)記載せず。

奴白基経は、他の系譜集の八代基経に同じ。

「姓氏家系大辞典」に於いても、照元系熊沢氏が主張する八代熊沢氏の系図は、武田氏一族系図では確認出来ない。熊沢氏(尾張熊沢氏一族)母系の熊沢氏が甲斐國八代郡熊沢の出身であったとしても、武田系熊沢氏とは断言出来ない。
『尊卑分脈』、『系図纂要』、『群書系図部集』、『姓氏家系大辞典』という系図の基本文献、及び基本図書で確認出来なかったという事は、武田一族八代熊沢家説に疑問をいだかせるものである。

甲州八代熊沢氏は存在したかもしれないが、武田一族とする説は、現状では、肯定出来ない。
少なくとも、筆者(早瀬)の手持ちの資料では、武田一族である事は証明出来ない。
（平成12年11月現在資料による）

＊ 一族略系図でも、庶流の始祖と子供の一人ぐらい記載される事が多いのに、倉科信廣の場合、一人の子供も記載されていない事も疑問を抱かせる一因である。又、信雅親王が実在しても、熊沢家の先祖でない可能性が生じて来たので 尚更である。
（「古代氏族系譜集成」及び 国立国会図書館.蔵の「皇統系譜[『皇胤志』所収]」及び「各家系譜」による）
＊『後南朝及びその後裔熊沢氏の系』参照。

推定　八代熊沢系図成立プロセス

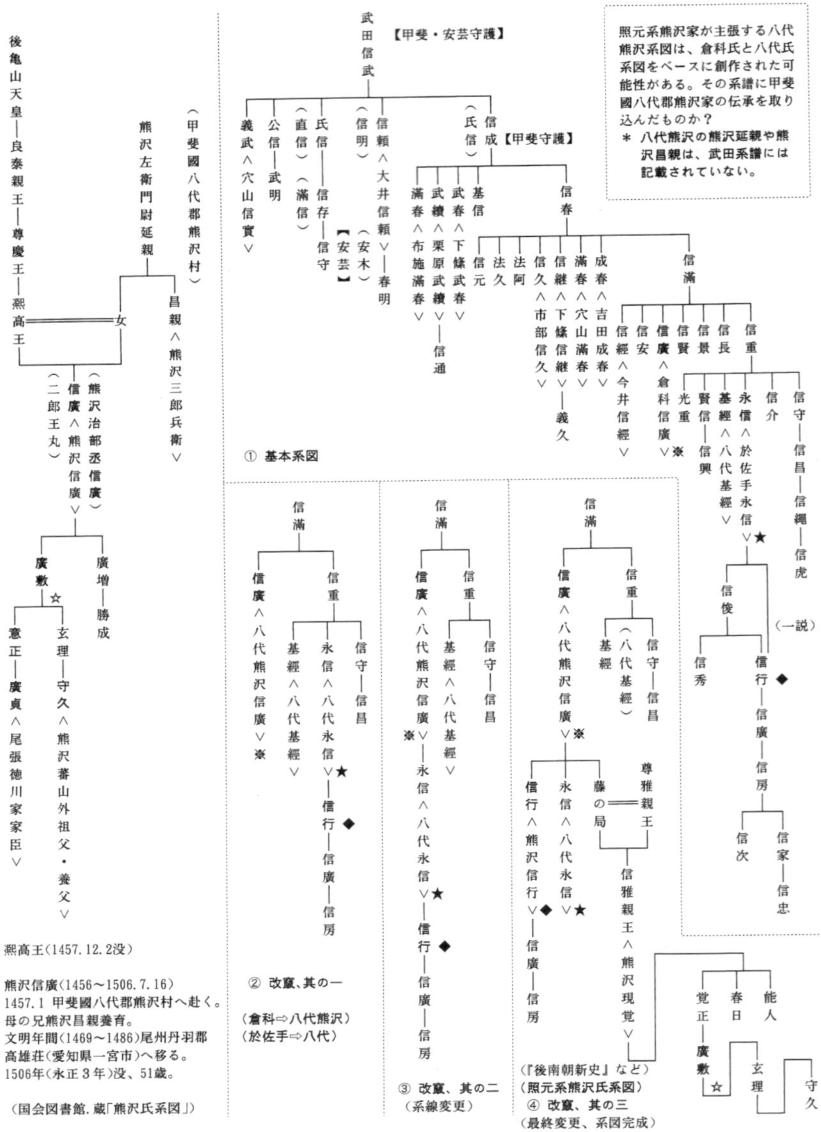
後亀山天皇―良泰親王―尊慶王―熈高王
熊沢左衛門尉延親
（甲斐國八代郡熊沢村）
女
昌親〈熊沢三郎兵衛〉
信廣〈熊沢信廣〉
（熊沢治部丞信廣）
（二郎王丸）
廣敷☆
廣増―勝成
意正―廣貞〈尾張徳川家家臣〉
玄理―守久〈熊沢蕃山外祖父・養父〉
熈高王（1457.12.2没）
熊沢信廣（1456～1506.7.16）
1457.1 甲斐國八代郡熊沢村へ赴く。
母の兄熊沢昌親養育。
文明年間（1469～1486）尾州丹羽郡
高雄荘（愛知県一宮市）へ移る。
1506年（永正3年）没、51歳。
（国会図書館.蔵「熊沢氏系図」）
武田信武【甲斐・安芸守護】
義武〈穴山信實〉
公信―武明
（直信）（満信）
氏信―信存―信守
（信明）
信頼〈大井信頼〉―春明
（安木）【安芸】
信成【甲斐守護】
（氏信）
満春〈布施満春〉
武續〈栗原武續〉―信通
武春〈下條武春〉
基信
信春
信元
法久
法阿
信久〈市部信久〉
信継〈下條信継〉―義久
満春〈穴山満春〉
成春〈吉田成春〉
信満
信經〈今井信經〉
信安
信廣〈倉科信廣〉※
信賢
信景
信長
信重
光重
賢信―信興
基經〈八代基經〉
永信〈於佐手永信〉★
信介
信守―信昌―信縄―信虎
信俊
（一説）
信秀
信行◆―信廣―信房
信次
信家―信忠
① 基本系図
信満
信廣〈八代熊沢信廣〉※
信重
基經〈八代基經〉
永信〈八代永信〉★―信行◆―信廣―信房
信守―信昌
② 改竄、其の一
（倉科⇨八代熊沢）
（於佐手⇨八代）
信満
信廣〈八代熊沢信廣〉※―永信〈八代永信〉★―信行◆―信廣―信房
信重
基經〈八代基經〉
信守―信昌
③ 改竄、其の二
（系線変更）
信満
信廣〈八代熊沢信廣〉※
信重
基經
（八代基經）
信守―信昌
信行〈熊沢信行〉◆―信廣―信房
永信〈八代永信〉★
藤の局
尊雅親王
信雅親王〈熊沢現覚〉
覚正―廣敷☆
春日
能人
玄理
守久
（『後南朝新史』など）
（照元系熊沢氏系図）
④ 改竄、其の三
（最終変更、系図完成）
照元系熊沢家が主張する八代熊沢系図は、倉科氏と八代氏系図をベースに創作された可能性がある。その系譜に甲斐國八代郡熊沢家の伝承を取り込んだものか？
＊ 八代熊沢の熊沢延親や熊沢昌親は、武田系譜には記載されていない。

熊沢氏諸家（神奈川県熊沢氏諸家）

熊沢主水 永正２年(1505)頃の人物 …〈略〉… 伊兵衛 足柄上郡柳川村名主。—長右衛門—保之—豁爾 上秦野村(現.秦野市)村長。—脩一

熊沢某…某…川右衛門〈熊沢川右衛門〉（柳川村名主）

熊沢五左衛門…〈略〉…曾右衛門 貞享年間(1684～1687)頃の人物。—徳兵衛—徳兵衛—源兵衛—源兵衛…祖右衛門 安永年間(1772～1779)頃の人物。

［大住郡広川村(現.平塚市)北窪の住人］

熊沢某（矢畑村熊沢氏祖）（伝.甲州より移住）

- …〈略〉…栄介〈熊沢栄介〉（矢畑村名主）…〈略〉…八重次郎 昭和初期の茅ヶ崎町長。
- …〈略〉…伝兵衛〈熊沢伝兵衛〉（矢畑村名主）
- …〈略〉…松寿〈熊沢松寿〉（矢畑村熊沢氏総本家）

高座郡矢畑村熊沢家（神奈川県茅ヶ崎市）

熊沢某…某…与四右衛門〈熊沢与四右衛門〉 寛政元年(1789)頃の人物。柳川村名主。

熊沢儀左衛門　熊沢与兵衛

（柳川村村民）

熊沢与兵衛　熊沢由右衛門

（上秦野村村長）

熊沢長右衛門 慶応３年(1867)頃の人物 柳川村名主。

熊沢源左衛門—九兵衛…某＝源蔵（明治３年の当主）

某—窪田利左衛門

（平塚の熊沢家）

熊沢和泉 永禄７年(1564)頃の人物。…〈略〉…采女 慶長５年(1600)頃の人物>…〈略〉…平太 明治初期の人物。

（愛甲郡角田村熊沢氏）（愛川町角田）

出典『神奈川県姓氏家系大辞典(角川書店)』

熊沢氏諸家系譜（八代熊沢氏）

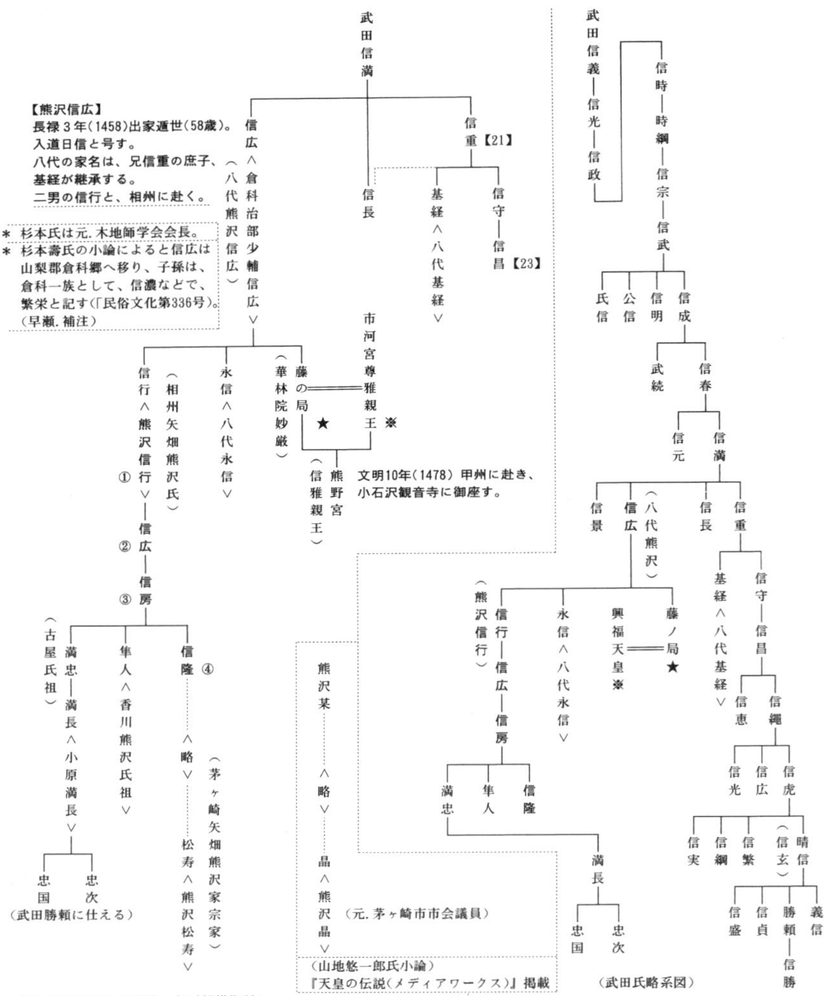
武田信満
信広〈倉科治部少輔信広〉（八代熊沢信広）
信長
基経〈八代基経〉
信重【21】
信守—信昌【23】
【熊沢信広】
長禄３年（1458）出家遁世（58歳）。
入道日信と号す。
八代の家名は、兄信重の庶子、
基経が継承する。
二男の信行と、相州に赴く。
＊ 杉本氏は元. 木地師学会会長。
＊ 杉本壽氏の小論によると信広は
山梨郡倉科郷へ移り、子孫は、
倉科一族として、信濃などで、
繁栄と記す（「民俗文化第336号」）。
（早瀬. 補注）
信行〈熊沢信行〉（相州矢畑熊沢氏）
永信〈八代永信〉
（華林院妙厳）
藤の局 ★
市河宮尊雅親王 ※
熊野宮（信雅親王）
文明10年（1478）甲州に赴き、
小石沢観音寺に御座す。
① 信行 ② 信広 ③ 信房
満忠（古屋氏祖）—満長〈小原満長〉
忠国 忠次
（武田勝頼に仕える）
隼人〈香川熊沢氏祖〉
信隆 ④〈略〉松寿〈熊沢松寿〉（茅ヶ崎矢畑熊沢家宗家）
熊沢某〈略〉晶〈熊沢晶〉（元. 茅ヶ崎市市会議員）
（山地悠一郎氏小論）
『天皇の伝説（メディアワークス）』掲載
武田信義—信光—信政
信時—時綱—信宗—信武
氏信 公信 信明 信成
武続 信春
信元 信満
信景 信広（八代熊沢） 信長 信重
信行（熊沢信行）—信広—信房
満忠 隼人 信隆
満長
忠国 忠次
永信〈八代永信〉
興福天皇 ※
藤ノ局 ★
基経〈八代基経〉
信守—信昌
信恵 信縄
信光 信広 信虎
信実 信綱 信繁 信玄（晴信）
信盛 信貞 勝頼—信勝 義信
（武田氏略系図）

出典『神奈川県. 山地悠一郎氏提供資料』
原典「南朝及び後南朝資料第17号（昭和34年３月15日号）」
「南朝及び後南朝資料第18号（昭和34年４月15日号）」

出典『仙台市. 佐藤三郎氏提供資料』
原典『前後南北朝新史（非売品）』（熊沢照元. 提供）

＊ 八代熊沢系図は、熊沢照元氏調査資料が源流と推察される。この系図は、『後南朝新史』にも引用されている。

＊ 熊沢氏が集中する群落は、山地氏によると、愛知県一宮市時之島、瀬部地区の他には、神奈川県茅ヶ崎市の矢畑、香川地区にあるとの事。 茅ヶ崎の熊沢氏は甲州から移住した一族の末裔。神奈川県には、系統の不明な熊沢氏が秦野市などに散見される。

熊沢氏諸家

熊沢春興（源春興）（豊後守）　小田原北条家家臣。
……〈略〉……
惟忠　駿河田中藩主本多氏家臣。史学師範。
｜
惟興（弥太郎）　天保年間（1830～1843）に活躍。藩校日知館の師範。

【熊沢惟興（1791～1854）】
駿河田中藩士。史学師範の熊沢惟忠の長男。
通称・弥太郎、号・市谷。
学問所世話役。
藩校日知館の師範。
著書に『御陵私記』がある。

出典『静岡県姓氏家系大辞典（角川書店）』

熊沢某……〈略〉……佐太吉〈熊沢佐太吉〉｜太三郎

熊沢某……〈略〉……竜助〈熊沢竜助〉｜弥三郎（祐助）

熊沢某……〈略〉……喜恵〈熊沢庸言〉　明治初期の人物。｜庸徳（甚内）｜猛

熊沢教仙坊……某｜善左衛門　織田信長に仕える。
｜
兵庫　浅野家に仕える。寛永５年（1628）、前田利常に召し抱えられる。

出典『石川県姓氏歴史人物大辞典（角川書店）』

【熊沢氏概略】

熊沢氏は、各地に散見されるが、著名な熊沢氏は尾張国丹羽郡瀬部（瀬辺）・時之島地区を源流とする熊沢氏である。熊沢氏と云えば熊沢蕃山が有名だが、祖父で養父である水戸藩士の熊沢守久のルーツは時之島の熊沢一族である。 又、唐津藩寺沢家に仕えた熊沢正英も、瀬部・時之島の出身で、熊沢守久の兄弟と伝えられている。 唐津の熊沢一族からは、平戸松浦氏に仕えた熊沢氏が派生し、その一族からは、南条熊沢氏が派生した。 南条熊沢家の正興は、蕃山の妹の夫（従って蕃山義弟）。又、本姓紀氏と称する伊達氏家臣の熊沢氏も、唐津熊沢氏から派生したらしい（蕃山関係系図では未記載、「宮城県姓氏家系大辞典」に紹介されていた）。
瀬部系の熊沢氏の一部は、清洲松平家（徳川家康の息子松平忠吉）、尾張徳川家に仕えて尾張藩士となり、熊沢広貞は、北方の代官を勤めた。時之島・瀬部の熊沢氏は大部分帰農し、宗家は、大庄屋・庄屋・名主を継承した。この熊沢一族は、名古屋、大阪、東京などにも移り、子孫からは、熊沢寛道（名古屋の雑貨商・熊沢天皇）、熊沢照元（東京の熊沢天皇）などが出現した。
愛知県一宮市の熊沢氏は、時之島熊沢氏（北派熊沢氏・南派熊沢氏）、瀬部熊沢氏（北派熊沢氏・南派熊沢氏）、定水寺熊沢氏、 その他の熊沢氏に分類される。定水寺熊沢氏は、秀郷系藤原氏の小山氏支族結城氏末裔。時之島と瀬部の南派熊沢氏は皇胤伝承を持つ。時之島熊沢氏は、信雅王の後裔を称し、瀬部熊沢氏を分家と位置付ける（『足利天皇血統秘史』、『後南朝新史』）。瀬部熊沢氏は、護良親王の後裔とする（『熊沢氏系譜集[一宮市立豊島図書館.蔵]』、『一宮市史・西成編[一宮市立豊島図書館.蔵]』）。別伝（カモフラージュ）として、後柏原天皇の後裔とする伝承もある（『蕃山全集』所収「藤原姓熊沢氏系図」）。南派熊沢氏の宗派は、浄土宗西山派で、飛保の曼陀羅寺及び、その塔頭（たっちゅう）寺院の鷲霊院と関係が深い。北派熊沢氏は、南派熊沢氏とは血縁関係にないが、南朝末裔を私称した。
北派熊沢氏としては、熊沢信彦（ニセ熊沢天皇）が著名。北派熊沢氏の一部は、津島に移った（熊沢信太郎の一族）。
熊沢姓の由来は、寛道系熊沢氏は、西陣南帝が応仁の乱の後、奥州に逃れ、熊野の熊と沢邑の沢をもって、熊沢を仮の姓としたとする。照元系熊沢氏は、当初は寛道系と同じだが、後に西陣南帝の母が、甲州八代熊沢氏（武田支族）の出身をもって、母系姓の熊沢を仮の姓としたとする（『後南朝新史』参照）。 信雅王末裔とする熊沢系図は、渡辺世祐、村田正志らにより、偽系図と断罪された。しかし、熊沢氏皇胤説が完全に否定されたわけではない。 中田憲信調査による熊沢氏系図（国立国会図書館.蔵「皇胤志」、「各家系譜」）が、宝賀寿男氏により紹介され（「古代氏族系譜集成」の閑話休題）、知られるようになった。これによると、尊慶王の後裔の二郎王丸が、母の実家の甲州熊沢氏の姓を借姓して熊沢治部丞信廣と名乗ったのが同家の始まりとする（母系の熊沢氏は武田一族とは記載されていない）。又、信雅王は、熊野宮ではなく十津川宮と記され、川瀬氏の祖とされている。又、信雅王の母は、玉置範直の女（実名不詳）とされている。
これらの系譜は、日本歴史研究所の木村信行氏により、活字として復刻されている（タイトルは、中田と同じく「皇胤志」 ＊ 本書では区別の為、「復刻版.皇胤志」として紹介した）。南朝研究家の山地悠一郎氏によると、この熊沢氏系図は、熊沢寛道、及び熊沢照元氏もその存在を知らず、熊沢家の関知しないものであり、吉田長蔵はもとより、渡辺世祐や村田正志も知らなかったと思われる。
この系図の存在により、尾張熊沢家の源流が甲州の可能性が高まった。皇胤である事が否定されたとしても、照元家の伝承と併せ、無視できないものであろう。
甲州八代熊沢氏の系譜については、「皇胤志」や「各家系譜」では、その出自は明らかにしていない。熊沢信廣の母方の祖父の熊沢延親の系譜については、何も明記されていない。 照元系熊沢氏の主張では、武田一族で信雅王の祖父（母・藤の局の父）を、 熊沢治部少輔信廣とするが、甲州熊沢家との係わる位置が、国立国会図書館の熊沢系図（「皇胤志」、「各家系譜」）とは整合しない。
甲州熊沢氏（熊沢家姻族）を武田一族熊沢家とするには、傍証が少ないのでので断定はできないが、八代郡に熊沢氏が無関係とも云いきれない。相模の熊沢一族の存在により、甲斐の熊沢家の存在は否定されないにしても、尾張の熊沢一族との関係については、留意すべきであろう。

熊澤氏諸家系図（『姓氏家系大辞典』）

● 藤原姓熊澤氏⇨太田道灌の家臣、熊澤土佐吉。子孫、江戸幕府に仕える。（別記）

● 参河國碧南郡赤溢村熊沢氏⇨熊澤一学（系譜不記載）。

● 諏訪神家熊沢氏⇨信濃の熊澤氏。家紋、丸に四つ菱（系譜不記載）。

● 山城藤原姓熊澤氏。藤田佐左衛門の末裔。　熊澤好昌──渡好　（別記）

藤田佐左衛門……〈略〉……好昌〈熊澤好昌〉─渡好

（藤田系熊澤氏）

＊ 別記参照

● 野尻流熊澤氏⇨熊澤蕃山の家系。父の野尻一利は、尾張知多郡比延の人。
加藤嘉明、山口重政、山崎家治らに仕える。
尾張の熊澤半右衛門守久の女、亀女と婚し、玉女と蕃山とを生む。
熊澤半右衛門守久は、福島正則の家臣。
蕃山、幼名佐七郎、二郎八、助右衛門と号す。字は伯継。
中江藤樹に学び、備前侯（池田家）に仕える。後に罪ありて、下総許我（古河）に幽閉され七十三にて歿。

熊澤半右衛門（守久）─亀女
亀女＝＝野尻一利
熊澤守久
（亀女・野尻一利の子）
玉女＝＝森川九兵衛（重行）
助右衛門（二郎八）（伯継）（蕃山）〔熊澤守久の養子〕
（助右衛門の子）
継明（右七郎）
（平三郎）
中友松─九一郎─蕃山左七郎
蕃山武三郎
蕃山左内
こう
さい
さき
ふさ
しゅん
輝録〈池田主税政倫〉

＊ 詳細は別記系図参照

熊澤氏一族では、野尻系統の熊澤氏が知られているが、その祖系はよくわからない。
蕃山の養父で外祖父の熊澤守久の系譜も判然としない。
『姓氏家系大辞典』では、これ以上の追跡は、不可能だが、関係する尾張熊澤家の系譜からは、南朝皇胤説が浮上する。
国会図書館.蔵の熊澤系図は、これを示唆している。
宮崎道生の蕃山関係書籍によれば、北朝皇胤説も浮上する。
尾張藩士の熊澤系図は、本姓を藤原氏とするが、仙台藩士の熊澤系図は、本姓を紀氏とする。
蕃山関係系譜によると、松浦藩士の熊澤家と鳥取藩士の熊澤家は、一族となる。

井上通泰によれば、鯖江の熊澤家は、蕃山系譜に系譜を仮冒した、偽熊澤家という事になるらしい（熊澤了庵系図）。

鳥取熊澤家の末裔は、近江に移り、名跡は現代に至る。
（滋賀県で蕃山関係資料を保管伝承）

尾張には守久系統とは別に、結城氏末裔の熊澤氏が定水寺周辺を基盤に系譜を伝えている。

熊澤守久の先祖は、甲斐から尾張へ移住した可能性が高い。
熊澤姓も甲斐の熊澤氏からの借姓の可能性もある。

各種参考系図により補筆した（早瀬）。

● 紀伊の熊澤氏⇨熊澤兵庫。牟婁郡入鹿庄板屋村（系譜不記載）。

● 雑載 熊澤氏
- ○ 松浦藩（平戸）家老（系図不記載）。
- ○ 鳥取池田藩用人（米子熊澤氏）（系図不記載）。
- ○ 鷹司家の侍（系図不記載）。
- ○ 鯖江藩の熊澤了庵（系図不記載）。

『姓氏家系大辞典（太田亮、角川書店）』

熊澤氏諸家系図

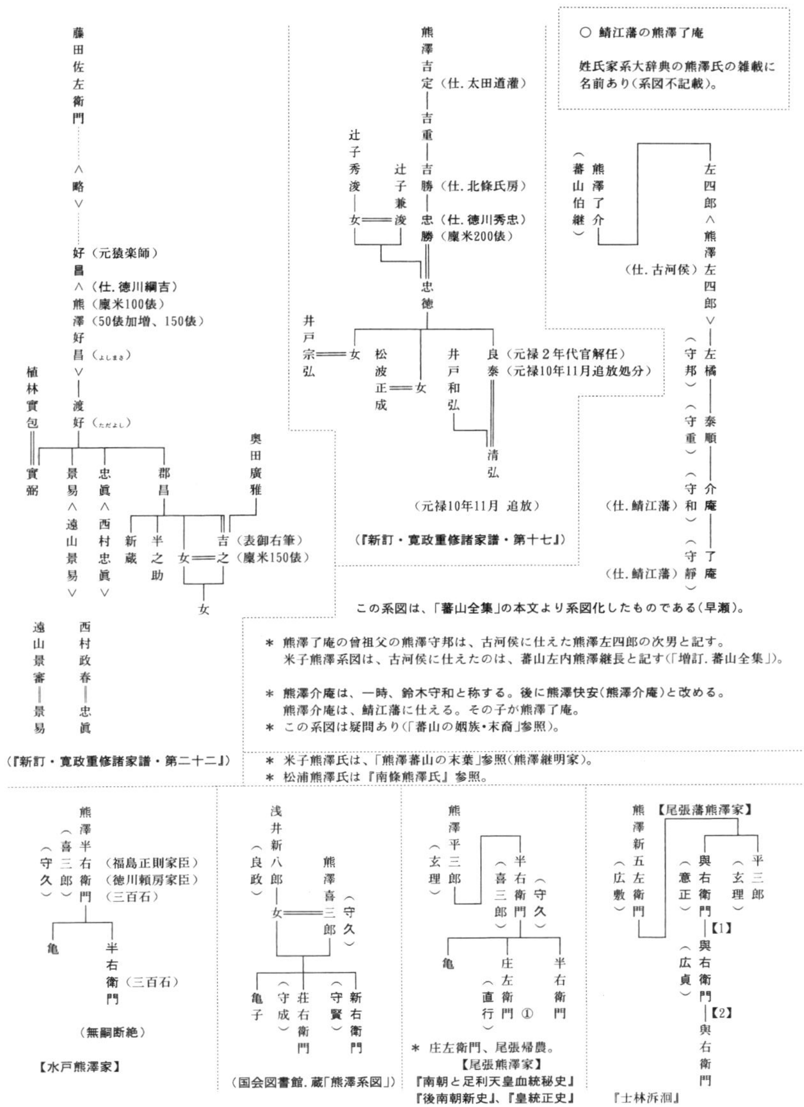
藤田佐左衛門
〈略〉
好昌（元猿楽師）
〈熊澤好昌（よしまさ）〉（仕.徳川綱吉）（廩米100俵）（50俵加増、150俵）
渡好（ただよし）
植林實包
實弼
景易〈遠山景易〉
忠眞〈西村忠眞〉
郡昌
奥田廣雅
新蔵
半之助
女
吉之（表御右筆）（廩米150俵）
女
遠山景審—景易
西村政春—忠眞
（『新訂・寛政重修諸家譜・第二十二』）
熊澤吉定（仕.太田道灌）
吉重
吉勝（仕.北條氏房）
忠勝（仕.徳川秀忠）（廩米200俵）
辻子秀浚
辻子兼浚
女
忠徳
井戸宗弘
女
松波正成
女
井戸和弘
良泰（元禄2年代官解任）（元禄10年11月追放処分）
清弘
（元禄10年11月 追放）
（『新訂・寛政重修諸家譜・第十七』）
○ 鯖江藩の熊澤了庵
姓氏家系大辞典の熊澤氏の雑載に名前あり（系図不記載）。
熊澤了介（蕃山伯継）
左四郎〈熊澤左四郎〉
（仕.古河侯）
左橘（守邦）
泰順（守重）
介庵（守和）（仕.鯖江藩）
了庵（守静）（仕.鯖江藩）
この系図は、「蕃山全集」の本文より系図化したものである（早瀬）。
＊ 熊澤了庵の曾祖父の熊澤守邦は、古河侯に仕えた熊澤左四郎の次男と記す。
米子熊澤系図は、古河侯に仕えたのは、蕃山左内熊澤継長と記す（「増訂.蕃山全集」）。
＊ 熊澤介庵は、一時、鈴木守和と称する。後に熊澤快安（熊澤介庵）と改める。
熊澤介庵は、鯖江藩に仕える。その子が熊澤了庵。
＊ この系図は疑問あり（「蕃山の姻族・末裔」参照）。
＊ 米子熊澤氏は、「熊澤蕃山の末葉」参照（熊澤継明家）。
＊ 松浦熊澤氏は『南條熊澤氏』参照。
熊澤半右衛門（喜三郎）（守久）（福島正則家臣）（徳川頼房家臣）（三百石）
亀
半右衛門（三百石）
（無嗣断絶）
【水戸熊澤家】
浅井新八郎（良政）
女
熊澤喜三郎（守久）
亀子
荘右衛門（守成）
新右衛門（守賢）
（国会図書館.蔵「熊澤系図」）
熊澤平三郎（玄理）
半右衛門（喜三郎）（守久）
亀
庄左衛門（直行）①
半右衛門
＊ 庄左衛門、尾張帰農。
【尾張熊澤家】
『南朝と足利天皇血統秘史』
『後南朝新史』、『皇統正史』
熊澤新五左衛門（広敷）
【尾張藩熊澤家】
與右衛門（意正）
平三郎（玄理）
【1】
與右衛門（広貞）
【2】
與右衛門
『士林泝洄』

小倉宮一族系図と熊澤家略系図

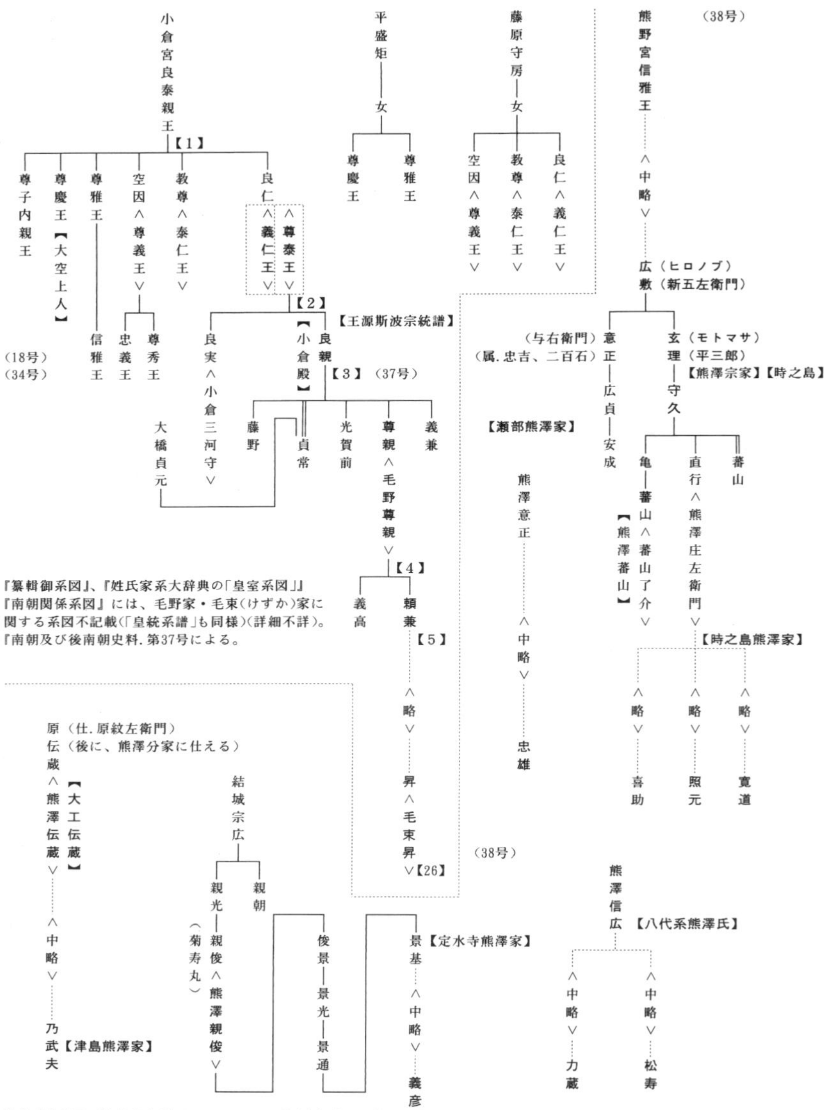

小倉宮良泰親王
【1】
尊子内親王
尊慶王【大空上人】
尊雅王
信雅王
空因〈尊義王〉
忠義王
尊秀王
教尊〈泰仁王〉
良仁〈義仁王〉
〈尊泰王〉
【2】
【王源斯波宗統譜】
良実〈小倉三河守〉
良親【小倉殿】
【3】
(37号)
(18号)
(34号)
大橋貞元
藤野
貞常
光賀前
尊親〈毛野尊親〉
義兼
【4】
義高
頼兼
【5】
〈略〉
昇〈毛束昇〉【26】
(38号)
平盛矩
女
尊慶王
尊雅王
藤原守房
女
空因〈尊義王〉
教尊〈泰仁王〉
良仁〈義仁王〉
熊野宮信雅王
(38号)
〈中略〉
広敷(ヒロノブ)(新五左衛門)
(与右衛門)意正(属.忠吉、二百石)
広貞
安成
【瀬部熊澤家】
熊澤意正
〈中略〉
忠雄
玄理(モトマサ)(平三郎)【熊澤宗家】【時之島】
守久
亀
蕃山【熊澤蕃山】
〈蕃山了介〉
直行〈熊澤庄左衛門〉
蕃山
【時之島熊澤家】
〈略〉
喜助
照元
寛道
原伝蔵(仕.原紋左衛門)(後に、熊澤分家に仕える)
〈熊澤伝蔵〉【大工伝蔵】
〈中略〉
乃武夫【津島熊澤家】
結城宗広
親光
親朝
(菊寿丸)
親俊〈熊澤親俊〉
俊景
景光
景通
景基【定水寺熊澤家】
〈中略〉
義彦
熊澤信広【八代系熊澤氏】
〈中略〉
力蔵
松寿

『纂輯御系図』、『姓氏家系大辞典の「皇室系図」』『南朝関係系図』には、毛野家・毛束(けずか)家に関する系図不記載(「皇統系譜」も同様)(詳細不詳)。『南朝及び後南朝史料.第37号による。

出典『南朝及び後南朝史料 18、34、37、38号(南朝熊澤史料調査会)』

熊沢氏関係系図（熊澤・野尻氏）

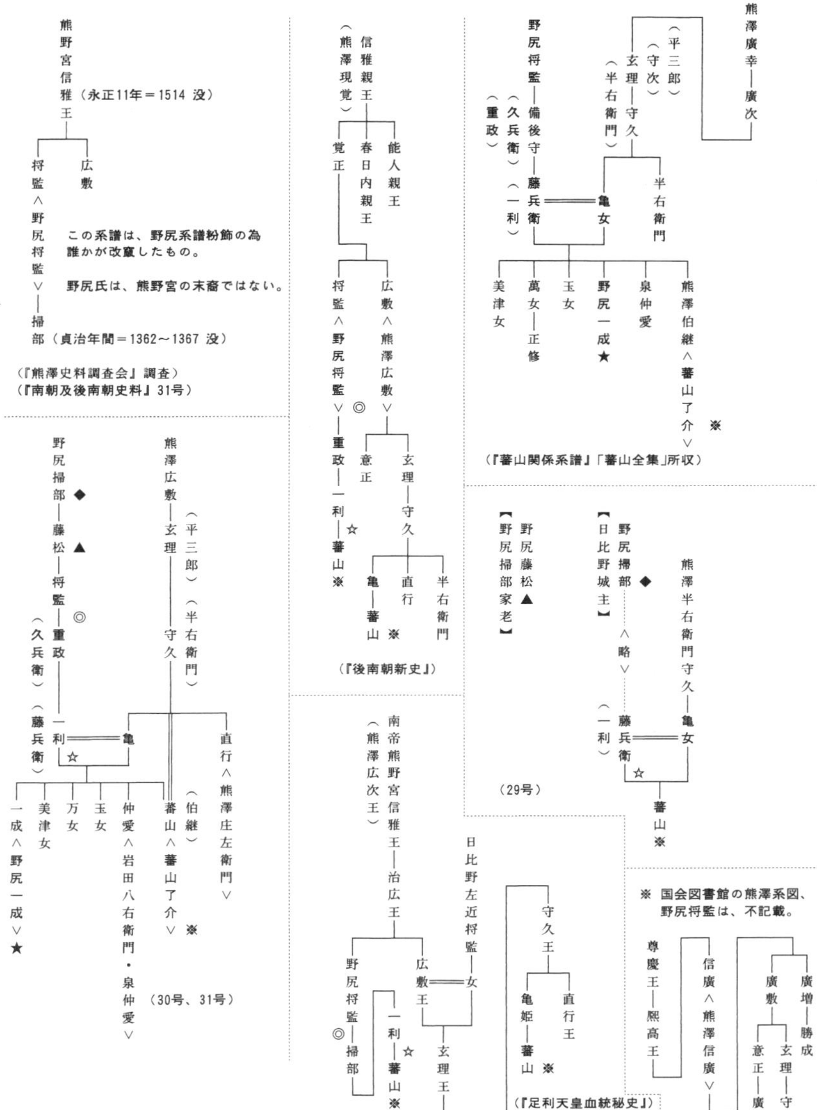
熊野宮信雅王（永正11年＝1514 没）
広敷
将監〈野尻将監〉
掃部（貞治年間＝1362～1367 没）
この系譜は、野尻系譜粉飾の為誰かが改竄したもの。
野尻氏は、熊野宮の末裔ではない。
（『熊澤史料調査会』調査）
（『南朝及後南朝史料』31号）
信雅親王（熊澤現覚）
能人親王
春日内親王
覚正
将監〈野尻将監〉◎
重政—一利☆—蕃山※
広敷〈熊澤広敷〉
意正
玄理—守久
亀—蕃山※
直行
半右衛門
（『後南朝新史』）
熊澤廣幸—廣次
玄理（平三郎）（守次）—守久（半右衛門）
半右衛門
野尻将監—備後守（久兵衛）（重政）—藤兵衛（一利）
亀女
美津女
萬女—正修
玉女
野尻一成★
泉仲愛
熊澤伯継〈蕃山了介〉※
（『蕃山関係系譜』「蕃山全集」所収）
野尻掃部◆—藤松▲—将監◎—重政（久兵衛）—一利（藤兵衛）☆
熊澤広敷—玄理（平三郎）—守久（半右衛門）
亀
直行〈熊澤庄左衛門〉
一成〈野尻一成〉★
美津女
万女
玉女
仲愛〈岩田八右衛門・泉仲愛〉
蕃山〈蕃山了介〉（伯継）※
（30号、31号）
野尻藤松▲【野尻掃部家老】
野尻掃部◆【日比野城主】
〈略〉
藤兵衛（一利）☆
熊澤半右衛門守久—亀女
蕃山※
（29号）
南帝熊野宮信雅王（熊澤広次王）—治広王
野尻将監◎—掃部
一利☆—蕃山※
広敷王
日比野左近将監—女
玄理王
守久王
亀姫—蕃山※
直行王
（『足利天皇血統秘史』）
※ 国会図書館の熊澤系図、野尻将監は、不記載。
尊慶王—熙高王
信廣〈熊澤信廣〉
廣敷
廣増—勝成
意正—廣貞
玄理—守久

出典『南朝及後南朝史料』、『後南朝新史』、『足利天皇血統秘史』、『熊澤氏系図(国立国会図書館.蔵)』

星野宮と星野氏

星野源六左衛門　南朝に仕える。皇孫赤松がために弑せられ給いし後落人となり、和州幸原村より当村(北山郷大俣下番村)に来り、代々居住す。夫より后地の字を星野平という。
（星野宮を守護）

……〈略〉……

新左衛門〈南新左衛門〉（源六左衛門五代の孫）（星野を南に改める）
｜
角兵衛（北山組鉄砲組頭）（紀州浅野家に仕える）
｜
八左衛門（地士・大荘家＝大庄屋）

「紀伊続風土記」

尊雅王【市河宮】（興福天皇）
｜
星野宮〈熊野宮信雅王〉　八才の時、御父尊雅王薨死。

尊義王
├ 忠義王【河野宮】
└ 尊秀王【北山宮】

尊雅王　長禄2年(1458)8月28日、興福寺(高福寺・宝鏡山光福寺)にて薨去。
尊称.興福天皇

伝説の星野宮を、熊野宮信雅王とする。
（早瀬.補注）

出典『南朝熊澤史料 第1号(南朝熊沢史料調査会.昭和32年11月5日発行)』

日本歴史研究所.木村信行氏提供資料(平成13年3月)

星野宮信雅王

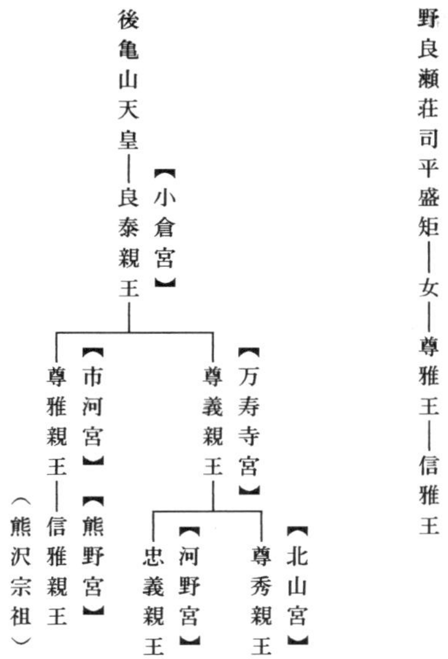

後亀山天皇
良泰親王
【小倉宮】
尊雅親王
【市河宮】
尊義親王
【万寿寺宮】
信雅親王
【熊野宮】
（熊沢宗祖）
忠義親王
【河野宮】
尊秀親王
【北山宮】
野良瀬荘司平盛矩
女
尊雅王
信雅王

（源）野長瀬盛矩──女（横矢姫）──尊雅王

野良瀬は野長瀬の誤り。野長瀬氏は、平氏ではなく清和源氏の家系。（野長瀬盛孝氏提供の資料及び国会図書館所蔵の野長瀬系図により確認）（早瀬.注）

野長瀬氏を平氏としたのは、熊沢寛道氏による改竄（野長瀬盛孝氏）。

野長瀬系図には、尊雅王の記載はあるが、信雅王については、記載なし（野長瀬盛孝氏提供資料、国会図書館の野長瀬氏系図など）。

『野長瀬氏の事績（野長瀬盛孝）』
『野長瀬氏系図』

＊ 熊野宮信雅王は現覚法親王と号す。
長禄２年（1458）御父尊雅王薨去（信雅王８才）。＊ 宝徳２年（1450）頃誕生。
文明元年（1469）越智家栄らに擁立される（19才）。山名宗全軍に合流（西陣南帝）』
戦乱終焉後、京都を脱出流浪する。

【神器の移動】
嘉吉３年（1443）９月23日神器奪還⇨空因法親王（尊義王）（叡山にて自刃）⇨円満院円胤法親王（義有王）（紀州湯浅で自刃）⇨文安元年（1444）12月、一の宮（北山宮尊秀王）⇨長禄元年（1457）12月、両宮（一の宮尊秀王、二の宮忠義王）赤松遺臣に襲撃され、弑せられ、神器は市河宮尊雅王に渡る。長禄２年（1458）、尊雅王薨去。
（幕府は神器奪還を宣伝するが、熊沢家は、信雅王に継承と主張）

尊雅王（興福院殿南天皇）
明治18年（1885） 川口常文が「市河宮尊雅王御遺蹟考」を著す。
明治44年（1911） 大西源一が実地調査を行う。
明治末年　　　　 熊沢大然、熊沢系図により尊雅王の実在を主張。
昭和８年（1933） 三重県当局が、光福寺門前に『南朝皇胤御遺蹟』なる碑を建てる。

出典『南朝熊澤史料 第１号、第２号（南朝熊沢史料調査会. 昭和32年12月10日発行）』
日本歴史研究所. 木村信行氏提供資料（平成13年３月）

後南朝系譜

- 小倉院
  - 万寿寺宮
    - 河野宮
    - 北山宮
  - 教尊

教尊⇨勧修寺宮権僧正
万寿寺宮⇨孤海和尚弟子、空因と号す。嘉吉３年大内に夜討ちして、奪神璽於山門討死。
北山宮⇨長禄元年12月２日夜、赤松徒入夜討奉討、18才。
河野宮⇨同夜同時入夜討奉討、16才。

【南方記】

『南朝熊沢史料 第３号』

- 武田族熊沢城主某
  - 女 ═ 尊雅親王 ※
    - 信雅親王（西陣南帝）

文明９年（1477）応仁の乱終結。
文明10年（1478）霜月（陰暦11月）14日、東海道より、甲州に赴き、小石沢観音寺に御座す。
（奥州へ赴く途中で、甲州に一時滞在）
＊ 母の出身地で、領内に旧南朝勢力が残存。

＊ 熊沢照元氏は、調査により、某を熊沢信広とした。
（下記参照）

「熊沢系図（熊沢大然．編）」

出典『南朝熊沢史料 第６号』

- 説成親王
  - 護正院宮世明王
    - 通蔵主
  - 円満院円胤（義有王）
- 後亀山天皇
  - 小倉宮聖承法親王（良泰親王）
    - ■
    - （尊義王）（金蔵主）空因法親王
      - 河野宮忠義王
      - 北山宮尊秀王
    - 教尊法親王【勧修寺宮】
    - ■

通蔵主　永享元年（1429）生まれ。
永享６年（1434）常徳院喝食。
永享９年（1437）７月16日逐電。
嘉吉３年（1443）10月４日捕らえられる。流罪惨殺（15才）。

小倉宮聖承法親王　嘉吉３年（1443）５月９日薨去。（病死）

鳥羽尊秀（源尊秀）は、法印尊秀の事で、金蔵主（尊義王）や尊秀王とは別人。

- ■
  - 熊沢佐知子（中村はつ）（舞踊家）
  - 熊沢照元

『南朝熊沢史料 第３号』

永享12年（1440）７月、小倉宮聖承法親王（良泰親王）京都嵯峨を脱出して大和吉野に潜行。
嘉吉３年（1443）５月９日、薨去（病死）。
嘉吉３年（1443）９月23日夜、大和吉野・河内・紀伊の南朝余党が、万寿寺宮金蔵主（空因法親王）を擁立して禁闕（御所）に闖入（乱入）して神器奪還。
嘉吉３年（1443）10月２日、勧修寺宮教尊捕らえられる。
嘉吉３年（1443）10月４日、通蔵主捕らえられ流罪惨殺。
神器は金蔵主（空因法親王・尊義王）より円満院円胤（義有王）を経て、北山宮の尊秀王（尊義王第一皇子）に伝えられる。
長禄元年（1457）12月２日、赤松遺臣ら、北山宮を襲撃、尊秀王殺害。
（弟宮の河野宮も、同日殺害されたと伝えられている）

- 武田信元
- 武田信満
  - 信安〈山宮氏〉
  - 信広〈熊沢氏〉※
  - 信賢〈小瀬氏〉
  - 信泰〈江草氏〉
  - 信長
  - 信重

- 蔵品七郎左衛門
  - 女 ═ 武田信満
    - 信広〈倉科治部少輔信広〉※（熊沢信広）

＊ 倉科信広は、八代郡熊沢の地に館を置いたので、八代の熊沢殿と呼ばれた（熊沢信広）。
『南朝熊沢史料 第６号』

熊野宮信雅王の御事蹟

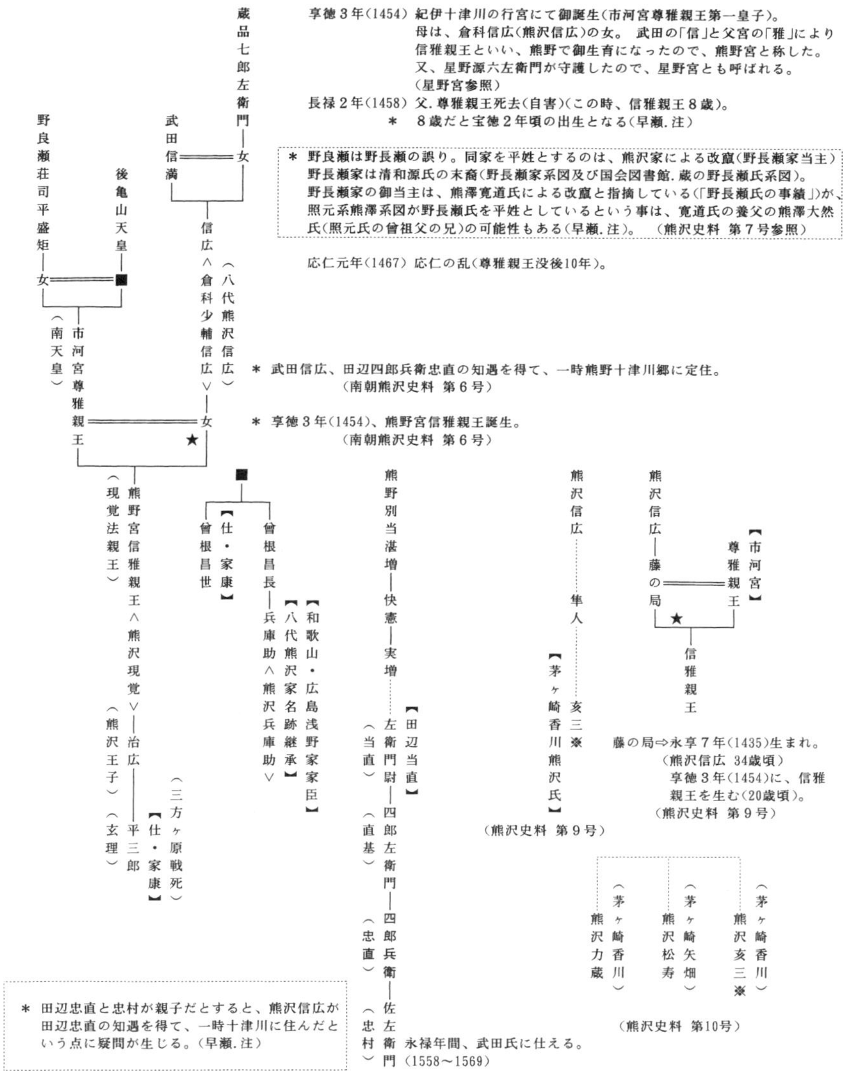
蔵品七郎左衛門
武田信満
野良瀬荘司平盛矩
後亀山天皇
女
信広〈倉科少輔信広〉（八代熊沢信広）
市河宮尊雅親王（南天皇）
女
熊野宮信雅親王〈熊沢現覚〉（現覚法親王）
治広（熊沢王子）
平三郎（玄理）【仕・家康】（三方ヶ原戦死）
曾根昌世【仕・家康】
曾根昌長
兵庫助〈熊沢兵庫助〉【八代熊沢家名跡継承】【和歌山・広島浅野家家臣】
熊野別当湛増
快憲
実増
左衛門尉（当直）【田辺当直】
四郎左衛門（直基）
四郎兵衛（忠直）
佐左衛門（忠村）
永禄年間、武田氏に仕える。（1558～1569）
熊沢信広
隼人
亥三※
【茅ヶ崎香川熊沢氏】
（熊沢史料 第９号）
熊沢信広
藤の局
尊雅親王【市河宮】
信雅親王
享徳３年（1454）紀伊十津川の行宮にて御誕生（市河宮尊雅親王第一皇子）。
母は、倉科信広（熊沢信広）の女。 武田の「信」と父宮の「雅」により
信雅親王といい、熊野で御生育になったので、熊野宮と称した。
又、星野源六左衛門が守護したので、星野宮とも呼ばれる。
（星野宮参照）
長禄２年（1458）父.尊雅親王死去（自害）（この時、信雅親王８歳）。
＊ ８歳だと宝徳２年頃の出生となる（早瀬.注）
＊ 野良瀬は野長瀬の誤り。同家を平姓とするのは、熊沢家による改竄（野長瀬家当主）
野長瀬家は清和源氏の末裔（野長瀬家系図及び国会図書館.蔵の野長瀬氏系図）。
野長瀬家の御当主は、熊澤寛道氏による改竄と指摘している（「野長瀬氏の事績」）が、
照元系熊澤系図が野長瀬氏を平姓としているという事は、寛道氏の養父の熊澤大然
氏（照元氏の曾祖父の兄）の可能性もある（早瀬.注）。 （熊沢史料 第７号参照）
応仁元年（1467）応仁の乱（尊雅親王没後10年）。
＊ 武田信広、田辺四郎兵衛忠直の知遇を得て、一時熊野十津川郷に定住。
（南朝熊沢史料 第６号）
＊ 享徳３年（1454）、熊野宮信雅親王誕生。
（南朝熊沢史料 第６号）
藤の局⇨永享７年（1435）生まれ。
（熊沢信広 34歳頃）
享徳３年（1454）に、信雅親王を生む（20歳頃）。
（熊沢史料 第９号）
熊沢力蔵（茅ヶ崎香川）
熊沢松寿（茅ヶ崎矢畑）
熊沢亥三※（茅ヶ崎香川）
（熊沢史料 第10号）
＊ 田辺忠直と忠村が親子だとすると、熊沢信広が
田辺忠直の知遇を得て、一時十津川に住んだと
いう点に疑問が生じる。（早瀬.注）

出典『南朝熊沢史料 第６号、９号、10号（南朝熊澤史料調査会）』日本歴史研究所 木村信行氏提供資料

熊野宮信雅王の事蹟

新田義重―■―■―忠房〈成瀬忠房〉（仕.尹良親王）（1421・応永31年頃）―■―■―正頼
- 正義（元亀3年 討死）
- 正一（徳川家康家臣）―正成

（熊沢資料 第11号）

後醍醐天皇……信雅親王【熊野宮】（享徳3年頃誕生）（1454頃誕生）（永正11年没）（1514頃没）（61歳）―■―■―玄理【熊沢平三郎】【熊沢与三右衛門】【澄江院随心玄理居士】（1572・元亀3年 戦死）（三方ヶ原合戦）（成瀬正一が家康に推挙）

■
- （実弟）熊沢与十三郎―■―■＝●―熊沢照元【称・宗家】
- 熊沢大然【宗家】＝熊沢寛道【熊沢天皇】

● 寛道氏⇨熊沢一族より、大然氏の養子となり宗家継承。熊沢宗家が南朝天皇家の嫡流なら自分は南朝天皇と考えた。（熊沢天皇）

＊ 戦前は、兄弟均等相続でなく、嫡男（養子も）が、家を継承した。

● 照元氏⇨皇室典範によって、大然氏没後、宗家は与十三郎（よそさぶろう）氏が継承、その直系卑属である自分に宗家継承権があると主張。

＊ 照元氏の実父は他家からの養子。

● 照元氏は、明治の皇室典範が女帝を認めないとしても、皇女を以て皇嗣とした例など、を列挙し、皇位継承の順位は、直系の子孫に伝え、長幼の次第に従い、嫡を先にし庶を後にするにあたった事は、古においても今日と異ならなかったといえましょうと主張し、自分が宗家継承者と主張。

（南朝熊沢資料 第15号）

● 皇室典範のルールは、現の皇室以外には適用されない。（熊沢寛道氏の大然家継承は、相続手続きによれば正当）（民法の規定に従えば、与十三郎氏が大然氏の養子になっていなければ、原則として相続権は、寛道氏にある）

● 女帝が皇位を継承した場合、女帝が皇族出身で、夫が皇族或いは先帝である場合。女帝の後の天皇は、男系皇族が継承している。従って、照元氏の南朝天皇家（熊沢宗家）継承は、先の事例からも成立しない。又、皇室典範に照らしても、皇女やその子孫の皇位継承は認めていないので、成立しない。尚、皇室典範に照らした場合、寛道氏の熊沢宗家は成立しないが、熊沢氏は皇族とは認定されていないので、旧民法が適用される。（この部分 早瀬.注）

日比野左近【門間城主】……日比野六郎左衛門（広武）【時之島城代】（1538・天文7年頃の人物）（熊野宮を庇護）
- 新三郎（安只）
- 藤七郎（広瀬）
- 藤四郎（広勝）
- 孫三郎（勝久）

（熊沢資料第11号）

後亀山天皇―小倉宮良泰親王（入道聖承）＝女（吉田守房（藤原）の女）
- 尊子内親王
- 尊慶王〈大空上人〉
- 尊雅王
- 空因〈尊義王〉（万寿寺金蔵主）
- 教尊〈泰仁王〉（勧修寺教尊）
- 義仁王（良仁王）

（天基天皇）（義仁王）正長元年11月20日 弑逆。妙福院宮

（南朝及後南朝資料 18号）（＊「南朝熊澤資料」改題）

出典『熊澤資料』、『南朝及後南朝資料（南朝熊澤資料調査会）』（日本歴史研究所.木村信行氏提供資料）

南朝伝承系図・大塚氏姻族系図

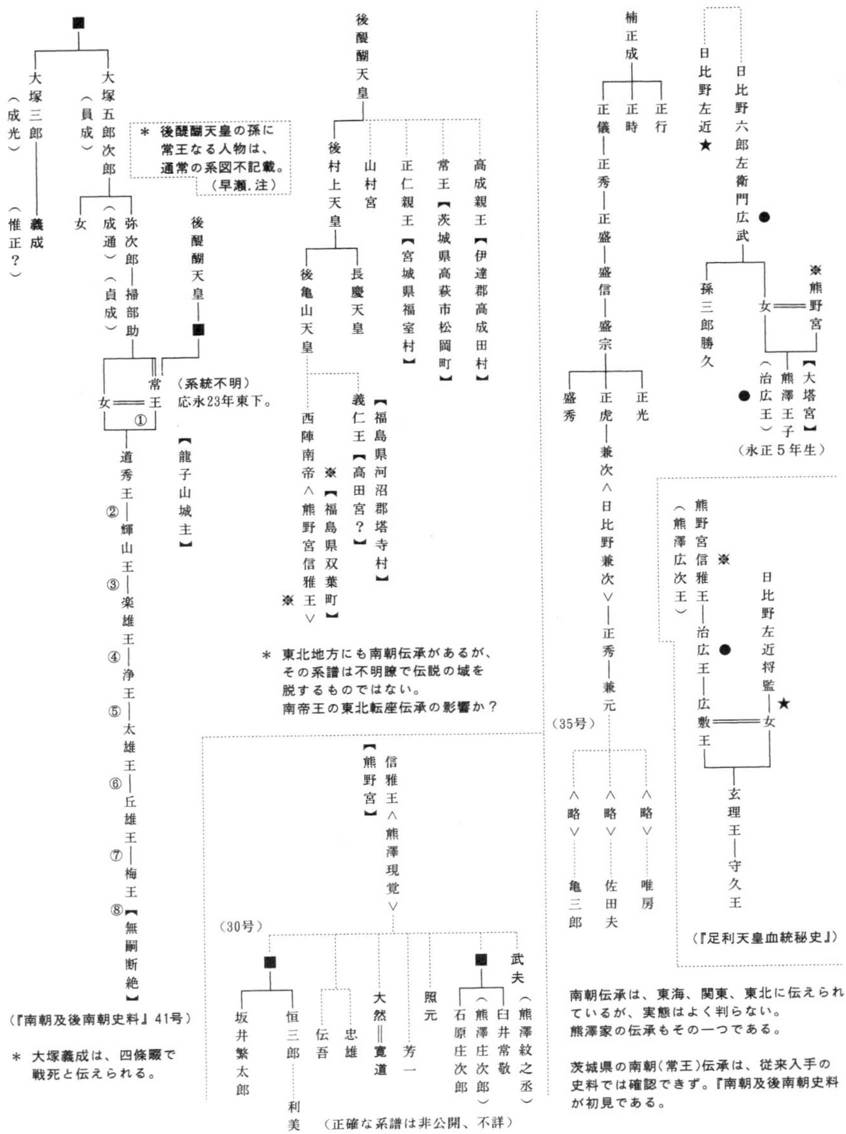
■
大塚三郎（成光）
義成（惟正？）
大塚五郎次郎（員成）
女
弥次郎（成通）（貞成）
掃部助
＊ 後醍醐天皇の孫に常王なる人物は、通常の系図不記載。（早瀬.注）
後醍醐天皇
■
常王
（系統不明）応永23年東下。
女＝常王①
【龍子山城主】
道秀王
②輝山王
③楽雄王
④浄王
⑤太雄王
⑥丘雄王
⑦梅王
⑧【無嗣断絶】
（『南朝及後南朝史料』41号）
＊ 大塚義成は、四條畷で戦死と伝えられる。
後醍醐天皇
後村上天皇
山村宮
正仁親王【宮城県福室村】
常王【茨城県高萩市松岡町】
高成親王【伊達郡高成田村】
後亀山天皇
長慶天皇
西陣南帝〈熊野宮信雅王〉※
※【福島県双葉町】
義仁王【高田宮？】
【福島県河沼郡塔寺村】
＊ 東北地方にも南朝伝承があるが、その系譜は不明瞭で伝説の域を脱するものではない。南帝王の東北転座伝承の影響か？
信雅王〈熊澤現覚〉【熊野宮】
（30号）
■
坂井繁太郎
恒三郎
利美
伝吾
忠雄
大然‖寛道
芳一
照元
■
石原庄次郎
（熊澤庄次郎）
臼井常敬
武夫（熊澤紋之丞）
（正確な系譜は非公開、不詳）
楠正成
正儀
正時
正行
正秀
正盛
盛信
盛宗
盛秀
正虎
正光
兼次〈日比野兼次〉
正秀
兼元
（35号）
〈略〉亀三郎
〈略〉佐田夫
〈略〉唯房
日比野左近★
日比野六郎左衛門広武●
孫三郎勝久
女＝※熊野宮【大塔宮】
熊澤王子（治広王）●
（永正5年生）
熊野宮信雅王※（熊澤広次王）
治広王●
広敷王＝女
日比野左近将監★
玄理王
守久王
（『足利天皇血統秘史』）
南朝伝承は、東海、関東、東北に伝えられているが、実態はよく判らない。
熊澤家の伝承もその一つである。
茨城県の南朝（常王）伝承は、従来入手の史料では確認できず。『南朝及後南朝史料』が初見である。

第三章　参考各家系図

参考各家系譜の紹介

第三章は参考各家系図としたが、当初この章で紹介する予定だったものも第一章・第二章で一部紹介したので割愛も考えたが、皇統分裂の端緒が源平合戦に起因することと、南北朝の時代に輝いた楠木氏が隠れ南朝との関連があることにより、ここで紹介することにした。

皇統分裂は、後鳥羽上皇が幕府と対立し、その後の皇統継承で順徳系統の岩倉宮を排除して、後嵯峨天皇の皇統継承を謀ったことから、南北朝の大分裂へ発展したことは前述の通りであるが、皇統分裂の芽は、源平合戦にあった。

当時、正統な天皇は、三種の神器を保持し平家に擁立された安徳天皇であった。しかし、源氏の攻勢により、都を離れた平家に対して、後白河法皇を軸とする旧朝廷勢力は、神器のないまま後鳥羽天皇を擁立した。この結果として、天皇の権威が揺らぐこととなる。つまり、神器がなくても天皇を擁立できることを武士に知らしめることとなったのである。鎌倉政権により神器を奪還して、正統天皇となった後鳥羽天皇であるが、武家政権を嫌い、謀反を起こした（承久の変）。その結果は、順徳皇統の排除という形になっていく。

話を戻して、平家に擁立された安徳天皇は壇ノ浦で入水し断絶したといわれている。しかし、各地に生存伝説があり、その一つが薩摩硫黄島（鹿児島県）の長浜家である。雑誌などでも略系図しか紹介されないが、今回、略系図ではあるが、従来よりは詳しいものが入手できたので紹介した（「長浜氏略系図」）。もちろん系図研究の基本資料には掲載されてはいないので検証できないが、伝承の現れとして紹介した。

次に紹介するのは、野長瀬家であるが、こちらは尊雅王の母方である。熊澤寛道氏やその関係者などが利用しようと色々画策したこともあるようだが、信雅王は、野長瀬家には関係ない（「野長瀬氏の事績」野長瀬盛孝、熊野出版）。野長瀬氏は、源氏の末裔（国立国会図書館・蔵「野長瀬氏系図」および野長瀬盛孝氏提供「野長瀬氏系図」）だが、熊澤氏らが平姓に書き換えている。後南朝も、尊雅王までは実在であり、創作された人物でないことは間違いなかろう。野長瀬氏系図もそれを証明している。

次に、野長瀬氏との関連で、楠木系図を紹介する。南朝といえば、楠木正成を思い浮かべる人も多いであろう。楠木氏は、隠れ南朝（第一章）との関連もあるので改めて紹介した。楠木氏は、敏達天皇末裔、橘氏の末ということになっているが、その系譜は明確でなく、諸説が混在する。熊野国造橘氏末裔和田（にぎた）氏一族とする系図もある。あるいは、両方の系譜が混然一体となり同族化したかもしれない。

楠木・和田の一族が、多くの犠牲者を出しながらも南朝・後南朝を支えたことは、諸書で語られている。また、軍学者の中には、楠木正成の子孫と称する者も見受けられる。一時的に南朝が復興（尊義王・尊秀王・尊雅王）したのも、楠木（楠）一族の活躍が大きい。しかし、この南朝復興は、神器紛失事件としてのみ伝えられ、実態は抹殺されており、普通の人々が知ることはない。筆者（早瀬）も、熊澤天皇のことを、和歌森太郎先生の著書の僅かな記述で知り資料を集めだしてはじめて知ったことである（『南朝興亡史』参照）。

日本の歴史学には、「万世一系」、「神武による建国神話」というものが重くのしかかっており、戦前においては批判と受け取られる言動は許されなかった。辞職に追い込まれた国会議員や学者もいる。戦後、言論自由が許されたが、これに逆らう者は、白眼視され、批判を受け、在野の研究者なら無視されることもある。近年、「万世一系」を偽史として独自の歴史観を展開する弁護士もいるが、一部のファンを除き、異端の歴史家という扱いである。論理展開や手法にまったく問題がないとは言わないが、問題を提議すること自体は評価されてよいのではないかと考える。

以上で『消された皇統』の本論を終わりとする。

長浜氏略系図（称・安徳天皇末裔）

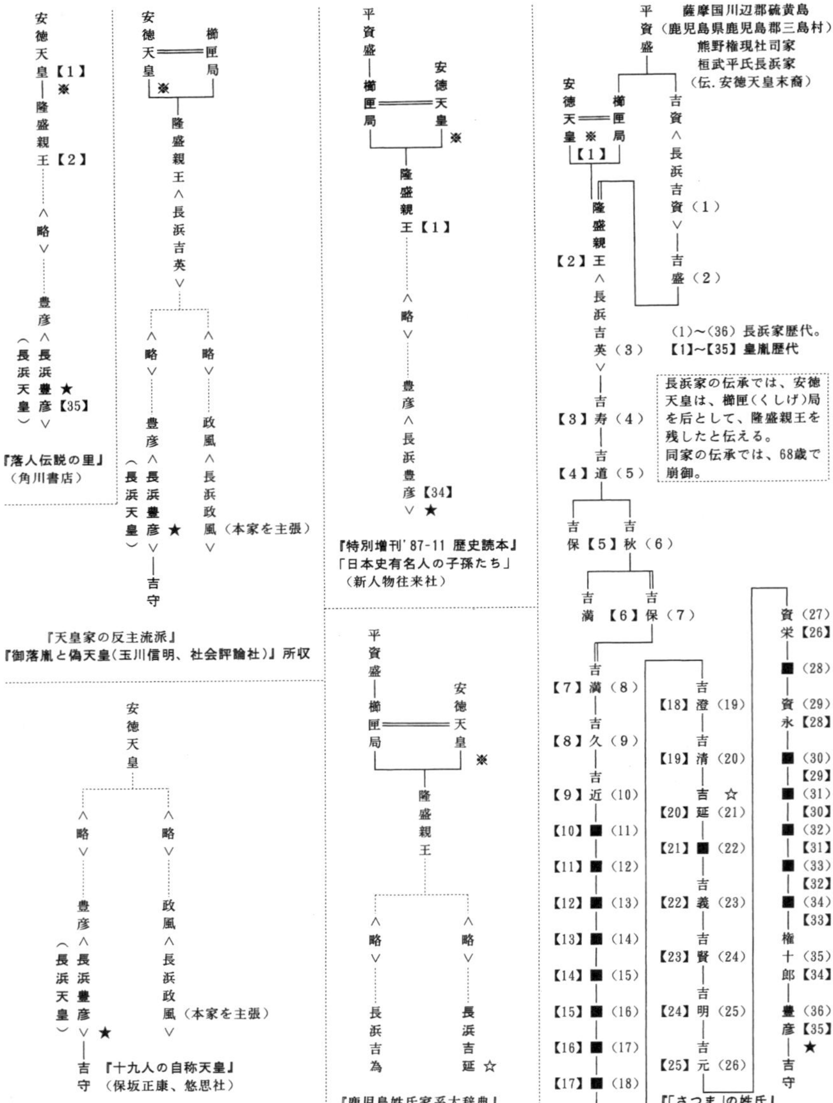

安徳天皇【1】※
隆盛親王【2】
〈略〉
豊彦
〈長浜豊彦〉★【35】
（長浜天皇）
『落人伝説の里』
（角川書店）
安徳天皇 櫛匣局
※
隆盛親王〈長浜吉英〉
〈略〉
〈略〉
豊彦〈長浜豊彦〉★
（長浜天皇）
吉守
政風〈長浜政風〉（本家を主張）
『天皇家の反主流派』
『御落胤と偽天皇（玉川信明、社会評論社）』所収
平資盛
櫛匣局
安徳天皇
※
隆盛親王【1】
〈略〉
豊彦〈長浜豊彦〉【34】★
『特別増刊'87-11 歴史読本』
「日本史有名人の子孫たち」
（新人物往来社）
平資盛
薩摩国川辺郡硫黄島
（鹿児島県鹿児島郡三島村）
熊野権現社司家
桓武平氏長浜家
（伝．安徳天皇末裔）
安徳天皇※【1】
櫛匣局
吉資〈長浜吉資〉（1）
吉盛（2）
隆盛親王【2】〈長浜吉英〉（3）
(1)～(36) 長浜家歴代。
【1】～【35】皇胤歴代
長浜家の伝承では、安徳天皇は、櫛匣（くしげ）局を后として、隆盛親王を残したと伝える。
同家の伝承では、68歳で崩御。
【3】吉寿（4）
【4】吉道（5）
吉保
【5】吉秋（6）
吉満
【6】吉保（7）
【7】吉満（8）
【8】吉久（9）
【9】吉近（10）
【10】■（11）
【11】■（12）
【12】■（13）
【13】■（14）
【14】■（15）
【15】■（16）
【16】■（17）
【17】■（18）
【18】吉澄（19）
【19】吉清（20）
【20】吉延（21）☆
【21】■（22）
【22】吉義（23）
【23】吉賢（24）
【24】吉明（25）
【25】吉元（26）
資栄（27）【26】
■（28）
資永（29）【28】
■（30）【29】
■（31）【30】
■（32）【31】
■（33）【32】
■（34）【33】
権十郎（35）【34】
豊彦（36）【35】★
吉守
『「さつま」の姓氏』
安徳天皇
〈略〉
〈略〉
豊彦〈長浜豊彦〉★
（長浜天皇）
吉守
政風〈長浜政風〉（本家を主張）
『十九人の自称天皇』
（保坂正康、悠思社）
平資盛
櫛匣局
安徳天皇
※
隆盛親王
〈略〉
〈略〉
長浜吉為
長浜吉延☆
『鹿児島姓氏家系大辞典』

出典『「さつま」の姓氏（川崎大十、高城書房）』、『鹿児島県姓氏家系大辞典（角川書店）』、『御落胤と偽天皇（社会評論社）』、他

野長瀬氏系図（1）

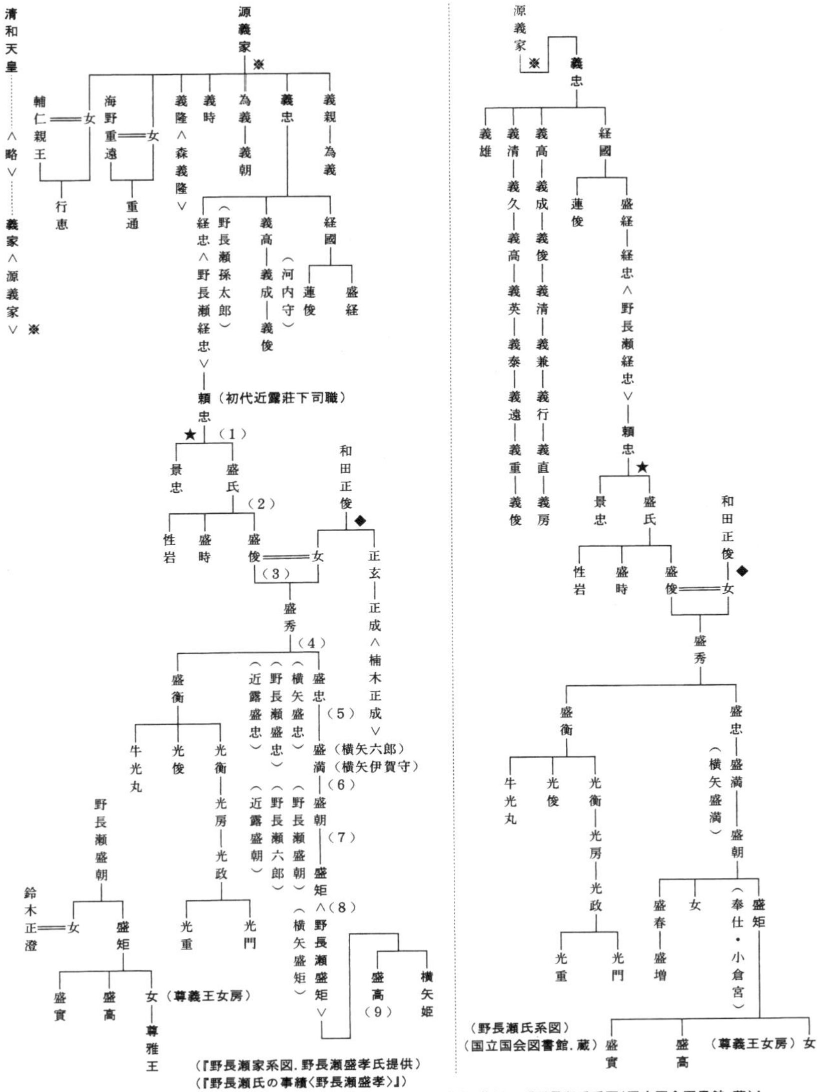
清和天皇
＜略＞
義家＜源義家＞※
源義家※
輔仁親王
女
行恵
海野重遠
女
重通
義隆＜森義隆＞
義時
為義―義朝
義忠
義親―為義
経忠＜野長瀬経忠＞
（野長瀬孫太郎）
義高―義成―義俊
（河内守）
経國
蓮俊
盛経
頼忠（初代近露荘下司職）
★
（1）
景忠
盛氏
（2）
和田正俊
◆
性岩
盛時
盛俊
女
（3）
正玄―正成＜楠木正成＞
盛秀
（4）
盛衡
（近露盛忠）
（野長瀬盛忠）
（横矢盛忠）
盛忠
（5）
盛満
（横矢六郎）
（横矢伊賀守）
（6）
牛光丸
光俊
光衡―光房―光政
光重
光門
（近露盛朝）
（野長瀬六郎）
（野長瀬盛朝）
盛朝
（7）
盛矩＜野長瀬盛矩＞
（8）
（横矢盛矩）
野長瀬盛朝
鈴木正澄
女
盛矩
盛實
盛高
女（尊義王女房）
尊雅王
盛高
（9）
横矢姫
（『野長瀬家系図．野長瀬盛孝氏提供）
（『野長瀬氏の事績〈野長瀬盛孝〉』）
源義家※
義忠
義雄
義清―義久―義高―義英―義泰―義遠―義重―義俊
義高―義成―義俊―義清―義兼―義行―義直―義房
経國
蓮俊
盛経―経忠＜野長瀬経忠＞―頼忠
★
景忠
盛氏
和田正俊
◆
性岩
盛時
盛俊
女
盛秀
盛衡
盛忠―盛満―盛朝
（横矢盛満）
牛光丸
光俊
光衡―光房―光政
光重
光門
盛春―盛増
女
（奉仕・小倉宮）
盛矩
（野長瀬氏系図）
（国立国会図書館．蔵）
盛實
盛高
（尊義王女房）女

出典『野長瀬家系図（野長瀬盛孝氏提供）』、『野長瀬氏の事績（野長瀬盛孝．著）』、『野長瀬氏系図（国立国会図書館．蔵）』

野長瀬氏系図 (2)

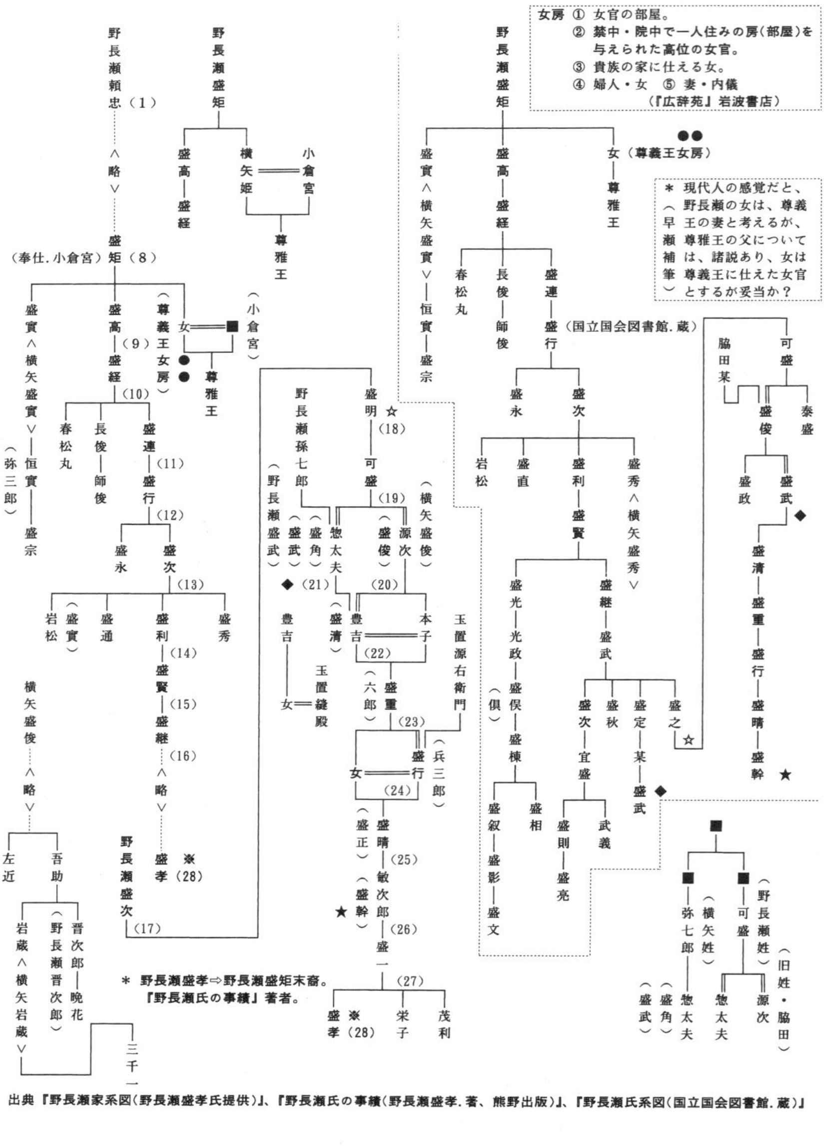
女房 ① 女官の部屋。
② 禁中・院中で一人住みの房(部屋)を与えられた高位の女官。
③ 貴族の家に仕える女。
④ 婦人・女 ⑤ 妻・内儀
(『広辞苑』岩波書店)
野長瀬頼忠(1)
<略>
(奉仕.小倉宮)盛矩(8)
盛實<横矢盛實>恒實 盛宗
(弥三郎)
盛高(9)盛経(10)
春松丸
長俊 師俊
盛連(11)盛行(12)
盛永
盛次(13)
岩松
(盛實)
盛通
盛利(14)盛賢(15)盛継(16)<略>盛孝※(28)
盛秀
女(尊義王女房)●●
尊雅王
(小倉宮)
野長瀬盛矩
盛高 盛経
横矢姫
小倉宮
尊雅王
横矢盛俊 <略>
左近
吾助
岩蔵<横矢岩蔵>
晋次郎(野長瀬晋次郎)晩花
三千一
野長瀬盛次(17)
盛明☆(18)
可盛(19)
野長瀬孫七郎(野長瀬盛武)
惣太夫(盛角)(盛武)◆(21)
源次(盛俊)(横矢盛俊)(20)
豊吉
女
玉置縫殿
豊吉(盛清)
本子
(22)
盛重(六郎)(23)
玉置源右衛門
女
盛行(兵三郎)(24)
盛晴(盛正)(25)
敏次郎(盛幹)★(26)
盛一(27)
盛孝※(28)
栄子
茂利
* 野長瀬盛孝⇨野長瀬盛矩末裔。
『野長瀬氏の事績』著者。
野長瀬盛矩
盛實<横矢盛實>恒實 盛宗
盛高 盛経
春松丸
長俊 師俊
盛連 盛行(国立国会図書館.蔵)
盛永
盛次
岩松
盛直
盛利 盛賢
盛光 光政 盛俣(俱) 盛棟
盛叙 盛影 盛文
盛相
盛継 盛武
盛次 宜盛
盛則 盛亮
武義
盛秋
盛定 某 盛武◆
盛之☆
盛秀<横矢盛秀>
女(尊義王女房)●●
尊雅王
* 現代人の感覚だと、野長瀬の女は、尊義王の妻と考えるが、尊雅王の父については、諸説あり、女は尊義王に仕えた女官とするが妥当か?
(早瀬補筆)
脇田某
可盛
盛俊
泰盛
盛政
盛武◆
盛清 盛重 盛行 盛晴 盛幹★
■
■ 弥七郎(横矢姓) 惣太夫(盛角)(盛武)
■ 可盛(野長瀬姓)(旧姓・脇田)
惣太夫
源次

出典『野長瀬家系図(野長瀬盛孝氏提供)』、『野長瀬氏の事績(野長瀬盛孝.著、熊野出版)』、『野長瀬氏系図(国立国会図書館.蔵)』

楠家系図（楠正暢系図）

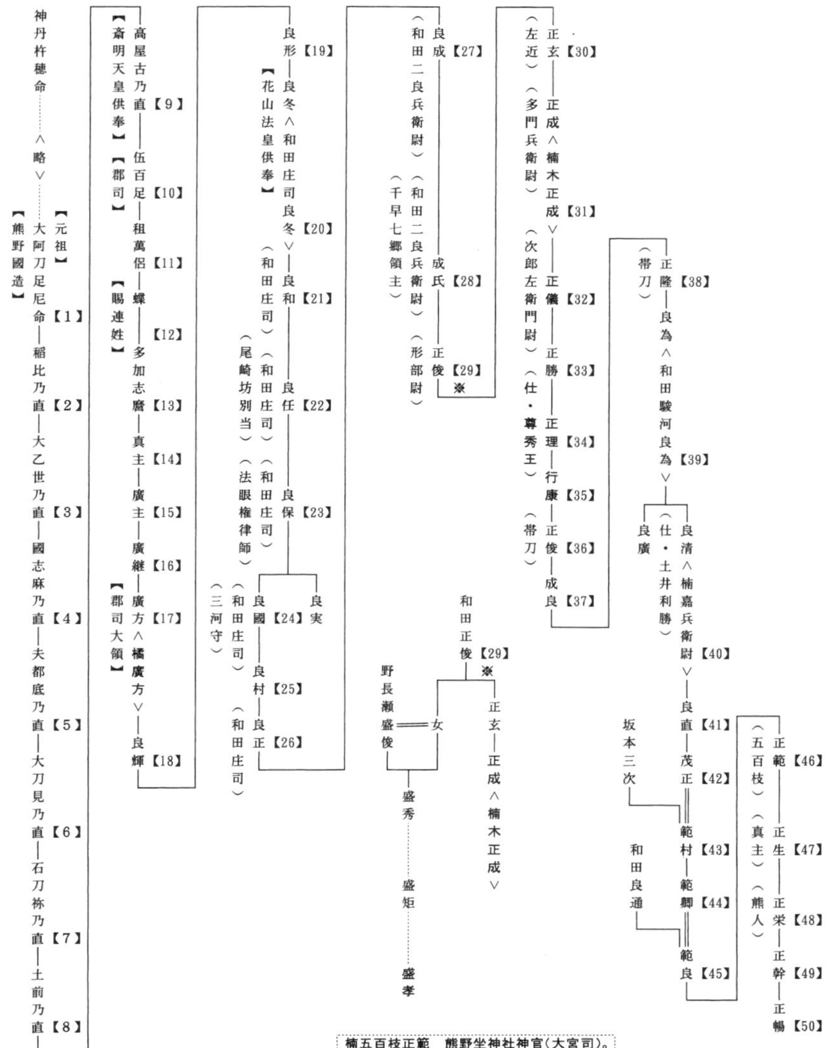
神丹杵穂命……〈略〉……大阿刀足尼命【1】【元祖】【熊野國造】
稲比乃直【2】
大乙世乃直【3】
國志麻乃直【4】
夫都底乃直【5】
大刀見乃直【6】
石刀祢乃直【7】
土前乃直【8】
高屋古乃直【9】【斎明天皇供奉】
伍百足【10】【郡司】
租萬侶【11】【賜連姓】
蝶【12】
多加志麿【13】
真主【14】
廣主【15】
廣継【16】
廣方〈橘廣方〉【17】【郡司大領】
良輝【18】
良形【19】【花山法皇供奉】
良冬〈和田庄司良冬〉【20】
良和【21】（和田庄司）
良任【22】（和田庄司）（尾崎坊別当）
良保【23】（和田庄司）（法眼権律師）
良國【24】（和田庄司）（三河守）
良実
良村【25】
良正【26】（和田庄司）
良成【27】（和田二良兵衛尉）（千早七郷領主）
成氏【28】（和田二良兵衛尉）
正俊【29】※（形部尉）
正玄【30】（左近）
正成〈楠木正成〉【31】（多門兵衛尉）
正儀【32】（次郎左衛門尉）
正勝【33】（仕・尊秀王）
正理【34】
行康【35】
正俊【36】（帯刀）
成良【37】
正隆【38】（帯刀）
良為〈和田駿河良為〉【39】
良清〈楠嘉兵衛尉〉【40】（仕・土井利勝）
良廣
良直【41】
茂正【42】
坂本三次
範村【43】
範卿【44】
和田良通
範良【45】
正範【46】（五百枝）
正生【47】（真主）
正栄【48】（熊人）
正幹【49】
正暢【50】
和田正俊【29】※
野長瀬盛俊
女
正玄
正成〈楠木正成〉
盛秀
盛矩
盛孝

楠五百枝正範	熊野坐神社神官（大宮司）。
楠真主正生	鎌野坐神社神官（神主）。
楠熊人正栄	熊野坐神社神官。
楠正幹	熊野坐神社神官（主典）。

出典『野長瀬氏の事績（野長瀬盛孝．著、熊野出版）』

楠木氏一族系図（橘氏）（1）

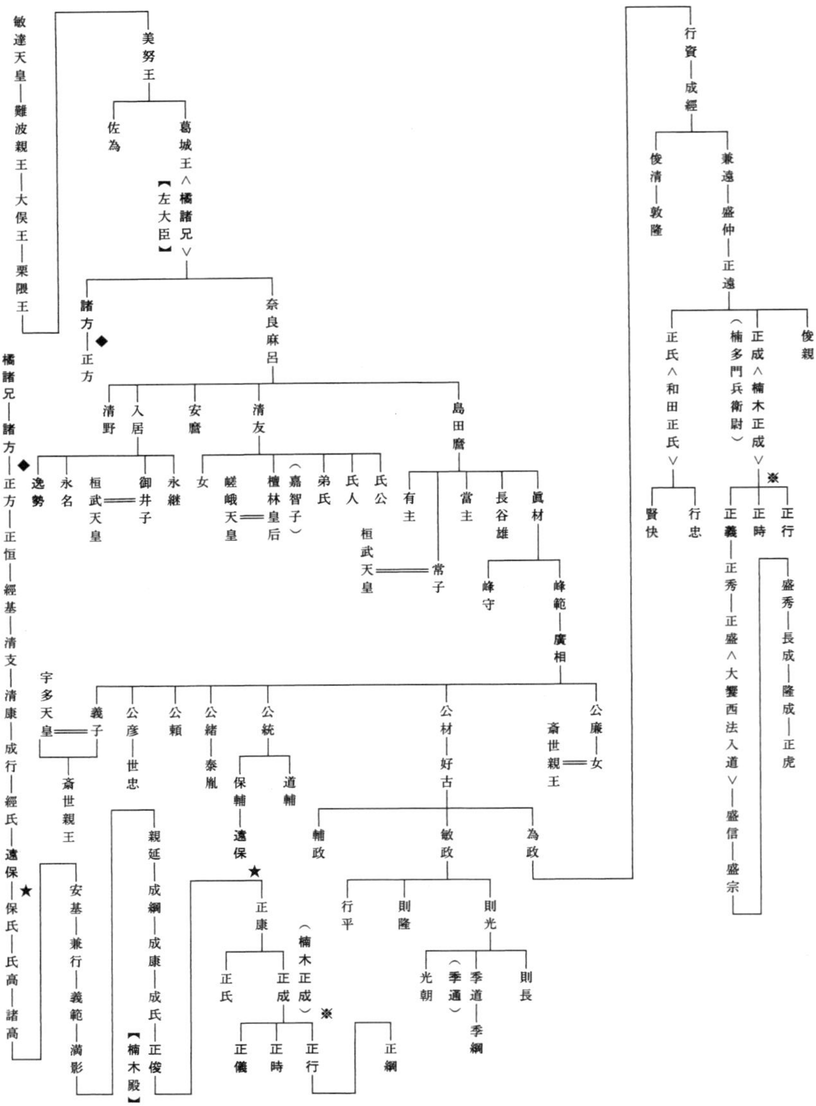
敏達天皇―難波親王―大俣王―栗隈王
美努王
佐為
葛城王〈橘諸兄〉
【左大臣】
諸方◆―正方
奈良麻呂
清野
入居
安麿
清友
島田麿
逸勢
永名
桓武天皇
御井子
永継
女
嵯峨天皇
檀林皇后
（嘉智子）
弟氏
氏人
氏公
有主
桓武天皇
常子
當主
長谷雄
眞材
峰守
峰範
廣相
宇多天皇
義子
斎世親王
公彦―世忠
公頼
公緒―泰胤
公統
保輔―遠保
道輔
公材―好古
公廉―女
斎世親王
輔政
敏政
為政
行平
則隆
則光
光朝
（季通）
季道―季綱
則長
親延―成綱―成康―成氏―正俊
【楠木殿】
安基―兼行―義範―満影
★
正康
正氏
正成
（楠木正成）※
正儀
正時
正行
正綱
橘諸兄―諸方◆―正方―正恒―經基―清支―清康―成行―經氏―遠保★―保氏―氏高―諸高
行資―成經
俊清―敦隆
兼遠―盛仲―正遠
正氏〈和田正氏〉
賢快
行忠
正成〈楠木正成〉
（楠多門兵衛尉）
俊親
※
正儀―正秀―正盛〈大饗西法入道〉―盛信―盛宗
正時
正行
盛秀―長成―隆成―正虎

出典『姓氏家系大辞典（太田亮、角川書店）』

楠木氏一族系図（橘氏）(2)

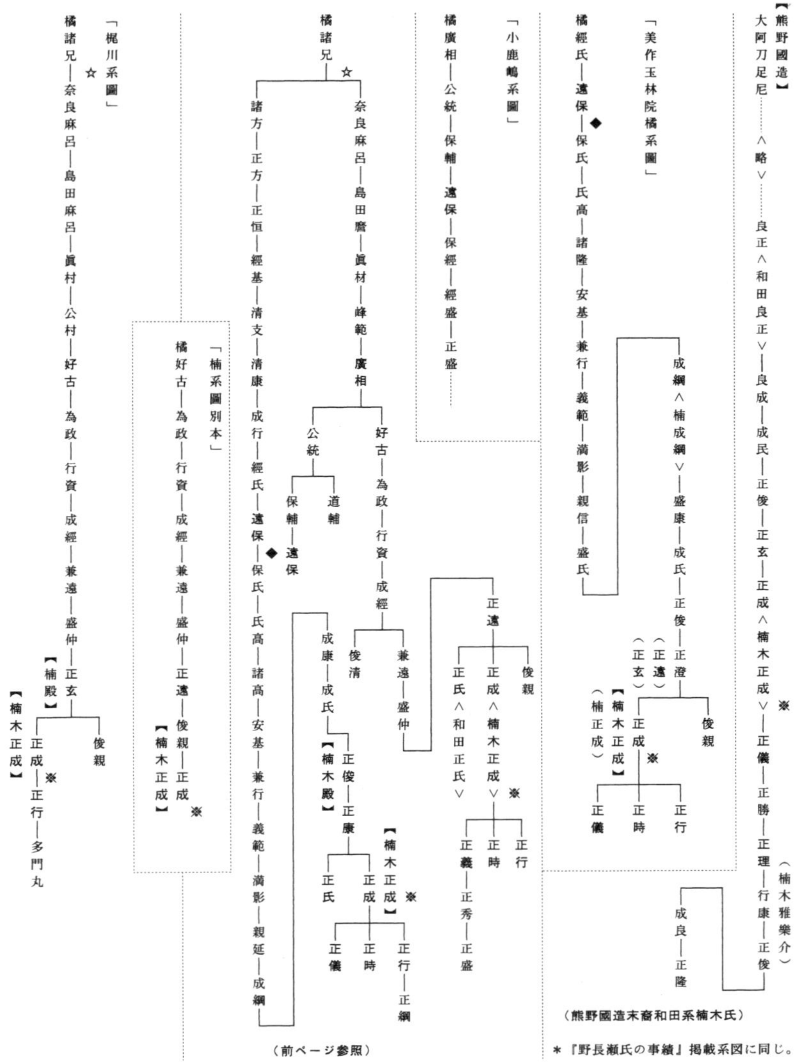

【熊野國造】
大阿刀足尼……＜略＞……良正＜和田良正＞—良成—成民—正俊—正玄—正成＜楠木正成＞※—正儀—正勝—正理—行康—正俊（楠木雅楽介）
成良—正隆
（熊野國造末裔和田系楠木氏）
＊『野長瀬氏の事績』掲載系図に同じ。
「美作玉林院橘系圖」
橘經氏—遠保◆—保氏—氏高—諸隆—安基—兼行—義範—滿影—親信—盛氏—成綱＜楠成綱＞—盛康—成氏—正俊—正澄（正遠）（正玄）
正成※【楠木正成】（楠正成）
正儀
正時
正行
俊親
「小鹿嶋系圖」
橘廣相—公統—保輔—遠保—保經—經盛—正盛
橘諸兄☆
奈良麻呂—島田麿—眞材—峰範—廣相
公統
道輔
保輔—遠保
好古—為政—行資—成經
俊清
兼遠—盛仲—正遠
正氏＜和田正氏＞
正成＜楠木正成＞※
俊親
正義—正秀—正盛
正時
正行
諸方—正方—正恒—經基—清支—清康—成行—經氏—遠保◆—保氏—氏高—諸高—安基—兼行—義範—滿影—親延—成綱
成康—成氏—正俊【楠木殿】—正康
正氏
正成【楠木正成】※
正儀
正時
正行—正綱
（前ページ参照）
「楠系圖別本」
橘好古—為政—行資—成經—兼遠—盛仲—正遠—俊親—正成※【楠木正成】
「梶川系圖」
橘諸兄☆—奈良麻呂—島田麻呂—眞村—公村—好古—為政—行資—成經—兼遠—盛仲—正玄【楠殿】
正成※【楠木正成】—正行—多門丸
俊親

出典『姓氏家系大辞典（太田亮、角川書店）』

楠木氏一族系図（楠木正成）

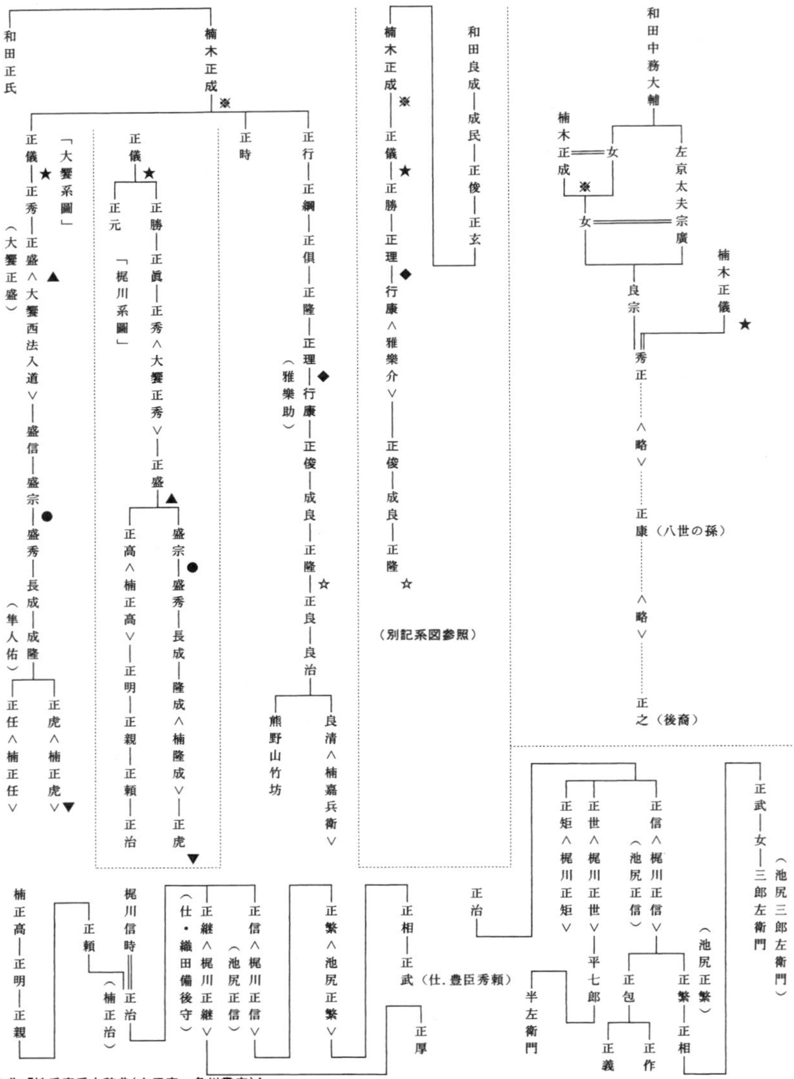
和田正氏
楠木正成※
正儀★
正秀
正盛（大饗正盛）▲
〈大饗西法入道〉
盛信
盛宗●
盛秀
長成
成隆（隼人佑）
正任〈楠正任〉
正虎〈楠正虎〉▼
「大饗系圖」
正元
正勝
正眞
正秀〈大饗正秀〉
正盛▲
正高〈楠正高〉
正明
正親
正頼
正治
盛宗●
盛秀
長成
隆成〈楠隆成〉
正虎▼
「梶川系圖」
正時
正行
正綱
正倶
正隆
正理（雅樂助）◆
行康
正俊
成良
正隆☆
正良
良治
熊野山竹坊
良清〈楠嘉兵衛〉
楠木正成※
正儀★
正勝
正理◆
行康〈雅樂介〉
正俊
成良
正隆☆
（別記系図参照）
和田良成
成民
正俊
正玄
和田中務大輔
楠木正成
女
左京太夫宗廣
女
良宗
楠木正儀★
秀正
〈略〉
正康（八世の孫）
〈略〉
正之（後裔）
楠正高
正明
正親
正頼
（楠正治）
梶川信時
正治
正継〈梶川正継〉（仕・織田備後守）
正信〈梶川正信〉（池尻正信）
正繁〈池尻正繁〉
正相
正武（仕.豊臣秀頼）
正厚
正治
正矩〈梶川正矩〉
正世〈梶川正世〉
平七郎
半左衛門
正信〈梶川正信〉（池尻正信）
正包
正義
正作
正繁（池尻正繁）
正相
正武
女
三郎左衛門（池尻三郎左衛門）

出典『姓氏家系大辞典(太田亮、角川書店)』

楠木氏一族系図（楠木正成末裔）

【信貴山阿門律師金剛別当】

橘盛仲—女 ＝ 楠木正遠（楠木正澄）（楠木正玄）（楠木正康）（楠河内入道？）（1263？～1304？）（楠木正遠）

- 正氏〈和田正氏〉
- （正季？）
- 正成〈楠木正成〉（1334 従五位下）（1335 従五位上）（大楠公）（従五位上行左衛門少将兼河内守）（？～1335.5）（湊川の合戦で自害）（贈正一位. 楠木正成朝臣）
  - 正儀
    - 正平
    - 正秀
    - 正元
    - 正勝
  - （正之）
  - 正時（正五位下）（1327？～1348）
  - 正行

楠木正行（1326？～1348）
楠木正成の長男。帯刀。
四條畷の合戦で戦死。
贈従二位. 楠木正行朝臣。（小楠公）

楠木正儀（1330？～1388or89？）
楠木正成の三男。一時北朝に降伏。後に南朝に帰参。

楠木正勝（生没年不詳）
楠木正儀の長男。応永の乱で大内義弘に加担したといわれている。

楠木正元（？～1393？）
楠木正勝の弟。1392年、足利義満暗殺の為に京都に潜入するが、暗殺に失敗し捕縛され殺される。

（「歴史読本昭和62年特別増刊」）

楠木正儀—正平

楠木正儀—■—正盛〈大饗正盛〉

長左衛門〈楠木正虎〉（大饗正虎）★（楠木長諳）—正辰（不伝）‖正雪（由比正雪）

楠木長諳（大饗正虎）
（1520～1596）
自称. 楠木正儀子孫。
1559年、正親町天皇の勅許を得て楠木氏を再興。
織田信長、豊臣秀吉に仕える（右筆）。
大饗正虎は楠木氏を称したが、楠木氏の子孫との確証はない。

楠木正辰（生没年不詳）
軍学者・兵法家（南木流）。
山科言経（ときつね）義弟。
（弟子・養子）

由比正雪（軍学者）
由比正雪の乱の首謀者。

『歴史読本 1999年5月号（闘将. 楠木正成）』

「玉林院橘系圖」

楠木正成※—正儀……正高〈楠木正高〉……正武
- 二男 正種
- 正宗

野田宗湛—女 ＝ 正種—新兵衛

（姓氏家系大辞典）

「梶川系圖」

楠木正成※—正儀—正勝（河内太郎）—正眞—正秀〈大饗正秀〉◆—正盛—盛信
- 正高（楠正高）—正明—正親—正頼
  - 正武—正宗
    - 一如〈駿河八幡青山寺〉
    - 正冬〈大饗正冬〉
  - 正治
- 盛宗☆—盛秀—長成—隆成〈楠隆成〉—正虎★【梶川祖】

（姓氏家系大辞典）

「正覺院本橘系圖」

……盛宗☆—盛秀—長成—成隆—正虎〈大饗長左衛門〉★

楠木正成※—正義—正秀◆—正盛〈大饗正盛〉（大饗西法入道）—盛信—盛宗☆—盛秀—長成—隆成—正虎〈楠正虎〉★

【大饗氏】
（オホアヘ、オホアイ）
（おあえ）

（梶川氏は別記参照）

出典『姓氏家系大辞典（太田亮、角川書店）』、『歴史読本 1999年5月号（新人物往来社）』、『日本史有名人の子孫たち（S 62. 歴読）』

楠木氏一族（和田氏）

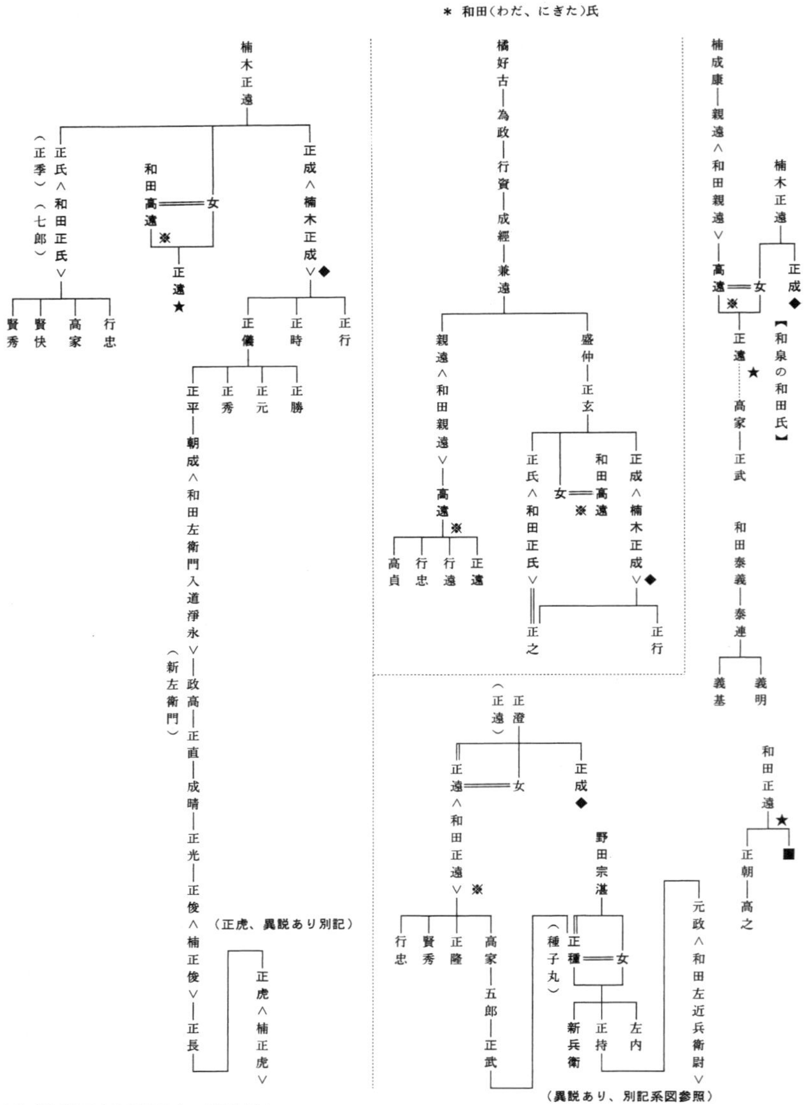

＊ 和田（わだ、にぎた）氏
楠木正遠
正氏〈和田正氏〉（正季）（七郎）
賢秀 賢快 高家 行忠
和田高遠 女 ※
正遠★
正成〈楠木正成〉◆
正儀 正時 正行
正平 正秀 正元 正勝
朝成〈和田左衛門入道浄永〉（新左衛門）
政高 正直 成晴 正光 正俊〈楠正俊〉 正長
正虎〈楠正虎〉
（正虎、異説あり別記）
橘好古 為政 行資 成経 兼遠
親遠〈和田親遠〉 高遠 ※
高貞 行忠 行遠 正遠
盛仲 正玄
正氏〈和田正氏〉 女 和田高遠 ※ 正成〈楠木正成〉◆
正之 正行
楠成康 親遠〈和田親遠〉 高遠 女 ※
楠木正遠 正成◆
正遠★ 高家 正武
【和泉の和田氏】
和田泰義 泰連 義基 義明
和田正遠★ 正朝 高之
正澄（正遠）
正遠〈和田正遠〉※ 女 正成◆
行忠 賢秀 正隆 高家 五郎 正武
野田宗湛
正種（種子丸） 女
新兵衛 正持 左内
元政〈和田左近兵衛尉〉
（異説あり、別記系図参照）

出典『姓氏家系大辞典（太田亮、角川書店）』

熊野國造家（橘・和田一族）

熊野國造和田氏系図は、楠正暢家系図は、ほぼ重なる。

熊野國造系図によると、楠木正成は、熊野國造末裔和田一族の出身という事になる。

和田一族は野長瀬氏とも姻族関係。

土前乃直◆
→ 尾崎恒彦
→ 尾崎又八

（931）
（2144）

和田正俊
→ 女 ＝ 野長瀬盛俊
→ 盛秀—盛忠—盛朝—盛矩
→ 盛高
→ 女—尊雅王
→ 正玄—正成〈楠木正成〉※—正儀—正勝—正理（仕．尊秀王）—行康—正俊

（参考）（『野長瀬氏の事績』）

＊ 楠家系図（楠正暢系図）参照

大阿刀足尼【熊野國造】……和田良正【二十六世】（右兵衛）
→ ★ 良成—成民—正俊—正玄—正成〈楠木正成〉※—正儀—正勝—正理（楠木雅樂介）—行康—正俊—成良—正隆
→ ■

（2058）

竹坊大蔵　和田駿河守世賢
竹坊左衛門正得　和田駿河守

【竹坊家継承】楠嘉兵衛良清
→ 正次〈楠嘉兵衛正次〉【仕・土井大炊頭】
→ 良廣〈和田良廣・竹坊良作〉
→ 丈菴〈楠丈菴〉

（竹坊家略系）
（3439）

良村—良正
和田良正
→ ★ 良成—成民—正俊—正玄—正成〈楠木正成〉※—正儀—正勝
→ ■

（6628〜6629）

（2144）

神丹杵穂命……大阿刀足尼命（建毛呂乃命）—稲比大直—大乙世乃直—國志麻乃直—夫都底乃直—大刀見乃直—石刀禰直—土前乃直◆—高屋古乃直—五百足—祖萬侶【連姓】—蝶—多賀志麿—奥主—廣主—廣繼—廣方〈橘廣方〉—良輝—良形—良冬〈和田良冬〉—良和—良仲・—良保—良國—良村

（熊野直和田氏）

出典『姓氏家系大辞典（太田亮、角川書店）』、『野長瀬氏の事績（野長瀬盛孝、熊野出版）』

熊野國造・熊野本宮社家（熊野・和田・楠）(1)

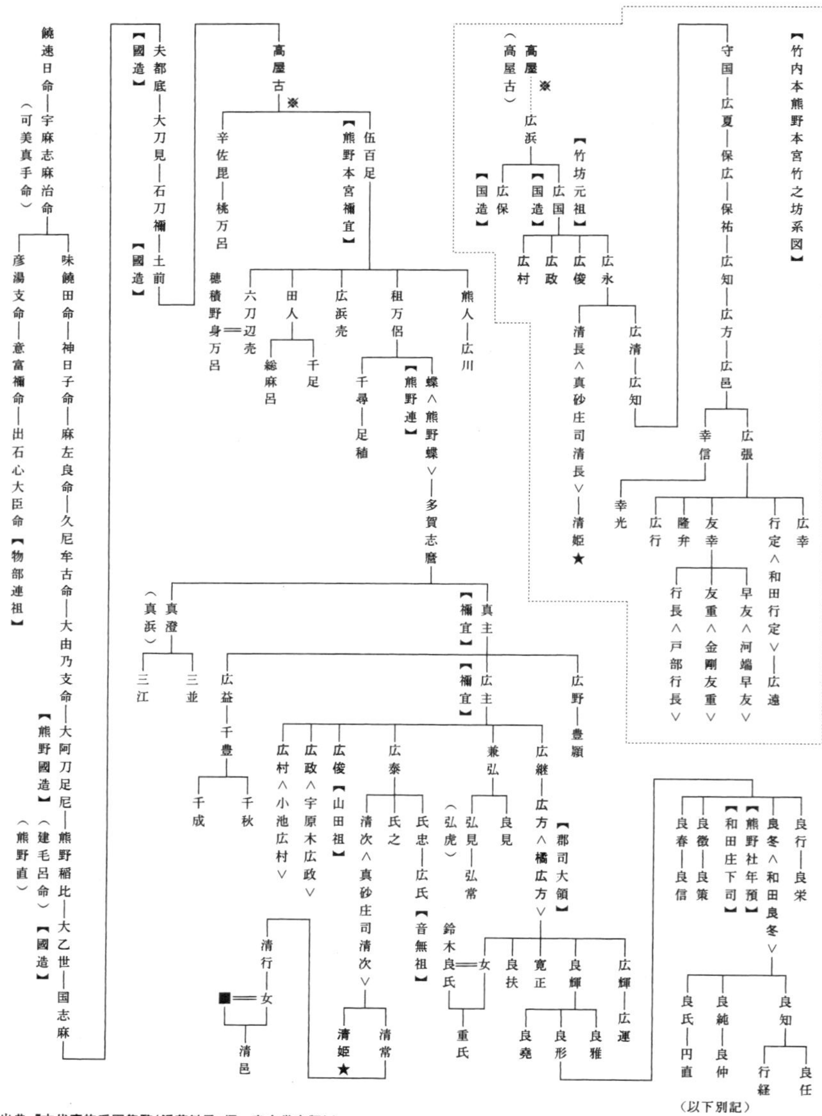
【竹内本熊野本宮竹之坊系図】
守国―広夏―保広―保祐―広知―広方―広邑
幸信
幸光
広張
広行
隆弁
友幸
行長＜戸部行長＞
友重＜金剛友重＞
早友＜河端早友＞
行定＜和田行定＞―広遠
広幸
高屋（高屋古）※
広浜
【竹坊元祖】
広国【国造】
広保【国造】
広永
広俊
広政
広村
清長＜真砂庄司清長＞―清姫★
広清―広知
高屋古※
伍百足【熊野本宮禰宜】
辛佐毘―桃万呂
熊人―広川
租万侶
千尋―足穂
蝶＜熊野蝶＞【熊野連】―多賀志麿
広浜売
田人
総麻呂
千足
六刀辺売
穂積野身万呂
真主【禰宜】
広主【禰宜】
広野―豊顯
広益―千豊
千成
千秋
真澄（真浜）
三江
三並
広継―広方＜橘広方＞【郡司大領】
兼弘
良見
弘見（弘虎）―弘常
広泰
氏忠―広氏【音無祖】
氏之
清次＜真砂庄司清次＞
清姫★
清常
広俊【山田祖】
広政＜宇原木広政＞
広村＜小池広村＞
清行―女
清邑
広輝―広運
良輝
良雅
良形
良堯
寛正
良扶
女
鈴木良氏
重氏
良行―良栄
良冬＜和田良冬＞【熊野社年預】
【和田庄下司】
良徴―良策
良春―良信
良知
良任
行経
良純―良仲
良氏―円直
（以下別記）
夫都底【國造】―大刀見―石刀禰【國造】―土前
饒速日命―宇麻志麻治命（可美真手命）
味饒田命―神日子命―麻左良命―久尼牟古命―大由乃支命―大阿刀足尼【熊野國造】（建毛呂命）【國造】―熊野稲比―大乙世―国志麻
彦湯支命―意富禰命―出石心大臣命【物部連祖】
（熊野直）

出典『古代豪族系図集覧(近藤敏喬.編、東京堂出版)』

熊野國造・熊野本宮社家（熊野・和田・楠）(2)

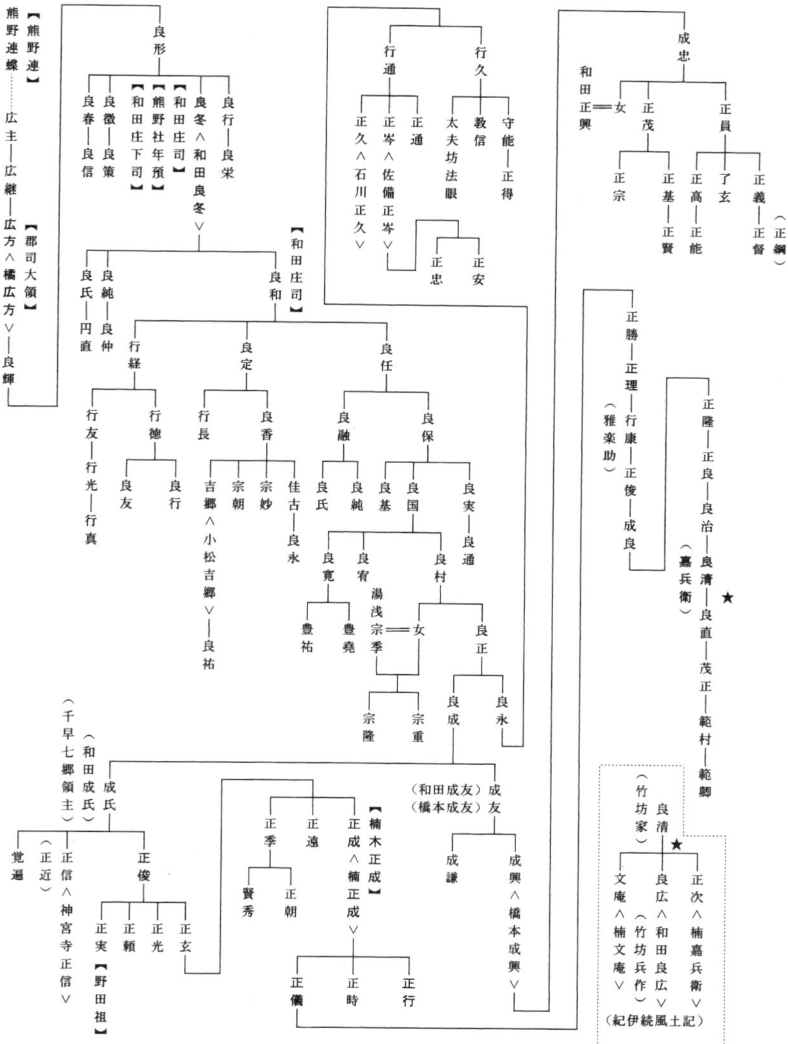

【熊野連】
熊野連蝶
広主—広継—広方〈橘広方〉—良輝
【郡司大領】
良形
良春—良信
良徴—良策
【和田庄下司】
【熊野社年預】
【和田庄司】
良冬〈和田良冬〉
良行—良栄
良氏—円直
良純—良仲
【和田庄司】
良和
行経
行友—行光—行真
行徳
良友
良行
良定
行長
良香
吉郷〈小松吉郷〉—良祐
宗朝
宗妙
佳古—良永
良任
良融
良氏
良純
良保
良基
良国
良実—良通
良寛
豊祐
豊堯
良宥
良村
湯浅宗季
女
宗隆
宗重
良正
良成
良永
（千早七郷領主）
（和田成氏）
成氏
覚遍
（正近）
正信〈神宮寺正信〉
正俊
正実
【野田祖】
正頼
正光
正玄
正季
賢秀
正朝
正遠
正成〈楠正成〉
【楠木正成】
正儀
正時
正行
（和田成友）
（橋本成友）
成友
成謙
成興〈橋本成興〉
行通
正久〈石川正久〉
正岑〈佐備正岑〉
正通
正忠
正安
行久
太夫坊法眼
教信
守能—正得
成忠
和田正興
女
正茂
正宗
正基—正賢
正員
正高—正能
了玄
正義—正督
（正綱）
正勝—正理（雅楽助）—行康—正俊—成良
正隆—正良—良治—良清（嘉兵衛）★—良直—茂正—範村—範卿
（竹坊家）
良清★
文庵〈楠文庵〉
良広〈和田良広〉（竹坊兵作）
正次〈楠嘉兵衛〉
（紀伊続風土記）

＊ 楠木正成の系図諸説あり。

出展『古代豪族系図集覧（近藤敏喬.編、東京堂出版）』

野田氏略系図

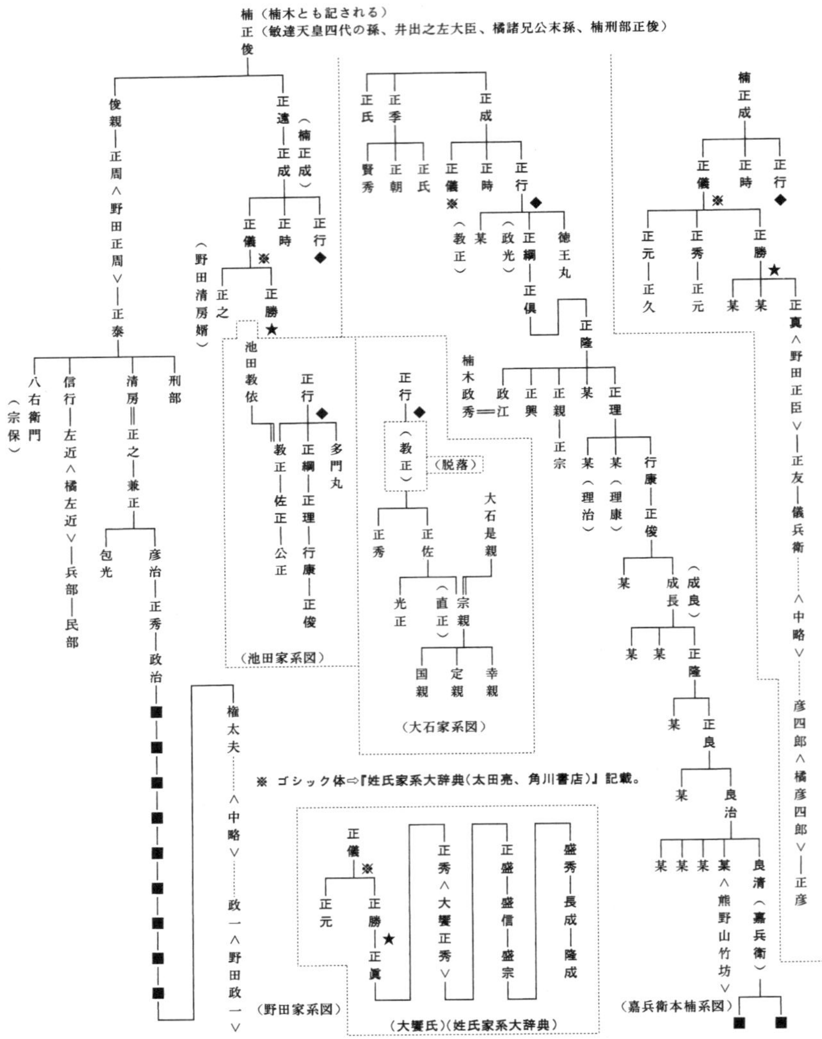

楠（楠木とも記される）
正俊（敏達天皇四代の孫、井出之左大臣、橘諸兄公末孫、楠刑部正俊）
俊親―正周〈野田正周〉―正泰
八右衛門（宗保）
信行―左近〈橘左近〉―兵部―民部
清房＝正之―兼正
刑部
包光
彦治―正秀―政治―■―■―■―■―■―■―■―■―■
権太夫〈中略〉政一〈野田政一〉
（野田家系図）
正遠―正成（楠正成）
正儀※　正時　正行◆
（野田清房婿）正之　正勝★
池田教依
正行◆
教正―佐正―公正
正綱―正理―行康―正俊
多門丸
（池田家系図）
正氏　正季　正成
賢秀　正朝　正氏
正儀※（教正）　正時　正行◆
某　（政光）正綱―正倶　徳王丸
正隆
楠木政秀＝政江　正興　正親―正宗　某　正理
某（理治）　某（理康）　行康―正俊
某　成長（成良）
某　某　正隆
某　正良
某　良治
某　某　某　某〈熊野山竹坊〉　良清（嘉兵衛）
■　■
（嘉兵衛本楠系図）
正行◆
（教正）（脱落）
正秀　正佐
大石是親
光正　（直正）宗親
国親　定親　幸親
（大石家系図）
※ ゴシック体⇨『姓氏家系大辞典（太田亮、角川書店）』記載。
正儀※
正元　正勝★―正眞
正秀〈大饗正秀〉
正盛―盛信―盛宗
盛秀―長成―隆成
（大饗氏）（姓氏家系大辞典）
楠正成
正儀※　正時　正行◆
正元―正久
正秀―正元
正勝★
某　某　正眞〈野田正臣〉―正友―儀兵衛〈中略〉彦四郎〈橘彦四郎〉―正彦

出典『朝日観光新聞[第64号](昭和31年10月8・18日合併号)』(一宮市立豊島図書館.蔵)

＊ 一宮市立豊島図書館管理タイトル『取り替えられた熊沢天皇』

野田氏系図

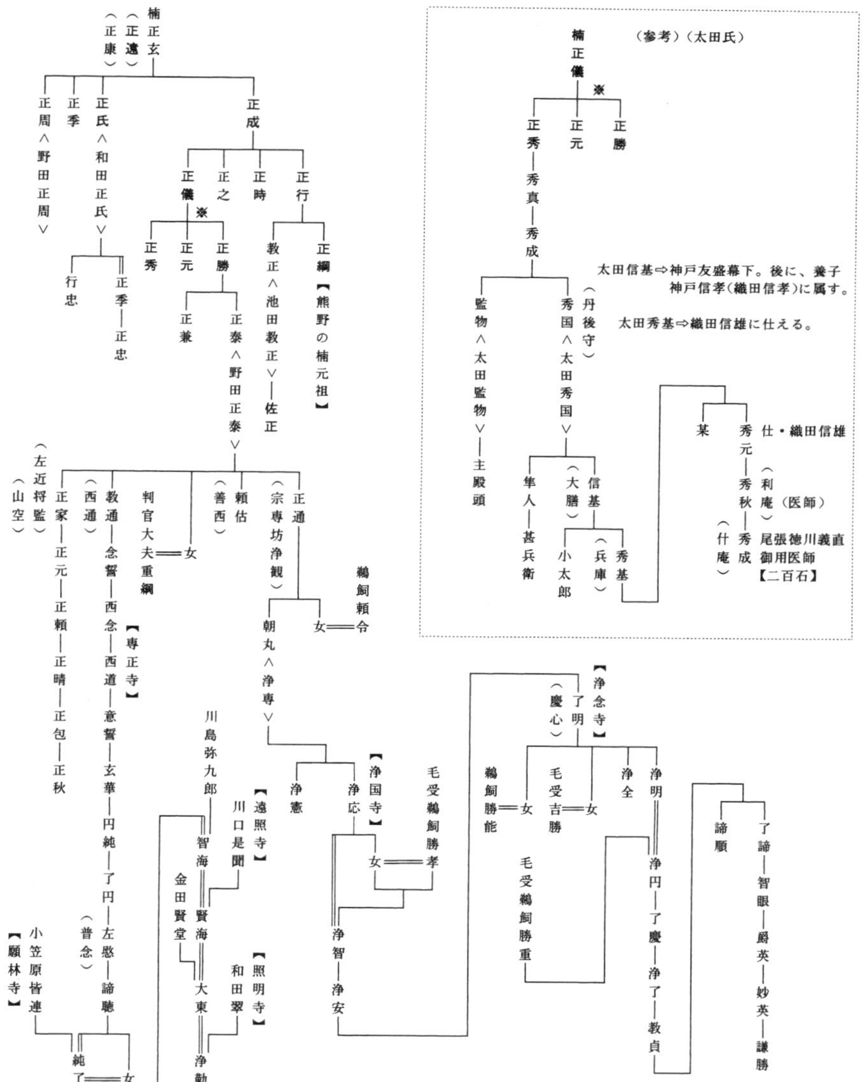

楠正玄
（正遠）
（正康）
正周〈野田正周〉
正季
正氏〈和田正氏〉
正成
正儀
※
正之
正時
正行
正秀
正元
正勝
教正〈池田教正〉
正綱【熊野の楠元祖】
行忠
正季
正忠
正兼
正泰〈野田正泰〉
佐正
（左近将監）
（山空）
正家
正元
正頼
正晴
正包
正秋
（西通）
教通
念誓
西念
西道
意誓
玄華
円純
了円
左慤
諦聴
（普念）
判官大夫重綱
女
【専正寺】
（善西）
頼佑
（宗専坊浄観）
正通
鵜飼頼令
女
朝丸〈浄専〉
川島弥九郎
【遠照寺】
川口是誾
智海
金田賢堂
賢海
【照明寺】
和田翠
大東
浄勤
小笠原皆連
【願林寺】
純了
女
浄憲
浄応
【浄国寺】
毛受鵜飼勝孝
女
浄智
浄安
【浄念寺】
了明
（慶心）
鵜飼勝能
女
毛受吉勝
女
浄全
浄明
毛受鵜飼勝重
浄円
了慶
浄了
教貞
諦順
了諦
智眼
爵英
妙英
謙勝
（参考）（太田氏）
楠正儀
※
正秀
正元
正勝
秀真
秀成
監物〈太田監物〉
主殿頭
秀国〈太田秀国〉
（丹後守）
太田信基⇨神戸友盛幕下。後に、養子神戸信孝（織田信孝）に属す。
太田秀基⇨織田信雄に仕える。
隼人
甚兵衛
信基
（大膳）
小太郎
秀基
（兵庫）
某
秀元
仕・織田信雄
秀秋
（利庵）
（医師）
秀成
（什庵）
尾張徳川義直御用医師
【二百石】

＊ ゴシック体⇨『姓氏家系大辞典（太田亮、角川書店）』記載。

出典『尾張群書系図部集（加藤國光.編、続群書類従完成会）』

南朝・後南朝皇統譜

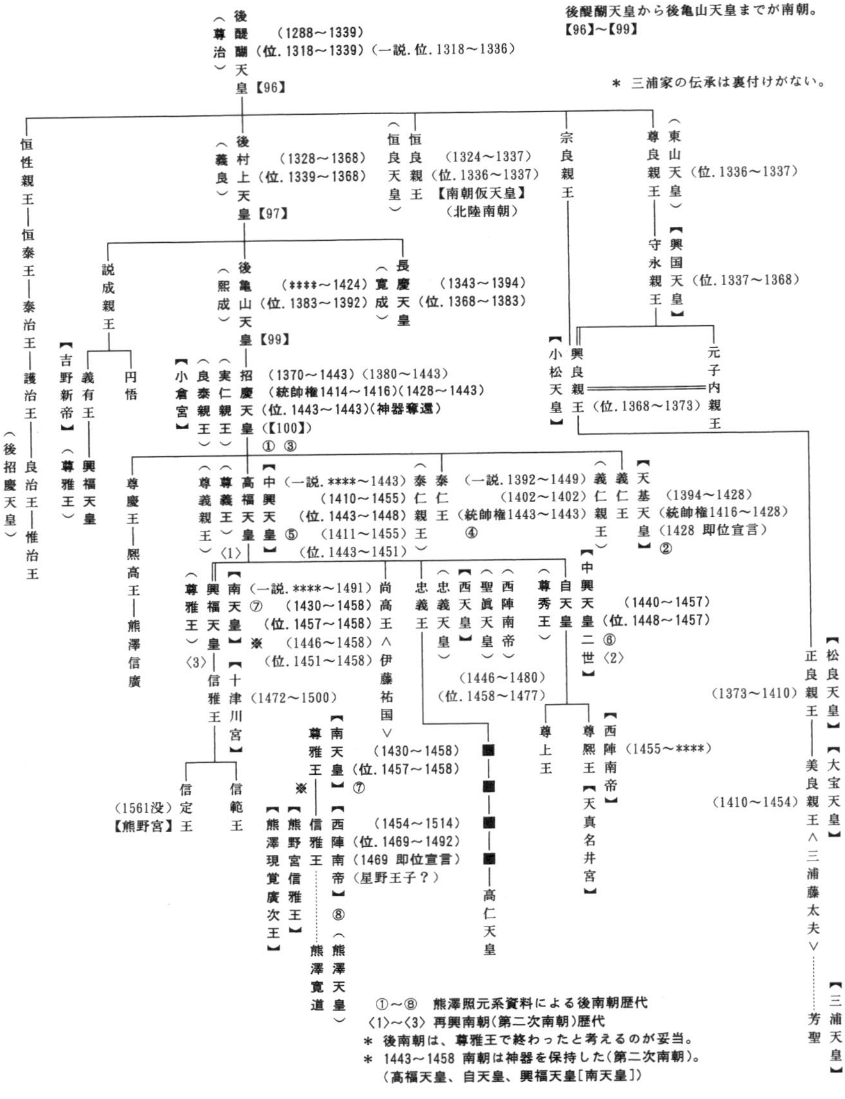

後醍醐天皇から後亀山天皇までが南朝。
【96】～【99】
＊ 三浦家の伝承は裏付けがない。
後醍醐天皇【96】（尊治）
（1288～1339）
（位.1318～1339）（一説.位.1318～1336）
恒性親王―恒泰王―泰治王―護治王―良治王―惟治王
（後招慶天皇）
後村上天皇【97】（義良）
（1328～1368）（位.1339～1368）
恒良親王（恒良天皇）
（1324～1337）
（位.1336～1337）
【南朝仮天皇】
（北陸南朝）
宗良親王
尊良親王（東山天皇）（位.1336～1337）
守永親王【興国天皇】（位.1337～1368）
説成親王
義有王【吉野新帝】
円悟
興福天皇（尊雅王）
後亀山天皇【99】（熙成）
（****～1424）
（位.1383～1392）
長慶天皇（寛成）
（1343～1394）
（位.1368～1383）
興良親王【小松天皇】
元子内親王
（位.1368～1373）
小倉宮【良泰親王】
実仁親王
招慶天皇（【100】）
（1370～1443）（1380～1443）
（統帥権1414～1416）（1428～1443）
（位.1443～1443）（神器奪還）
① ③
尊慶王―熙高王―熊澤信廣
尊義親王
尊義王〈1〉
高福天皇【中興天皇】⑤
（一説.****～1443）
（1410～1455）
（位.1443～1448）
（1411～1455）
（位.1443～1451）
泰仁親王
泰仁王
（一説.1392～1449）
（1402～1402）
（統帥権1443～1443）
④
義仁親王
義仁王
天基天皇
（1394～1428）
（統帥権1416～1428）
（1428 即位宣言）
②
尊雅王〈3〉
興福天皇【南天皇】⑦
（一説.****～1491）
（1430～1458）
（位.1457～1458）
※（1446～1458）
（位.1451～1458）
信雅王【十津川宮】
（1472～1500）
信定王（1561没）【熊野宮】
信範王
尚高王〈伊藤祐国〉
（1430～1458）
（位.1457～1458）
⑦
尊雅王【南天皇】※
信雅王【熊野宮信雅王】
熊澤寛道（熊澤天皇）
【熊澤現覚廣次王】
【西陣南帝】⑧
（1454～1514）
（位.1469～1492）
（1469 即位宣言）
（星野王子？）
忠義王
忠義天皇
西天皇
聖眞天皇
西陣南帝
尊秀王
自天皇【中興天皇二世】⑥〈2〉
（1440～1457）
（位.1448～1457）
（1446～1480）
（位.1458～1477）
高仁天皇
尊上王
尊熙王【西陣南帝】
（1455～****）
【天真名井宮】
正良親王【松良天皇】
（1373～1410）
美良親王【大宝天皇】
（1410～1454）
〈三浦藤太夫〉
芳聖【三浦天皇】
①～⑧ 熊澤照元系資料による後南朝歴代
〈1〉～〈3〉 再興南朝（第二次南朝）歴代
＊ 後南朝は、尊雅王で終わったと考えるのが妥当。
＊ 1443～1458 南朝は神器を保持した（第二次南朝）。
（高福天皇、自天皇、興福天皇[南天皇]）

出典『南朝興亡史（早瀬晴夫、近代文芸社）』、『南朝の星 南北朝と後南朝（木村信行、日本歴史研究所）』、『復刻版.皇胤志（木村信行、日本歴史研究所）』、『皇統系譜（「皇胤志」所収）（国立国会図書館.蔵）』、『竹内宿禰と詠う神人たちの詩（日本歴史研究所）』、他

天皇家系図

（参考）
紀宮清子内親王⇨昭和44年４月18日生。

東久邇征彦⇨昭和48年４月３日生。
東久邇照彦⇨昭和54年５月11日生。

＊ 天皇家の男系断絶の場合、旧宮家を復活させるとしたら東久邇家が最も近い血統として復活の可能性も浮上する。
＊ 皇室典範の改正で女帝が可能になれば、敬宮愛子内親王、紀宮清子内親王が登極の可能性が生じる。

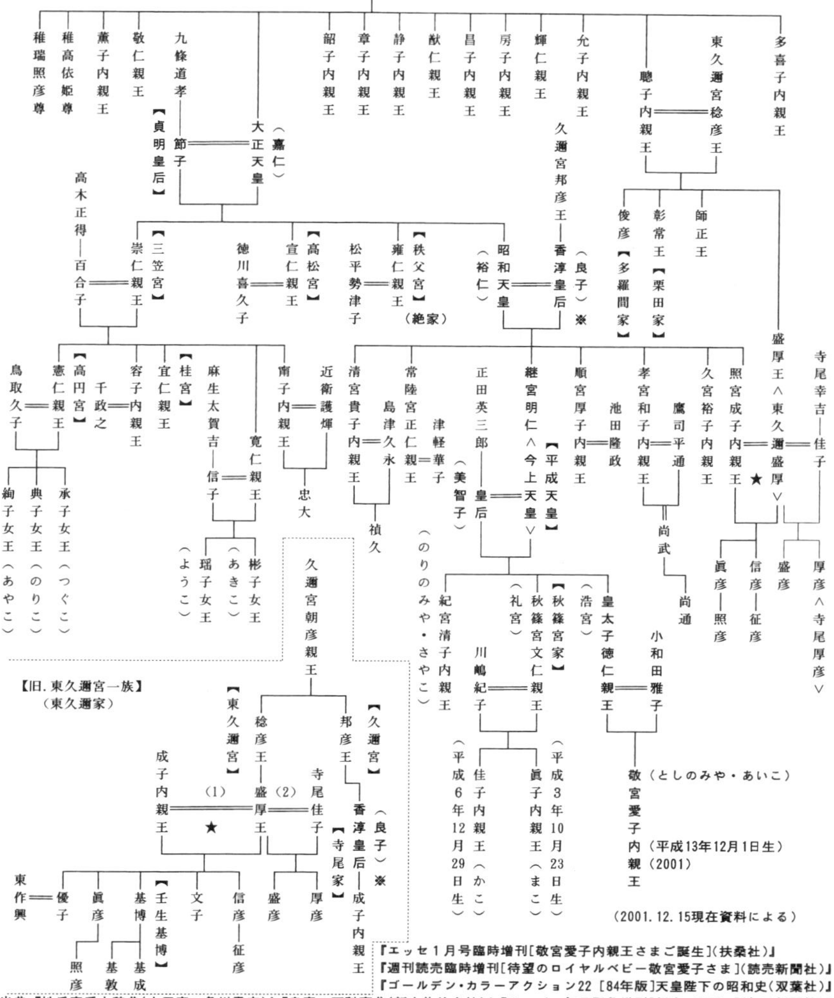

明治天皇（睦仁）
稚瑞照彦尊
稚高依姫尊
薫子内親王
敬仁親王
九條道孝
節子【貞明皇后】
大正天皇（嘉仁）
韶子内親王
章子内親王
静子内親王
猷仁親王
昌子内親王
房子内親王
輝仁親王
允子内親王
聰子内親王
東久邇宮稔彦王
多喜子内親王
久邇宮邦彦王
香淳皇后（良子）※
俊彦【多羅間家】
彰常王【栗田家】
師正王
高木正得
百合子
崇仁親王【三笠宮】
徳川喜久子
宣仁親王【高松宮】
松平勢津子
雍仁親王【秩父宮】（絶家）
昭和天皇（裕仁）
盛厚王＜東久邇盛厚＞
寺尾幸吉
佳子
鳥取久子
憲仁親王【高円宮】
千政之
容子内親王
宜仁親王【桂宮】
麻生太賀吉
信子
寬仁親王
甯子内親王
近衛護煇
忠大
清宮貴子内親王
島津久永
禎久
常陸宮正仁親王
津軽華子
正田英三郎
美智子皇后
継宮明仁＜今上天皇＞【平成天皇】
順宮厚子内親王
池田隆政
孝宮和子内親王
鷹司平通
尚武
尚通
久宮祐子内親王
照宮成子内親王
★
絢子女王（あやこ）
典子女王（のりこ）
承子女王（つぐこ）
瑶子女王（ようこ）
彬子女王（あきこ）
（のりのみや・さやこ）
紀宮清子内親王
川嶋紀子
秋篠宮文仁親王【秋篠宮家】（礼宮）
皇太子徳仁親王（浩宮）
小和田雅子
佳子内親王（かこ）（平成６年12月29日生）
眞子内親王（まこ）（平成３年10月23日生）
敬宮愛子内親王（としのみや・あいこ）（平成13年12月1日生）（2001）
眞彦
照彦
信彦
征彦
盛彦
厚彦＜寺尾厚彦＞
（2001.12.15現在資料による）
【旧.東久邇宮一族】（東久邇家）
久邇宮朝彦親王
稔彦王【東久邇宮】
邦彦王【久邇宮】
成子内親王
(1)
★
盛厚王
(2)
寺尾佳子
香淳皇后（良子）※
【寺尾家】
成子内親王
東作興
優子
眞彦
基博
壬生基博
文子
信彦
盛彦
厚彦
照彦
基敦
基成
征彦

『エッセ１月号臨時増刊[敬宮愛子内親王さまご誕生](扶桑社)』
『週刊読売臨時増刊[待望のロイヤルベビー敬宮愛子さま](読売新聞社)』
『ゴールデン・カラーアクション22 [84年版]天皇陛下の昭和史(双葉社)』
出典『姓氏家系大辞典(太田亮、角川書店)』、『皇室の百科事典(新人物往来社)』、『サンデー毎日緊急増刊[新宮ご誕生。](毎日新聞社)』
『週刊朝日12月24日[増刊][敬宮愛子さまご誕生](朝日新聞社)』、『天皇皇族人物事典[歴史読本臨時増刊](新人物往来社)』、他。

有栖川宮家と出口王仁三郎

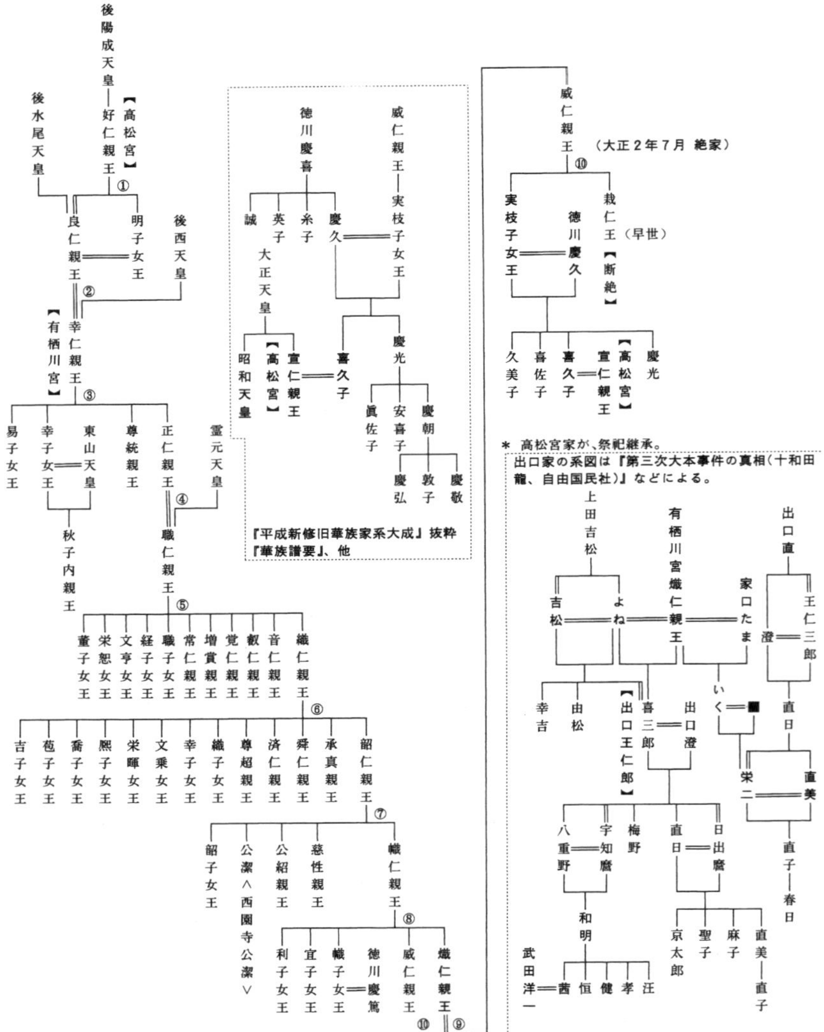
後陽成天皇—好仁親王
【高松宮】
①
後水尾天皇
良仁親王
明子女王
後西天皇
②
【有栖川宮】
幸仁親王
③
易子女王
幸子女王
東山天皇
尊統親王
正仁親王
霊元天皇
秋子内親王
④
職仁親王
⑤
董子女王
栄恕女王
文亨女王
経子女王
職子女王
常仁親王
増賞親王
覚仁親王
叡仁親王
音仁親王
織仁親王
⑥
吉子女王
苞子女王
喬子女王
煕子女王
栄暉女王
文乗女王
幸子女王
織子女王
尊超親王
済仁親王
舜仁親王
承真親王
韶仁親王
⑦
韶子女王
公潔〈西園寺公潔〉
公紹親王
慈性親王
幟仁親王
⑧
利子女王
宜子女王
幟子女王
徳川慶篤
威仁親王
熾仁親王
⑩
⑨
徳川慶喜
威仁親王—実枝子女王
誠
英子
糸子
慶久
大正天皇
昭和天皇
【高松宮】
宣仁親王
喜久子
慶光
眞佐子
安喜子
慶朝
慶弘
敦子
慶敬
『平成新修旧華族家系大成』抜粋
『華族諸要』、他
威仁親王
（大正2年7月 絶家）
⑩
実枝子女王
徳川慶久
栽仁王（早世）
【断絶】
久美子
喜佐子
喜久子
宣仁親王
【高松宮】
慶光
* 高松宮家が、祭祀継承。
出口家の系図は『第三次大本事件の真相（十和田龍、自由国民社）』などによる。
上田吉松
有栖川宮熾仁親王
出口直
吉松
よね
家口たま
王仁三郎
澄
幸吉
由松
【出口王仁三郎】
喜三郎
出口澄
いく
[redacted]
直日
栄二
直美
八重野
宇知麿
梅野
直日
日出麿
直子—春日
和明
京太郎
聖子
麻子
直美—直子
武田洋一
茜
恒
健
孝
汪

『歴史読本 臨時増刊2000-3「天皇 宮家人物総覧」(新人物往来社)』
『別冊歴史読本「天皇家系譜総覧」(新人物往来社)』、『姓氏家系大辞典(角川書店)』

（出口和明『出口王仁三郎「御落胤」伝説』
『天皇の伝説(メディアワークス)』所収、他

出典『姓氏家系大辞典(角川書店)』、『天皇の伝説(メディアワークス)』、『別冊歴史読本』、『歴史読本 臨時増刊』、他

佐山家略系図

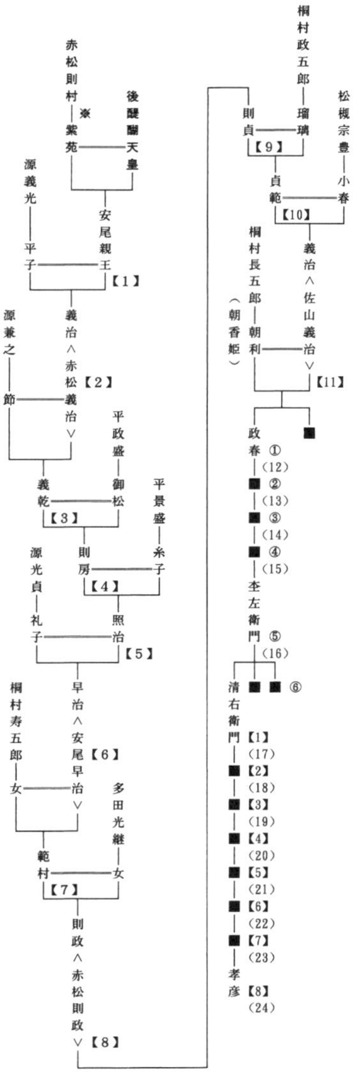

赤松則村
※
後醍醐天皇
紫苑
源義光
安尾親王
平子
【1】
源兼之
義治〈赤松義治〉
【2】
節
平政盛
義乾
御松
平景盛
【3】
源光貞
則房
糸子
【4】
礼子
照治
【5】
桐村寿五郎
早治〈安尾早治〉
【6】
女
多田光継
範村
女
【7】
則政〈赤松則政〉
【8】
桐村政五郎
則貞
瑠璃
【9】
松槻宗豊
貞範
小春
【10】
桐村長五郎
義治〈佐山義治〉
（朝香姫）
朝利
【11】
政春 ①
■
(12)
■ ②
(13)
■ ③
(14)
■ ④
(15)
李左衛門 ⑤
(16)
清右衛門【1】
■ ■ ⑥
(17)
■【2】
(18)
■【3】
(19)
■【4】
(20)
■【5】
(21)
■【6】
(22)
■【7】
(23)
孝彦【8】
(24)

安尾早治は、播磨国より因幡国鹿野に移る。
赤松則貞⇨天文19年(1550) 因幡国鹿野城主。
天正元年(1573) 石見国津和野城主。
天正11年(1583) 因幡国鳥取城主。
天正16年(1588) 但馬国竹田に移る。
赤松貞範⇨天正16年(1588) 但馬国竹田城主。
天正18年(1590) 美濃国茶臼山城主。
元和２年(1616) 福知山茶臼山城主。
（この時、佐山と改姓）
佐山義治⇨家康より切腹を賜る。
＊ 上記の記録は、疑問あり(『日本城郭総覧』 などと不整合)。
出典『いり豆の花・大本開祖出口なおの生涯(出口和明、八幡書店)』

＊ 津和野城主は、吉見氏一族。慶長５年、吉見広行が、毛利氏に従い、長門に移り、翌年、坂崎成正が城主となる。
＊ 鳥取城主は、吉川氏。秀吉軍に攻められ、吉川経家が切腹開城。後に、宮部氏が城主となる。
＊ 竹田城主は、太田垣氏、その後、桑山氏、その後、播州竜野の赤松広秀(広英・広通、赤松政則曾孫)が城主となる。

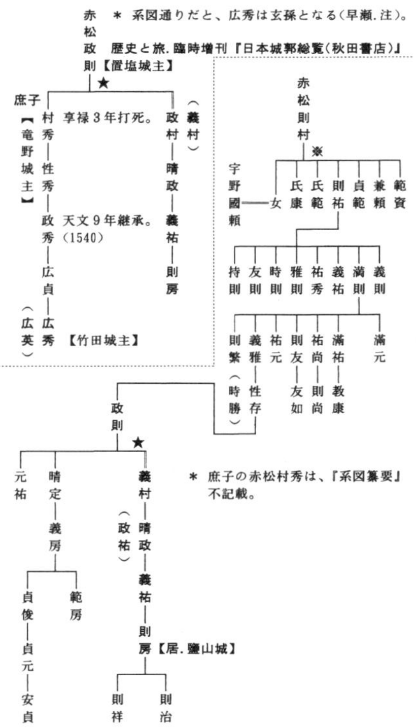

赤松政則【置塩城主】
＊ 系図通りだと、広秀は玄孫となる(早瀬.注)。
歴史と旅.臨時増刊『日本城郭総覧(秋田書店)』
★
庶子 村秀【竜野城主】 享禄３年打死。
性秀
政秀 天文９年継承。(1540)
広貞
広秀（広英）【竹田城主】
政村（義村）
晴政
義祐
則房
赤松則村
※
宇野國頼
女
氏康
氏範
則祐
貞範
兼頼
範資
持則
友則
時則
雅則
祐秀
義祐
満則
義則
則繁（時勝）
義雅
性存
祐元
則友
友如
祐尚
則尚
満祐
教康
満元
政則
★
元祐
晴定
義房
貞俊
貞元
安貞
範房
義村（政祐）
晴政
義祐
則房【居.鑢山城】
則祥
則治
＊ 庶子の赤松村秀は、『系図纂要』不記載。

出典『系図纂要(名著出版)』抜粋

＊ 皇室系図に、安尾親王は記載されず。南朝関係系図にも、安尾親王は記載されず。又、赤松氏は、反南朝であり、姻族となる可能性は、極めて低い。赤松則村の女に、紫苑は記載されていない。この系図は、系譜学の観点からは容認できず(早瀬.注)。
出典『いり豆の花(出口和明、八幡書店)』、『歴史と旅 臨時増刊 61/4(秋田書店)』、『系図纂要(名著出版)』

『消された皇統』　出典・参考文献一覧

※基本出典、参考資料は極力紹介した。これ以外は、本文資料編下段の出典紹介を参考にされたい。
※後南朝の概略に関しては、弊著『南朝興亡史』（近代文芸社）で紹介しているので、そちらを参考にされたい。

『南朝興亡史――後南朝と熊澤家略記――』（早瀬晴夫・近代文芸社）
『南朝と足利天皇血統秘史』（熊澤寛道・三秘同心会）（一宮市立豊島図書館・蔵）
『皇統正史』（長島銀蔵・私家版）（愛知学院大学図書館、一宮市立豊島図書館・蔵）
『熊澤氏系譜集』（一宮市立豊島図書館・蔵）
『一宮市史・西成編』（一宮市立豊島図書館・蔵）
『前後南朝新史』（市川元雅・小笠原秀熙共著、芳雅堂書店）（国立国会図書館・蔵）
『後南朝新史』（市川元雅・小笠原秀熙共著、南正会）（国立国会図書館・蔵）
「取り替えられた熊澤天皇」（『朝日観光新聞』64号、朝日観光新聞社）（一宮市立豊島図書館・蔵）
『徹底的に日本歴史の誤謬を糺す』（三浦芳聖、私家版）（国立国会図書館・蔵）
『纂輯御系図』（国立国会図書館・蔵）
「朝里氏系譜」（『各家系譜』所収）（国立国会図書館・蔵、一部、宝賀寿男氏より提供）
「熊澤氏系譜」（『各家系譜』所収）（国立国会図書館・蔵、高橋光男・山地悠一郎・宝賀寿男氏からも提供）
「飯野家譜」（『各家系譜』所収）（国立国会図書館・蔵）
「皇統系譜」（中田版『皇胤志』所収）（国立国会図書館・蔵、一部、宝賀寿男氏より提供）
『菊のカーテンを開く新天皇論』（吉田長蔵・千代田書院）（愛知県立図書館・蔵）
『南朝正統皇位継承論』（南朝史学会）（豊橋市立図書館・蔵）
『尹良親王の伝説――続南朝正統皇位継承論――』（南朝史学会）（豊橋市立図書館・蔵）
『三河に於ける長慶天皇伝説考』（藤原石山・南朝史学会）（豊橋市立図書館・蔵）
『南朝の秘史を伝える三河玉川御所と広福寺』（松井勉・中尾山広福寺）
『長慶天皇御陵及び南朝皇孫御墳墓』（北山清江）（国立国会図書館・蔵）
「長慶天皇御事績御陵墓調査並南朝皇長孫の顕彰に關し請願書」（北山清江子）（青森県立図書館・蔵）

「北山家系譜」（青森県立図書館・蔵）
『地球ロマン』復刊3号（一九七六年十二月号）「我輩ハ天皇也」（絃英社）
『三河吉野朝の研究』（山口保吉・山口研宗堂）（豊橋市立図書館・蔵）
「南山皇胤譜」（『萓政友全集』所収、萓政友・国書刊行会）（愛知県立図書館・蔵）
『南朝の研究』（中村直勝・星野書店）（愛知県立図書館・蔵）
『後南朝秘史南帝由来考』（中谷順一）
『富士山麓が陰の本営だった隠れ南朝史』（加茂喜三・富士地方調査会）（山梨県立図書館・蔵）
『民俗文化木地師史料』（杉本壽博士論文集、滋賀県民俗学会）
・「熊澤家と小椋氏一族」(1)（第三六四号）
・「熊澤家と小椋氏一族」(2)（第三六五号）
・「熊澤家と小椋氏一族」(3)（第三六六号）
・「熊澤家と小椋氏一族」(4)（第三六七号）
・「熊澤家と小椋氏一族」(5)（第三六八号）
・「小椋氏系更矢氏及び横矢氏」（第四〇四号）
・「長禄事変にからまる野長瀬家の人々」（第四〇五号）
・「野長瀬家と熊澤寛道氏の関連」（第四〇六号）
『後南朝尊雅王子は蘇る』（寳鏡山光福寺十八世秋田殖康・私家版）（秋田殖康氏提供）
「南朝天皇家の最後尾にいる人々」（『新潮45』一九八七年三月号所収、河原敏明・新潮社）（小川智男氏提供）
「熊野宮信雅王塋墓記念除幕式典パンフレット」（一宮タイムズ社）（小川智男氏提供）
『系図の偽作について』（渡辺世祐）（安居隆行氏提供）
「杉本壽—山地悠一郎書簡」（山地悠一郎氏提供）
「熊澤家先祖代々の霊位メモ書き」①②（靈鷲院児玉大全氏提供）
「作州に住んだ九代の王族」（橋本穂波・『ニューライフおかやま』一・二号）（岡山県立図書館・蔵）
『熊政老人回旧談　世に知られざる熊澤天皇秘録』（山地悠一郎）（山地悠一郎氏提供）
『学と文芸』八〇集（「熊政老人回旧談」）（山地悠一郎・学と文芸会、内容は前記と同じ）
『秘録　南朝霊の呼び声』歴史研究会叢書（山地悠一郎・総合出版社「歴研」）

『現代につながる「太平記」の世界』（山地悠一郎・清水弘文堂）
『護良親王の伝説』（山地悠一郎・近藤出版社）
『熊澤蕃山の末葉』（沼田頼輔・山陽新報社）（岡山県立図書館・蔵）
「北部王家」（『青森県百科事典』所収、東奥日報社）（青森県立図書館・蔵）
「後南朝一族の謎」（『歴史研究』第四二四号、歴史研究会・新人物往来社）
「伊達世臣家譜」（宮城県図書館・蔵）
「熊沢蕃山」（季刊『日本思想史』38、日本思想史懇話会・ぺりかん社）
『熊沢蕃山の研究』（宮崎道生、思文閣出版）（岐阜県図書館・蔵）
『蕃山全集』（正宗敦夫・蕃山全集刊行會）（愛知県図書館・蔵）
『増補蕃山全集』第七冊（谷口澄夫・宮崎道生・名著出版）（名古屋市立鶴舞中央図書館・蔵）
『十九人の自称天皇――昭和秘史の発掘――』（保阪正康・悠思社）
『近代庶民生活誌⑪天皇・皇族』（南博編・三一書房）
・「南朝と足利天皇血統秘史」（熊沢寛道）
・「熊沢家の歴史」（熊沢尊信）
・「後南朝新史」（市川元雅・小笠原秀熙）
『エロスを介して眺めた天皇は夢まぼろしの華である――御落胤と偽天皇――』（玉川信明・社会評論社）
・「未発表熊沢天皇回顧録」（熊沢寛道）
・「血塗られた南朝末裔悲史」（熊沢照元）
・「天皇家の反主流派」
・「ルポ・天皇部落」
『南朝及後南朝史料』（南朝熊沢史料調査会（会長＝熊沢靖元、宗家＝熊沢照元））
「後南朝並熊沢家系譜」（『前後南北朝新史』熊沢照元）（佐藤三郎氏提供）
『姓氏家系大辞典』（太田亮・角川書店）
『新訂増補　國史大系「尊卑分脈」』（吉川弘文館）
『寛政重修諸家譜』（続群書類従完成会）
『群書系部集』（続群書類従完成会）

『系図纂要』（名著出版）
『系圖綜覧』（名著刊行会）
『熊沢蕃山　人物・事績・思想』（宮崎道生・新人物往来社）
『古代氏族系譜集成』（宝賀寿男・古代氏族研究会）
『第三次大本事件の真相』（十和田龍・自由国民社）
「オルタブックス『天皇の伝説』」（メディアワークス）
・「大本教教祖・出口王仁三郎『御落胤』伝説」（出口和明）
・「『熊沢天皇』の末裔を訪ねて」（岡田晃房）
・「後南朝・新系図発見――熊沢天皇は、本当にニセモノだったのか?――」（山地悠一郎）
・「明治天皇は二人いた!!」（鹿島曻）
・「大室天皇家訪問記」（オルタブックス編集部）
・「東武皇帝、戊辰戦争に消えたもう一人の天皇」（逸見英夫）
「南朝系譜（大室家略系図）」（松重正氏提供）
『日本侵略興亡史』（鹿島曻、新國民社）（松重正氏提供）
『日本王朝興亡史』（鹿島曻、新國民社）
『明治維新の生贄――誰が孝明天皇を殺したか――』（松重正・宮崎鉄雄・鹿島曻、新國民社）
『裏切られた三人の天皇　明治維新の謎（増補版）』（鹿島曻、新國民社、大室家解説＝松重正）
「大室寅之祐氏はかく語った」（『倭と日本建国史』所収）（鹿島曻・新國民社）
『闇の歴史　後南朝後醍醐流の抵抗と終焉』（角川選書二八四）（森茂暁・角川書店）
『皇子たちの南北朝』（森茂暁・中公新書）
「悲劇と漂泊の皇子たち」（早瀬晴夫・『歴史研究』第四八七号／特集「南北朝の皇子たち」所収、総合出版社「歴研」）
『太平記物語』（徳永真一郎・成美堂出版）
『植月御所の真相』（田中千秋・美作後南朝正史研究会、温羅書房）（復刻版）（流王農氏提供）
『正さねばならぬ美作の歴史』（靈仁王・美作後南朝正史研究会、温羅書房）（流王農・発行）（流王農氏提供）
「美作天皇記」（『同郷叢書』第二号）（原三正・おかやま同郷社、温羅書房）（流王農・発行）（流王農氏提供）
「大覚寺統皇統略系譜」（美作後南朝）（安居隆行氏提供）

『美作後南朝史の研究』（一）（杉本壽）（安居隆行氏提供）
「後南朝皇胤尊雅王について」（安居隆行・『歴史懇談』十一月号）（安居隆行氏提供）
『悲運の南朝皇胤並自天王祭祀について』（伊藤獨・檜書店）
『村上百系図』（村上清・私家版）
『富士古文献考証』（三輪義熙・八幡書店）
『東日流外三郡誌』（東日流中山史跡保存会・八幡書店）
『岩屋天狗と千年王国』（窪田志一・八幡書店）
『富士宮下文書の研究』（神原信一郎・日本シェル出版）
『神皇記天皇家七千年の歴史』（日本国書刊行会）
『「さつま」の姓氏』（川崎大十・高城書房）
『日本史の虚像と実像』（和歌森太郎・毎日新聞社）
『尾張國諸家系図』（加藤國光・展望社）
『尾張群書系図部集』（加藤國光・続群書類従完成会）
『徳川諸家系譜』第一（続群書類従完成会）
『姓氏と家紋』第四四号・第五一号（日本家系図学会・近藤出版社）（『旅とルーツ』の前身）
『熊澤蕃山』（塚越芳太郎・民友社）（愛知県立図書館・蔵）
『消された一族　清和源氏新田氏支流・世良田氏』（清水昇・あさを社）
『日本史総覧』補巻（新人物往来社）
『復刻版・皇胤志』（木村信行・日本歴史研究所）
『南朝の星――南北朝と後南朝――』（木村信行・日本歴史研究所）
『竹内宿禰と詠う神人たちの詩』（木村信行・日本歴史研究所）
『名古屋叢書籍』「続編　十九士林泝洄」（名古屋市立鶴舞中央図書館・蔵）
『系図研究の基礎知識』（近藤安太郎・近藤出版社）
『平成新修　旧華族家系大成』（霞会館・吉川弘文館）
『華族譜要』（維新史料編纂会・大原新生社）
『天皇家宮家人物総覧』（『歴史読本』臨時増刊二〇〇〇年三月・新人物往来社）

『天皇家系譜総覧』（別冊『歴史読本』・新人物往来社）
『天皇皇族人物事典』（『歴史読本』臨時増刊・新人物往来社）
『南北朝の内乱』（井上良信・評論社）
『野長瀬氏の事績』（野長瀬盛孝・熊野出版）（野長瀬盛孝氏提供）
『野長瀬氏系図』（野長瀬盛孝氏提供）
「野長瀬氏系図」（『諸系譜』所収）（国立国会図書館・蔵）
『古代豪族系図集覧』（近藤敏喬・東京堂出版）
『宮廷公家系図集覧』（近藤敏喬・東京堂出版）
「敬宮愛子内親王さまご誕生」（『エッセ』一月号臨時増刊・扶桑社）
「待望のロイヤルベビー　敬子愛子さま」（『週刊読売』臨時増刊・読売新聞社）
『ゴールデン・カラーアクション』22（八四年版）「天皇陛下の昭和史」（双葉社）
「敬宮愛子さまご誕生」（『週刊朝日』十二月二四日増刊・朝日新聞社）
『皇室の百科事典』（新人物往来社）
『日本姓氏家系総覧』（「歴史読本」特別増刊事典シリーズ・新人物往来社）
『戦国宇喜多一族』（立石定夫・新人物往来社）
『神奈川県姓氏家系大辞典』（角川書店）
『石川県姓氏歴史人物大辞典』（角川書店）
『静岡県姓氏家系大辞典』（角川書店）
『鹿児島県姓氏家系大辞典』（角川書店）
『宮城県姓氏家系大辞典』（角川書店）
『三百藩家臣人名辞典』（新人物往来社）
『武田一族のすべて』（別冊『歴史読本』一族シリーズ・新人物往来社）
「闘将楠木正成」（『歴史読本』一九九九年五月号・新人物往来社）
『伊勢愛洲氏の研究』（中世古祥道・三重県郷土資料刊行会）
「宮崎県の南朝関係子孫を尋ねて」（和田敏子・横浜歴史研究会講演資料）（和田敏子氏提供）
「大塔氏略系図」（山地悠一郎氏提供）

『歴史百科・日本皇室事典』（百年社・新人物往来社）
『落人伝説の里』（角川選書一三九）（松永伍一・角川書店）
『九州戦国史』（吉永正春・葦書房）
『太平記の一〇〇人』（『歴史と旅』臨時増刊・秋田書店）
『人はなぜ歴史を偽造するのか』（長山靖生・新潮社）
『歴史読本』（新人物往来社）
『歴史と旅』（秋田書店）
その他各書籍、雑誌類

あとがき

南北朝の時代は、我が国の歴史の中で、初めて朝廷が大分裂を引き起こした時代であったが、その萌芽は、源平時代の、安徳天皇の西国落ちと、偽天皇の後鳥羽擁立に始まる。武士は、神器がなくとも天皇を擁立できることを知った。さらには、天皇の首をすげ替えられることも知った。討幕を謀る天皇は、主上ご謀反ということで、流罪に処せられた。それは、鎌倉幕府及び足利幕府による北朝擁立へと繋がるのである。その間に皇統は分裂し、幕府にとり目障りな皇統は、出家政策などにより絶家に追い込まれ、あるいは中央から放逐されていった。鎌倉から戦国にかけて、いくつかの皇胤・皇統が時代の波に消されていった。

なかでもとりわけ悲哀を味わったのが「南朝皇胤」であり、各地に貴種流離譚を生んだ。最も著名なものが、自称南朝末裔の熊澤家である。熊澤家のことは、その概略を前著『南朝興亡史』で触れたが、初めての著作であったので、タイトルとは裏腹にほかの南朝伝承はおざなりになってしまった。本書は、『南朝興亡史』を補完し、主な南朝伝承（熊澤、三浦、天内、美作南朝、大室など）を大ざっぱではあるが一同に紹介したものであるので、南朝伝承の入門書としては、取っ掛かりやすいと考える。より詳しい説明をすればよかったが、紙面の都合もあって系譜の紹介を中心としたため、説明不足のきらいもあるが、同一系譜も複数掲載して、系図そのもので検証できるようにしたので、ご了承いただきたい。

さて、南朝の皇胤が確認されるのは、文明十一年（一四七九）頃までと言われている。西陣南帝が、越前へ逃れたとも、甲州、あるいは駿河あたりに逃れたとも、東北へ逃れたとも言われている。西陣南帝は、小倉宮末の岡崎前門主の息子と思われる「西方新主」、熊澤家の主張する熊野宮信雅王（熊澤現覚広次王）、奥州伝説にある自天皇・尊秀王の王子の天真名井宮尊熈王、美作の主張する西天皇（忠義天皇・聖眞天皇・忠義王）、あるいは系統不詳の南朝皇胤とも言われているが、正確なところは、正体不明である。

この人物が文明十一年頃に北朝側の記録からは消えるらしい。仮説の系譜としては、森茂暁氏の「闇の歴史後南朝」あたりが無難かもしれない。とにかく南朝は消滅するのである。ここから先は、自称南朝末裔の貴種流離譚なので、個別にはもっともらしいが、一同に重ね合わせると、整合しない。南朝伝承や系譜は全て捏造なのであろうか？　否、そうとばかりも言えない。

熊澤家も寛道氏、照元氏の発表した系譜は疑惑のものだが、尾張藩熊澤家に繋がる系譜が国立国会図書館に所蔵されており、尾張藩熊澤家や、熊澤蕃山の家系は南朝末裔の可能性が残されているし、流王家の系譜も井光の伊藤家との関係が明確になれば、考える余地がある。三河南朝にしても、大宝天皇までは正統・副統の問題はあるが、南朝末裔であることは考えられる。美作南朝については、青蓮院系譜との関係で疑問があるし、三浦家および大室家については、南朝から各家に至る系譜が明らかにされなければ、検証のしようがない。

なお、後南朝系譜は、『系図纂要』（江戸時代末期に作成といわれる）にも記載されており、熊澤寛道氏や照元氏の捏造でないことを指摘しておく。後南朝は、市川宮尊雅王までは神器を保持していたので皇統と呼んでも差し支えないと考えるが、西陣南帝については単なる皇胤とするのが妥当かもしれない。

南朝及び後南朝は、所詮、敗者の歴史である。明確な証拠など提示できないし、学術調査に耐えられるようなものも少ないのではないか。元々系譜は、天皇家も含めて改竄系図なので、南朝側だけを非難できないが、おおよそ認定されている系譜資料と整合性があるか、提示とは別の系譜で確認できるかということになる。

複数の系譜で確認すると、「消される皇統」は、代数が下ると、ある資料では残っても、外の資料では系譜上から消滅している。後醍醐流（南朝）以外の皇統は、鎌倉から戦国まで順次比較検証すると、消滅が確認できる。勿論、全ての比較資料から消滅することもある。後醍醐流の場合は、北朝資料からは無視されている（例、「本朝皇胤紹運録」は無視している）ので、いわゆる北朝擁護の史家のいう「一等史料」なるものは存在しないのである。

また、南朝末裔といわれる家系のうち、物議をかもした家系（南朝正統とか、南朝正系とか主張した一族及び個人）は、自己宣伝しない南朝末裔家系より、どこか怪しいのである。たぶん、強力に宣伝するために、どこか手を加えている結果ではないかと思われる。本書の各系譜を見ていただけば、見つけられる家系もある（ご興味があれば追跡されたい）。

天皇家は、我が国においては、権威の象徴として存続したことは否定されない。ただし「万世一系」という点については、学者の一部・在野の研究家からは、疑問が提起されている。永い歴史を誇る天皇家であるが、鎌倉時代までは、世襲親王の制度も確立されておらず、財政上の問題などから、僧籍に入れて家系を断絶させることも行われてきた。

後嵯峨天皇の登極以後は、岩倉宮系統は、臣籍降下（源氏）や出家政策で消滅する。後嵯峨以後は、皇統は、持明院統と大覚寺統に分裂し、大覚寺統からは、常盤井宮家と木寺宮家が分枝した。大覚寺統は、傍系の後醍醐が横領した。常盤井宮家と木寺宮家は、戦国時代までは存続したが、それ以後は記録上からは消滅している。

持明院統は、皇統と鎌倉将軍家に分かれた。鎌倉将軍家は、南北朝時代に臣籍降下と出家政策で消滅した。残った持明院統は、南北朝時代に天皇家と伏見宮家に分かれた。この系統は猶子関係などで補完しながら存続した。戦国・江戸時代には、桂宮家（秀吉の猶子の八条宮智仁親王が初代）、有栖川宮家（始め高松宮）、閑院宮家が分枝した。これらの宮家は皇統断絶の危機には、猶子となり帝位を継承している。江戸時代末期には、伏見宮からいくつかの宮家が創立された。明治時代にも、伏見宮系統からいくつか創設されたが、反面、大正時代前半までに、桂宮家や有栖川宮家が断絶した。この時代から昭和初期に、直三宮家（高松宮、秩父宮、三笠宮）が成立している。しかし、昭和二十二年十月、直宮家を除く十一宮家（伏見宮系）が皇籍を離れて家系は存続したが、宮家としては消滅した。この段階で、天皇家は、本家と直三宮家のみとなったのである。その後、昭和三十九年に常陸宮家、昭和五十九年に高円宮家、昭和六十三年に桂宮家が創設された。平成二年には秋篠宮家が創立された。反面、平成七年には秩父宮家が廃絶となり、高松宮家も廃絶の危機にある。

現在に至るまでに補完勢力の宮家を残し消滅させてきた皇統だが、ここに来て思わぬ危機に直面している。現在の天皇家、宮家の皇位継承権者は、筆頭が皇太子徳仁親王、第二位が秋篠宮文仁親王（今上天皇直系）で、第三位が常陸宮正仁親王（今上天皇弟）、第四位が三笠宮崇仁親王（昭和天皇弟）、第五位が三笠宮寛仁親王、第六位が桂宮宜仁親王、第七位が高円宮憲仁親王ということになる。しかし、この後の世代に男子皇族がいないのである。すべて内親王及び女王なのである。

現在の皇室典範に従えば、男子継承権者がいなくなれば、皇統は断絶するのである。ライバルを消滅させてきた皇統が、こんどは本家が消滅の危機なのである。女帝相続を認めるか、皇太子の第二子、秋篠宮の第三子に男子を期待するか、高円宮家に男子誕生を期待するか（誕生しなければ絵にかいた餅）、旧宮家の内、東久邇家を宮家として復活させるか、決断を求められる時期は迫ってきている。皇室典範の改正と皇位継承問題が論議される時期が迫ってくることは間違いない。今上天皇（平成天皇）の直系に男子誕生がなければ、二十二世紀の皇室は、時代に消されてしまっているかもしれない。

皇室典範の改正は法律問題だが、天皇家の廃絶には憲法の問題もからんでくる。かつて欧州には、選挙王制の国があったが、世襲という規定の憲法では、選挙天皇制は導入できない。少なくても女帝継承の道は模索しておかないと、緊急事態に間に合わないこともある。欧州の王家では、男女問わず、第一子に継承権一位を与えるように法律を改正した国が増えている。また、男子がない場合、女系相続を認める国が多い。ただし、欧州の場合は、数世代をみれば、ほとんど姻戚関係なので、女帝の婿も王族出身者が多くトラブルはないが、日本の場合は、その点をどうするかが大問題となる。旧宮家や旧五摂家は、天皇家からも養子に入っているのでそれ以外だと選択が難しくなる。旧宮家では、東久邇家が、明治天皇と昭和天皇に繋がっており、最も天皇家に近い。今は、皇太子に第一子愛子内親王が誕生して祝賀ムードだが、数年すると男子待望論が出るのは間違いなかろう。(平成十三年十二月十六日)

本書を書き終え、ようやく「南朝興亡史」刊行後のもやもや感の一部が払拭された気がする。後嵯峨天皇以後の「消された皇統」全てを網羅できたわけではないが、本書により歴史の裏の一部が垣間見られたのではないかと思う。『織豊興亡史』(今日の話題社)の刊行で一時中断したが、ようやくここまで、たどり着いた。

最後に、この本を執筆するに際して引用した文献の著者、並びに、史料をご提供いただいた安居隆行氏、山地悠一郎氏、宝賀寿男氏、流王農氏、野長瀬盛孝氏、取材にご協力いただいた熊澤武夫氏に深く御礼を申し上げたい。また、レファレンスにご協力いただいた扶桑町図書館職員の方々、特に係長の波多野充孝氏には、各地の図書館への問い合わせでご面倒をおかけしたことを謝したい。最後に、今日の話題社担当者の高橋秀和氏と、出版にご協力いただいた武田崇元氏、関係者の方々に御礼を申し上げる。

平成十四年五月二日

早瀬晴夫

※追悼　本書編集作業中の平成十四年十一月二十一日、高円宮様がご逝去されました。
謹んでお悔やみ申し上げます。

[著者略歴]

早瀬晴夫（はやせ　はるお）

昭和30年5月2日愛知県生まれ。愛知県立尾北高等学校卒業。
家系研究家。系図資料・書籍の収集と比較研究を行う。
論文「前野長康一族と前野氏系図」（『旅とルーツ』日本家系図学会・芳文館）、「前野長康と坪内・前野氏系図」（『在野史論』第八集、歴史研究会、新人物往来社）、小論「悲劇と漂泊の皇子たち」（『歴史研究』第487号・歴史研究会・総合出版社「歴研」）、「豊臣家崩壊への序曲」（『歴史群像シリーズ・戦国セレクション［驀進 豊臣秀吉］』・学習研究社）などで、家系研究家としての地歩を確立しつつある。著書に『南朝興亡史――後南朝と熊澤家略記――』（近代文芸社）、『織豊興亡史――三英傑家系譜考――』（今日の話題社）がある。
日本家系図学会理事・扶桑支部長、歴史研究会会員、学と文芸会同人会員
現住所　〒480-0103 愛知県丹羽郡扶桑町大字柏森字内寺裏16-8

消された皇統

2003年5月26日　初版発行

著　　者　　早瀬晴夫
装　　幀　　谷元　将泰

発 行 者　　高橋　秀和
発 行 所　　今日の話題社
　　　　　　東京都品川区上大崎2-13-35　ニューフジビル2F
　　　　　　TEL 03-3442-9205　FAX 03-3444-9439

印刷・製本　あかつきＢＰ株式会社

ISBN4-87565-530-4　C1021